火车站开工仪式（区委书记李伟讲话）

区长李文飙（左二）深夜督察“两路一河”搬迁现场

区交通运输局局长丁家余（中）督察交通工程

行业管理水平不断提升　拓展城乡公交服务，顺应市民需求、策应动车开通，新增和延伸公交线路13条。建成城乡公交站台247座、电子站台23座。实施“两个早知道、快知道”工程，通过手机短信，让市民快速知晓恶劣天气、特殊情况下，泰州境内高速道口、列车、公交客运运行信息，用户10万人；通过掌上公交和电子站台，让市民“等车”时实时知晓公交信息，得到广泛好评。

中心服务工作保障有力　系统上下围绕区委、区政府中心工作部署，全面完成全国农业现场会、市委全委会等重要会议服务保障，“为民办实事”工程，招商引资，会船节服务保障，城区房屋搬迁包保等全区中心工作任务，高效做好春运、中高考等运输服务工作。交通安全工作保持平稳态势，229省道改扩建工程创建成省“平安工地”示范工地，系统企业未发生安全生产责任事故，辖区航道未发生24小时以上堵塞事件。

作风建设“三连冠”目标全面实现　开展“两学一做”教育实践活动，交通党建工作影响力不断增强，党风廉政建设工作常抓不懈，组织、纪检、宣传、统战工作在全区考核中排名前列，工会被省交通运输厅表彰为“职工模范小家”，229省道改扩建工程获区委、区政府特别贡献“提名奖”，“惠民交通”品牌获全区机关“十佳服务品牌”第6名。交通部门连续3年获全区机关作风效能建设“十佳部门”，连续3年获市交通运输局综合考核一等奖。

S229南段实现通车

智能公交站

2016年春运总结大会

海事安全知识讲解

区交通运输局“文明车厢行”活动走进顾高镇

交通系统安全歌咏比赛

泰州市姜堰区

市民防局局长王根余（中）考察坝口人防工程

全区人防工作会议

2016 年，区人防办围绕年度工作任务，推进各项工作，人防事业再创新业绩，被省民防局表彰为“全省民防工作先进单位”，被省人力资源和社会保障厅、省民防局联合表彰为“全省民防系统先进集体”。

人防工程建设稳步推进 根据区人大常委会执法检查列出的问题和区检察院检察建议书提出的建议，区人防办制定人防易地建设费征收专项行动方案，加大经费征收力度。加强已建工程安全生产检查，发现问题及时督促使用单位整改到位。针对夏季防汛要求，制定人防工程汛期安全使用检查工作方案，督促使用单位做好夏季防汛工作，保证人防工程安全使用。加强在建工程质量监督，确保工程质量万无一失。提请区政府办出台《姜堰区人民防空工程平时使用和维护管理暂行办法》，发挥人防工程战备效益、社会效益和经济效益。

指挥通信建设日臻完善 对人防专业队进行实名实编实装点验，组织泰州华润燃气有限公司梁徐场站天然气专业分队进行抢险抢修演练。完成城区固定防空警报器改造，投入 50 多万元，为全区 14 个镇和区经济开发区购置安装防空警报器，在全市首家实现镇（街道）防空警报全覆盖。组织开展“5・12”防灾减灾日和“9・18”国耻日防空警报试鸣活动。结合防空警报试鸣，指导罗塘街道东街社区开展防空防灾疏散演练活动，

在坝口广场开展人防知识宣传

在罗塘街道南苑社区开展人防宣传活动

在大抡镇开展人防知识宣传

人民防空办公室

区人防办作风建设会议

建党日重温入党誓词

联合区地震局组织三水学校、罗塘小学、城西学校6200余名师生同步开展疏散演练活动。

人防宣传教育不断深化 根据不同层次需求，有针对性地拓展人防宣传教育的广度和深度。定期在《姜堰日报》刊登防空防灾知识专版，与区电台联办《人民防空》专题节目，全年被各级媒体采用新闻报道47篇。开展民防知识进学校。投入近10万元征订中小学《民防知识教育》读本1.32万本，免费发送到各中小学，确保全区初二年级和小学五年级学生人手一册。利用防灾减灾日、科普宣传周等时间节点开展防空防灾知识宣传活动，向城乡居民发放《姜堰日报》防空防灾知识专版2万多份、宣传资料500余本，提高社会各界对人防工作的认知度。

党风廉政建设常抓不懈 结合“两学一做”学习教育，把规范支部“三会一课”作为2016年党建工作的主要抓手，通过制定学习计划，逐条抓好落实。组织党员参加省、市民防系统党风廉政教育，邀请区纪委、区检察院到区人防办开展党风廉政宣讲教育3场次。开展“学系列讲话、强化‘四个意识’”“做‘四讲四有’合格党员”等专题讨论，通过组织观看《建党伟业》、重温入党誓词、向党旗宣誓等活动，坚定全体党员干部为党奉献的崇高信念。建立健全党风廉政建设目标责任制，根据工作岗位与工作性质的不同，签订党风廉政建设责任书，把落实党风廉政建设责任制与抓业务工作结合。执行中央“八项规定”和省、市、区委“十项规定”，规范人防审批、工程建设、财务管理等重点环节，加大事前防范、事中监督和事后审查力度，确保权力运行到哪里，防范措施跟进到哪里，监督管理落实到哪里。

举办学校疏散演练

小型机动指挥车

泰州市姜

教育部基教一司司长吕玉刚（左二）调研姜堰义务教育管理标准工作

新教育实验发起人朱永新（中）考察指导新教育实验

多恩大学考察姜堰教育

获“2016年度省中小学校责任督学挂牌督导创新区”称号

2016年，教育系统上下围绕“全力冲刺教育现代化、促进办学品质新提升”总体目标，求真务实，创先争优，各项工作实现新提升、新跨越。

教学质量再攀新高　推进评价制度改革，探索“快乐游考”模式，在省内外形成影响。完善质量监测体系，通过点上过程抽测、阶段校际联测和学年全面摸底，以测促教、以测促管、以测导学，实现包括音、体、美、科学等所有学科质量监控全覆盖。全区新增智慧教室21个，开展智慧课堂专题研讨活动，为师生提供高效教与学模式。研究教育改革动态，结合全省高考大数据，开展“诊断式教研”。中考和省义务教育阶段质量监测多项重点指标保持泰州领先位置。高考再创辉煌，魏思伦获省文科状元，陆天寅获泰州市理科状元，省状元连续两年在姜堰。

罗塘高级中学创建成江苏省四星级普通高中

调研姜堰教育纪检工作

创办姜堰美术学校三泰分校

第二实验小学三水校区获省青少年足球精英联赛总决赛冠军

堰区教育局

举行上海交大南洋职业技术学院揭牌仪式

2016 年高考再创辉煌

全面取消书面考试，探索快乐游考

建成云桌面群

内涵发展特色明显　所有义务教育学校全部参加新教育实验，全国新教育实验发起人朱永新到姜堰区指导工作。启动 2016 年“心理关怀月”系列活动，省姜堰二中被评为第二批省中小学心理健康教育特色学校。推进书香校园建设，改版教育频道栏目，设立“凤凰读书吧”栏目，开展阅读推介活动 48 期，举行第二届初中生汉字听写大赛、小学生成语大赛和第二届书香家庭风采展示活动，“大阅读”品牌叫响全国。牵手上海真爱梦想基金，10 所学校建成梦想教室。创建成泰州市“一校一品一特色”体育品牌 3 个、艺术品牌 2 个。省姜堰中专创建成省高水平现代化职业学校，数控技术应用实训基地被认定为省示范性实训基地，与上海交大教育集团合作，筹备成立上海交大姜堰南洋职业技术学院，提升学术和人才培养水平。探索教育国际化发展新路径，省姜堰二中、罗塘高级中学、励才实验学校与国外名校达成交流合作意向。

品牌建设锦上添花　开展“两学一做”学习教育，落实全面从严治党主体责任，举办全区全面从严治党主体责任当面报告现场观摩会，党建工作助推姜堰教育又好又快发展。创建成省中小学校责任督学挂牌督导创新区，治理在职教师有偿家教获评建市 20 周年十大教育品牌，陈祥雨、丁洪湖获评“泰州教育 20 年十大功勋人物”“泰州教育 20 年十大功勋人物提名人选”，省姜堰二中姜立东、区实验初级中学许亚平、省姜堰中专邰宇 3 名教师专著获评“泰州教育 20 年 20 本（套）教师专著”。服务品牌建设走出姜堰，叫响泰州，获泰州市“讲品牌故事、创一流服务”活动第一名。在区第十二次党代会上，教育品牌被列为全区重点打造的四大品牌之一。与泗洪县合作举办泗洪姜堰实验学校，在海陵区新办姜堰区美术学校三泰分校，姜堰教育声名远播。年内，全国 60 多批次教育考察团到姜堰参观学习。区教育局连续六年获评区机关效能建设“十佳单位”，普教科连续五年获评区级机关效能建设“先进科室”，教育服务校校行连续五年获评区“十佳机关服务品牌”。“2016 年教育发展提档加速，教育教学质量全省领先”获 2016 年度机关部门（单位）“特别贡献奖”。

“三八”妇女节暨最美女教师展示活动

开展武术进校园活动

姜堰泗洪实验学校

姜堰年鉴

JIANGYAN NIANJIAN

（2017）

（总第18卷）

姜堰年鉴编纂委员会 编

方志出版社
Publishing House of Local Records

图书在版编目（CIP）数据

姜堰年鉴. 2017 / 姜堰年鉴编纂委员会编. —北京：方志出版社，2017.11

ISBN 978-7-5144-2672-4

Ⅰ. ①姜… Ⅱ. ①姜… Ⅲ. ①姜堰—2017—年鉴 Ⅳ. ①Z525.34

中国版本图书馆CIP数据核字（2017）第281807号

姜堰年鉴（2017）

编　　者：姜堰年鉴编纂委员会
责任编辑：罗　滔

出 版 人：冀祥德
出 版 者：方志出版社
地址　北京市朝阳区潘家园东里9号（国家方志馆4层）
邮编　100021
网址　http://www.fzph.org
发　　行：方志出版社图书经销中心
电话（010）67110500
经　　销：各地新华书店
印　　刷：南京凯德印刷有限公司

开　　本：889×1194　1/16
印　　张：27.25
字　　数：734千字
版　　次：2017年11月第1版　2017年11月第1次印刷
印　　数：0001~1000册

ISBN 978-7-5144-2672-4　定价：156.00元

姜堰年鉴编纂委员会

主　　任　李文飙

副 主 任　薛金林　秦永金　顾鹏程　花庆如　陆　锋

委　　员　（以姓氏笔画为序）

丁家余　王天波　王国斌　朱为春　李宝权

沈宇清　沈锦云　谷文林　周宏才　武晓明

拜宏林　胡中华　殷玉进　钱忠星　顾书东

葛旭东

主　　审　陆　锋

主　　编　胡中华

副 主 编　葛旭东

姜堰年鉴编辑部

主　　任　窦银芳

特约摄影　何学桂

特邀编委名单

（按姓氏笔画为序）

编 辑 说 明

一、《姜堰年鉴》2017年卷（以下简称本年鉴）以马克思列宁主义、毛泽东思想、邓小平理论、"三个代表"重要思想、科学发展观、习近平新时代中国特色社会主义思想为指导，贯彻落实习近平总书记系列重要讲话精神和治国理政新理念新思想新战略，坚持辩证唯物主义和历史唯物主义的立场、观点和方法，全面、系统、翔实地记载2016年度姜堰区政治、经济、社会等各方面的基本情况和"社会主义物质文明、政治文明、精神文明、生态文明"建设的新成就、新经验，为领导决策服务，为地方经济发展服务，为海内外人士了解、研究姜堰提供资料，为社会各界提供政策、信息咨询，为续修地方志积累素材。

二、本年鉴采用条目式记事体，分类编纂。设类目、分目、条目3个层次。少数分目下设子目，子目不体现严格的科学分类体系。

三、本年鉴设有特载、大事记、姜堰概貌、农业·农村、工业、建筑业、商贸流通、对外及对港澳台经济贸易、旅游、开发园区、人事·劳动·社会保障、城乡建设、环境保护、水利·交通·邮政·电力、信息化建设与信息服务、金融、财政·税务、经济综合管理监督、科技·教育、文化、卫生、体育、社会生活、中共泰州市姜堰区委员会、泰州市姜堰区人民代表大会、泰州市姜堰区人民政府、政协泰州市姜堰区委员会、泰州市姜堰区纪律检查委员会、民主党派·工商联、社会团体、法治、军事、各镇（街道）概貌、人物·荣誉栏、文件选编、统计资料、便民指南37个类目，172个分目，47个子目。收录条目549个，随文照片63幅，彩页66页，表格86个，索引1391条。

四、本年鉴卷首有目录，卷末有索引。索引采用主题分析法编制，款目按汉语拼音字母顺序排列。

五、本年鉴资料均由全区各镇（街道）、部门供稿，领导人审定。文中所用数据因统计来源、口径、方法、时间不同而有差异，请读者引用时以泰州市姜堰区统计局的《统计年鉴》为准。本年鉴所示"上年"即为"2015年"。

六、为叙述简明，本年鉴采用习惯性简称，编有《有关组织机构简称、全称对照表》。

七、作者姓名加"（ ）"列于所写正文之后，相邻条目为同一作者的，列于末条正文之后。

2016年度姜堰十大新闻

1/中共中央政治局委员、国务院副总理汪洋考察桥头镇家庭农场服务联盟

3月20—21日，全国春季农业生产暨森林草原防火工作会议在泰州召开。会议期间，汪洋带领与会代表考察桥头镇家庭农场服务联盟，询问家庭农场经营情况，听取农场主们对土地流转及农业生产经营的意见建议，勉励姜堰区争做全国现代化农业发展的排头兵，给全国当表率。

2/姜堰获国家生态区命名

6月23日，环境保护部公布一批新国家生态市、县（市、区）名单，姜堰区榜上有名。该区2007年启动国家生态区创建工作，围绕生态文明建设主题，加强环境基础设施建设，实施农村环境综合整治。全区14个镇和罗塘街道（原姜堰镇）全部创建成国家级生态镇，区经济开发区创建成泰州市首家省级生态工业园区，溱湖旅游度假区创建成国家生态旅游示范区。

3/中共泰州市姜堰区第十二次代表大会召开

7 月 26—27 日，大会召开。会议选举产生中共泰州市姜堰区第十二届委员会、中共泰州市姜堰区纪律检查委员会。大会对今后五年全区经济社会发展和党的建设作出战略部署。7 月 28 日，中共泰州市姜堰区第十二届委员会举行第一次全体会议，会议选举产生新一届区委常委、书记、副书记。

4/姜堰区获国家现代农业示范区农业改革与建设试点绩效考评第一名

12 月 14 日，为期 3 天的国家现代农业示范区农业改革与建设试点工作培训班在姜堰结班。在试点工作绩效考评中，姜堰区以 92.69 分位列全国 25 个试点示范区第一名。该区 2013 年被列为农业改革与建设试点，前两年试点绩效考评分获全国第一、第二名。

2016 年度姜堰十大新闻

5/姜堰区连续四年获泰州市绩效管理先进市(区)二等奖，项目大突破等多项工作获奖

2016 年，该区获泰州市绩效管理先进市（区)二等奖，项目大突破项目投入奖二等奖、新开工项目奖二等奖、竣工项目质效奖二等奖，全市工业经济工作目标考核先进市（区）二等奖、民营经济发展先进市（区）二等奖、节能工作目标考核先进市（区）二等奖。新签约亿元以上项目 179 个，实际利用外资 1.6 亿美元。亿元以上新开工项目 80 个、竣工项目 51 个，溱湖健康养老产业园、越美激光芯片项目被列入省重大项目计划，富朗特新型高能锂电池、中来光电等一批重大项目竣工投产。

6/姜堰第二届网民节举行

9 月 14 日，区委宣传部主办的精锻科技·2016 姜堰第二届网民节启动。为期 3 个月。其间举办“淘幸福”网民看民生、“微参政”优秀网络问政案例、“金书签”网络文化活动、“众筹爱”网络公益行动、“光明行”网民体验季、“学法季”网络普法活动、“最姜堰”微视频网络征集活动、“姜堰范”微信集结令等三大类 8 项活动，40 多万名网民参与。

7/高考再创辉煌，江苏省文科状元、泰州市理科状元花落省姜堰中学

省姜堰中学魏思伦以 427 分获省文科状元，陆天寅以 427 分获泰州市理科状元。省姜堰中学文、理科进入全省前 100 名 11 人。全区各类考生 3601 人达省本科最低控制线，达线率 64.85%。省姜堰中学本科达线 965 人，比上年提高 3.1%；省姜堰第二中学本科达线 920 人，比上年提高 1.0%；罗塘中学本科达线 201 人，比上年增加 12 人。美术学校参考 436 人，达全省最低控制线 388 人，达线率 88.99%。

8/三家企业分别获国家科技进步一等奖、国家技术发明二等奖

苏中药业参与完成的“IgA 肾病中西医结合证治规律与诊疗关键技术的创研及应用”项目获国家科技进步奖一等奖。全区获国家技术发明奖 66 项，其中一等奖 3 项、二等奖 63 项。太平洋精锻科技和江苏飞船股份等单位联合申报的项目“多工位精锻净成形关键技术与装备”获国家技术发明奖二等奖。

9/姜堰跻身三个全国百强榜单

11 月 7 日，中小城市经济发展委员会、中小城市发展战略研究院、中国中小城市科学发展指数研究课题组联合发布榜单，姜堰区入围 2016 年度中国中小城市综合实力百强区、2016 年度中国最具投资潜力中小城市百强区、2016 年度中国中小城市新型城镇化质量百强区三个榜单，分别位居 74 位、80 位、88 位。

10/姜堰男足再获省冠军

8 月，江苏省青少年足球锦标赛在淮安市举行。代表泰州市参赛的姜堰男足以 6 胜 1 平的成绩，时隔 34 年再次获全省冠军；11 月，在江苏省第二届青少年足球精英联赛总决赛上，姜堰男足获省冠军。队员王志远获最佳射手金靴奖，教练沈春华获最佳教练奖。

泰州市姜堰区财政局

积极履职勇担当　科学理财促发展

2016年，区财政系统履行财政职能，克难奋进、全力作为，较好地完成年度各项目标任务。局机关获“江苏省文明单位”称号，连续14年被评为全区机关效能建设“十佳单位”。

财政收入规模　全区完成一般公共预算收入35.6亿元，比上年增长1.9%。成功申请延长过渡期财政政策体制至2018年，每年全区增加可用财力2亿多元；争取省企业退休职工养老保险补助最优政策，全年获补2亿元，今后每年将获得固定比例补助。

财源培植效应　制定出台产业发展引导基金管理办法，参股新招引的华芯公司。兑现落实企业优惠政策资金2000万元，帮助40多家企业申报项目资金6210万元。推广“小微企业创业贷”，提供企业周转金8亿元。注资5亿元组建资产管理公司，吸引更多的金融和社会资本参与产业发展。

保障民生力度　一般公共预算支出中77.6%以上用于各类民生社会事业支出。全年投入财政支农资金7.6亿元，建成为农服务综合体47座，发放各种涉农补贴1.75亿元。投入11.7亿元完善现代公共文化体育服务体系，健全义务教育经费保障机制。投入6.4亿元保障各项社保专项经费，统筹资金保证区医疗卫生综合改革顺利开展。

财政改革管理　推进预决算公开全面化、规范化、常态化，建立公开长效机制。深化预算绩效管理，开展财政支出第三方绩效评价，形成“使用资金要评价，资金使用要效益”绩效理念。完成国库集中支付联网升级改造工作，“三公经费”支出管理、公务卡使用管理进一步规范。完善财政监督体系，规范财务收支行为。

财政系统年度工作会议

推广小微企业创业贷，助力企业发展

加强党风廉政教育

开展“大走访大落实”活动

组织开展财政政策宣传月活动

实施为民办实事工程

泰州市姜堰区国家税务局

姜堰首份建筑业增值税专用发票在正太集团开具

2016年，区国税局主动适应经济发展新常态，各项工作业绩显著提升。

抓好收入稳增长，税收职能进一步发挥

税收收入任务圆满完成。组织各项税收收入25.35亿元，比上年增收1.6亿元，增长6.71%。实现地方公共预算收入10.025亿元，比上年增收2.46亿元，增长32.6%。税收优惠政策全面落实。加快退税进度支持企业发展，全年出口退税3.68亿元，民政福利企业退税4329万元，执行政策性减税，落实小微企业、高新技术企业等各项优惠政策，全年办理各类减免税4608.97万元。税收法治建设更加深入。紧跟税收管理改革进程，及时调整内部风险防控重心，执法过错率进一步降低。加大稽查力度，全年查处案件66户，查补税款1005万元，罚款376万元，加收滞纳金118万元。

走进“‘12345’·政风行风热线”直播节目

抓好征管促改革，工作站位进一步提升

“营改增”全扩围顺利实施。5月1日起，“营改增”全面推开，全区3091户纳税人涉及改革。

抓好服务重创新，营商环境进一步优化

便民办税春风行动纵深推进。推动以服务深度融合、执法适度整合、信息高度聚合为主线的国地税全方位合作。设立24小时自助办税厅，添置增值税专用发票自助领用终端2台、代开终端2台、认证终端5台，纳税人随时能够通过自助办税厅办理发票领购、代开、认证等基础业务。多举措服务地方经济发展。深化税收分析，参加综合治税平台建设，实现信息资源互通互享，共享信息10万余条，涉及税款3000余万元。从税收视角研究分析经济发展形势、政策变化对地方经济发展影响并建言献策，为地方党委、政府科学决策提供帮助。

举办“金三”上线纳税人专题培训

姜堰税检共商，推进共建联防新举措

国地税合力宣传，共推“营改增”

辛勤耕耘结硕果

砥砺奋进创佳绩

泰州市姜堰区人民武装部

省军区政委孟中康（右二）到区人武部检查工作

姜堰区人武部党委认真贯彻落实新时期军事战略方针，按照建设“四铁”（铁一般信仰、铁一般信念、铁一般纪律、铁一般担当）机关要求，加强人武部党委机关建设，党委班子风清气正，战斗力强，被省军区表彰为先进团党委。认真贯彻国家主席习近平“能打仗、打胜仗”的指示要求，扎实抓好党委机关和民兵队伍实战化训练，在省军区、军分区组织的民兵应急连、“四会”（会讲、会做、会教、会做思想工作）教练员等比武竞赛中，取得综合第一、单项第一的好成绩。始终坚持从严治军、依法治军，狠抓安全发展，被省军区表彰为安全管理工作先进单位。积极主动参与地方经济社会事业建设，在抢险救灾、维稳防恐、脱贫攻坚、文明城市创建、“大走访大落实”、夏秋秸秆禁烧等活动中，冲锋在前，吃苦耐劳，充分展示过硬的素质和良好的形象，为建设和谐姜堰、文明姜堰、更高水平小康姜堰做出积极贡献。

泰州市军分区司令员韩涛（左二）到区人武部检查工作

市委领导慰问区人武部

开展民兵整组点检

党管武装例行述职大会

开展国防教育调研

组织应急分队救援演练

参加创建文明卫生城市

开展“大走访大落实”活动

铁一般信仰
铁一般信念
铁一般纪律
铁一般担当

泰州市姜堰区公安局

2016 年，全区公安机关坚持“务实、创新”两大基调，聚焦“风险防控、警务改革、能力建设”三个重点，以新一轮警务现代化建设引领公安改革方向，务实打造与经济社会发展相匹配的立体化治安防控体系，完成各项公安保卫任务，确保全区社会治安大局持续稳定。年内，被表彰为江苏省文明单位、全省“六五”普法先进集体，综合绩效考评列全市第二，获评“2016 年度县级公安机关综合考评优胜单位”“护航发展先进集体”。

维护稳定更加有力。化解重大矛盾 120 余件，60 余起规模性、群体性事件得到妥善处置，完成全国春季农业生产现场会、溱潼会船节等重大安保活动 50 场次。

打防犯罪更加精准。健全完善常态长效多警种联勤指挥、合成处置的应急指挥作战机制，年内发生的大要案件全部攻克，全区刑事案件发案率比上年下降 15.14%，“八类案件”破案率 100%，连续八年命案全破，群众安全感 97.5%，在全省 101 个县（市、区）中排名第一。

实战能力更加凸显。推进大数据指挥服务中心建设，全区社会信息资源得到充分整合，合成作战、数据资源、图像应用、阵地管理等集群化应用平台投入实战应用。图像实战应用平台、安全合成监管平台分别获省公安厅“科技强警奖”、全市“公安工作创新奖”二等奖，大数据指挥服务中心建设处于全市领先位置。

服务发展更加高效。探索实施民意警务“四网”行动，推进“姜堰公安微警务”建设，调整公安行政服务“110”机制，建立重点建设施工环境整治快速响应通道，护航经济发展。办理行政服务事项 11.3 万件，窗口满意率 98.4%。“民意警务”连续两年获评区优秀机关服务品牌。

队伍形象更加出彩。紧扣从严治警目标，力创“五型”好班子，加强内部监督管理，推进全员绩效考核，从严实施执纪问责，群众满意率居全省前列，42 个集体、128 名个人立功受奖。

合成作战指挥大厅启用仪式

执法管理委员会会议

开展集中宣传活动

自主研发的数据采集管理服务平台

公共安全监管信息平台

泰州市姜堰区司法局

开展大走访活动

实行账单式服务

开展网民学法季活动

美好城市　法律相伴

开展社工培训

举办调解培训班

成员单位例会

纪念“12·4”宪法日暨最美调解员颁奖典礼

2016年，姜堰区司法行政系统持续深入推进“四个全覆盖”（矛盾纠纷排查调处、公共法律服务、特殊人群服务管理、法治宣传教育全覆盖）建设，破难题、补短板、提质效，推动司法行政工作再上新台阶。

吹响法治号角。落实“谁执法谁普法”责任制，区法治宣传教育领导小组办公室被表彰为全省“六五”普法工作先进集体。制订出台《泰州市姜堰区法治宣传教育第七个五年规划》。升级区法治宣传教育中心、十里滨河法治文化观光带，新增张甸镇宫王村等15个省级民主法治示范村。

筑牢维稳防线。推进专业人民调解组织建设，区环境保护专业调解组织、华港镇人民调委会、罗塘街道北街社区人民调委会被评为“江苏省人民调解委员会规范化建设示范点”，调解员李明亮被评为“江苏省最美人民调解员”。矛盾纠纷调处率、调处后履行率均居全市第一。

密织智能网络。推行矫务通及指纹头像生物识别系统，社区服刑人员定位率100%。开启以社区矫正执法工作者为核心、社会工作者为辅助、社会志愿者为补充的社区矫正工作新格局。年内，辖区无社区服刑人员因监管原因重新犯罪。

聚焦法治惠民。推动公共法律服务体系建设向下扎根，262个行政村司法行政服务站和22个社区律师工作站建成率100%。开展办案质量“全程无缝式管理”和“百日维薪”专项行动，提升法律援助服务效能。江苏锦泰律师事务所创建成江苏省优秀律师事务所，姜堰法律服务所创建成江苏省优秀基层法律服务所。

法治阵地

泰州市姜堰区卫生和计划生育委员会

计划生育工作扎实开展。一是落实各项普惠政策。落实两个一次性奖励、计划生育手术并发症特别扶助等计划生育家庭奖励优惠政策。奖励扶助农村计划生育家庭 61111 人次，发放资金 2933.328 万元；奖励特扶人员 3205 人次，发放资金 1088.07 万元；核准计划生育手术并发症人员 940 人，发放资金 11.252 万元；登记核准两个一次性奖励人员近 4000 人，发放资金 1200 万元。二是实施精准扶助关怀。出台《关于进一步做好计划生育特殊困难家庭扶助工作的意见》《计划生育特别扶助家庭住院护理保险补助的意见》等文件，实施“五个一”精准帮扶。为全区 1597 名特殊困难人员免费办理每人每年 168 元的住院护理保险，赔付 69 人次，赔付金额 13.208 万元。三是深化生育关怀行动。以罗塘街道西桥村和张甸镇为试点，探索建立“连心家园”，不定期组织失独人员参加社会活动，为计划生育特殊家庭提供社会支持和精神抚慰。四是加强流动人口计生服务管理。规范流动人口一孩生育服务登记程序，开展流入人口、返乡流出人口和留守老人、妇女和儿童关爱活动，促进流动人口基本公共卫生计生服务均等化。2016 年 8 月，姜堰区通过全国计划生育优质服务先进单位创建复核评审。

区人大常委会考察村卫生室达标提升工程建设

医疗服务管理不断加强。落实改善医疗服务行动计划 40 项具体措施，群众看病就医感受明显改善。深化平安医院创建工作，实施医疗责任保险，妥善处理医疗纠纷；组织开展医疗护理核心制度、诊疗技术操作规范、合理应用抗菌药物、“三合理”规定等制度执行情况及医疗机构归档住院病历督察，提高医疗服务质量和服务水平。加强血液管理工作，全区医疗机构临床用血成分输血率 99.98%；推行自体血回输工作。开展科技创新工作，年内获姜堰区科技进步奖 8 项、泰州市科技进步奖 6 项。实施中医药服务能力提升工程，举办两期中医药适宜技术培训班，培训基层医师 200 余人；开展第六届“中医药就在你身边”中医药文化科普巡讲系列活动 18 场次及第四届中医药文化科普宣传周活动、中医专家进村义诊、冬病夏治、膏方节等活动 33 场次，申报省中医药特色社区卫生服务中心建设单位 1 个、省乡镇卫生院示范中医科建设项目 1 个。加快推进区、镇、村三级医疗卫生机构一体化进程，推动优质医疗资源下沉，促进基层医疗卫生服务水平提升。推进乡村医生签约服务工作，签约率 63%。

全面推行乡村医生签约服务工作动员会

新建的马庄卫生院数字化预防接种门诊

新建成标准化的大伦镇桥东村卫生室

新建成的溱潼人民医院内科病房楼

卫计情无限
健康行永远

2015—2016 年度全国计划生育优质服务先进单位
江苏省健康促进县（市、区）
2013—2015 年度江苏省文明单位
2016 年度泰州市综合目标管理考核优秀奖
2016 年度姜堰区机关效能建设先进单位
2015—2016 年度姜堰区文明单位
2016 年度姜堰区“六五”普法先进单位
2016 年度姜堰区安全生产工作先进集体
2016 年度姜堰区纪检监察工作先进集体
2016 年度姜堰区人力资源和社会保障工作先进单位
2016 年度姜堰区内审工作先进集体
姜堰区 2016 年度“优秀机关服务品牌”

泰州市国土资源局姜堰分局

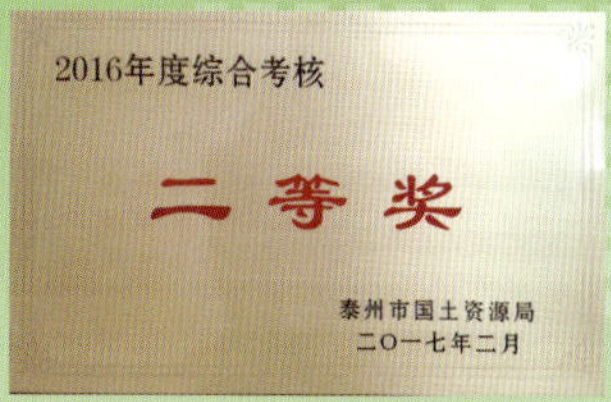

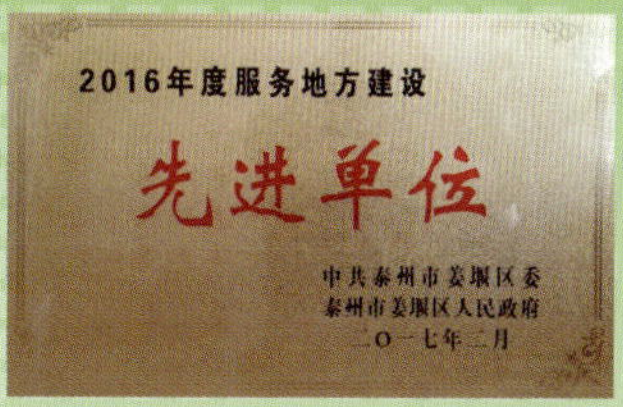

2016年，全区国土资源工作按照“保护资源、节约集约、维护权益、改革创新”总体要求，破难题，促发展，圆满完成年度目标任务。国土资源局区分局创建成“2013—2015年度江苏省文明单位”，获全市国土资源工作综合二等奖，被授予“2016年度区服务地方先进单位”称号、获特别贡献奖提名奖。

省国土资源厅厅长李侃桢（中）考察姜堰区

聚力保障，服务发展实现突破 利用省重大产业项目扶持政策，包装项目上争用地计划13.4公顷。实施增减挂钩增加用地指标约15.36公顷，调整土地规划约154.46公顷。全年报批项目79宗，面积144.64公顷；挂牌出让工业用地90宗，面积173.4公顷。上争土地利用总体规划调整完善及永久基本农田划定指标，核减耕地保有量约3686.67公顷、基本农田保护面积4980公顷，全区规划空间增加约1153.33公顷。稳步实施土地资产运作，收储土地3宗，面积14.12公顷，金额1.76亿元；出让经营性用地8宗，面积约18.51公顷，成交总额7.09亿元。

姜堰区不动产中心成立

从严监管，耕地保护成效显著 完成年度耕地保有量和基本农田保护任务，占补平衡新增耕地面积约120.73公顷。建设高标准农田约2926.67公顷，牵头实施东部干线约6666.67公顷高标准农田建设国家试点项目，建设规模6840公顷。编制“十三五”土地整治规划，完成年度耕地后备资源更新调查，变更后备资源438.92公顷。做好矿业权管理各项工作，该局被评为“2014—2015年度全省矿产资源补偿费征管工作先进单位”。开展国土资源整治“三个百日”行动，调查工矿用地3420宗、村民宅基地22.11万户。推进2015年度卫片执法检查，狠抓督促整改。

“6·25”土地日宣传活动“古镇大合唱”

力促转型，节约集约扎实推进 深入推进节约集约用地“双提升”行动，全区亿元地区生产总值建设用地占用规模由约33.82公顷下降到约32.43公顷，下降4.11%；建设用地地均地区生产总值产出水平由每公顷295.65万元增长到321.15万元，增长8.62%，完成市下达的“双提升”指标任务。盘活处置存量建设用地约256.13公顷，超额完成年度目标。加大批而未供土地清理力度，清理2008—2015年度批而未供土地93宗，面积259公顷，全区该时段供地率82.6%，完成往年供地率80%和当年供地率60%两项省交指标。

开展法律宣传

开展“大走访大落实”活动

国土资源局区分局获“江苏省文明单位”称号

泰州市姜堰区科学技术和知识产权局

局领导走访中来光电公司

东南大学—姜堰产学研对接交流会

知识产权进校园

走访慰问张甸镇华扬村

2016 年，该局深入实施创新驱动战略，突出创新主体，集聚创新资源，激发创新活力，全区科技工作呈现“创新措施实、创新亮点多、创新效果好”总体格局。

企业创新向高处攀登　牵头组建“新型复合材料产业技术创新联盟”，突出高端引领，主动为华芯半导体等战略性新兴产业项目提供创新服务。全年培植省高新技术产品 121 项，净增国家高新技术企业 24 家，新增省民营科技型企业 88 家。新建市级以上孵化器、众创空间 5 个。

产学研合作向深处延伸　深入企业征集技术难题需求信息 195 条，组织高校到姜堰开展技术需求对接、现场指导 20 多次，与上海电机学院、东南大学建立校地紧密合作关系，实施产学研合作项目 54 项，与高校共建产学研联合体 17 个、校企联盟 27 个。25 家企业通过“网上招亲”与高校签约，网上成交金额 1120.67 万元。新建省市级研发机构及省绩效优良研发机构 11 家，双登集团“电化学储能技术重点实验室”成为全省 7 家新晋企业重点实验室之一。

创新投入向实处发力　推进科技创新券申领工作，发放企业科技创新券 1995 万元，兑现 932 万元，为企业创新提供有力支持。获省级以上科技奖项 4 项，其中国家级奖项 2 项、省级奖项 2 项。利用科技贷款风险补偿金发放科技贷款 2250 万元；科技政策税收减免 1.1 亿元。

专利工作向强区迈进　加大科技项目知识产权的导向激励。全区新增专利申请 5363 件，其中发明专利申请 1722 件；专利授权 2168 件，其中发明专利授权 89 件，万人发明专利拥有量 8.08 件。加大专利保护力度，联合市知识产权局立案查处假冒专利和侵权案件 90 余件，有效保护专利权人的合法权益。知识产权工作连续 14 年被省科技厅、省知识产权局表彰为省知识产权工作先进集体。

开展“4·26”知识产权宣传日活动

开展“5·12”宣传活动

开展先锋社区科普活动

开展“大走访大落实”活动

泰州市姜堰区供电公司

2016年，区供电公司围绕全区“决胜全面小康、加速崛起振兴”核心任务，以“项目兴区、环境立区、富民强区”为目标，不断强化自身职能，为建设“强富美高”新姜堰提供坚强电力保障。公司被评为“服务地方建设先进单位”“区级机关服务品牌”。

电力供应 完成全社会用电量28.14亿千瓦时、售电量26.67亿千瓦时，比上年分别上升1.7%、2.5%。

电网建设 促成泰州公司与区政府签订“十三五”坚强智能电网建设战略合作协议。投资3.9亿元，建成投运110千伏前林输变电工程，新增、改造配变539台、配电线路189.45千米，增加配电容量20.69万千伏安，改造农村低压台区1065个、低压线路735千米。投入专项资金256万元，新建标准化10千伏线路4条，新增变压器14台，完成兴泰镇、罗塘街道2个镇（街道）12个村组“美丽乡村”建设。

优质服务 上争资金3015万元，完成通前路、陈庄路、上海路等9条线路迁移改造及古田小区、府西新村等老旧小区改造。投资170万元建成城市快充站1座、高速公路充电站2座、充电桩18个，推广电锅炉及冰蓄冷空调技术，促进节能减排，免费为8家企业安装用能监测装置。推广智能家居，完成4000多户“多表合一”信息采集安装工作。开展“两学一做”学习教育和机关服务品牌创建。“繁星花青年志愿服务”获评江苏省十佳青年志愿服务品牌。

国内首批源网荷智能终端在姜堰泰达纺织有限公司安装调试成功

加强“坚强电网”“智能电网”“一流配电网”建设

电动汽车充电桩

区供电公司营销农电工作得到省公司领导肯定

泰州供电公司总经理吴争赴公司开展春季暨迎峰度夏安全生产督导检查

组织全体党员“走进特高压、见证发展路”

泰州供电公司与姜堰区政府签订两项合作协议

区供电公司保电人员在溱潼会船节上现场驻点保电

江苏省姜堰经济开发区

2016年，区经济开发区积极应对复杂严峻的宏观经济形势，抢抓机遇、迎难而上，较好地完成各项工作任务，实现经济社会发展新突破。

经济指标稳步增长　完成工业纳税销售224.53亿元，比上年增长11.85%；完成公共财政预算收入8.09亿元；完成列统工业产值479.8亿元，比上年增长11.7%；完成利税总额44.2亿元，比上年增长5.8%；完成工业投资108.73亿元，比上年增长31.1%；完成设备抵扣税0.87亿元，比上年增长69.5%。新开工建设1000万元以上技改项目28个，其中1000万元～3000万元项目6个、3000万元～1亿元项目11个、亿元以上项目11个。

项目建设推进有力　新签约亿元以上项目23个，实际利用外资8000万美元。经市认定新开工亿元以上项目28个，其中10亿元以上项目3个；竣工验收项目11个；在建亿元以上项目31个。总投资30亿元的大唐热电联产项目10月首台机组投入运行。总投资20亿元的中来股份太阳能电池项目从签约到正式投产只用了7个月时间。瑞银物流公共型保税仓库项目2015年11月向海关提交申请设立报告，2016年1月获南京海关总署批准设立，年底竣工。

基础设施日趋完善　开工建设项目26个，完工验收项目24个。完成纬八路（许陆河—广州路）、区间道路网格化道路、科技大道北延、四支河滨河路等道路工程建设5.14千米，开工建设陈庄路改造、上海路改造、科技大道北延、南京路南延、立新路等道路工程；完成公寓楼安置房建设13.8万平方米和544户自建区外网配套工程，其中陈庄三期后增6幢、马厂七期D区杭州路东侧竣工通过验收；完成开发区学校幼儿园一期工程和配套、装备建设，开工建设幼儿园二期；推进赛宝厂房改造以及设备安装调试建设，开工建设派出所用房；新建路灯200余盏，维修道路4500平方米。

党的建设不断加强　强化管党意识。从加强改进工作、创新党员教育管理、干部培养等方面，完善改进党的建设制度。稳抓农村党建。实地巡查18个村，约谈党员200余人；保障农村党建工作经费，列入财政预算，做到督察有专人、活动有阵地、运转有资金。狠抓非公有制企业党建。加强“三融合、三转化”和“双向互动”等党建模式宣传，引导企业健全党工组织学习活动室、职工书屋、现代远程教学系统，保障党工组织活动规范化运转。组织企业开展大讨论、讲党课等“两学一做”活动，振华泵业的“党建发展促技术创新”在《泰州日报》“两学一做”姜堰板块宣传推广。

区委常委宋羽（右二）走访企业

部署“大走访大落实”工作

金秋经贸洽谈会签约仪式

中来光电开业

百姓文化大舞台

陈庄社区文化墙

溱湖旅游度假区

国家AAAAA级旅游景区
国家湿地公园
国家生态旅游示范区

江苏省姜堰溱湖旅游度假区
（溱潼镇）

2016年，溱湖旅游度假区上下齐心协力、埋头苦干，全力以赴稳增长、促改革、调结构、惠民生、防风险，经济社会始终保持健康发展的良好态势，实现“十三五”良好开局。

旅游发展焕发新活力。溱湖野生动物园进入试运营阶段，溱湖海洋世界正在内部装修，环湖路一期如期施工，湿地公园大停车场完成改扩建工程，渔事乐园、漂流改造、河道清淤、线路改造等工程同步推进，溱潼古镇胜江南八鲜美食街基本建设完成，进入招商阶段。举办溱潼会船节、端午龙舟赛、湿地露营节、“溱湖八鲜”美食节等系列旅游节庆活动，承办亚洲铁人三项赛，发行溱潼古镇特种邮票。全年接待游客203万人次，实现旅游总收入2.37亿元，比上年分别增长8.05%、6.59%。溱湖旅游度假区管委会获“全国旅游系统先进集体”称号，溱潼镇入选中国首批特色小镇。

“溱湖八鲜”美食节开幕式

特种邮票首发式

城镇建设迈上新台阶。溱潼镇全年实现地区生产总值19.9亿元，可比增长10%；实现纳税销售10.6亿元，财政总收入7893万元，其中一般公共预算收入4734万元。完成溱潼镇总体规划修编，同步制定古镇保护区规划及东大门周边规划；S610连接线、鹊仙路至湿地公园科普馆、新城区区间大道延伸等一批民生道路工程全部开工建设；深入开展“两学一做”学习教育活动，全面落实从严治党要求，以“大走访大落实”活动为契机，深入企业、家庭问政于民、问需于民、问计于民，提升党员干部执政为民的形象，增强人民群众的获得感。溱潼会船节获省首批群众文化“百千万”工程优秀文化活动品牌；南寺村获“江苏省农业电子商务示范村”称号。

开展国际生物多样性保护日活动

亚洲铁人三项赛

会船节

泰州市姜堰区城市管理局

局长曹圣基（左一）走访困难群众

姜堰区创建省优秀管理城市迎检动员会

2016年，区城管局以创建省优秀管理城市为主线，以市容环境专项整治行动为抓手，创新工作思路、完善管理机制，整合优势资源，凝聚管理合力，在破解管理难题、提升精细水平、提高服务质量上动真功、下狠劲，各项工作稳步推进、业绩明显。

美化城市空间环境。制定《城区空间美化专项行动实施方案》，拆除姜堰大道、人民路、陈庄路两侧各类违章广告480处，改造店面招牌460处。跟踪治理人民南路、长江路及太宇家具城和巴黎城北侧路段店招广告，拆改违章广告55处4400平方米、违规店招267处。完成城区103条道路776块新式路铭牌设计制作安装工作。

开展摊点专项整治。推进校园及市场周边市容环境专项整治，治理殷唐路、府东路等路段摊点占道顽症，加强光明路、幸福路常态管理。开展步行街核心区域市容环境专项整治行动，重点治理马路摊点、烧烤摊点、骑门跨店等管理顽症。

整治后的东方巴黎城沿街店招焕然一新

优化环卫设施改造。投入300多万元，购置多种作业车辆，提升机械化作业水平。维修改造城区垃圾房40座、公厕5座，投入74.8万元，升级改造城区第一、三中转站压缩设备。

推进城乡一体发展。全区城乡生活垃圾收集率、无害化处理率一直保持在95%以上，实现历史性突破。履行长效办工作职责，姜堰区2016年村庄环境长效管理工作在泰州市组织的季度考核中一直名列前茅。

环卫工人冲洗罗塘东路路面

现场监督渣土运输车辆出场冲洗

新购置的环卫垃圾运输车

泰州市姜堰区建筑工程管理局

区四套班子负责人走访慰问一线职工

建筑业银企对接恳谈会

建筑业是姜堰区的传统产业、支柱产业、富民产业，姜堰区连续七年获泰州市建筑业工作目标考核一等奖，2016 年获全市首个“中国建筑之乡”称号。

顺势而为，全力推动转型发展。引导建筑企业主动适应新常态，推动实现“产业转型、经营转轨、市场转向、结构转优”。工业化进程进一步提速，锦宸集团在区经济开发区投资 3 亿元建设建筑产业现代化基地，填补区建筑工业化生产空白；资质门类进一步扩大，全区拥有资质建筑企业 188 家，其中特级 2 家、一级 14 家；市场份额显著增长，年产值亿元以上市场 36 个，5 家企业获对外签约权；产业结构逐步优化，施工领域由 5 个门类扩展到 19 个门类，经营范围扩展到房地产、学校、商场、餐饮、建材加工、工业、仓储、码头、金融等领域。

2017 年全区建筑业工作会议

聚力创新，着力提升竞争实力。创新发展理念，从“追求规模数量”向“追求规模数量与质量效益并重”转变。2016 年承建规模工程 3251 个，其中 29 层以上工程 615 个；创新管理手段，正太集团、中程公司等重点企业完成公司化制度改革，企业决策、管理、运营、风险防控等能力显著提升。创新施工方式，坚持以绿色低碳为方向，支持企业加强关键技术、共性技术和专业施工技术、尖端施工技术攻关，应用节能施工技术，向技术、管理和节约要效益。2016 年获国家发明专利（实用新型）8 项、省级工法 6 项、省级新技术应用示范工程 1 项，国家和省级 QC 成果奖 9 项。通过推进科技化、信息化，提高企业运营效率和管理能力，打造发展新引擎。为安全监督人员配备“执法记录仪”，推广亿元以上项目建筑施工现场远程视频监控系统；落实建设工程项目现场管理人员 LBS 监控系统，全区建筑施工未发生较大安全生产事故。

全区建筑安全生产工作会议

强化保障，致力改善发展环境。制定出台《建筑施工企业信用等级评定办法》《促进和扶持建筑业发展的实施办法》，优化融资担保服务，整顿规范市场秩序，2016 年完成建筑业总产值 633 亿元、增加值 158 亿元、地方入库税收 6.22 亿元，晋升二级以上资质企业 13 家，获评国家、省优质工程 16 个，锦宸集团晋升特级资质。

开展预防职务犯罪专题讲座

建筑行业举办职能大赛

正大集团承建博茨瓦纳大学教学医学楼项目获“鲁班奖”

泰州市姜堰区审计局

党组学习

2016年，区审计局坚持“审计监督全覆盖、项目管理全过程、队伍建设全方位”工作思路，加大审计执法力度，为推进经济和社会事业发展、促进党风廉政建设发挥积极作用。开展审计（调查）50个，查出各类违规金额3146万元，管理不规范金额400988万元，工程审计净核减11802.5万元。

突出重点，深化本级预算执行审计 优化配置审计资源，开展财政同级审。在预算执行审计中突出重点，关注财政资金分配、管理和使用，实现财政资金“全口径、全过程、全方位”监督，构建财政审计大格局，揭示虚报冒领、骗取套取、截留侵占及“三公”经费使用中问题，促进公共财政资金安全规范高效使用。重点审查区农村危房改造基金。围绕预算执行真实性、合法性、效益性和科学性，分别对区农委、区司法局的预算执行情况进行审计。

姜堰区审计工作会议

全面覆盖，加强政府性投资项目审计 加强政府投资项目全过程监督。实施标底审核项目431项，送审价133527万元，审定132415.1万元，核减1111.9万元；组织中介机构对89个政府投资工程项目进行结（决）算审计，项目送审价83321万元，初审价81386.1万元，审定投资额70695.5万元，净核减10690.6万元；组织对区文化体育中心工程建设项目竣工决算进行审计。

党课教育

积极稳妥，推进领导干部经济责任审计 根据年度领导干部任期经济责任审计项目计划，完成19名领导干部任期经济责任审计。把因公出国经费、车辆使用费、招待费及招商引资费用和奖金支出情况作为必审内容，把公有资产移交、个人往来结算、公务用车等列入领导干部廉洁自律情况，把经济责任审计与财政财务收支、财政决算、工程决（结）算相结合，注重延伸下属单位和有经济往来的相关单位、重大决策申报情况，注意发现问题。

关注民生，切实加强民生资金项目审计 加强对社保、医疗、教育、“三农”等重点民生资金审计，揭示反映挤占挪用、损失浪费、管理不善、效益不佳等问题，保障民生政策实施，维护群众利益。组织区城镇保障性安居工程跟踪审计、2012年至2015年6月姜堰土地出让收支情况审计、全区彩票公益金管理使用情况审计调查、盐城龙卷风冰雹特别重大灾害救灾物资和灾后重建资金管理使用情况跟踪审计。

“先锋社区行”活动

开展审计工作

周山河船闸

泰州市姜堰区水利局

大埨文化河

运粮河

叶家舍河

2016年，区水利局贯彻落实区委、区政府决策部署，投资4亿多元，大干水利，兴水惠民，完成各项目标任务，实现“十三五”良好开局。

推进重点工程建设 实施国家、省重点工程卤汀河、泰东河主体工程及配套影响工程。疏浚整治干河33千米，驳岸长42千米，加固圩堤60千米，新（拆）建干河桥梁6座，新建支河桥梁45座，疏浚整治支河22条，新（拆）建圩口闸130座、排涝站62座，航道等级由五级提高到三级。

老生产河节制闸

突出抓好园区服务 落实《现代农业园区两年行动计划》，实施园区水利基础设施提档升级工程，完成沈高镇河横村智能化灌溉建设、生产河疏浚、生态护坡及沈马路沿线水环境整治。服务旅游经济发展，基本建成溱湖旅游度假区生态调水泵站，推进溱湖湿地内部河道清淤整治工程。

新生产河节制闸

完善水利基础设施 疏浚整治区级河道5条、镇级河道12条、村庄河塘113条，加固圩堤16.1千米，新建、拆建圩口闸95座，新建衬砌渠道141千米，更新改造灌排泵站182座，改造农村危桥60座。城区马厂路套闸桥拆除重建工程提前一个月竣工通车，白米套闸除险加固工程在主汛期来临前完工。服务农村引长江水工程建设，全区16个镇（街道）支管网改造到位，各镇（街道）供水销差率普遍得到控制。

一次性成型U型渠道

防汛防旱成效显著 落实各类防汛防旱责任制，完善全区防汛防旱应急预案和水利工程度汛运行方案，调整防汛指挥系统，增储补足防汛抢险物资，在俞垛镇春草村举行防汛抢险培训，检查消除防汛隐患。组织开展防汛排涝工作，抵御突发性强降雨和“莫兰蒂”台风影响，全区安全度汛。

河道管护

打造良好水环境 推进水生态文明城市建设试点工作，实施通南片水生态调度控制、老通扬运河西段整治、四支河东段河道整治、时庄河生态补水泵站、重点河道绿化提档升级等示范工程，落实水资源管理制度，深化节水型社会建设，城区河道管护实行市场化运作，农村河道管护委托有专业监管资质的第三方每月实施长效管理考核，兴泰镇获省级“水美乡镇”称号，娄庄镇先进村、三水街道军铺村获省级“水美村庄”称号，蔡官学校、东桥中心小学获“省级节水型学校”称号，溱湖湿地科普馆创建成省级节水教育基地。

环境卫士　生态使者

泰州市姜堰区环境保护局

市委常委、政法委书记张余松（中），市委常委、区委书记李伟（前左一）调研环保工作

开展节假日“零点行动”

区领导督察“263”专项行动推进情况

发放工作人员综合表现家庭通报单

深入推进水环境整治　联合相关部门对新通扬运河等国控、省控断面开展多次现场踏勘、调查，编制水质分析报告，制定新通水质改善实施方案。督促相关镇（街道）加快年度全省“覆盖拉网式”农村环境综合整治工程建设，加强25套农村小型生活污水处理设施运行监督，每年处理生活废水约40万吨。

重点推进大气污染治理　重点开展化工园区废气、重点企业挥发性有机物治理等7项大气治理工程，与建管等部门联合开展施工工地扬尘专项整治，牵头推进全区燃煤锅炉整治，提前完成市交168台燃煤锅炉整治任务，发放补助资金286万元。第四批燃煤锅炉整治完成147台46652万元。2016年空气环境优良率、$PM_{2.5}$平均浓度下降率等4项重点指标均位列全市第一。

扎实推进重金属、固废、噪声污染防治　组织对双登公司铅蓄电池生产工艺清洁优化项目进行验收，联合财政部门核拨中央重金属污染防治资金780万元，推动姜堰双登科技工业园被环境保护部确定为“十三五”重金属污染防控区退出类示范。对全区60家危险废物产生及处置单位进行动态监管，每年高考、中考期间组织“绿色护考”专项行动，加强学校、医院、居民集中居住区等敏感区域夜间噪声监测监管。

开展绿色骑行宣传活动

泰州市姜堰区安全生产监督管理局

2016年，该局全面落实安全监管责任，强化安全生产“红线”意识，坚持强基础、抓重点、重监管、促长效，开展安全生产各项工作。全区安全生产事故起数、死亡人数两项指标连续实现“双下降”，连续10年未发生3人以上死亡及造成较大社会影响的安全事故。

责任体系落实到位　区委主要负责人6次调研、率队督促检查安全生产工作；区政府主要负责人主持召开全区安全生产工作大会9次，督促检查镇（街道）、园区和部门安全生产工作完成情况，部署重点工作任务。结合重点时期、重大节日、重要活动时机，区委、区政府领导对各自分管领域带队突击检查。

基础建设成效显著　编制安全生产“十三五”专项规划和重点行业安全生产专项规划，纳入全区总体规划。区政府通过购买安全服务方式，对46家高危企业进行一次全面安全现状评价，有效解决高危企业安全条件差的问题。实施网格化管理，343名网格员实现安全生产网格化监管全覆盖。推进标准化建设，新增三级标准化企业44家、小微企业162家、二级标准化企业9家。在重点行业实施安全总监制度，危险化学品生产企业、危险化学品运输企业、客运企业、一级以上建筑施工企业和59家重点工贸企业配备安全总监96人。

主体责任全面落实　修订区落实企业主体责任规定，出台企业主体责任清单，全面实施告知承诺制度，责成企业主要负责人手书上年度述职报告，当面递交；加强隐患排查管控，企业自查自纠上报隐患实行一月一通报、一年一考核；推行“安全保健医生”制度，首批选出78名具有较高安全生产管理水平的“安全保健医生”上岗，签约小微企业400余家；开展落实企业主体责任三年专项行动，实施“三个百日行动”。落实企业主体责任的做法得到省安监局主要负责人的高度重视，被《中国安全生产报》、《江苏安全生产》杂志大篇幅报道。

区委书记李伟考察安全生产

区长李文飙考察安全生产

举办安全生产月系列活动启动仪式

检查烟花爆竹

开展危险化学品泄漏事故应急救援演练

开展安全生产月广场宣传

应急救援演练

泰州市安全生产宣传法制工作研讨会

全省职业健康监管工作先进集体
全省安全生产执法工作先进集体
非煤矿山及冶金等工贸行业安全生产工作先进集体
2016年度泰州市安全生产工作先进集体，一等奖

泰州市姜堰区体育局

群众体育　全面完成“农村20分钟体育健身圈”建设，人均拥有公共体育面积3.05平方米，居泰州市第一。举办庆祝全国第8个“全民健身日”暨全民健身展示活动、2016年“体彩杯”庆元旦职工长跑、第七届“大洋杯”职工乒乓球比赛、“东风风神杯”机关职工羽毛球比赛等各类群众性体育活动50多场次；举办各类社会体育指导员培训班，培育社会体育指导员600多人次；举办2016年中国·姜堰第六届“黄龙士·双登杯”世界女子围棋擂台赛，与中国围棋协会签订第七届至第九届的合作协议；协办2016年泰州铁人三项亚洲杯赛；承办2016年全国象棋业余棋王赛江苏赛区姜堰分站赛、泰州分站赛和江苏赛区总决赛。

竞赛训练　承办泰州市校园足球联赛，与区教育部门协同举办校园足球、篮球、田径、乒乓球、棋类等比赛。组队参加省、市各项年度比赛，取得优异成绩，男、女足丙组在省青少年足球锦标赛中均获冠军。巩固足球优势，拓展业余训练布局，做好体育后备人才选拔、输送工作，加大市队区办、市队校办项目扶持建设力度。

体育产业　加强体育彩票销售管理，体彩销售额9476万元，超额完成市销售目标任务，增幅排名泰州市第一。行政权力操作规范，游泳高危行业监管有力。5个项目获市体育产业发展专项资金55万元，1个项目获省体育产业发展专项资金100万元，包装项目数和上争资金数均列泰州市第一。

举办“区长杯”足球联赛

行风热线

区女足获省冠军

区男足获省冠军

全民健身展演

举办省棋王赛

举办铁人三项亚洲杯赛

广场舞大赛

举办世界女子围棋擂台赛

区文体中心

泰州市姜堰区政务服务中心

泰州市姜堰区政务服务管理办公室

姜堰区不动产权证首发仪式

2016 年度政务服务工作总结表彰大会

中心文化建设活动

2016 年，区政务办以推进供给侧改革为主线，深化行政审批制度改革，优化审批流程，推进“互联网 +”政务服务，强化公共资源交易管理，助力地方经济社会发展。全年窗口办件 135.2 万件，办结率 100%，即办件率 86.4%；开展各类公共资源交易 466 宗，交易额 26.98 亿元，增收节支 2.88 亿元。

审批制度改革成效充分彰显 驻场项目总数动态调整至 247 项，承诺总时限压缩至法定 34.6%，累计压缩工作日 536 个。精简 8 个部门审批申报材料 12 类 42 套，取消（压减）9 个事项收费，调整再造 14 个部门 32 个事项办理流程。

政务服务体系建设有力加强 开通“政务咨询”，增设社保自助服务一体机。编制印发《项目清单》《政务服务 100 问》《企业服务套餐式办事指南》。完善公共资源交易制度，挂牌成立泰州市公共资源交易中心姜堰分中心。推进分中心、镇（社区）便民服务中心建设。通过“国家农村社会化服务标准化示范区”考核验收。

审批办理流程再造举措扎实 推行建设工程联合测绘，将不同测绘种类环节整合。开展建设工程联合审图，将审图职能整合，并联审图，年内开展 35 个项目联合审图办理服务。组建不动产登记窗口，分类绘制办理流程图。建立行政权力运行系统和行政权力事项数据库，实现政务服务一站式办理。

重大项目联审会办更趋完善 实施《重大项目联审会办实施办法》，建立健全会办机制。开展重大项目联合审图、联合测绘，简化审批环节，整合中介服务，提高服务质效。组建项目审批组、帮办服务组，开展“一区两园”走访服务。

服务行为规范管理不断加强 开展“在岗不作为、履职不担当”专项整治工作，加强大厅巡查管理，遏制“庸懒散”“中梗阻”“生冷硬”等作风顽疾，关注、回应网络舆情。严格招投标行为监管，公共资源交易服务实现全过程节点留痕。

姜堰区建设工程施工图联合审查首发证仪式

泰州市姜堰区农业委员会

省级现代农业园区物联网系统

2016年，区农委围绕“决胜全面小康、加速崛起振兴”战略目标，以“五大发展理念”为总揽，以深化农业改革试点为抓手，全力突破，创先争优，农业经济工作取得显著成效。全年实现农业总产值68.35亿元、农业增加值41.25亿元，比上年增长9.4%。协助区委、区政府举办全国春季农业生产现场会、全国贯彻农业现代化规划工作会、全国农业改革与建设试点培训会，国家农业改革与建设试点三年总结绩效考评全国第一。国家农产品质量安全县和全省首批生态循环农业示范县创建通过验收，获评全省发展现代高效农业成效显著县。

粮食生产总体稳定　针对2016年自然灾害频发现状，区农委认真组织、积极应对，全年粮食总产54.83万吨。落实粮食补贴等各类惠农政策，稳定粮食种植面积，粮食种植总面积约11.07万公顷次。全区建立部省级高产增效创建示范片18个，河横稻麦展示基地创下杂交粳稻单产991.8千克的新纪录。

结构调整持续推进　新增设施农业面积1000公顷、设施渔业面积约306.33公顷，大坽镇农牧结合农业园、溱潼镇休闲观光农业园获评泰州市级农业园区（全区市级农业园区11个），3个果蔬基地入选省级园艺作物标准园建设，创建成农业部畜禽标准化示范场1个、省级畜禽健康养殖示范场3个、省级示范家庭渔场1个。

家庭农场服务联盟

智慧强农全面推广　率先试点应用泰州“农牧旺”智慧农业管理服务平台，建成全省先进的农业物联网应用系统，形成河横稻麦基地节水灌溉自动化控制、中艺农业生态园育苗大棚自动化调节、北农大种鸡养殖和苗鸡炕孵全程化监管、新富源循环水养殖自动化增氧等“互联网＋农业”应用示范点。

休闲观光农业保持领先　沈高镇河横村创建成全省首批休闲观光农业示范村，溱潼镇湖南村创建成省级农家乐集聚村示范村，溱湖湿地农业系统入选全国农业文化遗产名录，中艺农业生态园升级为全国休闲农业与乡村旅游五星级企业。

农业现代化水平加快提升　完成高效农业保险保费4317万元，新增新型职业农民5613人，新增成片造林372.3公顷，建成省级绿化示范村6个。加强农产品质量安全监管，新认证农业“三品”32个，创建成全省农产品质量安全追溯管理示范单位7个。

中艺农业生态园基地

姜堰农田

水乡采菱

河横展示基地

有关组织机构简称、全称对照表

简　称	全　称
区委	中国共产党泰州市姜堰区委员会
区人大常委会	泰州市姜堰区人民代表大会常务委员会
区政府	泰州市姜堰区人民政府
区政协	中国人民政治协商会议泰州市姜堰区委员会
区纪委	中共泰州市姜堰区纪律检查委员会
区法院	泰州市姜堰区人民法院
区检察院	泰州市姜堰区人民检察院
区人武部	中国人民解放军江苏省泰州市姜堰区人民武装部
区委保密局	泰州市姜堰区委机要保密局
区委组织部	中共泰州市姜堰区委组织部
区委宣传部	中共泰州市姜堰区委宣传部
区文明办	泰州市姜堰区精神文明建设指导委员会办公室
区委统战部	中共泰州市姜堰区委统一战线工作部
区民宗局	泰州市姜堰区民族宗教事务局
区委政法委	中共泰州市姜堰区委政法委员会
区综治办	泰州市姜堰区社会治安综合治理委员会办公室
区武警中队	中国人民武装警察部队泰州市姜堰区中队
区委农工办	中共泰州市姜堰区委农村工作办公室
区台办	中共泰州市姜堰区委台湾工作办公室、泰州市姜堰区人民政府台湾事务办公室
区编办	泰州市姜堰区机构编制委员会办公室
区委党校	中共泰州市姜堰区委党校
区史志档案办	泰州市姜堰区史志档案办公室
区级机关工委	中共泰州市姜堰区委区级机关工作委员会
区政府法制办	泰州市姜堰区政府法制办公室
区应急办	泰州市姜堰区应急管理办公室
区外侨办	泰州市姜堰区政府外事侨务办公室
区政务办	泰州市姜堰区政务服务管理办公室
区发展和改革委	泰州市姜堰区发展和改革委员会
区经济和信息化委	泰州市姜堰区经济和信息化委员会
区科学技术和知识产权局	泰州市姜堰区科学技术和知识产权局
区人力资源和社会保障局	泰州市姜堰区人力资源和社会保障局
国土资源局区分局	泰州市国土资源局姜堰分局
规划局区分局	泰州市规划局姜堰分局
区住建局	泰州市姜堰区住房和城乡建设局
区城管局	泰州市姜堰区城市管理局
区交通运输局	泰州市姜堰区交通运输局
区邮政公司	中国邮政集团公司泰州市姜堰区分公司
区农委	泰州市姜堰区农业委员会
区商务局	泰州市姜堰区商务局
区卫生计生委	泰州市姜堰区卫生和计划生育委员会
区环保局	泰州市姜堰区环境保护局
区安监局	泰州市姜堰区安全生产监督管理局
区文广新局	泰州市姜堰区文化广电新闻出版局
区广电台	泰州市姜堰区广播电视台

有关组织机构简称、全称对照表

简　称	全　称
区机关事务局	泰州市姜堰区机关事务管理局
区建管局	泰州市姜堰区建筑工程管理局
区农开局	泰州市姜堰区农业资源开发局
区农机局	泰州市姜堰区农业机械管理局
区人防办	泰州市姜堰区人民防空办公室
团区委	中国共产主义青年团泰州市姜堰区委员会
区妇联	泰州市姜堰区妇女联合会
区工商联	泰州市姜堰区工商业联合会
区科协	泰州市姜堰区科学技术协会
区关工委	泰州市姜堰区关心下一代工作委员会
区两会	泰州市姜堰区老区建设促进会、扶贫开发协会
区残联	泰州市姜堰区残疾人联合会
区国税局	泰州市姜堰区国家税务局
区地税局	泰州市姜堰地方税务局
区市场监管局	泰州市姜堰区市场监督管理局
区电信公司	中国电信股份有限公司泰州姜堰区分公司
区供电公司	国网江苏省电力公司泰州市姜堰区供电公司
区烟草专卖局	江苏省泰州市姜堰区烟草专卖局
区烟草公司	江苏省烟草公司泰州市公司姜堰区分公司
区盐务局	泰州市姜堰区盐务管理局
区经济开发区	江苏省姜堰经济开发区
溱湖旅游度假区	江苏省姜堰溱湖旅游度假区
区金融办	泰州市姜堰区金融工作办公室
人行区支行	中国人民银行姜堰支行
工行区支行	中国工商银行股份有限公司姜堰支行
农行区支行	中国农业银行股份有限公司泰州姜堰支行
中行区支行	中国银行股份有限公司姜堰支行
建行区支行	中国建设银行股份有限公司姜堰支行
区农商行	江苏姜堰农村商业银行股份有限公司
交行区支行	交通银行股份有限公司泰州姜堰支行
农发行区支行	中国农业发展银行泰州市姜堰区支行
邮政储蓄银行区支行	中国邮政储蓄银行股份有限公司泰州市姜堰区支行
南京银行区支行	南京银行股份有限公司姜堰支行
吴江银行区支行	吴江农村商业银行姜堰支行
江苏银行区支行	江苏银行股份有限公司泰州姜堰支行
中信银行区支行	中信银行股份有限公司姜堰支行
长江银行区支行	江苏长江商业银行姜堰支行
浦发银行区支行	上海浦东发展银行姜堰支行
人保财险区支公司	中国人民财产保险股份有限公司姜堰支公司
寿保区支公司	中国人寿保险股份有限公司姜堰支公司
华泰证券区营业部	华泰证券股份有限公司姜堰东大街营业部
区移动公司	中国移动通信集团江苏有限公司姜堰分公司
区联通公司	中国联合网络通信有限公司姜堰分公司
江苏有线区分公司	江苏有线网络发展有限责任公司姜堰分公司
区住房公积金管理中心	泰州市住房公积金管理中心姜堰分中心
区消协	泰州市姜堰区消费者协会

目　　录

特　　载

永葆干事创业激情　投身两聚一高实践
努力实现姜堰更富含金量的崛起振兴
——在中共泰州市姜堰区委十二届二次全会上的讲话 ………………… 区委书记　李　伟　1

泰州市姜堰区人大常委会工作报告
——在泰州市姜堰区第十五届人民代表大会第一次会议上 …… 区人大常委会主任　申泰州　11

政府工作报告
——在泰州市姜堰区第十五届人民代表大会第一次会议上 ………………… 区　长　李文飙　17

表1　2017年保障和改善民生实事项目表 ……………………………………… 27

中国人民政治协商会议泰州市姜堰区委员会常务委员会工作报告
——在政协泰州市姜堰区第十四届委员会第一次会议上 …………… 区政协主席　仲亚岭　30

大事记

1月 ……………………………………………… 36
2月 ……………………………………………… 38
3月 ……………………………………………… 40
4月 ……………………………………………… 45
5月 ……………………………………………… 47
6月 ……………………………………………… 49
7月 ……………………………………………… 52
8月 ……………………………………………… 54
9月 ……………………………………………… 57
10月 ……………………………………………… 59
11月 ……………………………………………… 61
12月 ……………………………………………… 63

姜堰概貌

地情概要
位置面积 ……………………………………… 66
自然资源 ……………………………………… 66
气候 …………………………………………… 66
建置沿革 ……………………………………… 66
行政区划 ……………………………………… 67
城市荣誉 ……………………………………… 67
交通 …………………………………………… 67
人口 …………………………………………… 68

民族…………………………………………… 68
方言…………………………………………… 68
风景名胜……………………………………… 68
文化传统……………………………………… 69

国民经济

概况…………………………………………… 69
农林牧渔业…………………………………… 69
工业…………………………………………… 70
国内贸易……………………………………… 70
对外贸易……………………………………… 70
旅游业………………………………………… 70
建筑业………………………………………… 70
交通运输……………………………………… 71
邮电通信业…………………………………… 71
银行保险业…………………………………… 71
固定资产投资………………………………… 71

社会事业

科技事业……………………………………… 71
教育事业……………………………………… 71
文化事业……………………………………… 72
卫生事业……………………………………… 72
体育事业……………………………………… 72
城市建设……………………………………… 72
环境保护……………………………………… 72

人民生活

概况…………………………………………… 73

社会主义政治文明建设

概况…………………………………………… 73
干部人事制度改革…………………………… 73
基层民主政治建设…………………………… 73
职工民主管理………………………………… 74

社会主义精神文明建设

概况…………………………………………… 74
志愿服务活动………………………………… 75

生态文明建设

概况…………………………………………… 75
姜堰区被命名为国家生态区………………… 76
姜堰区生态文明建设规划通过专家评审…… 76

党政社团组织机构与领导人名录

中共泰州市姜堰区第十一届委员会………… 77
中共泰州市姜堰区第十二届委员会………… 77
泰州市姜堰区第十四届人大常委会………… 77
泰州市姜堰区第十四届人大常委会党组…… 77
第十四届泰州市姜堰区人民政府…………… 77
第十四届泰州市姜堰区人民政府党组 …… 78
政协泰州市姜堰区第十三届委员会………… 78
政协泰州市姜堰区第十三届委员会党组
　……………………………………………… 78
中共泰州市姜堰区第十一届纪律检查
　委员会……………………………………… 78
中共泰州市姜堰区第十二届纪律检查
　委员会……………………………………… 78
泰州市姜堰区人民法院……………………… 79
泰州市姜堰区人民检察院…………………… 79
泰州市姜堰区人民武装部…………………… 79
中共泰州市姜堰区委工作部门、事业单位…… 79
泰州市姜堰区人大常委会办事机构………… 81
泰州市姜堰区人民政府工作部门、直属单位
　……………………………………………… 81
政协泰州市姜堰区委员会工作机构………… 86
群众团体……………………………………… 87
双重管理单位………………………………… 88
江苏省姜堰经济开发区……………………… 90
江苏省姜堰溱湖旅游度假区………………… 90
泰州市姜堰区现代科技产业园区…………… 90
泰州市姜堰区高新技术装备产业园区 …… 91
江苏省姜堰现代农业产业园区……………… 91

农业·农村

农业

·综述·

概况…………………………………………… 92
承办全国农业现代化规划工作会…………… 94

姜堰区创建成为国家农产品质量安全县…… 94
姜堰区农业改革与建设试点绩效考评
全国第一…………………………………… 94
农业园区建设………………………………… 95
全国水稻育秧种植保险第一单……………… 95
农产品电子商务……………………………… 95

·种植业·
概况…………………………………………… 95
粮食高产……………………………………… 96
中韩水稻病虫合作项目……………………… 96
承办全省油菜新品种新技术观摩座谈会…… 96
承办全省小麦赤霉病管控技术示范效果评估
现场会…………………………………… 97
承办全省水稻新品种生产现场观摩暨技术
培训会…………………………………… 97
承办水稻重大病虫防控和三新工程项目现场
观摩交流会……………………………… 97
水肥一体化综合示范区建成………………… 97
无线农业墒情综合监测站建立……………… 97
《泰州市姜堰区蔬菜生产基地建设与保护
规划》…………………………………… 97

·林业·
概况…………………………………………… 98
林业有害生物普查…………………………… 98
美国白蛾防治………………………………… 98
新增自然湿地保护小区建设方案通过省级
论证……………………………………… 98

·畜牧业·
概况…………………………………………… 98
姜堰区通过畜禽养殖综合标准化示范区验收
……………………………………………… 99

·渔业·
概况…………………………………………… 99
渔业“三新”工程项目 ……………………… 100

·农业资源开发·
概况 ………………………………………… 100

·农业机械化·
概况 ………………………………………… 101
农机项目管理 ……………………………… 101

·农业产业化经营·
概况 ………………………………………… 101

农村工作
概况 ………………………………………… 101
农村产权交易市场建设 …………………… 102
全市首家农村劳务专业合作社成立 …… 102

工 业

综述
概况 ………………………………………… 103

重要工业活动
概况 ………………………………………… 104
区中小企业公共服务平台开通 …………… 105

重点企业简介
双登集团股份有限公司 …………………… 105
江苏曙光集团股份有限公司 ……………… 106
江苏苏中药业集团股份有限公司 ………… 106
泰州市华丽塑料有限公司 ………………… 106
江苏太平洋精锻科技股份有限公司 …… 107
礼恩派(泰州)有限公司 ………………… 107
格兰特(江苏)钻具有限公司 …………… 107
江苏泰达纺织有限公司 …………………… 107
江苏扬动电气有限公司 …………………… 108
江苏飞船股份有限公司 …………………… 108
2016年度区十强、重点、成长型工业企业名单
……………………………………………… 108

建筑业

综述
概况 ………………………………………… 110

建筑市场拓展
概况 …… 110

产业结构调整
概况 …… 110

建筑科技创新
概况 …… 111
正太学院揭牌 …… 111

建筑行业管理
概况 …… 111
2016年建筑业十件大事 …… 112
表2 2016年度产值亿元以上建筑企业一览表 …… 112
表3 2016年新开工22层及以上工程一览表 …… 113
表4 2016年获省级以上优质工程一览表 …… 115
表5 2016年度获江苏省文明工地一览表 …… 115

商贸流通

综述
概况 …… 116
姜堰区获“江苏省农村电子商务示范县”称号 …… 116
“农村淘宝”项目启动 …… 116
“溱湖八鲜”美食节 …… 117

供销合作商业
概况 …… 117

粮油商业
概况 …… 117
粮食订单 …… 118
“放心粮油”工程 …… 118

烟草业
概况 …… 119

盐业
概况 …… 119

成品油管理
概况 …… 120
表6 2016年度泰州市姜堰区成品油零售企业基本情况表 …… 120

物流业
概况 …… 120

对外及对港澳台经济贸易

利用外资及港澳台资
概况 …… 121
招商引资活动 …… 121

对外及对港澳台贸易
概况 …… 122

对外及对港澳台经济技术合作
概况 …… 122
表7 2016年利用外资完成情况表 …… 122
表8 2016年泰州市姜堰区自营进出口月报表 …… 123
表9 2016年度泰州市姜堰区对外承包工程统计表 …… 123

旅　　游

综述
概况 …… 124
电影《你行你上》在泰州华侨城开机 …… 125

节庆活动
概况 …… 125
第十二届中国·姜堰溱潼万朵古山茶观赏节 …… 125
“非遗”展示馆成立 …… 125
2016年中国泰州姜堰溱潼会船节 …… 125
首届中国·河横乡村旅游节 …… 126

泰州华侨城第七届亲水狂欢节 …………… 126
溱湖首届湿地露营节 ……………………… 126
泰州华侨城第七届温泉养生节 …………… 126

溱湖旅游度假区
概况 ………………………………………… 127
旅游市场 …………………………………… 127
主题宣传活动 ……………………………… 128
中央电视台《传承》栏目组到溱湖拍摄
　制簖技艺 ………………………………… 128
溱湖旅游度假区成为首批省级研学旅游
　示范基地 ………………………………… 128
溱湖湿地科普馆入选省级节水教育基地…… 128
溱湖旅游度假区管委会获评全国旅游
　系统先进集体 …………………………… 128

开发园区

江苏省姜堰经济开发区
概况 ………………………………………… 129
区经济开发区通过省级知识产权试点验收
　………………………………………… 129

泰州市姜堰区现代科技产业园
概况 ………………………………………… 130

泰州市姜堰区高新技术装备产业园
概况 ………………………………………… 131

江苏省姜堰现代农业产业园
概况 ………………………………………… 131

人事·劳动·社会保障

人事工作
概况 ………………………………………… 133

劳动工作
概况 ………………………………………… 133
创业创新工作 ……………………………… 134
姜堰区第二届创业创新大赛 ……………… 134

社会保障
概况 ………………………………………… 134
《春风人社》电台专栏开播 ……………… 135

城乡建设

城乡规划
概况 ………………………………………… 136
阳光规划 …………………………………… 137

城区建设
概况 ………………………………………… 137
海绵城市建设 ……………………………… 138
罗塘公园开园 ……………………………… 138

镇村建设
概况 ………………………………………… 138
美丽乡村建设 ……………………………… 138
渔民上岸安居工程通过国家检查组考核
　………………………………………… 138

房地产业
概况 ………………………………………… 139
房地产去库存成效明显 …………………… 139
第二十届房地产展示交易会 ……………… 139
第二十一届房地产展示交易会 …………… 140
第二十二届房地产展示交易会 …………… 140

城市管理
概况 ………………………………………… 140
机动车路面停车收费 ……………………… 141

环境保护

环境管理
概况 ………………………………………… 142
环境社会治理 ……………………………… 142

环境监察
概况 ………………………………………… 143

环境质量
概况 …………………………………………… 143

水利·交通·邮政·电力

水利
概况 …………………………………………… 144

交通运输
·综述·
概况 …………………………………………… 145
春节运输工作 ………………………………… 145

·公路交通运输·
概况 …………………………………………… 145

·水路交通运输·
概况 …………………………………………… 146

·铁路交通运输·
概况 …………………………………………… 147
火车动车开通 ………………………………… 147

·交通基础设施建设·
概况 …………………………………………… 147
启扬高速增设姜堰东互通方案通过审查 …………………………………………… 147
229省道改扩建工程姜堰南段通车 ………… 148
火车站提档升级 ……………………………… 148

邮政
概况 …………………………………………… 148
加盟店啤酒订货会 …………………………… 149
溱潼古镇入选特种邮票 ……………………… 149
溱潼古镇主题邮局建成 ……………………… 150
姜堰邮政电子商务运营中心揭牌 ………… 150

供电
概况 …………………………………………… 150

信息化建设与信息服务

综述
概况 …………………………………………… 151
2016年“两化融合”示范（试点）企业名单 …………………………………………… 151
承办移动信息化高层研讨会 ……………… 151

信息安全
概况 …………………………………………… 152

无线电管理
概况 …………………………………………… 152

信息服务业
·中国电信股份有限公司泰州姜堰区分公司·
概况 …………………………………………… 152

·中国移动通信集团江苏有限公司姜堰分公司·
概况 …………………………………………… 152

·中国联合网络通信有限公司姜堰分公司·
概况 …………………………………………… 153

金融

综述
概况 …………………………………………… 154

银行
·中国人民银行姜堰支行·
概况 …………………………………………… 155

·中国工商银行股份有限公司姜堰支行·
概况 …………………………………………… 155

·中国农业银行股份有限公司泰州姜堰支行·
概况 …………………………………………… 156

·中国银行股份有限公司姜堰支行·
概况 …………………………………………… 157

· 中国建设银行股份有限公司姜堰支行 ·
概况 …………………………………………… 157

· 江苏姜堰农村商业银行股份有限公司 ·
概况 …………………………………………… 158
区农商行第七次股东大会 ………………… 158

· 交通银行股份有限公司泰州姜堰支行 ·
概况 …………………………………………… 159

· 中国农业发展银行泰州市姜堰区支行 ·
概况 …………………………………………… 159

· 中国邮政储蓄银行股份有限公司泰州市姜堰区支行 ·
概况 …………………………………………… 159

· 南京银行股份有限公司姜堰支行 ·
概况 …………………………………………… 160

· 吴江农村商业银行姜堰支行 ·
概况 …………………………………………… 160

· 江苏银行股份有限公司泰州姜堰支行 ·
概况 …………………………………………… 160

· 中信银行股份有限公司姜堰支行 ·
概况 …………………………………………… 161

· 江苏长江商业银行姜堰支行 ·
概况 …………………………………………… 161

· 上海浦东发展银行姜堰支行 ·
概况 …………………………………………… 162

保险

· 中国人民财产保险股份有限公司姜堰支公司 ·
概况 …………………………………………… 162

· 中国人寿保险股份有限公司姜堰支公司 ·
概况 …………………………………………… 162

证券

· 华泰证券股份有限公司姜堰东大街营业部 ·
概况 …………………………………………… 163

财政 · 税务

财政

概况 …………………………………………… 164
表10 2016年泰州市姜堰区主要财政收入、支出项目一览表 ………………… 164

国家税务

概况 …………………………………………… 165
"营改增"改革 ……………………………… 166
税收征管体制改革 ………………………… 166

地方税务

概况 …………………………………………… 166

经济综合管理监督

国民经济计划管理

概况 …………………………………………… 167

固定资产投资

概况 …………………………………………… 168

服务业管理

概况 …………………………………………… 168
区健康服务业集聚区发展规划通过评审 ……………………………………… 168

统计

概况 …………………………………………… 169
第三次全国农业普查工作 ………………… 169
"全国第三次农业普查遥感测量调查"微电影在姜堰区取景 ………………………… 170

审计

概况 …………………………………………… 170

市场监督管理
概况 …… 170
食品安全监管 …… 172
保健食品化妆品监管 …… 173
药品医疗器械监管 …… 173
特种设备安全监管 …… 173
“3·15”系列宣传活动 …… 173

国土资源管理
概况 …… 174
区不动产登记局和区不动产登记中心成立 …… 174
区国土资源宣传教育基地成立 …… 175

物价管理
概况 …… 175
开展价格为民办实事工程 …… 176
价格改革 …… 177

安全生产监督管理
概况 …… 177
安全生产专项监管 …… 179
苏中药业集团爆炸事故 …… 180

住房公积金管理
概况 …… 180

公共资源交易管理
概况 …… 181

科技·教育

科技
·科学技术·
概况 …… 182
区第二届创业创新创益风尚节 …… 183
离岸创业孵化器建设 …… 183
两企业入选“2016江苏省创新型企业100强” …… 183
常春高氮合金炼制高氮钢填补国内高氮合金领域空白 …… 184
苏中药业项目获国家科技进步奖一等奖 …… 184
表11　获2016年度国家科学技术进步奖项目一览表 …… 184
表12　获2016年度江苏省科学技术奖项目一览表 …… 184
表13　获2016年度泰州市科学技术进步奖项目一览表 …… 185

·防震减灾·
概况 …… 185
地震安全示范创建 …… 186

·气象工作·
概况 …… 186
气象为农服务 …… 186

教育
概况 …… 187
高考取得佳绩 …… 189
乡村中小学教师定向培养 …… 189
溱潼小学崇德教育被中央电视台拍摄 …… 189
蔡官学校被中央电视台记者采访 …… 189
有偿家教治理工作经验被《中国教育报》报道 …… 189
高中教育被《江苏教育报》报道 …… 190
初中生汉字听写大赛 …… 190
庆祝“六一”儿童节暨第二届“书香伴成长”风采展示活动 …… 190
第二届小学生成语大赛 …… 190
姜堰南洋职业技术学院（筹）揭牌 …… 191
教育集团和教育联盟重组 …… 191
泗洪姜堰实验学校签约 …… 191
罗塘高中晋升省四星级普通高中 …… 191
与多恩大学合作 …… 191
谢天获“世界记忆大师”奖 …… 191
2016年度姜堰教育十大新闻事件、十大教育人物 …… 192

文　化

综述

概况 …… 193

群众文化

概况 …… 193
"激情三水"广场文艺演出 …… 194
姜堰区第十二届群众文化艺术节 …… 194
姜堰区第二届青少年汉字书写大会 …… 194
全国优秀摄影作品展 …… 194
省级公共文化服务体系示范区创建 …… 194

图书

概况 …… 194
《衔春集》出版 …… 195
区书画艺术研究会揭牌 …… 195

文化遗产

概况 …… 195
全国可移动文物普查 …… 195
李奎根书画捐赠作品展 …… 196
圣旨精品展 …… 196
余跃紫砂艺术馆开馆 …… 196

文化市场

概况 …… 196

文化产业

概况 …… 196

广播电视

·泰州市姜堰区广播电视台·

概况 …… 197
新媒体发展 …… 197
"益众百村行"大型新闻活动 …… 197

·江苏有线网络发展有限责任公司姜堰分公司·

概况 …… 198

卫　生

综述

概况 …… 199
姜堰区慈善医院挂牌 …… 199

医政管理

概况 …… 200
第二届"十佳医生""十佳护士"暨"最美村医"评选活动 …… 200

卫生监督

概况 …… 200

疾病预防控制

概况 …… 201

妇幼保健

概况 …… 202

爱国卫生

概况 …… 202
姜堰区创建成省级健康促进区 …… 202

体　育

综述

概况 …… 203

群众体育

概况 …… 203
承办泰州市门球联赛（姜堰赛区） …… 203
承办第六届世界女子围棋团体赛 …… 203
区第十一届老年人体育运动会 …… 204
承办泰州铁人三项亚洲杯赛 …… 204
承办全国象棋业余棋王赛江苏赛区大赛 …… 204
市网球协会姜堰分会成立 …… 204

竞技体育

概况 …… 204

女子足球沪苏共建活动 …………………… 205
姜堰区第六届“区长杯”校园足球联赛…… 205
姜堰区第六届“竞彩杯”校园足球联赛…… 205
区足协换届选举大会 ……………………… 205

体育产业
概况 ……………………………………… 205

社会生活

民政事务
概况 ……………………………………… 206
泰州市社区应急互助联盟成立 …………… 207
区慈善协会兴泰分会成立 ………………… 207

双拥工作
概况 ……………………………………… 207

老龄事业
概况 ……………………………………… 208
区老年健康协会一届三次理事会 ………… 208
姜堰区“健康老人”表彰大会暨镇（街道）老年健康分协会建设推进会 …………… 208

人口与计划生育
概况 ……………………………………… 209
流动人口管理 …………………………… 209

民族·宗教
概况 ……………………………………… 209
《堰上佛韵》开机 ……………………… 210
表14 泰州市姜堰区少数民族分布情况统计表 ……………………………… 210

中共泰州市姜堰区委员会

重要会议
全区机关作风建设暨干部警示教育大会 ……………………………………… 212
全区党建暨农业农村工作会议 …………… 212
全区经济工作会议 ……………………… 212
中共泰州市姜堰区第十二次代表大会 …… 212
承办中共泰州市委五届二次全会 ………… 212

组织建设
概况 ……………………………………… 213
开展“两学一做”学习教育 ……………… 213

宣传教育
概况 ……………………………………… 214
文化姜堰建设 …………………………… 215
《姜堰日报》…………………………… 215
2015年度姜堰十大新闻评选活动 ………… 216
区新四军历史研究会三届二次常务理事会（扩大）会议 …………………………… 216
姜堰第二届网民节 ……………………… 216
姜堰第四届广场舞大赛 ………………… 217

统战工作
概况 ……………………………………… 217
区党外知识分子联谊会二届一次会员大会 ……………………………………… 218

台湾事务
概况 ……………………………………… 218

机构编制
概况 ……………………………………… 218
行政管理体制机制改革 ………………… 219
规范编外用工专项行动 ………………… 219

区级机关党建
概况 ……………………………………… 220

机要保密
概况 ……………………………………… 221

党校教育
概况 ……………………………………… 221

老干部工作
概况 ……………………………………… 221

信访
概况 …………………………………………… 222
重大活动期间信访工作 …………………… 222

史志档案工作
概况 …………………………………………… 222
《姜堰年鉴》2016年卷出版发行…………… 223

泰州市姜堰区人民代表大会

概况 …………………………………………… 224
第十四届人民代表大会第五次会议………… 224
人大常委会会议 …………………………… 224
人大常委会主任会议 ……………………… 227
人大代表议案和建议、批评、意见办理
…………………………………………… 227
表15 区十四届人大五次会议期间10人及以上代表联名提出建议一览表
…………………………………… 228
重要考察活动 ……………………………… 229
执法检查 …………………………………… 229
专题询问 …………………………………… 230
专项工作评议 ……………………………… 230
部门工作评议 ……………………………… 230

泰州市姜堰区人民政府

综述
重要会议 …………………………………… 231
姜堰区入选"三个百强区" ………………… 237
"江苏姜堰"微信公众号上线 ……………… 237

政务服务
概况 …………………………………………… 237

外事·侨务
概况 …………………………………………… 239
侨务工作品牌创建 ………………………… 239

应急管理
概况 …………………………………………… 240

机关事务管理
概况 …………………………………………… 241
公车制度改革 ……………………………… 242

政协泰州市姜堰区委员会

概况 …………………………………………… 243
政协泰州市姜堰区第十三届委员会第五次会议 ………………………………………… 244
政协常委会会议 …………………………… 244
委员活动日 ………………………………… 245
政协之友联谊会 …………………………… 245
友好往来 …………………………………… 245
文史工作交流 ……………………………… 245
《姜堰名人》出版发行 ……………………… 245
《姜堰精英人物》(第一册)出版…………… 245

泰州市姜堰区纪律检查委员会

概况 …………………………………………… 246

民主党派·工商联

民主党派工作
概况 …………………………………………… 248
九三学社江苏省委专家工作站揭牌 …… 248
九三学社泰州市姜堰区委员会成立 …… 248

泰州市姜堰区工商业联合会
概况 …………………………………………… 248
姜堰上海商会成立 ………………………… 249
区工商联第十二次会员代表大会 ………… 250

社会团体

泰州市姜堰区总工会
概况……………………………………………251
姜堰区"十佳关爱职工的企业家""十佳工会干部""十佳职工"评选活动 ……………252
区总工会十六届七次全委(扩大)会 ……252

共青团泰州市姜堰区委员会
概况……252
青年电商创业……253
省青基会先锋公益基金成立……253
承办全省助残“阳光行动”服务基地授牌仪式……253
“青年之声·姜堰”心理服务联盟上线……254

泰州市姜堰区妇女联合会
概况……254
区妇联十三届六次执委（扩大）会……255
庆“三八”系列活动……255
首届“姜堰最美女性”评选活动……255
巾帼志愿服务……256
庆“六一”活动……256
区失依少年儿童联络中心成立……256
全区首个家庭农场妇联成立……256

泰州市姜堰区科学技术协会
概况……256
区科协八届四次全委（扩大）会议……258
实施“六创一带”科普能力提升工程……258
开展全民科学素质提升行动……258
罗塘街道科普馆开馆……258

泰州市姜堰区残疾人联合会
概况……258
“残疾人之家”创建……259
残疾人幸福生活推进计划……259
残疾人证清理……259
残疾人信息调查……260

泰州市姜堰区红十字会
概况……260
红十字青少年工作……260
造血干细胞捐献……260
全区首例造血干细胞捐献……261

泰州市姜堰区关心下一代工作委员会
概况……261
校外辅导站建设……262

泰州市姜堰区老区建设促进会
概况……262

法　　治

社会治安综合治理
概况……264

法治姜堰建设
概况……265
法治政府建设……266
法治政府建设改革……267

公安
概况……267
公安改革……268
2016年姜堰公安“十大印象”……268
消防……269

检察
概况……269
检察改革……270
区检察院移动办公平台获国家计算机软件著作权……270

法院
概况……271
审判创新……271
司法改革……272

司法行政
概况……272
姜堰区第二届“姜堰好律师”评选活动……273

军　　事

人民武装
概况……274
常委议军会……275

首支民兵水上救援分队成立 ………………… 275

人民武警

概况 ………………………………………… 275

人民防空

概况 ………………………………………… 275
实现镇(街道、区)防空警报全覆盖 ………… 276

各镇(街道)概貌

罗塘街道

概况 ………………………………………… 277
罗塘街道第五届文化踩街活动 ……………… 278
表16 2016年罗塘街道主要社会经济指标情况统计表 …………………………… 278
表17 2016年罗塘街道各村(社区)基本情况统计表 …………………………… 278
罗塘街道领导名单 ………………………… 279

三水街道

概况 ………………………………………… 279
表18 2016年三水街道主要社会经济指标情况统计表 …………………………… 279
表19 2016年三水街道各村(社区)基本情况统计表 …………………………… 280
三水街道领导名单 ………………………… 280

溱潼镇

概况 ………………………………………… 280
溱潼镇入选中国首批特色小镇 ……………… 281
表20 2016年溱潼镇主要社会经济指标情况统计表 …………………………… 281
表21 2016年溱潼镇各村(社区)基本情况统计表 …………………………… 282
溱潼镇领导名单 …………………………… 282

顾高镇

概况 ………………………………………… 282
表22 2016年顾高镇主要社会经济指标情况统计表 …………………………… 283
表23 2016年顾高镇各村(社区)基本情况统计表 …………………………… 284
顾高镇领导名单 …………………………… 284

蒋垛镇

概况 ………………………………………… 284
表24 2016年蒋垛镇主要社会经济指标情况统计表 …………………………… 285
表25 2016年蒋垛镇各村(社区)基本情况统计表 …………………………… 285
蒋垛镇领导名单 …………………………… 285

大坨镇

概况 ………………………………………… 286
表26 2016年大坨镇主要社会经济指标情况统计表 …………………………… 287
表27 2016年大坨镇各村(社区)基本情况统计表 …………………………… 287
大坨镇领导名单 …………………………… 287

张甸镇

概况 ………………………………………… 287
简政放权工作 ……………………………… 288
张甸镇农业科技园规划通过专家论证 ………………………………………… 288
表28 2016年张甸镇主要社会经济指标情况统计表 …………………………… 288
表29 2016年张甸镇各村(社区)基本情况统计表 …………………………… 289
张甸镇领导名单 …………………………… 289

梁徐镇

概况 ………………………………………… 290
表30 2016年梁徐镇主要社会经济指标情况统计表 …………………………… 291
表31 2016年梁徐镇各村(社区)基本情况统计表 …………………………… 291
梁徐镇领导名单 …………………………… 291

白米镇

概况 ………………………………………… 292

表32　2016年白米镇主要社会经济指标情况统计表 …… 292
表33　2016年白米镇各村（社区）基本情况统计表 …… 293
白米镇领导名单 …… 293

娄庄镇
概况 …… 293
表34　2016年娄庄镇主要社会经济指标情况统计表 …… 295
表35　2016年娄庄镇各村（社区）基本情况统计表 …… 295
娄庄镇领导名单 …… 295

沈高镇
概况 …… 296
江苏北农大农牧科技有限公司 …… 297
微电影《本色》开机 …… 297
表36　2016年沈高镇主要社会经济指标情况统计表 …… 297
表37　2016年沈高镇各村（社区）基本情况统计表 …… 297
沈高镇领导名单 …… 298

兴泰镇
概况 …… 298
表38　2016年兴泰镇主要社会经济指标情况统计表 …… 299
表39　2016年兴泰镇各村（社区）基本情况统计表 …… 299
兴泰镇领导名单 …… 299

桥头镇
概况 …… 299
桥头镇家庭农场“订单种粮” …… 300
桥头镇首部微电影开拍 …… 300
表40　2016年桥头镇主要社会经济指标情况统计表 …… 300
表41　2016年桥头镇各村（社区）基本情况统计表 …… 301
桥头镇领导名单 …… 301

淤溪镇
概况 …… 301
表42　2016年淤溪镇主要社会经济指标情况统计表 …… 302
表43　2016年淤溪镇各村（社区）基本情况统计表 …… 303
淤溪镇领导名单 …… 303

俞垛镇
概况 …… 303
表44　2016年俞垛镇主要社会经济指标情况统计表 …… 304
表45　2016年俞垛镇各村（社区）基本情况统计表 …… 305
俞垛镇领导名单 …… 305

华港镇
概况 …… 305
表46　2016年华港镇主要社会经济指标情况统计表 …… 307
表47　2016年华港镇各村（社区）基本情况统计表 …… 307
华港镇领导名单 …… 308

人物·荣誉栏

人物
·中共泰州市姜堰区第十二届委员会领导·
李　伟 …… 309
李文飙 …… 309
孙靓靓 …… 310
丁志强 …… 310
戴兆平 …… 310
薛金林 …… 311
刘志群 …… 311
刘文来 …… 311
邓　肯 …… 312
盛育河 …… 312
宋　羽 …… 312

·泰州市姜堰区第十四届人大常委会新任领导·
申泰州 …… 313

秦永金 …………………………………… 313

·第十四届泰州市姜堰区人民政府新任领导·
史献辞 …………………………………… 313
乌拉木江·沙吐哈力 ……………………… 314
顾鹏程 …………………………………… 314
陈　华 …………………………………… 314
曹　祥 …………………………………… 314

·政协泰州市姜堰区第十三届委员会新任领导·
钱　娟 …………………………………… 315

·泰州市姜堰区人民法院新任领导·
卢爱华 …………………………………… 315

·泰州市姜堰区人民检察院新任领导·
孔维俊 …………………………………… 315

荣誉栏

·先进集体·
姜堰区获得的综合荣誉 …………………… 316
国家部委表彰的先进集体 ………………… 317
省级和省条线表彰的先进集体 …………… 318
市级表彰的先进集体 ……………………… 323

·先进个人·
国家部委表彰的先进个人 ………………… 325
省级和省条线表彰的先进个人 …………… 325
市级表彰的先进个人 ……………………… 326

文件选编

重要文件摘要

中共泰州市姜堰区委　泰州市姜堰区人民政府关于印发《2016年度招商引资项目建设考评奖惩办法》的通知 …………………… 329
中共泰州市姜堰区委　泰州市姜堰区人民政府关于推进农业改革创新加快发展现代农业的政策意见 ……………………… 330
中共泰州市姜堰区委关于印发《深入贯彻省党代会精神 扎实开展"百团千村万企大走访大落实"活动实施方案》的通知 …………………………………… 331
区政府办公室关于印发《2016年质量强区工作实施意见》的通知 …………………… 331
区政府关于《姜堰区电子商务发展三年行动计划(2016—2018年)》的通知 ………… 333

重要文件索引

区委 ……………………………………… 337
区人大常委会 …………………………… 338
区政府 …………………………………… 339
区政协 …………………………………… 341
区委办公室 ……………………………… 342
区人大常委会办公室 …………………… 343
区政府办公室 …………………………… 345
区政协办公室 …………………………… 347

统计资料

一、综合

表48　2016年行政区划统计表 …………… 349
表49　地区生产总值统计表(当年价)…… 349
表50　地区生产总值统计表(不变价)…… 350
表51　按支出法计算的地区生产总值统计表 ……………………………… 350

二、农业

表52　各镇(街道)农业总产值统计表…… 351
表53　各镇(街道)农村经济收益分配统计表 ……………………………… 351
表54　农业总产值及增加值构成统计表 …… 352
表55　全社会农作物面积产量统计表 …… 353
表56　多种经营产品产量统计表 ………… 354
表57　主要农业机械年末保有量统计表 …… 355

三、工业

表58　全部工业总产值统计表 …………… 356

四、国内贸易和对外经济

表59　社会消费品零售总额统计表 ……… 357
表60　对外贸易主要经济指标统计表 …… 358

五、交通·邮电·电力·城建
表61　全社会客货运输量统计表 ………… 359
表62　公路桥梁航通船闸情况统计表 …… 359
表63　邮电业务总量统计表 ……………… 360
表64　电力收支情况统计表 ……………… 360
表65　城镇建设情况统计表 ……………… 361

六、财政·银行·保险
表66　财政收入情况统计表 ……………… 362
表67　财政支出情况统计表 ……………… 363
表68　金融机构存、贷款余额统计表………… 363
表69　保险公司保险费收支情况统计表 …………………………………… 364

七、固定资产投资
表70　全社会固定资产投资统计表………… 365
表71　房地产开发投资统计表 …………… 365

八、人口·劳动力
表72　全区人口数及变动情况统计表 …… 366
表73　各镇（街道）农村劳动力使用情况统计表 ………………………… 367

九、科技·教育·文化·广播电视·卫生·体育
表74　各类专业技术人员数统计表………… 368
表75　教育事业情况统计表 ……………… 368
表76　文化事业情况统计表 ……………… 369
表77　广播电视事业情况统计表 ………… 369
表78　卫生事业情况统计表 ……………… 370
表79　体育事业情况统计表 ……………… 370

十、人民生活
表80　住户收支与生活状况统计表（全年，新口径）…………………… 371

便民指南

泰州市姜堰区政务服务管理办公室 …………………………………………… 380
姜堰区联合审图流程图 …………………… 381

公证服务指南 ……………………………………… 382

律师服务指南 ……………………………………… 382

基层法律服务工作者服务指南 ……………………………………… 382

医院专家门诊指南
表81　泰州市第二人民医院专家门诊一览表 ……………………………………383
表82　泰州市姜堰中医院专家门诊一览表 ……………………………………386

交通指南
表83　泰州市姜堰区城乡公交线路情况一览表 ……………………………… 388
表84　泰州市姜堰区汽车站长途客运班车时刻表 ……………………………… 396
表85　泰州市姜堰区火车站旅客列车时刻表（周一至周四）………………… 398
表86　泰州市姜堰区火车站旅客列车时刻表（周五至周日）………………… 399

索　　引

A ……………… 400
B ……………… 400
C ……………… 400
D ……………… 401
E ……………… 402
F ……………… 402
G ……………… 402
H ……………… 403
J ……………… 404
K ……………… 405
L ……………… 406
M ……………… 407
N ……………… 407
P ……………… 407
Q ……………… 407
R ……………… 408
S ……………… 409
T ……………… 410
W……………… 411
X ……………… 411
Y ……………… 412
Z ……………… 413

彩色图片目录

泰州市姜堰区交通运输局………………… 封面1
泰州市姜堰区人民防空办公室………… 封面2
泰州市姜堰区教育局…………………… 封面3
2016年度姜堰十大新闻 ……………………… 2
泰州市姜堰区财政局 ………………………… 6
泰州市姜堰区国家税务局 …………………… 7
泰州市姜堰区人民武装部 …………………… 8
泰州市姜堰区公安局 ………………………… 9
泰州市姜堰保安服务公司…………………… 10
泰州市姜堰区司法局………………………… 11
泰州市姜堰区卫生和计划生育委员会 …… 12
泰州市国土资源局姜堰分局………………… 13
泰州市姜堰区科学技术和知识产权局 …… 14
泰州市姜堰区供电公司……………………… 15
江苏省姜堰经济开发区……………………… 16
江苏省姜堰溱湖旅游度假区（溱潼镇） …… 17
泰州市姜堰区城市管理局…………………… 18
泰州市姜堰区建筑工程管理局……………… 19
泰州市姜堰区审计局………………………… 20
泰州市姜堰区水利局………………………… 21
泰州市姜堰区环境保护局…………………… 22
泰州市姜堰区安全生产监督管理局………… 23
泰州市姜堰区体育局………………………… 24
泰州市姜堰区政务服务管理办公室………… 25
泰州市姜堰区农业委员会…………………… 26
泰州市姜堰区发展和改革委员会…………… 27
泰州市姜堰区烟草专卖局（分公司）………… 28
泰州市第二人民医院………………………… 30
泰州市姜堰中医院…………………………… 31
泰州市姜堰区妇幼保健计划生育服务中心
……………………………………………… 32
泰州市姜堰区皮肤病防治所………………… 33
泰州市姜堰区总工会………………………… 34
泰州市姜堰区科学技术协会………………… 35
泰州市姜堰区残疾人联合会………………… 36
泰州市姜堰区商务局………………………… 37
泰州市姜堰区供销合作总社………………… 38
泰州市姜堰区文化广电新闻出版局………… 39
泰州市姜堰区广播电视台…………………… 40
江苏有线网络发展有限责任公司姜堰分公司
……………………………………………… 41
泰州市姜堰区现代科技产业园区（罗塘街道）
……………………………………………… 42
泰州市姜堰区高新技术装备产业园区
（白米镇）…………………………………… 43
江苏省姜堰现代农业产业园区（沈高镇）
……………………………………………… 44
娄庄镇………………………………………… 45
淤溪镇………………………………………… 46
俞垛镇………………………………………… 47
顾高镇………………………………………… 48
张甸镇………………………………………… 49
蒋垛镇………………………………………… 50
大垅镇………………………………………… 51
梁徐镇………………………………………… 52
桥头镇………………………………………… 53
华港镇………………………………………… 54
兴泰镇………………………………………… 55
泰州市姜堰区励才实验学校………………… 56
泰州市姜堰区美术学校……………………… 57
江苏美华交通工程有限公司………………… 58
泰州市姜堰人民商场有限公司……………… 59
泰州市姜堰区住房和城乡建设局…………… 60

Table of contents

Special Albums

Always keep the Secretary, entrepreneurial passion, to join the "two poly, one high" practice, and strive to achieve Jiangyan is more rich in the rise of gold, revitalization ······ by Li Wei 1
Taizhou city Jiangyan District People's Congress Standing Committee work report ······ by Shen Taizhou 11
Government work report ······ by Li Wenbiao 17
Report on the work of the Standing Committee China people's Political Consultative Conference Committee of Jiangyan District of Taizhou City ······ by Zhong Yaling 30

Memorabilia

······ 36

General picture of Jiangyan

Information summary ······ 66
National economy ······ 69
Social undertakings ······ 71
Lives of the people ······ 73
Socialism politics civilization construction ······ 73
Socialist ideological and ethical progress ······ 74
Ecology civilization construction ······ 75
Party politics mass organization organizations and agencies and leader name list ······ 77

Agriculture, Countryside

Agriculture ······ 92
Rural work ······ 101

Industry

Overview ······ 103
Important industrial activity ······ 104
The Key enterprise introduces ······ 105

Architecture industry

Overview ······ 110
Construction market development ······ 110
Industry restructure ······ 110
Construction scientific innovation ······ 111
Construction trade management ······ 111

Business circulation

Overview ······ 116
Supply and sales cooperative trade ······ 117
Cooking oil trade ······ 117
Tobacco industry ······ 119
Salt industry ······ 119
Refined oil management ······ 120
Logistics industry ······ 120

Foreign and to the Hongkong, Macao and Taiwan economical trades

The use of foreign, Hongkong, Macao, Taiwan's capital ······ 121
Foreign trade and trade with Hongkong, Macao, Taiwan ······ 122
Foreign and economic and technological cooperation with Hongkong, Macao and Taiwan ······ 122

Traveling

Overview ······ 124
Festival activities ······ 125
Qin Lake Tourism Resort ······ 127

Development Zone

Jiangsu Province Jiangyan economic development zone ······ 129
Taizhou city Jiangyan District modern science and Technology Industrial Park ······ 130
Taizhou city Jiangyan District high-tech equipment Industrial Park ······ 131
Jiangsu Province Jiangyan District modern agricultural industrial park ······ 131

Human affairs, Work, Social security

Personnel service ······ 133
Work ······ 133
Social security ······ 134

City and countryside construction

City and countryside plan ······ 136
City construction ······ 137
Town village construction ······ 138
Real estate industry ······ 139
Urban management ······ 140

Environmental protection

Environmental management ······ 142
Environmental monitoring ······ 143
Environment quality ······ 143

Water conservation, Transportation, Postal service, Electric power

Water conservation ······ 144
Transportation ······ 145
Postal service ······ 148
Power supply ······ 150

Information construction and information service

Overview ······ 151
Information security ······ 152
Regulation and administration of radio services ······ 152
Information service industry ······ 152

Finance

Overview ······ 154
Bank ······ 155
Insurance ······ 162
Negotiable securities ······ 163

Finance, Tax affairs

Finance ······ 164
National tax affairs ······ 165
Place tax affairs ······ 166

Economic Integrated management supervision

National economic planning development ······ 167
Investment in the fixed assets ······ 168
Service industry management ······ 168
Statistics ······ 169
Audit ······ 170
Market supervision and management ······ 170
Land resources management ······ 174
Price control ······ 175
The safe production supervision manages ······ 177
Housing common reserve fund management ······ 180
Public resource transaction management ······ 181

Science and technology, Education

Science and technology ······ 182
Education ······ 187

Article Melting

Overview ······ 193
Populace culture ······ 193
Books ······ 194
Cultural heritage ······ 195
Cultural market ······ 196
Cultural industry ······ 196
Radio and TV ······ 197

Health

Overview ······ 199
Hospital management ······ 200
Health Supervision ······ 200
Disease prevention and control ······ 201
Maternal and child health ······ 202
Patriotic Health ······ 202

Sports

Overview ······ 203
Mass sports ······ 203
Competitive sports ······ 204
Sports industry ······ 205

Social life

The Ministry of Civil Affairs ······ 206
Two supports work ······ 207
The cause of aging ······ 208
Population and birth control ······ 209
Nationality, Religion ······ 209

Taizhou Jiangyan District Committee of the Communist Party of China

Important meeting ······ 212
Organization construction ······ 213
Publicity and education ······ 214
United front work ······ 217
Taiwan business ······ 218
Organization establishment ······ 218
The district party building ······ 220

Confidential work ……221
The Party School Education ……221
Old cadre work ……221
The petition ……222
Party's history,Local Chronicles and Archives Work ……222

Taizhou city Jiangyan District People's Congress

……224

Taizhou city Jiangyan District People's Government

Overview ……231
Government service ……237
External affairs, Overseas Chinese affair ……239
Emergency management ……240
Organ transaction management ……241

Committee of Jiangyan District People's Political Consultative Conference in Taizhou City

……243

Taizhou city Jiangyan District Commission for Discipline Inspection

……246

Democratic parties, Federation of industry and Commerce

Work of democratic parties ……248
Taizhou city Jiangyan District Federation of industry and Commerce ……248

Social grops

Taizhou city Jiangyan District General labor union ……251
Taizhou city Jiangyan District Committee of the Communist Youth League ……252
Taizhou city Jiangyan District Women's Federation ……254
Taizhou city Jiangyan District Association for science and technology ……256
Taizhou city Jiangyan District Federation of the disabled ……258
Taizhou city Jiangyan District Red Cross ……260
Taizhou city Jiangyan District Committee of the next generation ……261
Taizhou city Jiangyan District Old liberated area Construction Promotion agency ……262

Rule by law

Comprehensive management of social security ……264
Building Rule of Law in Jiangyan ……265
Public security ……267
Examination ……269
Court ……271
Judicial administration ……272

Military

People's armed forces ……274
People's armed police ……275
People's air defense ……275

General picture of various towns (streets)

Luotang Street ……277
Sanshui Street ……279

Qintong Town ······280
Gugao Town ······282
Jiangduo Town ······284
Dalun Town ······286
Zhangdian Town ······287
Liangxu Town ······290
Baimi Town ······292
Louzhuang Town ······293
Shengao Town ······296
Xingtai Town ······298
Qiaotou Town ······299
Yuxi Town ······301
Yuduo Town ······303
Huagang Town ······305

Character, Honor fence

Character ······309
Honor fence ······316

Document collection

Important document abstract ······329
Important document index ······337

Statistical data

1.Synthesis ······349
2.Agriculture ······351
3.Industry ······356
4.Domestic trade and foreign economy ······357
5.Transportation, Posts and telecommunications, Electric power, Urban construction ······359
6.Finance, Bank, Insurance ······362
7.Investment in the fixed assets ······365
8.Population, Labor force ······366
9.Science and technology, Education, Culture, Broadcast television, Health, Sports ······368
10.Lives of the people ······371

Convenience guide

Taizhou city Jiangyan District Administration Office ······380
Notarization service guide ······382
Attorney serves the guide ······382
The basic unit legal service worker serves the guide ······382
Hospital specialist outpatient guidance ······383
Transportation guide ······388

Index

······400

永葆干事创业激情　投身两聚一高实践 努力实现姜堰更富含金量的崛起振兴

——在中共泰州市姜堰区委十二届二次全会上的讲话

（2017年1月3日）

区委书记　李　伟

这次全会的主要任务是，深入贯彻落实党的十八届六中全会，中央经济工作会议，省、市党代会以及市委全会精神，回顾总结2016年工作，研究部署2017年任务，动员全区上下进一步凝心聚力、实干担当，永葆干事创业激情，投身“两聚一高”（聚力创新、聚焦富民，高水平全面建成小康社会）实践，努力实现姜堰更富含金量的崛起振兴。

一、团结拼搏、砥砺奋进，“十三五”发展开局良好

2016年，面对复杂多变的新形势、转型发展的新要求，全区上下紧紧围绕“决胜全面小康、加速崛起振兴”核心任务，着力抓大事、抓要事，推动“十三五”开局之年实现“开门红”。突出抓了四个方面重点工作。

一是抓好重点领域改革，发展活力充分激发。坚持以深化改革为统揽，始终保持改革定力和韧劲，推动各项改革措施精准落地。出台了供给侧结构性改革任务分解方案，逐一明确牵头区领导及责任部门，促进“三去一降一补”（去产能、去库存、去杠杆，降成本，补短板）措施有力落实。推进政府机构改革，设立溱湖旅游度假区党工委、管委会，成立区不动产登记中心，理顺商务局内贸职能。深化行政审批制度改革，清理中介服务事项、规范收费标准，推行“多证合一、一照一码”等改革，建设工程联合测绘在全市率先实行。扎实开展改革试点工作，全省司法体制改革试点积极推进，农村土地承包经营权抵押贷款试点稳妥实施，创造了一批在全国、全省有影响的经验做法，家庭农场服务联盟“姜堰模式”得到汪洋副总理的高度肯定，全国农业改革与建设试点三年总结考核荣获第一。

二是抓好项目招引建设，项目突破势头强劲。坚持“全力以赴抓招商、始终不渝抓项目”核心要求，区领导带头领任务、抓项目，镇（区）把外出招商作为常态、部门把服务项目作为本职，营造出“一切围绕项目转、一切围绕项目干”的浓厚氛围。精心策划全年招商活动，成功举办了会船节经贸洽谈会、金秋经贸洽谈会，龙邦碳纤维、九洲全域旅游等一批重大项目签约，实际利用外资1.6亿美元。深化“一月一通报、一季一考核、每季举办项目集中开工活动”工作机制，定期组织项目观摩、召开项目过堂会，形成了大干快上建设热潮。严格执行“三年滚动考核”机制，引导各层各级真抓项目、抓真项目，全年亿元以上新开工项目80个、竣工项目50个，溱湖健康养老产业园、越美激光芯片项目被列入省重大项目计划，富朗特新型高能锂电池、中来光电等一批重大项目竣工投产。

三是抓好“两学一做”学习教育，党性意识显著增强。按照中央和省、市委部署，在全体党员中广泛开展了“学党章党规、学系列讲话，做合格党员”学习教育，全面从严治党向基层延伸迈出坚实步伐。从区委常委会开始，把深入学习贯彻系列重要讲话作为中心组学习的首要任务，班子成员带头讲党课、谈体会，亮家规、话家风，引导广大党员干部不忘初心、继续前进。基层支部坚持“三会一课”（定期召开支部党员大会、支部委员会、党小组会，按时上好党课）等党的组织生活，广大党员参加组织生活、履行党员义务更加自觉，尤其在房屋征收搬迁、项目招引建设、安全信访维稳等一线，党员先锋模范作用充分发挥。同时，我们坚持问题导向、补齐党建“短板”，启动党建信息化中心建设，建立基层党建巡查制度，出台严肃党内政治生活意见，把党内政治生活认真抓起来、严起来。

四是抓好换届要求落实，政治生态风清气正。2016年是换届之年，全区各级党组织把严肃换届纪律贯穿到制定换届方案、考虑换届人事安排、组织换届选举之中，精心安排、周密部署，区委多次召开常委会专题研究换届有关事项，班子成员带头履行承诺，各级党组织书记切实担负第一责任人责任。纪委、组织部门全程参与监督，利用网站、电视、报纸、微信等平台加强换届政策纪律宣传，组织广大党员观看警示教育片《镜鉴》，引导大家不踩“红线”、不越“雷池”，遵守执行“九严禁”（严禁拉帮结派，严禁拉票贿选，严禁买官卖官，严禁跑官要官，严禁造假骗官，严禁说情打招呼，严禁违规用人，严禁跑风漏气，严禁干扰换届）换届纪律，换届风气好评率达95%以上。强化“以实绩论英雄、为发展配干部”导向，改进考察方式方法，严格按照规定配班子、建队伍，圆满完成区、镇、村（社区）党组织换届工作，促进全区各级党组织的凝聚力、战斗力进一步提升。

各项重点工作的有力实施，促进了全区经济社会发展持续保持向好态势，预计实现地区生产总值578亿元，可比增长10%；一般公共预算收入35.6亿元，增长1.9%；固定资产投资500亿元，增长18%；城乡居民人均可支配收入36833元、17638元，分别增长8%、9%，入选2016年中国中小城市实力百强区、最具投资潜力中小城市百强区、中小城市新型城镇化质量百强区。主要体现在**“五大提升”：产业结构优化提升**。三次产业结构优化调整为6.5∶46.9∶46.6。农业适度规模经营比重达85%，水稻高产攻关单产直逼吨粮，获得首批“国家农产品质量安全县”命名。实现工业开票销售490亿元，增长5%；工业设备抵扣税2亿元，增长26.6%；乐威医药、振华泵业在“新三板”（全国中小企业股份转让系统）挂牌上市。

溱湖旅游度假区入选首批省级研学旅游示范基地，全区接待游客645.8万人次，旅游直接收入15.9亿元；实现社会消费品零售总额171.6亿元，增长11.2%，获批省农村电子商务示范县。建筑业在姜堰入库税收5.88亿元，新增总承包（专业）一级资质企业6家，荣获“中国建筑之乡”称号。**创新活力持续提升。**建成省级以上创新研发平台51个，设立离岸孵化基地4个，全社会研发投入占GDP（地区生产总值）比重达2.2%，高新技术产业产值占比达41.6%，设立全省首家江苏“千人计划”专家双创基地，智谷软件园认定为省级创业孵化示范基地，双登集团获评江苏省质量奖，苏中药业、振华泵业列为省“两化融合”示范企业，太平洋精锻科技创建成国家级技术中心。**城市品位不断提升。**高效完成城区、度假区（溱潼镇）、“三路一河”等地段房屋征收搬迁任务，古田新村等老旧小区整治出新。完成陈庄路、上海路等道路改扩建，229省道南段建成通车，姜堰火车站动车运营并启动升级改造，城乡公交实现全覆盖。国家生态区正式命名，罗塘公园获批省海绵城市建设示范项目，溱潼镇入选中国首批特色小镇，娄庄镇被评为“中国最美乡镇”。**幸福指数大幅提升。**城镇登记失业率1.9%，居民存款余额比年初增加92亿元。城乡居民基础养老金调至125元，最低工资标准提至1770元，城乡低保标准统一提高到每人每月590元，实施医疗救助9800多人次1690多万元。高考全省文科第一名、全市理科第一名花落姜堰，罗塘高级中学晋升四星级普通高中。全民健身中心加快覆盖，居民电子健康档案建档率91%以上，村（社区）综合性文化服务中心建设经验在全省推广，创建成全省公共文化服务示范区。法治惠民成效显著，安全形势持续好转，群众安全感全省第一，荣获全省法治建设示范区、全省综治工作先进区。**干部素质全面提升。**注重年轻干部培养，选聘一批党政青年人才，逐步建设一支精通专业、善于管理、善谋发展的专业型后备干部队伍。创设干部大学堂，实施干部情商和专业化培训，切实提升干部个人修养、业务能力。强化基层党组织带头人队伍建设，第一书记创业劲头充分激发，村干部工作热情充分调动。全面落实“两个责任”（党委负主体责任，纪委负监督责任），建立巡察工作机制，深入开展监督执纪问责行动，严肃查处了一批发生在群众身边的腐败案件，促进了党风政风民风持续好转。全力支持人大依法履行职能、政协加强民主监督，统战、人武、对台、民族宗教、老干部、双拥、群团、关心下一代、外侨等工作取得新业绩。

充分肯定成绩的同时，我们也要清醒地认识到存在的问题。主要表现在：主导产业支柱作用发挥不充分，重大项目、外资项目缺乏，项目拉动效应有待提升；财政收入受“营改增”（营业税改增值税）影响增速放缓，刚性支出加大，收支不平衡依然突出；公共服务覆盖的广度和深度还需加强，脱贫攻坚力度还需加大，社会治理任务仍然艰巨；规范党内政治生活、加强党内监督等要求还需进一步落实。对此，我们必须高度重视，采取有效措施，切实加以解决。

二、抢抓机遇、迅速行动，推动中央和省、市委决策部署有力落地

党的十八届六中全会是在全面深化改革、决胜全面小康的关键时刻召开的一次十分重要的会议，全会审议通过了《关于新形势下党内政治生活的若干准则》《中国共产党党内监督条例》，就新形势下加强党的建设作出重大部署；省第十三次党代会紧紧围绕“强富美高”，提出“聚力创新、聚焦富民，高水平全面建成小康社会”总体目标；市第五次党代会强调，激发干事创业精气神，提高转型创新含金量，再造一个泰州发展的黄金期，这些都为我们做好今后一段时期工作提供了根本遵循。全区上下要深入学习贯彻党的十八届六中全会和省、市党代会精神，进一步凝心聚力、真抓实干，确保上级精神在姜堰落地生根、开花结果。

*注重把转型发展追求作为方向。*经济新常态下，转型发展已成为时代主旋律。市委反复强调，“我们不要空喊口号的高点定位、华而不实的增长速度、后劲不足的争先进位，我们要的是有转型与创新含金量的高点定位、增长速度

和争先进位”。面对新形势、新任务，全区上下要把转型发展作为构筑发展新优势的根本之策，更加注重提升产业质态、城市形态、环境生态，积极培育经济发展新动能，引领产业直奔中高端，加快实现城乡一体发展，奋力追求经济增长与自然环境和谐统一的“绿色GDP”、经济增长与人民幸福和谐统一的“幸福GDP”、经济增长与质量效益和谐统一的“金色GDP”，努力走出一条更高质量、更有效率、更加公平、更可持续的发展之路。

注重把创新富民举措落到实处。省第十三次党代会指出，“聚力创新，大势使然；聚焦富民，民心所盼”。只有把这两篇大文章做好了，居民收入、企业利润、财政收入“三个口袋子”才能更加充实。对于姜堰而言，无论是创新能力还是富民程度都存在一定的短板。面对新形势、新任务，我们要一手抓创新，把创新作为全区发展的核心战略，集聚创新创业人才，打造创新创业平台，厚实创新创业土壤，最大限度释放创新能量，让“大众创业、万众创新”在全社会蔚然成风；一手抓富民，支持各类群体自主创业，拓宽就业、投资、帮扶等增收渠道，实施新一轮脱贫致富奔小康工程，确保全面小康“一个不少、一户不落”，高水平全面建成小康社会。

注重把求真务实作风传承弘扬。省委李强书记强调，求真务实是党员干部应该具备的政治品格。姜堰广大干部群众一直把求真务实作为优良传统，尤其是近年来，全区上下大力弘扬“求真务实创新、团结拼搏奋进”的新时期姜堰精神，真抓实干、务求实效，各项事业取得长足进步。面对新形势、新任务，各级党组织特别是领导干部，要坚持正确政绩观，用更高标准推进求真务实，“求”思想解放之“真”、“务”解决改革发展问题之“实”，“求”转型路径之“真”、“务”加快推进项目建设之“实”，“求”企业需求之“真”、“务”帮助企业排忧解难之“实”，“求”民情民心之“真”、“务”增进人民群众福祉之“实”，努力创造不含水分、经得起检验的工作业绩。

注重把管党治党责任扛在肩上。习近平总书记指出，“党要管党，才能管好党；从严治党，才能治好党”。党的十八届六中全会专题研究全面从严治党重大问题，进一步完善党内法规制度，充分体现了党中央全面从严治党的坚强决心和历史担当。近年来，我们充分发挥党委的领导核心作用，始终以改革创新的精神推进党的建设，打造了一支作风优良、能打硬仗的干部队伍，形成了合力同心、接续奋斗的良好氛围。面对新形势、新任务，各级党组织要把严的要求贯彻到管党治党全过程，引导广大党员干部坚定信念、不忘初心，永葆干事创业的激情、昂扬向上的气势、奋勇争先的斗志，心往一处想、劲往一处使，共同为姜堰的崛起振兴大业全力打拼、接续奋斗。

三、聚力创新、聚焦富民，实现更富含金量的崛起振兴

2017年，是实施“十三五”规划的重要一年，是供给侧结构性改革的深化之年，是贯彻省、市、区党代会精神的关键之年。我们要紧紧围绕“决胜全面小康、加速崛起振兴”核心任务，紧扣“一个建成（全面建成小康社会）、两个高于（主要经济指标增幅高于全省平均水平、高于泰州平均水平）、三个创建（争创国家生态文明建设示范区、国家级经济开发区、国家级旅游度假区）、四个品牌（做强生态、旅游、教育、建筑四个品牌）”总体目标，科学谋划、扎实推进，不断凝聚新动能、厚植新优势。总体要求是：**坚持以党的十八大和十八届三中、四中、五中、六中全会以及省、市党代会精神为指引，以“五位一体”总体布局和“四个全面”战略布局为统领，自觉践行“创新、协调、绿色、开放、共享”五大发展理念，全面聚力创新、聚焦富民，深入实施“三大主题工作”，坚定不移推进项目兴区、环境立区、富民强区战略，深化改革攻坚，致力转型创新，加快融合发展，改善民生福祉，推动经济社会发展更富含金量，在加速崛起振兴征程上迈出更加坚实的步伐。**

全区经济社会发展的主要预期目标是：**力争地区生产总值增长10%左右，城乡居民收入实现与经济同步增长，一般公共预算收入保持正**

增长，固定资产投资增长18%左右，社会消费品零售总额增长11.5%左右，高新技术产业产值占比42%左右。

按照总体要求和目标，重点围绕提升“含金量”开展工作。

（一）坚持创新引领，推动经济发展更富含金量

坚持把创新作为引领发展的第一动力，牢牢把握供给侧结构性改革这条主线，推动结构优化、加速动力转换。

突出工业主体地位。强化主导产业培育，集中力量拓展新型能源应用领域、突破重大成套设备核心技术，推进新能源向风电核电等研发方向迈进，装备制造向部件、成套设备等关键领域发展。强化新兴产业发展，重点聚焦细分行业和领域，培育新材料、新医药、节能环保、电子信息、智能装备等产业，形成具有比较优势的战略性新兴产业。强化存量技术改造，坚持以市场行情为导向，重点引导纺织服装、金属制品、仪器仪表等传统产业，加快实施技术改造、推进设备更新。强化国际市场开拓，鼓励引导企业巩固国内市场、拓展国际市场，实施境外商标、专利注册和国际认证，发展自主知识产权出口品牌，进一步提升产品市场竞争力。加快建筑业工业化、产业化步伐，推进建筑企业经营方式、管理模式提档升级，鼓励正太集团等企业组建产业化联盟，合力开拓国内国际市场，进一步擦亮“中国建筑之乡”金字招牌。

突出科技引领增量。坚持把大数据产业作为科技创新的主切入口，积极策应“一中心”（具有全球影响力的产业科技创新中心）、“一基地”（具有国际竞争力的先进制造业基地）建设，推动大数据与信息、生物、高端制造、新能源等领域深度融合、创新应用，争取一批具有引领技术创新的项目。增强企业创新主体意识，鼓励企业加大研发投入，扶持中小微企业科技创新，加快建立产学研协同创新机制、重点产业专家数据库，着力突破一批核心关键技术、申报一批自主知识产权、形成一批具有影响力的创新成果。加快科技服务业发展，借助智谷软件园、科创中心等载体，培育和壮大科技服务市场主体，创新服务模式，延展服务链条，提升科技服务业对科技创新和产业发展的支撑能力。全面实施“人才强企”战略，落实“创新券”“创业券”“购房券”等政策措施，深入开展“三水英才”“堰归来”等人才引育工程，吸引一批“千人计划”专家、高端紧缺人才落户姜堰。

突出“双创”平台建设。加快离岸孵化基地建设，紧扣“挂牌、合作、驻点、自建”要求，围绕新能源、先进装备制造、大健康产业等行业，聚焦创新资源丰富的重点地区、重点院所，有针对性地开展孵化基地建设，确保3月底前建成离岸孵化基地14个，年内实现新增在孵项目64个、落地项目36个。增强重点园区承载能力，坚持开发区与泰州姜堰高新区互联互动，全面落实开发区三年行动纲要，做强昆姜工业园、智能电网产业园，强化产业集聚、创新服务功能，争创国家级开发区；泰州姜堰高新区做强扬帆创业园、智谷软件园，加快发展软件信息、集成电路等新兴产业，争创省级高新区；装备园区突出“高、新”追求，优化园区配套服务功能，集聚高端装备制造产业，全面提升产业层次。注重特色小镇培育，坚持项目化推进、市场化运作，重点建设溱潼康养旅游小镇，统筹推进姜堰高新区智汇小镇、开发区智能电网小镇、蒋垛禅修小镇建设，全力扶持小城市发展，打造承载创新创业新空间、产业集聚新载体。

突出改革精准落地。持续落实“三去一降一补”改革措施，积极稳妥化解过剩产能，处理好企业“两证”（房产证和土地证）不全等遗留问题，加大减税、降费等政策落实力度，稳定房地产市场发展，尽可能消除发展“痛点”。推进行政审批“放、管、服”改革，围绕重点领域、关键环节继续加大放权力度，构建宽松高效的服务机制。稳妥落实财政体制改革，积极应对“营改增”带来的减税影响，进一步拓展财税增收新途径。抓住泰州被列为金融支持产业转型升级改革创新试验区机遇，加快金融产品和服务方式创新，力求在企业上市融资、发展债务融资、推进资产证券化等方面争取更大突破。探索建立创

业投资引导基金、产业发展引导基金，发挥财政资金杠杆作用，带动更多社会资本投向实体经济，激发创新创业创造活力、增强实体经济发展动力。

（二）坚持强农为基，推动“三农”工作更富含金量

坚持不懈把农业供给侧结构性改革作为农业农村工作主线，进一步落实强农、惠农、富农措施，推动“三农”（农村、农业和农民）工作再上新台阶。

坚持提质增效与稳粮增产相结合。以农产品市场化为导向，引导设施果蔬、高效经作、特色渔业等种养殖业结构调整，推进华港蔬菜、河横葡萄、桥头香菇等基地提档升级，加快现代农业园区建设，建成一批有区域影响力的现代农业产业基地。积极应用日光温室等农用设施，宣传推广新型农业机械，探索发展农业物联网等先进技术，以农业的高效化、机械化、智能化助推农业现代化。全面推广规模经营“桥头模式”，健全市场主体准入、淘汰机制，合理控制家庭农场经营规模，丰富家庭农场服务联盟发展内涵，拓展金融支农方式，提升农业保险保障水平，促进家庭农场健康有序发展。深入实施粮食高产增效创建工程，高质量完成东部干线10万亩高标准农田试点工程，建成一批万亩粮食高产增效示范方，辐射带动全区粮食平衡增产。

坚持农民增收与脱贫致富相结合。千方百计拓宽农民增收渠道，做好“创业富民”文章，鼓励返乡农民、能人大户、镇村干部自主创业、联合创业，以创业带动就业。做好“产业富民”文章，发挥姜堰建筑产业优势，转移和吸纳更多农村劳动力加入建筑大军；加快实施阿里巴巴村淘项目，让更多农民从“触网”中分享收益；大力发展乡村休闲旅游，引导农民从事旅游行业、发展旅游经济，形成农民增收新的亮点。做好“扶贫富民”文章，加大脱贫攻坚力度，坚持分类指导、精准扶贫，对有劳动能力的贫困群体，帮助解决好资金、项目、技能等问题；对无求助能力的困难群众，实施社会救助、及时保障到位；对因突发情况、重大变故致贫返贫的人群，落实救助措施、帮助摆脱困境；对贫困群体的下一代，重点给予教育资助，尽可能拔掉“穷根”、实现致富，确保80%的低收入农户实现脱贫。

坚持村庄整治与兴办实事相结合。统筹推进新农村建设，加大基础设施建设、社会事业发展向农村倾斜力度。加快完善重点镇、一般集镇基础设施，提升综合承载功能、辐射带动能力，有序引导农民集中居住。巩固提升村庄环境整治成果，落实“五位一体”（道路修护、河道管护、绿化养护、设施维护、垃圾收运）长效管护机制，推动村庄环境长治久洁，建设宜居美丽乡村。持续兴办农村实事，积极帮助经济薄弱村化解村级债务，充分整合土地、资产等要素，增强村级自主脱贫能力，实现从“输血”向“造血”的根本转变；加快农村危桥、危旧房改造，完善农村污水处理设施，拓宽改造通村公路，疏浚整治农村河道，兴建文化活动场所，让乡村生活更加美好、农民生活更加幸福。

（三）坚持融合导向，推动城市品质更富含金量

加快“全域旅游”发展，进一步放大旅游品牌效应，落实泰州“城建新提升”新两年行动计划，打造生态秀美、宜居畅游城市。

以“旅游+”打造精品景点。坚持以大项目为引领、大集团合作为重点，发挥“旅游+”效应，拓展旅游发展新空间，打造长三角地区旅游休闲度假目的地。坚持“旅游+生态”，以溱湖湿地为核心，全面实施生态修复、湿地景观提升等工程，彰显湿地生态魅力。坚持“旅游+农业”，利用溱湖大道、沈马路沿线，加快发展精品民宿、农家客栈，催生一批景观农业、创意农业、乡村旅游。坚持“旅游+康养”，依托姜堰医药产业、溱湖湿地资源，加强与国内外健康产业领军企业和科研院所合作，建设“医、药、养、游”相融合的养生健体福地。坚持“旅游+文化”，深度挖掘溱潼古镇、古罗塘、宗教等文化资源，加快万竹园扩建、观音寺二期等项目建设，赋予旅游新的内涵。坚持“旅游+会务”，发挥泰州华侨城品牌优势，启动实施华侨城二期项目，探索开展

“私人订制”公司年会、商务会展等业务。坚持“旅游+体育”，扩大世界女子围棋擂台赛、铁人三项亚洲杯赛等赛事影响，加快构建环溱湖休闲体育圈。坚持“旅游+互联网”，注重智慧景区建设，加快智能旅游系统开发，加大主流媒体、网络推介力度，确保全区接待游客人次、旅游直接收入分别增长10%以上。

以“融合”打造精致城市。加快“海绵城市”规划建设，在市政道路、公园绿地、住宅小区等方面创新实践，打造城市海绵综合体。配合做好328国道快速化改造、姜高路拓宽改造，建成229省道、328国道东延、姜高路东延等道路，完成上海路南延、三水大道南延、广州路南延等道路建设，构建互联互通、内畅外联交通网络。有序实施棚户区改造，综合整治康华新村等老旧小区，高标准推进污水管网、供热管网铺设，完成引长江水深度处理工程。积极推行“生态式”停车场建设，稳妥实施小区“绿改停”，有效缓解小区“停车难”。优化中心城区商业布局，巩固提升步行街、北大街等传统商圈，加快三水·新都会、时代商业广场、家乐福购物广场建设进度，规划建设一批星级酒店、购物中心。持续推进省城市管理综合整治两年接续行动，突出整治市容环境、违法建设，全面提升城市品位。

以“生态”打造精美环境。大力实施污染防治攻坚战，突出大气污染防治，强化工业废气、机动车尾气、建筑扬尘等污染防治，实现空气质量持续好转；突出水污染防治，加大黑臭河道整治，改善新通扬运河等河道水质，保持镇村污水处理设施正常运转；突出土壤污染防治，开展污染土壤治理与修复试点工作，改善土壤环境质量，保证农产品安全。规划建设天目山森林公园，因地制宜新建街头游园，大力实施重点河道、道路绿化提档升级，强化城市绿地日常管护，形成更具视觉冲击力的绿色景观通道。坚持铁腕治污、铁面问责，全面落实“两减六治三提升”（“两减”指减煤炭消费总量、减落后化工产能；“六治”指治理太湖水环境、治理生活垃圾、治理黑臭水体、治理畜禽养殖污染、治理挥发性有机物污染、治理环境隐患；“三提升”指提升生态保护水平、提升执法监管水平、提升环境监测水平）专项行动，淘汰落后产能、低效产能，杜绝地条钢生产；出台化工企业外迁激励政策，加快推进开发区化工园区企业搬迁，鼓励化工企业迁入专业园区发展；严格落实排污权有偿使用与交易制度，坚决打击恶意违法排污行为，引导企业自觉担负环保责任。积极倡导绿色生活新理念，从机关部门、领导干部带头，激励广大市民养成勤俭节约、绿色低碳、文明健康的生活方式和消费方式。

（四）坚持量质并举，推动项目突破更富含金量

坚持“全力以赴抓招商、始终不渝抓项目”不动摇，举全区之力、聚全民之智，全力打赢项目大突破攻坚战。

在招引重大项目上求突破。注重项目质态，主动顺应新产业、新业态、新商业发展模式，综合考量项目投资额与财税回报率，凡是不符合国家产业政策的项目坚决不要，重点关注新能源、新材料、大健康产业等技术变革，深入研究产业链细分方向，招引能够“补链”“强链”“壮链”的项目。汇聚招商资源，立足驻点招商机构，用足用好本土企业、在外能人、产业协会、姜堰商会等资源，构筑人脉“智库”，搭建“以点连线、以线带面”招商关系网。强化过程跟踪，加大项目招引考核激励力度，对内立足北上广深等区域，对外聚焦日韩、欧美等国家和中国港台地区，有针对性地开展招商推介、经贸洽谈等活动，始终保持一股钻劲、钉劲、韧劲，重点主攻世界500强、国内100强，全力突破一批投资规模大、产业层次高的重大项目、外资项目。

在加快项目推进上出实招。加快项目转化速度，持续深化“一月一通报、一季一考核、每季举办项目集中开工活动”的工作机制，完善重大项目“联审会办”制度，确保年内新开工亿元以上项目80个以上。缩短项目建设周期，重点关注建设进度慢、周期长的项目，分析原因、制定对策，对因资金、用电、用工等方面出现困难的，主动提前衔接，帮助扫清障碍，让每一个环节都

能按下“快捷键”，形成项目建设“加速度”。提高项目有效投入，坚决摒弃盲目追求数量指标的粗放投资行为，全面梳理项目投资总额、投资计划、投资进度，强化设备投入占比，重点关注资金到账、设备采购，对投资进度缓慢的项目，督促投资方履行合同协议，尽快完成投资，推动有效投资转化为现实生产力，确保年内竣工亿元以上项目50个以上。

在推动项目达效上下功夫。落实领导干部挂联重大项目制度，全面了解、及时解决项目竣工投产后面临的突出问题，注重把更多的政策资源投入到优质项目上，当好企业发展的“贴心人”和“店小二”。探索实行项目评估制度，定期对竣工项目进行“回头看”，跟踪对接工业开票、入库税收等情况，对推而不动、督而不进、进度严重滞后的项目，加大“腾笼换鸟”力度，确保落户项目成为姜堰经济发展脊梁。继续实施“三年滚动考核”机制，注重考核结果运用，对项目建设成效不明显的，严肃追责问责；对项目建设成效突出、贡献大的，给予重奖重用，形成全力推动“项目大突破”的鲜明导向。

（五）坚持富民优先，推动民生福祉更富含金量

坚守底线、突出重点，让广大群众物质富有、精神富有，过上更加幸福美好的生活。

提升保障水平暖民心。进一步优化创业服务环境，落实税费减免、小额担保贷款等创业扶持政策，促进社会各类群体依靠自身努力创造财富；实施更有针对性的就业政策，重点关注下岗失业人员、高校毕业生就业，加强就业指导、技能培训，让更多群众实现高质量就业；引导居民出资入股、联合投资，建设一批经营风险小、预期回报好的经营项目，让居民拥有更多财产性收入。按照“全覆盖、保基本、多层次、可持续”方针，继续推进社保扩面征缴工作，健全完善社保待遇合理增长机制，积极稳妥推进机关事业养老保险制度改革，筑牢社会保障安全网。加强和改进社会救助，大力发展社会福利和慈善事业，高度重视弱势困难群体生活状况，统筹做好扶老、助残、救孤、济困等工作，努力把党和政府的温暖送到困难群众心坎上。

优化公共服务解民需。拓展城乡公交覆盖的广度和深度，增加车辆投放，优化公交线路，加密站点频次，让群众出行更加方便、更加快捷。推进城区学校“增量扩容”，扩大优质教育资源供给，将精品教育、特色教育、前沿科学技术融入到教育体系中，致力办好更高水平教育。加快市二人医开发区医院建设，全面实施城乡居民医疗保险门诊和住院即时即报，落实基层首诊、分级诊疗和双向转诊制度，构建医保、医疗、医药“三医联动”新模式。全面推进以居家为基础、社区为依托、机构为补充的多层次养老服务体系，积极引导社会资本参与养老事业发展。统筹规划建设体育馆、游泳馆，积极筹办各类重大赛事，大力发展群众特色体育运动，不断提高群众参与度和获得感。

建设文化姜堰惠民生。加快推进公共文化服务标准化、均等化，抓好基层综合性文化服务中心建设，稳步实施“非遗”展厅建设，加快美术馆、大剧院规划建设，提升博物馆、文化馆、图书馆服务条件。持续开展文化惠民活动，全面开放公益性文化场馆，打造“欢乐三水、精彩姜堰”系列文化品牌，提高公共文化有效供给。丰富群众文化生活，深入实施文化人才队伍“十百千”工程[即在局机关、文化馆、图书馆、博物馆、文化站工作人员中，选拔10名左右优秀文化专业人才，培养成为专家型领军人才；每镇（街道）建立10人左右文艺创作（编导）队伍，全区形成一支百人以上的业余文艺创作（编导）队伍；每镇（街道）建立两支以上特色文艺表演团队，每队30人左右，全区形成千人以上乡土文艺（民间艺术）表演人才队伍]，组织开展群众文艺创作和精品力作生产，推出更多优秀文化艺术产品。加快推进文化与科技、金融、旅游等深度融合，抓好度假区文化产业示范基地建设，做强北大街文化街区、凤凰文化广场等文化产业基地，推进文化产业不断发展壮大。

（六）坚持依法治理，推动法治建设更富含金量

全面推进依法治区、建设“法治姜堰”，让法

治成为姜堰发展核心竞争力的重要标志。

加快依法治区进程。深入实施“七五”普法，加大新媒体运用力度，培育全民法治信仰，加快形成办事依法、遇事找法、解决问题用法、化解矛盾靠法的良好局面。加强法治政府建设，继续深化刑事司法与行政执法相衔接工作机制，坚持依法治权、职权法定，严守权力行使的界限、责任、程序。稳妥开展司法体制改革，深入推进司法公开，让司法成为“看得见的公正”。落实法治惠民举措，降低法律公共服务门槛，完善城乡公共法律服务圈，持续推进社区矫正、法律援助、司法救助等工作，不断提高法治建设满意度。

提升综治平安水平。完善社会矛盾多元排查化解机制，强化区、镇、村三级联动调解平台建设，加强重点领域矛盾隐患排查，探索建立信访维稳分级管理办法，努力实现发现在早、处置在小。建设立体化、现代化的治安防控网，抓好特殊人群管理，着力解决影响社会稳定的突出问题，提升公众安全感。主动亮剑网络安全，加快构建集预警、防范、管理、宣传于一体的网络社会综合防控体系，加大舆情监管力度，及时回应引导好网络舆论。严格落实安全生产责任制，完善安全监管体系，提高全社会安全生产水平。强化食品药品安全监管，实施食品、农产品质量安全可追溯体系，切实保障人民群众生命财产安全。

夯实社会治理基础。健全区、镇、村三级社会管理服务平台，深入开展“六无”（无越访集访、无重点人员失控、无八类刑事案件、无涉毒案件、无涉邪活动、无安全责任事故）社区、民主法治示范村创建。优化社区网格服务管理，强化基层网格与职能部门协同处置，实现“人在网中走、事在格中办”。发挥党组织的核心作用和居委会的自治作用，深化政社互动，壮大志愿者队伍，积极调动“两新”组织（新经济组织和新社会组织）的资源力量，不断激发基层治理创新活力。完善社会信用体系，推进诚信社会建设，让诚实守信成为全社会共同的价值追求、行为准则。支持人大及其常委会依法行使职权，支持人民政协积极履行政治协商、民主监督、参政议政职能，充分发挥人武、民主党派、工商联、无党派人士、科协的独特优势，充分发挥工青妇等人民团体的积极作用，凝聚形成推进全区“决胜全面小康、加速崛起振兴”强大合力。

四、从严从实、管党治党，锻造绝对忠诚、堪当重任的干部队伍

实现更富含金量的崛起振兴，关键在党、关键在人。全区各级党组织要以永远在路上的定力和决心，聚精会神抓好党的建设，推动广大党员干部更好地担负起时代重任。

1. 注重思想引领，增强崛起振兴凝聚力。**要彰显忠诚之心。**对党绝对忠诚是每一名党员干部立身立业根本。广大党员干部要深入学习贯彻习近平总书记系列重要讲话精神，进一步增强“四个意识”（政治意识、大局意识、核心意识、看齐意识）、“四个自信”（中国特色社会主义道路自信、理论自信、制度自信、文化自信），不忘初心、继续前进，在思想上、政治上、行动上与以习近平同志为核心的党中央保持高度一致，做到对党忠诚、为党担责、为党尽责。**要铸牢党性之魂。**认真贯彻《关于新形势下党内政治生活若干准则》《中国共产党问责条例》，严格执行民主集中制，健全完善民主生活会长效机制，经常开展批评和自我批评，引导广大党员干部自觉按照党章要求砥砺思想灵魂、培养党性观念，不断实现自我净化、自我提高、自我完善。**要夯实道德之基。**认真践行社会主义核心价值观，大力推进美德善行、精神文明创建，用身边人讲述身边事，用身边事感染身边人，进一步弘扬传统美德、恪守社会公德、遵从职业道德、培育家庭美德、修炼个人品德，尤其是广大党员干部要带头立家规、正家风，以高尚道德情操展现共产党人先进性。

2. 突出选人用人，激发基层组织战斗力。**要坚持标准、选好干部。**全力做好区、镇两级人大、政府和区政协换届工作，紧扣“20字”（信念坚定、为民服务、勤政务实、敢于担当、清正廉洁）好干部标准，加强对干部全方位、多角度、立体式考察，真正把政治强、懂专业、敢担当、作风正的干部选出来、用起来。大力实施培养性、轮岗性、考验性干部交流，注重招商引资、项目建设、农业农村、城建交通、社会事业等方面人才、干部培养选拔，使用一批优秀年轻干部，全面激发干部队伍活力。**要强化基层、打牢基础**。深入开展“百团千村万企大走访大落实”活动，为企业发展、为项目建设、为百姓民生多办好事实事。注重村（社区）两委班子建设、“两新”组织党组织建设，加快建设学习型、实干型、创新型基层党组织，关心关怀基层干部，深化村“第一书记”工作，不断增强基层党组织活力。强化党员教育管理，严把党员发展关口，进一步优化党员队伍结构。**要注重经常、真抓严管**。加大基层党建巡查力度，及时掌握干部思想动态和行为表现，把监管措施实打实、硬碰硬地落实到位，真正管出好导向、管出精气神、管出正能量。各级党组织主要负责人要坚持敢抓敢管、履行第一责任，对广大党员干部身上存在的问题早发现、早制止、早纠正，让党员干部始终感到头上有“利剑”、心中有“戒尺”。

3. 坚持常抓不懈，提升党员干部执行力。**要严守规定不打折**。巩固和拓展党的群众路线教育实践活动、“三严三实”专题教育、“两学一做”学习教育成果，毫不松懈抓好中央“八项规定”和省、市、区委“十项规定”精神的落实，进一步加大违反规定查处力度，坚决查处公款吃喝、私设小金库等问题，坚决防止“四风”（形式主义、官僚主义、享乐主义和奢靡之风）隐形变异、反弹回潮，推动作风建设不断深化、党风政风持续好转。**要强化效能不松懈**。把抓落实作为重点，从决策、执行、监督、考评、奖惩等各个环节，细化建立责任体系，强化压力传导，坚决整治“慵懒散拖”，杜绝“不作为、慢作为、乱作为”，引导各级干部争当奔牛、拒做蜗牛，倒逼提升全区党员干部“精气神”。**要履职担当不迟疑**。大力弘扬“事在人为、业在人创”的拼搏精神，“马上就办、说了就干”的实干精神，做到困难面前不退让、矛盾面前不推诿、风险面前不回避。各级党组织要积极营造鼓励干事创业的良好环境，健全完善容错纠错机制，大力保护敢于改革、善于创新、勇于担当的党员干部，营造想干事、敢干事、能干事、干成事的浓厚氛围。

4. 严守纪律规矩，提高防腐拒变免疫力。**要扛好治党主责**。各级党组织要把落实全面从严治党主体责任作为刚性之责，党委书记直接主抓、全面落实，班子成员履行“一岗双责”；各级纪检监察机关要挺起腰杆、理直气壮、动真碰硬，严格监督检查、责任追查，推行“谈话函询”常态机制，当好监督执纪忠诚卫士。**要扎紧制度笼子**。始终坚持问题导向，严格执行《中国共产党党内监督条例》《中国共产党纪律处分条例》，本着执行管用、于事有效的原则，对现有制度再完善、再规范，把比较成熟、普遍适用的经验提炼上升为制度规定，并强化制度规定刚性执行，确保各项制度真正执行到位。**要守住廉洁底线**。广大党员干部要自觉遵守《中国共产党廉洁自律准则》，切实增强自律意识、表率意识，自觉抵制不良风气，培养健康生活情趣，始终心有所畏、言有所戒、行有所止。区委将始终高扬惩腐利剑，坚决以“零容忍”的态度反对腐败，严肃查处党员干部违纪违法案件，持续加大对群众身边腐败问题的查处力度，以反腐败的实际成效取信于民。

同志们，宏伟目标催人奋进，发展任务艰巨繁重。让我们紧密团结在以习近平同志为核心的党中央周围，在省、市委的坚强领导下，团结带领全区人民励精图治、奋力拼搏，攻坚克难、跨越赶超，谱写好“两聚一高”姜堰篇章，实现更富含金量的崛起振兴，以优异成绩迎接党的十九大胜利召开！

泰州市姜堰区人大常委会工作报告

——在泰州市姜堰区第十五届人民代表大会第一次会议上

（2017年1月10日）

区人大常委会主任　申泰州

五年工作回顾

过去的五年，区人大常委会在中共姜堰区委的坚强领导下，坚持以党的十八大和十八届三中、四中、五中、六中全会精神为指导，深入学习贯彻习近平总书记系列重要讲话特别是视察江苏重要讲话精神，认真落实中央18号文件和省委26号文件的部署和要求，牢记历史使命，依法行使职权，务实创新进取，五年累计召开常委会会议39次，审议“一府两院”专项工作报告90个，依法作出决议决定43项；召开主任会议64次，听取专项工作报告54个；组织执法检查12次、集中视察64次、专题询问10次；办理人大代表建议1059件，处理来信、来访181件68人次，备案审查规范性文件47件，顺利完成了区十四届人大历次会议确定的各项目标任务。

一、始终坚持融入中心、服务大局的工作定位，致力助推经济社会发展

自觉把人大工作放到时代背景下来谋划，放到全局工作中来定位。主动策应区委中心工作。每年开展项目建设、园区建设等方面的监督，每季度督察各镇（区）招商引资、项目建设情况，对机关部门支持“一区两园”（区经济开发区，区现代科技产业园、区高新技术装备产业园）建设进行听政问政，对“项目大突破”“城建新提升”分别进行专题询问，推动项目兴区战略深入实施。多次督察旅游业、服务业、建筑业发展情况，切实加强对农业现代化建设、农业改革与建设试点、村级集体经济发展、农资市场监管、农业园区建设等工作的监督，审议扶持中小企业发展、科技创新推动企业转型升级等工作，强化对计划、预算的监督，延伸开展非税收入征管、财政支持经济发展专项资金使用、科技经费使用、综合治税平台建设、政府债务管理及融资平台运行等方面的专项监督，推动富民强区战略深入实施。助力国家级生态区创建工作，紧扣常委会作出的加快生态区创建的决定，连续几年采取视察、审议、专题询问、执法检查等形式，围绕《中华人民共和国水污染防治法》《中华人民共和国大气污染防治法》的贯彻实施，以及城区园林和农村绿化、农村垃圾收集转运、村庄环境整治、农村河道管护、污水处理等关键环节，加强对决定落实情况的跟踪监督，推动环境立区战略深入实施。主动支持政府重点工作。开展“十二五”规划执行情况中期评估，初审“十三五”规划，为大会审查批准做好准备；紧盯涉企中介机构服务、金融服务地方经济发展、规范行政自由裁量权、招投标管理等事项，促进发展环境持续优化。重视“多规合一”（指推动经济社会发展规划、城乡规划、土地利用规划、生态环境保护规划等多个规划形成一个市县一本规划）、城区控制性详规编制及执行等方面的工作，检查江苏省规划条例贯彻实施情况，努力发挥规划在全局发展中的引领性、控制性作用。主动跟进部门难点工作。加强对社区管理、平安姜堰建设、大调解机构建设、宗教场所管理、小区技防建设等工作的监督，维护社会和谐稳定；评议城市管理行政执法工作，审议劳动社保、市场监督管理等工作，检查《中华人民共和国土地管理法》贯彻实施情况，促进涉及面广、综合性强的部门工作深入扎实开展。

二、始终坚持维护公平、促进法治的工作重心，加快推进依法治区进程

积极发挥人大在法治建设中的主导作用，切实维护社会公平正义。深入开展执法检查。着眼于保障人民群众生命财产安全，扎实开展《中华人民共和国防洪法》《中华人民共和国安全生产法》《中华人民共和国人民防空法》等法律法规的执法检查，并对“六五”普法实施及“七五”普法启动情况进行监督，推动法律有效实施。致力促进依法行政。检查《中华人民共和国行政许可法》贯彻实施情况，突出解决企业设立许可方面存在的问题；强化政府部门履职监督和对人大任命干部的监督，分期分批对24个政府部门及其基层站所工作进行评议，组织17名人大任命干部向常委会述职。相关部门和同志认真贯彻以评促建、评建结合的方针，开门纳谏、主动查纠、务实整改，促进了工作提速、服务提质、作风提优，群众满意度进一步提高。加强司法工作监督。先后听取和审议了法院执行、刑事审判、商事审判，检察院未成年人刑事检察、民行检察、反渎职侵权等方面的报告，组织代表旁听庭审1200多人次，着力促进审判权、检察权依法公正行使。针对“执行难”问题，组织开展法院执行专项工作评议，作出《关于进一步加强法院执行联动工作的决定》，在此基础上，专题询问常委会评议意见落实情况及决定执行情况，去年法院案件执结数比2014年增长27.5%。

三、始终坚持为民代言、真心为民的工作导向，着力提升群众幸福指数

牢记履职为民宗旨，努力为增进民生福祉发力。关注群众生活。听取和审议餐饮服务业食品安全、药品监督管理、农产品质量安全、引长江水等工作报告，视察农贸市场建设管理及校园餐饮安全、食盐安全监管情况，努力让群众吃得放心；对电梯安全监管进行专项工作评议，对小区物业管理、老旧小区改造、搬迁安置房建设工作开展监督，组织《江苏省物业管理条例》执法检查，努力让群众住得舒心；连续三年督察城区停车场规划建设管理工作，持续关注交通重点工程建设，组织视察城乡公交一体化推进情况，扎实开展《中华人民共和国道路交通安全法》执法检查，努力让群众出行安心。重视民生保障。听取和审议了社会保险基金征收、管理和使用，新型农村合作医疗，失地农民保障等工作的报告，推动解决人民群众的后顾之忧。相继开展了重度残疾人社会救助、残疾人庇护托养机构建设等方面的监督，对重性精神病患者救护工作进行专题调研，让特定人群、弱势群体得到更多的温暖和关爱。聚焦社会事业。加强对学前教育、职业教育、义务教育优质均衡发展示范区创建工作的监督，扎实开展师德师风建设专项工作评议，进一步擦亮姜堰教育品牌；深入开展医德医风专项工作评议，加强对医疗卫生体制改革、社区卫生服务站和村卫生室达标建设、中医药事业发展等方面的监督，着力缓解群众看病难、看病贵的问题；视察公共文化服务体系建设、邮电通信事业发展、数字电视整转、平价商店建设等工作，审议文化遗产保护利用工作，促进提高公共服务水平；专题询问社会化养老工作，开展《中华人民共和国老年人权益保障法》执法检查，视察民办养老机构建设情况，促进养老事业有序发展。各镇（街道）敬老院实现提档升级，中天养老社区及一批民办养老机构顺利建成并投入使用。此外，每年对政府为民办实事项目实施情况进行集中视察，推动各项实事如期办成，努力提高人民群众的获得感和满意度。

四、始终坚持依靠代表、服务代表的工作理念，充分激发人大工作活力

牢固树立人大工作的主体是代表、活力在代表的理念，扎实做好各项代表工作。强化履职保障。开展《中华人民共和国全国人民代表大会和地方各级人民代表大会代表法》执法检查，在司法、制度、经费和时间四个方面，为代表履职提供保障。认真组织代表培训，利用专题学习会、代表小组活动等，组织代表学习相关法律法规及会议精神。坚持常委会领导接待代表日、常委会组成人员分工联系代表等制度，着力为代表履职创造良好条件。办好代表建议。一方面，以“建议办理回头看、建议办理结总账”为主题，全面排查本届以来所有代表建议办理情况。另一方面，常态化开展代表建议督办工作，通过领导督办、重点督办、上门督办、会议督办以及现场视察、专题询问等形式，持续加大督办力度，每年年底组织“集中督办日”活动，邀请所有提建议的代表，对建议办理情况逐一现场督察，并进行满意度测评，推动代表建议真正落到实处。丰富代表活动。积极组织人大代表参与常委会的会议和活动，每次邀请不少于10名代表参加。精心组织“四级人大代表回选区访选民”活动，1330名省、市、区、镇人大代表依托全区83个“人大代表之家”，累计开展活动3500多人次，接待选民23000多人次。注重引导激励。印发代表履职手册，组织代表向选民述职，每年评选表彰优秀代表建议、代表活动积极分子，广泛宣传人大代表的先进事迹，为代表履职营造良好的舆论环境。

五、始终坚持强基固本、锤炼内功的工作要求，切实加强人大自身建设

把提升能力、凝聚合力作为履职之基，着力提高人大工作水平。加强作风建设。深入开展“群众路线”“三严三实”“两学一做”等主题教育，每月组织机关集中学习，每次常委会会议对下次会议议题进行专题辅导，通过常态化、制度化的学习教育，着力打造“信念坚定、为民服务、勤政务实、敢于担当、清正廉洁”的人大干部队伍。坚持用《人大机关工作人员行为准则》律人律己，制定、修订了常委会议事规则、专项工作报告票决制等20多项制度，使人大工作有规可依、有章可循。每年组织常委会委员述职，评选表彰优秀委员，组成人员履职水平得到进一步提升。夯实基层基础。每年年初召开镇（街道）人大工作会议、出台年度工作意见；年中召开镇（街道）人大工作推进会、视察人大代表之家；年底组织人大工作考核。2016年，根据中央18号文件、省委26号文件精神，按照全市县乡人大工作和建设现场推进会要求，召开专题会议对镇（街道）人大规范化建设进行具体部署，推动镇（街道）人大规范化建设迈出坚实步伐。增强整体合力。研究出台了《区镇两级人大联系工作制度》，对事关全局的重大监督活动，实行区、镇（街道）上下联动，切实发挥好区、镇（街道）人大的互动互补作用。常委会的重要会议和活动，均邀请镇（街道）人大参加；常委会的视察、执法检查、调研等工作都得到镇（街道）人大的大力支持与积极配合，形成了上下同心、相互促进、共同推动人大工作的良好局面。重视人大宣传。加强新媒体应用，创设姜堰人大微信公众号；积极向外推介人大工作亮点，每年在省级以上报纸杂志发稿60多篇。我区加强街道人大授权、推进监督手段创新、强化代表建议督办、推动代表联动履职等一批特色工作，在省、市人大相关会议上作了介绍，被《人民代表报》《人民与权力》等省级以上媒体宣传推介。2016年，泰州市县乡人大工作与建设现场推进会的与会同志观摩了我区的镇（街道）人大工作现场。

本届常委会始终坚持党管干部原则和人大依法任免的有机统一，2016年先后任免常委会委办负责人20人次，政府组成人员21人次，“两院”审判、检察人员12人次。常委会会议决定任命史献辞、乌拉木江·沙吐哈力、戴兆平、顾鹏程、陈华、曹祥同志为区政府副区长；决定免去朱嘉浩、徐闻仲、刘文来、肖延川、盛育河、王平、刘玮同志的区政府副区长职务；接受褚靖娟同志辞去区法院院长职务的请求，任命卢爱华同志为区法院副院长、代院长；接受丁军青同志辞去区检察院检察长职务的请求，任命孔维俊同志为区检察院副检察长、代检察长；接受杨希、李新荣同志辞去区人大常委会委员职务的请求；补选徐军、李文飙同志为泰州市第四届人民代表大会代表。在此，特向大会报告备案。

五年工作体会

各位代表，回顾五年来的工作实践，我们深深体会到：

——*坚持和依靠党的领导、坚定正确的政治方向，是做好人大工作的根本保证。*常委会坚持把党的领导贯穿于人大工作全过程，体现在人大工作各方面。在思想上，深刻领会区委主张和意图，自觉把区委重大决策部署作为人大工作的重中之重；在组织上，坚持重要事项事前向区委请示、事后向区委报告，重要活动积极争取区委支持；在工作上，坚持通过法定程序把区委的主张转化为全区人民的共同意志，保证区委对人大工作的各项要求得到充分重视和全面落实，保证人大工作不偏离正确的政治方向。在区委的关心和支持下，我区圆满完成区镇两级人大代表换届选举工作，配齐配强了常委会机关干部，15个镇（街道）人大主席（主任）实行单设，为推进区镇人大工作和建设提供了重要保障。

——*服务改革发展大局、增强履职尽责实效，是做好人大工作的永恒主题。*常委会坚持以服务发展为第一要务，时刻牢记责任担当，中心工作推进到哪里，人大工作就跟进到哪里。工作中，坚持既讲监督、更讲支持，做到建议不苛刻、批评不中伤、帮忙不添乱，确保人大监督有利于重点、难点工作的推进，有利于“一府两院”改进提高工作，有利于全区经济社会发展。坚持既讲程序、更讲法治，始终用法治的思维开展工作，确保常委会的每一个工作环节，作出的每一个决议决定、提出的每一份审议意见书，都符合法律的规定和要求。坚持既讲形式、更讲实效，按照“具体靠实可操作”的要求，精心研究每一份审议意见书；加强对审议意见落实情况的跟踪监督，累计听取和审议上一年度审议意见落实情况的反馈47件；发扬“钉钉子”精神，以锲而不舍的韧劲对认准了的监督事项紧抓不放，通过年复一年的持续监督，推动问题有效解决，努力以工作上的突破赢得社会广泛认可。

——*自觉践行群众路线、充分发挥代表作用，是做好人大工作的必然要求。*常委会坚持以人为本、执政为民的理念，自觉践行群众路线，每年面向社会公开征集年度工作议题，重要监督议题实施前，均在媒体上发布预告，所实施的议题几乎都与民生息息相关，真正让人大工作建立在充分的民意基础之上。坚持把代表工作作为一项基础性工作来抓，注重引导代表立足实际、关注民生、造福百姓，有序组织代表参加常委会开展的各项活动，努力为代表依法履职提供服务和保障。广大代表积极发挥来自于人民群众、植根于人民群众的优势，充分释放自身热情和能量，依法行使职权，着力服务选民，主动参与全区中心工作和社会事务管理，不仅在全社会建树了人大代表的良好形象，而且进一步扩大了人大工作的影响，拓展了人大工作的深度和广度。

——*顺应形势发展变化、与时俱进开拓创新，是做好人大工作的动力源泉。*常委会坚持把创新贯穿于人大工作的全过程，主动向创新聚力、以创新开路。创新会议程序，总结形成了会前、会中、会后“三步走”的会议召开模式，有效提高了常委会会议质量。创新监督手段，每年推出1~2个新的监督手段，逐步增强人大监督的刚性。创新基层工作，以制度化的形式授权街道人大代行常委会相关权力，着力增强监督合力。每年年底对各镇（街道）创新工作进行考评打分，推动基层丰富创新实践，全区探索形成了“半月谈”“民情日记”“三级人大代表联动履职”“选民代表议事会”等一批亮点突出、特色鲜明的创新品牌。

各位代表，本届人大常委会所取得的成绩，是区委正确领导的结果，是区政府、区政协、区法院、区检察院和社会各界密切配合、大力支持的结果，是在历届常委会务实奋进的基础上，全体代表、常委会组成人员与镇（街道）人大辛勤工作、共同努力的结果。在此，我谨代表区人大常委会表示衷心的感谢，并向历任区人大代表和常委会委员，向为我区人大事业发展做出重要贡献的老领导、老同志致以崇高的敬意！

在充分肯定成绩的同时，我们也清醒地认识到，常委会的工作与宪法和法律的要求，与组织和人民的期望，与经济社会发展的要求相比，还存在一定的差距，主要是监督实效还需进一步提高，决定重大事项工作还需进一步加强，代表工作机制还需进一步完善，自身建设还需进一步强化，这些都需要在今后的工作中引起高度重视，认真加以解决。

对新一届人大常委会工作的建议

各位代表，新一届人大常委会任期的五年，是我区推进“两聚一高”、实现更富含金量的崛起振兴的重要时期，是建设“强富美高”新姜堰的关键阶段。站在新的历史起点上，新一届人大常委会要坚定不移地坚持党的领导，自觉以党的十八大和十八届三中、四中、五中、六中全会以及省、市党代会精神为指引，按照区第十二次党代会的决策部署，凝心聚力、开拓创新、务实奋进，更好地发挥地方国家权力机关、代表机关、民意机关的作用。为此，建议新一届人大常委会着力抓好以下五个方面的工作：

一、对党忠诚，在贯彻区委决策上落实新要求

坚强的政治定力和高度的忠诚自觉，是做好新时期人大工作的首要前提。建议新一届人大常委会切实强化政治意识、大局意识、核心意识、看齐意识，主动将人大工作置于党的领导之下，坚决贯彻落实中央和省、市、区委的决策部署。要善于通过法定程序把区委主张变成全区人民的共同意志；严格人事任免程序，实现党管干部与人大依法任免干部的有机统一；围绕区委中心任务行使职权、开展工作，力争在服务改革发展大局上有更大作为。要正确处理好与“一府两院”的关系，加强沟通联系，增进理解信任，形成在区委领导下相互支持、密切配合的工作局面，共同推动工作落实，更好地服务全区人民。

二、围绕中心，在强化责任担当上体现新作为

发展是第一要务，服务发展是人大工作的第一要务。建议新一届人大常委会紧紧围绕区第十二次党代会确定的目标任务和“十三五”规划的推进实施开展工作。切实强化服务意识，准确把握监督重点，突出深化供给侧结构性改革，聚力创新创业，聚焦“一个建成”“两个高于”“三个创建”“四个品牌”实施监督，努力推动党代会描绘的蓝图变成现实。切实强化创新意识，不断更新监督理念，主动把“创新、协调、绿色、开放、共享”的发展理念融入人大工作实践，探索运用好监督工作的多种方式，做到既敢于监督又善于监督。切实强化担当意识，注重提高监督实效，不断调高人大工作的标准和要求，着力在提高审议质量上有新突破、在督促审议意见落实上有新举措，努力做到议而有决、决而有效，使人大监督工作刚性更强、力度更大、服务发展效果更好。

三、扎根群众，在践行为民宗旨上务求新成效

习近平总书记强调，“人民对美好生活的向往，就是我们的奋斗目标”。建议新一届人大常委会始终坚持民之所望、政之所向，群众忧心、人大关心。探索“互联网+”与民意在人大工作中的深度融合，进一步拓展民意表达的渠道。及时研究分析教育、养老、医药卫生、食品安全、安全生产以及社会上普遍反映的热点、难点、焦点问题，通过富有成效的人大工作，促进问题的妥善解决。主动聚焦富民，助推精准扶贫工作，努力增加百姓经营性收入和财产性收入，让居民收入的“口袋”鼓起来。顺应人民群众民主意识、法治观念不断增强的趋势，强化对权力运行的监督和制约，重视做好人民群众来信来访工作，努力为人民群众的生产生活营造公平公正的法治环境。

四、服务代表，在发挥主体作用上激发新活力

发挥代表主体作用，是保障人民当家做主

的重要体现。建议新一届人大常委会继续加大代表培训力度，分层次、多形式组织学习培训，帮助代表掌握履行职责所必备的知识，做到进门就入门，上岗就上路，切实兑现“人民选我当代表，我当代表为人民”的郑重承诺。继续加大履职保障力度，努力把我区代表工作多年来形成的好传统发扬光大，邀请更多代表列席常委会会议，参加视察、调研、执法检查、工作评议等活动，扩大代表对常委会工作的参与度，提高人民群众对人大工作的知晓率，为代表履行职责创造条件、提供便利。继续加大建议督办力度，着力探索和创新代表建议办理机制，强化督促、检查和工作推进，努力提高建议办成率和代表满意率。继续加大宣传引导力度，充分发挥代表的先进性和广泛性，在推进“两聚一高”方面形成示范带动效应，为全区经济社会发展做出积极贡献。

五、与时俱进，在提升能力水平上彰显新风貌

张德江委员长提出的“总结、继承、完善、提高”总原则，是人大工作与时俱进的重要保证。建议新一届人大常委会主动顺应发展的新形势、新任务、新要求，持之以恒加强能力建设，不断提高组成人员的履职能力和工作水平，努力找准镇（街道）人大规范化建设的短板，切实加强对镇（街道）人大的联系和指导。持之以恒加强制度建设，进一步健全常委会工作制度和机关各项制度，着力构建适合地方国家权力机关特点、充满活力的运行机制。持之以恒加强队伍建设，按照“作风建设永远在路上”的要求，扎实开展“大走访、大落实”活动，引导全区人大干部始终保持奋发有为的精神状态和求真务实的工作作风，着力建树人大干部为民、务实、清廉的良好形象。

各位代表，2017年是新一届人大常委会履职的起始之年。我们要按照区委十二届二次全会的部署要求，继续加强对计划、预算的审查把关，加大对国家级开发区创建、行政审批制度改革、环境保护、特色小镇建设等方面的监督力度，组织好招商引资竣工投产项目、城市环境综合整治、科技成果转化等视察活动，对畜禽粪便污染防治进行专项工作评议，促进经济社会持续健康发展。强化对学前教育、群众文化、为民办实事以及农民专业合作社运行、高标准农田建设等工作的督察，推动社会民生持续改善。高度关注平安姜堰、法治姜堰建设，深入监督检察院反贪污贿赂、法院道路交通事故损害赔偿案件审理、特殊人群服务管理等工作，组织开展《中华人民共和国传染病防治法》等法律法规执法检查，保一方公平正义，护一方和谐安宁。继续开展部门工作评议，组织人大任命干部述职评议，跟踪督察上年度常委会审议意见落实情况，最大限度地释放自身能量，最大程度地发挥人大的监督支持作用。

各位代表，面对改革发展新的形势和人民群众新的期盼，新一届人大及其常委会的工作任重而道远。我们坚信，在中共姜堰区委的正确领导下，依靠全区人民的智慧和力量，通过全体人大代表的共同努力，新一届人大及其常委会一定会更好地担负起宪法和法律赋予的神圣职责，以更加昂扬的斗志、更加饱满的热情、更加扎实的工作，为坚持和完善人民代表大会制度、开创我区人大工作的新局面尽责尽力，为谱写好“两聚一高”姜堰篇章、实现更富含金量的崛起振兴做出新的更大的贡献，以优异成绩迎接党的十九大胜利召开！

政府工作报告

——在泰州市姜堰区第十五届人民代表大会第一次会议上

（2017年1月8日）

区 长 李文飙

2016年和本届政府工作回顾

过去的一年，我们在中共姜堰区委的正确领导下，紧紧围绕“决胜全面小康、加速崛起振兴”奋斗目标，统筹推进稳增长、促改革、调结构、惠民生、防风险等各方面工作，国民经济平稳健康发展，各项社会事业取得明显进步，顺利完成了区十四届人大五次会议确定的目标任务，实现了“十三五”良好开局。

一、综合实力持续攀升。预计全年实现地区生产总值578亿元，可比增长10%；一般公共预算收入35.6亿元，增长1.9%；固定资产投资500亿元，增长18%；城乡居民人均可支配收入36833元、17638元，分别增长8%、9%，入选2016年中国中小城市实力百强区、最具投资潜力中小城市百强区、中小城市新型城镇化质量百强区。工业经济平稳运行。预计完成列统工业产值1480亿元，增长13.5%；完成工业开票销售490亿元、利税163亿元、利润102亿元，分别增长5%、10%、10%；完成工业投资326亿元，增长21%；工业设备抵扣税2亿元，增长26.6%；净增规模以上企业22家；实施500万元以上技改项目133个，其中55个千万元以上竣工项目通过验收。双登集团获评江苏省质量奖，华丽公司外贸突破2亿美元，乐威医药、振华泵业挂牌“新三板”。服务业提质扩量。实现服务业增加值270亿元，增长11.6%，服务业增加值占比提高1%；实现社会消费品零售总额171.6亿元，增长11.2%；全年接待游客645.8万人次，实现旅游直接收入15.9亿元，分别增长9.1%、9.6%。成功举办中国湿地生态旅游节和溱潼会船节，溱湖旅游度假区获评全国旅游系统先进集体，溱潼古镇综合提升项目顺利推进，溱潼镇入选首批中国特色小镇。创建成省级农村电子商务示范区，农村淘宝、银统智能终端机项目成功落户。现代农业稳步发展。农业改革与建设试点工作终期绩效评价位列全国第一，成功协办全国春季农业生产现场会、承办全国农业现代化规划工作会暨农业改革试点工作培训会，规模经营“姜堰模式”得到汪洋副总理的高度肯定。获得首批国家农产品质量安全区命名，姜堰大米、益众芝麻油荣获中国国际粮油产品交易会金奖。创新开展“债贷投”相结合的10万亩高标准农田建设试点。基本完成农村土地确权登记工作，农业适度规模经营比重达85%，主要农作物良种覆盖率、病虫害统防统治覆盖率分别达98%、59%。建成稻麦油高产创建万亩示范片18个，新增高效设施农业1000公顷、适度规模家庭农场440

家，新建村级为农服务综合体47个。建筑业加快转型。预计完成建筑业总产值465亿元、增加值110亿元、工程结算收入350亿元、入库税收6.09亿元，分别增长8.1%、7.8%、9.4%、11.3%，获评全市首个“中国建筑之乡”。深入推进建筑业“四转”和建筑企业“1+X”抱团发展战略，新开辟亿元以上市场3个，新增二级以上资质企业10家，锦宸集团晋升特级资质进入公示阶段，政企共建的融资担保平台投入运行。

二、发展活力持续增强。项目建设实现新突破。预计完成产业投资412亿元，增长24.4%，占固定资产投资比重达82.4%；新签约亿元以上内资项目157个、千万美元以上外资项目22个，其中10亿元以上项目4个，实际利用外资1.6亿美元；成功申报江苏省重大项目2个，市核查认定亿元以上新开工项目80个、竣工项目50个，项目建设的数量、质量均实现历史性突破。创新创业注入新动力。实施高新技术产业培育提升专项行动，申报高新技术企业47家，新增省民营科技型企业88家，高新技术产业产值占规模工业产值比重达41.6%，科技服务业产值达5.5亿元；建成省级以上众创空间4个、创新研发平台51个，设立离岸孵化基地4个，培植市级以上孵化器、众创空间6个；省科技镇长团继续发挥重要作用，完成高质量产学研合作项目58项，共建产学研联合体17个、校企联盟25家，大中型工业企业及规上高新企业研发机构建有率达81.2%；在全市率先实现省人才创新创业促进会、“千人计划”（海智）专家联合会挂牌驻点，再次引进国家“千人计划”专家1名；发放科技创新券1995万元、人才购房券533万元；新增著名商标6件、省名牌产品2个、市长质量奖1个；民营经济蓬勃发展，各类市场主体总量首次突破5万户。园区建设取得新进展。“一区两园”亿元以上项目新签约90个、新开工50个，富朗特新型高能锂电池、中来光电等一批重大项目竣工投产。开发区启动建设工业污水处理项目，改造提升南京路、纬八路等道路10条，泰州首家公共型保税仓库主体竣工，昆姜工业园一期工程建成使用；科技园区完成东园区、北园区污水管网建设，智谷软件园创建成省级创业孵化示范基地，人才中心、职工服务中心投入使用，扬帆创业园二期开工建设；装备园区亿元企业孵化园二期工程有序推进，东部新园区及相关配套项目启动建设；现代农业园区“四板块一中心”（农产品加工集中区板块、休闲观光农业板块、农业科技集成示范板块、设施果蔬板块及园区服务中心）建设成效初显，河横稻麦示范基地智能化灌溉系统全面建成，园区服务中心二期投入使用。

三、城乡环境持续优化。基础设施加快建设。全面完成城建新提升年度目标任务，加快推进229省道改扩建、328国道东延、姜高路东延、上海路南延等道路建设，高标准完成上海路和陈庄路改造、溱湖大道和姜堰大道提升、东海北路和东板桥建设等重点工程，铺设城区污水管网30千米，提档升级农村公路60千米。姜堰火车站动车运营并启动升级改造。推进城乡公交一体化，建成城市候车亭45座、农村公交站台200座。引长江水深度处理工程主体完工，罗塘公园成为“省海绵城市建设示范项目”，防空警报实现镇（街道）全覆盖。高效完成城区、度假区（溱潼镇）、“三路一河”等地段房屋征收搬迁任务，古田新村、府西新村等老旧小区整治出新。城乡管理日益规范。深化全国文明城市创建，创建成一批省、市级文明社区，顺利通过全国文明城市年度测评。大力推进省优秀管理城市创建，开展违法建设、户外广告、建筑渣土、流动摊点、停车秩序等城市环境专项整治，拆除违法建设1万多平方米，完成人民路、姜堰大道等8条道路店招店牌改造，对南北大街等6个路段实施机动车路面停车收费管理。落实村庄环境长效管护机制，新启动3个美丽乡村和2个康居乡村建设，城乡生活垃圾收集率、无害化处理率保持在95%以上。生态保护富有成效。优化调整生态红线保护区域，探索完善生态保护差别化考核、环保网格化监管、企业环境信用等级评定等工作机制，创新基层生态管理格局，全国首创设立村级环保委员，正式获得“国家生态区”命名。启动“三个百日”专项行动，逐宗整改落实中央环保督察组交办案件，提前完成168台燃煤锅炉整治、骨干河道排污口排查登记等任务，清理环保违法违规项目2115个，关停企业11家，盘活存量建设用地257.4公顷。整治、取缔畜禽养殖场（户）599家，城区实现生猪零养殖目标。新建农村小型生活污水处理设施16座，疏浚河道130条，成片造林372.33公顷，建成省级绿化示范村8个、“水美乡村”10个，娄庄镇被评为“中国最美乡镇”。

四、人民生活持续改善。民生实事稳步推进。民生支出占一般公共预算支出比重79.8%，十个方面35件民生实事项目全面完成。社会保障不断加强，全区新增创业1.1万人，转移农村劳动力3900人，城镇新增就业1.5万人。强势推进社会保险扩面征缴，新增参保1.3万人，新型农村合作医疗人均筹资标准提高到555元，企业退休人员月均养老金提高到2011元，最低工资标准提至1770元，城乡居民基础养老金调至125元，城乡低保标准统一提高到每人每月590元，实施医疗救助9853人次1697万元，发放价格临时补贴369.6万元。创设姜堰慈善医院，新增公租房200户，发放低收入人群住房租金补贴146户64万元，改造农村危房400户，完成渔民上岸安居工程801户。养老服务水平明显提升，建成标准化居家养老服务中心32家。38个经济薄弱村5781名建档立卡低收入人口实现脱贫。社会事业均衡发展。教育现代化水平全省领先，加固校舍2.9万平方米，书香校园建设全面推进，高考省文科状元、市理科状元花落省姜堰中学，罗塘高中晋级为省四星级高中，姜堰中专创建成省高水平现代化职业学校，在全省率先实施中小学“云桌面”建设，桥头中心小学获评国家级青少年校园足球特色学校。创建成省级公共文化服务体系示范区，村（社区）综合性文化服务中心建设经验在全省推广，天目山遗址核心区保护一期工程通过验收，姜堰美术馆主体封顶，溱潼会船节荣获省首批群众文化“百千万”工程优秀文化活动品牌。成功举办第六届世界女子围棋擂台赛、全国象棋业余棋王赛等大型赛事，姜堰男足、女足双获省青少年足球锦标赛冠军。医药卫生体制改革不断深化，成立区公立医院管理委员会，组建三个医疗联合体，完成70家村卫生室达标提升工程建设，全面实施乡村医生签约服务，认真落实全面两孩和计划生育惠民政策，创建成全国计划生育优质服务先进单位和省健康促进区。实施无线地面数字电视建设工程，新增用户2000个。社会治理有效强化。高标准启动“七五”普法工作，三级公共法律服务平台实体化、标准化建设进一步加强，实现镇（街道）法治文化基础设施全覆盖，创建成1家全国民主法治示范村，获评省法治建设示范区。平安建设成效明显，立体化、现代化治安防控体系更加健全，多元化矛盾纠纷预防化解机制逐步完善，广泛推行“政社互动”，基层治理取得新成效，公众安全感达97.5%、位居全省第一，连续15年获得省“平安区”称号。持续加强食品药品和特种设备安全监管，提升应急能力，扎实推进安全生产标准化、事故隐患排查治理和重大危险源防控，事故起数和死亡人数保持“双下降”。积极支持工会、团委、妇联、工商联、科协、残联、文联、社科联、侨联、红十字会、慈善等群众团体开展工作，人武、人防、双拥、外侨、史志档案、台湾事务、民族宗教等工作进一步加强。

五、政府自身建设持续深化。行政效能提速提效。推进政府机构改革，设立溱湖旅游度假区管委会，成立区不动产登记中心，理顺商务局内贸职能，张甸镇简政放权改革试点走在全市前列。全面深化行政审批制度改革，清理中介服务事项、服务收费，取消11项行政审批事项；推进一站式办理，搭建电子政务服务平台，“多证合一、一照一码”企业登记注册制度正式实施，工商登记基本实现“零门槛”；推行重大项目联审会办、建设工程联合测绘。完善公共资源交易平台，严格招投标行为监管，实行政府采购要素公示，规范拓展政府购买公共服务项目。推进镇级便民服务标准化建设，创建成国家农村社会化服务标准化示范区。依法行政扎实推进。全面推进政务公开，严格执行政府工作规则和重大决策程序规定，规范落实公众参与、专家论证、风险评估、合法性审查、集体讨论决定相结合的决策机制，出台公布行政权力“五张清单”管理办法，加强政府规范性文件合法性审查，清理文件179件。健全依法行政考核体系，完善政府法律顾问、政府合同法制审查和行政应诉工作制度，畅通行政复议渠道，行政复议办结率、行政机关负责人出庭应诉率均达100%。作风建设全面加强。扎实开展“两学一做”学习教育，严格落实党风廉政建设责任制，认真整治“在岗不作为、履职不担当”行为。主动接受区人大、区政协监督，办理人大代表议案建议158件、政协委员提案164件，满意和基本满意率达100%。畅通群众诉求渠道，认真受理来信来访，办结人民来信175件、“‘12345’·政风行风热线”诉求4万多个，群众满意率97.5%。全面公开预决算情况，建立“三公”支出分析研判系统，“三公”经费下降8%，实现“三公”经费四连减。有序推进公车改革，一般公务及执法执勤等车辆总数核减率达33.6%，节支8.26%。加强重要领域、重点项目、重大资金审计监督，完成审计调查37个，工程审计核减1.1亿元，核减率14.8%。

各位代表，2016年各项工作的顺利完成，为本届政府工作画上了圆满句号。回首五年，这是姜堰发展史上极不平凡的五年，我们体会了奋斗的艰辛，收获了成功的喜悦，取得了重大的成就。

这五年，是经济转型步伐加快、综合实力大幅提升的五年。我们发扬“求真务实创新、团结拼搏奋进”的新时期姜堰精神，干成了一批壮实力、增后劲的事。全区地区生产总值、人均地区生产总值和一般公共预算收入年均增长11.3%、11.3%、9.9%，全社会固定资产投资年均增长23%。经济结构更趋合理，三次产业比重由2011年的7.9∶52.8∶39.3优化为6.5∶46.9∶46.6。全部工业开票销售、列统工业产值分别是2011年的1.39倍、1.91倍，技改投入年均增长12.5%。服务业增加值年均增长11.9%，溱湖旅游景区创建成国家AAAAA级景区，溱潼古镇、古罗塘旅游文化景区创建成国家AAAA级景区。农业总产值和增加值分别是2011年的1.39倍、1.4倍，农业科技进步贡献率达64.2%。累计实现建筑业总产值1949亿元、增加值459亿元、在姜堰入库税收24亿元，获颁鲁班奖和国优工程6项。

这五年，是开发开放全面提速、改革创新纵深推进的五年。我们聚焦重大项目和关键环节，干成了一批打基础、利长远的事。顺利撤市设区，政府机构改革全面完成，行政效能显著提升。实行区域集成开发、资源集约利用、产业集聚发展，园区代管镇（街道）管理体制日趋完善，“一区两园”工业经济总量占全区的60%以上。累计引进亿元以上项目165个，其中10亿元以上项目16个。对外开放不断深化，累计新批外资项目70个，实际利用外资7.2亿美元，进出口总额42.41亿美元。全民创业持续升温，累计新增各类市场主体2.8万户，注册资本556.6亿元。科技创新成效显著，高新技术产业产值占规模工业产值比重比2011年提高10.2%。

这五年，是基础设施不断完善、城乡发展日新月异的五年。我们推进“西进、南扩、北控、东优”城市发展战略和新型城镇化建设，干成了一批提信心、振士气的事。建成区面积拓展至34平方千米，城镇化水平达56%。交通条件日益改善，累计完成交通投入44亿元，城乡公交实现全覆盖，新建、改建干线公路68千米、农村公路320千米，改造农村险危桥梁655座。生态环境和城乡人居环境持续改善，实现行政村引长江水全覆盖，建成污水管网60.3千米，日处理能力达8.3万吨，基本实现污水、垃圾、畜禽粪便无害化处理和天然气镇域全覆盖。创建成国家生态示范区、国家卫生城市、全国休闲农业与乡村旅游示范区、全国绿化模范区和省环保模范城市；溱湖旅游度假区创建成国家生态旅游示范区、国家环保科普教育基地。

这五年，是社会事业协调发展、群众得到实

惠最多的五年。我们顺应人民群众的期待，干成了一批顺民心、合民意的事。累计支出190.2亿元，完成为民办实事项目178件。新建学校（幼儿园）17所，实施校安工程42.9万平方米。医药卫生体制改革不断深化，县级公立医院综合改革稳步推进，基层医疗卫生服务能力明显提升。社会保障体系日趋完善，支出社保资金75.6亿元、新型农村合作医疗补偿资金16.9亿元，全面实施尊老金、免费婚姻登记、城乡低保标准一体化等一批惠民政策。城乡居民收入年均分别增长9.2%、10.3%。创建成中国民间文化艺术之乡、全国围棋之乡、全国推进义务教育均衡发展先进区、全国义务教育发展基本均衡区、省文明城市、省双拥模范城和省社会治安安全区。

各位代表，姜堰的持续发展与快速变化，离不开历届班子打下的坚实基础，是区委正确领导的结果，是区人大、区政协监督支持的结果，更是全区人民同心协力、克难奋进的结果。在此，我谨代表区人民政府，向各位人大代表和政协委员，向全区人民，向所有关心、支持姜堰发展的社会各界人士和海内外朋友，表示衷心的感谢并致以崇高的敬意！

成绩来之不易，挑战亟待应对。当前，我区经济社会发展还存在不少制约和不足。主要是：重大项目、外资项目缺乏，项目达产达效差距较大，部分行业和企业生产经营困难；要素瓶颈制约依然突出，新旧增长动力转换仍需加速；财政收入受“营改增”影响增速放缓，刚性支出压力加大；优质公共服务资源配置不够均衡，与人民群众的需求仍有差距；机关作风和效能建设有待进一步提升，等等。对此，我们将采取有效措施，切实加以解决。

今后五年发展目标和2017年主要任务

各位代表，今后五年，是姜堰高水平建成全面小康社会的决胜阶段。站在新起点，面对新使命，我们将增强机遇意识、忧患意识、责任意识，以创新助力改革，以富民引领发展，全面推动姜堰各项工作迈上更高水平、走在更前位次、保持更优质态。

今后五年全区国民经济和社会发展主要目标是：**必保一个建成、实现两个高于、突出三个创建、做强四个品牌。必保一个建成**：全面建成小康社会，建设有更广代表性、更多获得感、更高满意度的全面小康。**实现两个高于**：主要经济指标增幅高于省、市平均水平，力争地区生产总值突破850亿元，一般公共预算收入突破60亿元，高新技术产业产值占比45%以上，服务业增加值占比50%以上。**突出三个创建**：争创国家生态文明建设示范区、国家级经济开发区、国家级旅游度假区。**做强四个品牌**：进一步做强生态、旅游、教育、建筑四个品牌，提升姜堰的知名度、美誉度和影响力。

实现上述目标，我们将**坚持创新为先**，依靠科技创新，集聚高端要素，发展高端产业，着力形成以创新为引领的经济体系和发展方式；推动全面创新，着力推进发展理念、体制机制等全方位、多层次、宽领域的大创新，让改革创新贯穿工作全部。**坚持发展为要**，全力以赴抓招商，始终不渝抓项目，集中精力做产业，以发展速度的持续加快，不断推动总量规模的进位和赶超。**坚持生态为重**，更严标准实施项目审批，更强决心推进硬件建设，更硬手段加强污染治理，更高要求保护土地资源，给子孙后代留下天蓝、地绿、水净的美好家园。**坚持民生为本**，突出问题导向，致力补好短板，办妥办实一批顺民意、解民忧、保民安的好事，更加注重权利公平、机会公平、规则公平，真正让人民群众成为幸福姜堰的建设者和共享者。

2017年是新一届政府的开局之年，政府工作的总体要求是：**坚持以党的十八大和十八届三中、四中、五中、六中全会以及省、市、区党代会精神为指引，以“五位一体”总体布局和“四个全面”战略布局为统领，自觉践行“创新、协调、绿色、开放、共享”五大发展理念，全面聚力创新、聚焦富民，深入实施“三大主题工作”，坚定不移推进项目兴区、环境立区、富民强区战略，深化改革攻坚，致力转型创新，加快融合**

发展，改善民生福祉，推动经济社会发展更富含金量，在加速崛起振兴征程上迈出更加坚实的步伐。

全区经济社会发展主要预期目标是：**力争地区生产总值增长9%以上，城乡居民收入实现与经济同步增长，一般公共预算收入保持正增长，固定资产投资增长18%左右，社会消费品零售总额增长11.5%左右，高新技术产业产值占比42%左右。**

围绕全年目标任务，我们将重点抓好以下六个方面工作：

一、更加注重转型升级，进一步提升经济质态

*全力推进工业转型发展。*强化工业经济主体地位，深入推进工业供给侧结构性改革，坚持走外引内生、科技引领、创新发展之路，加快由传统工业化道路向新型工业化道路转变，力争完成工业开票销售528亿元、列统工业产值1630亿元，净增规模以上企业18家。*更高起点培育新兴产业。*集中力量，集聚资源，集成政策，在产业规模和优势特色上全力攻坚，在高端环节和核心技术上寻求突破，突出培育新能源、新材料、智能装备等产业。重点支持双登富朗特、中来光电等新能源企业，大力发展高效储能电池、高效太阳能电池、能源电力装备等系列产品；围绕越美光电产业园，做强光电芯片、激光器等主力产品，壮大集成电路制造业集聚规模，拉长芯片制造产业链条；跟踪服务好1001号3D打印项目、SMT贴片机项目，加强与区内装备制造业企业合作，促进高端定制化生产。*更高水平推进传统产业升级。*深入实施《中国制造2025姜堰实施纲要》，鼓励运用“互联网+”推动传统产业提升和制造方式转型，加快“两化”融合、“机器换人”、“电商换市”、“三品培育”步伐，引导纺织服装、金属制品、医药化工、仪器仪表等传统产业全面实施技术改造。深入开展“主导产业培育”和“小微企业升规模”工程，加快建设智能车间、智能工厂，引导装备制造企业应用物联网、云计算等新一代信息技术，推动传统制造工艺智能化、便捷化。*更大力度扶持实体经济发展。*开展降低实体经济成本行动，综合运用改革、财税、金融、价格等手段，切实减轻企业在税费负担、财务、制度性交易、用能用电、人工物流等方面的成本，研究制定企业技改贴息补助办法。继续引进、培育各类金融机构，鼓励支持金融机构创新服务品种，投放更多信贷资源。强化校企合作和订单培训，大力培育企业高级管理人才、技术人员和产业工人，保障企业用工需求。积极推动相关担保公司增资扩股，进一步完善融资担保体系，继续做好信贷应急周转工作。

*着力加快服务业提档升级。做大电子商务产业。*培植区级电商产业园、孵化园、创业园、物流园，全面推进电子商务进农村、进社区、进园区、进专业市场、进商贸物流、进国际贸易，深化跨境电商应用，拓展电商服务外包领域，加快实施阿里巴巴村淘项目，支持智谷众创空间做大做强，培养电商精英，打造电商品牌，全面提升我区电商行业发展层次和水平。以智慧城市建设为抓手，完善互联网基础设施，逐步引导云计算、大数据在多领域的推广应用。*发展生产性服务业。*突出抓好现代物流、金融服务、科技服务、软件信息服务和商务服务五大重点产业，力争生产性服务业增加值占比提高1%以上。引导制造业企业由单一提供产品向提供“产品+服务”转变，加快瑞银国际公共型保税仓库、福润仓储等项目建设，整合提升华东五金城物流中心、劳武物流园，推进智谷软件园、科创中心融合发展，规划建设科技广场，争创省级电子商务示范园和生产性服务业示范集聚区。*壮大现代旅游业。*认真实施旅游业发展三年行动计划，系统推进全域旅游，坚持“旅游+生态”“旅游+农业”“旅游+康养”“旅游+文化”“旅游+会务”“旅游+体育”“旅游+互联网”发展模式，大力发展溱湖生态、城区文化、乡村休闲、宗教禅修四大旅游板块，统筹推进溱湖旅游核心区、古罗塘文化街区、天目山森林公园、万竹园二期、蒋垛观音寺等景点联动发展，培育桥头镇小杨村、溱潼镇湖南村等精品民宿和农家客栈。启动实施华侨城二期、环湖路智慧体育、小

镇客厅、古镇河坊水街、渔事乐园等项目建设，积极引进文化演艺、水上运动、主题酒店等新业态；加大高端医疗、康体养生、异地养老、健身休闲类项目招引建设力度，争创省级健康服务业集聚区。优化“智慧旅游”平台建设，充分整合大数据信息，加快旅游设施全面物联，突出行业监管、市场评价、形象推广等关键环节，不断改进游客互动体验。

大力提升农业现代化水平。扩大高效农业规模。深入推进农业供给侧结构性改革，大力发展精细农业，认真落实粮食安全责任制，持续开展粮油绿色高产创建，全面完成东部干线10万亩高标准农田建设试点工程，启动开展粮食生产全程机械化示范镇（街道）创建，建成一批万亩粮食高产增效示范方。培大育强现有龙头企业，重点扶持带动能力强、技术创新能力强、市场开拓能力强的农业企业。加快华港蔬菜、桥头香菇、河横葡萄等规模基地提档升级，建成一批有区域影响力的“一镇一业”“一村一品”现代农业产业基地。新增高效设施农业800公顷、农业“三品”（无公害农产品、绿色食品、有机食品）15个。培育新型经营主体。加快实施现代青年农场经营者、农村实用人才和新型职业农民培育工程，加强培训基地建设，推动示范性家庭农场创建。健全完善土地流转定价机制和规模经营风险防范化解机制，加快培育现代农业生产经营主体。放宽农民创业市场准入条件，加大对农民初创小微企业的扶持力度，引导外出农民返乡创业。完善涉农服务体系。启动国家级农村产权交易标准化试点，建成土地确权登记数据库和信息应用平台。大力实施“互联网+”现代农业行动，启动农产品电商“百村优品”工程，普及畅通农产品电商销售平台、“农牧旺”信息服务平台，积极探索农业领域物联网技术应用，建成一批“智慧农业”信息化应用示范基地。做好村级为农综合服务中心建设扫尾工作，实现全区50万亩稻麦田社会化服务全覆盖。

致力改善建筑业发展业态。设立建筑业发展专项引导基金，完善贷款担保、奖励扶持等配套政策，加快提升建筑业工厂化生产、装备化施工、成品化装修水平，主动顺应国家重点投资方向，精准开拓国际国内市场。发挥“中国建筑之乡”品牌效应，引导企业抱团出击、集群发展，推动企业从施工总承包向工程总承包快速转型。全年完成建筑业总产值510亿元、增加值125亿元、工程结算收入375亿元、地方入库税收6亿元。

二、更加注重开放创新，进一步增添发展活力

强化项目建设。更新招商理念，突出战略性新兴产业、现代服务业、现代农业以及“互联网+”新业态等领域，深入挖掘对接项目信息。创新招商方式，继续拓展协会招商、商会招商、以商引商、以企引企等多种招商途径，打造立体化的招商体系。完善招商机制，指定相关部门和园区在重点区域、重点产业和重点客商方面，建立常态化的跟踪落实机制。培育招商团队，放宽视野，选贤任能，打造一支知政策、懂市场、善沟通、能服务的精干队伍。高度关注项目建设，突出有效投入，设备投入占比不低于60%；突出优化服务，完善联审会办机制、区领导挂钩联系制度，确保项目快达产快达效。力争全年新开工亿元以上项目80个以上，其中10亿元以上项目3个以上。

做优园区载体。全方位提高园区承载能力，增强园区集聚能力，不断提升竞争力，三大园区力争实现工业开票销售350亿元。加快园区扁平化管理步伐，不断优化园区管理体制，确保园区有更多精力聚焦招商引资和项目建设。坚持开发区与泰州姜堰高新区互联互动，全面落实开发区三年行动纲要，做强昆姜工业园、智能电网产业园，强化产业集聚、创新服务功能，争创国家级开发区；泰州姜堰高新区做强扬帆创业园、智谷软件园，加快发展软件信息、集成电路等新兴产业，争创省级高新区；装备园区突出“高、新”追求，优化园区配套服务功能，集聚高端装备制造产业，全面提升产业层次；度假区统筹推进特色小镇、湿地生态、健康养生三大旅游板块发展，争创国家级旅游度假区；农业园区高质量完成两年行动计划，打造现代农业发展高地。

注重资本运作。牢固树立市场化思维，积极创新政府融资筹资方式，以提高直接融资比例、提升融资质量的方式逐步置换政府贷款、降低贷款比例。坚持政府引导、市场主导的原则，以盛鑫资产管理公司为载体，规范运作产业引导基金，充分发挥基金的杠杆效益，采取参股投资、跟进投资、直接投资等方式，积极参与新兴产业项目的招引建设，撬动更多的社会资本参与产业发展，带动金融资源向项目建设倾斜，助推实体经济发展。加大政银企对接保障力度，建立完善企业资金诚信等级评定体系，对企业融资进行分类指导、专项服务。扎实推进企业上市三年行动计划，支持有条件的企业加强行业整合，实施并购重组；鼓励优势企业通过上市、配股增发、“新三板”挂牌、发行债券等方式直接融资；加快推进双登集团上市步伐。

完善创新体系。建立创新创业离岸孵化机制，出台优惠政策，突出入孵产业项目前置服务，提高项目成功率，建成离岸孵化基地14个。发挥省科技镇长团桥梁纽带作用，深入开展产学研合作，提高企业自主研发能力，力争全年净增高新技术企业10家。强化品牌建设，推进质量强区，着力培育拥有核心技术和自主知识产权企业，争创中国驰名商标1个、省著名商标6个，申报省名牌产品2个、市长质量奖企业1家，主导或参与国家、行业标准制（修）订2项。全面实施“人才强区”“人才强企”战略，深入实施“三水英才”“堰归来”等人才引育工程，放大“机构+平台”人才集聚效应，加大高层次领军人才、高精尖项目引进力度，落实“创新券、创业券、购房券”等政策措施，推动创新资源、创新人才向姜堰集聚。

三、更加注重统筹协调，进一步优化城乡环境

坚持规划引领。紧紧围绕泰州中心城区融合提升目标，加强与泰州市新一轮总体规划对接，突出空间组合、功能整合、资源优化，加快产业发展、城镇空间、生态建设、综合管线等布局调整。开展城区对外连接重点道路断面的规划设计，严格控制主要交通干线、城区主干道、骨干河道两侧规划建设。编制海绵城市专项规划，加强城区西部地区公共服务设施规划建设。超前谋划地下空间开发利用，启动地下综合管廊试点建设。完善天目山遗址公园规划建设，规划建设城市森林公园。做好征收搬迁地段和党校新校区、大剧院、体育馆等重点工程规划。

加强建设管理。瞄准“生态宜居旅游度假养生基地”建设定位，启动新一轮“城建新提升”两年行动计划，实施“对外大贯通、对内大畅通、环境大改善、功能大提升、集镇大建设”行动，年内建成三水大道南延等6条城市道路和229省道北段等10项交通工程，进一步完善联线路网，积极参与328国道快速化改造、姜高路拓宽改造、红旗大道东延、通扬线航道整治等市、区共建项目。高标准改造升级火车站，在城郊建设大型货车停靠场，新建苏中药业、罗塘路2个停车场和3座游园，有序推进供热管网铺设，完成引长江水深度处理工程，继续推进老旧小区综合整治、房屋征收搬迁以及棚户区、城中村和危旧房改造工作，加快三水·新都会、时代商业广场、家乐福广场等商业综合体建设。全面推行小区物业服务属地化管理，建立健全行政推动与社会化、专业化、市场化管理相结合的运行机制。持续推进省城市环境综合整治两年接续行动，突出市容环境、违法建设和交通秩序整治，全面提升城市品位。

加快城乡统筹。统筹谋划、分类推进城镇发展，全面推进溱潼镇生态旅游型、蒋垛镇文化旅游型小城市建设，优化功能，争创特色，提升形象。培育特色小镇，打造长三角地区集“养身、养心、养体、养元、养生、养年”等功能于一体的溱潼康养旅游小镇，协同推进蒋垛禅修小镇及高新区智汇小镇、开发区智能电网小镇建设。巩固提升村庄环境整治成果，有效落实“五位一体”长效管护机制，推动村庄环境长治久洁，建设宜居美丽乡村。加快农村危桥、危旧房改造，完善农村污水处理设施，拓宽改造通村公路，提档升级农村公路40千米，新建、改造桥梁72座，新建农村公交站台200座，改造农村危房300户，进一步提升农村公共服务水平。

四、更加注重生态建设，进一步推动绿色发展

突出集约用地。启动土地使用绩效综合评价及结果运用工作，严格执行投资强度和亩均纳税规定，完善项目“飞地”政策，引导工业项目向三大园区集中。推进“空间换地”，鼓励多层高标准工业厂房建设，探索推广租赁制、先租后让、弹性出让等工业用地供地模式，做到精准供地、高效用地。强化耕地保护，确保全区耕地保有量不低于50240公顷，完成约43653.33公顷永久基本农田划定工作。加快“腾笼换鸟”，推进“僵尸企业”和闲置低效用地盘活处置，加大土地复垦和违法用地查处力度，释放土地开发空间，增加土地有效供给，提高集约利用水平。

突出节能减排。严守环保“闸门”，深耕“低碳”发展，严把项目审批产业政策关、布局关、环境容量关。聚焦行业性、区域性、结构性环境污染，实施源头控制、过程拦截、末端治理相结合的综合防治，构建全过程、多层级环境风险防范体系。深入开展“二六三”专项行动，淘汰落后产能、低效产能，杜绝地条钢生产；出台化工企业外迁激励政策，加快推进开发区化工园区企业搬迁，鼓励化工企业迁入专业园区发展；扎实推进“三个百日”专项行动，做好后续整改和建章立制阶段工作。组织开展中央环保督察交办问题整改“回头看”，继续跟进畜禽养殖污染、燃煤锅炉、扬尘、机动车尾气等重点领域专项整治，稳步实施国控、省控考核断面水质达标提升计划，完成重点污染源刷卡排污系统建设，实施差别化污水处理费政策。

突出生态创建。落实生态文明建设示范区创建任务，推进水美乡镇、水美村庄建设。建成运行开发区工业污水处理厂，新建城区污水主管网10千米，加快推进支管网及联网建设。实施四支河、许陆河、汤河等黑臭河道整治，完成省“覆盖拉网式”农村环境综合整治17项农村污水处理工程建设，进一步规范城镇生活污水和垃圾处理设施运行管理。疏浚整治河道98条，完成造林面积266.67公顷，争创省级绿化示范村6个。着力加强镇、村两级环保队伍建设，积极推广设立村级环保委员做法，继续推行生态保护差别化考评办法，严格落实环境保护党政同责、损害生态终身追责制度。

五、更加注重民生福祉，进一步稳固和谐局面

完善社会保障。在扩大覆盖范围、提升保障水平、提高统筹层次等方面迈出新步伐，继续强势推进社保扩面征缴工作，稳妥推进机关事业养老保险制度改革，完善医保支付方式和救助审批流程，探索建立“救急难”基金，加大对困难群众和特殊群体的救助力度。完善创业就业服务体系，实施人才强企、就业促进、技能培训三大工程，引导高质量就业、创业带动就业，多渠道增加城乡居民收入。强化城乡社区建设，理顺管理体制，建强服务队伍，加大结对共建力度，进一步提升社区服务水平。加强政策性住房保障，对被征地农民实施即征即保、应保尽保。实施精准扶贫、精准脱贫，对经济薄弱村、集中连片困难地区实行重点帮扶，壮大集体经济，增强内生发展动力，着力解决好因病因残致贫户的脱贫问题，加大生活、就业、教育等扶持力度，确保80%的低收入农户实现脱贫。今年，区政府将投资14.26亿元办好21件民生实事。

发展社会事业。提高教育现代化建设水平，大力推进素质教育，加快建设现代职业教育体系，支持民办学校健康发展，构建良好教育生态；实施2万平方米校舍加固工程，加速城区学校增量扩容，规划新建1~2所城区学校（幼儿园）。实施“文化+”产业发展战略，强化文化遗产保护和利用；全面推进公共文化服务标准化、均等化、社会化和数字化建设，打造村（社区）综合性文化服务中心建设“姜堰模式”；深入开展文化惠民活动，发挥“文化惠民券”引导作用，加大政府购买服务力度。探索建立现代医院管理制度，完善分级诊疗机制，提升乡村医生签约服务水平；加快开发区医院、运粮卫生院和张甸中心卫生院等工程建设，全面完成村卫生室达标提升工程；认真落实各项计划生育惠民政策。加快社区全民健身中心建设步伐，积极承办世界女子围棋擂台赛等大型赛事。推进有线数字电视城乡一体化建设。出版发行《姜堰市志（1988—2007）》。

深化法治及平安创建活动。扎实开展“七五”普法，打造“互联网+”普法集群，完善公共法律服务体系。推动社会治理能力立体化、现代化、专业化，整合公安信息平台、综治信息系统和其他社会治理数据，健全社会治安防控、矛盾纠纷化解、人口服务管理和公共安全管理体系，严厉打击各类违法犯罪行为。积极培育社会组织，推行“阳光信访”，引导群众依法行使权利、表达诉求、解决纠纷。整合构建社会诚信分级评定体系，健全应急管理机制，落实安全生产责任，努力提升全民安全素质，完善农产品质量安全监管体系，严格食品药品和特种设备安全监管，全力做好社会风险防范和突发事件隐患排查整治工作，切实保障人民群众生命财产安全。

六、更加注重自身建设，进一步提高执政水平

推进依法治区。建立健全权责统一、权威高效、保障有力的依法行政体制，强化重大决策终身责任追究及责任倒查机制，提高科学民主决策水平。健全“五张清单”动态调整机制，推进事前审批向事中事后监管转变，规范行政审批中介服务，打造综合性政务服务平台。完善行政执法体制，增强公职人员遵法学法守法用法理念，强化执法监督检查，切实做到规范、公正、文明执法。自觉接受区人大及其常委会的工作监督、法律监督和区政协的民主监督，重大决策前向人大报告、与政协协商。认真办理人大代表议案建议和政协委员提案，进一步提高办理质量。

转变工作方式。发扬苦干实干作风，把改革创新的精神转化为推动发展的动力，以思维方式的转变引领经济社会发展方式的转型，为各类市场主体创造机会更加均等、竞争更加公平的发展环境。推进行政审批“放、管、服”改革，围绕关键环节继续加大放权力度，稳步推进溱潼、蒋垛简政放权改革试点工作。深入开展“百团千村万企大走访大落实”活动，围绕群众关心、基层关注的热点、难点，推动工作重心下移，更加注重收集社情民意，畅通重大事项向社会征求意见渠道，发挥“‘12345’·政风行风热线”等平台作用，着力解决服务群众“最后一公里”问题，提高政府服务社会的水平和效率。突出考核效果应用，奖优罚懒，激励先进，鞭策后进。

建设廉洁政府。深入推进政府系统党风廉洁建设，全面落实主体责任，严格落实“一岗双责”责任制，扎实推进重点领域、关键环节的制度建设，健全惩治和预防腐败体系。严格执行中央“八项规定”和省、市、区委“十项规定”精神，厉行节约，从紧从严安排财政开支，完善“全口径”政府预算管理体系，认真执行“三公”经费预算管理和公开制度，将有限的财力更多地用在群众最需要解决的问题上。加强权力运行的监督制约，加大行政监察和审计监督力度，强化工程建设、工程招投标、土地管理使用、公共资源交易、政府采购、扶贫工作等重点领域监管。深入开展廉洁教育，筑牢廉政防线，建树清廉政府的良好形象。

各位代表，蓝图催人奋进，事业任重道远。让我们在中共姜堰区委的坚强领导下，在区人大、区政协的监督支持下，团结和依靠全区80万人，咬定目标不放松，加快发展不懈怠，锐意进取、扎实工作，为实现更富含金量的崛起振兴，谱写好“两聚一高”姜堰篇章而努力奋斗！

2017年保障和改善民生实事项目表

表1

序号	类别	实事项目	实事内容	责任部门（单位）	参与部门（单位）
一	公共交通	1. 农村公路提档升级	建设改造农村公路40千米、桥梁30座	区交通运输局	各镇（街道）
		2. 农村桥梁建设	新拆建农村桥梁60座	区水利局	相关镇（街道）
		3. 火车站升级改造工程	完成临时过渡站房建设	区发展和改革委	沈高镇
		4. 公交候车亭建设	新建城乡公交候车亭219座	区交通运输局	各镇（街道）
		5. 公共停车场建设	新建城区停车场8个，其中住建2个小型车、交通6个货车停车场	区住建局、区交通运输局	罗塘街道、区公安局、区经济开发区、沈高镇
二	环境提升	6. 污水管网建设	新建污水主管网10千米、支管网10千米	区住建局、区经济开发区	罗塘街道
		7. 黑臭河道整治	整治四支河、许陆河、汤河	区住建局、区水利局	区环保局、罗塘街道、三水街道
		8. 环卫设施维修改造	维修改造2座公厕、60座垃圾房	区城管局	罗塘街道
三	安居工程	9. 老旧小区综合整治	整治康华新村、康华二村、王家舍	区住建局	罗塘街道
		10. 棚户区改造	改造棚户区1000户以上	区住建局	国土资源局区分局、规划局区分局、罗塘街道
		11. 农村危房改造	改造危旧房300户	区住建局	相关镇（街道）
四	水利建设	12. 骨干河道疏浚整治	疏浚整治姜溱河、南干河、周山河东段19.38千米	区水利局	相关镇
		13. 更新改造泵站	更新改造泵站60座	区水利局	各镇（街道）
五	社会保障	14. 特困职工家庭生活救助	救助特困职工家庭130户以上	区总工会	
		15. 城乡低保提标	提高城乡低保救助标准	区民政局	区财政局
		16. 建立“救急难”基金	救助患重大疾病基本生活困难家庭	区民政局	区财政局、区慈善协会
六	创业就业	17. 扶持创业	培植创业孵化基地，扶持1000人创业	区人力资源和社会保障局	相关镇（街道）
七	文化教育	18. 教育设施建设	加固溱潼小学、南苑学校等校舍	区教育局	区住建局、区建管局
			改造蒋垛中学食堂	区教育局	蒋垛镇
		19. 文化设施建设	新建20家百姓大舞台、5家五星级农家书屋	区文广新局	相关镇（街道）
八	医疗卫生	20. 镇卫生院改扩建工程	改造张甸卫生院门诊病房综合楼	区卫生计生委	张甸镇
			建设运粮卫生院病房楼	区卫生计生委	大坨镇
		21. 村卫生室建设达标工程	升级改造达标30个村卫生室	区卫生计生委	国土资源局区分局、规划局区分局、相关镇（街道）

《政府工作报告》名词解释

规模经营"姜堰模式"：按照规模适度（6.67~20公顷之间）、价格适中（每年每公顷4875千克左右稻谷折现）、主体合格（以本地农户为主，要求会经营、善管理、懂技术）的要求发展家庭农场，且配套建设集农机存放、粮食烘干、农技培训、植保服务、农资配供等全程社会化服务为一体的家庭农场服务联盟。

建筑业"四转"战略：通过推动产业转型、经营转轨、结构转优、市场转向促进建筑业转型升级、跨越发展。

建筑企业"1+X"抱团发展战略：发挥龙头骨干企业的带动作用，以一家龙头骨干企业带动X家中小企业抱团合作发展，力求形成大企业合作、小企业组团、大小企业联手、总承包与专业企业联动发展的战略。

"千人计划"（海智）专家联合会：由江苏省"千人计划"专家、"海智"专家自愿发起和组成的非营利性社会团体，旨在凝聚省内创新创业的"千人计划"专家和海智专家，共享资源，促进联谊，团结和服务于海内外高层次人才，为江苏经济文化创新发展和转型升级提供智库支撑。"海智"即"海外智力为国服务行动计划"，由中国科协与海外科技团体共同发起，是促进海外人才创新创业、推动科技和产业项目合作的重要平台。

三路一河：328国道快速化改造、姜高路改扩建、红旗大道东延和新通扬运河航道升级改造工程。

村级环保委员：在村党支部、村委会分别设立"生态文明委员"和"环境保护委员"，以解决农村基层生态文明建设和环境保护组织缺失问题。

"三个百日"专项行动：2016年9月，区政府启动开展全区安全生产、环境保护和国土资源领域联合整治"三个百日"专项行动，旨在按照"除患补漏、强基固本、常抓长效、争安思危"的总体思路，通过第一个"百日"摸底排查、第二个"百日"集中整治、第三个"百日"建章立制，切实提升全区各类企业尤其是小微企业的发展质态。

中小学"云桌面"建设：通过"云计算"方式，为中小学校客户终端提供虚拟Windows桌面与应用服务，教师可突破时间、地点、设备、应用的限制，随时随地接入数据中心的桌面进行"云办公"或移动教学，而系统计算、数据存储、安全维护都集中在区教育局"云中心"，使用、维护成本得以降低，移动教学、办公和安全保障能力得到大幅提升。

省群众文化"百千万"工程：在全省培育打造"百个各具特色的优秀文化活动品牌、千个各展其长的优秀群文团队、万名各显其能的优秀文艺骨干"，该活动由省委宣传部、省文化厅、省新闻出版广电局和省文联共同组织首批评选。

医疗联合体：简称医联体，通常由一家三级医院为核心单位联合若干个二级、一级医院为成员单位组成一个医疗联合体，主要作用是优化医疗资源配置，引导优质医疗资源下沉，提升基层医疗服务能力。全区组建泰州市第二人民医院、姜堰中医院、溱潼人民医院三个医疗联合体。

"多证合一、一照一码"企业登记注册制度：企业登记时，不再需要办理组织机构代码证、税务登记证、社保登记证和刻章许可证等多个证件，仅须办理记载统一社会信用代码的营业执照，实现一次申请、一口受理、互联互通、合并签发，简化登记手续，降低办事成本，缩短企业创办周期，体现市场准入的"便利化"。

行政权力"五张清单"：指政府各部门责任清单、政府行政权力清单、行政审批事项目录清单、政府部门专项管理资金清单、行政事业性收费目录清单。

"西进、南扩、北控、东优"城市发展战略："西进"，即对接泰州城区，与泰州城区一体化发展；"南扩"，即将梁徐纳入城区，城市向南拓展新的发展空间；"北控"，即减少发展成本，保护里下河水网地区生态；"东优"，即优化东部用地布局。

电商换市：是由浙江省首创提出的电子商务发展战略，主要内涵为产品货物销售电商化、居民消费电商化以及各类服务电商化，通过突破传统的营销生产模式，实现传统专业市场与电子商务联动发展，减少商品流通环节，加快企业转型升级，提高经济运行效率和效益。

三品培育：即以市场为导向、以创新为动力、以企业为主体，实施增品种、提品质、创品牌的产品培育战略。

全域旅游：把一个行政区当作一个综合性、开放式的旅游景区，要求全社会、各行业、各部门共同参与，区域旅游相关要素配置完备，为游客提供全过程、全时空、全景化的旅游体验，其目的不再停留在旅游人次的增长上，而是旅游质量的提升，是资源优化、空间有序、产品丰富、产业发达的系统旅游。

“农牧旺”信息服务平台：即泰州“农牧旺”智慧农业服务管理平台，是集农业生产、经营、管理、服务为一体的政府管理下的应用平台，通过智能手机登录“农牧旺”APP，可实时在线帮助新型农业经营主体解决生产经营中的各种困难，进而规避经营风险、降低生产成本、增加农民收入。

泰州姜堰高新区：即原现代科技产业园。

“三水英才”“堰归来”等人才引育工程：“三水英才”计划是姜堰区重点围绕新能源、新材料、智能电网、高端装备、节能环保、电子信息以及现代农业、现代服务业等领域而专门开展的引才育才行动，计划引进和培养1000名高层次创新创业人才和海外优秀人才。“堰归来”工程是从2014年开始实施的姜堰青年人才回乡工程，通过搭建人才回乡服务平台、组织返乡社会实践等途径，引导姜堰籍大学生关注家乡、回归家乡、建设家乡、扎根家乡。

养身、养心、养体、养元、养生、养年：即温泉养身、文化养心、运动养体、美食养元、医疗养生、欢乐养年。

“二六三”专项行动：即全省“两减、六治、三提升”专项行动。两减，指减少煤炭消费总量、减少化工企业数量；六治，指治理太湖水环境、治理生活垃圾、治理黑臭水体、治理畜禽养殖污染、治理挥发性有机物污染、治理环境隐患；三提升，指提升生态保护水平、提升环境经济政策调控水平、提升环境执法监管水平。

地条钢：指以废钢铁为原料、经过感应炉等熔化、不能有效地进行成分和质量控制生产的钢及以其为原料轧制的钢材。地条钢产品直径、抗拉强度等均难以符合国家标准，大部分产品存在脆断的情况，质量存在严重隐患。

省“覆盖拉网式”农村环境综合整治17项农村污水处理工程：2013年，国务院批准江苏成为覆盖拉网式农村环境综合整治全国试点省份，全省计划在2017年前整治6000多个村庄。根据试点工作规划，2017年，姜堰区计划在15个镇（街道）的17个行政村实施17项生活污水处理工程。

村（社区）综合性文化服务中心建设“姜堰模式”：姜堰区在试点建设过程中，探索形成“一体、两翼、三特色、七配套”的建设模式。“一体”，即集聚基层各类公共服务资源，建设一个建筑面积不少于300平方米的综合性文化服务中心；“两翼”，即重点建设室内星级农家书屋和室外百姓大舞台；“三特色”，即打造特色文艺团队、特色文艺人才和特色文化建筑；“七配套”，即配套设置综合办公室、便民服务室、多功能室、民政调解室、体育健身室、卫生室和居家养老服务站。

行政审批“放、管、服”改革：深化行政体制改革、转变政府职能总的要求是“简政放权、放管结合、优化服务协同推进”，即“放、管、服”三管齐下。该报告具体指取消或下放行政审批事项、改善和加强政府监督管理、优化行政审批服务。

中国人民政治协商会议
泰州市姜堰区委员会常务委员会
工 作 报 告

——在政协泰州市姜堰区第十四届委员会第一次会议上

（2017年1月7日）

区政协主席　仲亚岭

十三届委员会工作回顾

过去的五年，政协泰州市姜堰区第十三届委员会及其常委会在中共姜堰区委和政协党组的正确领导下，把握团结和民主两大主题，突出改革创新，切实履行政治协商、民主监督和参政议政职能，充分发挥协调关系、汇聚力量、建言献策、服务大局的作用，为推动经济发展、促进民生改善、维护社会和谐、加强民主政治建设做出了重要贡献。

——五年来，创新平台，政治协商层次更高

政治协商是人民政协的主要职能。我们按照党的十八大及十八届三中全会对发展社会主义协商民主作出的部署安排，先后召开5次全体会议、28次常委会议、30次主席会议，在“全体会议总体协商、常委会议专题协商、主席会议重点协商、专委会对口协商”的议政格局基础上，创新协商平台，提高协商层次，推进协商民主迈出新的步伐。

联席协商议大事。定期参加区委与区政协、区政府与区政协协商联席会议，通报有关工作情况，研究讨论重大事项。就进一步加强和改进人民政协工作,区委与区政协联席协商，出台《中共泰州市姜堰区委关于进一步加强和改进人民政协工作的意见》；就每年民生实事安排，区政府与区政协联席协商，提高为民办实事项目的针对性和实效性。

双月协商献良策。2015年以来，围绕群众关注热点和政府工作重点，确定协商议题，组织委员与政府及相关部门，开展“双月协商”座谈。先后就医保支付方式改革、企业登记制度改革、市容市貌长效管理、个转企工作、提案办理情况等协商8次，形成建议案6份。就食品安全问题，组织姜堰6个民主党派，分别从农贸市场食品安全监管等方面开展调研，形成数据丰富、分析翔实的调查报告，为党委决策和政府工作提供了有益参考。

专题协商助发展。紧扣区委决策部署和政府工作中心，选择经济新常态下事关发展的重要课题，进行专题协商。分别就旅游业发展、城建新提升、简政放权试点、工业项目招引、企业直接融资、建筑工业化、水生态文明城市建设等议题，形成建议案，详细分析实际情况，客观指出存在问题，科学提出实施意见，切实推动了全区经济社会事业发展。

基层协商惠民生。在城区社区及镇（街道）有关村、企事业单位，设立76家“政协委员工作室”，构建基层协商的新平台、委员履职的新阵地、服务群众的新载体。各委员工作室组织基层民主协商281次，努力寻求最大公约数，画好最大同心圆。开展政协知识进社区、走访慰问送温暖、科普知识大宣传及免费义诊、法律援助等活动，惠及群众1万多人次。振兴社区委员工作室关于加大未成年人司法保护力度、兴泰镇绿源委员工作室关于农业适度规模经营、娄庄镇陆秀文委员工作室关于建立基层群众健康档案等50个协商议题，关注百姓生活，关心群众冷暖，产生了良好的社会反响。

——五年来，创新形式，民主监督效果更实

人民政协的民主监督是中国特色社会主义监督体系的重要组成部分。我们聚焦中央和省、市、区重大改革举措、重要政策贯彻和重点工作落实等方面，不断创新民主监督形式，拓展民主监督领域，增强民主监督实效。

委派监督树品牌。自2013年起，每年组织委员，以小组形式集中委派到相关部门，开展民主监督。把以往单兵松散式的监督变为集中有组织的行为。各委派民主监督员小组本着服务、监督并重的原则，在受派部门支持配合下，参与部门活动，开展走访调研，组织座谈讨论，总结工作经验，梳理存在问题，提出意见建议。驻检察院小组紧扣监督主题，广纳诤言，广集民智，以活动推进监督；驻住建局小组情系民生改善，深入基层一线，推动民生项目落到实处。

提案办理创特色。区政府、区政协联席会议决定，实行区长领办全部提案、主席督办重点提案制度。对社会关注的民生提案，在大众媒体公布办理情况，接受群众监督。建立完善提案双向评议制度，委员评议承办单位办理情况，承办单位评议委员提案质量。组织各界群众950多人次参与提案办理评议，委员反映集中、社会普遍关注的问题得到有效解决。围绕旅游业发展，委员们连续5年提出提案，建议打造特色品牌、增加内涵发展，推动了我区旅游业提档升级。“增设城区公共自行车”“拓宽改造套闸桥”等提案的落实，方便了居民绿色出行，受到群众好评。

民意征集拓新路。在区人力资源和社会保障局、区教育局、区民政局等8个部门设立“社情民意征集站”，在镇（街道）政协工委设立“社情民意直报点”，聘请特邀信息员，社情民意信息来源丰富，渠道通畅，准确性、时效性、可行性不断增强。五年来，共收集社情民意信息216篇，编报《社情民意》简报75期，区领导批示61条次。向上级政协报送183条，被市政协采用54条、省政协采用16条、全国政协采用11条。区政协连年被市政协评为信息工作先进单位，54人次被评为市、区社情民意信息工作先进个人。

项目督察有作为。根据区委部署，对各镇（区）招商引资、项目建设开展专题督察，先后察看项目建设现场145个，走访企业79家，与镇（区）负责同志及企业家座谈交流60次，反映困难问题28个，提出意见建议54条，形成督查通报17份。区委、区政府充分肯定区政协项目督察作风严谨、工作细致，有力助推了全区项目建设。

——五年来，创新途径，参政议政成果更优

参政议政是人民政协参与国家政治生活，发扬社会主义民主的重要方式。围绕党政工作所需、基层群众所盼、政协自身所能，我们创新履职途径，积极议政建言，较好地发挥了智囊和助手作用。

建言献策更有质量。围绕全区工作部署，政协各界别在政协全体会议上献计献策，直面问题，直抒己见，受到区委、区政府充分肯定。围绕企业转型升级、科技创新、技术改造等课题，区政协经科委组织界别委员128人次，从经济发展、企业文化、部门服务等方面进行走访视察，形成50多条建议。围绕义务教育均衡发展、镇村医疗事业、文体中心和游泳馆建设，区政协文教卫体委多次组织委员深入调研、专题座谈，提出30多条意见建议，推动了村卫生室、城区游泳馆建设等工作落实。围绕城区经济适用房适度开发、老旧小区综合整治、东部新城建设、盘活存量土地、群众健身需求等专题，区政协城乡委开展视察调研，委员现场提建议，部门当面作答复，有力推进了民生工程建设。

文史宣传更具影响。在各镇（街道）建立文史征集工作站。以我区红色旅游资源“曲江楼”为载体，建成政协文史馆，全方位宣传姜堰政协发展史，展示交流文史工作成果，定期举办委员风采及履职成果展览。开馆以来，举办摄影、书法、火花等专题展览8场，接待参观2万多人次。配合文化姜堰建设，先后征集出版《姜堰名村》《探寻长寿的秘诀》《姜堰古镇系列丛书》《珍藏姜堰》《姜堰文史集萃》《姜堰精英人物》《风雨同心六十年》等文史资料300多万字。加大政协工作宣传力度，分别在国家、省、市报刊发表工作研究文章106篇，其中《人民政协报》7篇。我区政协文史工作经验在全省会议上作专题介绍，中央电视台《朝闻天下》对我区文史工作进行了深度报道，扩大了姜堰政协影响。

基层履职更贴实际。在全区镇（街道）设立政协工委，聘任168名特邀委员。镇（街道）政协工委紧紧围绕“推动发展有作为、协商民主有亮点、服务群众有实绩”要求，科学有序开展工作，不断扩大在基层的影响力、在群众中的亲和力、在委员中的感召力。镇（街道）政协工委坚持“三化”（制度化、规范化、程序化）建设，建立每季例会制度，贴近基层实际履职，形成调查报告51篇，提交集体提案42份，反映社情民意信息209条，以实实在在的履职成效，赢得了镇（街道）党委、政府认可和基层群众赞誉。

中心工作更富实效。积极参与并认真完成项目招引、征地搬迁、文明城市创建等中心工作。围绕“思想再解放、项目大突破、城建新提升”三大主题工作，主动参与项目建设，引导经济界、工商联界企业家委员做大做强自身企业。组织委员20多次深入重大项目现场，积极协调解决项目建设中存在的困难问题。聚焦富民创业，实施精准扶贫，认真做好区政协机关结对帮扶工作，帮助挂钩联系的薄弱村上争资金235万元，发动机关党员干部捐款捐物，资助贫困农户，为我区全面建成小康社会积极贡献力量。

——五年来，创新机制，政协组织形象更佳

遵循“为民代言、履职为民”宗旨，切实加强自身建设，不忘初心，牢记使命，不断提升政协形象。

学习培训效果实。高度重视委员学习培训工作。每年全会期间，邀请专家学者来姜堰讲学，为委员履职作专题辅导。在省委党校举办由常委会组成人员、界别召集人、民主监督员小组组长，以及镇（街道）政协工委负责人参加的专题培训班，学习十八大精神、人民政协理论和统一战线知识。组织各专门委员会赴先进地区学习提案办理、文史征集、反映社情民意信息等工作，进一步开阔了视野，提升了能力。

委员管理方法新。依据政协章程和规定程序，修订完善委员管理、表彰考核等规章制度，推进委员服务管理工作规范化、制度化、程序化。每年表彰优秀委员、优秀提案、社情民意信息工作先进个人，激发委员履职热情。关心委员工作生活，组织委员健康检查，为常委订阅政协报刊，为委员寄送工作简报。建立委员履职档案，公布考核结果，促进委员积极履职。本届以来，经过各方面综合考核，共表彰优秀政协委员59人次。部分综合素质优、履职能力强的特邀委员被推荐为市、区政协委员。

界别委组作用大。完善专委会联系界别制度，开展具有界别特点的调研、视察、提交提案、反映社情民意信息和委员工作室活动300多次，参与委员1000多人次。区工商联组织企业家委员赴上海自贸区参观学习，开阔眼界。经济、共青团、工商联等界别委员自主创业，做大实业，做强电商，带动群众创业。文体艺术、医卫、科技等界别委员开展送文化、送医疗、送科技下乡活动。组织界别委组开展慈善募捐、义务献血、公益植树、助残助孤助老等活动，李焕军、傅南昌、曹井军等委员累计捐款捐物600多万元，展示了新时期政协委员风采。

联络联谊朋友多。会同区委统战部、区工商联等单位，加强与“三胞”眷属、民主人士、宗教人士、姜堰籍外商的密切联系。大力支持政协之友联谊会和姜堰历史文化研究会开展活动，积极筹建姜堰政协书画研究会，接待扬州、如东等地联谊会来姜堰考察学习200多人次。协助建立扬州市姜堰商会爱心助学基金，连续4年累计资助家乡贫困学子119.4万元。开展多层次、多形式的对外交流活动。接待党和国家领导人以及塞浦路斯驻华大使、哥伦比亚商会会长等国外友人来姜堰参观考察11人次，接待全国政协、省政协和兄弟县市政协来姜堰考察学习113批次，增进友谊，扩大影响。

各位委员，十三届政协五年来取得的成绩，是区委正确领导，区人大、区政府大力支持的结果，是各有关部门、社会各界积极配合的结果，也是政协各组成单位、各民主党派和全体政协委员共同努力的结果。在此，我代表十三届政协常委会，向所有关心、支持和帮助政协工作的各位领导、各位同志、各界朋友，致以诚挚的敬意和衷心的感谢！

主要经验体会

回顾过去五年的工作，我们有很多难忘的画面和回忆，也有很多值得总结的经验和体会。

——做好人民政协工作，必须始终坚持正确方向

把握正确方向是做好人民政协工作的基本前提。十三届政协始终自觉坚持和全力维护区委的正确领导，紧紧围绕区委重大战略部署开展工作。五年来，区委对政协工作给予高度重视，经常听取政协工作情况汇报，审阅批转政协提案、建议案、社情民意信息和调查报告，重大决策听取政协意见，重大事情向政协通报，重要会议邀请政协负责人参加，经济社会发展中的重点、难点问题交给政协调查研究，听取政协委员建议，支持政协工作创新，为政协履职提供了广阔舞台和宽松环境。实践证明，政协工作只有坚持正确的政治方向，服从服务于党委、政府中心工作，才能彰显优势，发挥作用，形成改革发展的强大合力。

——做好人民政协工作，必须始终坚持改革创新

改革创新是推动人民政协事业发展的动力和源泉，也是十三届政协履职尽责的最大亮点。五年来，我们在继承历届政协优良传统的基础上，不断聚力创新，政协事业取得新发展。开展联席协商、双月协商，丰富议政层次；建立镇（街道）政协工委和政协委员工作室，增强基层政协工作活力；实施委派监督，形成民主监督新机制；创新督办方式，开展双向评议和“回头看”活动，提升提案办理实效；构建平台载体，强化征集质量，提高文史工作水平；整合交流平台，建立委员QQ群，打造“数字政协”新平台；丰富联系方式，完善主席联系常委、常委联系委员、委员联系界别群众的“三联系”制度，促进联系交友经常化；设立征集站和直报点，拓宽社情民意信息收集渠道；出台市民代表旁听全会、委员列席常委会、常委列席主席会的“一旁听两列席”制度，扩大民主建设影响；健全委员管理制度文件，落实服务委员系列举措，大力强化队伍建设。在全省市县政协工作经验交流座谈会和泰州建市20周年政协工作座谈会上，我区作了经验介绍，得到全国政协秘书长以及省、市政协领导高度评价。实践证明，政协工作只有坚持改革创新，积极探索研究，找准工作切入点，打造履职“精品”，才能与时俱进，永葆生机和活力。

——做好人民政协工作，必须始终坚持为民宗旨

履职为民是人民政协一以贯之的宗旨，也是十三届政协孜孜以求的奋斗目标。五年来，我们围绕人民群众关注的“医疗卫生”“教育文化”“精准扶贫”“社会保障”“水资源保护”“法治平安姜堰”等民生热点问题，在群众最关心、最直接、最现实的利益问题上，寻找政协履职的结合点和切入点。将城市建设、食品安全、环境保护等领域，作为政协民主监督的重点，通过政协的有序参与、积极作为，让群众早受益、多得益。实践证明，政协工作必须始终坚持为民宗旨，始终把百姓关注的问题作为履职的课题，才能赢得群众欢迎和社会尊重。

——做好人民政协工作，必须始终坚持自身建设

强化自身建设是人民政协发挥作用的保障条件，也是十三届政协常抓不懈的基础工程。五年来，我们注重发挥委员主体作用，充分调动委员积极性，使政协委员真正做到“聚是一团火、散是满天星”。委员们围绕中心、服务大局，由小到大、由点到面，积极参与，智慧投入，无私奉献，聚集了时代正能量，发出了政协好声音。注重发挥专委会基础作用，形成推进工作的整体合力；注重发挥界别优势作用，畅通社会各界有序政治参与的渠道；注重发挥镇（街道）工委基层作用，打通履职为民“最后一公里”；注重发挥机关服务保障作用，按照从严治党的要求，认真落实党的群众路线教育实践活动、“三严三实”专题活动和“两学一做”教育活动的基本要求，提高工作效能。实践证明，只有不断加强自身建设，充分发挥好各方面作用，政协工作才能为全区经济社会发展做出更大贡献。

在回顾总结十三届政协取得成绩和经验的同时，我们也清醒地认识到工作中存在的问题和不足，主要表现在委员主体作用有待进一步发挥，界别委组活动有待进一步拓展，基层工委建设有待进一步加强等等，需要今后采取有力措施，切实加以解决。

十四届委员会工作建议

各位委员，今后五年是全区上下深化贯彻落实区第十二次党代会精神，加快实施“十三五”规划，高水平建成全面小康社会的决胜阶段，区十四届政协面临新的任务，肩负新的使命。

新一届政协工作的指导思想是：**全面贯彻党的十八大和十八届三中、四中、五中、六中全会精神，深入落实习近平总书记系列重要讲话精神，以习近平总书记在庆祝人民政协成立65周年座谈会上的重要讲话为遵循，按照区委总体战略部署，投身“两聚一高”实践，努力实现姜堰更富含金量的崛起振兴。牢牢把握团结和民主两大主题，切实履行政治协商、民主监督、参政议政三大职能，全面发挥协调关系、汇聚力量、建言献策、服务大局的作用，为建设“强富美高”新姜堰做出更大贡献。**

关于区十四届政协的主要工作，建议如下：

——围绕中心，在助推发展上彰显更大作为

发展是党执政兴国的第一要务，也是人民政协履行职能的第一要务。全体政协委员要以高昂的政治热情，把思想和行动统一到“两聚一高”实践上来，主动作为，积极履职，努力在加快姜堰发展中施展才华、建功立业。要围绕区第十二次党代会确立的奋斗目标，充分发挥政协优势，广泛搜集项目信息，积极服务“项目大突破”主题工作，努力引导企业创新，为企业发展排忧解难，助推企业做大做强。广泛开展交友联谊活动，支持北京、上海、深圳、苏州、扬州等商会开展活动，积极宣传推介，扩大姜堰的知名度和影响力，为地方发展添砖加瓦。

——发挥优势，在构建和谐上体现更大价值

团结和民主是人民政协的两大主题，是人民政协性质的集中体现，也是人民政协继往开来的方向和使命。实现社会主义现代化和中华民族伟大复兴的中国梦，必须最广泛地凝聚力量，最大限度地达成共识。要积极支持政协各组成单位、各民主党派，结合自身优势，开展重大课题调研、重要视察和监督工作。充分发挥少数民族和宗教界委员作用，密切与新经济组织、新社会组织的联系。加强与上级政协、兄弟县市政协的联系，促进信息互通、资源共享，不断拓宽视野和思路。服务好老干部，协助政协之友联谊会、历史文化研究会、政协书画研究会开展工作，通过多种形式的活动，更好地发挥老委员在经济社会发展中的作用。加大文史工作创新力度，挖掘一批新的“三亲”史料，进一步发挥政协文史工作“存史、资政、团结、育人”的功能。

——加强监督，在优化环境上发挥更大作用

人民政协的民主监督，是促进经济发展环境优化的重要保障。要发挥自身优势，充分利用委派小组、调研视察、民主评议、提交提案和反映社情民意等形式，对事关全局的重大问题、事关发展的重点问题、事关民生的重要问题，加大监督力度，敢于抓重点，讲真话，切实做到围绕发展抓监督，搞好监督促发展。努力把民主监督的重心放在各项工作的关键环节上，放在多发性、反复性、难解决的重点部位上，通过政协民主监督的理性分析、建言献策，促进服务效能不断提升，投资环境不断优化。

——固本强基，在提升能力上实现更大突破

加强自身建设是提高政协工作水平的内在动力。政协委员是政协工作的主体，委员强则政协强。广大委员、特邀委员要增强主体意识，着力提升能力素质，保持良好形象，做到懂政协、会协商、能监督、善议政、有担当。不断提高提案工作质量、提升提案成果转化率。做实做好调研、走访、视察和反映社情民意信息等工作。进一步丰富委员履职平台，完善委员联络制度，做好委员履职过程的服务和评价。加强界别委组、专门委员会和镇（街道）政协工委建设，优化运行机制，增强工作活力。突出政协界别特色，为界别开展活动做好服务。深入研究政协理论和实践的重大课题，加大人民政协知识和履职成果的宣传力度，不断提高政协工作科学化水平。

各位委员，新形势、新常态下，展望人民政协的美好前景，我们倍感激情振奋，倍感责任重大。让我们继续高举中国特色社会主义伟大旗帜，深入贯彻习近平总书记系列重要讲话精神，在中共姜堰区委的坚强领导下，同心同德，开拓创新，共同谱写人民政协事业发展和姜堰“决胜全面小康、加速崛起振兴”崭新篇章！

政协泰州市姜堰区第十四届委员会第一次会议召开

1月

4日 区“残疾人幸福生活推进计划·爱心家园行动”捐赠仪式举行。“残疾人幸福生活推进计划”是省政府为民办实事工作内容。区“残疾人幸福生活推进计划”于2012年年底启动，先后组织开展“残疾人幸福生活推进计划·爱心助行行动”“残疾人幸福生活推进计划·爱心圆梦行动”。“残疾人幸福生活推进计划”的实施，对于促进残疾人事业全面发展，提升残疾人生活质量和幸福指数，构建更高水平和谐小康姜堰，产生积极推动作用。区领导李伟、李文飙、高永明、仲亚岭、张士林、戴兆平、盛育河参加。

6日 市委书记蓝绍敏和市委副书记、组织部部长史立军带领参加市委四届十次全会的与会人员，观摩姜堰区项目建设现场。区领导李伟、李文飙、仲亚岭、徐闻仲、戴兆平、王平、黄健全参加。

7日 区十四届人大常委会第28次会议召开。会议听取审议区人大常委会提出关于提名补选徐军、李文飙为泰州市第四届人民代表大会代表的议案。会议表决通过关于补选徐军、李文飙为泰州市第四届人民代表大会代表的议案。区人大常委会主任高永明，副主任钱爱社、钱拥军、申忠华、汤文林参加。

11日 区委常委（扩大）会议召开。传达贯彻市委四届十次全会精神。区委书记李伟主持。

12日 区十四届人大常委会第29次会议召开。会议听取审议区人大常委会办公室提出关于召开区十四届人大五次会议的有关事项；区人大常委会代表资格审查委员会关于补选区十四届人大代表的资格审查报告（草案）、关于出席区十四届人大五次会议的代表情况报告；区政府提出人事任免议案。会议表决通过关于召开区十四届人大五次会议的有关事项、关于补选区十四届人大代表的资格审查报告，表决通过人事任免议案，颁发任命书，新任命人员向宪法宣誓。区人大常委会主任高永明，副主任钱爱社、钱拥军、申忠华、汤文林出席，区委常委、常务副区长徐闻仲列席。

△ 区政协十三届委员会政协常委会召开。会议对开好区政协十三届五次全会进行部署。区政协主席仲亚岭，副主席陈文亚、夏彩霞、黄彭赣、陈文德、花庆如出席。

13—16日 中国人民政治协商会议泰州市姜堰区第十三届委员会第五次会议召开。会议听取讨论区委书记李伟的讲话，通过《中国人民政治协商会议泰州市姜堰区第十三届委员会第五次会议决议》。

14—17日 区第十四届人民代表大会第五次会议召开。会议以举手表决的方式通过关于接受高永明、申忠华两人因年龄原因辞职请求的决定。会议采用无记名投票的方式选举申泰州为区十四届人大常委会主任、李文飙为区人民政府区长、秦永金为区十四届人大常委会副主任，补选刘长虹为区十四届人大常委会委员。会议以举手表决的方式通过关于区人民政府工作报告的决议、区国民经济和社会发展第十三个五年规划纲要的决议、关于区2015年国民经济和社会发展计划执行情况和2016年国民经济和社会发展计划的决议、关于区2015年财政预算执行情况和2016年财政预算的决议、关于区人大常委会工作报告的决议、关于区人民法院工作报告的决议、关于区人民检察院工作报告的决议。

20日 省纪委常委陈志扬带领党风廉政建设责任制检查考核组检查考核姜堰区。区委副书记戚才俊代表区委汇报落实党风廉政建设责任制情况。市纪委副书记刘秋平，区委常委、区纪委书记张红霞参加汇报会。

22日 市委书记蓝绍敏走访慰问姜堰区部分困难党员、优抚对象、低保对象和特困职工。市委常委、秘书长张国梁，副市长陈明冠，区委副书记、区长李文飙，区委常委、组织部部长丁志强参加。

25日 区委常委会“三严三实”专题民主生活会召开。传达学习中共中央总书记习近平在中央政治局“三严三实”专题民主生活会上的重要讲话精神，紧扣“三严三实”主题，开展批评和自我批评，推动区委常委班子及成员带头落实全面从严治党要求，在思想上更坚定、行动上更坚决、作风上更务实，更好地团结和带领全区广大干部群众“决胜全面小康、加速崛起振兴”，共同谱写“迈上新台阶、建设新江苏”的姜堰篇章。区委书记李伟主持。

△ 市人大常委会副主任戴胜利、副秘书长徐国平调研姜堰区治理在职教师有偿家教工作。区人大常委会主任申泰州、副主任钱拥军参加。

26日 区工业经济首季开门红动员会召开。区委副书记、区长李文飙要求各镇（街道）、各部门、各企业准确把握发展大势，看准抓牢发展机遇，为全年工业经济发展抢得先机、赢得主动；抓好责任落实、指标分解落实、市场开拓、要素协调保障以及企业上市工作，强化组织领导，以综合施策保障首季开门红；抢抓当前低成本扩张的良好机遇，切实加大有效投入，加快推进项目建设，以新增长点支撑首季开门红；加快“去产能”、改造提升传统产业，加快“补短板”、培育发展新兴产业，加快“降成本”、优化企业发展环境，以转型升级助力首季开门红。区领导戴兆平、黄健全参加。

△ 区委常委（扩大）会召开。会议听取各镇（街道）党（工）委书记抓基层党建和履行党风廉政建设主体责任述职。区委书记李伟主持，要求各镇（街道）党（工）委书记持之以恒抓党建、一以贯之重视党建，以党建工作为引领，推动全区经济社会持续健康发展。

27日 区委常委会召开。研究讨论反腐倡廉工作及2016年机关作风效能建设暨干部警示教育大会方案，2015年度镇（区）工作目标、区级机关部门（单位）绩效管理考评情况，2016年度镇（区）工作目标、项目建设考评意见及区级机关部门（单位）绩效管理实施细则等。区委书记李伟主持。

△ 区委书记李伟到区社会福利院看望老人，向他们致以节日问候和新春祝福。区委常委、政法委书记张士林，副区长盛育河参加。

28日 区人大常委会考察城区农贸市场建设与管理工作。区人大常委会主任申泰州，副主任钱爱社、钱拥军、汤文林、秦永金参加，区委常委、常务副区长徐闻仲陪同。

29日 省总工会副主席曹海走访慰问姜堰区特困职工和困难劳模。市总工会副主席杨世民、戈琦，区委常委、组织部部长丁志强等陪同。

△ 区委副书记、区长李文飙主持召开区政府第30次常务会议。研究讨论《姜堰区产业发展引导基金设立建议方案》等议题。区政协副主席夏彩霞列席。

2月

1日　中共泰州市姜堰区第十一届纪律检查委员会第六次全体会议召开。区委书记李伟强调，要深入贯彻中共十八届五中全会和中央、省纪委全会精神，全面落实区委十一届九次全会部署，以更加坚定的决心、更加务实的作风、更加有力的措施，推动党风廉政建设和反腐败工作取得新成效，为姜堰"决胜全面小康、加速崛起振兴"提供坚强有力的纪律保障。区领导李文飙、高永明、申泰州、仲亚岭、戚才俊、徐闻仲、丁志强、戴兆平、薛金林、肖延川等出席。区委常委、区纪委书记张红霞主持并作工作报告。

2日　区各界人士迎新春茶话会举行。李伟、李文飙、高永明、申泰州、仲亚岭等区四套班子领导与各界人士欢聚一堂，共话发展，喜迎新春。

3日　区老干部情况通报会召开。区委副书记戚才俊代表区委、区政府向老干部们通报2015年全区发展情况和2016年工作打算，区委常委、组织部部长丁志强主持。

△　区委书记李伟检查节日市场供应情况。要求加强市场监管，强化安全措施，确保节日期间商品充裕、价格稳定，让老百姓过一个欢乐祥和的新春佳节。区委常委、宣传部部长薛金林，副区长盛育河参加。

△　泰州军分区政委张志洋走访慰问姜堰区抗日战争、解放战争、困难退伍军人以及烈属等优抚对象，向他们致以节日问候与祝福。区委副书记、区长李文飙，区委常委、区人武部政委徐俊参加。

14日　区机关作风建设暨干部警示教育大会召开。区委书记李伟要求全区上下以更严更实作风，勇于担当作为，全力打好"十三五"开局之战，开启姜堰"决胜全面小康、加速崛起振兴"新征程。区委副书记、区长李文飙主持。区领导高永明、申泰州、仲亚岭、戚才俊、徐闻仲、张红霞、丁志强、张士林、戴兆平、薛金林、肖延川、徐俊等出席。

15日　区委常委、区长履职打算汇报会召开。会议采用电视直播的形式，李伟、李文飙等17名区党政班子成员向全区广大干部群众汇报2015年履职情况和2016年履职打算。

16日　区委常委会召开。讨论区人大常委会、区政协2016年工作要点，研究会船节总体方案和开幕式方案，传达省、市宣传思想文化工作会议精神，听取政法、信访、依法行政相关情况汇报。区委书记李伟主持。

△　区十四届人大常委会第50次主任会议召开。会议建议2月24日召开区十四届人大常委会第30次会议，时间1天。会议建议区十四届人大常委会第30次会议议程。区人大常委会党组书记高永明，区人大常委会主任申泰州，副主任钱爱社、钱拥军，党组成员申忠华，副主任汤文林、秦永金参加，副区长刘文来列席。

18日　区委书记李伟调研区经济开发区（科技园区）工作。要求紧扣"决胜全面小康、加速崛起振兴"核心任务，以争创国家级开发区为契机，进一步树立信心、鼓足干劲，加速园区一体化步伐，更好地发挥经济社会发展"领头雁"作用，持续提升对全区发展的贡献度。区委常委、区现代科技产业园区党工委书记、罗塘街道党工委书记戴兆平参加。

△　市委副书记、市长史立军在姜堰区召开工业企业座谈会。听取企业运行情况、遇到的困难问题以及对进一步优化服务环境的意见建议，希望工业企业始终把转型升级和科技创新摆上突出位置，要求各级党委、政府把加强对工业企业的服务作为重要责任，推动企业加速转型、做大做强。副市长杨杰，区领导李伟、李文飙、戴兆平、黄健全等参加。

△　区建筑业工作会议召开。区委副书记、区长李文飙要求全区建筑行业认真分析不利条件中的有利因素，牢牢把握挑战中蕴藏的重要机遇，充分发挥区建筑业的比较优势，因企制宜，乘势转型，尽快转变经营理念，增强资本运作能力，抢占细分市场份额，培育专业领导品牌，实

现化危为机、弯道超车，谋求跨越发展；各镇（街道）党委、政府要高度重视建筑业发展，加强与当地企业沟通联系，引导企业创新发展理念，帮助企业破解发展难题；建筑行业主管部门要切实履行行业管理服务职能，为建筑业发展创造良好环境；相关部门要加强建筑业收费管理，完善优惠激励政策，加大对有资信、有潜力、有前景建筑企业授信额度，发挥各自优势，用足用活政策，提供高效便捷服务，形成推动建筑业发展的强大合力。区领导申泰州、仲亚岭、丁志强、王萍参加。

19日 区委书记李伟调研区高新技术装备产业园区工作。要求围绕"决胜全面小康、加速崛起振兴"核心任务，以学赶海安为动力，进一步坚定发展信心，稳中求进、稳中奋进，奋力推动装备园区"十三五"发展开好局、起好步。副区长、区高新技术装备产业园区党工委书记黄健全参加。

△ 区委副书记、区长李文飙调研工业经济。要求进一步提升服务水平，优化现有产业结构，加强经济运行监测，推动工业经济结构转型、融合发展。副区长、区高新技术装备产业园区党工委书记黄健全参加。

20日 总投资20亿元的中来股份2.1千兆瓦N型单晶双面太阳能电池项目签约仪式在区经济开发区举行。中来股份是一家A股上市公司，专注于光伏先进材料研发和制造，是全球光伏背板行业的领军企业，是国家重点高新技术企业，产品广泛应用于全球超过15千兆瓦光伏电站。N型单晶双面太阳能电池项目是中来股份自主研发的项目。为快速推进该项目，公司董事会研究决定，在姜堰经济开发区设立泰州中来光电科技有限公司，总投资20亿元，建设14条生产线。项目投产后，预计可实现N型单晶双面太阳能电池2.1千兆瓦产能，年产值近50亿元。区领导李伟、李文飙、戴兆平，中来股份有限公司董事长、总经理林建伟等参加。

22日 区人大常委会考察宗教场所管理工作。区人大常委会主任申泰州，副主任钱爱社、钱拥军、汤文林、秦永金参加，区委常委、常务副区长徐闻仲陪同。

△ 区委书记李伟调研溱湖旅游度假区工作。要求围绕"决胜全面小康、加速崛起振兴"核心任务，群策群力，齐心协作，共同把溱湖保护好、建设好，进一步提升姜堰形象。区领导戚才俊、盛育河参加。

23日 区委书记李伟调研区现代农业产业园区工作。要求围绕"决胜全面小康、加速崛起振兴"核心任务，以学赶海安大公镇为动力，加快"区镇合一"发展，把园区打造成"强富美高"的城乡一体化发展样板区。区领导戚才俊、肖延川、王萍参加。

△ 区委副书记、区长李文飙调研省姜堰中学。要求以先进教育理念、教学方式打造精英素养教育，培育具有创造力、抗挫折性、懂得高效团队协作、具备较强综合素质的人才。副区长刘文来陪同。

△ 区委副书记、区长李文飙调研交通重点工程建设。要求高点定位谋划交通体系，强势推进重点工程建设，加强团队协作形成合力，统筹做好交通各项工作，全面实现交通工作大跨越。区委常委、常务副区长徐闻仲参加。

24日 区十四届人大常委会第30次会议召开。会议听取审议区人大常委会办公室提出的2016年度工作要点（草案）；区政府关于新型农村合作医疗工作审议意见落实情况的反馈；区供电公司及其基层站所工作评议意见落实情况的反馈；区农委及其基层站所工作评议意见落实情况的反馈；区法院副院长钱厚明、张桂林的述职报告；区检察院副检察长相华生、宋祥网的述职报告。会议表决通过区人大常委会2016年度工作要点；票决通过新型农村合作医疗工作审议意见落实情况、区供电公司及其基层站所工作评议意见落实情况、区农委及其基层站所工作评议意见落实情况；测评通过区法院副院长钱厚明、张桂林，区检察院副检察长相华生、宋祥网的述职报告。区人大常委会主任申泰州，副主任钱爱社、钱拥军、汤文林、秦永金参加，副区长刘文来列席。

△ 市公安局党委书记、局长杜荣良调研

指导区公安工作。察看区公安局指挥中心、合成研判作战中心、会务中心和数据中心机房，听取相关情况汇报。肯定姜堰公安在维护稳定、打击犯罪、服务发展等方面取得的成绩，要求姜堰公安机关紧扣队伍主线、狠抓打击主业、突出服务主题、发挥维稳主力，为泰州公安工作跨入全省先进多做贡献。副区长、区公安局局长王平就区信息化建设工作和警务平台建设情况作汇报。

△ 省委、省政府召开全省生态文明建设电视电话会议。深入学习贯彻中共中央总书记习近平关于生态文明建设的重要讲话精神，落实绿色发展理念，总结“十二五”全省生态文明建设情况，明确下阶段全省生态文明建设任务。区领导李伟、李文飙、戚才俊、徐闻仲、王萍、黄健全在姜堰分会场集中收看。

△ 市委、市政府召开全市农村工作暨扶贫开发工作电视电话会议。学习贯彻中央、全省农村工作及扶贫开发工作会议精神，研究部署2016年及今后一段时期农业农村工作任务。区领导李文飙、肖延川在姜堰分会场收看。

△ 区十四届人大常委会第30次会议召开。市卫生计生委主任徐洪涛作医疗卫生体制改革知识辅导讲座。区人大常委会主任申泰州，副主任钱爱社、钱拥军、汤文林、秦永金参加。

25日 市政协副主席董勤、蔡德熙调研姜堰区养老服务体系建设情况。参观蔡官康福养老院、中天养老社区和溱湖绿岛养老院，肯定区养老服务体系建设取得的成绩。

△ 区工业经济和开放创新工作大会召开。区委书记李伟要求全区上下进一步坚定信心、大干快上，以更大的力度、更实的举措发展工业经济、推动开放创新，为姜堰实现“决胜全面小康、加速崛起振兴”目标提供更加有力的支撑。区领导李文飙、申泰州、仲亚岭、钱爱社、刘玮、史献辞、陈文德参加。

26日 区人大常委会执法检查暨部门工作评议动员大会召开。区人大常委会主任申泰州要求各执法检查组和评议工作组搞好调查研究，畅通民意渠道，严格标准，严把各个环节，深入实际，深入群众，深入一线，采取集中调查、问卷调查、走访调查、随机抽查等方式，多渠道、多层次、全方位听取意见；坚持实事求是，确保客观公正，认真负责地行使法律赋予的职权，依法开展检查、评议，做到肯定成绩实事求是、揭示问题客观公正、提出建议切实中肯。被查被评部门和单位要强化宣传发动，扎实自查自纠，着眼于打好主动仗、争取主动权，扎实抓好宣传发动和自查自纠；要以务实扎实、只争朝夕、钉钉子的精神抓整改，加强督促检查，确保整改措施落到实处。要加强领导，周密部署、密切配合，协同动作、上下联动，合力实施、坚持原则，严肃纪律，确保执法检查、部门工作评议取得实实在在的效果。区人大常委会副主任钱爱社，党组成员申忠华，副主任汤文林、秦永金，副区长王萍出席。

△ 区农业农村重点工作推进会召开。区委副书记戚才俊要求各镇（街道）和相关职能部门要提高认识，高度重视，优化规划方案，把好质量关；要强化组织领导，明确任务，明确时间，明确责任，明确奖惩，加快推进“三项工作”；要落实责任管护，加强督察考核，及时宣传报道各镇（街道）、各部门的好典型、好经验、好做法，营造浓厚的工作氛围。区领导肖延川、王萍参加。

△ 区委副书记、区长李文飙调研卫生计划生育工作。要求理清职能，强化基础工作，加强班子建设，有序推进卫生计划生育各项工作，提升人民群众满意度和获得感。副区长刘文来、区政协副主席陈文德参加。

28日 区重大产业项目集中开工活动举行。22个亿元以上项目开工建设，投资总额近70亿元，其中10亿元以上项目2个、5亿元以上项目2个，外资项目3个。区领导李伟、李文飙、高永明、申泰州、仲亚岭、戚才俊、戴兆平、钱爱社、黄健全、史献辞、陈文德等参加。

3月

1日 区委书记李伟调研财税工作。要求财税部门紧扣“决胜全面小康、加速崛起振兴”核心任务，咬定目标、砥砺奋进，抓紧分解任务，明确责任要求，落实工作举措，确保实现首季“开门红”，持续为全区经济社会发展提供财力保障。区委常委、常务副区长徐闻仲参加。

2日 区委常委、常务副区长徐闻仲主持召开城乡建设重点工程推进会。要求强化组织领导程度，精心组织，强势推进，科学施工；抓紧开工新建项目、大力推进续建项目，加快工程建设进度；加大矛盾化解力度，相关部门、镇（街道）对解决重点工程建设中涉及的矛盾提前研究政策、及早制定方案；把好质量关、安全关、资金关、廉洁关，拓展项目管理深度。2016年城乡建设重点工程涉及城乡路桥、基础设施、生态绿化、旧城改造、文化旅游、民生建设、城乡统筹、开发建设八大类24项115个工程，总投资99亿元，当年投资73亿元。其中，33个工程被列入保障和改善民生十个方面实事项目，23个工程被列入泰州市城建新提升项目，14个续建项目，其余均为新建项目。

△ 区服务业工作会议召开。区委副书记、区长李文飙要求各镇（街道、园区）、有关部门坚持顺大势、补“短板”、强特色，突出项目建设、载体打造、产业发展，进一步做大引擎、做优平台、做强支撑，奋力推动全区服务业大发展、大繁荣；紧紧把握国家产业投资方向，用好用活各项政策，主动与上级主管部门沟通对接，争取更大的资金和政策支持；积极构建服务业发展“绿色通道”，努力为企业和投资者提供全方位、多层次服务，真正做到审批再简化、帮办再前移、服务再主动，全力打造苏中最佳服务业发展环境；切实承担起“第一责任人”职责，全身心投入服务业发展，将工作任务细化分解、量化考核，形成横向到边、纵向到底的立体化责任体系。区领导薛金林、汤文林、盛育河、陈文德参加。

△ 区政法信访工作会议召开。区委书记李伟要求政法信访部门认真落实区委十一届九次全会决策部署，主动融入大局，找准努力方向，明确工作重点，持续提升全区政法信访工作整体水平，为姜堰“十三五”开好局、起好步提供坚强保障。区领导张士林、钱拥军、盛育河、王平、夏彩霞参加。

△ 溱潼镇总体规划通过专家论证。论证会上，区委副书记、区长李文飙请求领导和专家多提宝贵意见，为溱潼建设发展指引方向，希望溱湖旅游度假区、溱潼镇认真落实各位领导、专家提出的指导意见，切实加强对镇区规划建设工作的思考研究，进一步调高目标定位、创新规划理念、深化内涵建设，全力推进溱潼镇更好更快发展。省住房城乡建设厅副厅长张鑑、城乡规划处处长施嘉泓，市规划局副局长吴皓，区委副书记戚才俊及相关部门（单位）负责人参加。

3日 区人大常委会召开《中华人民共和国道路交通安全法》《江苏省道路交通安全条例》执法检查集中调查汇报会和座谈会。区人大常委会党组书记高永明，区人大常委会主任申泰州，副主任钱拥军、汤文林、秦永金参加。

△ 区委副书记、区长李文飙调研城市建设管理工作。要求住建、城管部门树立以人为本理念，高标准定位，学习先进地区城市建设和管理经验，认真谋划未来城市建设管理理念，着力解决空间冲突、文化摩擦、资源短缺、环境污染等矛盾；突出重点，合理布局框架，优化城市功能，围绕民生突出精细化建设和管理城市各项工作，推进全区中心工作上台阶；强化工作措施，落实责任，实行“一线工作法”，按照时间节点，有效推进重点项目建设，创新工作思路和手段，增强群众参与度和互动性，增强群众满意度和获得感；强化廉洁自律，领导干部带头严格要求，团结协作，建章立制，打造一支能打硬战、攻坚战、持久战的队伍。区委常委、常务副区长徐闻仲参加。

△ 区委书记李伟调研供电工作。要求供电部门保障发展大局，强化电力支撑，提升服务品质，在姜堰“决胜全面小康、加速崛起振兴”进程中再立新功。副区长、区高新技术装备产业园区党工委书记黄健全参加。

△ 区环境保护工作会议召开。副区长王萍要求环保系统把握环保工作新形势，将顶层

设计由局部介入向全面融入转变，工作机制由单打独斗向合力共为转变，执法监管由行政为主向强化法治转变；开创环保工作新局面，准确把握绿色发展新理念、新战略，进一步增强低碳发展、生态发展定力；激发环保工作新动力，加快资源节约型、环境友好型社会建设，紧扣目标，通力协作，务实进取，确保圆满完成各项环保工作任务。

4日 市人大常委会副主任丁士宏调研姜堰区社会保险基金管理和监督情况。姜堰区将社会保险基金征缴、管理和监督工作摆在突出位置、列入议事日程，采取有效措施，进一步强化基金征缴、欠费清收、资金上争等工作，最大限度增加社保基金来源，保障基金安全平稳运行。区领导申泰州、徐闻仲、钱爱社、秦永金参加。

△ 区政府全体（扩大）会议召开。区委副书记、区长李文飙要求政府系统全体人员认清抓好起步对于全年工作的重要意义，将发展装在心中，凝神聚力抓落实，为实现“十三五”良好开局争得主动、赢得先机。贯彻落实区委十一届九次全会和区人大十四届五次会议的目标要求。区人大常委会副主任钱爱社、区政协副主席陈文亚列席。

7日 区国土资源工作会议召开。区委副书记、区长李文飙要求各镇（街道）、部门时刻牢记“守土有责”的职责，坚持“保护资源、节约集约、维护权益、改革创新”的工作要求不动摇，不断深化、完善、提升以节约集约用地“双提升”行动为主战略的国土资源工作，竭尽全力破解国土资源管理领域重点和难点问题；认真分析、准确把握新常态下国土资源工作新任务、新要求，更大力度抓保障，更加有效促节约，更严措施抓执法，更强作风提效能，全力做好国土资源管理各项工作，为加快全区经济社会跨越发展提供有力支撑。区领导汤文林、王萍、夏彩霞参加。

△ 区委书记李伟调研农业经济工作。要求农口部门结合实际，细化实化政策举措，抓好各项工作落实，推动全区农业发展再上新台阶。区委常委、副区长、区现代农业产业园区党工委书记肖延川参加。

8日 市民政局党委书记、局长李志高调研区民政工作。考察张甸镇周徐村农村社区服务用房建设、梁徐镇敬老院提升工程、中天二村养老社区与护理院、区社会福利院、罗塘老年活动中心、区民政局婚姻登记处等地，听取相关民政项目工作进展情况介绍。肯定区民政局民政工作成效，希望区民政局再接再厉，落实各项惠民政策，提升救助救灾能力，加大养老事业推进力度，不断提升民政为民服务水平。副区长盛育河陪同。

△ 区纪念“三八”国际劳动妇女节暨首届“姜堰最美女性”颁奖典礼举行。该次活动由区委宣传部、区文明办、区妇联、区广电台、姜堰日报社联合主办，区教育局、区文广新局、区建管局协办，本着公开、公正、透明的原则，通过姜堰妇联微信公众号、《姜堰日报》群众投票，经过评委会层层筛选和严格把关，从近27万张选票中选出“最美女性”40人、“优秀女性”20人。区领导李伟、李文飙、申泰州、仲亚岭、薛金林参加。

9日 全区政协文史工作会议召开。区政协副主席黄彭赣要求，始终坚持围绕中心建言献策，坚持以科学理论为指导，自觉把思想和行动统一到中共中央关于推进党的建设、推进人民政协事业发展的新部署、新要求上来，使文史工作保持正确的政治方向；加强中华人民共和国成立以后史料征编工作，研究新情况，解决新问题，在继承中求发展，在保持特色中谋创新；自觉把文史工作作为人民政协的一项基础性、特色性工作抓紧抓好，为文史工作发展提供有力的组织保障。

△ 区人大常委会考察道路交通设施建设。区人大常委会主任申泰州，副主任钱爱社、钱拥军、汤文林、秦永金参加。

△ 市委常委、常务副市长何榕带队督察区重大项目招引建设和旅游节筹备工作。区领导李伟、李文飙、戴兆平、盛育河、史献辞等陪同。

10日 市质监局局长顾维中、副局长王坚一行考核姜堰区2015年度质量工作。副区长刘文来陪同。

△ 区人力资源和社会保障工作会议召开。区领导徐闻仲、钱爱社、刘玮、夏彩霞参加。

△ 区委书记李伟调研工业经济。要求紧扣“决胜全面小康、加速崛起振兴”核心任务，以学赶海安为动力，以供给侧结构性改革为抓手，全力提升工业经济质量和效益，打造经济发展“主引擎”，确保实现首季“开门红”。区领导戴兆平、黄健全参加。

11日 区委书记李伟调研服务业经济。要求紧扣“决胜全面小康、加速崛起振兴”核心任务，以学赶海安为动力，抢抓机遇，积极作为，推动服务业发展提速、比重提高、结构提升，确保实现首季“开门红”。区领导薛金林、盛育河参加。

12日 李伟、高永明、申泰州等区四套班子领导到省级农业园区开展义务植树活动，以实际行动倡导全区上下掀起植树造林热潮。

14日 姜堰区争创国家级开发区领导小组工作推进会召开。听取前期工作情况和下一步工作打算，协调解决相关矛盾和问题。区领导李文飙、徐闻仲、戴兆平、黄健全参加。

△ 区委书记李伟调研群团部门工作。要求准确把握上级要求，紧扣“决胜全面小康、加速崛起振兴”核心任务，立足本职、苦干实干，锐意进取、开拓创新，为区“十三五”开好局、起好步再立新功。区委副书记戚才俊参加。

△ 区人大常委会评议区水利局及其基层站所工作汇报会召开。区人大常委会党组书记高永明，主任申泰州，副主任钱爱社、钱拥军，党组成员申忠华，副主任汤文林、秦永金参加。

15日 区委书记李伟调研蒋垛镇。要求紧扣“决胜全面小康、加速崛起振兴”核心任务，以学赶海安雅周镇为动力，进一步解放思想、抢抓机遇，精准发力、久久为功，确保实现首季“开门红”，推动蒋垛实现由“镇”到“城”的大跨越。区人大常委会党组成员申忠华参加。

16日 区委书记李伟调研华港镇。要求紧扣“决胜全面小康、加速崛起振兴”核心任务，以学赶海安南莫镇为动力，保持昂扬向上的工作状态，进一步苦干实干、奋力赶超，确保实现首季“开门红”，推动华港在新一轮发展中再创新绩。区领导薛金林、黄彭赣参加。

△ 区人大常委会考察农产品电子商务平台运行情况。考察江苏无界电子商务有限公司、泰州市溱湖农副产品交易市场、桥头村惠民e站、江苏鲜乐美生态农业发展有限公司、苏合食品专营店。区人大常委会主任申泰州，副主任钱拥军，党组成员申忠华，副主任汤文林、秦永金参加，副区长盛育河陪同。

17日 区委书记李伟检查学校安全工作。要求树立底线思维，时刻绷紧安全这根弦，进一步加强学校安全防范工作，切实把学校安全工作做实、做细、做到位。区领导薛金林、刘文来参加。

18日 2016年中国泰州姜堰溱潼会船节旅游推介会在上海举行。上海市浦东新区区委常委、宣传部部长尤存，区领导李伟、李文飙、申泰州、仲亚岭、薛金林、盛育河，人民网人民数字副总经理、华东地区总经理张国君等出席。

20日 中共中央政治局委员、国务院副总理汪洋带领参加全国春季农业生产暨森林草原防火工作会议的国家有关部委、各省（直辖市、自治区）政府分管领导和农业、林业部门负责人考察姜堰区桥头镇小杨村家庭农场服务联盟。农业部部长韩长赋，省委书记罗志军，省委常委、副省长徐鸣，市领导蓝绍敏、何榕、卢佩民、杨杰、陈明冠及区领导李伟、李文飙、戚才俊、戴兆平、肖延川、王萍等参加。

22日 区委副书记、区长李文飙调研华丽塑料、五行科技等外贸企业。副区长史献辞参加。

△ 区政协主席仲亚岭，副主席陈文亚、夏彩霞、黄彭赣、陈文德走访区农商行。副区长盛育河参加。

23日 宿迁市副市长赵丽丽带领宿迁市政府教育考察团考察姜堰区。市领导王学锋、奚爱国，区领导李伟、薛金林、刘文来参加。

24日 区交通运输工作会议召开。要求抢抓机遇、攻坚克难、积极作为，努力推动交通运输工作实现新突破。区领导徐闻仲、汤文林、陈文亚参加。

△ 常州市武进区政协主席张建新调研姜堰区“多规合一”工作。区领导仲亚岭、徐闻仲、陈文德参加。

25日 区委副书记、区长李文飙督察重大项目建设情况。了解顾高镇汽车配件、大坨镇金属搪瓷制品、娄庄镇生物质能发电和核电补偿器、淤溪镇光伏发电、俞垛镇钨电极制造等项目进展情况，以及项目推进中存在的问题和困难。希望项目负责人精心组织施工，加快项目建设步伐，力争早日投产达效。副区长史献辞参加。

△ 区十四届人大常委会第51次主任会议召开。会议听取审议区政府关于城区地下管线建设管理工作情况的汇报以及区人大常委会环资城建工委的调查报告。会议建议，要增强超前意识、看齐意识、补短板意识，强化城区地下管线建设管理。区人大常委会主任申泰州，副主任钱爱社，党组成员申忠华，副主任汤文林、秦永金参加。区委常委、常务副区长徐闻仲，副区长黄健全列席。

△ 区委书记李伟调研顾高镇。要求紧扣“决胜全面小康、加速崛起振兴”核心任务，保持勇争一流的豪情、持之以恒的韧劲，以学赶海安雅周镇为动力，持之以恒，久久为功，确保实现首季“开门红”，在“十三五”开局之年再创新业绩。区领导丁志强、钱爱社参加。

△ 区委副书记、区长李文飙主持召开区政府第31次常务会议。研究讨论《姜堰区环境监管网格划分实施办法（讨论稿）》《关于相关地块拟征收搬迁情况的汇报》等议题。区政协副主席夏彩霞列席。

26日 昆山高新区姜堰工业园一期工程举行开工奠基仪式。区委副书记、区长李文飙，区委常委、区现代科技产业园区党工委书记、罗塘街道党工委书记戴兆平，昆山市委常委，高新区党工委书记、管委会主任黄健参加。

△ 第十二届中国·溱潼万朵古山茶观赏节开幕。观赏节主题为“茶香溱潼 花满天下”。正值茶花盛花期，古镇山茶院香气飘散、沁人心脾，吸引各地众多游客饱览古山茶怒放的绚丽风景。区领导戚才俊、汤文林、盛育河、黄彭赣参加开幕式。

△ 溱潼古镇新景点——“非遗”展示馆对外开放。“非遗”展示馆位于古镇水龙局、砖瓦馆展厅内，运用声、光、电和蜡像等现代技术，展现泰州市非物质文化遗产——姜堰薄脆和面、发酵、烘烤等流程。区委副书记戚才俊为展示馆揭牌。

28日 省教育厅教育评估院专家组参加罗塘高级中学创建四星级高中汇报会。省教育厅教育评估院专家组就罗塘高中创建江苏省四星级高中进行为期两天半的现场考察。专家组通过听取创建工作汇报、实地察看校园、观看升旗仪式、随堂听课、查阅资料、个别访谈、学生满意度问卷调查、专项剖析、查看教育论坛、学生自主发展考察活动与课外活动及研究性活动观摩、观看学生课间操、学校社会声誉调查、专家评议、召开反馈会等形式对该校办学条件、教师队伍建设、管理水平、素质教育等方面进行全方位考察。副区长刘文来出席并致辞。

29日 三水乐园项目开工奠基仪式举行。三水乐园游乐项目总投资近亿元，规划分为儿童游乐区、青年活动区、老年活动区、儿童剧场等，占地面积约2500平方米，总建筑面积5000平方米。该项目针对儿童游玩特点引进摩天轮、碰碰车、探险洞、太空漫步、过山车等游乐项目。该项目弥补泰州地区大型游乐主题乐园欠缺的空白，对区经济开发区打造西部商业圈、推进服务业发展产生积极作用。区领导戴兆平、薛金林、秦永金、盛育河、夏彩霞参加。

△ 区党建暨农业农村工作会议召开。区委书记李伟要求各级党组织和广大党员干部进一步凝神聚力、奋勇争先，不断提升全区党建和农业农村工作水平，为姜堰“决胜全面小康、加速崛起振兴”提供坚强有力的保证。区四套班子负责人出席。

30日 区委常委会召开。研究讨论《区委换届工作方案》《镇党委换届工作方案》《镇党委换届工作的意见》《镇党委换届工作领导小组和指导督查组方案》。区委书记李伟主持。

△ 区人大常委会现场观摩道路交通安全事故应急演练。区人大常委会主任申泰州，副主任钱爱社、钱拥军、汤文林、秦永金，副区长王平参加。

31日 姜堰区召开镇领导班子换届工作会议。区委书记李伟要求深入学习贯彻省市换届工作会议精神，以高度负责的态度、严谨细致的作风，精心组织、周密部署、统筹协调、有序推进，确保圆满完成换届选举各项任务。区领导丁志强、申忠华、陈文亚参加。

△ 区委中心组举办学习（扩大）会。李伟、李文飙、高永明、申泰州等区四套班子领导参加学习，区委常委、宣传部部长薛金林主持。

△ 区人大常委会学习贯彻十二届全国人大四次会议精神专题报告会召开。会议邀请全国人大代表、十二届全国人大四次会议主席团成员何健忠作专题讲座，解读十二届全国人大四次会议精神，介绍自身履职经验。区人大常委会主任申泰州，副主任钱爱社、钱拥军，党组成员申忠华，副主任汤文林、秦永金参加。

4月

1日 李伟、李文飙、高永明、申泰州等区四套班子领导到区烈士陵园祭奠革命先烈。缅怀先烈们的丰功伟绩，寄托对革命烈士的无限哀思。

5日 区委书记李伟督察会船节开幕式准备情况。要求强化责任、各司其职，倒排进度、细化流程，精心打磨每个环节、每个细节，确保活动精彩、来宾满意。区领导高永明、张士林、戴兆平、盛育河、王平参加。

6日 区委副书记、区长李文飙督察会船节开幕相关准备工作。要求精心准备，加强统筹，强化协调，确保各项准备工作实施到位，为会船节成功举办提供有力保障。区领导高永明、盛育河、王平参加。

△ 山东省临沂市委副书记张宏伟，市委常委、副市长尹长友率临沂市党政考察团考察姜堰区现代农业与乡村休闲旅游工作。区领导李伟、戚才俊、肖延川、王萍参加。

△ 2016年中国·姜堰第六届“黄龙士·双登杯”世界女子围棋团体赛抽签仪式在溱湖旅游度假区举行。国家体育总局棋牌运动管理中心党委书记杨俊安、中国围棋协会主席王汝南、中国围棋协会副主席聂卫平、中国围棋队领队华学明、江苏棋院院长杨伊明、市体育局局长陈学东、副区长刘文来及江苏双登集团有限公司代表和中国、日本、韩国三国参赛棋手等出席。

△ 全国加强农村留守儿童关爱保护工作电视电话会议召开。贯彻党中央、国务院决策精神，部署农村留守儿童关爱保护工作。副区长盛育河在姜堰分会场收看。

7日 市政协副主席、教育局局长奚爱国调研省姜堰中学高三教学工作。副区长刘文来陪同。

8日 姜堰区与上海电机学院举办科技合作签约仪式。标志着上海电机学院技术转移中心姜堰分中心成立。副区长黄健全参加。

△ 第十一届中国湿地生态旅游节暨2016年中国泰州姜堰溱潼会船节开幕。400多条各式各样的船只和1万多名会船选手飞篙走桨、弄潮击浪，演绎历久弥新的民俗画卷。现场数万名中外嘉宾、游客共赏湿地风情，见证“天下第一水上庙会”壮观景象。

9日 首届中国·河横乡村旅游节在生态环境“全球500佳”河横村举行。区领导戚才俊、肖延川、王萍、盛育河出席。

11日 区委书记李伟调研民政工作。要求按照“决胜全面小康、加速崛起振兴”核心任务，牢固树立民本思想，围绕打造“惠民兴政”服务品牌，创新思路举措，提升工作水平，为姜堰加速崛起振兴凝聚力量、提供保障。区领导张士林、盛育河参加。

△ 区十四届人大常委会第52次主任会议召开。区人大常委会主任申泰州，副主任钱爱社、钱拥军、汤文林、秦永金参加，副区长刘文来、王平列席。

△ 韶山市委副书记李文亮，市委常委、宣传部部长文雯，副市长肖泽辉率领韶山市党政考

察团考察姜堰区文明城市、卫生城市、义务教育发展均衡县创建工作。区领导戚才俊、薛金林、刘文来、陈文德参加。

13日 区委副书记、区长李文飙会见国民油井公司钻井事业部总裁麦克和格兰特美国总公司总裁柏瑞特一行，双方就进一步加强合作有关事项进行洽谈。格兰特（江苏）钻具有限公司是全球500强美国国民油井集团下属的一家全资公司，1998年落户姜堰，2015年实现纳税销售4.05亿元、税收3289万元。副区长、区高新技术装备产业园区党工委书记黄健全参加。

△ 区委书记李伟调研淤溪镇。要求围绕"决胜全面小康、加速崛起振兴"核心任务，以学赶海安雅周镇为动力，继续发扬不甘人后的精神，再接再厉、奋勇直追，推动淤溪各项工作再提升、再突破。副区长刘文来参加。

△ 市委常委、政法委书记张爱平调研蒋垛镇蒋北村。区委常委、政法委书记张士林陪同。

14日 区政协"实施长效管理，促进市容市貌持续改善"双月协商座谈会召开。区政协主席仲亚岭，副主席陈文亚、夏彩霞、黄彭赣、花庆如，区委常委、常务副区长徐闻仲参加。

15日 中华见义勇为基金会常务副理事长李顺桃考察姜堰区。省见义勇为基金会理事长王寿亭、常务副理事长朱义泉，市见义勇为基金会理事长张正方，区领导李伟、王平参加。

△ 区委副书记、区长李文飙调研区商务局。副区长史献辞参加。

△ 区委书记李伟调研兴泰镇。要求围绕"决胜全面小康、加速崛起振兴"核心任务，以海安南莫镇为标杆，奋勇拼搏、锐意进取，推进兴泰经济社会发展全面跃升，为全区"十三五"开好局、起好步做出积极贡献。副区长王平参加。

△ 区小城市建设工作领导小组会议召开。溱潼镇、蒋垛镇汇报2016年重点建设项目计划方案及近期工作进度，小城市建设工作领导小组成员单位就《关于推进小城市建设的实施意见（讨论稿）》提出意见和建议。区领导戚才俊、徐闻仲、王萍、盛育河参加。

18日 区政协主席走访区教育局。区政协主席仲亚岭，副主席夏彩霞、黄彭赣、陈文德、花庆如，副区长刘文来参加。

△ 上海交大教育集团姜堰南洋职业技术学院（筹）揭牌仪式在姜堰中等专业学校举行。上海新南洋股份有限公司总经理、上海交通大学教育集团董事长吴竹平，上海交通大学教育集团总裁、嘉兴南洋职业技术学院院长常韶伟，市政协副主席、教育局局长奚爱国，区委书记李伟共同为上海交大教育集团姜堰南洋职业技术学院（筹）揭牌。区领导薛金林、刘文来、刘玮参加。

19日 区委书记李伟调研科技工作。要求围绕"决胜全面小康、加速崛起振兴"核心任务，以学赶海安为动力，进一步理清思路、明确目标，切实走好科技创新这步先手棋，推动全区实现更有质量和效益的发展。副区长、区高新技术装备产业园区党工委书记黄健全参加。

△ 区人大常委会考察医疗卫生体制改革和水利重点工程。区人大常委会主任申泰州，副主任钱爱社、钱拥军、汤文林、秦永金参加。

20日 区人大常委会电梯安全监管专项工作评议调查汇报会召开。区人大常委会党组书记高永明，主任申泰州，党组成员申忠华，副主任汤文林、秦永金参加。

△ 区委书记李伟调研娄庄镇。要求围绕"决胜全面小康、加速崛起振兴"核心任务，以学赶海安曲塘镇为动力，再接再厉、乘势而上，全力以赴抓好经济社会发展各项工作。区政协副主席花庆如参加。

21日 区委书记李伟调研大坨镇。要求围绕"决胜全面小康、加速崛起振兴"核心任务，以学赶海安雅周镇为动力，进一步振奋精神，化差距为潜力、变压力为动力，推动全镇"十三五"开局之年打好"翻身仗"、掌握"主动权"。区委常委、区人武部政委徐俊参加。

22日 姜堰区镇党委书记党管武装述职暨人民武装工作会议召开。区委书记李伟要求紧紧围绕党和国家发展大局，以昂扬的精神状态、务实的工作作风，深入推进政治建军、改革强军、依法治军，努力开创全区国防动员和后备力量建设崭新局面。区领导丁志强、徐俊参加。

23日 区健康产业发展研讨会举行。国家发展和改革委社会发展研究所研究室主任邢伟，省发展和改革委产业规划与研究中心主任杨群力，市发展和改革委副主任朱应才，区领导李伟、李文飙、申泰州、戚才俊、薛金林、盛育河、刘文来、花庆如参加。

25日 区委常委会召开。研究讨论《关于在全区党员中开展“学党章党规、学系列讲话、做合格党员”学习教育的实施方案》、区第十二次党代会第一次请示中需确定的事项、公安机关执法勤务机构警员职务选拔工作等事项。区委书记李伟主持。

△ 泰州市高标准农田试点建设推进会在姜堰区召开。副市长陈明冠，区领导李文飙、戚才俊、肖延川、王萍参加。

△ 区人大常委会考察食盐安全监管工作。区人大常委会副主任钱爱社、钱拥军、汤文林、秦永金，副区长盛育河参加。

26日 区“两学一做”学习教育动员部署会召开。区委书记李伟要求以更强的使命意识、更好的精神状态和更实的工作作风，扎实做好“两学一做”学习教育各项工作，把学习党章党规、学习习近平总书记系列重要讲话不断引向深入，争做“四讲四有”合格党员，为姜堰实现“决胜全面小康、加速崛起振兴”努力奋斗。区委副书记、区长李文飙主持。高永明、申泰州、仲亚岭等区四套班子领导参加。

△ 区委十一届十次全体会议召开。会议审议通过《关于召开中国共产党泰州市姜堰区第十二次代表大会的决议》，决定中国共产党泰州市姜堰区第十二次代表大会于2016年7月下旬召开。区委委员、候补委员出席，区纪委委员列席。

27日 2016年全国医改工作电视电话会议召开。中共中央政治局委员、国务院副总理、国务院深化医药卫生体制改革领导小组组长刘延东出席并讲话。区领导李伟、李文飙、陈文德在姜堰分会场收看。

28日 区安全生产暨化工园区整治工作布置会召开。会议通报靖江德桥仓储“4·22”火灾事故和1—4月全区安全生产工作情况以及近期姜堰区发生的3起事故情况，解读《姜堰区化工园区环保专项整治工作方案》。区领导李文飙、黄健全参加。

△ 区庆祝“五一”国际劳动节表彰大会举行。会议表彰区第二届“十佳关爱职工企业家”“十佳工会干部”“十佳职工”和2016年新当选的8名江苏省劳动模范。区领导李伟、李文飙、申泰州、戚才俊、徐闻仲、陈文亚参加。

28—29日 区十四届人大常委会第31次会议召开。会议听取审议区政府关于推进医疗卫生体制改革工作情况的报告，评议区水利局及其基层站所工作。

29日 广东省电子学会SMT专委会秘书长苏曼波带领企业代表团考察姜堰区。区委副书记、区长李文飙参加。

5月

1日 姜堰区正式推行“营改增”试点工作。区委副书记、区长李文飙和正太集团董事长范宏甫共同见证全区开出首张“营改增”增值税专用发票。

4日 区“青创汇聚三水英才”纪念“五四运动”97周年活动暨区第二届创业创新创益风尚节举行。区领导李伟、戚才俊、徐闻仲、薛金林参加。

6日 国家农业发展银行行长祝树民考察姜堰区。听取相关情况介绍，考察桥头镇小杨家庭农场服务联盟，参观粮食烘干、育秧大棚、农机存放库、农资配供中心等为农服务设施。省农业发展银行行长丁伟、副市长陈明冠、区委书记李伟、副区长王萍陪同。

7日 区委书记李伟检查宁启铁路动车开通前的准备情况。到娄庄镇娄东村、团结村与姜堰火车站等地察看铁路周边环境情况。区委常委、常务副区长徐闻仲参加。

7—8日 2016年泰州铁人三项亚洲杯赛

在溱湖举行。国家体育总局自行车击剑运动管理中心副主任、中国铁人三项运动协会副主席季道明，省体育局局长陈刚，市领导蓝绍敏、史立军、戴胜利、王学锋、蔡德熙，区领导李伟、薛金林、钱拥军、刘文来、王平、花庆如等出席。

9日　区委书记李伟调研城建工作。要求住建部门围绕“决胜全面小康、加速崛起振兴”核心任务，策应泰州“城建新提升”，紧扣姜堰“十三五”规划，积极稳妥推进各项工作，不断开创城市发展新局面。区委常委、常务副区长徐闻仲参加。

△　全国推进简政放权放管结合优化服务改革电视电话会议召开。区领导王萍、刘文来、黄健全、乌拉木江·沙吐哈力在姜堰分会场收看收听。

△　市人大常委会党组书记、副主任高纪明调研姜堰区乡镇人大规范化现场推进会准备工作。区人大常委会主任申泰州陪同。

10日　《中国教育报》在“基层新闻”栏目以《有偿补课现象逐渐消失 教师法纪意识明显增强——治理有偿家教的“姜堰体系”》为题，报道姜堰区有偿家教治理工作经验，为姜堰区继续深入推进有偿家教治理工作、铸塑优质教育生态营造更加良好的舆论氛围。

△　区委书记李伟调研供销工作。要求区供销合作总社围绕“决胜全面小康、加速崛起振兴”核心任务，紧抓改革机遇，创新思路举措，进一步提升工作成效，努力把供销合作总社打造成服务农民生产生活的综合平台。区委常委、宣传部部长薛金林参加。

11日　区政协主席仲亚岭、副主席陈文亚考察大坨镇“检镇共建”工作。仲亚岭和区检察院检察长丁军青为区检察院驻大坨派出所检察官办公室揭牌，观摩检察官办公室工作现场，参观检察文化园和博特新材料公司，了解“检镇共建”工作情况。

12日　姜堰区纪念“5·12”国际护士节暨第二届“十佳医生”“十佳护士”和“最美村医”颁奖典礼举行。区领导李伟、李文飙、申泰州、仲亚岭、薛金林、钱拥军、陈文德、花庆如出席。

15日　宁启铁路复线电气化工程开通运营。上午8时40分，首列南京至南通的D5503次动车组列车平稳驶入姜堰站，标志着姜堰区进入动车时代。

16日　区不动产登记局、区不动产登记中心揭牌暨不动产权证书首发仪式举行。市国土资源局局长李兴国，区委书记李伟，区委副书记、区长李文飙出席，副区长王萍主持，市国土资源局副局长潘金华等参加。

△　区委常委会召开。学习毛泽东的《党委会的工作方法》，讨论区第十二次党代会区委提名的代表候选人建议名单等。区委书记李伟主持。

17日　区委副书记、区长李文飙调研政务服务工作。要求进一步提高思想认识，创新服务举措，积极打造便民服务品牌，推动全区政务服务工作再上新台阶。

△　区委书记李伟调研粮食工作。要求粮食部门围绕“决胜全面小康、加速崛起振兴”核心任务，紧扣全区发展大局，立足工作职能，全力做好服务，在全区经济社会发展中再立新功。副区长王萍参加。

18日　区委副书记、区长李文飙调研农业工作。要求以科技为抓手，调整农业产业结构，推进适度规模经营，促进农业经济转型升级。区领导肖延川、王萍参加。

19日　区委副书记、区长李文飙调研国土资源工作。要求国土部门进一步增强责任意识和进取意识，加强作风建设，注重源头防控，严守耕地红线，为全区经济社会发展提供有力保障。

△　《溱潼古镇》特种邮票首发式、“中国旅游日”泰州分会场暨“跟着邮票游泰州”旅游产品线路发布会在溱潼古镇举行。副市长杨杰，区领导李文飙、申泰州、仲亚岭、盛育河、陈文亚参加。

20日　纪念“5·22”国际生物多样性日主题活动在溱湖国家湿地公园举行。省、市环保部门相关负责人，副区长王萍参加。

23日　区委副书记、区长李文飙调研

"'12345'·政风行风热线"。要求健全工作机制，整合群众诉求平台，努力解决老百姓热点、难点问题，建树党委、政府为民服务"窗口"形象。

24日 区委副书记、区长李文飙与珠海九洲控股集团董事长、党委书记、总经理黄鑫签署框架协议，启动姜堰区与珠海九洲控股集团的全面战略合作。副区长盛育河出席签约仪式。

25日 泰州银监分局局长陈惠莲在姜堰区召开座谈会，调研经济金融工作。区委副书记、区长李文飙介绍姜堰区金融业及经济发展现状。

△ 区委副书记、区长李文飙调研民政工作。副区长盛育河参加。

△ 区十四届人大常委会第53次主任会议召开。会议听取审议区法院关于司法体制改革工作情况的汇报、区检察院关于司法体制改革工作情况的汇报以及区人大常委会法工委的调查报告。会议听取审议区检察院关于反渎职侵权工作审议意见落实情况的反馈。区人大常委会主任申泰州，副主任钱爱社、钱拥军，党组成员申忠华，副主任汤文林、秦永金参加。

27日 区党政领导班子成员和人大、政协主要负责人会议召开。市委党建办副主任赵荣华宣读市委有关文件，宣布有关人事安排决定。孙靓靓任中共泰州市姜堰区委委员、常委、副书记；提名戴兆平为泰州市姜堰区人民政府常务副区长人选；刘志群任中共泰州市姜堰区委委员、常委；刘文来任中共泰州市姜堰区委委员、常委，中共泰州市姜堰区纪律检查委员会书记；提名顾鹏程为泰州市姜堰区人民政府副区长人选。区委书记李伟主持并讲话。

28日 省林业局野保站站长徐惠强检查姜堰区江苏溱湖动物园安全防护设施建设与运营管理工作。

30日 姜堰区组织参加全区招商引资、项目建设观摩推进会的人员集中参观五大园区16个项目现场，进一步掀起全区招商引资、项目建设热潮。李伟、李文飙、高永明、申泰州、仲亚岭、钱娟等区四套班子领导参加。

6月

2日 区十四届人大常委会第54次主任会议召开。会议听取审议区十四届人大常委会第32次会议的议题：区政府提出的人事任免议案；区人大常委会办公室提出区人大常委会关于授权街道人大工委加强监督工作的暂行办法（草案）等。区人大常委会党组书记高永明，主任申泰州，副主任钱爱社、钱拥军，党组成员申忠华，副主任汤文林、秦永金参加。区委副书记、区长李文飙列席。

△ 区公共型保税仓库项目开工仪式举行。该项目由瑞银国际物流（江苏）有限公司投资建设，总投资3000万美元，总建筑面积39193平方米，是泰州地区唯一获批的公共型保税仓库，建成后库存容量为1000标准箱，日吞吐量200标准箱，日处理订单800单以上。区内具有开发区、保税区、国际贸易、国际物流、临河加工、展示展销等多种政策功能。区领导李伟、李文飙、戴兆平参加。

△ 区十四届人大常委会第32次会议召开。会议听取审议区政府提出的人事任免议案、区人大常委会提出的区人大常委会关于授权街道人大工委加强监督工作的暂行办法（草案）。会议表决通过区人大常委会关于授权街道人大工委加强监督工作的暂行办法，表决通过人事任免事项。会议决定免去徐闻仲、刘文来的区人民政府副区长职务，决定任命戴兆平、顾鹏程为区人民政府副区长。区人大常委会主任申泰州向新任命人员颁发任命书，新任命人员向宪法集体宣誓。会议通过其他任命事项。区人大常委会主任申泰州，副主任钱爱社、钱拥军、汤文林、秦永金参加。区委副书记、区长李文飙列席。

△ 市委常委、政法委书记张爱平督察指导姜堰区换届工作。区委书记李伟汇报姜堰区严肃换届纪律工作情况。区领导李伟、孙靓靓、丁志强、刘文来参加。

3日 区委书记李伟检查区供电公司迎峰

度夏工作。要求合理编制用电方案，完善应急预案，优化服务效能，为姜堰“决胜全面小康、加速崛起振兴”做出积极贡献。副区长黄健全参加。

6日 区委书记李伟检查高考准备情况。要求各相关部门和单位本着对教育事业和考生高度负责的精神，把高考各项准备工作做细做实。区委常委、宣传部部长薛金林参加。

7日 区委书记李伟督察秸秆“双禁”工作。要求继续发扬不怕吃苦、连续作战的精神，咬定目标全力作为，共同努力，坚决打好夏季秸秆“双禁”攻坚战。区委副书记孙靓靓、副区长王萍参加。

△ 区委副书记、区长李文飙察看高考工作。区委常委、宣传部部长薛金林，副区长盛育河参加。

10日 第六届中国·姜堰“黄龙士·双登杯”世界女子围棋团体赛闭幕。中国队四夺团体冠军，“黄龙士·双登杯”世界女子围棋团体赛续签3年。中国围棋协会主席王汝南、国家队领队华学明、副区长盛育河出席颁奖签约仪式。

12日 区委书记李伟检查罗塘公园开园前准备工作。要求紧盯时间节点、倒排工期、加快进度，确保按时保质完成各项建设任务。区委常委、常务副区长戴兆平参加。罗塘公园位于时庄河北段，建设投资约1.18亿元，是一座按海绵城市设计并建设的滨水生态城市综合性公园。公园以花园路为界分为北区、南区两大区域，其中南区约8.67公顷、北区2公顷。该项目是泰州地区唯一通过专家评审的省级海绵城市建设示范项目。

13日 省农委经管站副站长高峰一行督察区“两权”抵押贷款试点工作。要求姜堰区加快试点进度，力争取得新突破。副区长黄健全陪同。“两权”指农民住房财产权抵押与农村土地承包经营权抵押。姜堰区2014年开始探索开展农村土地承包经营权抵押贷款业务，区农商行、农行区支行、邮政储蓄银行区支行开办该业务。

△ 区政协十三届26次主席会议召开。会议协商区政协经科委《关于全区工业企业直接融资情况的调查报告》，审议《姜堰政协60人》文史资料入选名单和有关人事任免事项，确定区政协十三届25次常委会议时间、地点、议程。区政协主席仲亚岭主持，党组书记钱娟，副主席陈文亚、夏彩霞、黄彭赣、陈文德、花庆如参加。

△ 区委书记李伟调研财税工作。要求财税部门咬定目标、对照序时、扎实作为，继续发挥好财税支撑作用，推动经济社会持续健康发展，确保实现财税收入“双过半”。区委常委、常务副区长戴兆平参加。

14日 泰兴市政协主席丁亚考察姜堰区城区社区体育规划建设工作。区领导仲亚岭、钱娟、盛育河、花庆如陪同。

△ 副市长张余松带领商务、海关等部门负责人调研姜堰区外贸企业。副区长史献辞、乌拉木江·沙吐哈力陪同。

△ 区委书记李伟督察为民十个方面实事进展情况。要求对照各自任务，结合各自职责，进一步落实责任要求，加大工作力度，确保早日完成年度目标任务。区委常委、常务副区长戴兆平参加。

16日 区人大常委会评议调查城区停车场规划建设与管理专项工作汇报会召开。会议听取区交警大队、区住建局、区交通运输局、区城管局、区人防办、规划局区分局等部门关于城区停车场规划建设与管理专项工作情况汇报。区人大常委会主任申泰州，副主任钱爱社、钱拥军、汤文林、秦永金参加。

17日 三水新都会商业综合体暨大润发超市项目开工建设。三水新都会商业综合体是姜堰区引进的服务业重点项目，由江苏博洲房地产开发有限公司投资建设。项目总投资16亿元，总建筑面积32万平方米，商业建筑面积12万平方米，规划有办公、酒店、商业中心、步行街、休闲广场等物业类型。其中，大润发超市项目入驻面积2.2万平方米，经营商品2万种以上，年营业额超过3亿元。世界500强企业——大润发集团成立于1997年，在全国26个省市开设门店323座，其中江苏64座。大润发落户姜堰，对于优化城区商业布局、提升节点功能形象、带动服务业快速发展，将起到积极推动作用。区领导李伟、戴兆平、薛金林、钱爱社、顾鹏程、陈文德，项目投资方爱家集团公司董事长王海洲，大润发华东区总经理郑小娟等出席开工仪式。

△ 区人大常委会第55次主任会议召开。会议建议，6月28日召开区十四届人大常委会第33次会议，时间1天。会议建议区十四届人大常委会第33次会议议程为，听取审议区政府关于“六五”普法实施及“七五”普法启动工作情况的报告；听取审议区文广新局、区体育局工作评议意见落实情况的反馈；评议电梯安全监管工作；评议区民政局及其基层站所工作；组织对区审计局局长马林进行述职评议；人事任免。区人大常委会主任申泰州，副主任钱爱社、钱拥军、汤文林、秦永金参加，副区长王平列席。

18日 全区干部大学堂国学课开课。国家行政学院教授、国内知名文化学者、中央电视台《百家讲坛》栏目著名主讲人李清泉为全区在职科级干部作“国学智慧与人文修养”专题讲座。区委常委、组织部部长丁志强参加。

20日 2016年姜堰（深圳）投资说明会在深圳举行。签约项目21个，计划总投资82.6亿元。项目涉及智能电网、先进装备制造、节能环保、新材料、新兴服务业等产业。其中区经济开发区引进的锂离子电池材料研发生产项目总投资15亿元，区高新技术装备产业园区引进的防水材料项日总投资1亿美元。深圳市人大常委会副主任刘恩，省政府驻深圳办主任李乐民，深圳市委统战部副部长、市工商联党组书记蔡立，区领导李伟、李文飙、申泰州、仲亚岭、戴兆平、黄健全、史献辞参加。

22日 区人大常委会考察村卫生室达标提升工程建设情况。区人大常委会主任申泰州，副主任钱爱社、钱拥军、汤文林、秦永金参加，副区长盛育河陪同。

△ 市政协主席王守法调研大坨镇挂钩帮扶工作。市政协秘书长田军，区领导李伟、仲亚岭、孙靓靓等参加。

23日 区政协十三届25次常委会议召开。会议听取区委农工办关于全区扶贫工作情况的通报和区经济和信息化委关于全区智能制造发展情况的通报。会议审议区政协经科委《关于全区工业企业直接融资情况的调查报告》，该调查报告将作为建议案报送区委、区政府，供决策参考。会议协商通过有关人事任免事项。区政协主席仲亚岭，党组书记钱娟，副主席陈文亚、夏彩霞、黄彭赣、花庆如参加。

△ 参加全市县乡人大工作和建设现场推进会的部分与会人员观摩姜堰区镇（街道）人大工作。市人大常委会党组书记、副主任高纪明带队，区领导戴兆平、钱爱社、钱拥军、申忠华、汤文林、秦永金陪同。

24日 全省政协工作电视电话会议在南京召开。回顾总结五年来全省政协工作，部署新形势下政协工作，推动全省政协事业开创新局面。省委书记罗志军作重要讲话。区领导李伟、仲亚岭、钱娟、戴兆平、钱拥军、陈文亚、夏彩霞、黄彭赣、花庆如在姜堰分会场收看。

27日 区委书记李伟，区委副书记、区长李文飙走访慰问省姜堰中学、省姜堰第二中学师生。2016年高考，省姜堰中学400分以上45人，全省文理科前100名11人。魏思伦以427分获全省文科第一名，陆天寅以427分获泰州理科第一名、全省理科第8名。全校一本达线631人、二本达线965人，达清华、北大分数线14人。省姜堰第二中学一本达线328人，二本以上达线963人，二本以上达线率创历史新高，其中国际班40名学生全部录取国际一流大学。区领导薛金林、盛育河参加。

28日 区十四届人大常委会第33次会议召开。会议听取审议区政府关于“六五”普法实施及“七五”普法启动工作情况的报告以及区人大常委会法工委的调查报告；区文广新局工作评议意见落实情况的反馈；区体育局工作评议意见落实情况的反馈；区政府关于电梯安全监管工作情况的报告以及区人大常委会专项工作评议调查组的调查报告；区民政局及其基层站所工作情况报告以及区人大常委会部门工作评议调查组的调查报告；区审计局局长马林的述职报告；区法院提出的人事任免议案；区检察院提出的人事任免议案。区人大常委会主任申泰州，副主任钱爱社、钱拥军、汤文林、秦永金参加，副区长盛育河、王平列席。

△ 市委书记蓝绍敏在姜堰会见中国科学院研究员、教授、“两弹一星”专家龚望生，双方就深化二代光纤项目合作进行交流。国家安全政策研究中心副秘书长樊银生，加拿大籍华人教授杨争平，区领导李伟、李文飙、戴兆平等参加。

△ 2016年移动信息化高层研讨会在智谷软件园举行。泰州市及姜堰区领导杨杰、李伟、李文飙、戴兆平，中国信息化推进联盟秘书长刘献军参加。

△ 区委副书记孙靓靓、副区长顾鹏程调研溱湖旅游度假区。希望度假区继续发挥全区旅游业核心龙头作用，加快全区旅游业三年行动计划实施步伐，为姜堰“决胜全面小康、加速崛起振兴”做出更大贡献。

29日 区委副书记、区长李文飙主持召开区政府第32次常务会议。研究讨论《关于对2015年度考核优秀公务员进行嘉奖、记功的建议》等议题。会议讨论并原则同意《关于对2015年度考核优秀公务员进行嘉奖、记功的建议》。听取讨论《泰州市姜堰区安全生产网格化管理工作实施方案》。讨论并原则通过《关于促进房地产市场平稳健康发展的意见（讨论稿）》《泰州市姜堰区建筑施工企业信用等级评定办法》《关于区级规范性文件清理结果的汇报》《关于开发区工业废水处理项目相关情况的汇报》《关于提高2016年城乡低保等困难对象生活救助标准的请示》等议题。

△ 市委常委、常务副市长、宣传部部长卢佩民在张甸镇慰问老党员和困难党员，致以节日问候。区委书记李伟，区委常委、组织部部长丁志强参加。

△ 区生态文明建设大会召开。要求全区上下牢固树立新的发展理念，以最严密的制度、最严明的责任、最严肃的态度，全力推进生态文明建设。区领导李文飙、王萍参加。

7月

1日 区纪念建党95周年暨“两学一做”学习交流大会召开。交流“两学一做”经验做法和认识体会，动员全区各级党组织和广大党员干部进一步统一思想，深入推进“两学一做”学习教育，振奋精神，坚定信心，以饱满的激情干事创业，为推动全区“决胜全面小康、加速崛起振兴”做出更大贡献。李伟、李文飙、申泰州、钱娟、孙靓靓、丁志强、张士林、薛金林、刘志群、刘文来出席。

4日 姜堰区与泗洪县举办合作办学签约仪式。姜堰区与泗洪县合作办学共同打造的泗洪姜堰实验学校是一所现代化、高标准的九年一贯制公办学校，占地10公顷，可容纳近7000名学生就读。学校将坚持用姜堰、泗洪两地教育人多年积淀的办学理念、管理策略、课堂模式以及成功的办学经验，打造泗洪精品优质教育新品牌。区领导李伟、李文飙、薛金林、盛育河，泗洪县领导王晓东、李爱华、易冰参加。

△ 区委书记李伟赴大坨检查汛情。要求进一步落实防汛责任，严加防范，科学应对，建立完善各类应急预案，确保人民群众生命财产安全。区委副书记孙靓靓参加。

△ 区委副书记、区长李文飙检查溱潼镇、蒋垛镇防汛工作。区委副书记孙靓靓参加。

5日 区委常委会召开。传达学习全省党校工作会议精神，研究讨论《姜堰区乡科级后备干部工作办法》等。区委书记李伟主持。

△ 市政协副主席陆晓声调研区新型城镇化建设工作。区政协主席仲亚岭、副主席陈文亚陪同。

6日 第三批全省青年志愿者助残“阳光行动”服务基地授牌仪式暨泰州市志愿助残主题活动在姜堰区举行。团省委副书记司勇，团市委书记、区委副书记孙靓靓等参加。

△ 区委书记李伟督察大唐燃机热电联产、台湾力野精工、星云动力沙滩车、正帆科技、越

美光电产业园等项目建设现场。要求切实增强紧迫感和责任感，采取有力举措，加快施工进度，确保按时间节点保质保量完成项目建设目标任务。

7日　区委书记李伟调研区文广新局。要求进一步深入研究、务实作为，推动姜堰文化事业取得新突破，切实提升姜堰城市文化凝聚力、影响力、竞争力。区委常委、宣传部部长薛金林参加。

8日　区委书记李伟调研体育工作。要求把群众对健身的需求作为工作动力，以提高公众参与度为核心，加快完善公共服务体系，广泛开展全民健身运动，促进群众体育和竞技体育全面发展。区委常委、宣传部部长薛金林参加。

△　市人大常委会副主任陶幸蓉在姜堰区开展主任接待代表日活动。与会市人大代表分别围绕区法院、区检察院司法体制改革试点工作与道路基础设施建设、旅游业发展、教育发展等方面开展座谈，提出意见和建议。区人大常委会主任申泰州、副主任秦永金参加。

△　区九三学社江苏省专家工作站揭牌仪式举行。九三学社是由科技界高、中级知识分子组成的具有政治联盟特点的政党，专家工作站是基层科研单位和江苏九三学社长期合作交流的平台，在建站过程中坚持“需求为基础，项目为核心，科研为主体，实效为根本”的工作理念，充分发挥九三智库的高端人才作用。该工作站是九三学社省委在泰州成立的第一个专家工作站，是省“智库合作”典范。它既是前景远大的基层单位与省九三学社这个智库的强强联合，具有创新品牌和一定科研能力，又是省九三学社深入开展“百名专家进乡村活动”的有力抓手，具有较大合作空间和发展前景。九三学社省委会主委叶勇，区领导盛育河、黄彭赣参加。

15日　中央第三环境保护督察组督察江苏省工作动员会召开。中央第三环境保护督察组组长吴新雄、副组长赵英民就做好督察工作分别讲话，省委书记李强作动员讲话，省委副书记、省长石泰峰主持。李伟、李文飙、申泰州、仲亚岭等区四套班子领导在姜堰分会场收看。

19日　区委中心组学习会召开。学习贯彻习近平总书记“七一”重要讲话精神，学习严肃换届纪律的相关要求。区委书记李伟主持。

21日　区政协主席仲亚岭，副主席夏彩霞、黄彭赣、陈文德、花庆如考察区现代科技产业园区（智谷软件园）建设情况。区委常委、组织部部长，区现代科技产业园区党工委书记，罗塘街道党工委书记丁志强，区委常委、常务副区长戴兆平参加。

△　省委政法委执法督查处副处长宋长健率领调研组调研区涉法涉诉信访改革工作。调研组一行考察区涉法涉诉联合接访中心案件受理办理、涉法涉诉信息系统建设、律师参与化解和代理涉法涉诉信访工作流程及律师工作室建设等情况。要求姜堰区进一步完善相关体制机制，推进涉法涉诉信访工作规范化、制度化，不断创新接访工作模式，打造具有姜堰特色的涉法涉诉信访化解工作平台。

△　区委十一届十一次全体会议召开。讨论并表决通过提交党代会审议的有关事项，会议决定于7月25—27日在姜堰召开中共泰州市姜堰区第十二次代表大会。区委书记李伟主持，区委委员、候补委员出席，区纪委委员列席。

△　市委常委、政法委书记张爱平督察指导姜堰区换届工作。区领导李伟、孙靓靓、丁志强、刘文来参加。

22日　区政协十三届27次主席会议召开。会议协商区政协文教卫体委《关于城区学前教育与义务教育增量扩容情况的调查报告》，确定区政协十三届26次常委会议时间、地点、议程。区政协主席仲亚岭主持，党组书记钱娟，副主席陈文亚、夏彩霞、陈文德参加。

26—28日　中共泰州市姜堰区第十二次代表大会召开。大会选举产生中共泰州市姜堰区第十二届委员会委员、区委常委、副书记、书记，李伟当选为中共泰州市姜堰区委书记；大会选举产生中共泰州市姜堰区纪律检查委员会委员、纪委常委、副书记、书记，刘文来当选为中共泰州市姜堰区纪委书记；姜堰区出席中共泰州市第五次代表大会代表。

△ 全国人大常委会副委员长、民建中央主席陈昌智调研姜堰区。省政协副主席、民建省委主委洪慧民，全国政协委员、民建中央组织部部长李世杰，市领导马士光、仲建生，区领导李伟、李文飙、申泰州、钱娟、丁志强陪同。

29日 区委书记李伟带领安监、环保等部门负责人到化肥公司督察企业安全生产工作。了解企业安全生产情况，就督察过程中发现的问题提出整改意见。要求思想上再重视、整改上再加力、责任上再细化，坚决防止安全生产事故发生。副区长王萍参加。

△ 区政协十三届26次常委会议召开。会议听取讨论区政府关于全区上半年经济和社会事业发展情况的通报，区民政局关于社区建设情况的通报；听取评议3个委派民主监督员小组、2家受派部门工作汇报，对下一步工作提出意见和建议；听取审议区政协文教卫体委《关于城区学前教育与义务教育增量扩容需求情况的调查报告》。会议表决通过区政协文教卫体委《关于城区学前教育与义务教育增量扩容需求情况的调查报告》作为建议案报送区委、区政府，供决策参考。区政协主席仲亚岭，党组书记钱娟，副主席陈文亚、夏彩霞、黄彭赣、陈文德、花庆如参加。区委常委、常务副区长戴兆平列席。

30日 区委副书记、区长李文飙赴北京慰问"老虎团"官兵。区领导邓肯、王平、顾鹏程参加。

8月

1日 区委书记李伟到区人武部和干休所走访慰问，向广大官兵和部队离退休干部送上节日问候和良好祝愿。区领导申泰州、刘志群、邓肯、顾鹏程参加。

2日 省政协副主席罗一民考察姜堰区公共文化服务建设工作。市政协主席王守法、副市长王学锋及区领导李伟、仲亚岭、夏彩霞等陪同。

3日 区委书记李伟到区人武部征兵体检站检查指导征兵体检工作，看望慰问医务人员和应征青年。要求以高度的政治责任感，认真把好体检关，确保圆满完成全区征兵工作任务。区委常委、区人武部部长邓肯参加。

7日 省委以电视电话会议形式举办县委书记工作讲坛。省委书记李强出席讲话，省委副书记、省长石泰峰主持。李伟、李文飙、申泰州、孙靓靓等区四套班子领导在姜堰分会场集中收看。

8日 区委副书记、区长李文飙到区征兵体检站督察指导征兵体检工作，看望慰问医务人员和应征青年。区委常委、常务副区长戴兆平，区委常委、区人武部部长邓肯参加。

△ 区委常委会召开。传达学习省委书记李强在全省县委书记工作讲坛上的讲话精神，研究确定新一届区委常委分工等。会议指出，省委书记李强就换届后的县级班子如何发挥"一线指挥部"的作用，提出"把方向、抓落实、创特色、补短板、聚合力"五个方面的明确要求，为新一届区委班子指明工作方向、提供基本遵循，要认真贯彻落实省委书记李强的要求部署，持续加强区委常委领导班子自身建设，不断提高常委会工作的科学化水平，促进全区各项事业持续健康发展。会议研究确定新一届区委常委分工。区委书记李伟主持。

9日 区委副书记、区长李文飙主持召开中央环保督察组交办信访件整改情况督察会。要求坚持治标与治本相结合，加强部门联动，全力以赴抓好中央环保督察交办信访件整改落实，加快推进环保治理各项重点工作。副区长王萍参加。

△ 市人大常委会督察区工业项目优惠政策落实情况。督查组察看江苏泰阳消防器材有限公司便携式野外净水器设计项目、江苏锐鸿机械有限公司高效原油输送泵制造技术项目、五行材料科技（江苏）有限公司大口径页岩气开采压裂液输送软管研发项目。区人大常委会副主任钱爱社参加。

△ 区委书记李伟专题研究信访稳定工作。要求相关部门以更加坚定的信心、更加扎实的举

措、更加务实的作风，全力维护全区社会和谐稳定，为姜堰经济社会发展保驾护航。区领导刘志群、王平参加。

10日 省安监局副巡视员单昕光调研区安全生产行政执法工作。副区长黄健全参加。

△ 市人大常委会副主任王建到姜堰区开展市、县、乡人大换届选举工作前期调研活动。区人大常委会党组书记高永明、主任申泰州参加。

△ 区委书记李伟调研娄庄镇。要求以深入学习贯彻区党代会精神为引领，以学赶海安曲塘镇为动力，奋发进取、积极作为，一着不让抓好下半年各项工作，推动经济社会发展再上新台阶。区领导刘文来、花庆如参加。

10—11日 安徽省肥西县政协副主席徐治国在姜堰学习交流镇（街道）政协工委工作。参观罗塘街道政协工委、白米镇政协工委、区政协文史馆，表示姜堰政协镇（街道）政协工委工作开展得有声有色，将结合肥西实际，学习借鉴姜堰经验，促进当地政协工作发展。区政协副主席陈文亚陪同。

12日 区十四届人大常委会第57次主任会议召开。会议建议，8月24—25日上午召开区十四届人大常委会第34次会议，时间1天半。会议建议区十四届人大常委会第34次会议议程为，听取审议区政府关于2016年上半年国民经济和社会发展计划执行情况的报告；区政府关于2015年度区级财政预算执行和其他财政收支情况的审计工作报告，2015年财政决算草案、2016年上半年财政预算执行情况和财政预算调整方案的报告，审查批准2015年区本级财政决算；区政府关于《加快旅游业发展三年行动计划》实施情况的报告；区政府关于政策性农业保险工作情况的报告；区政府关于《中华人民共和国食品安全法》《中华人民共和国药品管理法》执法检查审议意见落实情况的反馈；区政府关于《中华人民共和国老年人权益保障法》《江苏省老年人权益保障条例》执法检查审议意见落实情况的反馈；评议城区停车场规划建设与管理工作；组织对区商务局、区统计局主要负责人述职评议。区人大常委会主任申泰州，副主任钱爱社、钱拥军、汤文林、秦永金参加。区委常委、常务副区长戴兆平，副区长王萍、顾鹏程列席。

△ 区委书记李伟督察省文明城市和"省优秀管理城市"创建工作。要求加大整治力度，完善各项配套设施建设，为广大市民营造整洁、优美、宜居的生活环境。区委常委、组织部部长，区现代科技产业园区党工委书记，罗塘街道党工委书记丁志强参加。

15日 扬州市委书记谢正义，市委副书记、市长朱民阳率领由市四套班子和各县（市、区）、机关各部门党政主要负责人组成的党政代表团到姜堰参观考察。市委书记蓝绍敏，市委副书记、市长史立军陪同。市领导王守法、张国梁、高纪明，区领导李伟、李文飙、丁志强、戴兆平、宋羽参加。

17日 姜堰区与泰州供电公司签订《"十三五"坚强智能电网建设战略合作协议》《关于共同推进姜堰区小城镇（中心村）电网改造升级工程合作协议》。区领导李伟、李文飙、戴兆平、黄健全，泰州供电公司总经理吴争、党委书记张天培等参加签约仪式。

22日 区委书记李伟带队检查全区校舍安全工程。要求严格按照施工要求，狠抓工程质量，确保把校安工程打造成家长、学校、社会放心的惠民工程。副区长黄健全参加。

23日 姜堰区经济工作会议召开。会议动员全区上下进一步提振精气神、鼓足实劲干，圆满完成"十三五"开局之年各项目标任务，以优异成绩迎接年底市委工作会议在姜堰召开。李伟、李文飙、高永明、申泰州、仲亚岭、钱娟、孙靓靓等区四套班子领导参加。

24日 省商务厅厅长马明龙到姜堰区调研泰州市华丽塑料有限公司。该公司主要生产PVC塑料地砖、新型环保装饰材料等产品，产品远销欧美、东南亚，是国家高新技术企业。副市长张余松，区委书记李伟，区委常委、区经济开发区党工委书记、三水街道党工委书记宋羽陪同。

24—25日 区十四届人大常委会第34次会议召开。会议听取审议区政府关于2016年上半年国民经济和社会发展计划执行情况及计划调整方案的报告，区政府关于2015年度财政决算草案、2016年上半年财政预算执行情况和财政预算调整方案的报告，区政府关于2015年度区级预算执行和其他财政收支的审计工作报告，区人大常委会关于2015年区本级财政决算（草案），2016年上半年计划、预算执行情况和计划、预算调整方案的初审报告，区政府关于《加快旅游业发展三年行动计划》实施情况的报告以及区人大常委会环资城建工委的调查报告，区政府关于政策性农业保险工作情况的报告以及区人大常委会农工委的调查报告，区政府关于《中华人民共和国食品安全法》《中华人民共和国药品管理法》执法检查审议意见落实情况的反馈，区政府关于《中华人民共和国老年人权益保障法》《江苏省老年人权益保障条例》执法检查审议意见落实情况的反馈，区政府关于城区停车场规划建设与管理工作情况的报告以及区人大常委会专项工作评议调查组的调查报告，区商务局局长薛维昌的述职报告，区统计局局长林俊宽的述职报告，区政府提出的人事免职议案。会议表决通过关于批准2016年国民经济和社会发展计划调整方案的决议、关于批准2015年区本级财政决算和2016年财政预算调整方案的决议、区政府的人事免职议案。会议票决通过关于《加快旅游业发展三年行动计划》实施情况的报告，《中华人民共和国食品安全法》《中华人民共和国药品管理法》执法检查审议意见落实情况的反馈，《中华人民共和国老年人权益保障法》《江苏省老年人权益保障条例》执法检查审议意见落实情况的反馈。会议测评通过城区停车场规划建设与管理专项工作，区商务局局长薛维昌、区统计局局长林俊宽的述职报告。区人大常委会主任申泰州，副主任钱爱社、钱拥军、汤文林、秦永金参加，区委常委、常务副区长戴兆平，副区长王萍、黄健全、顾鹏程列席。

25日 省农委副主任李俊超、质量安全监管局副局长万晓红、副主任科员高华梅，省农产品检测中心副主任潘康标，省海洋与渔业局主任科员张巨贵等组成省级国家农产品质量安全县创建工作核查组到姜堰核查国家农产品质量安全县创建工作。区委副书记孙靓靓汇报创建工作情况。

26日 姜堰区举办江苏省第九批科技镇长团姜堰团欢迎会，迎接到姜堰挂职的8名专家和教授。省第九批科技镇长团成员来自省粮食局、省农委和国网电科院、东南大学、上海电机学院等科研院所及高校，挂职区科学技术和知识产权局、区经济和信息化委及相关重点园区。区委常委、组织部部长丁志强，副区长黄健全参加。

△ 东台市委常委金学宏考察姜堰区农业产业园发展情况。区委副书记孙靓靓陪同。

△ 区委书记李伟督察大坨镇项目建设情况。要求贯彻落实区第十二次党代会和全区经济工作会议精神，始终把项目建设作为做好工作的突破口，抓紧抓实、抓出成效。

29日 扬州市广陵区委副书记刁顺勤参观考察姜堰。在江苏富朗特新能源有限公司新型高能锂离子电池智能制造项目生产车间，代表团对公司引进智能化制造设备、提高生产自动化程度、提升产品性能表示赞赏。在江苏太平洋精锻科技股份有限公司，代表团对公司实施资本经营战略、不断加大新产品研发、抢占行业制高点表示赞许。在1001号3D打印项目产品展示区和打印区，代表团认为公司将3D打印技术和新材料运用相结合，科技含量高，市场前景广。区领导戴兆平、汤文林、陈文德陪同。

△ 区委中心组召开学习（扩大）会。集中观看国家发展和改革委宏观经济研究院副院长马晓河所作的《下半年经济发展趋势分析与供给侧结构性改革》专题辅导视频。李伟、李文飙、高永明等区四套班子领导参加，区委常委、宣传部部长薛金林主持。

30日 区委书记李伟督察淤溪镇项目建设情况。要求以深入学习贯彻区第十二次党代会精神为引领，落实全区经济工作会议精神，坚持项目带动，突出招好选优，不断增强发展后劲，保质保量完成全年目标任务。

9月

1日 区委书记李伟调研农业经济工作。要求认真落实区党代会和全区经济工作会议精神，始终保持强烈的责任感和紧迫感，抢抓机遇，主动作为，确保“三农”工作走在全市前列。区领导孙靓靓、王萍参加。

3日 九三学社泰州市姜堰区委员会成立。成为泰州市九三学社及姜堰区6家民主党派唯一的基层委员会，下设经济科技支社、社会事业支社、综合支社。九三学社泰州市委会专职副主委卞新峰，区委常委、区委统战部部长盛育河，区政协副主席黄彭赣出席。

5日 区委书记李伟调研工业经济工作。要求以推进供给侧结构性改革为抓手，有效施策，狠抓落实，扎实做好全年工业经济工作，为实现“十三五”良好开局夯实基础。区领导宋羽、黄健全参加。

△ 区委副书记、区长李文飙主持召开区政府第33次常务会议。会议听取讨论《姜堰区人民防空工程平时使用和维护管理暂行办法（讨论稿）》（以下简称《办法》）。为加强全区人民防空工程使用和维护管理，充分发挥人防工程的战备效益、社会效益和经济效益。会议认为，出台《办法》是进一步规范人防工程维护管理的需要，相关部门要进一步完善《办法》内容，人防工程的建设、使用和维护要严格按照国家有关规定，确保人防工程更好地服务经济发展和人民生活。会议讨论并原则通过《关于推进全区电子商务产业发展的扶持政策（征求意见稿）》《关于姜堰区实施大病保险服务外包的工作建议》《关于清理行政审批中介服务事项和收费工作情况的汇报》《关于在全区公民中开展法治宣传教育的第七个五年规划（2016—2020年）（草案）》等议题。区政协副主席夏彩霞列席。

6日 罗塘高级中学晋升省四星级普通高中揭牌仪式举行。区领导李伟、李文飙、丁志强、薛金林、黄健全，市教育局副局长封留才参加。

8日 泰州海关关长林伟东调研区对外经贸工作。区领导李文飙、宋羽、史献辞陪同。

△ 区委书记李伟与名校长、名教师代表座谈。向全区广大教育工作者致以节日问候，希望教育工作者立足新起点，谋求新作为，再接再厉，乘势而上，努力把姜堰打造成教育强区。区领导薛金林、黄健全参加。

9日 区委副书记、区长李文飙调研人力资源和社会保障工作。要求着力做好收支、人才招引、仲裁维权等工作，强化党风廉政建设，创新创优服务品牌，努力推动全区人社事业再上新台阶。

12日 副市长杨杰带领全市交通重点工程建设推进会暨农村公路工作会的与会人员观摩区交通重点工程及农村公路建设现场。区委副书记、区长李文飙，区委常委、常务副区长戴兆平参加。

13日 泰州中来光电科技有限公司第一片N型双面单晶电池下线。标志着年产2.1千兆瓦高效光伏电池项目生产线调试成功。中来股份是一家A股上市公司，专注于光伏先进材料研发和制造，是全球光伏背板行业领军企业、国家重点高新技术企业，产品广泛应用于全球超过15千兆瓦光伏电站。N型单晶双面太阳能电池项目是中来股份自主研发项目，在姜堰总投资20亿元，建设14条生产线。中来光伏年产2.1千兆瓦高效光伏电池项目由苏州中来光伏新材股份有限公司投资20亿元建设，主要产品为N型单晶双面光伏电池。区领导李伟、李文飙、戴兆平、宋羽，中来股份有限公司董事长、总经理林建伟等出席通线试车仪式。

14日 区委书记李伟调研双登集团。协调解决企业发展过程中遇到的矛盾和问题，要求相关部门立说立行、马上就办，全面服务企业发展；希望双登集团继续奋发进取、积极作为，推动企业发展再攀新高，为姜堰“决胜全面小康、加速崛起振兴”增添亮点。区领导宋羽、黄健全参加。

16日 泰州市首家区级慈善医院在姜堰中医院挂牌成立。区人大常委会党组书记、区慈善协会会长高永明，副区长顾鹏程为区慈善医院揭牌。区慈善协会副会长颜大龙与姜堰中医院院长钱承美签约。

△ 省委、省政府深入推进法治江苏建设暨政法队伍建设工作会议召开。表彰2014—2015年全省法治建设示范县（市、区）。全省40个县（市、区）获表彰，姜堰区名列其中。

18日 区委书记李伟督察姜堰火车站及站前广场等升级改造工作。察看火车站站房及站前广场设计方案，了解火车站升级改造前期准备工作。姜堰火车站改造方案设计构思来源于具有地方特色的“三水城市”，设计概念为“日出三水，振翅翱翔”，彰显姜堰欣欣向荣的活力及敢于发展拼搏的决心。站房总建筑面积5000平方米，本着以人为本的设计原则，站房功能布局合理，流线清晰，其中一层主要布置候车厅、VIP候车室、旅客服务用房、出站厅及部分设备用房，二层布置设备用房、部分办公用房。站前广场总占地面积35000平方米，以三水城市为设计构思，与站房风格呼应协调，中间区域为中心集散广场，西侧为公交停车区，南侧为出租车、私家车及非机动车停车区，能够满足一期站前广场停车需求，流线组织便捷。区委常委、常务副区长戴兆平参加。

19日 市安委会副主任、市安监局局长陈忙耕督察区安全生产综合工作。区委副书记、区长李文飙，副区长黄健全陪同。

△ 区政协主席走访区公安局。走访娄庄派出所、城东派出所和公安局大楼指挥中心、数据中心，了解委派民主监督员小组“可防性侵财类犯罪案件的打击与防范”监督活动开展情况，就进一步维护社会稳定和人民群众财产安全建言献策。区政协主席仲亚岭，副主席陈文亚、夏彩霞、黄彭赣、陈文德、花庆如，副区长王平参加。

△ 市人大常委会副主任戴胜利到姜堰区开展《江苏省物业管理条例》执法检查。区领导申泰州、戴兆平、汤文林陪同。

20日 区委书记李伟督察安全生产工作。要求进一步增强安全意识，落实安全生产措施，保持姜堰安全稳定的良好局面。副区长黄健全参加。

△ 区委副书记、区长李文飙督察保障和改善民生十个方面实事、重点工程以及上市地块项目进展情况。要求加大工作推进力度，加强部门协调配合，强化重点工程监管，确保各个实事项目、各项重点工程顺利实施。区委常委、常务副区长戴兆平参加。

21日 澳大利亚维多利亚州瓦南布尔市首席执行官Bruce Anson（布鲁克·安森）参观考察省姜堰第二中学、姜堰中医院。参观省姜堰第二中学科技楼、文化长廊等地，了解VCE课程班教育教学情况，走进教室与学生交流。对姜堰中医院中医特色科室很欣赏，对熬制成中药的药材和工艺很感兴趣，到姜堰中医院门诊室体验中医奥妙。布鲁克·安森随澳大利亚维多利亚州州长丹尼尔·安德斯一行应邀访问江苏。维多利亚州瓦南布尔市有意向与姜堰区结为友好城市，多领域、多层次开展交流合作。副区长史献辞陪同。

26日 市人大常委会调研区公立医院医药分开工作。区卫生计生委、市第二人民医院、区中医院以及市人大代表围绕推进公立医院医药卫生体制改革，特别是医药价格综合改革情况、在推行城市公立医院医药分开工作中存在的突出问题及矛盾开展座谈，就有效实施医药分开，畅谈具体打算、措施和建议。

27日 农业部机关服务局局长邓庆海调研姜堰区农业供给侧结构性改革新情况。副市长陈明冠、区委副书记孙靓靓、副区长王萍陪同。

△ 区委常委会召开。研究讨论区人大常委会党组《关于全区区镇两级人民代表大会换届选举工作的请示》《关于做好全区区镇两级人民代表大会换届选举工作意见的请示》等。市委常委、区委书记李伟主持。

△ 区十四届人大常委会第58次主任会议

召开。会议听取审议区政府关于市场监督管理工作情况的报告以及区人大常委会教科文卫工委的调查报告、区政府关于《中华人民共和国人民防空法》执法检查审议意见落实情况的反馈。会议听取审议区十四届人大常委会第35次会议的议程。会议建议区十四届人大常委会第35次会议议程为，作出关于全区区镇两级人民代表大会换届选举问题的决定，作出关于任命各镇选举委员会组成人员的决定，作出关于开展第七个五年法治宣传教育的决议，作出关于接受丁军青辞职的决定，表决人事任职事项。区人大常委会主任申泰州，副主任钱爱社、钱拥军、汤文林、秦永金参加。区委常委、常务副区长戴兆平，副区长王平、黄健全列席。

28日　双登集团富朗特锂离子电池智能制造项目竣工投产。中国工程院院士杨裕生，市委常委、副市长杨杰，市委常委、区委书记李伟，市政府党组成员孙耀灿，区领导李文飙、戴兆平、薛金林、宋羽、黄健全及双登集团董事长杨善基等参加。

△　区选举委员会第一次会议召开。会议学习区委批转的区人大常委会党组《关于做好全区区镇两级人民代表大会换届选举工作的意见》，讨论确定选举日和换届选举工作阶段安排的有关事项，建立区选举工作办公室，明确各组工作职责，讨论修订《选民登记办法》，研究区人大代表名额分配方案，讨论全区区镇两级人大换届选举工作会议安排方案。

△　姜堰火车站举行升级改造配套工程开工仪式。市委常委、区委书记李伟致辞。区委副书记、区长李文飙主持。上海铁路局新长铁路有限责任公司总经理肖健，上海铁路局新长车务段段长王少峰，区领导申泰州、钱娟、戴兆平参加。

△　区十四届人大常委会第35次会议召开。会议听取并集中审议区人大常委会人代工委关于全区区镇两级人民代表大会换届选举问题决定草案的说明、区政府关于“七五”普法规划起草的说明，区人大常委会提出人事任职议案。会议表决通过关于全区区镇两级人民代表大会换届选举问题的决定、关于任命各镇选举委员会组成人员的决定、关于开展第七个五年法治宣传教育的决议、关于接受丁军青辞职的决定、人事任职事项，新任命人员领取任命书，面对宪法宣誓。区人大常委会主任申泰州，副主任钱爱社、钱拥军、汤文林、秦永金参加，副区长黄健全列席。

△　区2016年金秋经贸洽谈会举行。签约项目53个，总投资约197.3亿元。市委常委、区委书记李伟致辞。区领导李文飙、申泰州、钱娟、孙靓靓、丁志强、戴兆平、薛金林、盛育河、宋羽、钱爱社、史献辞、陈文德出席项目集中签约仪式。

29日　区镇两级人大换届选举工作会议召开。市委常委、区委书记李伟讲话。区人大常委会党组书记高永明主持，区领导申泰州、钱娟、丁志强、薛金林、钱爱社、钱拥军、申忠华、汤文林、秦永金及区法院、区检察院负责人参加。

10月

8日　农业部经管司副司长赵鲲调研区家庭农场发展情况。区委副书记孙靓靓、副区长王萍陪同。

9日　市委副书记、常务副市长卢佩民调研区扶贫开发工作。要求各级党委、政府和挂钩联系部门紧扣“脱贫致富奔小康”主题，以求真务实的作风，扎实做好扶贫开发工作。市委常委、区委书记李伟，区委副书记孙靓靓陪同。

△　区城乡规划委员会第三次会议召开。研究讨论区委党校重建暨姜堰大剧院选址和区游泳馆、体育馆选址等议题，区领导李文飙、丁志强、戴兆平、王萍参加。

10日　区委副书记、区长李文飙带领国土、住建、规划、旅游等部门负责人调研桥头镇、溱潼镇项目建设。区领导孙靓靓、盛育河、顾鹏程参加。

11日　市委常委、区委书记李伟督察为民十个方面实事进展情况。要求认真落实区第十二次党代会精神，找准工作薄弱环节，一着不让加快推进，尽早尽快让为民办实事工程造福于民，圆满完成“开局之年”既定目标任务。区委常委、常务副区长戴兆平参加。

12日 市委常委、区委书记李伟督察工业技改项目建设情况。要求认真落实区第十二次党代会精神，铆足干劲，一着不让，抓牢抓实技术改造工作，为全区工业经济发展提供强有力的支撑。副区长黄健全参加。

14日 区政协考察镇村医疗卫生建设工作。区政协主席仲亚岭，党组书记钱娟，副主席陈文亚、夏彩霞、陈文德、花庆如，副区长黄健全参加。

18日 市委常委、区委书记李伟督察蒋垛镇项目建设情况。要求深入贯彻落实区第十二次党代会精神，再加干劲，再添实招，确保各项工作取得新突破。

20日 区人大常委会考察《省级姜堰现代农业产业园区加快发展两年行动计划》实施情况。考察河横稻麦展示基地、农产品加工集中区污水处理厂、江苏新又碧农副产品有限公司、江苏天禹农机公司。区人大常委会主任申泰州，副主任钱爱社、钱拥军、汤文林、秦永金，副区长王萍参加。

22日 市委常委、区委书记李伟督察城区房屋征收搬迁工作。区领导丁志强、戴兆平、刘志群、刘文来、盛育河、钱爱社、钱拥军、汤文林、秦永金、黄健全、陈文亚、夏彩霞、陈文德、花庆如参加。

△ 全国象棋业余棋王赛江苏赛区比赛在溱湖旅游度假区举行。省体育局副局长颜争鸣，省体育总会秘书长李一冰，省棋牌运动管理中心主任杨伊明，区委常委、宣传部部长薛金林参加开幕式。

24日 市委常委、区委书记李伟督察华港镇项目建设情况。分别到里华机械、江苏安捷利、舜泽机械等企业生产车间和项目建设现场，督察项目建设进展情况，了解建设过程中遇到的问题。要求深入贯彻落实区第十二次党代会精神，再接再厉，再下实功，推动项目建设再上新台阶。

△ 区政协十三届28次主席会议召开。会议协商审议区政协城乡委《关于全区建筑工业化情况的调查报告》，研究确定区政协十三届27次常委会议召开的时间、地点、议程。区政协主席仲亚岭主持，党组书记钱娟，副主席陈文亚、夏彩霞、黄彭赣、陈文德、花庆如参加。

25日 市委常委、宣传部部长常胜梅到姜堰区开展扶贫走访慰问活动，调研宣传思想文化和全民创业工作。市委常委、区委书记李伟，区委常委、宣传部部长薛金林参加。

26日 省公安厅副厅长、省维稳办副主任程建东调研姜堰区创新完善大数据条件下的新型数据、情报、指挥、行动一体化工作机制。市委常委、区委书记李伟，副市长、市公安局局长杜荣良，区委常委、政法委书记刘志群，副区长、区公安局局长王平陪同。

27日 市委常委、区委书记李伟调研财税工作。要求财税部门认真贯彻区第十二次党代会精神，在冲刺四季度的时间节点上坚定信心、攻坚克难，全面、超额完成年度目标任务，奋力推动财税工作再上新台阶。区委常委、常务副区长戴兆平参加。

△ 区政协十三届27次常委会议召开。会议听取讨论全区党风廉政建设和反腐败工作情况的通报、区政府关于提案办理情况的通报、区文广新局关于全区村（社区）综合性文化服务中心建设情况的通报。表决通过区政协城乡委《关于全区建筑工业化情况的调查报告》。该调查报告将作为建议案报送区委、区政府，供决策参考。区政协主席仲亚岭，副主席陈文亚、夏彩霞、黄彭赣、陈文德、花庆如参加。区委常委、常务副区长戴兆平，区委常委、区纪委书记刘文来列席。

△ 区第三次全国农业普查工作会议召开。明确区农业普查工作领导小组各成员单位及相关部门工作职责。副区长王萍参加。

27—28日 区十四届人大常委会第36次会议召开。会议听取审议区人大常委会办公室提出的关于召开区十五届人大一次会议的决定草案、区政府关于落实2015年度代表建议办理工作审议意见和2016年度代表建议办理工作情况的报告以及区人大常委会人代工委检查督办情况的报告、区政府关于农村河道长效管护情况审议意见落实情况的反馈、区国税局及其基层分局工作评议意见落实情况的反馈、区地税局及其基层分局工作评议意见落实情况的反馈、区政府关于《江苏省物业管理条例》贯彻实施情况的报告以及区人大常委会执法检查组的调查报告、区科学技术和知识产权局工作情况报告以及区人大常委会部门工作评议调查组的调查报告、区人力资源和社会保障局及其基层站所工作情况报告以及区人大常委会部门工作评议调查组的调查报告、区政府提出的人事任免议案、区法院提出的人事任职议案。区人大常委会主任申泰州，副主任钱爱社、钱拥军、汤文林、秦永金参加，区委常委、常务副区长戴兆平，副区长王萍列席。

△ 泰州职业技术学院与正太集团有限公司举办合作共建“正太学院”签约揭牌仪式。双方将在教育教学改革、办学经费筹措、生源质量提高、专项培训开展、实训基地建设、培养方案制定、师资队伍建设、科研项目开发等十个方面全面深入合作。区委副书记、区长李文飙，区委常委、组织部部长丁志强参加。

28—29日 市委副书记卢佩民调研区“三农”工作和溱潼镇康养旅游特色小镇规划。市委常委、区委书记李伟，区委副书记孙靓靓，副区长王萍陪同。

30日 区委副书记、区长李文飙主持召开区政府第34次常务会议。研究讨论《关于促进和扶持建筑业发展的实施办法（讨论稿）》等议题。区政协副主席夏彩霞列席。

△ 泰州市《“12345”·政风行风热线》“市（区）长上线日——姜堰区”活动在区广电台举行。区委副书记、区长李文飙带领29家职能部门和各镇（街道）主要负责人走进直播室，与广大网民和热心听众互动交流，倾听群众诉求，解答群众疑问。区委常委、区纪委书记刘文来参加。

11月

1日 区重大产业项目集中开工仪式举行。24个亿元以上项目开工建设，计划投资总额70亿元。市委常委、区委书记李伟，区领导李文飙、申泰州、钱娟、孙靓靓、戴兆平、宋羽、钱爱社、史献辞、黄彭赣出席。

△ “江苏姜堰”微信公众号上线。“江苏姜堰”为姜堰区人民政府官方微信公众号，主要介绍姜堰经济和社会事业的发展成就，发布产业布局、投资指南、项目推介，提供政策咨询、民生信息等。“江苏姜堰”微信公众号首期推出的《姜堰名片》，从地区概况、经济、文化、旅游及优势产业等方面，全面介绍姜堰独特的区位优势和投资环境，展示姜堰各业发展成就和特色亮点。

2日 省农委副主任张坚勇督察姜堰区秋收秋种工作。市委常委、区委书记李伟，区委副书记孙靓靓，副区长王萍陪同。

△ 市委常委、区委书记李伟调研开放型经济工作。要求认真贯彻区党代会精神，加快推动开放创新和效率提升，为姜堰经济社会发展注入强劲动力。区领导宋羽、史献辞参加。

4日 市委常委、秘书长、政法委书记张余松调研区政法工作。察看中天智慧社区、城南派出所、区法治宣传教育中心、区环保局环境保护专业调解组织，了解相关情况。市委常委、区委书记李伟，区委常委、政法委书记刘志群，副区长、区公安局局长曹祥参加。

△ 区委副书记、区长李文飙调研教育工作。区委常委、宣传部部长薛金林参加。

8日 区委常委（扩大）会议召开。传达学习中共十八届六中全会精神，开展“两学一做”学习研讨。市委常委、区委书记李伟主持。

△ 区委副书记、区长李文飙主持召开工业企业技术改造项目督察会。要求正确认识当前工业经济现状，提升企业内生能力，形成有利于企业技术改造的良好氛围，确保全区工业经济健康发展。

10日 市政协主席王守法调研大坨镇挂钩

帮扶工作。市委常委、区委书记李伟，市政协副主席王东，区政协主席仲亚岭，区政协党组书记钱娟参加。

△　区委副书记、区长李文飙调研顾高镇部分企业和村。要求加快科技创新步伐，做大做强企业；推动农业产业化发展，促进村集体经济发展和农民增收致富。

△　省人大常委会委员、省农委副主任梁学忠到姜堰区开展《江苏省河道管理条例》立法调研。调研组察看西姜黄河、中干河、老通扬运河河道管理现场，听取泰州市和姜堰区对河道管理的立法建议。区人大常委会副主任汤文林参加。

12日　东南大学—姜堰产学研合作对接交流会在姜堰高新技术创业中心举行。副区长、科技镇长团团长陈华，东南大学科研院副院长郝勇生参加。

14日　市委常委、区委书记李伟督察顾高镇项目建设情况。要求认真贯彻落实区第十二次党代会精神，进一步加大工作力度，搞好协调服务，力争项目建设取得新突破。

△　区委副书记、区长李文飙调研水利工作。要求着眼翌年水利工作，科学谋划思路，找准薄弱环节，加强党风廉政建设，落实长效管理机制，确保在生态文明建设、保障农业发展、提升抗灾承载力等方面取得突破。副区长王萍参加。

16日　工信部中小企业局局长马向晖调研姜堰区中小企业发展情况。省经济和信息化委巡视员陆元刚，区委常委、组织部部长，区现代科技产业园区党工委书记，罗塘街道党工委书记丁志强，区委常委、区经济开发区党工委书记、三水街道党工委书记宋羽陪同。

△　市委常委、区委书记李伟督察秸秆“双禁”工作。区委副书记孙靓靓、副区长王萍参加。

△　省教育厅副厅长曹玉梅测评姜堰区书香城市创建工作。区委常委、宣传部部长薛金林，副区长黄健全参加。

△　区党外知识分子联谊会二届一次会员大会召开。会议审议通过《泰州市姜堰区党外知识分子联谊会章程》《泰州市姜堰区党外知识分子联谊会会员大会选举办法》，选举产生区党外知识分子联谊会第二届理事会会长、副会长、秘书长及各专门委员会负责人。区人大常委会副主任钱拥军当选为区党外知识分子联谊会第二届理事会会长。区委常委、统战部部长盛育河参加。

17日　区人大常委会考察为民办实事工作。考察上海路改造、古田新村老旧小区整治、南苑幼儿园重建、城乡公交候车亭、229省道改扩建工程、溱潼人民医院门诊病房楼、万亩家庭农场科技示范园等现场。区人大常委会主任申泰州，副主任钱爱社、钱拥军、汤文林、秦永金参加，区委常委、常务副区长戴兆平陪同。

△　区委副书记、区长李文飙调研城建规划工作。要求突出市区融合发展，坚持高标准规划、高品位建设，不断提升城乡规划实施管理水平，完善基础功能配套，充分彰显城市特色。区委常委、常务副区长戴兆平参加。

23日　区十四届人大常委会第60次主任会议召开。会议听取审议区政府关于全区帮扶经济薄弱村发展工作情况的汇报，以及区人大常委会农工委的调查报告。区人大常委会主任申泰州，副主任钱爱社、钱拥军、汤文林参加，副区长王萍列席。

24日　中国红十字会总会事业发展中心到姜堰复员军人疗养院开展捐赠慰问活动。中国红十字会总会事业发展中心主任江丹，人民日报社原副总编、中国红十字会总会事业发展中心顾问陈俊宏，市委常委、区委书记李伟，省红十字会党组成员、副会长徐国林，区委常委、宣传部部长薛金林，副区长黄健全等参加。

△　市人大常委会副主任戴胜利调研区选民登记工作情况。区人大常委会党组成员、区选举委员会副主任、区选举委员会办公室主任申忠华参加。

24—25日　市政协之友联谊会2016年工作年会在姜堰区召开。市政协原主席、市政协之友联谊会会长陈克勤，区政协党组书记钱娟、副主席陈文亚参加。

28日　全区中共十八届六中全会精神宣讲报告会举行。市委宣讲团成员、市委常委、区委书记李伟从中共十八届六中全会的重大意义、坚定不移推进全面从严治党、全面加强和规范党内政治生活、全面落实党内监督责任、突出抓好领导干部特别是高级干部5个方面，对六中全会精神进行系统阐释和深入解读。

△　姜堰区泰州市五届人大代表候选人初步人选推荐工作部署会议召开。区委常委、组织部部长丁志强，区人大常委会党组成员、区选举委员会副主任、区选举委员会办公室主任申忠华参加。

29日　全国农业现代化规划工作会暨现代农业示范区农业改革与建设试点工作培训班筹备会召开。副区长王萍解读筹备工作方案，明确部署筹备工作，各部门、镇（街道）就工作方案提出建议和意见。区委副书记孙靓靓主持，区领导薛金林、刘志群、钱爱社、王萍、陈文亚参加。

30日　全市村党组织“第一书记”工作交流推进会在姜堰召开。市委常委、组织部部长、统战部部长张国梁，市委常委、区委书记李伟，区委常委、组织部部长丁志强参加。

12月

1日　全区首批“两证合一”个体营业执照颁发。标志着姜堰区个体工商户营业执照和税务登记证“两证整合”的新登记制度启动。国家工商总局、国家税务总局、国家发展和改革委、国务院法制办4个部门8月联合发布《关于实施个体工商户营业执照和税务登记证“两证整合”的意见》，要求全国从2016年12月1日起实施个体工商户营业执照和税务登记证“两证整合”。

3日　区安委会全体（扩大）会议召开。区委副书记、区长李文飙要求各镇（街道、园区）、部门针对建筑施工安全领域存在的突出问题，全面开展建筑安全隐患大排查、大整治，突出高处作业整治，严厉查处工程项目违法分包、转包和以包代管，严格落实建设工程企业安全生产主体责任；按照“全覆盖、零容忍、严执法、重实效”总要求，加强危险化学品企业安全监管，强化道路交通安全管理，抓好公共安全，全面彻底地开展安全生产大检查，查隐患，堵漏洞，有效防范和坚决遏制重特大事故发生；持续强化安全生产责任落实，完善应急预案，筑牢安全生产基层基础工作，加强应急值守工作，全力做好岁末年初各项安全生产工作，促进全区安全生产形势持续稳定好转，努力为姜堰加速崛起振兴提供坚实的安全保障。副区长黄健全参加。

5日　区委副书记、区长李文飙带领发改、经信、商务等部门负责人督察新开工、竣工亿元项目建设情况。区委常委、区经济开发区党工委书记、三水街道党工委书记宋羽，副区长史献辞参加。

8日　省政协副主席罗一民调研双登集团富朗特新能源有限公司。市政协主席王守法，市委常委、区委书记李伟，市政协副主席王东，区领导仲亚岭、钱娟、宋羽、陈文德陪同。

9日　市委采用电视直播形式召开“百团千村万企大走访大落实”活动动员大会。市委书记蓝绍敏讲话，市委副书记、市长史立军主持。李文飙、申泰州、钱娟等区四套班子领导在姜堰分会场收听收看。

11日　区委副书记、区长李文飙主持召开区政府第36次常务会议。传达全省“两减六治三提升”专项行动动员会精神，研究讨论《姜堰区中央环保督察反馈意见整改工作方案（讨论稿）》等议题。

12—13日　以“贯彻落实全国农业现代化规划，推进农业发展计划工作转型升级”为主题的工作会在姜堰召开。国家现代农业示范区农业改革与建设试点工作培训班同时开班。农业部、全国各省（自治区、直辖市）农业部门、农业改革与建设试点工作专家和有关企业代表400多人共商农业现代化建设、发展大计。农业部党组副书记、副部长余欣荣讲话，农业部党组成员杨绍品主持。农业部发展计划司张合成，省农委主任吴沛良，省委副秘书长胥爱贵，市委书记蓝绍敏，市委常委、区委书记李伟，区委副书记、区长李文飙，区委副书记孙靓靓，副区长王萍参加。

13日 区委常委会会议召开。研究讨论区委十二届二次全会报告（讨论稿）及会议方案；听取2016年主要经济指标预测汇报，讨论2017年主要经济指标安排；研究讨论区十五届人大一次会议、区政协十四届一次会议相关事项；听取“百团千村万企大走访大落实”活动相关建议方案；召开常委会议军会。市委常委、区委书记李伟主持。

14日 国家现代农业示范区农业改革与建设试点工作培训班在姜堰区结班。该次培训活动以示范区农业改革与建设试点3年期满为契机，通过开展绩效总结活动，总结成功经验，促进试点成果推广应用。副区长王萍代表姜堰区作农业改革与建设试点绩效总结答辩，姜堰区在25家试点示范区中以92.69的评价分获第一名。改革试点3年多来，姜堰区围绕适度规模经营主题，突出家庭农场和专业化服务组织培育，初步形成“六大模式”改革成果。全区适度规模经营面积比重84.2%；粮食平均单产497.4千克，高于全省59.7千克、全国131.9千克；农民人均可支配收入16182元，获国家级荣誉10多个、省级奖励10多个。区委副书记孙靓靓参加。

15日 省委农工办主任赵旻调研姜堰区“三农”工作。调研组考察桥头镇香菇产业园、桥头镇家庭农场万亩示范区、小杨家庭农场服务联盟、现代农业园区服务中心、农村产权交易中心等地，对姜堰区“三农”工作取得的成效表示肯定，希望以富民和市场为导向，立足地方实际，不断提高“三农”工作转型创新含金量，在发展路径、农业产业结构调整、产业融合发展上谋求转型，在发展理念、体制机制、生产方式上谋划创新，积极稳妥地推进农业结构调整，稳步调优农业生产力布局规划，全力推动“三农”工作在高起点上实现新跨越。区委副书记孙靓靓陪同。

△ 区十四届人大常委会第63次主任会议召开。会议建议，12月下旬召开区十四届人大常委会第39次会议，时间1天。会议建议区十四届人大常委会第39次会议议程为，通过关于召开区十五届人大一次会议的有关事项，初审2016年国民经济社会发展计划执行情况和2017年计划草案、2016年财政预算执行情况和2017年预算草案，听取审议区政府关于教育系统师德师风建设专项工作评议意见落实情况的反馈，听取审议区政府关于《泰州市姜堰区生态文明建设规划（2016—2020）》编制情况的报告，听取区人大常委会代表资格审查委员会关于姜堰区第十五届人民代表大会代表资格的审查报告，作出关于调整区人大常委会工作机构设置的决定，表决人事任免事项。区人大常委会主任申泰州，副主任钱爱社、钱拥军、汤文林、秦永金参加，副区长王萍列席。

17日 “百团千村万企大走访大落实”集中走访日。市委常委、区委书记李伟，区委副书记、区长李文飙，区人大常委会主任申泰州，区政协党组书记钱娟等领导到镇（街道）走访，了解农户增收情况和企业当前难题，共谋加快发展之策。

19日 区选举委员会第三次会议召开。会议通报泰州市姜堰区第十五届人民代表大会代表选举结果。全区区镇两级人大换届选举工作会议从9月29日开始，到12月16日投票选举结束，经过准备、宣传发动，选民登记核对，提名协商，考察审查和协商确定代表候选人、宣传介绍代表候选人、投票选举五个阶段，选出区十五届人大代表。区人大常委会主任申泰州，副主任钱爱社、钱拥军，党组成员申忠华，副主任汤文林、秦永金参加。副区长、区选举委员会副主任顾鹏程主持。

20日 市委常委、区委书记李伟调研组织工作。要求以中共十八届六中全会及省、市党代会精神为引领，认真落实区党代会精神，按照党要管党、从严治党的要求，把责任牢牢扛在肩上，切实把党的政治优势、组织优势转化为推动姜堰跨越发展的强大力量。区委常委、组织部部长丁志强参加。

△ 市委常委、区委书记李伟调研纪检监察

工作。要求全区纪检监察组织以中共十八届六中全会及省、市党代会精神为引领，认真落实区党代会精神，立足姜堰发展大局，深入贯彻全面从严治党各项要求，推动纪检监察工作再上新台阶。区委常委、区纪委书记刘文来参加。

△ 区十四届人大常委会第64次主任会议召开。会议听取审议区十四届人大常委会第39次会议部分议题，区人大常委会办公室提出的关于召开区十五届人大一次会议的有关事项。区人大常委会主任申泰州，副主任钱爱社、钱拥军、汤文林、秦永金参加。

△ 区政协十三届28次常委会召开。会议听取区法院、区检察院、区公安局工作情况通报。区委常委、统战部部长盛育河作区政协换届人事安排情况说明。会议交流各专门委员会、各界别、各镇（街道）政协工委工作情况，协商讨论政协泰州市姜堰区十三届委员会常务委员会工作报告（讨论稿）、政协泰州市姜堰区十三届委员会常务委员会关于提案工作情况的报告（讨论稿），协商确定2016年度优秀提案。会议协商通过召开区政协十四届一次会议的决定、议程、日程及相关名单，表决通过有关人事任免事项。区政协主席仲亚岭，党组书记钱娟，副主席陈文亚、夏彩霞、陈文德、花庆如参加。副区长、区公安局局长曹祥列席。

△ 2016年"三水英才大讲堂"主题论坛活动在智谷软件园举行。区领导李文飙、丁志强、陈华参加。

22日 市委常委、区委书记李伟主持召开区四套班子领导工作务虚会。利用一天时间集中交流当年工作，谋划翌年任务，共同探索姜堰区更富含金量的崛起振兴之路。李伟要求全区上下认真践行五大发展理念，全面聚力创新、聚焦富民，深入实施"三大主题工作"，坚定不移推进项目兴区、环境立区、富民强区战略，努力实现姜堰更富含金量的崛起振兴。

23日 区十四届人大常委会第39次会议召开。会议审议通过《泰州市姜堰区生态文明建设规划（2016—2020）》。区人大常委会主任申泰州，副主任钱爱社、钱拥军、汤文林、秦永金参加，副区长王萍、黄健全列席。

24日 区委副书记、区长李文飙主持召开区政府第37次常务会议。研究讨论2017年政府工作报告（讨论稿）、2017年保障和改善民生十个方面实事建议项目（讨论稿）等议题。区政协副主席夏彩霞列席。

26日 区工商联第十二次会员代表大会召开。会议号召全区工商联会员和广大非公有制经济人士立足新起点、谋求新发展，再接再厉，奋力拼搏，在谱写"两聚一高"姜堰篇章、实现更富含金量的崛起振兴中做出积极贡献。市委常委、区委书记李伟，市政协副主席、工商联主席姚社成分别讲话，区领导李文飙、仲亚岭、丁志强、戴兆平、盛育河、钱爱社、陈文德出席。

27日 市委、市政府在姜堰区召开招商引资和项目建设情况述职会。听取各市（区）项目招引和建设情况汇报。姜堰区和靖江市、泰兴市、兴化市、海陵区、高港区、医药高新区主要负责人分别述职。市委书记蓝绍敏出席并讲话。市委副书记、市长史立军主持。市领导王守法、卢佩民、张国梁、陆春云、汤成快、常胜梅、杨杰、张余松、李伟等出席。

29日 中国共产党泰州市第五届委员会第二次全体会议在姜堰区召开。会议深入学习贯彻习近平总书记系列重要讲话精神，全面贯彻落实中共十八届六中全会、中央经济工作会议和省党代会、省经济工作会议精神，回顾总结2016年工作，研究部署2017年任务，动员全市上下聚力创新、聚焦富民，深入推进"三大主题"工作，切实加快"四个名城"建设，为高水平全面建成小康社会而努力奋斗。市领导蓝绍敏、史立军、卢佩民、张国梁、陆春云、汤成快、李国强、常胜梅、张余松、李伟出席。

（葛旭东）

姜堰概貌

地情概要

【位置面积】 泰州市姜堰区位于江苏省中部、江淮之间，北纬32°20′~32°42′、东经119°48′ ~120°18′，地跨长江三角洲和里下河平原。东邻海安县、东台市，西接泰州市海陵区、高港区，南北分别与泰兴市、兴化市接壤。通扬运河贯穿其中部。南部地面高程4.5~6.5米，属长江三角洲平原；北部地面高程2.5米，属江淮湖洼平原。全区总面积927.52平方千米，占全省面积0.89%，其中平原面积751.7平方千米、水面面积175.82平方千米。全区耕地面积4.98万公顷。

【自然资源】 泰州市姜堰区地处亚热带北部，物产丰富，土地肥沃，素有“鱼米之乡”之称。农作物主产水稻、三麦、棉花、大豆、油菜等，特色经济作物有香丝瓜、青椒、食用菌等，绿色食品有“河横大米”“三泰酱菜”等，养殖业主产猪、羊、鸡、鸭、鹅等，水产品主要有鱼、虾、蟹等，特种养殖主要有彩豚、鹌鹑、银鱼等。境内蕴藏丰富的石油和天然气资源。

（区统计局）

【气候】 气温 2016年，全区平均气温16.6℃，比常年平均值偏高1.9℃。其中，冬季平均气温5.1℃，比常年平均值偏高1.8℃；春季平均气温15.5℃，比常年平均值偏高2.0℃；夏季平均气温27.4℃，比常年平均值偏高0.7℃；秋季平均气温18.1℃，比常年平均值偏高1.6℃。极端最高气温39.1℃，出现在7月24日和7月26日；极端最低气温-10.1℃，出现在1月24日。

降水 2016年，全区降水量1726.0毫米，比常年平均值多706.4毫米。其中，冬季降水量81.7毫米，比常年平均值偏少20.0毫米；春季降水量290.8毫米，比常年平均值偏多61.2毫米；夏季降水量6294毫米，比常年平均值偏多170.8毫米；秋季降水量686.7毫米，比常年平均值偏多482.4毫米。梅雨入梅日6月19日，出梅日7月20日，梅雨日30天，梅雨量497.9毫米。

日照 2016年，全区日照总时数1731.5小时，比常年值偏少244.4小时。

霜情 2016年度初霜日11月27日，终霜日3月26日，初终霜间日数121天。

（章萍萍）

【建置沿革】 泰州市姜堰区春秋时属吴，战国时属越、楚，秦时属东海郡。汉武帝元狩六年（公元前117年）置海陵县，治所即今泰州市，姜堰为其属地。唐高祖武德三年（620年），改海陵县为吴陵县，南唐升元元年（937年）升为泰州，姜堰一直隶属其中。民国元年(1912年)废州设县,县治泰州。民国29年(1940年)10月,中国共产党建立抗日民主政权——泰县县政府,县治先在海安镇(今海安县城),民国38年(1949年)5月,迁至罗塘街道西郊。中华人民共和国成立后,泰县与县级泰州市两度分合,1962年1月分治,复称泰县,县治罗塘街道。1994年7月,撤县设立县级姜堰市。1996年隶属新设立的地级泰州市。2012年12月,撤销县级姜堰市,设立泰州市姜堰区。

【行政区划】 全区辖罗塘街道、三水街道2个街道,溱潼镇、顾高镇、蒋垛镇、大伦镇、白米镇、娄庄镇、沈高镇、俞垛镇、兴泰镇、张甸镇、梁徐镇、桥头镇、淤溪镇、华港镇14个镇,1个经济开发区——江苏省姜堰经济开发区,1个度假区——江苏省姜堰溱湖旅游度假区。辖有居民委员会29个、行政村262个。

【城市荣誉】 泰州市姜堰区为全国县域经济百强市(县)、全国综合实力百强市(县)、全国科技实力百强市(县)、全国社会治安综合治理先进市(县)、全国生态示范市(县)、全国科技进步先进市、中国最具投资潜力中小城市百强县(市)、中国中小城市新型城镇化质量百强区、全国农村中医工作先进市、全国村务公开民主管理示范市、全国中小城市科学发展百强县(市)、全国粮食生产先进市、全国科普示范市、全国计划生育优质服务先进区、全国农村劳动力转移就业工作示范市、浙商(省外)最佳投资城市、全国信访工作“三无”(无进京非正常访、无重复去省集体访、无信访积案)市、首批创建全国农民林业专业合作社示范县、国家卫生城市、全国围棋之乡、全国六星级慈善城市、全国绿化模范区、国家生态区、中国民间文化艺术之乡、全国农村集体“三资”管理示范县、全国休闲农业与乡村旅游示范县、国家农产品质量安全县、中国建筑之乡,全省人口计生目标管理责任制及人口协调发展先进市、全省发展高效设施农业先进市、江苏省文明城市、江苏省卫生城市、江苏省园林城市、江苏省双拥模范城、江苏省小康市(县)、江苏省社会治安安全市、江苏省首批生态农业市、江苏省农民创业就业工作先进市、江苏省建筑强市、江苏省教育工作先进市、江苏省人口与计划生育示范市、江苏省群众文化先进市、江苏省有线电视示范市、江苏省教育现代化建设先进市、江苏省秸秆综合利用示范市、全省“扫黄打非”工作先进模范市、江苏省户户通有线电视县(市)、江苏省老年体育工作先进市(县)、江苏省人民防空先进城市、江苏省残疾人工作先进县(市、区)、江苏省现代渔业建设先进县(市)、绿色江苏建设先进县(市、区)、江苏省农业现代化建设试点县(市、区)、全省村务公开民主管理“薄弱村”治理工作先进县(市、区)、江苏省金融生态优秀县、全省农业综合开发工作先进市、全省新农村新家庭计划示范县、全省亩产吨粮县(市)、全省和谐社区建设示范县(市、区)、江苏省节水型社会建设示范市、江苏省水资源管理示范市、江苏省农民健康工程先进县(市、区)、江苏省生态县(区)、江苏省药品安全示范县(市、区)、江苏省创建无“小耳朵”先进县(市、区)、全省综治工作(平安建设)先进区、全省平安区、全省挂县强农富民工程对接突出县、江苏省实施农家书屋提升工程试点工作示范县(市、区)、全省发展现代高效农业成效显著县、全省森林资源保护与管理成效显著县(市、区)、江苏省科普示范区、江苏省义务教育优质均衡发展区、江苏省学前教育改革发展示范区、江苏省家庭教育先进区、全省公共体育服务体系示范区、江苏省平安铁路示范区、江苏省慢性病综合防控示范区、全省法治建设示范区、全省基层党员冬训工作示范区、江苏省人口协调发展先进区、江苏省中小学校责任督学挂牌督导创新区、全省劳动保障监察两网化管理示范区、江苏省农村电子商务示范县、江苏省公共文化服务体系示范区、江苏省健康促进区等。

(窦银芳)

【交通】 截至2016年年底,全区公路通车总里程1924.51千米,其中高速公路73.46千米、一级公路171.792千米、二级公路218.276千米、三级公路209.606千米、四级公路1251.376千米。基本形成“五纵四横”干线公路网络（“五纵”：盐靖高速，231省道，溱湖大道，229省道，东部干线公路；“四横”：328国道，启扬高速，姜高公路，沈马公路）。其中，盐靖高速公路（S29）纵贯南北，全长40.25千米，途经顾高镇、梁徐镇、罗塘街道、桥头镇、溱潼镇、兴泰镇6个镇（街道），设梁徐、姜堰、溱潼三个互通；231省道（兴泰公路）全长13.5千米，沿途俞垛镇、淤溪镇，一级公路；溱湖大道全长19.9千米，沿途溱湖旅游度假区、渔业社、桥头镇、沈高镇、区经济开发区、梁徐镇，一级公路；229省道（宁盐公路—姜八公路）全长31.7千米，沿途兴泰镇、溱潼镇、沈高镇、罗塘街道、梁徐镇、顾高镇，二级公路，沥青砼路面，正实施改扩建工程；328国道全长28.29千米，沿途白米镇、罗塘街道，一级公路；启扬高速公路（S28）全长33.21千米，沿途华港镇、淤溪镇、桥头镇、沈高镇、娄庄镇、白米镇，设盐靖高速枢纽、溱湖大道互通和白米服务区；姜高公路全长15.5千米，沿途梁徐镇、张甸镇，二级公路，沥青砼路面和水泥砼路面；沈马公路全长19.2千米，沿途淤溪镇、俞垛镇、溱潼镇、溱湖旅游度假区、沈高镇，二级公路，沥青砼路面；353省道在规划建设中。全区有国道28.293千米、省道130.243千米、县道314.453千米、乡道552.417千米、村道899.104千米。

宁启铁路纵贯东西，姜堰段全长26千米，途经桥头镇、罗塘街道、沈高镇、娄庄镇4个镇（街道），完成电气化、复线化改造，2016年5月15日开通动车。

全区有内河航道48条，通航里程523.7千米。有新通扬运河、中干河、泰东河、南干河、鲁汀河等主要航道，水路交通较为便利。

截至2016年年底，全区有投资8100多万元建成的姜堰汽车总站，达标改造一级站1个、三级站3个、四级站4个、五级站1个。交通运输营运车辆中出租车335辆1675座、公交车230辆236.3标台、客班车107辆4974座、货车7051辆45003吨，营运船舶4032艘325万载重吨。2016年，公路运输客运量281.58万人，旅客周转量44605.85万人千米。

（郭向东　王　晨　孙　琛　朱晓龙）

【人口】 2016年年末，全区家庭总户数26.82万户，户籍总人口78.66万人。其中，女性39.09万人，占总人口数49.7%。全区常住人口73.07万人。常住人口城镇化率59.4%，比上年提高2.32%。全年出生7128人，人口出生率9.06‰；死亡6894人，死亡率8.76‰；人口自然增长率0.3‰。

（区统计局）

【民族】 截至2016年12月底，全区定居少数民族总人口1316人，比上年增加5人，主要原因是民族成分变更。有少数民族成分34个，主要为土家族、苗族、壮族、回族和满族，分散居住在16个镇（街道），呈南多北少分布特点。全区有来自新疆、青海、甘肃等地从事拉面和烧烤经营，以及江西、湖南到姜堰打工的少数民族流动人口约400人。

（申建中）

【方言】 姜堰方言属江淮官话泰如片。主要特征是无全浊声母，全浊声母读送气清音；不分尖团，边鼻相混；无舌尖前音和舌尖后音之别；咸山两摄为三分，舒声韵都鼻化；鼻音尾韵母不分前后；有卷舌韵母，韵母单元音化、高元音化；有入声韵，都为喉塞尾，入声调值短促、分阴阳；次浊声母字多归阴平。姜堰方言内部一致性很强，差异不十分明显。西部华港镇等镇与南部顾高镇、蒋垛镇等镇语音略有差异，各镇语音又都与市区语音稍稍有别。

（《泰县志》）

【风景名胜】 姜堰是一座集水乡、湿地、生态、古镇为一体的旅游城市，是最具风情民俗文化旅游目的地。风景名胜有中国历史文化名镇、国家AAAA级旅游景区溱潼镇，全国第二家、江苏省首家国家级湿地公园溱湖湿地公园，国家AAAAA级旅游景区、国家水利风景区、全国生态旅游示范区溱湖旅游度假区，集温泉度假、休闲运动、佛学文化与主题地产于一体的湿地温泉景区泰州华侨城，国家AAAA级旅游景区古罗塘旅游文化景区，国家AAA级旅游景区溱湖湿地农业生态园，中国农业公园、江苏省四星级乡村旅游点沈高镇河横村，苏维埃政权诞生地纪念馆蒋垛苏维埃纪念馆，新四军苏北指挥部旧址曲江楼，纪念当代“草圣”高二适的高二适纪念馆，江淮地区发现的最早城址天目山遗址等。

【文化传统】 泰州市姜堰区境内人类活动历史悠久。城西北郊单塘河新石器遗址出土石刀、玉坠等器物，20世纪70年代中期，罗塘街道天目山发现宋代和汉代墓葬，出土北宋政和铁钱，两汉陶器、铁剑、铜镜、五铢钱等，80年代初和90年代，在天目山遗址考古调查，获得鬲、豆、罐、箭镞、网坠、铜削等。21世纪初，发现陶、铜、石、骨、蚌、牙等质料的人工器物，鹿、獐、犬、鱼、鳖、蚌、鸟等类动物遗骨。考古证实，至少在6800年前后，姜堰就有先民居住、生活，进行初始生产开发，创造早期农耕文明。叶甸仓场为汉代吴王刘濞设置的粮仓。宋代岳飞、文天祥等均在姜堰驻足。明代抗倭名将唐顺之在姜堰抗倭直至病逝；“泰州学派”创始人之一王栋长期在姜堰讲学；画家唐志契所著《绘事微言》入选《四库全书》。清代围棋棋圣黄龙士引领清代围棋达到封建时代最高峰，至今享誉海内外；“一门五都督，三科两状元”的刘氏家族兄弟刘荣庆、刘国庆连中武状元，时称“熙朝盛事，旷古未闻”；清朝及民国政治人物、中国花鸟画大家、书法家、经济学家凌文渊与齐白石、陈半丁、陈师曾齐名，时称“京师四大画家”；现代学者、诗人、书法家高二适由毛泽东倡导，与郭沫若开展“兰亭论辩”传为历史佳话。1940年，陈毅率领新四军苏北指挥部驻扎姜堰曲江楼指挥闻名中外的黄桥决战。“溱潼会船节”由南宋相沿至今，被誉为“民俗文化之大观，水乡风情之博览”，获“大世界基尼斯之最”称号，入选第一批国家级非物质文化遗产扩展项目名录。传统技艺“溱潼砖瓦”、传统舞蹈“滚莲湘”入选江苏省非物质文化遗产名录；“姜堰面塑”“陈氏针灸”入选江苏省非物质文化遗产代表性项目名录；“许氏正骨疗法”“姜堰撂石锁”入选江苏省非物质文化遗产代表性项目名录扩展项目名录。天目山西周古城遗址获首批“江苏大遗址”称号。清明习俗入选首批文化生态保护示范区。以棋圣黄龙士为原型拍摄电影《黑白道》。古罗塘旅游文化景区获批国家AAAA级旅游景区。

（窦银芳）

国民经济

【概况】 2016年，全区实现地区生产总值583.19亿元，可比增长10.0%。其中，第一产业增加值40.10亿元，可比增长1.4%；第二产业增加值264.44亿元，可比增长9.3%；第三产业增加值278.65亿元，可比增长12.1%。按常住人口计算，人均地区生产总值79829元。服务业占地区生产总值比重比上年提高2.2%。三次产业结构比为6.9∶45.3∶47.8。全区实现高新技术产业产值占规模以上工业比重41.0%，比上年提高0.1%。

民营经济　年末，全区私营企业注册资金649.06亿元，私营企业1.38万户；个体工商户注册资金146.89亿元，个体工商户4.02万户。

财政收入　全区公共财政预算收入35.60亿元，比上年增长1.9%，其中国税部门入库地方税收10.02亿元、地税部门入库地方税收17.39亿元、财政部门入库8.19亿元，税收占比77.1%。

【农林牧渔业】 农业生产　2016年，全区实现农林牧渔业总产值68.36亿元，比上年增长9.4%。粮食产量53.83万吨，比上年下降4.9%。粮食播种面积76020公顷，比上年增长0.1%；粮食单产7080千克/公顷，比上年下降5.0%。

林牧渔业　全区成片造林面积约372.33公顷，森林覆盖率25.3%。生猪规模养殖比重72.1%，肉禽、蛋禽、奶牛规模养殖比重分别为97%、99%和100%。生猪饲养量75.97万头，总量与上年基本持平。其中，生猪出栏51.69万头，比上年下降0.5%。家禽饲养量1284.4万羽，比上年增长4.7%。其中，家禽出栏830.55万羽，比上年增长0.03%。主要畜产品中，肉类总产量5.06万吨，比上年下降0.03%；禽蛋总产量2.8万吨，比上年增长4.7%。水产品产量4.58万吨，比上年增长4.3%。

现代农业　新增设施农业面积886.67公顷、设施渔业面积313.33公顷，分别比上年增长40.6%、23.7%。农业适度规模经营比重85%。协办全国春季农业生产现场会，承办全国农业现代化规划工作会暨农业改革试点工作培训会，规模经营"姜堰模式"得到国务院副总理汪洋肯定，农业改革与建设试点工作终期绩效评价位列全国第一。

【工业】　工业生产　2016年，全区495家规模以上工业企业完成产值1486.14亿元，比上年增长13.9%。其中，轻工业、重工业产值分别为415.39亿元、1070.76亿元，分别比上年增长12.8%、14.3%。国有工业比上年增长7.2%，集体工业比上年增长22.9%，股份制工业比上年增长14.0%，外商及港澳台投资工业比上年增长9.8%。纺织业完成产值125.09亿元，比上年增长16.4%；化学原料和化学制品制造业完成产值162.74亿元，比上年增长13.8%；专用设备制造业完成产值179.66亿元，比上年增长14.0%；电气机械和器材制造业完成产值295.34亿元，比上年增长11.8%。在规模以上工业中，十强工业企业产值比上年下降3.2%、30家重点工业企业产值比上年增长12.3%、30家成长型工业企业产值比上年增长30.3%。三大园区实现产值856.28亿元，比上年增长12.0%，占规模以上工业产值比重57.6%。

工业效益　全区规模以上工业企业实现主营业务收入1379.78亿元，比上年增长14.7%；实现利润总额100.02亿元，比上年增长7.7%。亏损企业数量比上年下降38.5%。

【国内贸易】　2016年，全区社会消费品零售总额172.5亿元，比上年增长11.8%。批发和零售业零售额157.1亿元，比上年增长10.0%；住宿和餐饮业零售额15.4亿元，比上年增长31.9%。城镇消费品零售额165.3亿元，比上年增长11.9%；乡村消费品零售额7.2亿元，比上年增长8.7%。限额以上单位消费品零售额57.7亿元，比上年增长10.5%；限额以下单位消费品零售额114.8亿元，比上年增长12.3%。在限额以上企业商品零售额中，粮油、食品类零售额与上年持平，饮料、烟酒类零售额比上年增长1.5%，服装、鞋帽、针纺织品类零售额比上年下降5.2%，化妆品类零售额比上年增长9.1%，金银珠宝类零售额比上年下降16.1%，日用品类零售额比上年增长6.9%，家用电器和音像器材类零售额比上年增长9.9%，中西药品类零售额比上年增长111.5%，文化办公用品类零售额比上年增长14.8%，建筑及装潢材料类零售额比上年增长38.7%，汽车类零售额比上年增长2.8%。

【对外贸易】　外贸进出口　2016年，全区外贸进出口总额（海关数）95497万美元，比上年增长12.2%。其中，出口总额82645万美元，比上年增长9.2%。一般贸易进出口89396万美元，比上年增长10.7%；加工贸易进出口6047万美元，比上年增长40.0%。外商投资企业进出口26661万美元，比上年下降17.1%；民营企业进出口68835万美元，比上年增长29.7%。机电产品进出口33961万美元，比上年增长16.1%；农产品进出口1990万美元，比上年增长448.9%。

利用外资　全区新批协议注册外资18437万美元，比上年增长65.0%；实际到账注册外资13702万美元，比上年增长37.4%。

对外经济合作　新签外经合同额13430万美元；完成外经实际营业额1.76亿美元，比上年增长1.2%。

【旅游业】　2016年，全区接待游客645.8万人次，实现旅游直接收入15.9亿元，分别比上年增长9.1%、9.6%。举办中国湿地生态旅游节和溱潼会船节。溱湖旅游度假区获评全国旅游系统先进集体，入选首批省级研学旅游示范基地；推进溱潼古镇综合提升项目，溱潼镇入选首批中国特色小镇。

【建筑业】　截至2016年年末，全区有资质建筑施工企业188家，施工面积9219万平方米，比上年增长22.2%；竣工面积3379万平方米，比上年增长12.07%。实现建筑施工总产值633亿元、建筑企业增加值155亿元，分别比上年增长11.39%、8.39%。

【交通运输】 2016年，全区完成交通运输、仓储和邮政业增加值33.63亿元，可比增长3.5%，占服务业增加值比重12.1%。完成公路客运量738万人，公路旅客周转量37765万人千米；完成公路货运量368万吨，公路货物周转量12957万吨千米；完成水路货运量1819万吨，水路货物周转量142756万吨千米，均比上年有所增加。

【邮电通信业】 2016年，全区邮政业务总量14151万元，比上年增长80.4%。邮电业务收入66401万元，比上年增长16.9%。年末，全区固定电话用户23.61万户，移动电话用户65.4万户，电信互联网宽带接入用户9.53万户。

【银行保险业】 截至2016年年末，全区金融机构本外币存款余额664.58亿元，比年初增加69.05亿元。其中，人民币存款余额656.96亿元，比年初增加69.48亿元。本外币贷款余额486.33亿元，比年初增加64.97亿元。其中，人民币贷款余额484.89亿元，比年初增加65.79亿元。在人民币贷款中，住户贷款133.48亿元，比年初增加11.81亿元；非金融企业及机关团体贷款351.40亿元，比年初增加53.98亿元。全区保险业务收入13.51亿元，比上年增长16.0%。其中，财产险业务收入3.80亿元，比上年增长12.8%；人寿险业务收入9.71亿元，比上年增长18.0%。保险业务支出6.80亿元，比上年增长72.0%。其中，财产险业务支出2.35万元，比上年增长35.1%；人寿险业务支出4.45万元，比上年增长102.0%。

【固定资产投资】 2016年，全区完成固定资产投资494.82亿元，比上年增长16.8%。其中，第一产业投资5.37亿元，比上年增长357.5%；第二产业投资337.41亿元，比上年增长24.0%；第三产业投资152.03亿元，比上年增长1.1%。产业投资420.65亿元，比上年增长27.0%。房地产开发投资30.72亿元，比上年下降14.8%。

项目建设 全区在建亿元以上项目125个，投资总额328.8亿元，其中5亿元以上项目12个。新开工亿元以上项目80个，投资总额222亿元，竣工亿元以上项目50个。

房地产市场 全区房地产施工面积295.19万平方米，比上年下降0.2%；竣工面积139.92万平方米，比上年增长41.9%。商品房销售面积114.45万平方米，比上年增长25.3%；商品房销售额59.02亿元，比上年增长39.7%。

社会事业

【科技事业】 2016年，全区授权专利2168件，其中发明专利89件，分别比上年增长4.6%、27.1%。发明专利拥有量612件，比上年增长34.5%。新增著名商标6件、省名牌产品2个、市长质量奖1个；建成省级以上众创空间4个、创新研发平台51个，设立离岸孵化基地4个，培植市级以上孵化器、众创空间6个；申报高新技术企业47家，新增省民营科技型企业88家，高新技术产业产值占规模工业产值比重41.0%；新培植省高新技术产品121项，净增国家三部委高新技术企业41家，新建大中型工业企业科研机构69个，大中型工业企业及规模以上高新企业研发机构建有率81.2%；组织高校到姜堰开展技术需求对接和现场指导20多次，与上海电机学院、东南大学加强校地合作，与高校共建产学研联合体17个、校企联盟27个，新建成省级院士工作站1家、省级企业重点实验室1家，实施高质量产学研合作项目54项。

【教育事业】 2016年年末，全区有幼儿园43所，在园幼儿14942人；小学35所，在校学生31602人；初中23所，在校学生20548人；普通高中8所，在校学生11300人。2016年，全区学龄儿童入学率100%，初中毕业生升学率98%，高中阶段教育毛入学率98%。中考和省义务教育阶段质量监测的多项重点指标在全市领先。省姜堰中学学生获高考全省文科第一名、全市理科第一名。罗塘高级中学创建成省四星级普通高中，蓝天幼儿园创建成省优质园。高中数学名师工作室被评为全国“优秀数学教师基地”，组建乡村教师培育站7个。创建成泰州市“一校一品一特色”体育品牌3个、艺术品牌2个。全区义务教育现代化学校创成率94.4%。

【文化事业】 2016年年末，全区有文化馆1个、艺术表演团体11个、博物馆1个、档案馆1个、公共图书馆1个。公共图书馆总藏量65.77万册。全年向社会开放各类档案1.2万卷。创建省公共文化服务体系示范区，通过督查组中期督察。扶建百姓大舞台34座、五星级农家书屋5家。推动姜堰区村（社区）综合性文化服务中心建设试点工作，打造“一体两翼七配套”综合体姜堰模式，建成100家。举办第十二届群众文化艺术节新创文艺节目调演、“梨园飘香”苏中七县市戏曲交流演出等大型文艺活动。流动舞台到各镇（街道）、社区演出17场，区三水艺术团获评江苏省首批群众“百千万”工程优秀群文团队。开展姜堰区农村公益电影招标工作，放映公益电影3144场。

【卫生事业】 2016年年末，全区有各类卫生机构304家，其中医院、卫生院33家；各类卫生机构实有床位3726张，其中医院、卫生院3460张；卫生技术人员3812人，其中执业医师、执业助理医师1934人，注册护士1494人。镇卫生院21个，床位772张，卫生技术人员754人；乡村医生和卫生员534人。新型农村合作医疗人口覆盖率100%。泰州市第二人民医院科研教学楼、溱潼人民医院内科病房楼年底竣工，完成区疾控中心业务用房改造、大坨卫生院整体搬迁工程装修及俞垛卫生院门诊病房综合楼土建工程建设，实施港口卫生院整体搬迁工程装修，完成70家村卫生室达标提升工程建设。创建成全国群众满意乡镇卫生院3个、省示范镇卫生院1个、省示范村卫生室3个。建立完善居民健康卡管理系统及信息采集系统，建立居民电子健康档案698650人，建档率91.09%。

【体育事业】 推进体育设施基础建设，完善区文体中心相关功能，建设羽毛球馆、击剑馆、乒乓球室等场馆及室外五人制笼式灯光足球场和笼式灯光标准篮球场，均免费开放。人均拥有公共体育面积3平方米。举办2016年中国·姜堰第六届“黄龙士·双登杯”世界女子围棋擂台赛，与中国围棋协会签订第七届至第九届合作协议。协助举办2016年泰州铁人三项亚洲杯赛，按阶段承办2016年中国体育彩票全国象棋业余棋王赛江苏赛区泰州姜堰分站赛、泰州分站赛和江苏站赛。男、女足丙组在省青少年足球锦标赛中均获冠军。

【城市建设】 改造上海路、陈庄路、马厂路、东大街，东海北路、通前路、淮海东路、姜园路（梁徐镇区段）建成通车；推进上海路南延、三水大道南延和姜园路东段3条跨年度项目，初步形成干路成格、支路成网路网体系。建成新华书店仓库东侧、益民路等公共停车场，结合绿地游园建设及小区绿改停，增加停车位220个。提升改造振兴路、古田东路道路绿化，完成上海路、陈庄路等配套绿化，大型综合性滨水城市公园罗塘公园建成开放，获泰州市唯一“省海绵城市建设示范项目”。实施姜堰大道、人民路等道路周边建筑立面出新，在重大活动及节日前后，对溱湖大道、姜堰大道全线及高速路口节点实施灯光艺术提升，升级海姜大道、三水大道等主次干道亮化工程。

【环境保护】 探索完善生态保护差别化考核、环保网格化监管、企业环境信用等级评定等工作机制，创新基层生态管理格局，全国首创设立村级环保委员，姜堰区获“国家生态区”命名。相关镇实施2016年全区覆盖拉网式农村环境综合整治工程，加强25套农村小型生活污水处理设施运行监督，处理生活废水约40万吨，城市污水集中处理率91.8%。整治燃煤锅炉168台，年削减用煤量约2.9万吨，空气环境达标率、达标天数同比增长率、$PM_{2.5}$平均浓度、$PM_{2.5}$浓度同比下降率四项重点指标处于全市前列，环境空气优良率78.1%。

人民生活

【概况】 居民生活 2016年，全区居民人均可支配收入28353元，比上年增长9.1%。其中，城镇居民人均可支配收入36898元，比上年增长8.1%；农村居民人均可支配收入17599元，比上年增长8.8%。居民人均消费性支出17812元，比上年增长9.1%。其中，城镇居民人均消费性支出21711元，比上年增长7.8%；农村居民人均生活消费支出13096元，比上年增长11.9%。城乡居民恩格尔系数分别为30.8%、35.3%。

劳动就业 全区新增创业1.1万人，转移农村劳动力3900人，城镇新增就业1.5万人。年末，城镇人口登记失业率1.88%，比上年下降0.03%。

社会保障 全区新增参保1.3万人。新型农村合作医疗人均筹资标准提高到555元，企业退休人员月均养老金提高到2011元，最低工资标准提高到1770元，城乡居民基础养老金调至125元，城乡低保标准统一提高到每人每月590元。实施医疗救助9853人次1697万元，发放价格临时补贴369.6万元。全区享受农村最低生活保障对象12274人，其中农村11662人、城镇612人。全年最低生活保障金额3083万元，其中农村2809万元、城镇274万元。

（《2016年姜堰区国民经济和社会发展统计公报》）

社会主义政治文明建设

【概况】 2016年，全区推进政府机构改革，设立溱湖旅游度假区管委会，成立区不动产登记中心，理顺区商务局内贸职能，开展张甸镇简政放权改革试点。深化行政审批制度改革，清理中介服务事项、服务收费，取消行政审批事项11项；推进一站式办理，搭建电子政务服务平台，实施“多证合一、一照一码”企业登记注册制度；推行重大项目联审会办、建设工程联合测绘。完善公共资源交易平台，严格招投标行为监管，实行政府采购要素公示，规范拓展政府购买公共服务项目。推进镇级便民服务标准化建设，创建成国家农村社会化服务标准化示范区。推进政务公开，执行政府工作规则和重大决策程序规定，落实公众参与、专家论证、风险评估、合法性审查、集体讨论决定结合的决策机制，出台行政权力“五张清单”管理办法，加强政府规范性文件合法性审查，清理文件179件。健全依法行政考核体系，完善政府法律顾问、政府合同法制审查和行政应诉工作制度，畅通行政复议渠道，行政复议办结率、行政机关负责人出庭应诉率均为100%。办理人大代表议案建议158件、政协委员提案164件，满意和基本满意率100%。办结人民来信175件、“‘12345’·政风行风热线”诉求4万多个，群众满意率97.5%。

（区政府办）

【干部人事制度改革】 全区统筹推动科级干部和中层干部轮岗交流，打破部门区域界限，提升新提拔干部“到基层去”“从基层来”“两个比重”，年内交流干部71人，新提拔年轻干部全部交流任职。以溱湖旅游度假区为试点，推动中层干部跨部门交流，面向全区公开遴选正股职岗位6个。

（陈　亮）

【基层民主政治建设】 一是推进基层民主选举。8月31日，全区召开村（居）“两委”换届选举工作会议。各镇（街道）党（工）委书记、分管党群负责人、组织委员、民政助理，区村（居）“两委”换届工作督查指导组成员，全区村（居）“两委”主要负责人参加。区委组织部和区民政局分别就村党组织换届和村委会换届工作开展业务培训。组织各镇（街道）分管负责人和民政助理参加市民政局组织的村委会换届选举培训班。编印《姜堰区第十一届村委会换届选举工作指导手册》，各镇（街道）按照建立组织、宣传发动、选民登记、提名确定、投票选举和总结完善六个阶段，完成村民委员会换届选举工作。二是深化村务公开民主管理。根据省民政厅《村务公开指导目录》《村务监督工作规程》，修订姜堰区《村务公开目录》，细化村务公开内容、创新公开形式、明确公开时限，全区各村按照政（事）务、村务、财务、惠民政策公开村务。设立村务公开群众意见栏，加强村务公开监督。组织开展村务公开季度专项督察，区民政局设立5个督查组，督促检查各镇村务公开情况，对部分公开不及时、公开内容不完整的村，当场下发整改通知，促进村务公开制度化、规范化、常态化。全区所有村（居）建立村（居）务监督委员会，完善工作监督、工作例会、工作报告、考核评议等制度。三是推进基层民主协商。完善城乡社区协商民主机制，加强城乡社区民主协商。出台《关于加强城乡社区民主协商的实施意见》（泰姜办〔2016〕52号），明确城乡社区协商内容，根据经济社会发展实际，针对不同渠道、不同层次、不同地域特点，确定协商内容；扩大社区民主协商主体，按照凡利益相关者都应参与协商原则，由社区党组织和村（居）民委员会结合协商事项和实际情况，确定参与协商对象；社区民主协商形式主要包括会议协商、恳谈协商、书面协商和网络协商；社区民主协商程序主要包括提出方案、民意调查、议事协商、民主决策和组织实施。

（树寿兵）

【职工民主管理】 以俞垛镇钨钼行业为协商重点，举办苏中片行业集体协商现场会，省人力资源和社会保障厅，省总工会，南通、扬州等地及所辖县区工会负责人现场观摩。全区确认集体协商三星级企业141家；1045家企业实施集体协商建制，培训企业集体协商指导员、谈判员200人次。推动企业建立职代会和厂务公开制度，评选表彰优秀职代会提案30个，选树金堰交通公司为职代会规范化建设示范观摩点。区领导分组带队，到越美光电、中来光伏、大唐电厂、陈庄路建设工地等全区重点项目、重点工程现场，以及双登集团、苏中药业等重点企业，开展“夏季三送”（送清凉、送安全、送法律）活动。

（梁　亮）

社会主义精神文明建设

【概况】 2016年，全区围绕区委、区政府中心工作，开展群众性精神文明创建活动，培育社会主义核心价值观，提升市民文明素质和城市文明程度，营造文明和谐社会环境，为姜堰“决胜全面小康、加速崛起振兴”提供精神动力。

社会风尚建设　开展主题教育、典型宣传等活动，培育践行社会主义核心价值观。组织开展2016年“姜堰好人”评选表彰系列活动，推荐、宣传“姜堰好人”100多人，编印发放《美德善行——2016姜堰好人先进事迹选编》。组织开展第二十届精神文明建设新人新事、十佳医护暨最美村医、姜堰最美女性等评选表彰活动，营造崇德向善、健康向上的良好社会风尚。组织中国好人、省道德模范、省美德少年、泰州美德善行十大人物、“感动江苏·泰州十大人物”等推荐评选工作，宋祥进等3人入围12月“中国好人榜”，其中宋祥进当选见义勇为“中国好人”，郑勇军等3人当选、提名泰州美德善行十大人物。举办“激情三水”广场文艺演出、“书香姜堰”全民读书等活动，营造和谐友善社会氛围。

市民素质建设　实施全民素质提升工程，加强社会公德、职业道德、家庭美德和个人品德建设，开展“节俭养德”“文明餐桌”等文明实践活动。开展泰州文明市民“十要十不要”（“十要”为：排队要有序；公交车上要为有需要的人让座；出入电梯要先下后上；接打电话要礼貌；遇人问路要友善；停车要规范；斑马线前要礼让行人；用餐宴请要节俭；遛狗要牵绳；上网要守法守规。“十不要”为：禁烟场所不吸烟；公共场所不喧哗；不说脏话、粗话；不乱扔垃圾、烟头；不随地吐痰；小区不扒翻种植；不闯红灯；楼上、车窗不抛物；娱乐、装修不扰邻；不违规燃放烟花爆竹）宣传教育活动，相关部门在公共场所张贴、播放“十要十不要”宣传图片、动漫。组织参加泰州市第二届“诚信之星”推选活动，夏汉关等3名企业家当选。组织开展“我与文明同行”系列作品征集活动，4

个作品获公益广告大赛二、三等奖，2篇文章分获主题征文活动三等奖、优秀奖。组织开展“好家风好家训”征集评选活动，弘扬传统文化，传递正能量。推进道德讲堂建设，建成道德讲堂400余所，覆盖全区各级文明单位、社区和村镇，以“弘扬医德医风 谱写和谐篇章”为主题，承办泰州市道德讲堂总堂7月活动。开展美德善行系列活动，推进美德善行广场建设，建立美德善行榜300多个，每季度更新发布美德善行总榜。春节、清明节、“五一”节、中秋节、国庆节等期间，开展文明旅游宣传，引导市民遵守文明旅游行为规范。

未成年人思想道德建设　推进2016年未成年人思想道德建设目标管理项目。中央、省专项彩票公益金支持乡村学校少年宫规范化建设，实现全区乡村学校少年宫项目中央和省专项彩票公益金支持全覆盖，获中央和省级资金支持156万元，其中娄庄小学等3所学校获中央、省专项彩票公益金支持39万元。建成运行未成年人成长指导中心，加强心理健康教育网络建设，宣传普及心理健康知识，提高青少年心理健康水平。举办“我们的节日”春节、元宵节、端午节等主题活动，实验小学三水校区承办泰州市“我们的节日·清明”活动。《坐车记》等三首童谣被表彰为2016年泰州市优秀童谣。组织开展“家庭文明礼仪之星”评选活动，丁周舟等16名学生被评为泰州市“家庭文明礼仪之星”。组织开展第三届泰州市百名“三好”青少年和十佳“三好”青少年推荐评选活动，推荐百名“三好”青少年16人、十佳“三好”青少年3人。将“学长征精神、做红色传人”主题融入“开学第一课”，纪念长征80周年。开展净化社会文化环境专项治理“蓝天行动”和“平安校园”创建活动，加大网吧、网络、荧屏声频视频和校园周边环境整治力度。

文明创建　巩固文明城市创建成果，建立健全文明城市创建长效机制，市民文明素质明显提升，城市文明程度显著提高。总结姜堰区文明城市创建经验做法和总结张甸镇美德善行成效的文章在《精神文明报》专版刊发。组织开展文明城市创建社区环境综合整治，10个整治项目获泰州补助300万元。组织2013—2015年度省文明村镇、省文明单位（社区、校园）评选表彰活动，新创建成省文明村镇、省文明单位（社区、校园）17家，47家保留称号。围绕“美在乡风民风、美在文化生活、美在人居环境”，开展农村精神文明建设，张甸镇宫王村、兴泰镇西陈庄村当选2016年度泰州市“最美乡村”。开展泰州市创建全国文明城市先进社区、文明小区评比活动，中天社区等10个社区被表彰为“先进社区”，中天二村等2个小区被表彰为“文明小区”，共获泰州奖励资金51万元。开展省、市文明家庭、五好文明家庭、十星文明户等推荐评选活动。

【志愿服务活动】　全区围绕健全组织、壮大队伍、拓展项目、打造品牌目标，开展“文明姜堰”志愿服务活动，实现城乡联动、全社会参与。组织开展学雷锋志愿服务进社区活动，在社区开展家政服务、文体活动、医疗保健、法律服务、美化绿化等志愿服务。开展“公民道德建设月”活动，组织核心价值观宣传教育、城市环境综合整治等八大集中行动。依托“志愿江苏”平台开展志愿服务活动，“志愿江苏”平台注册志愿者47305人、志愿服务组织829个，开展志愿服务活动1342次，志愿服务参与率及活跃度均居全市前列。开展“党员义工先锋社区行”、“一千零一个愿望”圆梦行动、“让我拉着你一起走”等特色志愿服务活动，放大品牌效应。“青少年之家服务配送‘云体系’一千零一个愿望”志愿服务项目获首届江苏志愿服务展示交流会银奖，河横施阳家庭农场获“爱心单位”称号，区供电公司“繁星花”志愿服务品牌被表彰为“江苏省十佳青年志愿服务项目”。组织开展2015—2016年度泰州市优秀志愿者、优秀志愿服务组织评选活动，马晓兵、李富根被表彰为优秀志愿者，姜堰区青年志愿者协会被评为优秀志愿服务组织。

（李玉明　钱鹏伟）

生态文明建设

【概况】　2016年，全区开展国家生态文明建设示范区前期工作，生态文明建设规划通过区人大常委会审议。6月，姜堰区获国家生态区命名。全区15个镇（街道）全部获国家生态镇命名，区经济开发区在泰州地区率先创建成省级生态工业园区，溱湖旅游度假区创建成国家生态旅游示范区、国家级环保科普教育基地。

保障机制建设　在泰州市率先出台生态红线监督考核办法，调整生态红线保护区域，将禁止开发区（一级管控区）面积在原有基础上增加2.7倍，达到4.66平方千米。加大生态文明建设、环境保护工作在镇（区、街道）、机关部门考核比重，出台《姜堰区生态保护差别化考核办法（试行）》，对溱湖旅游度假区、淤溪镇、沈高镇等5个镇（区、街道）实行经济社会差别化考核，完善生态文明考核机制。

基础设施建设　从2010起，通过3年的农村环境连片整治示范建设（获中央和省级补助6300万元），累计建成并投入运行小型生活污水处理设施25套、生活垃圾压缩中转站13座、非规模化畜禽粪便处理中心6座。2013年，新一轮全省“覆盖拉网式”农村环境综合整治试点工作启动，总投资8600万元左右，计划分5年实施生活污水处理项目75个。截至2016年年底，实施工程58项。

（王　冬）

【姜堰区被命名为国家生态区】 2016年6月23日，环境保护部印发《关于授予吉林省通化县等10个县（市、区）“国家生态县（市、区）”称号的公告》，姜堰区被命名为国家生态区。该区2007年启动创建国家生态区工作，提出“打造主导产业、壮大特色产业、发展现代农业、提升生态文明、促进区域协调”5个先进目标，加快发展绿色经济、低碳经济、循环经济。推动工业转型升级，严把项目准入关，控制新增污染源；发展智能电网、节能环保、新材料等新兴产业，实施创新驱动战略，促进产业高端化，全区认定国家火炬计划高新技术企业5家、省级高新技术企业45家、省级创新型企业11家。发展生态高效农业，提高资源利用率和土地产出率；加大无公害农产品生产基地建设，推进农业标准化，认证“三品”240个，“三品”播种面积占可食用主要农作物耕地面积89.2%；推进秸秆综合利用，秸秆综合利用率95%以上，姜堰区连续5年被表彰为全省秸秆综合利用示范区。构建大旅游格局，重点打造溱湖生态旅游及城区休闲文化两大旅游板块，形成溱湖湿地生态旅游、溱潼古镇旅游、泰州华侨城休闲度假旅游、河横村生态观光农业旅游、会船节民俗节庆旅游五大特色；发展信息咨询、电子商务、创意设计等新兴业态，壮大能源消耗少、环境污染少的“无烟产业”。引长江水工程实现全覆盖，城区日处理污水3.8万吨，生活污水集中处理率90%；新建镇二级污水处理厂5座、镇小型生活污水处理设施11座、村小型生活污水处理设施14座，日处理能力2.5万吨，实现集镇建成区生活污水集中处理全覆盖。提升主城区主干道两侧及街头游园绿化档次，新建天目山公园、单塘河遗址等，建成各类绿地面积316万平方米，城市绿化覆盖率40%；做好“绿色通道”绿化补植完善和提档升级工作，建成“绿色屏障”1500千米；加强鲍老湖、周山河、中干河等区域保护；新建白米、沈高等5家森林公园，实施沟渠路堤绿化、农田林网建设、村庄绿化等，形成点、线、面结合的立体绿化系统，全区森林覆盖率23.9%以上。围绕生活垃圾、污水处理、畜禽养殖污染等，全区建成一批农村环境基础设施，创建成一批生态村、星级康居乡村。

（孙　柳　史继文）

【姜堰区生态文明建设规划通过专家评审】 10月26日下午，《泰州市姜堰区生态文明建设规划（2016—2020）》专家评审会在南京召开。该规划分析姜堰区生态文明建设的优势与面临的挑战，明确生态文明的建设目标与指标，提出生态空间格局化、资源高效利用、生态产业体系发展、环境治理与风险防控、生态人居体系建设、生态文化培育、生态制度完善等方面的建设任务及重点工程。专家组认为该规划总体目标明确、体系完整、内容翔实，同意通过评审。市环保局副局长童宁、副区长王萍及有关部门负责人参加。

（高志龙）

党政社团组织机构与领导人名录

（2016年1月1日至2016年12月31日）

中共泰州市姜堰区第十一届委员会

（至2016-07）

书　记：李　伟
副书记：李文飙　戚才俊（至2016-05）
　　　　孙靓靓（女，2016-05任）
常　委：李　伟　李文飙
　　　　戚才俊（至2016-05）
　　　　孙靓靓（女，2016-05任）
　　　　徐闻仲（至2016-05）
　　　　张红霞（女，至2016-05）
　　　　丁志强　张士林（至2016-07）
　　　　戴兆平　薛金林　刘志群(2016-05任)
　　　　刘文来（2016-05任）
　　　　肖延川（挂职，至2016-06）
　　　　徐　俊（至2016-06）
　　　　邓　肯（2016-06任）

中共泰州市姜堰区第十二届委员会

（2016-07换届）

书　记：李　伟
副书记：李文飙　孙靓靓（女）
常　委：李　伟　李文飙　孙靓靓（女）
　　　　丁志强　戴兆平　薛金林　刘志群
　　　　刘文来　邓　肯　盛育河　宋　羽

泰州市姜堰区第十四届人大常委会

主　任：高永明（至2016-01）
　　　　申泰州（2016-01任）
副主任：钱爱社　钱拥军
　　　　申忠华（至2016-01）　汤文林
　　　　秦永金（2016-01任）
常　委：王圣彪　王吉根　石宝荣　刘爱军
　　　　杨　希（女）　李新荣（女）　张怀东
　　　　周亚平　周宏才　胡中华　胡银虎
　　　　袁海燕（女）　钱忠林　钱志强
　　　　高亚军　高金凤（女）　黄晓萍（女）
　　　　曹学军　曹德锋　蒋跃东　熊先明
　　　　刘长虹（2016-01任）

泰州市姜堰区第十四届人大常委会党组

书　记：高永明（至2016-12）
副书记：申泰州（2016-01任）　钱爱社

第十四届泰州市姜堰区人民政府

区　长：李文飙（2016-01任）
代区长：李文飙（至2016-01）
副区长：李文飙（至2016-01）
　　　　徐闻仲（至2016-06）
　　　　戴兆平（2016-06任）
　　　　肖延川（挂职，至2016-08）
　　　　王　萍（女）　朱嘉浩（至2016-01）
　　　　盛育河（至2016-08）
　　　　刘文来（至2016-06）
　　　　王　平（至2016-10）　黄健全
　　　　刘　玮（挂职，至2016-10）
　　　　史献辞（2016-01任，挂职）
　　　　乌拉木江·沙吐哈力(2016-04任，挂职)
　　　　顾鹏程（2016-06任）

陈　华（2016-10任，挂职）
曹　祥（2016-10任）

第十四届泰州市姜堰区人民政府党组

书　记：李文飙
副书记：徐闻仲（至2016-07）
戴兆平（2016-07任）

政协泰州市姜堰区第十三届委员会

主　席：仲亚岭
副主席：陈文亚　夏彩霞（女）
黄彭赣　陈文德　花庆如
常　委：钱　娟（女，2016-06任）
丁如根　丁粉红（女）　王　坚
王　凯　王百年　冯祯龙　朱善宽
刘宏芹（女）　孙　极　孙亚飞
李焕军　李书军　严桂珠　何益民
沈宇清　沈军林　宋　羽　张　晖
张　益　武晓明　林祥华　郁胜天
罗圣蒂（女）　郑希文　郑桂发
学　贤　孟向惠　孟晓庆（女）
洪　艳（女）　顾广明　钱　进
钱才凤（女）　徐　隽　高文章
高茂平　黄翠玲（女）　龚秀凤（女）
常家旺　蒋晓斌　潘红宝
秘书长：缪卫东

政协泰州市姜堰区第十三届委员会党组

书　记：仲亚岭（至2016-05）
钱　娟（女，2016-05任）
副书记：陈文亚

中共泰州市姜堰区第十一届纪律检查委员会

（至2016-07）

书　记：张红霞（女，至2016-05）
刘文来（2016-05任）
副书记：刘爱军　张兆海（2016-05任）
常　委：张红霞（女）　刘爱军
徐　冉（女，至2016-07）
石克飞（至2016-07）
周怀旺（至2016-02）　徐立新
张华官（2016-02任）

中共泰州市姜堰区第十二届纪律检查委员会

（2016-07换届）

书　记：刘文来
副书记：张兆海　徐立新
常　委：刘文来　张兆海　徐立新　张华官
周大松　王伯华　翟　勇

办公室

主　任：

信访室

主　任：徐立新（至2016-11）
宋书俊（2016-11任）

第一纪检监察室

主　任：张华官（至2016-11）
童明圣（2016-11任）

第二纪检监察室

主　任：翟志勇（至2016-11）

第三纪检监察室

主　任：王志刚

案件审理室

主　任：王　平（2016-11任）

案件监督管理室

主　任：黄晓军

宣传教育室

主　任：周大松（至2016-11）

干部监督管理室

主　任：丁　勇

执法和效能监督室

主　任：王伯华（至2016-11）

党风政风监督室

主　任：黄建军（至2016-07）

基层纪检监察一室

主　任：翟志勇（至2016-11）

监察局（与纪委合署办公）

局　长：张兆海（2016-06任）

副局长：石克飞（至2016-07）

　　　　邱德和（2016-02任）

经济环境监察中心

主　任：石克飞（至2016-07）

　　　　张兆海（2016-07任）

副主任：杨永兰

泰州市姜堰区人民法院

院　长：褚靖娟（女，至2016-10）

代院长：卢爱华（女，2016-10任）

党组书记：褚靖娟（女，至2016-10）

　　　　　卢爱华（女，2016-10任）

副院长：卢爱华（女，2016-10任）　姜国云

　　　　钱厚明　张桂林　韩国清　刘宗开

党组副书记：姜国云　夏德明

纪检组组长：夏德明

执行局

局　长：申明宏

泰州市姜堰区人民检察院

检察长：丁军青（至2016-09）

代检察长：孔维俊（2016-09任）

党组书记：丁军青（至2016-09）

　　　　　孔维俊（2016-09任）

副检察长：孔维俊（2016-09任）

　　　　　王　健　相华生　宋祥网　李鸿贵

纪检组组长：朱智彬（至2016-11）

　　　　　　翟志勇（2016-11任）

反贪局

局　长：陈　进

反渎职侵权局

局　长：童圣荣

开发区检察室

主　任：余小平（2016-04任）

泰州市姜堰区人民武装部

部　长：邓　肯

政　委：徐　俊（至2016-05）

泰州市姜堰区国防动员委员会

第一主任：李　伟

主　任：李文飙

副主任：徐闻仲（至2016-06）　邓　肯

　　　　徐　俊（至2016-05）

中共泰州市姜堰区委工作部门、事业单位

办公室

主　任：王荣明

副主任：杨少军　薛勇明　俞言平（兼）

　　　　许　兵　缪杰明（至2016-04）

研究室

主　任：许　兵

副主任：李光辉　周　勇（2016-04任）

接待办公室

（区委办下属事业机构，副科级）

主　任：薛勇明

组织部

部　长：丁志强（兼）

副部长：王圣彪　丁如根　吴庆海　陆　锋

组织员办公室

主　任：吴庆海

非公有制企业和社会组织党工委

书　记：陆　锋

副书记：袁惠荣（至2016-04）

　　　　蒋　炜（2016-04任，至2016-11）

　　　　李建胜（兼）　朱顺林（兼）

沈宣东（兼） 孟广洲（兼）

党建办公室

主　任：蒋　炜（2016-11任）
副主任：郁　榕（至2016-04）
　　　　翟　勇（2016-04任，至2016-11）

人才工作办公室

主　任：郁　榕（2016-04任）
副主任：朱卫民（2016-09任，挂职）

宣传部

部　长：薛金林（兼）
副部长：胡中华　黄跃华（兼）
　　　　刁义峰（至2016-04） 黄立群（女）
　　　　赵亚娟（女，2016-11任）

精神文明办公室

主　任：胡中华
副主任：赵亚娟（女，至2016-11） 李玉明
　　　　何晓莉（女，2016-11任）

对外宣传办公室

主　任：黄立群（女）
副主任：黄　苏（女）

新闻中心

主　任：黄立群（女）

统战部

部　长：黄彭赣（兼至2016-07）
　　　　盛育河（2016-07兼任）
副部长：李建胜　凌　涛　郑迎军

民族宗教事务局

（统战部挂牌机构）

局　长：凌　涛
副局长：钱震美　朱文林

政法委

书　记：张士林（兼至2016-08）
　　　　刘志群（2016-08任）
副书记：盛育河（兼至2016-08）
　　　　王　平（兼至2016-10）
　　　　曹　祥（2016-10兼任）
　　　　褚靖娟（女，兼至2016-10）
　　　　卢爱华（女，2016-10兼任）
　　　　丁军青（兼至2016-09）
　　　　孔维俊（2016-09兼任）

朱国旺　杨　春

综合治理办公室

主　任：朱国旺
副主任：刁振翔　徐庭林

国家安全领导小组办公室

副主任：刁振翔

农村工作办公室

主　任：周亚平
副主任：凌志群　唐兴培　骆小兵

台湾工作办公室

主　任：夏建琪
副主任：陶爱武（女） 王吉军（2016-04任）

机构编制委员会办公室

（挂事业单位登记管理局牌子）

主　任：于　健
副主任：杨　鹏

党　校

校　长：丁志强（兼）
常务副校长：王余华（至2016-04）
　　　　　　刁义峰（2016-04任）
副校长：钱厚亮　高　玉　孙成喜

行政干部学校

校　长：徐闻仲（兼至2016-07）
　　　　戴兆平（2016-07兼任）
副校长：王余华（至2016-04）
　　　　刁义峰（2016-04任）

史志档案办公室

主　任：周建军
副主任：严文富　葛旭东　钱　俊　李卫东

信访局

局长、党组书记：俞言平
副局长：周广林　黄根东（至2016-04）
　　　　纪桂华
纪检组组长：黄权旺

老干部局

局　长：吴庆海
副局长：沈发旺　葛根红　田杰才

老干部大学

校　长：丁志强（兼）
副校长：葛新华

区级机关工委

书　记：周怀旺
副书记：张如生　王　珩（女）
纪工委书记：龚　飞

泰州市姜堰区人大常委会办事机构

办公室

主　任：熊先明
副主任：沈翠龙　钱艺慧（女）

研究室

主　任：熊先明

财经工委
（2016年12月挂预算工委牌子）

主　任：杨　希（女，至2016-12）
　　　　曹严华（2016-12任）
副主任：石宝荣（至2016-12）
　　　　钱爱舜（2016-12任）

环资城建工委

主　任：钱忠林（至2016-12）
　　　　张怀东（2016-12任）
副主任：张怀东（至2016-12）
　　　　朱前军（2016-12任）

教科文卫工委

主　任：钱志强（至2016-12）
　　　　吉　宏（2016-12任）
副主任：杨树圣（2016-12任）

内务司法工委
（2016年12月更名，挂法制工委牌子）

主　任：李新荣（女，至2016-12）
　　　　刘兆山（2016-12任）
副主任：钱小军

人事代表联络工委
（2016年12月更名）

主　任：曹德锋（至2016-12）
　　　　钱志强（2016-12任）
副主任：王景瑛

农村工委

主　任：曹学军（至2016-12）
　　　　袁海燕（女，2016-12任）
副主任：严春海（2016-12任）

泰州市姜堰区人民政府工作部门、直属单位

办公室

主任、党组书记：周　谅
副主任：谷文林　单平宏　曹圣基（兼）
　　　　黄　辰　王偕根　吴俊明

政府研究室

主　任：谷文林
副主任：游滨滨（女）

法制办公室
（政府办挂牌机构）

主　任：周　谅
副主任：吴俊明

外事侨务办公室
（政府办挂牌机构）

主　任：单平宏
副主任：潘　婧（女）

金融办

主　任：谷文林

发展和改革委员会

主任、党组书记：李宝权
党组副书记：黄　强
副主任：朱为春　柳泽友
　　　　王　健（至2016-07，去世）
　　　　潘晓红（女，2016-04任）　汪骏生
纪检组组长：潘晓红（女）

服务业局
（发展和改革委挂牌机构）

副局长：丁小虎

经济和信息化委员会

主任、党委书记：沈锦云
副主任：游海涛（至2016-04）　胡振裘
　　　　拱启海　严德宝　蒋晓斌
　　　　于　波（2016-09任，挂职）
党委副书记：游海涛（至2016-04）
纪委书记：蔡鹏晋

中小企业局

（经济和信息化委挂牌机构）

局　长：胡振裘

教育局

局　长：武晓明

副局长：沈　崎　王　晖
　　　　卢开明（至2016-04）　黄　勇
　　　　张　强　林忠玲

区委教育工作委员会

书　记：沈　崎

副书记：武晓明　王　晖

纪工委书记：于云海

教师发展中心

主　任：沈　崎

副主任：孟维祥

区政府教育督导室

副主任：曹根生

科学技术和知识产权局

局长、党组书记：王长林

副局长：杨立军（至2016-04）　钱忠喜
　　　　王　展　曹胜彬（挂职）

纪检组组长：王邦文

地震局

局　长：刘国东

公安局

局长、党委书记、督察长：王　平（至2016-10）
　　　　　　　　　　　　曹　祥（2016-10任）

政　委：陆　进

党委副书记：陆　进

副局长：李宏明（2016-09任，挂职）
　　　　朱国旺（兼）　姜根明
　　　　李亦文　陈元福（至2016-07）
　　　　陈书根（至2016-07）　李　健
　　　　杨　俭（2016-07任）

副政委：蒋亚明（至2016-07）　于忠海
　　　　赵　林（2016-07任）

纪委书记：杨　俭（至2016-07）
　　　　　魏桂芳（2016-07任）

政治处

主　任：张红喜

警务督察大队

大队长：蔡鹏飞

教导员：姜庆海（2016-07任）

指挥中心

主　任：赵　林（至2016-07）
　　　　朱　林（2016-07任）

教导员：钱宏生

国内安全保卫大队

大队长：王长青

教导员：仲亚明

治安警察大队

大队长：曹祥宾

教导员：姜庆海（至2016-07）
　　　　魏华勤（2016-07任）

交巡警大队

大队长：刘国乾

教导员：沈爱宝

刑警大队

大队长：钱鸿元

教导员：叶姜生

经济犯罪侦查大队

大队长：田俊福

教导员：缪松武

水上警察大队

大队长：缪昌俊

教导员：刘荣发

防控特警大队

大队长：陈　勇

教导员：孙伯明

网络安全保卫大队

大队长：闫　冰（至2016-07）
　　　　杨　缤（2016-07任）

教导员：朱　林（至2016-07）

禁毒大队

大队长：陈家锁（2016-07任）

教导员：陈年华

城中派出所

所　长：黄爱军

城东派出所

所　长：曹　旭

城南派出所

所　长：魏桂芳（女，至2016-07）

教导员：孙　东（2016-07任）

开发区派出所

所　长：王　栋（2016-07任）

教导员：李卫东（2016-07任）

顾高派出所

所　长：张杰华（2016-07任）

梁徐派出所

所　长：杨　缤（至2016-07）

林海明（2016-07任）

蒋垛派出所

教导员：姜红祥（2016-07任）

大坨派出所

所　长：李小虎（2016-07任）

张甸派出所

所　长：王安富

淤溪派出所

所　长：王　军（2016-07任）

桥头派出所

所　长：张宏胜（2016-07任）

白米派出所

所　长：刘兴勇

沈高派出所

所　长：李　杰（2016-07任）

俞垛派出所

所　长：袁建新（2016-07任）

华港派出所

所　长：吉阿群（2016-07任）

水上派出所

所　长：周晓林（2016-07任）

教导员：张　峰（2016-07任）

溱潼水上派出所

所　长：张伯祥（2016-07任）

民政局

局长、党委书记：张苏平

副局长：王余华（2016-04任）

朱顺林（至2016-04）　刁日耕

蒋兆国　蒋兆荣

党委副书记：王小培

纪委书记：郑华林

司法局

局　长：刘兆山（至2016-12）

李新荣（女，2016-12任）

党组书记：刘兆山（至2016-11）

王　坚（2016-12任）

副局长：丁　骏　朱卫峰　罗圣蒂（女）

纪检组组长：王凌云

社会矛盾纠纷调处服务中心

主　任：黄根东（至2016-04）

财政局

局长、党组书记：秦永金（至2016-04）

党组副书记：徐　冉（女，2016-07任）

副局长：沈冬喜　陆亚林（2016-04任）

朱　斌　王　凯

纪检组组长：陆亚林（至2016-04）

孙小忠（2016-04任）

预算外资金管理办公室

主　任：赵莉莉（女）

财政集中支付中心

主　任：曹严华（至2016-11）

人力资源和社会保障局

局长、党组书记：丁如根

党组副书记：石克飞（2016-07任）

副局长：王吉军　钱友才　刘长明　张海新（女）

戚爱俊（2016-07任）　朱卫民（挂职）

纪检组组长：杨存贵

公务员局

（人力资源和社会保障局挂牌机构）

局　长：丁如根

社会保险管理中心

主　任：顾　祥

人力资源服务中心

主　任：刘　静（女）

劳动保障监察大队

大队长：常晓武（2016-11任）

住房和城乡建设局

局长、党委书记：郑长进

副局长：朱孝彤　缪　斌　黄亚山　黄旭兵

张　晖

党委副书记：张　华
纪委书记：曹新余

房屋拆迁管理办公室

主　任：蒋　华

城市管理局

局长、党组书记：曹圣基
副局长：嵇祥华（至2016-04）　张永东
　　　　刘　勇　张振华（2016-04任）
党组副书记：丁　玮
纪检组组长：尹友亮

城市管理行政执法局
（城市管理局挂牌机构）

局　长：曹圣基

城管执法大队

大队长：葛年良
教导员：杨　斌

交通运输局

局　长：丁家余
党委书记：顾安宝
党委副书记：丁家余　郭大文
副局长：顾安宝　朱桂凤
　　　　张　喜（2016-05任）
　　　　丁红梅（女）　韩春冠
纪委书记：王顺林

地方海事处

处　长：石克峰

水利局

局长、党委书记：陈永吉
副局长：许　健　曹　亮　王根宏　沈军民
纪委书记：黄　莉（女，至2016-07）

农业委员会

主任、党委书记：孙来扣
党委副书记：赵文澜　杨德宝（2016-04任）
　　　　　　钱存来（至2016-04）
副主任：赵文澜　杜华章　张存銮
　　　　孟鸿平（女，至2016-04）
　　　　钱存来（2016-04任）王学明
纪委书记：戴晓东

农干校

校　长：钱素文

农业技术推广中心

主　任：钱忠贵

商务局

局长、党委书记：薛维昌
党委副书记：王洪峰　杨俊贤
副局长：王洪峰（至2016-07）　杨俊贤
　　　　孔爱明　夏　阳
　　　　常　军（2016-07任）
　　　　冒　云（2016-07任）
纪委书记：常　军（至2016-07）
　　　　　柯　斌（2016-11任）

企业投资服务局
（商务局下属事业机构）

局　长：薛维昌
副局长：孔爱明　夏　阳

文化广电新闻出版局

局长、党组书记：曹学林（至2016-04）
　　　　　　　　陈希斌（2016-04任）
党组副书记：黄跃华
副局长：黄跃华　吉　宏（至2016-11）
　　　　沈巍毅　谢志宏
　　　　洪　艳（女，至2016-12）
　　　　解　艳（2016-12任）
　　　　姚　冬（2016-12任）
纪检组组长：解　艳（至2016-12）

市场监督管理局

局　长：李国民
党组书记：郑洪林
党组副书记：李国民
副局长：郑洪林　赵会林　王苏华　陈景联
　　　　王敬阳（至2016-04）
　　　　仲　林（至2016-04）　王大义
　　　　花玉祥　戚爱俊（至2016-07）
　　　　沈宣东
纪检组组长：姚　进

市场监督管理局城区分局

局　长：曹建忠

市场监督管理局城南分局

局　长：王　坚（至2016-04）
　　　　高京平（2016-04任）

市场监督管理局城北分局

局　长：田玉淳

市场监督管理局城西分局

局　长：陈　兴

市场监督管理局张甸分局

局　长：高京平（至2016–04）

市场监督管理局白米分局

局　长：陈文友

市场监督管理局华港分局

局　长：段　圣

市场监督管理局溱潼分局

局　长：钱小忠（2016–11任）

市场监督管理局蒋垛分局

局　长：刘玉进（2016–11任）

产品质量综合检验检测中心

主　任：王　坚（2016–04任）

市场监管稽查大队

大队长：朱云勤（2016–11任）

卫生和计划生育委员会

主　任：沈宇清

党委书记：殷玉进

党委副书记：沈宇清　单春旺

副主任：殷玉进　蒋茂喜（至2016–04）
王富楼　陆振豪　丁粉红（女）
杨　勇

纪委书记：单春旺

审计局

局长、党组书记：马　林

副局长：戴忠全　钱永祥（至2016–04）
陆志刚　柳泽勤

纪检组组长：殷宏海

环保局

局长、党组书记：张亚平

副局长：夏龙池　吴　涛
周广明　冯祯龙

党组副书记：肖　晖

纪检组组长：许柏忠

统计局

局长、党组书记：林俊宽

副局长：顾书东　倪倩如（女，至2016–04）
孙荣荣（女）

纪检组组长：王锦槐

安全生产监督管理局

局长、党组书记：窦华泰

副局长：蒋元礼　钱厚亮　仲伟任

纪检组组长：陈玉东

政务服务管理办公室

（挂区政务服务中心牌子）

主任、党组书记：王东升

副主任：纪桂祥（至2016–04）
李　华（至2016–04）　黄海晏

纪检组组长：梁青松

公共资源交易中心

（区政务服务管理办公室下属全额事业单位）

主　任：管建新

体育局

局　长：陈国胜（至2016–04）
吴巧林（2016–04任）

副局长：殷宝军　郑希文　黄海燕（女）

供销合作总社

（商务局下属事业机构）

主任、党委书记：杨俊贤

党委副书记：曹正明（至2016–11）

副主任：曹正明（至2016–11）　沙兆华

纪委书记：孟咸君

广播电视台

（文广新局下属事业机构）

台长、党组书记：黄跃华

副台长：仓惠忠（至2016–04）　沈　军
钱忠信

纪检组组长：袁　玲（女，至2016–11）

机关事务管理局

（政府办下属事业机构）

局　长：王国文

副局长：朱洪海　王月军

建筑工程管理局

（住建局下属事业机构）

局长、党委书记：颜礼明

副局长：丁　卫　鲍春喜

农业资源开发局

（农委下属事业机构）

局　长：孙来扣（兼）

副局长：陈　平　张万明　史建国

农业机械管理局

（农委下属事业机构）

局长、党委书记：赵文澜

副局长：李志强　高荣林

人民防空办公室

（政府办挂牌机构）

主任、党组书记：王天波

副主任：林向东　费在云　魏崇真

纪检组组长：魏崇真

物价局

（发展和改革委挂牌机构）

局　长：李宝权

党组书记：黄　强

副局长：黄　强　吴盛霖

纪检组组长：林志明

检查分局局长：夏秋明

粮食局

（商务局挂牌机构）

局长、党委书记：王洪峰

党委副书记：黄　荣

副局长：黄　荣　沈军林（至2016-04）
孔德金（至2016-04）
常　军（2016-07任）

纪委书记：王加兰

姜堰中等专业学校

校　长：高文章（至2016-04）
李云江（2016-07任）

党总支书记：李兰芳（女）

党总支副书记：李云江（2016-07任）

副校长：李兰芳（女）　张　敏（女）
谢春明　张庆根

江苏省姜堰中学

校　长：高志雄

党委书记：武晓明

党委副书记：高志雄　孙友新

副校长：孙友新　陈久宽　陶宏根　朱　勤
蒋兆勤（2016-11任）
鲁世明（2016-11任）

纪委书记：王　晖

江苏省姜堰第二中学

校长、党委书记：陈余根

副校长：姜立东　宋文举（至2016-04）
徐树旺　游　忠　朱　进
孙长春（2016-11任）

党委副书记：姜立东　钱五海（2016-11任）

纪委书记：王立翔

溱潼中学

校　长：孙治林

党总支书记：沈春祥

党总支副书记：孙治林

副校长：沈春祥　钱忠志　陈久根　夏云海

张甸中学

校　长：王建宏

副校长：张建奇　于望云　李小卫

泰州市第二人民医院

院　长：陈文德（兼）

党委书记：申仕海

中医院

院长、党委书记：钱承美

政协泰州市姜堰区委员会工作机构

办公室

主　任：王　坚（至2016-12）

副主任：袁　玲（女，2016-12任）
唐春兵（2016-06任）

提案委员会

主　任：龚秀凤（女，至2016-12）
周　军（2016-12任）

副主任：钱夕稳（2016-06任）

学习文史委员会

主　任：郑桂发

副主任：熊小芳（至2016-06）
郁胜天（至2016-12）
洪　艳（女，2016-12任）

经济科技委员会

主　任：高茂平

副主任：王　华（女）

城乡建设委员会

主　任：王　凯

副主任：周　军（至2016–12）

文教卫体委员会

主　任：邵宝楠

副主任：洪　梅（女）

群众团体

总工会

主席、党组书记：王圣彪

副主席：孟广洲　陈小军

党组副书记：许文根（2016–04任）

纪检组组长：许文根（至2016–04）

申春华（2016–04任）

团区委

书　记：翟文周

副书记：冒　云（女，至2016–07）　高　兴

妇　联

主　席：王　梅（女）

副主席：孙振爱（女）　张冰琴（女）

工商联（总商会）

主席（会长）：陈文德（兼）

党组书记：李建胜

副主席：李建胜　王　俊　秦　勇

王兆斌（不驻会，至2016–12）

张希平（不驻会，至2016–12）

唐仁茂（不驻会，至2016–12）

夏汉关（不驻会，至2016–12）

李焕军（不驻会）

李　军（不驻会，至2016–12）

丁　舜（不驻会）

徐仁党（不驻会，至2016–12）

孔令平（不驻会，至2016–12）

周才炳（不驻会，2016–12任）

刘月珠（不驻会，2016–12任）

周正明（不驻会，2016–12任）

卢承前（不驻会，2016–12任）

张世元（不驻会，2016–12任）

薛宝珠（不驻会，2016–12任）

黄伟达（不驻会，2016–12任）

姚永鹏（不驻会，2016–12任）

副会长：李建胜（2016–12任）

王　俊　秦　勇（2016–12任）

陆　军（不驻会，至2016–12）

蒋跃东（不驻会）

周才炳（不驻会，至2016–12）

夏汉关（不驻会，2016–12任）

李　军（不驻会，2016–12任）

徐仁党（不驻会，2016–12任）

科　协

主席、党组书记：何　剑

副主席：王少宁（女）　林红彬

周　静（2016–04任）

钱忠喜（不驻会）

杜华章（不驻会）

陈久宽（不驻会）

纪检组组长：宋兆顺

残疾人联合会

理事长、党组书记：杨书标

副理事长：李兆来　许东春

纪检组组长：王爱明

侨　联

主　席：潘　婧（女，2016–04任）

副主席：潘　婧（女，至2016–04）

陈巧兰（女，不驻会）

曹　旭（不驻会）

缪　岭（不驻会）

红十字会

会　长：刘文来（至2016–07）

党组书记：刘文来（至2016–04）

黄　辰（2016–04任）

副会长：凌雨佳　丁仲生

黄　辰（不驻会）　邓杰明（不驻会）

沈冬喜（不驻会）　蒋茂喜（不驻会）

党组副书记：凌雨佳

纪检组组长：夏　军

哲学社会科学联合会

主　席：刁义峰（至2016–04）

副主席：朱红耀　郑桂发（不驻会）
　　　　钱厚亮（不驻会）

文学艺术界联合会

主　席：黄立群（女）

副主席：曹学林（不驻会）
　　　　唐天杰（不驻会）
　　　　王景峰（不驻会）
　　　　刘效东（不驻会）

双重管理单位

国税局

局长、党组书记：朱　勇

副局长：李　琳　沈　杰（至2016–11）
　　　　汤　旭

纪检组组长：朱卫卫

地税局

局长、党组书记：刘佑渠

副局长：徐　宏　王荣明　高　峻（女）

党组副书记：秦　峰

纪检组组长：秦　峰

国土资源局区分局

局长、党组书记：钱忠星

副局长：王兆春　周玉林　付会生

纪检组组长：顾骏驰

规划局区分局

局长、党组书记：沈　梅

副局长：孙卫军　陈　宏　刘　明　刘宝国
　　　　陈建章

纪检组组长：刘　明

中国邮政集团公司泰州市姜堰区分公司

总经理、党委书记：徐赣林（至2016–06）
　　　　　　　　　袁亚萍（女，2016–06任）

副总经理：张学锋　胡轶龙（至2016–06）
　　　　　张　云（女，2016–06任）

纪委书记：胡轶龙（至2016–06）
　　　　　张学锋（2016–06任）

工会主席：张学锋（至2016–06任）
　　　　　张　云（女，2016–06任）

电信公司

总经理、党委书记：姜文红

副总经理：唐　斌　陈文荣
　　　　　朱宏俊（2016–02任）

纪委书记：陈文荣（2016–01任）

工会主席：唐　斌

供电公司

总经理：唐晓勇

党委书记：姚维俊

党委副书记：唐晓勇

副总经理：秦志军　孙智勇　戴　亮

纪委书记、工会主席：金保华

检修分公司经理：戴　亮（兼）

烟草专卖局

局长（经理）、党组书记：王　芳（女，至2016–08）
　　　　　　　　　　　　卞善干（2016–08任）

副经理：顾夕锋

副局长：高　波（至2016–12）
　　　　汤荣华（2016–12任）

盐业公司（盐务局）

局长、党支部书记：丁　华

副局长：秦存东

副经理：丁　华　秦存东

经理助理：江学礼

气象局

局长、党支部书记：袁昌洪

副局长：夏　震　刘步鸿（挂职）

中国人民银行姜堰支行

行长、党组书记：陆开杰

副行长：李　强

纪检组组长：刘圣进（2016–03任）

中国工商银行姜堰支行

行长、党委书记：夏元林（2016–01任）

副行长：丛　培（女，2016–11任）　闵炳强
　　　　王怀元　陈　皎（女，至2016–09）
　　　　李益琴（女，2016–09任）

纪委书记：闵炳强（兼）

中国农业银行姜堰区支行

行长、党委书记：丁俊龙

副行长：丁为民（至2016-11任）
陈海军（2016-11任） 张亚辉
王　俊（至2016-11）
李　琳（女，2016-11任）
纪委书记：王　俊（至2016-07）
于　岩（2016-07任）

中国银行姜堰支行

行长、党总支书记：张惠宇（至2016-01）
常庆梅（女，2016-01任）
副行长：游卫红　金　慎　杨　勇
党总支副书记：刘建林

中国建设银行姜堰支行

行长、党委书记：赵　强（至2016-12）
李冬明（2016-12任）
副行长：戴　翔　姜稳喜
纪委书记：葛金华

江苏姜堰农村商业银行

董事长、党委书记：刘友余
行　长：孔令平
党委副书记：施正山　孔令平
监事长：施正山
副行长：秦阿林　严德明　肖卫华
杨树桐
纪委书记：施正山

交通银行股份有限公司姜堰支行

行　长：陈前进
副行长：钱丽珠（女）
行长助理：陆元一

中国农业发展银行姜堰区支行

行　长：范建锋
副行长：曹志勇　周浣纱（女）

邮政储蓄银行姜堰区支行

行　长：汪毅进
副行长：薛汉兵（至2016-03） 乔　凯
周红梅（女，2016-03任）

南京银行股份有限公司姜堰支行

行　长：曾勇祥
副行长：杨晓迅

吴江农村商业银行姜堰支行

行　长：王志勤（女）
副行长：鲍建明（2016-07任）
行长助理：鲍建明（至2016-07） 周霄鹤

江苏银行姜堰支行

行　长：黄　祥
副行长：钱　斌
行长助理：吴满嘉

中信银行股份有限公司姜堰支行

行　长：申清平
行长助理：陈章庆（至2016-09）
王　琴（女）

江苏长江商业银行姜堰支行

行　长：汪爱国
副行长：徐　彪　缪爱萍（女）

上海浦东发展银行姜堰支行

行　长：汪　峰
行长助理：刘　婧（女） 方　鹏

中国人民保险公司姜堰区支公司

总经理：黄　肇
副总经理：钱　程　马冬生

中国人寿保险有限公司姜堰区支公司

经　理：吴素兰（女，2016-07任）
副经理：吴素兰（女，至2016-07） 朱　军
许海斌（至2016-04）
经理助理：何维民　江文录（2016-04任）

太平洋财产保险公司姜堰支公司

经　理：周兴中

太平洋人寿保险公司姜堰支公司

经　理：张春凤（女，至2016-05）
沈　娟（女，2016-06任）
副经理：周　梅（女）

住房公积金管理中心（正科级）

主　任：凌　成
党支部书记、副主任：王正明

新华书店

经　理：王万军
副经理：黄庆之　孟尔祥

石油公司

党总支书记、经理：陈明君（至2016-06）
孔令江（2016-06任）
副经理：熊伯崎　徐　勇

移动公司

经　理：朱荣军
副经理：杨忠敏　夏安洵（女，至2016-03）
经理助理：王秋平（2016-04任）

联通公司

经　理：王爱华（女，至2016-03）
　　　　刘海津（2016-03任）
经理助理：梅永丽（女，2016-04任）
　　　　　时家祺（2016-04任）

江苏省姜堰经济开发区

党工委书记：徐闻仲（至2016-05）
　　　　　　宋　羽（2016-07任）
主　任：孙大明
党工委副书记：孙大明　全冬明（挂职）
　　　　　　　宋华卿（2016-04任）
　　　　　　　张建周（2016-09任，挂职）
副主任：俞扬祖（兼）　缪昌友（2016-04任）
　　　　金　峰　石佳生　蒋金荣（至2016-05）
　　　　卞红兵　申　兵
　　　　袁建军（挂职，至2016-08）
纪工委书记：宋华卿（至2016-04）
　　　　　　袁惠荣（2016-04任）
政法委书记：王春辉（兼）

开发区办事处

副主任：陈宝林　包金山

党政办公室

主　任：于忠华

经济发展局

局　长：缪发明

建设管理局

局　长：窦　峰

社会事业局

局　长：王春辉

财政审计局

局　长：王蓉凤（女）

招商局

（开发区经济发展局挂牌机构）

局　长：石佳生

项目服务局

（开发区经济发展局挂牌机构）

局　长：陈宝林

江苏省姜堰溱湖旅游度假区

党工委书记：陈中华
管委会主任：宋　羽（至2016-07）
　　　　　　王荣明（2016-11任）
副主任：李荣圣　曹福荣　王　强

党政办公室

主　任：郭晓彬（2016-11任）

经济发展部

部　长：

规划建设部

部　长：王　强

旅游工作部

部　长：吴　鸿

财政审计部

部　长：曹福荣

社会事业部

部　长：

溱湖湿地公园管理处

主　任：曹福荣
副主任：谢　捷　李云江（至2016-07）

旅游局

局　长：王　斌
副局长：吴　鸿

泰州市姜堰区现代科技产业园区

党工委书记：戴兆平（至2016-07）
　　　　　　丁志强（2016-07任）
主　任：滕智东
党工委副书记：滕智东
　　　　　　　金　华（挂职，至2016-08）
　　　　　　　朱卫民（2016-09任，挂职）
副主任：包爱民（2016-11任）
　　　　杨　芹（女，2016-11任）
　　　　谢　军（2016-09任，挂职）

党政办公室

主　任：陈晚林

规划建设局

局　长：包爱民（至2016-11）

陈迎春（2016-11任）

财审局

（党政办公室挂牌机构）

局　长：杨　芹（女）

招商局

（经济发展局挂牌机构）

局　长：孙晓明

泰州市姜堰区
高新技术装备产业园区

党工委书记：黄健全（至2016-04）

吴　琼（2016-04任）

主　任：吴　琼

党工委副书记：吴　琼（至2016-04）

夏义华（2016-04任）

刘　涛（2016-09任，挂职）

副主任：夏义华　王吉军（至2016-04）

葛年明　孙桂春（2016-11任）

曹东文（2016-12任）

丁仕燕（挂职，至2016-08）

党政办公室

主　任：葛年明

规划建设局

局　长：陈志涛

经济发展局

局　长：孙桂春（至2016-11）

曹根宏（2016-11任）

财审局

（党政办公室挂牌机构）

局　长：姚中华（至2016-06）

招商局

（经济发展局挂牌机构）

局　长：姚　冬（至2016-12）

江苏省姜堰现代农业产业园区

党工委书记：肖延川（至2016-08）

党工委副书记：周宏才

江安平（2016-09任，挂职）

主　任：周宏才

副主任：陆双琳（女，至2016-04）

（区　委）

溱湖

农业·农村

农　　业

·综　述·

【概况】 2016年，全区以农业增效、农民增收、农村发展为目标，推进农业供给侧结构性改革，发展农业农村经济。实现农业现价总产值68.35亿元。实现农业增加值41.25亿元，比上年增长9.4%，其中种植业29.1亿元、林业0.20亿元、牧业7.4亿元、渔业3.4亿元、农林牧渔服务业1.15亿元。全年粮食种植总面积约11.07万公顷次，粮食总产量54.83万吨。其中，小麦面积约3.28万公顷，总产18.23万吨；水稻面积约3.35万公顷，总产30.68万吨；玉米面积2940公顷，总产2.02万吨；油菜面积约8773.33公顷，总产2.32万吨；蔬菜面积约2.35万公顷次，总产86.92万吨。生猪年饲养量75.97万头，其中出栏51.69万头；家禽年饲养量1284.43万羽，其中出栏830.55万羽；禽蛋产量2.70万吨。水产品总产量4.58万吨。姜堰区被农业部命名为“第一批国家农产品质量安全县”，在全国农业改革与建设试点三年总结考核中获第一名，在2016年全省渔业科技入户工程项目验收中获优秀等次；区水产技术指导站被全国水产技术推广总站确定为全国基层水产技术推广示范站；区农业干部学校被市委组织部、市委宣传部、市农委等联合表彰为“2011—2015年度泰州市全民科学素质工作先进集体”。李红凤、高金山被表彰为“2016年全省渔业科技入户工作优秀指导员”。

现代农业　全区新增设施农业面积1000公顷，累计约10370.67公顷；新增设施渔业面积约306.33公顷，累计约1926.67公顷；比重分别为20.3%、45%。生猪大中型规模养殖比重72.1%。组织实施畜牧生态健康养殖示范创建活动，创建省级畜牧生态健康养殖场3家，江苏北农大农牧科技有限公司创建成农业部畜牧生态健康养殖场（泰州唯一）。推进高效规模农业项目建设，新增泰州市高效规模设施农业项目18个，3家单位获批第二批省级园艺作物标准园建设单位。

农产品质量　认证“三品”32个，种植业“三品”产量占比48%，渔业“三品”面积占比100%；新增省级追溯管理示范单位6个，16家企业加盟省“放心吃”网；新增省级“创牌立信”示范单位2家、区级“创牌立信”示范单位3家，建成泰州市A级诚信企业9家、“红名单”企业2家。建成“两台一机”网络化平台，实现农产品、农业投入品和监管巡查信息化综合管理。运行农产品质量安全监管平台，建成监管对象涵盖65个农兽（渔）药、饲料等经营点的农业投入品监管信息平台，农兽（渔）药、饲料等生产、经营信息数据通过平台实时上传，做到投入品产、进、销环节可查可管可追溯。区、镇（街道）配备移动监管终端56台，实地巡查信息自动上传到省、市、区监管平台。

农业保险 提升政策性农业保险保障水平，增强农业生产抗风险能力。实现农业保险总保费6465万元，主要种植业与高效农业保险分别完成市、区目标任务106.33%、119.92%。高效农业保险覆盖面66.8%，比农业现代化指标高6.8%。

农业信息化 改善农业信息化服务体系，全区各镇（街道）、村全部实现光纤有线电视网、互联网“村村通”，宽带覆盖率100%，各村实现党员远程教育、村务网上公开全覆盖。更新调整姜堰农业信息网栏目内容，发布各类农业政务、技术、政策等信息4385条，其中动态类信息982条、市场行情信息875条、实用技术类信息923条，网站日均点击量400人次，日最高访问量超过1000人次，通过两次全国政府网站普查。结合农时农事，编制短信分行业、分类别免费发给全区种养大户。调整、新增“12316”惠农短信用户912户，实际新增912户（泰州新增任务数600户），全区用户数超过1.1万户，发布短信268条185.3378万条次。发布灾害性天气农事预警信息13万多条次。连续10年开办电视专题节目《农时农事》、电台专题栏目《专家谈农事》。《农时农事》着重推介新技术、新品种，宣传致富典型、现代农业发展动态等；《专家谈农事》侧重技术讲解，推广新技术、新模式和农事农时提醒。两档节目每周一期，时长10分钟（重播4次），年内各录制52期。与《农民日报》、《新华日报》、江苏电视台《走进新农村》、《泰州日报》、《姜堰日报》等媒体合作，加强新闻宣传报道。推进现代农业园区智慧农业工程建设，推广物联网技术在稻麦生产、设施园艺、水产养殖和畜禽养殖中应用，推动信息技术在农产品质量监管、秸秆综合利用、病虫害预测预报、土壤墒情监测等方面发展。姜堰现代农业产业园区创建成省级现代农业园区，园区下设农产品加工集中区、苏台农业合作创业园、智能农业示范园，稻麦科技展示基地获评全国农业科技创新与集成示范基地，3项创新工作获江苏省政策成果创新奖，“培植家庭农场、构建农业适度规模新体系”入选江苏省农村综合改革典型案例。在全市率先试点推广应用智慧农业服务管理APP软件平台，注册登记新型经营主体1195家，实现家庭农场、种养大户诉求必接、困难必帮、危险必救。全区新增农业物联网应用示范点8个。农产品质量安全追溯监管平台正常运转，区、镇、基地三级农产品质量安全检测联网运行，15个镇（街道）农产品监管站、12个规模蔬菜基地、12家农贸市场实现蔬菜药残检测数据联网，年上传检测数据近3万条。

农业市场 开展农业市场监督管理。出动执法人员600多人次，检查各类生产、经营企业（门店）1182家次，抽取种子样品31个批次、农药32个批次、肥料25个批次，立案查处案件11起，移交司法机关1起。调解小麦生产事故和水稻药害事故各1起，小麦涉及面积约6.67公顷、农户2户，水稻涉及面积约346.67公顷、农户2200多户。为农民挽回经济损失400多万元。依托“农资溯源网”试点项目，推进姜堰区农资监管服务平台建设。将全区33个农资生产、经营企业所有产品按照编码规则录入“农资溯源网”，自动生成产品条码，通过扫描条码打印销售票据。农资管理、生产、经营等部门通过该网掌握产品进、销、存等情况，初步实现全区农资“来源可追溯、去向可追踪”。

农民培训 全区农业职业技能培训5613人。其中，举办省任务农业职业技能培训班8期，培训1407人，组织农产品经纪人（初级）技能鉴定1期，鉴定96人；举办地方任务农民职业技能培训班18期，培训3047人；举办农产品电子商务培训班1期，培训169人；组织家庭农场主、专业大户、农民合作组织骨干等216人参加在江苏农牧科技职业学院举办的新型农业经营主体带头人培训班，其中农业类156人、农机类60人；组织青年农场主5人参加农业部在浙江举办的培训班；组织家庭农场主1人参加农业部在湖北省武汉市举办的新型职业农民创业辅导培训班；举办农机培训班9期，培训768人，均超额完成省、市、区下达的培训任务。在省农委2016年度农民培训教学资源开发评比中，省农广校姜堰分校报送的培训课件《香菇无公害高效栽培技术》（PPT）获一等奖、《泥鳅养殖技术》（DV）和《水稻生产全程机械化技术集成》（DV）获二等奖。

（戴稳兵等）

【承办全国农业现代化规划工作会】 12月12—13日，大会在姜堰召开。会议以“贯彻落实全国农业现代化规划，推进农业发展计划工作转型升级”为主题，讨论《农业现代化监测评价指标体系方案》《国家现代农业示范区建设水平监测评价指标体系修订方案》《建立国家重要农业资源台账制度研究报告》，解读“十三五”全国农业现代化规划和农业投资管理改革创新形势。江苏、江西、四川、浙江、广西、甘肃、河北7个省区农业部门负责人结合农业发展计划转型升级、推进农业现代化工作作交流发言。国家发展和改革委、中国农业发展银行相关负责人就如何支持农业现代化建设提出意见和建议。农业部党组成员杨绍品主持，农业部党组副书记、副部长余欣荣，农业部发展计划司司长张合成讲话，省委副秘书长胥爱贵致辞。省农委主任吴沛良，市委书记蓝绍敏，市委常委、区委书记李伟，区委副书记、区长李文飙，区委副书记孙靓靓，副区长王萍以及农业部、全国各省（自治区、直辖市）农业部门、农业改革与建设试点工作专家和有关企业代表400多人参加。

（鲍连华　张志海　王宇飞）

【姜堰区创建成为国家农产品质量安全县】 2016年8月25日，省农委、省海洋与渔业局领导、专家组成国家农产品质量安全县创建工作核查组，核查姜堰区农产品质量安全县创建工作。通过现场检查和材料核查，综合工作完成情况、质量安全水平两方面评分结果，结合南京农业大学规划设计研究院的公众满意度调查结果，姜堰区总分94.24分，列全省第二，通过国家级农产品质量安全县核查，农业部发文公布（农质发〔2016〕15号）。2015年，该区被列为首批国家农产品质量安全县创建试点单位。全区对照目标任务和创建要求，开展创建工作。建成区、镇、村近400人的监管队伍，实现区、镇、村三级网格化管理，形成“层层负责、网格到底，责任到人、全面覆盖”管理格局。建成以区检测站为中心、镇（街道）监管站检测室为依托、基地和农贸市场检测室为补充的三级质量安全监测体系。区检测站通过省级“双认证”，15个镇（街道）监管站、12个城区农贸市场和12个规模蔬菜基地检测室全部纳入质量安全监管平台管理，率先实现蔬菜监测网络三个全覆盖，检测数据实时上传、联网监控。建成以蔬菜、猪肉为主的农产品产地准出与市场准入衔接机制。推广统防统治、绿色防控、测土配方施肥、生态健康养殖等无公害生产技术，执行农药安全间隔期、兽药休药期制度，创建成省级果蔬标准园8个、部省级畜禽标准化示范场55个、国家水产生态健康养殖示范场14个。全区认证无公害农产品311个、绿色食品54个、有机农产品5个，创建成省级“创牌立信”企业1家、追溯管理示范单位16家，市级诚信企业26家、“红名单”企业2家。编发农产品生产技术规程汇编1000本，实现种养品种有标可依、按标生产。2个生猪屠宰场实现远程电子监控，保证猪肉产品安全。开发建设农业投入品监管平台，65家农资生产经营单位实行信息化监管，投入品产销环节可查、可管、可追溯，全区放心农资比例超过70%。配备现代化移动监管终端40台，做到生产有记录、流向可追踪、质量可追溯、责任可界定。

（戴稳兵　李一民）

【姜堰区农业改革与建设试点绩效考评全国第一】 2016年12月12—14日，国家现代农业示范区农业改革与建设工作培训班在姜堰区举行。姜堰区在全国农业改革与建设试点绩效评价中以92.69分获25个试点示范区第一名，3年绩效考评分别列第一、第二、第一。该区2013年被列为全省唯一的农业改革与建设试点地区，围绕适度规模经营主题，突出家庭农场主体培育、整合资金建设园区、推进订单产销衔接、拓宽金融支农渠道、提升保险保障水平、创新为农综合服务六个方面探索实践，将试点工作常态化、试点做法模式化、试点内容制度化、试点考评项目化，取得显著成效，完成改革建设试点任务。全区适度规模经营面积约4.21万公顷，比重84.2%，比试点初期增长37.9%；粮食平均单产497.4千克，比试点初期增加9.4千克，分别高于全省和全国59.7千克、131.9千克；农民人均可支配收入16182元，比试点初期增加3954元，年均增长11.2%。获国家级荣誉10多个、省级奖励10多个，姜堰区创建成全国粮食生产先进县、国家生态区、全国绿化模范区、全国休闲农业与乡村旅游示范县、全国农村“两权”抵押贷款试点县、全国农村集体“三资”管理示范县、全国农产品质量安全监管示范县和江苏省土地确权登记颁证整体推进县、农村金融改革试点县、农村电子商务示范县、生态循环农业示范县等，河横现代农业园区创建成江苏省农产品加工集中区、苏台农业合作创业园、智能农业示范园区，稻麦科技展示基地获评全国农业科技创新与集成示范基地，3项创新工作获江苏省政策成果创新奖，“培植家庭农场、构建农业适度规模新体系”入选江苏省农村综合改革典型案例。被中央电视台、《农民日报》、《新华日报》、江苏卫视等媒体宣传报道30多次。2016年3月20日，全国春季农业生产现场会期间，国务院副总理汪洋考察桥头镇小杨家庭农场服务联盟，肯定“桥头模式”：“你们好好探索，你们的做法可能就代表着中国未来农业的发展方向。”农业部发展计划司副司长张辉作培训班总结讲话，孙靓靓、王萍参加。

（戴稳兵　王　琳　沈双明）

【农业园区建设】 制定出台《关于推进农业改革创新加快发展现代农业的政策意见》，明确省、市认定镇级农业园区奖励标准，上级支农项目优先支持现代农业园区建设，落户省级农业园区并符合产业规划的设施农业项目补助标准上浮20%。实施现代农业产业园区两年行动计划，推进市级农业园区建设，溱潼镇、大坨镇分别创建成市级休闲观光园区和农牧结合型园区，全区有市级农业园区11个。桥头镇家庭农场万亩示范园、溱湖农品汇、小杨人家等一批重点项目建成运行，溱潼镇湖南村创建成省农家乐集聚村，泰州中艺农业生态园创建全国休闲农业与乡村旅游五星级企业，沈高镇河横村创建成江苏省首批休闲观光农业示范村。农产品加工集中区建成标准厂房2万平方米，基础设施主体工程基本完成，新招引落户亿元以上农产品加工项目3个，建成“溱湖农特优”电子商务有限公司。

（戴稳兵　王　琳）

【全国水稻育秧种植保险第一单】 根据国家农业改革与试点项目要求，调查全区水稻育秧情况，经省金融办，省农委，省人保财险公司，市、区有关部门领导、专家与农户座谈论证，拟定《江苏省水稻育秧种植保险条款》，报请国家、省有关部门批准。4月，该条款获国家保监局同意批准；2016年4月20日，江苏省农业保险领导小组办公室文件（苏农险办复〔2016〕1号）批复，同意将水稻育秧种植保险纳入“联办共保”保险品种目录，在姜堰区试点推广。5月12日上午，中国人民财产保险股份有限公司姜堰支公司（以下简称“人保财险区支公司”）与沈高镇河横村村民韩洪昌签订全国水稻育秧种植保险第一单。截至6月底，全区214户农户约110.55公顷秧苗参加育秧保险，为全区水稻育秧提供风险保障近1000万元。

（戴稳兵　孙惠存）

【农产品电子商务】 全区农产品电子商务呈现多元化发展态势。“网上发信息、网下做交易”，以淘宝网为代表的第三方平台开设网店开展在线交易、自建营销网站和通过微信、短信等方式开展客户营销。溱湖八鲜食品有限公司、溱湖水蜜桃种植基地等一批农产品电商成为典型。溱湖簖蟹、姜堰大米、溱湖鱼圆、鲜乐美水蜜桃等一批富有姜堰特色的农产品上网销售。溱湖簖蟹、绿色水乡、天鹅食品、溱湖龙虾等农业龙头企业入驻苏宁易购江苏馆。

（戴稳兵　陈建伟）

·种植业·

【概况】 2016年，全区实现种植业现价总产值

43.17亿元，比上年增长9.35%，占农林牧渔业总产值63.16%。受自然灾害天气影响，稻麦单产、总产比上年减产，其中小麦每公顷减少585千克、水稻每公顷减少195千克。2015年度现代农业（稻麦）科技综合示范基地为省提供现场3次，接待国内外、省内外和区农业系统组织的专家、种植大户观摩13批次2000多人次。推进水稻供给侧结构性改革，实施种植业结构调整，全区示范稻田养鸭、稻田养鱼、稻田养蟹、稻田养蛙等典型模式约73.33公顷。姜堰大米、花家庄大米获首届"公正杯"江苏优质稻米暨品牌杂粮博览会"江苏好大米金奖"。

植保服务　全区工商注册植保服务组织90个。建立市级示范组织20个。培育泰州汉土植保专业合作社建设"五有五好"（有合法的组织机构、有健全的章程制度、有规范的服务行为、有专业的服务人员、有一定的服务能力，内部管理好、人员素质好、防治效果好、服务信誉好、经济效益好）植保服务组织。建立淤溪、俞垛、白米、溱潼、桥头专业化统防统治和绿色防控融合示范区340公顷。

种子监管　开展种子市场日常监管，全区种子企业和镇（街道）种子市场监管覆盖率100%，经营门店检查覆盖率100%。出动执法人员600多人次，检查种子市场490个次，检查经营户530个次，检查种子企业40个次。督办案件查处率100%，投诉举报受理查处100%，检查发现查处100%。立案3起，办结4起，涉案种子1415千克，涉案种子货值8155元，没收违法所得8155元，罚款30975元。市场抽检标注TM标识的包装种子柚样率100%，主要农作物品种抽样检测覆盖率100%。市场抽样检测样品31个，其中1个样品发芽率检测不合格，合格率96.8%。企业抽检水稻、小麦各25个样品，合格率100%。检查生产基地700公顷。罗塘街道建立品种纯度田间种植试验点，开展种植鉴定，合格率100%。

品种推广　在河横、联盟新品种展示基地示范种植新品种小麦13个，水稻新品种（系）小区试验18个、大区13个，同步开展高产栽培技术集成示范和直播水稻安全播种期试验。在成熟后期组织镇、村、组干部及种田大户考察观摩，组织专家讨论确定全区主推品种，发布水稻、小麦、油菜主推品种及高产栽培技术明白纸10万份，区电台、报纸开展宣传。

（戴稳兵等）

【粮食高产】　11月5日，省科技厅组织浙江大学、安徽农业大学、省农委等单位有关专家验收区农业委员会（以下简称"区农委"）作栽站在河横示范基地实施的甬1540钵苗机插精确栽培攻关方。该方平均每公顷产水稻14005.5千克，其中最高产田块每公顷产14877千克，成为姜堰区自2007年水稻每公顷最高单产13549.5千克后最高值。俞垛、沈高水稻绿色高产高效创建片获省A级方，每公顷分别产水稻11209.5千克、11607千克。娄庄—白米小麦高产创建片获省A级方，每公顷产7440千克。

（戴稳兵　刘　俊）

【中韩水稻病虫合作项目】　5月17日，韩国农村振兴厅、韩国农业科学院、首尔大学等8名专家及全国农业技术推广中心测报处处长刘万才、江苏省植保站副站长杨荣明、沈阳农业大学教授玄元虎等6名专家组成中韩合作项目考察团考察姜堰区中韩水稻迁飞性害虫与病毒病监测合作项目（2013—2017年）执行开展情况。察看兴泰镇、桥头镇麦田粘虫和灰飞虱发生情况，采集部分灰飞虱样本，参观泰州市中艺农业生态园蔬菜生产情况。中韩双方专家就年内水稻迁飞性害虫与病毒病监测技术开展交流。区农委副主任张存銮和区植保站有关人员参加。

（戴稳兵　张海燕）

【承办全省油菜新品种新技术观摩座谈会】　5月4—5日，座谈会在姜堰区举行。会议交流各地夏收油菜产量形势，分析当前油菜生产中存在问题，分享观摩沈高镇河横村油菜新品种新技术示范田感悟。肯定姜堰区引进的"宁杂1818""秦优10号"等油菜新品种和稻茬油菜机械开沟起垄摆栽技术，就当前油菜生产提出对策建议。全省各农业技术推广站和农业科学院50多名农技专家参加。

（潘 俊）

【承办全省小麦赤霉病管控技术示范效果评估现场会】 6月7日，大会在姜堰区召开。会议由省农科院食检所和农业部农产品质量安全风险评估实验室组织召开，旨在推进小麦镰刀菌毒素风险评估工作，制定以风险评估为基础的《小麦中镰刀菌毒素管控技术规范》。与会专家观摩姜堰区小麦赤霉菌毒素管控核心示范区。中国农业科学院农业质量标准与检测技术研究所所长钱永忠、处长王敏，省农委农产品质量安全监管局副局长闵小平，省农业科学院副院长孙洪武，省农业科学院食检所所长史建荣等参加。

（戴稳兵 张海燕）

【承办全省水稻新品种生产现场观摩暨技术培训会】 9月29日，全省水稻新品种宁粳7号绿色高产高效生产现场观摩暨技术培训会议在姜堰区召开。参会代表观摩沈高河横村宁粳7号绿色高产高效栽培示范方田间现场，区农委作栽站站长、推广研究员刘俊讲解示范方建设情况、宁粳7号特征特性、栽培管理措施等。培训会议由省农技推广总站站长邓建平主持，中国工程院院士、中国水稻专家组组长、水稻育种专家、中国农科院副院长万建民和中国工程院院士、中国水稻专家组副组长、水稻栽培专家、扬州大学教授张洪程等分别就宁粳7号特征特性及绿色高产高效栽培技术作报告，姜堰区、江都区、如东县分别就宁粳7号示范应用情况作交流发言。省农委主任吴沛良根据农业供给侧结构性改革和农业稳增长、调结构、增效益要求，对全省水稻产业发展提出要求。农业部科教司处长陈彦宾，省农委副主任张坚勇，区领导戴兆平、王萍及各市县农技推广站、种子站领导专家等近200人参加。

（戴稳兵 刘 俊）

【承办水稻重大病虫防控和三新工程项目现场观摩交流会】 10月12日，大会在姜堰区召开。会议由市农委组织，总结2016年中央、省级财政病虫害统防统治和农业三新工程项目实施情况，展示水稻绿色防控示范区建设和关键措施集成应用成果。会议现场观摩桥头镇水稻病虫害绿色防控与专业化统防统治融合示范区田间病虫防控效果、沈高镇河横村水稻绿色防控基地和农企合作共建示范区建设、白米镇马沟村钻蛀性等害虫药剂筛选试验效果。区农委汇报专业化统防统治项目、水稻绿色防控和农企共建项目实施情况，交流“水稻钻蛀性害虫绿色防控技术研究和推广项目”实施进展，分析存在问题，提出翌年实施方案。

（戴稳兵 张海燕）

【水肥一体化综合示范区建成】 2016年，蒋垛镇仲院村水蜜桃园建立水肥一体化综合示范区。该示范区面积8公顷。该项目应用水肥一体化智能灌溉系统，实现自动化水肥一体化管理。通过与供水供肥系统结合，实现智能化控制，整个系统协调工作，实施轮灌，实现灌溉、施肥定时定量控制，节水50%以上，节肥40% ~50%，提高灌溉用水效率。6月，所有设备安装调试工作结束，投入使用。

【无线农业墒情综合监测站建立】 2016年，全区实施“藏粮于地、藏粮于技”战略，做好耕地质量保护、建设和管理，提升耕地综合生产能力，规范耕地质量建设项目管理。申请建立无线农业墒情综合监测站，监测地点在沈高镇河横村。上壤墒情无线自动监测系统利用无线通信网络，将田间0~80厘米土壤深度分四个层次自动传送土壤水分、温度数据，实时监测空气湿度、气温、降雨量等8项气象指标，实行全天连续测墒，数据即时通过无线上网自动上传，随时掌握监测地段土壤墒情变化。年内，设备安装调试成功，投入使用。

（戴稳兵 宋 亚）

【《泰州市姜堰区蔬菜生产基地建设与保护规划》】 该规划加强蔬菜基地建设保护，保障蔬菜基地长期基本稳定，保障蔬菜供给与价格稳定。规划在沈高镇沈高村、夏朱村，华港镇桑湾村、港口村、溪东村、溪西村、葛舍村和董潭村各建立蔬菜生产基地1个；在桥头镇李堡村、桥头村各建立食用菌生产基地1个。基地规划总面积880公顷。规划建立蔬菜基地保护制度，分类划定期限不同保护区，建立档案，实行占补平衡和补偿机制，保证菜地保有量。以保障城市叶菜供应为重点，推进设施蔬菜生产，提高大宗蔬菜生产能力，重点支持发展钢架大棚等设施蔬菜生产，提高蔬菜抗风险能力，加强节水灌溉、遮阳网、防虫网、地膜覆盖、病虫综合防治设备等配套生产设施建设，提升蔬菜设施栽培和现代化管理水平，蔬菜设施化生产比重在75%以上。

（戴稳兵　缪　辰）

·林　业·

【概况】 2016年，全区推进绿化提档升级工程。新增成片造林面积372.3公顷，森林覆盖率增加0.35%，预计超过25.6%。

绿化造林　在农村推进绿化提档升级工程。实施宁靖盐高速、启扬高速（桥头、淤溪、华港）段、陈庄大道、304县道娄庄段、农溱路西段、沈马路等重点绿化工程；实施圩堤绿化32千米、集镇绿化25项、通村道路绿化50千米；打造绿化合格村40个、单位绿化40个。从2016年起，水利部门加强河道绿化，对当年新疏浚整治的河道全部实施绿化工程，重点绿化中干河、南干河、抡南河、西姜黄河、新老通扬河等。桥头镇状元村、桥头村、小杨村等村打造连片万亩农田林网，使用树种主要为中山杉、女贞、红叶石楠树等，是全区第一个标准较高、面积较大的农田林网示范区。

航道整治　推进新通扬河航道整治工程。规划使用通扬河两侧林带各24米作为临时用地，办理临时使用林地约67.07公顷，使用期2年，永久使用林地约1.53公顷。工程结束后，临时用地全部恢复造林。

【林业有害生物普查】 根据省林业局要求，姜堰区历时两年，基本完成境内林业有害生物调查工作。发现林业有害生物245种，其中有害昆虫186种、植物病害55种、有害植物1种、外来有害生物3种。制作林业有害生物标本281种、昆虫生活史标本7套。建立完善数据库，为全区林业有害生物综合治理奠定基础。

【美国白蛾防治】 加强美国白蛾防控工作，4月底5月初，在兴泰镇、华港镇、桥头镇等地通过性诱捕器诱到数只美国白蛾成虫。5月5日，区政府召开美国白蛾防控工作会议，成立美国白蛾防控领导小组，制定应急预案，与各镇（街道）、相关职能部门签订防控责任状。全区组织开展美国白蛾第一代幼虫普防工作，没有发现危害症状。溱湖旅游景区个别区域发生第二代、第三代美国白蛾危害，危害面积控制在2公顷内。

（凌树根　戴稳兵）

【新增自然湿地保护小区建设方案通过省级论证】 12月12日，省林业局组织专家组论证姜堰区新增自然湿地保护小区建设规划方案。2016年，该区纳入自然湿地保护小区的为卤汀河（姜堰部分）、茅山河（姜堰部分）、沈洪分界河和俞垛东港河4个自然河流湿地，合计面积810.73公顷，拟保护面积875.8公顷，全部建成后，该区自然湿地保护率将为54%。专家组现场勘测，查阅档案资料，听取汇报，认为该区对自然湿地保护工作有经验，新增的自然湿地保护小区建设方案内容翔实合理，可操作性强，同意按建设方案实施。

（鲍　仁）

·畜牧业·

【概况】 2016年，全区畜牧生产呈现规模养殖持续发展、散养户陆续退出生产特点，畜禽规模养殖比重肉禽、蛋禽、奶牛分别为97%、99%和100%，生猪大中型规模养殖比重72.1%。创建成农业部畜禽标准化示范场1家、省级畜牧生态健康养殖示范基地3家。年底，全区生猪存栏27.68

万头，同比增加1.26万头、增长4.77%。其中，母猪存栏2.89万头，同比减少994头、下降3.33%；能繁母猪存栏2.78万头，同比减少653头、下降2%。生猪良种覆盖率和生产水平有所提高，存栏结构趋于合理，年出栏肥猪50万头左右。奶牛存栏3385头，同比增加433头、增长15%。家禽存栏661.85万羽，同比增加68.47万羽、增长12%。其中，肉鸡存栏139.5万羽，同比增加70.4万羽、增长102%；蛋鸡存栏439.77万羽，同比增加11.84万羽、增长3%。家禽出栏1000万羽，比上年增长16.3%。肉鸭、肉鹅生产呈现萎缩态势。肉羊存栏4.75万只，同比减少1.9万只、下降28.77%；年出栏6.3万只，比上年下降12%。

畜禽养殖污染治理　出台姜堰区畜禽养殖污染治理工作实施方案，划定禁养区，关、停、取缔禁养区及违规畜禽养殖场305家，整治非禁养区养殖场760家。

畜禽疫病防控　发放猪口蹄疫疫苗114万毫升、猪瘟疫苗165万头份、高致病性猪蓝耳病疫苗90万头份、牛口蹄疫三价苗1.1万毫升、牛羊口蹄疫二价苗12.8万毫升、高致病性禽流感疫苗813万毫升。开展春防、秋防检查，全区口蹄疫、高致病性禽流感、猪瘟、高致病性猪蓝耳病群体免疫密度均为100%。

畜禽屠宰管理　开展违规添加“瘦肉精”检查，每月抽检规模养殖场覆盖面10%左右，全面抽检覆盖面100%，屠宰场按外省10%、本省5%比例实施批批检，养殖环节检测“瘦肉精”3716头份，屠宰环节检测“瘦肉精”10500头份。上半年完成饲料、兽药、畜产品、生鲜乳等采样、送样140余份。打击私屠滥宰，出动执法人员760人次，检查各类疑似私屠点290个次、销肉摊点340个次，立案处理私屠滥宰违法案件5起，涉案猪肉420千克。建立病死畜禽无害化收集点12个，屠宰环节无害化处理病害猪2687头（含产品），养殖环节监督实施无害化处理病死猪18000余头。

兽医站建设　开展全省“五有”（有先进的服务手段、有健全的专业队伍、有严格的工作制度、有稳定的财政保障、有科学的管理机制）乡镇畜牧兽医站建设。将蒋垛镇、白米镇、顾高镇、溱潼镇、兴泰镇、俞垛镇6个镇畜牧兽医站列入第二批建设单位，总建筑面积4148平方米，总投资153.83万元，其中省级财政拨款72万元、区配套81.83万元。蒋垛镇、兴泰镇、俞垛镇畜牧兽医站基本建设到位，其他镇畜牧兽医站进入施工阶段。

【姜堰区通过畜禽养殖综合标准化示范区验收】 12月10日下午，省质监局及有关专家组成验收组考核验收姜堰区创建畜禽养殖综合标准化示范区工作。2013年，经国家标准委批准，该区启动畜禽养殖综合标准化示范区建设工作。区农委、区市场监督管理局（以下简称“区市场监管局”）及养殖户完善标准体系，加强教育培训，规范畜禽养殖过程管理，开展专项整治。全区畜禽产品品质显著提升，养殖环境明显改善，养殖效益不断提高。考核组听取该区关于农业综合标准化示范区创建情况汇报，查阅创建工作档案，察看张甸镇恒龙养殖专业合作社、沈高镇北农大蛋鸡养殖场等。认为该区创建工作扎实有力，示范效果明显。该区以优秀成绩通过考核验收。

（戴稳兵　陈　军）

·渔　业·

【概况】 2016年，全区水产养殖面积约5373.33公顷，其中设施渔业面积2000公顷。水产养殖产量3.62万吨。实现渔业一产产值10.15亿元、渔业增加值4.77亿元。泰州市溱湖龙虾养殖专业合作社、泰州市绿色水乡养殖专业合作社被认定为2016年第一批江苏省水产品质量安全追溯生产企业。

高效渔业　围绕全区主导品种河蟹、草鱼，在主要水产养殖区溱潼镇、沈高镇、华港镇、淤溪镇、桥头镇、兴泰镇、俞垛镇、娄庄镇8个镇58个村实施渔业科技入户示范工程，推广河蟹混套养高效生态养殖技术、草鱼生态健康养殖技术、病害综合防控技术等。培育渔业科技示范户404户、辐射户2020户，建立示范健康、高效养殖面积约1253.33公顷，辐射带动健康、安全、高效养殖面积2000公顷，示范户每公顷平均效益32554.5元，辐射户每公顷平均效益26490元，示范户比辐射户多22.9%，辐射户比当地上年养殖户多6%。

水产品药残快检　按照《2016年江苏省水产品药物残留快速检测实施方案》要求，开展水产品孔雀石绿和呋喃唑酮代谢物快速检测，完成检测样品502个，其中河蟹140个、小龙虾31个、鱼331个，检测结果全部为阴性。在溱湖小龙虾养殖专业合作社开展产地水产品准出试点工作，监测8个批次72个样品，孔雀石绿和呋喃唑酮两个指标阴性检出率100%。

水生动物病害测报　建立水生动物病害监测点6个，监测品种为河蟹和常规鱼，测报面积分别为63.73公顷、47公顷，检测病害种类为细菌性肠炎病、纤毛虫病、弧菌病、嗜水气单胞菌、赤皮病、细菌性烂鳃病、竖鳞病、水霉病、锚头蚤、中华蚤、车轮虫、小瓜虫、孢子虫、指环虫等。采集样品92个，其中采集发病样品70个；检测出阳性样品52个，其中细菌样品36个。

渔业执法　1月12日，区政府召开打击电鱼专项整治行动工作会议。区农委渔政监督大队开展打击电鱼宣传活动，到各镇（街道）、村发放《关于严厉打击电鱼违法行为的通告》1200份和《致广大市民的一封信》《渔业法律法规知识》。通过张贴通告、悬挂横幅、发放宣传材料、渔政艇巡回播放通告、新闻媒体宣传报道，向社会公布举报电话，实行有奖举报，提高渔民群众守法意识。通过设立举报电话、“110”接转、“12345”联动、现场检查等，开展市区联查、水警联动等活动，遏制电鱼违法行为。出动执法艇52艘次、执法车122辆次、执法人员479人次，查处电鱼案件28起，没收电鱼工具22台套，结案24起，罚款3.335万元。开展水产品质量安全检查16次，完成部、省、市水产品监督抽样10批30家次。组织开展渔业安全检查8次、渔业安全宣传4次、渔业安全演练1次。调查处理死鱼事故26起。

人才培训　组织开展2016年全省渔业人才培养工程，培训基层渔技推广人员30人，培训课时30个，参培人员全部通过考试考核。

（戴稳兵　陈克春　陈翔宇）

【渔业“三新”工程项目】 1.池塘循环水养殖。泰州富源大闸蟹有限公司建成池塘循环水养殖系统，养殖水槽330平方米，净化区池塘面积约2.53公顷。5月投产试运行，放养4两规格草鱼，年底收获草鱼2.145万千克，纯利润8.25万元，每公顷平均纯利润32565元。2.稻渔共作试验。白米镇马沟村为农服务专业合作社负责人杨顺宏开展稻渔共作试验，在约5.33公顷稻田养殖甲鱼，种植“南粳46”。2015年8月，从浙江德清引进甲鱼苗种1.5万只，规格为2~3两/只；2016年年底，甲鱼规格为5~7两/只。

池塘循环水养殖系统

（戴稳兵　陈克春）

·农业资源开发·

【概况】 2016年，全区调整农业生产结构，实施农业综合开发项目，改善农业生产条件，提高农业综合生产能力。开展项目规划，实施项目管理，推行跟踪审计、第三方检测，实现项目工程质量规范化、精细化。调研新时期农业综合开发对家庭农场等新型农业经营主体扶持方式。探索项目工程建后管护新机制，保障农业开发工程持久发挥效益。全区农业综合开发高标准农田建设示范工程项目1000公顷、省级沿江高沙土治理项目400公顷，范围涉及张甸镇、梁徐镇、蒋垛镇、淤溪镇等镇，立项财政总投资3150万元。

（姜　明）

·农业机械化·

【概况】2016年，全区农业机械固定资产原值5.01亿元，净值3.1亿元，农机总动力42.23万千瓦。农用拖拉机保有量3615台，其中大中型拖拉机1105台、小型拖拉机2510台。配套农机具8930台，其中旋耕机1288台、秸秆还田机584台。各类联合收割机1475台。插秧机1806台，其中乘坐式插秧机727台。各类植保机械3462台。粮食烘干机609台。各类渔业机械8616台。全区农机化年作业总收入4.122亿元，农机作业利润1.236亿元。

农机推广　全区新增插秧机101台，新增粮食烘干机373台、轮式拖拉机100台、联合收割机124台以及其他一些机具。实际使用中央及省农机购置补贴资金2100多万元。

农机监理　拖拉机注册登记105台，年检1511台次，转移登记48台；收割机注册登记133台，年检527台，转移登记26台。初次申领拖拉机驾驶证39人，增驾8人，有效期满换证296人，健康审验275人；初次申领收割机驾驶证83人，增驾14人，有效期满换证40人。

职业技能培训　举办职业技能鉴定4期，参加63人，其中初级农机操作工20人、中级农机修理工38人、高级农机修理工3人、农机修理工技师2人。举办拖拉机、收割机驾驶员培训班各2期，培训171人；举办插秧机实用技术培训班，培训154人；举办粮食烘干机培训班2期，培训240人；举办秸秆还田培训班，培训163人；举办农机合作社带头人培训班，培训60人。

农机作业组织　全区有农机专业合作社253个、取得农机维修合格证的农机维修点25个、农机经销点35个。有为农综合服务中心88座。

【农机项目管理】2016年，全区上争资金3312.2万元，其中2016年农机行业职业技能获证奖补资金7.2万元、2016年农机合作社机库和农机维修点建设补助资金40万元、2016年省级秸秆综合利用资金1165万元、农机购置补贴资金2100万元。

（林　莉）

·农业产业化经营·

【概况】以“园区招商”为工作重点，开展农业招商引资，4个农业项目入驻农产品加工集中区，组织20多家农业企业120人次参加全国各类农产品经贸及农业项目洽谈，组织赴台湾开展农业招商引资3次，招引重大农业项目27个，总投资额10亿元。响应农产品供给侧改革，组织8家农产品加工企业参加科企对接会，提升农业龙头企业精深加工能力；加快加工集中区基础设施建设，建成一期标准厂房1.8万平方米，2.6万平方米二期标准厂房工程在建设中。全区区级以上龙头企业实现销售收入140亿元，实现利润6亿元，同比分别增长10%、8%。创新现代农业流通体系。组织农业龙头企业参加智慧农业和电商培训，20家农业企业下载“农牧旺”APP注册登记运营，6家农业龙头企业、农民专业合作社入驻苏宁易购等电商平台开展电商销售；组织20多家企业参加各类农交会、农洽会展示展销。

农村工作

【概况】2016年，全区农经系统干部职工围绕农村工作中心和上级部门工作要求，以促进农民增收为中心任务，深化农村改革，加快现代农业建设。区委农村工作办公室（以下简称“区委农工办”）被省人力资源和社会保障厅、省委农工办、省扶贫办表彰为“全省扶贫系统先进集体”，区委农工办、张甸镇农村产权交易服务站、兴泰镇农村产权交易服务站、沈高镇农村产权交易服务站、俞垛镇农村产权交易服务站、华港镇农村产权交易服务站及娄庄镇农村产权交易服务站被省委农工办表彰为“全省农村产权交易市场建设先进集体”；姜堰区农村承包土地经营权抵押贷款风险补偿资金管理暂行办法被省委农村工作领导小组表彰为2016年度农业农村改革创新成果奖。

农村合作组织建设　创新农业经营机制，培

育市场新型经营主体。加强农民专业合作社建设，更新合作社名录，将181家农民专业合作社列入优先扶持对象；开展合作社示范社动态监测，将50家市级以上合作社示范社纳入泰州市统一建立的合作社示范社动态监测平台；推进农民专业合作社年度报告公示，全区合作社年度报告率92%。

农村土地承包管理　推进农村土地确权登记颁证工作，全区224个村启动开展确权工作，占应开展村数100%。推进农业适度规模经营，全区新增6.67~20公顷家庭农场460家，新增示范性家庭农场34家，新增适度规模经营面积约5733.33公顷。建立区、镇、村三级调解网络，区农村土地承包纠纷仲裁庭接收咨询、信访、调解申请111例，受理仲裁案件2件。开展土地承包经营权使用创新，开展农村土地承包经营权抵押贷款试点，新办理农村土地流转经营权证61家，办理贷款抵押2200万元。

农村基层管理　组织开展两轮村级集体财务管理情况专项检查行动，抽查行政村64个；将农村审计纳入年度目标工作量化考核，审计行政村60个，开展"第三方"审计试点工作，选取5个村委托中介机构开展专项审计。加强农村集体"三资"（资金、资产、资源）信息监管，每季督察"三资"信息平台录入资料情况，处置到期预警信息，实现"三资"网络动态适时监管。开展农村产权制度改革，在溱潼镇洲南村探索开展农村集体经营性资产"股权到人、固化到户"改革试点，明晰产权，加强管理，促进集体经济发展。

农民负担监管　以监管农民直接负担为重点，开展计划生育、教育、公安、民政等部门乱收费专项治理，全区未发生涉农负担到市以上信访事件。加强农民间接负担、村级组织负担、农民专业合作社负担及强农富农惠农政策落实监管。规范落实"一事一议"筹资筹劳和财政奖补。按照"上限控制，民主议事，议批结合，专款（工）专用，张榜公布，群众监督"筹资原则，全区实施"一事一议"筹资村140个，筹资486.09万元，人均筹资19.9元，无以资代劳和强行以资代劳现象；全区实施"一事一议"财政奖补项目130个，奖补村108个，奖补资金2277万元，奖补面41.2%。

农村扶贫开发　在建档立卡基础上，组织"回头看"，印发《帮扶手册》2万余份。以人均年收入低于7000元的贫困户和集体年收入低于35万元的经济薄弱村为标准，确定低收入农户10678户，占农村户数5.4%；贫困人口15974人，占农村居民人口2.6%；经济薄弱村125个，占行政村45%。贫困户和经济薄弱村主要分布在黄桥老区。通过开展产业帮扶、发展"飞地经济"、发展"物业经济"、落实扶贫工作责任等各项扶贫举措，实现5600人38个村脱贫，完成年度脱贫任务。

【农村产权交易市场建设】 加强镇农村产权交易站、村农村产权交易点建设，基本建成区、镇、村三级联动农村产权交易市场。全区依托省农村产权交易信息服务平台实现产权交易项目705宗，完成年度计划176%，交易额2.19亿元。拓展农村产权交易市场服务范围，全区各镇（街道）所有涉农资金项目全部进场交易。交易涉农资金项目361宗，成交6115.88万元，为基层节约资金408.56万元，农村产权交易市场自建立后累计为基层组织增收节支886.06万元。

（沈双明）

【全市首家农村劳务专业合作社成立】 5月18日，全市首家农民劳务专业合作社——泰州市姜堰区张甸镇沙梓劳务专业合作社在姜堰区政务服务中心市场监管局窗口登记成立。该合作社是承接农业生产技术服务的一种新型合作经济组织，是农民专业合作社的创新组织。张甸镇沙梓村5名农民为成立发起人，吸收有劳动能力、有就业愿望但难以寻找到合适就业岗位的农村闲置劳动力参加。主要为当地土地规模经营企业和业主提供代耕、代种、代管、代收等农业劳务用工服务，从事农业生产经营服务及有关道路养护、绿化管护、环卫清洁、河道保洁的劳务服务。

（王　蓉）

综　述

【概况】2016年，全区实现开票销售507.36亿元，比上年增长8.72%，完成全年计划99.5%；实现工业税收19.67亿元，比上年增长10.81%，完成全年计划99.6%。其中，列统工业实现增加值302.22亿元，可比增长9.63%，完成全年计划99.4%；列统工业实现产值1486亿元，比上年增长13.85%，完成全年计划102.14%。全区14个镇（区、街道）中11家工业开票销售收入实现同比正增长，其中增幅超过10%的9家，分别为顾高镇增长35.82%、淤溪镇增长25.66%、沈高镇增长22.59%、娄庄镇增长19.42%、大坨镇增长15.19%、华港镇增长15.15%、区现代科技产业园区增长15.12%、区经济开发区增长11.58%、蒋垛镇增长10.51%；13家列统工业产值实现同比正增长，其中增幅超过全区平均水平（13.85%）的7家，分别为张甸镇增长25.23%、蒋垛镇增长22.91%、顾高镇增长21.15%、娄庄镇增长17.91%、区现代科技产业园区增长17.37%、沈高镇增长15.42%、华港镇增长14.55%。14个镇（区、街道）中6家工业开票销售完成或超额完成全年目标任务，分别为顾高镇完成118.92%、沈高镇完成112.73%、娄庄镇完成110.8%、淤溪镇完成110.31%、区现代科技产业园区完成101.9%、华港镇完成100.5%；9家列统工业产值完成或超额完成全年目标任务，分别为淤溪镇完成106.52%、顾高镇完成103.61%、娄庄镇完成102.63%、蒋垛镇完成101.99%、区现代科技产业园区完成101.93%、华港镇完成101.96%、沈高镇完成100.62%、张甸镇完成100.26%、大坨镇完成100.01%。6家全部工业入库税收实现同比正增长，其中增幅超过全区平均水平的3家，分别为区经济开发区增长32.7%、区现代科技产业园区增长20.2%、淤溪镇增长19.7%。

特色产业　新能源、新材料、汽车零部件行业内生动力强劲，有较好增长势头，开票销售分别比上年增长19.7%、25.1%、18.6%；船舶配套件、纺织服装行业产成品价格环比有所回升，出现企稳向好迹象，开票销售分别比上年增长7.6%、5.8%。金属制品、油气装备、化工等行业受市场行情影响，开票销售分别比上年下降25.65%、19.63%、18.76%。新能源、新材料、汽车零部件、医药4个行业工业用电量分别比上年增长17.9%、12.6%、11.4%、9.8%；金属制品、石油装备、化工、纺织服装、船舶配套件5个行业用电量分别比上年下降66.4%、30.6%、24.5%、12.3%、10.5%，金属制品、石油装备、化工3个行业净减少工业用电量2.6亿千瓦时，全区工业用电量比上年下降10.8%。

重点企业 全区70家十强、重点、成长型工业企业实现开票销售221.88亿元，占全区工业开票销售总量43.7%。其中39家企业开票销售实现同比负增长，负增长率55.7%。十强企业中6家企业实现同比正增长，其中增幅超过15%的3家，分别为华丽塑料增长34.03%、双登集团增长18.31%、太平洋精锻科技增长14.06%；30家重点企业中13家企业实现同比正增长，其中增幅超过20%的5家，分别为五行材料增长44.54%、中裕消防增长32.07%、信成电器增长27.36%、维娜时装增长23.43%、太平洋齿轮传动增长21.05%；30家成长型企业中12家企业实现同比正增长，其中增幅超过20%的5家，分别为海龙电器增长60.88%、九星冷机增长57.16%、赛洋机电增长45.51%、星光特钢增长26.18%、特耐王包装增长25.12%。

工业投资 全区完成工业投资337.4亿元，比上年增长25.12%，完成全年计划103.41%；完成固定资产设备抵扣税20868万元，比上年增长31.97%，完成全年计划122.03%。实施1000万元以上技改项目136项，其中竣工项目60项、76个项目结转到2017年实施。60个竣工项目完成投资30.36亿元，其中1000万元~3000万元项目32个、3000万元以上项目28个，3000万元以上重大技术改造项目主要集中在区经济开发区、区现代科技产业园区、区高新技术装备产业园区等镇（区），竣工项目预计可新增效益40亿元。

重要工业活动

【概况】 1月26日下午，全区工业经济首季“开门红”动员会议召开。区长李文飙、区委常委戴兆平、副区长黄健全出席。

2月，江苏太平洋精锻科技股份有限公司技术中心被认定为国家级企业技术中心，成为全区首家获国家级荣誉企业。

2月25日上午，全区工业经济和开放创新工作大会召开。区委书记李伟要求全区上下进一步坚定信心、大干快上，以更大的力度、更实的举措发展工业经济、推动开放创新，为姜堰实现“决胜全面小康、加速崛起振兴”目标提供更加有力的支撑。区委副书记、区长李文飙作工作报告，区委常委、区现代科技产业园区党工委书记、罗塘街道党工委书记戴兆平主持，副区长黄健全宣读表彰决定。区领导申泰州、仲亚岭、钱爱社、刘玮、史献辞、陈文德参加。

3月，双登集团股份有限公司进入上市辅导期。

5月，华丽塑料、旺鑫耐火材料、博格东进管道设备、樱田农机、晨光波纹管、云津环保设备6家企业被评为泰州市2016年科技小巨人培养企业。

5月20日，省经济和信息化委公布2016年度江苏省科技小巨人企业名单和中小企业专精特新产品名单。泰州樱田农机制造有限公司生产的1GSZ-280水田埋茬耕整机被认定为江苏省中小企业专精特新产品，成为全区首个省级“专精特新”产品。该产品取得实用新型专利9项，核心部件达到国际先进水平，具有功率消耗低、埋茬率高、适应性强、质量稳定且环保的特点。投入批量生产后，预计可年新增销售2亿元。该次全省认定专精特新产品50个，泰州市通过认定产品2个。

6月12日下午，全区工业经济冲刺“双过半”督察会召开。副区长黄健全主持。各镇（街道、园区）党政主要负责人、分管负责人，区发展和改革委、区经济和信息化委员会（以下简称“区经济和信息化委”）、区统计局、区国税局、区供电公司主要负责人参加。

6月，双登集团有限公司获评2015年江苏省管理创新示范企业，成为全区首家获评企业。五行科技（江苏）有限公司获评省管理创新优秀企业。

6月27—30日，姜堰区主导产业企业高管提升培训班在上海华东理工大学开班。该培训班由区委组织部、区经济和信息化委联合举办。华东理工大学商学院院长闫海峰等多名专家教授演讲，组织学员到上海电气集团、上海启迪漕河泾科技园参观教学。部分工业企业负责人、各镇（区）分管工业负责人和企服站站长等约40人参加。

8月，全国中小企业股转系统公告显示，乐威医药（江苏）股份有限公司的挂牌申请获批准。该公司在“新三板”挂牌。

8月29日下午，省、市经济和信息化委在姜堰区联合开展“江苏省百万农民用网培训泰州站——走进姜堰”活动。梁徐镇岭家村被列为江苏省首个村级农民用网推广活动培训基地，成为全省10个农民用网推广活动培训基地中唯一一家村级基地。

8月30日至9月2日，区委组织部、区经济和信息化委、区工商联、工信部电子第五研究所在北京联合举办“工业4.0与中国制造2025”高级研修班。部分镇（区）分管工业经济负责人，企服站站长，部分新生代企业家和企业高管，以及靖江市、泰兴市、兴化市、高港区部分分管工业经济负责人约50余人参加。

9月23日上午，姜堰区中小企业公共服务平台开通揭牌仪式在区政府大楼二楼举行。副区长黄健全为平台揭牌。

11月30日，江苏振华泵业股份有限公司收到全国中小企业股份转让系统同意挂牌的函，成为全区年内第二家在“新三板”挂牌企业。

（陈 虔）

【区中小企业公共服务平台开通】 该服务平台以整合资源为主线、以资源共享为核心、以解决中小企业服务需求为主要目的，为中小企业提供融资担保、技术创新、管理咨询、法律服务、人才培训、信息化应用、节能减排、信用管理等服务，为企业与服务机构之间架起以现代信息技术为基础的沟通服务桥梁。包括位于区政府二楼西的接待大厅和中小企业公共服务平台网站（http://jy.smejs.cn）。该服务平台与国信担保公司、光明会计师事务所、中国赛宝泰州公司、南京知识律师事务所签订合作协议，计划在3年左右时间内，实现与省、市平台互联互通及数据共享，培育10个以上为公共服务平台提供配套服务的社会化服务机构，逐步建成一个体系完备、功能齐全、服务完善，能基本满足全区中小企业发展需求的综合服务平台。

（孙 柳 孙奕烨）

重点企业简介

【双登集团股份有限公司】 该公司是国内蓄电池和新能源产品研发、生产、销售的重要基地，国家重点高新技术企业，中国化学与物理电源行业协会、中国电池工业协会副理事长单位，业内唯一“国家环境友好企业”，江苏省创新型企业，国家重点高新技术产业集团。主要产品包括铅酸系列电池及管理系统、锂离子电池及管理系统、燃料电池及管理系统，微电网、分布式发电等新能源解决方案，形成通信电源、电力储能、交通动力、循环回收四大市场应用产业模块。公司申请各类专利600余项，获授权专利400多项，其中授权发明专利50多项。“双登”商标系业内首家“中国驰名商标”，“双登”“SHOTO”品牌多次获评江苏省出口名牌和国际知名品牌。产品运用由传统的通信行业拓展到交通、军工等领域，成为中国电信、移动、联通三大运营商和中兴、华为两大通信设备供应商的最大供货商。与航天科技集团、南车集团、北车集团、一汽、华晨以及电力、军方等领域客户均有合作。产品远销五大洲120多个国家和地区，在国内主流通信运营商市场占有率多年居首位。公司先后被评为第一批国家级知识产权优势企业、江苏省专利信息应用优秀企业、泰州市发明专利十强企业、全国电子信息百强企业、中国民营企业500强企业等。双登集团新厂区项目总投资12亿元，一期占地27公顷，建筑面积16万平方米，新厂区在厂区规划、生产设备、劳动保护、生态环境等方面成为工信部、环境保护部树立的行业标杆。2016年，该公司实现开票销售收入38亿元，比上年增长18.3%；销售收入31.2亿元，比上年增长0.4%；

现价产值30.5亿元，比上年下降44.9%。实现利税6.3亿元，其中利润3.3亿元，分别比上年增长64.1%、34%。

【江苏曙光集团股份有限公司】 该公司始建于1968年，坐落于姜堰区，是一家专业生产石油钻具、井口装置、海洋石油钻采设备、海洋石油钻井平台配套装置、海洋工程装备以及波纹管、压力容器等系列产品的大型企业，为全国首家石油钻杆、接头等石油钻具产品生产企业。2011年通过埃克森美孚、挪威国家石油公司现场审核，2013年获中国合格评定国家认可委员会CNAS认证，与西安管材研究院、中国石油大学、壳牌公司、道达尔公司等高校院所及国际大集团保持产学研合作关系，产品远销国内各大油田和墨西哥湾、中东、北海、西非、南海等地区40多个国家。公司先后被授予“全国双爱双评先进企业”“国家重点高新技术企业”“国家重合同守信用企业”“省用户服务满意单位”“省产品质量信得过企业”“省百强企业”“省安全生产先进集体”“省文明单位”“省科技型企业”“省管理创新优秀企业”“省AAA资信企业”“泰州市纳税十强企业”“泰州市十佳技改企业”等称号。连续21年被泰州工商局评为“重合同守信用企业”，连续18年获“江苏省名牌产品”称号。先后获美国API、英国NS-1、俄罗斯GOST认证以及中石化、中石油入网许可证等认证证书。2016年，该公司实现开票销售7.2亿元，比上年下降20.3%；销售收入56.1亿元，比上年增长20.7%；现价产值57.2亿元，比上年增长14.5%。实现利税12.5亿元，其中利润8.9亿元，分别比上年增长13.7%、10.3%。

【江苏苏中药业集团股份有限公司】 该集团始建于1972年，位于苏中药业园区内。在职员工1200人，其中技术人员占50%以上。企业拥有通过国家GMP认证的大输液、小针剂、片剂、胶囊剂、颗粒剂、口服液、糖浆剂七条生产流水线。销售品种180余个。其中，国家中药保护品种6个，国家重点新产品2个，列入国家基本药物目录品种62个，列入国家基本医疗保险目录品种55个。综合指标位列全国医药企业百强。该集团是国家重点高新技术企业、全国医药工业百强企业、中国驰名商标企业、国家级守合同重信用企业、江苏省创新型领军企业、江苏省民营科技型企业。建立国家级博士后工作站、江苏省企业院士工作站和工程技术研究中心，多次承担国家重大新药创制项目、科技部火炬计划项目、国家经贸委“双高一优”工程、国家计委产业化示范工程以及江苏省重大科技成果转化等项目。开发黄葵胶囊、丹鹿胶囊、生脉注射液、清宣止咳颗粒等国家级新药30余个，获生产批文180件。开发国家二类新药止喘灵注射液，填补国家中药治疗哮喘急症的用药空白，被评为全国中医院急诊科（室）必备用药、江苏省名牌产品；黄葵胶囊、清宣止咳颗粒被国家五部委评为国家重点新产品。2016年，该公司实现开票销售14.1亿元，比上年下降5.9%；销售收入36.6亿元，比上年增长5.5%；现价产值37.4亿元，比上年增长6.2%。实现利税5.4亿元，其中利润2.94亿元，分别比上年增长3.5%、3.1%。

【泰州市华丽塑料有限公司】 该公司成立于2007年4月18日，注册资本888万元，占地面积2万多平方米，其中建筑面积6200多平方米，项目总投资1500万元，其中固定资产1000多万元。员工180多人，其中高级技术人员10人，中、初级技术人员38人，专职质量管理人员8人。获ISO 9001、ISO 14000认证证书。拥有底层生产线2条、热压生产线10条、背胶生产线2条、印刷生产线2条、冲床生产线9条。月生产能力200个柜。可生产普通、中、高档地砖12英寸×12英寸、18英寸×18英寸、3英寸×36英寸、4英寸×36英寸、6英寸×36英寸、淋膜、削边等规格。产品远销欧美、中东、韩国、非洲及中国香港等地区，90%销往美国。公司有自营进出口权，主要客户为The Home Depot, Inc.和Family Dollar Services, Inc.等。2016年，该公司实现开票销售12.2亿元，比上年增长34%；

销售收入28.1亿元，比上年增长30.1%；现价产值29亿元，比上年增长29%。实现利税3.9亿元，其中利润2.5亿元，分别比上年增长11.3%、1.9%。

【江苏太平洋精锻科技股份有限公司】 该公司是中国锻压行业协会副理事长单位、国家级高新技术企业、江苏省技术密集知识密集型企业。主要从事冷温热精密锻件和成品汽车齿轮的制造。关键工序的锻造、机加工、模具制造及检测设备均从国外引进，主要产品有：汽车差速器直齿锥齿轮、变速器结合齿轮及同步器接合齿环、汽车变速器轴类冷挤成形件、汽车空调压缩机齿轮、等速万向节内星轮（星形套）等系列化零件。年生产能力2500万件以上。公司通过ISO 9002、QS 9000、VDA 6.1、TS 16949、ISO 10012、ISO 14001、OHSAS 18001等各类管理体系认证，拥有“汽车变速箱结合齿齿坯制作工艺”等多项国家发明专利，拥有先进的CAD、CAE、CAPP、UG、QForm、DForm等软件，与国内外多家科研机构保持合作关系，产品开发能力强。产品重点为上海通用、烟台通用、上海大众、一汽大众、大连大众、一汽丰田、长安福特、北京现代、天津夏利、东南汽车、江淮JAC、奇瑞汽车、比亚迪汽车、上汽通用五菱、重庆长安、重庆庆铃、哈飞汽车、长丰猎豹等轿车、微型车、轻型车配套，出口欧美OEM市场。2016年，该公司实现开票销售8.7亿元，比上年增长14.1%；销售收入8.2亿元，比上年增长14.6%；现价产值9.3亿元，比上年增长17.2%。实现利税1.7亿元，其中利润1.4亿元，分别比上年增长40.6%、36%。

【礼恩派（泰州）有限公司】 该公司成立于1883年，位于姜堰区现代科技产业园区，是美国礼恩派国际集团在中国组建的全资子公司，总投资2998万美元，注册资本1400万美元。产品主要是多功能活动沙发的机械伸展装置和蛇形弹簧。产品设计、制造技术来自于美国，原材料选用、制造工艺编制按照美国礼恩派标准执行。产品面向中国、亚洲以及世界各地沙发及家具制造商。2016年，该公司实现开票销售3.7亿元，比上年增长8.9%；销售收入10.5亿元，比上年增长0.9%；现价产值10.5亿元，比上年增长0.9%。实现利税2.05亿元，其中利润1.71亿元，分别比上年增长1.5%、1.4%。

【格兰特（江苏）钻具有限公司】 该公司简称GPJ，始建于1994年11月，是全球500强NOV GrantPrideco的全资子公司，是姜堰区十强企业。经营范围包括：生产销售石油钻采设备及管道配套装置；油气田钻具设备和产品的分销和租赁；石油、气田钻具设备和产品的相关维修、装配和数据采集服务。公司全部采用NOV GrantPrideco技术，生产销售API标准钢级，Z140、V150高强度钢级，XD、CYX、SS防硫钢级；API标准螺纹连接，GPDS、HT、XT双台肩螺纹连接；外径从“2–3/8”到“6–5/8”等各种规格的高强度钻杆以及非标钻杆。API标准钢级，HW高强度钢级，XD防硫钢级；API标准螺纹连接，GPDS、HT、XT双台肩螺纹连接；外径从“2–7/8”到“5–1/2”等各种规格的加重钻杆以及非标加重钻杆。取得NS–1认证证书，产品销给中石油、中石化、中海油等国内用户，出口美国、墨西哥、俄罗斯、加拿大、埃及、中东等20多个国家和地区。2016年，该公司实现开票销售2.9亿元，比上年下降28.2%；销售收入2.1亿元，比上年下降56.8%；现价产值2.2亿元，比上年下降52%。利税亏损3999万元，利润亏损4333万元。

【江苏泰达纺织有限公司】 该公司是1998年收购破产企业原姜堰市纺织厂后重新组建的民营企业。建有纺纱生产基地4个20万纱锭2万线锭，托管企业2家6万纱锭，年产各类纯棉、混纺精梳、半精梳、普梳针织、机织筒纱4万吨；棉花生产基地3个，年产棉花3万吨，棉花加工厂3个，年加工能力2.5万吨。投资2亿多元，新增进口德国、日本、英国、意大利等国家先进设备和国产一流设备1000多台套。通过华夏认证中心ISO 9001:2000质量管理体系和ISO 14001:2004环境管理体系认证；"骏龙"牌棉纱线被认定为国家免检产品和江苏名牌产品，"骏龙"牌针织用纱被中国棉纺织行业协会、中国针织工业协会评为"用户信得过产品"。2016年，该公司实现开票销售17.7亿元，比上年增长7.9%；销售收入32.1亿元，比上年增长7.6%；现价产值34.7亿元，比上年增长4.7%。实现利税2.8亿元，其中利润1.8亿元，分别比上年下降17.9%、23.9%。

【江苏扬动电气有限公司】 该公司成立于1993年1月1日，位于区经济开发区。业务包括非晶合金材料加工、非晶合金变压器制造、非晶产品专用设备生产，为非晶材料运用领域提供解决方案。几乎涵盖从非晶材料运用到变压器制造的整条产业链。拥有国内最先进的非晶合金铁芯及非晶合金铁芯变压器生产线，年产非晶铁芯3500特、非晶合金铁芯变压器200万千伏安，开发出10千伏级、20千伏级非晶油变、干变、美变等新型节能产品。产品应用于城市农村配网、住宅小区、工矿企业，是用网改造首选节能产品。企业通过ISO 9001:2008、ISO 14001:2004国际质量、环境体系认证，产品通过国家变压器检测中心包括突发短路等各项型式试验，部分产品获国家实用新型专利，美国、澳大利亚、欧盟专利。产品业务遍及华东、华北、西南、西北等20多个省市和10多个国家地区。2016年，该公司实现开票销售3.96亿元，比上年下降11.4%；销售收入4.4亿元，比上年下降12.3%；现价产值5.3亿元，比上年下降8.9%。实现利税1.1亿元，其中利润9597万元，分别比上年增长7.2%、15.1%。

【江苏飞船股份有限公司】 该公司创建于1958年，是江苏省高新技术企业、国家重点高新技术企业，占地面积21万平方米，建筑面积11万多平方米，固定资产原值6亿元，职工1400多人，其中各类工程技术人员400多人。主要产品为精锻直伞齿轮、切削加工螺伞齿轮及圆柱齿轮三大系列，其中精锻直伞齿轮年产量1500万件、螺伞齿轮年产量50万套、汽车双桥圆柱齿轮年产量50万套；产品为轿车、客车、微型车、重（中、轻）型卡车、工程机械、农用机械及风力发电等行业主机厂配套，出口美国、意大利、巴西、德国、日本等国家和地区。通过ISO 9002:1994、QS 9000:1998和ISO/TS 16949:2002质量体系认证，GB/T 28001-2001职业健康安全管理体系认证和ISO 14001:2004环境安全体系认证，以及50多家国内外知名汽车及零部件企业二方认证。2001年组建省级"江苏省金属材料精密成形工程技术研究中心"，联合科研机构和高等院校建成实验实习基地。成立"博士后科研工作站"，拥有多项国家发明专利和实用新型专利。2016年，该公司实现开票销售3.2亿元，比上年增长0.9%；销售收入8.6亿元，比上年增长14.1%；现价产值9.6亿元，比上年增长14.7%。实现利税6129万元，其中利润3683万元，分别比上年下降4.2%、8.6%。

【2016年度区十强、重点、成长型工业企业名单】

1.十强工业企业：

双登集团股份有限公司
江苏曙光集团股份有限公司
江苏苏中药业集团股份有限公司
泰州市华丽塑料有限公司
江苏太平洋精锻科技股份有限公司
礼恩派（泰州）有限公司
格兰特（江苏）钻具有限公司
江苏泰达纺织有限公司
江苏扬动电气有限公司
江苏飞船股份有限公司

2.重点工业企业30家：

江苏润泰化学有限公司
一拖（姜堰）动力机械有限公司
江苏振华泵业制造有限公司
江苏太平洋齿轮传动有限公司
泰州众品食业有限公司
泰州市科研精细化工有限公司
五行材料科技（江苏）有限公司

江苏百新集团有限公司
泰州捷锋帽业有限公司
江苏维娜时装有限公司
菁茂科技（泰州）有限公司
泰州市姜堰博特新材料有限公司
柏纬（泰州）铁工有限公司
泰州市恒立管业制造有限公司
泰州市万鑫钨钼制品有限公司
江苏李文甲化工有限公司
江苏康健医疗用品有限公司
泰州开广塑胶有限公司
泰州鑫宇精工股份有限公司
泰州市姜堰化肥有限责任公司
江苏日出化工有限公司
泰州良帅服饰有限公司
泰州中裕消防器材有限公司
江苏信成电器总厂
泰州市姜堰新型纺织有限公司
泰州泰怡热工电器有限公司
江苏康洁环境工程有限公司
环球传动泰州有限公司
泰州市旺鑫耐火材料有限公司
江苏汇丰羊绒有限公司

3.成长型工业企业30家：

泰州天力铁芯制造有限公司
泰州开源化工有限公司
江苏远通波纹管有限公司
江苏利思德新材料有限公司
江苏远望仪器有限公司
泰州市益众油脂有限责任公司
江苏博格东进管道设备有限公司
南洋电缆集团泰州有限公司
特耐王包装（江苏）有限公司
江苏高强水泥制品有限公司
江苏宏泰橡胶助剂有限公司
江苏鸿诚金属制品股份有限公司
江苏通达船用阀泵有限公司
江苏光明新材料有限公司
泰州市龙沟电镀有限公司
江苏神龙电气制造有限公司
泰州永大帽业有限公司
江苏博立生物制品有限公司
泰州华源纺织品有限公司
江苏星光特钢科技有限公司
江苏晨鑫波纹管有限公司
江苏嘉晟染织有限公司
泰州九星冷机制品有限公司
江苏赛洋机电科技有限公司
江苏姜堰船舶舾装件有限公司
泰州依莱特钻杆有限公司
江苏海龙电器有限公司
泰州市龙达亚麻纺织有限责任公司
江苏华彤电气集团泰州有限公司
泰州科世茂工程设备有限公司

（陈 虔）

综　　述

【概况】 2016年，全区建筑企业营业额510亿元，比上年增长6.5%。其中，建筑业总产值465亿元，比上年增长8.1%。完成工程结算收入346亿元、建筑业增加值110亿元，分别比上年增长8.1%、7.8%。建筑业总产值超过亿元企业57家，其中超过10亿元企业10家；建筑业总产值前十强企业完成产值349亿元，占建筑业总产值比重75%。全行业实现利税总额58亿元，比上年增长11.4%。其中，在姜堰入库税收6.22亿元，比上年增长13.5%。承建规模工程3251个，施工面积6316万平方米，分别比上年增长7.8%、9.6%。其中，29层以上工程615个，施工面积3345万平方米，分别比上年增长6.5%、10.7%。新增二级以上资质企业13家（含增项专业资质升级9家），其中一级5家，金堰交通成为全区第二家市政一级总承包企业，天晟建设晋升房屋建筑施工总承包一级资质，锦宸集团晋升房屋建筑施工总承包特级资质。姜堰区获全市首个“中国建筑之乡”称号，连续七年被评为泰州市建筑业工作目标考核一等奖。

建筑市场拓展

【概况】 2016年，全区建筑企业占领高端市场，向新型材料、绿色环保等新兴市场领域渗透，向“一带一路”、长江经济带、新型城镇化等潜力较大优质市场、专业市场拓展。江苏中程公司在深圳中标创智云城项目。该项目建筑面积41万平方米，合同造价8.5亿元，建筑高度170.8米，由7座超高层建筑组成，全部为创新产业研发办公用房，施工中首次采用铝模和爬架施工工艺。锦宸集团与俄罗斯莫斯科绿色协会签订总投资6500万美元的房屋建筑工程。全区建筑业有超过亿元市场35个、10亿元市场15个。施工队伍遍布长三角、环渤海湾、珠三角、中西部等20多个省、市、自治区及西南部非洲等6个国家和地区。5家企业获对外施工签约权，完成境外营业额29020万美元，比上年增长11.4%。

产业结构调整

【概况】 2016年，全区建筑企业资质结构从房屋、市政、园林施工向“高、专、精、特”等领域拓展，向路桥、水利、轨道交通、化工、消防、钢结构、环保、地下管网、海绵城市等特色领域发展。锦宸集团投资2.5亿元在区经济开发区兴建混凝土预构制配件生产项目，预计2017年4月投产；万邦集团在区经济开发区创办新型保温材料生产基地；桥头兴顺门窗初步探索出门窗、消防设备生产、销售、安装全过程服务模式；五行消防申报消防专业二级资质，实现生产、销售、施工、维护一条龙服务。

建筑科技创新

【概况】 2016年，全区建筑业获国家发明专利（实用新型）8项、省级工法6项、省级新技术应用示范工程1项，国家级QC成果奖1项、省级QC成果奖8项。新注册建造师164人，其中一级建造师37人、二级建造师127人，建造师总数1765人。获国家优质工程奖1项、省优质工程奖15项，市"梅兰杯"奖37项。正太集团被评为"中国建筑业企业竞争力百强企业"，正太集团、锦宸集团、万邦集团3家企业入选"江苏省建筑业百强企业""江苏省建筑业竞争力百强企业"，正威科技集团被评为"江苏省最具成长性百强企业"，中程公司获"江苏省建筑业优秀企业"称号。正威集团承建的农商行大楼装饰工程获国家优质工程奖。

【正太学院揭牌】 10月28日上午，签约揭牌仪式在泰州职业技术学院图书馆举行。该学院由泰州职业技术学院与正太集团有限公司合作共建。双方将在教育教学改革、办学经费筹措、生源质量提高、专项培训开展、实训基地建设、培养方案制定、师资队伍建设、科研项目开发等十个方面合作。区委副书记、区长李文飙，区委常委、组织部部长丁志强，泰州职业技术学院党委书记许书平、院长徐庆国，区建筑工程管理局（以下简称"区建管局"）局长颜礼明，正太集团总经理何益民等有关领导出席。

建筑行业管理

【概况】 2016年，区政府制定出台《建筑施工企业信用等级评定办法》，对信用等级评定高的企业给予招投标等方面优惠政策。出台《姜堰区促进和扶持建筑业发展的实施办法》，在推动建筑产业现代化发展、开拓海外市场、引进高级人才方面，加大扶持奖励力度。

安全监管　区建管局与各建筑施工企业签订安全生产目标责任书，每季度召开建筑施工安全生产形势分析会，落实安全生产措施和目标责任。出台《建筑施工安全监管网格化实施办法》，对全区在建项目实行网格化监督。全区划分网格片区6个，区建管局安全监管人员担任"网格长"，实施横向到边、纵向到底的全覆盖监管，形成辖区建筑安全生产工作制度化、规范化、长效化管理体系。规范村民自建房管理，按照"属地管理"原则，由各镇（街道）建管站统一管理，实现城区、"一区两园"、镇（街道）建筑安全生产监管全覆盖。开展建筑安全生产检查，组织日常安全巡查648项，出动检查1452人次，发现安全隐患1788处。开展建筑起重机械专项检查，检查施工升降机12台、塔式起重机91台，督促整改隐患问题232处。对年内新开工规模项目实行远程视频监控，使用建设工程现场管理人员LBS定位考勤系统，考核结果与"三合一"（商务标、技术标、信用标合一）招标系统信用分挂钩。执行预警机制，加强应急处置，利用短信群发平台，发出预警提示短信12次，发送短信3800多条。制定《2016年全区建筑施工"安全生产月"活动方案》，组织开展"安全生产月"宣传教育活动。创建省级标化示范项目5个、市级标化示范项目14个，全区建筑施工未发生较大安全生产事故。

品牌创建　制定"利民建筑"服务品牌创建方案，开展问卷调查，组织品牌创建宣传活动。印发宣传资料，向服务对象和社会各界宣传推介"利民建筑"服务品牌；组织编写《村民建房安全须知》《村（居）民房屋装修须知》《建筑工人手册》，印发2万多份；在《姜堰新闻》"城市对话""新闻视点"等电视栏目中开展品牌宣传活动。

服务企业　区建管局定期研究分析建筑业发展形势，在结构调整、经营管理、市场开拓、质量安全管理等方面，指导服务企业。以国信担保公司为运营平台，建立建筑业融资担保平台，成立1亿元的建筑业融资担保基金，其中9家企业筹措建筑业融资担保股本金5000万元、政府投入5000万元，预计可为全区重点建筑企业新增担保额度6亿元~8亿元。举办全区建筑企业"营改增"专题讲座，解读"营改增"相关政策法规，讲解会计核算及账务处理方法。加强全区工程基础数据库建设，建成建筑市场监管与信用信息一体化平台，实现建筑市场和施工现场联动监管。

【2016年建筑业十件大事】 1.姜堰区获"中国建筑之乡"称号。2.制定出台《建筑施工企业信用等级评定办法》。3.锦宸集团晋升房屋建筑工程施工总承包特级资质。4.姜堰区建立建筑业融资担保平台。5.姜堰区建筑业施工产值、入库税收分别突破600亿元、6亿元。6.制定出台《姜堰区促进和扶持建筑业发展实施办法》。7.姜堰区晋升二级以上资质企业13家，其中增项专业资质升级9家。8.正太集团与泰州职业技术学院联合办学，共建"正太学院"。9.正威集团承建的农商行大楼装饰工程获国家优质工程奖。10.锦宸集团与俄罗斯莫斯科绿色建筑工程协会签订总投资6500万美元的房屋建筑工程协议，开创姜堰区"一带一路"建筑市场新里程碑。

（严广平）

2016年度产值亿元以上建筑企业一览表

表2　　单位：亿元

序号	企业名称	资质等级	建筑业总产值
1	正太集团有限公司	特级	222.95411
2	锦宸集团有限公司	特级	61.67439
3	江苏万邦建设集团有限公司	一级	42.03106
4	正威科技集团有限公司	一级	41.84150
5	鸿佳集团有限公司	一级	32.07395
6	江苏中程建筑有限公司	一级	29.04578
7	江苏正裕建筑安装工程有限公司	一级	14.01817
8	江苏佳宇建设工程有限公司	一级	12.35057
9	江苏溱潼建设集团有限公司	一级	10.89688
10	江苏金堰交通工程有限公司	一级	10.14905
11	江苏齐达路桥工程有限公司	—	7.83200
12	江苏华厦建设工程有限公司	二级	5.42026
13	江苏正宇建设有限公司	二级	5.20737
14	江苏三水建设工程有限公司	二级	4.20370
15	江苏正兴建设工程有限公司	二级	4.12365
16	江苏金鼎建设工程有限公司	二级	3.94000
17	江苏美华交通工程有限公司	二级	3.87727
18	江苏大发建设工程有限公司	二级	3.69161
19	江苏方正安装工程有限公司	二级	3.46689
20	江苏天晟建设有限公司	二级	3.14450

续表 2

序号	企业名称	资质等级	建筑业总产值
21	江苏金环球建设有限公司	一级	3.09538
22	江苏祥顺建设工程有限公司	二级	3.08451
23	江苏凤城建设工程有限公司	一级	3.05586
24	江苏金城建设有限公司	二级	3.04922
25	江苏华扬艺松建设工程有限公司	一级	3.01805
26	江苏润泰建设工程有限公司	二级	3.01033
27	江苏恒佳建设有限公司	二级	3.00874
28	宇宸江苏建筑工程有限公司	二级	2.81160
29	江苏亚盟净化装饰工程有限公司	一级	2.76000
30	江苏兴达交通工程有限公司	二级	2.74283
31	江苏中装建设有限公司	一级	2.61869
32	江苏千诚建设工程有限公司	二级	2.56946
33	江苏万鸿建设工程有限公司	三级	2.19713
34	泰州市姜堰区新光电力工程有限公司	三级	2.17641
35	江苏鑫环球建设工程有限公司	二级	2.09463
36	江苏圣达建设工程有限公司	二级	2.06231
37	江苏全顺建设工程有限公司	二级	1.91585
38	泰州市中天建筑安装工程有限公司	二级	1.81825
39	泰州市华业建筑安装总承包有限公司	二级	1.73396
40	江苏方太建设工程有限公司	二级	1.71000
41	江苏华丰建设工程有限公司	三级	1.59100
42	姜堰市张甸建筑安装工程有限公司	二级	1.49638
43	江苏创新建设有限公司	三级	1.42911
44	江苏恒盛通建设有限公司	二级	1.32254
45	正太集团泰州机电设备安装工程有限公司	二级	1.20329
46	泰州市宏伟建筑安装工程有限公司	二级	1.04232

2016年新开工22层及以上工程一览表

表3

序号	企业名称	工程名称	工程结构形式	建筑面积（平方米）	建筑层数（层）	实际开工日期	签订合同额（万元）
1	正太集团有限公司	亳州芜湖现代产业园区还原小区项目一期工程	—	164990	34	2016-03-12	45402
2	正太集团有限公司	华侨城寄湖苑 A3 地块项目	—	29650	22	2016-06-01	8700

续表 3

序号	企业名称	工程名称	工程结构形式	建筑面积（平方米）	建筑层数（层）	实际开工日期	签订合同额（万元）
3	正太集团有限公司	新城·璟悦城	—	99765	31	2016-08-01	14477
4	正太集团有限公司	航天兴隆国际二期	—	87570	28	2016-08-01	12553
5	正太集团有限公司	山水湖滨花园一期	—	369099	32	2016-07-01	31539
6	正太集团有限公司	丽湖嘉园三期	框架	256000	28	2016-12-16	56250
7	江苏中程建筑有限公司	飞西项目（2# ~ 4# 楼、6# ~ 7# 楼、综合楼、幼儿园及配套商业）（二标段）主体及配套建设工程	—	121369	45	2016-04-26	30000
8	江苏中程建筑有限公司	创智云城项目一期	—	414852	40	2016-11-01	57000
9	江苏中程建筑有限公司	恒大深圳项目一期	框剪	121000	45	2016-01-16	30000
10	锦宸集团有限公司	顺河片区 8 号（H）地块二期	框剪	83812	29	2016-08-01	27084
11	江苏正裕建筑安装工程有限公司	惠州小桂湾项目	框架	118134	26	2016-05-28	29000
12	江苏正裕建筑安装工程有限公司	佳华丽苑二期	框架	100800	30	2016-12-12	14999
13	江苏正裕建筑安装工程有限公司	惠州小桂湾项目二期	框架	115200	26	2016-12-01	27010
14	江苏万邦建设集团有限公司	天元四季花城	框剪	233457	26	2016-07-06	39718
15	江苏万邦建设集团有限公司	楚天都市澄园一期	框剪	287211	26	2016-10-13	44131
16	江苏万邦建设集团有限公司	金元四季城二期	框剪	231458	32	2016-10-10	36603
17	江苏万邦建设集团有限公司	淮钢二期 B 组团	框剪	247126	26	2016-11-09	38126
18	江苏万邦建设集团有限公司	楚天都市澄园二期	框剪	277581	33	2016-12-05	43661
19	江苏万邦建设集团有限公司	佳源梦想新城	框剪	315698	28	2016-12-06	48872
20	江苏万邦建设集团有限公司	滨海宝龙城二期	框剪	287723	26	2016-12-04	43323
21	江苏金鼎建设工程有限公司	北华街 1# 商住楼	框剪	64654	25	2016-04-01	7200
22	江苏金鼎建设工程有限公司	景悦城	框剪	88000	41	2016-12-01	10000
23	江苏金鼎建设工程有限公司	j 景汇城	框剪	86000	34	2016-12-05	10000
24	鸿佳集团有限公司	沈阳首创国际城四期	框架	136987	32	2016-12-01	4898

2016年获省级以上优质工程一览表

表4

序号	奖项名称	获奖项目	获奖单位
1	江苏省“扬子杯”优质工程奖	姜堰市人民医院内科病房楼	正太集团有限公司
2	江苏省“扬子杯”优质工程奖	体育公园	正太集团有限公司
3	江苏省“扬子杯”优质工程奖	姜堰区行政中心四期——行政服务中心、人力资源市场	正太集团有限公司
4	湖北省建筑优质工程（“楚天杯”奖）	南国中心一期	正太集团有限公司
5	湖北省建筑优质工程（“楚天杯”奖）	名流公馆NK4地块401#楼、402#楼、403#楼	正太集团有限公司
6	辽宁省建设工程世纪杯	辽宁中医药大学附属医院病房楼工程	正太集团有限公司
7	辽宁省建设工程世纪杯	沈阳军区司令部砂山住宅楼工程（小区工程）	正太集团有限公司
8	江苏省“扬子杯”优质工程奖	徐州工业职业技术学院综合教学楼（BT）项目	锦宸集团有限公司
9	江苏省“扬子杯”优质工程奖	洞山校区学生公寓楼C工程（第二标段）项目	锦宸集团有限公司
10	江苏省“扬子杯”优质工程奖	北大街文化街区保护工程A区、C区	正威科技集团有限公司
11	江苏省“扬子杯”优质工程奖	凤凰姜堰文化广场幕墙工程	江苏中程建筑有限公司
12	江苏省“扬子杯”优质工程奖	鹏欣领誉综合楼	江苏正裕建筑安装工程有限公司
13	湖北省建筑优质工程（“楚天杯”奖）	楚天都市佳园29号楼	江苏万邦建设集团有限公司
14	江苏省交通建设优质工程	临海高等级公路南通段	江苏金堰交通工程有限公司

2016年度获江苏省文明工地一览表

表5

序号	工程名称	承建单位
1	泰州市第二人民医院科研教学楼	正威科技集团有限公司
2	三水·新都会B地块工程一标段	泰州荣盛源建设工程有限公司
3	三水·新都会B地块工程二标段	江苏苏兴建设工程有限公司
5	锦宸国际花园二期	锦宸集团有限公司
6	南湖星光时代	正太集团有限公司
7	水岸国际B包7号地块	正太集团有限公司
8	双建村城中村改造项目K1地块一期一标段1#、2#、20#、22#、23#楼及地库	正太集团有限公司
9	中德环保产业园项目	正太集团有限公司
10	泰州人民医院	正太集团有限公司

商贸流通

综　述

【概况】 2016年，全区实现社会商品销售零售总额172.5亿元，比上年增长11.8%。姜堰区被评为“江苏省农村电子商务示范县”。

市场监管　加强市场监测，做好市场分析。新增酒类流通备案企业12家、再生资源回收备案企业7家。开展安全检查12次，发现安全隐患106处，下发安全隐患整改通知书24份，全系统无安全生产责任事故发生。

企业管理　落实安全生产责任制，组织安全生产知识培训，开展安全生产检查4次，发现安全隐患10多处，无安全生产责任事故发生。执行《公有企业管理暂行办法》，分期分批开展财务检查和固定资产核查登记工作，组织资产运营状况调查，确保运营效益最大化；处理改制和破产企业矛盾，化解化材公司企业改革遗留问题。调查淘宝城房屋出售回租矛盾问题，提出处理建议方案。区供销合作总社牵头处理乐天玛特、文峰千家惠超市关门歇业劳资关系纠纷问题，两大超市220名职工获补偿。

（顾春鹏　张艺昕　崔凤武）

【姜堰区获“江苏省农村电子商务示范县”称号】 5月下旬，全省电子商务进农村工作推进会召开。姜堰区被省商务厅授予“江苏省2016—2017年度农村电子商务示范县”奖牌，获省级电子商务示范县建设经费60万元。全省15个县（市、区）获评。该区电子商务发展迅速，有注册电子商务企业42家、农产品电子商务企业6家，60%以上的规上企业建有营销型网站或应用第三方平台开设网店。该区将加大电子商务推进力度，提升电子商务应用水平，研究制定电商发展三年行动计划，加大新农村电商项目引进力度，出台相关激励政策，培育各类电子商务集聚园区，打造更多示范镇、示范村与示范企业、示范平台，力争3~5年内，实现全区电子商务“工业品下乡”和“农产品进城”双向流通体系，让城乡居民共享电子商务带来的便捷与实惠。

（鲁　敏　赵明敏）

【“农村淘宝”项目启动】 该项目由阿里巴巴集团和区政府共建。面向村民普及电子商务，解决农村买卖难等问题，推进农村电子商务发展。阿里巴巴计划在3~5年内投资100亿元建立县级服务中心1000个、村级服务站10万个，全区规划仓储基地1800多平方米。村民在“农村淘宝”村级服务站网购后，将由阿里巴巴旗下的“菜鸟网络”统筹当地物流送达业务。

（顾冬梅　王　霞）

【"溱湖八鲜"美食节】 9月24日，2016年"溱湖八鲜"美食节在溱湖旅游度假区会议中心开幕。该届美食节由溱湖旅游度假区管委会、区旅游局、区供销合作总社主办，溱湖风景区开发建设有限公司承办。持续至11月底，其间推出"游溱湖湿地，钓溱湖簖蟹""购门票，赠熟蟹""游溱湖湿地，送百万簖蟹"等体验和促销活动。区供销合作总社、区工商联、区旅游局、姜堰日报社等部门和单位分别为获评姜堰十大特色小吃、十大特色菜肴、AAAAA级旅游餐厅、五星级农家乐的餐饮企业授牌。上海、江苏、浙江、安徽、山东、河南、河北7省市的1万多名游客参加溱湖美食之旅首发式"万人八鲜宴"活动。市旅游局相关负责人、副区长顾鹏程出席开幕式。中天清华园大酒店、江苏黄河大酒店有限公司、姜堰宾馆有限公司获评AAAAA级餐厅，姜堰区黄河大酒店有限公司、姜堰宾馆、泰州华侨城获评AAAAA级宾馆，泰州市溱湖绿洲旅游投资有限公司获评五星级农家乐。

"溱湖八鲜"美食节开幕

（张泽海　帅建军）

供销合作商业

【概况】 2016年，全区供销系统干部职工凝心聚力、攻坚克难，推进供销服务经营创新，打造全新高效的合作经济组织。

为农服务　基层合作社参与农业综合社会化服务。兴泰镇田花园农业综合服务专业合作社为农民提供化肥、农药、种子、农作物病虫害防治以及农机服务、技术交流和信息咨询服务，年销售农资500万元，植保服务约466.67公顷，代育秧苗约106.67公顷，耕作面积约266.67公顷；金穗植保专业合作社参与农业生产经营，流转土地约66.67公顷，植保服务约466.67公顷，解决农民种地难问题。沈高天鹅食品公司、桥头食用菌、溱湖八鲜公司和蒋垛维财猪头肉4家企业参加2016年海峡两岸（江苏）名优农产品展销会。红陈食用菌、溱湖八鲜等3家专业合作社7人参加市供销合作总社组织的农产品经纪人中级培训。

农产品电子商务　区供销合作总社与无界电子商务公司合作，面向农业龙头企业、专业合作社人员，免费开展农产品电子商务实务培训，两期培训220人。100多家农业企业和合作社利用互联网开展农产品网上销售，年交易额比上年增长30%以上。建成村级电商服务站5家。区供销合作总社投资70万元参股溱湖八鲜电子商务公司，地平线姜堰馆上线试运营。

基层组织建设　按照基层合作社恢复重建"六有"（有证照、有场所、有标识、有人员、有收入、有为农服务项目）标准，吸收从事农资企业、专业合作社等涉农资源，改造蒋垛供销社。制定兴泰供销社创建"三体两强"（自主经营实体、农民社员主体、合作经济组织联合体和综合实力强、为农服务能力强）基层社工作方案，明确工作任务和实施步骤。蒋垛镇许桥村、张甸镇三野村、梁徐镇黄村村为农综合服务社制定提档升级工作实施方案，明确拓展服务内容，10月底前改造到位。

服务中心　按照文明城市创建工作要求，落实小梁山农贸市场创建工作，组织机关干部到挂钩社区开展保洁活动。做好28户征收搬迁户包保搬迁工作。帮扶经济薄弱村新建便民服务中心、修路渠、解决生产发展资金等。

（崔凤武）

粮油商业

【概况】 2016年，区粮食局围绕年度工作目标，融入农业适度规模经营，将服务“三农”、深化改革与发展粮食产业结合，开展订单粮食、烘干服务、“放心粮油”、全产业链打造等工作。被省粮食局表彰为“2016年度全省粮食行业安全生产先进单位”。

粮食储备 健全粮食储备体系，创新储备粮食管理，丰富储备粮轮换方式，健全储备粮轮换机制。健全粮油应急保供体系，依托龙头企业、规模购销企业、骨干加工企业和“放心粮油”网点，建立完善应急保供网络，全区有应急加工点6家、应急供应点17家、应急配送中心1家。做好军粮供应保障工作。

粮食购销 深化“一县一企”改革，完善粮食购销公司内控制度，实施粮食购销合同审核、贷款资金审核、资产投入审核、外购外销巡查。健全公司内审机制，实行财务集中核算，资金集中管理。落实企业经营考核机制，规范企业经营运作。实行粮食购销“六统一”运作模式，即统一经营策略、统一收购价格、统一收购质量、统一申报销售、统一费用标准、统一资金供应。做好政策性粮食收购，构建自主经营网络体系。坚持市场化经营，活化经营渠道。建成兴泰粮库，全区形成“1+6+N”（粮食储备直属库+6个仓库购销板块+N个粮库）粮食收储网点布局。针对仓容严重不足、夏秋两季多雨，以及夏季小麦质量大部分不达标等状况，实行粮食收购“两优先、两统一、一预约”（优先收购家庭农场和种粮大户出售的订单粮食，优先收购普通农户到库点直接出售的粮食；全区仓容统一调度，粮源统一调配；实行订单预约，统筹做好烘干、收购服务），解决农户不合格粮源销路问题。设点11个，收购等外粮近10万吨。与上海、福建、浙江等地客商达成合作意向，订立稻米销售合同5万多吨。

粮食产业 完善以“粮食订单”为基础、以“品牌建设”为重点的粮食全产业链。“姜堰大米”和“益众油脂”系列产品连续3年参加江苏名特优农产品（上海）交易会，“姜堰大米”获准使用绿色食品标志，被认定为泰州市知名商标，与“益众油脂”产品同时获第十四届国际粮油产品展示会金奖。花生、油菜籽、玉米、大豆通过国家农产品质量安全中心评审，获无公害农产品证书。

粮食流通管理 构建“部门监管、行业自律、社会监督”“三位一体”粮食流通监管体系，推进依法治粮。开展各类检查16次，检查涉粮户431户次，处理举报投诉14起，发放整改通知书3份。坚持抓大放小，抓国有带民营，开展粮食质量安全监管。规范粮食流通秩序，重点协调解决种粮大户、家庭农场最突出的“卖粮难”问题。

粮食安全 成立区粮食安全责任制考核工作领导小组及其办公室，印发《关于做好粮食安全责任制考核工作的通知》，建立粮食安全目标管理、粮食安全责任追究等制度，明确联席会议和联络员制度、部门联动等工作机制。夯实安全生产工作基础，消除安全生产工作隐患，实现安全生产工作“经常化、法规化和制度化”。

仓储建设 新建简易罩棚仓1.2万吨，完成兴泰粮库3万吨仓容和智能化项目建设，建成粮食购储信息可视化系统。新上粮食烘干设备5套。全区为农服务综合体配套建设烘干中心86个，区粮食部门自有及可协调烘干设备130台套，全区日烘干能力1.45万吨。

【粮食订单】 推广优质品种订单，构建包括普通订单、优质订单和特殊订单的多样化粮食订单体系和以粮食订单为要素的为农服务体系。实行订单优先、预约收购服务，探索订单预付金制度，解决家庭农场资金紧张问题。全区800多户家庭农场（种粮大户）落实粮食订单约1.33万公顷次，支付预付金118万元，带动全区农民增收3000万元。

【“放心粮油”工程】 成立“放心粮油”配送中心，新建“放心粮油”农村直营店6家，形成覆盖城乡、连接产销、设施完善、服务规范、配送及时的服务网络体系。姜堰区“放心粮油”供应网络建设示范县创建工作通过首批省级考核。

（黄少华）

烟 草 业

【概况】 2016年，区烟草专卖局（江苏省烟草公司姜堰分公司）（以下简称“分公司”）围绕“以质效提升体现争先进位”工作中心，履行“管好市场、卖好卷烟、抓好管理、带好队伍”职能，开展“战略、规范、创新、质效、管理、文化、队伍”七个方面工作，推进行业“楷模战略”本地化、具体化，实现健康协调可持续发展。区烟草专卖局（分公司）获“江苏省文明单位”“全省系统政研会工作先进集体”“泰州市‘安康杯’竞赛优胜单位”“2015年度泰州市卷烟打假工作先进集体”“姜堰区创新基层党组织”“文明执法楷模单位”等称号，城区客户服务部被授予“泰州市文明班组”称号。

卷烟销售服务 开展卷烟销售调研活动，把握市场状态。开展品牌营销活动，了解品牌发展状况，为零售客户经营效益提升和行业持续发展培育新增长点。构筑客我双赢营销同盟，提高客户经营利润和经营能力，关注客户需求，提供精益服务，提高客户满意度。加强零售终端管理，构建“在终端着力、靠终端发力”营销新格局。销售卷烟2.61万箱，实现含税销售8.87亿元。

烟草专卖监管 推行“一站式服务”，严格审批程序，明确行政许可工作流程与职责分工，严格责任追究制度，实行统一受理、统一勘验、统一标准、统一审批，提高行政审批效率。落实“APCD”工作法，通过数据分析、市场动态信息采集及中队定期分析，明确检查重点，运用错时检查、交叉检查等方式，开展日常检查。完善信息情报联合联动机制，开展物流业涉烟储运专项检查行动，打击非法运输。查处涉烟案件259起，查获违法卷烟16586.6条，其中1万元~5万元以上40起、5万元以上10起，市场净化率97%以上。

企业管理 构建以“目标管理、基础管理、基层创优”为重点的精益管理体系，提升企业管理水平。围绕三级目标体系和年初卓越绩效目标，引入目标管理PDCA循环，挖掘企业管理、绩效考核、机关作风以及部门工作中亮点，整改存在问题。制定年度安全生产工作实施方案，全员签订安全生产责任书，实现全年无安全事故。完善单位质量管理体系审核要点，常态化开展自查审核，每月通报情况。解码基层网点创优实施方案，开展创优试点、争当基层网点创优楷模活动。创建“三型”（学习型、服务型、责任型）企业，发扬“同心”文化。组织参加各类文体竞赛、工会活动、职工代表提案活动，开展“3·15”消费维权、“六五”普法、质量月宣传及文明单位创建、志愿者服务、帮扶救助等活动。

（任其正　黄　璐）

盐　　业

【概况】 2016年，区盐务管理局（以下简称“区盐务局”）（分公司）围绕集团公司“2371”总体任务（推动盐化工和商贸流通“两大产业转型”，推进技术、产品、品牌“三个创新”，抓住深化市场化改革、国内国际市场开拓、“智慧苏盐”建设、项目建设、企业上市、现代企业管理和盐政管理“七个方面工作”，夯实企业党建“重要基础保障”），开展工作，完成年度目标任务。实现销售收入1574万元，其中主盐销售收入1232万元、集采商品销售收入342万元。实现小包装盐销售总量2780吨，实现利润95万元。查获各类盐业违法案件78起，查获私盐0.82吨；罚没私盐款2400元。

盐业宣传 开展食盐安全知识、碘盐健康知识、盐业法规知识宣传活动。在媒体上宣传食盐专营、食盐安全等方面知识；走进《行风热线》栏目，为听众解疑释惑；采取上门宣传、张贴宣传公告等形式，盐政科与客户经理开展宣传国务院《盐业体制改革方案》和市工商局、市食品药品监督管理局、市盐务局《通告》等法律法规文件活动；利用《泰州晚报》、微信等公共平台宣传盐改政策等。开展“食盐安全访万家”活动，盐政、营销人员每天每组检查重点地区、重点企业和重点人员至少40户以上。

盐政管理 区盐务局联合公安、卫生、工商、食品药品监管等部门开展执法行动，打击非法经营食盐和工业盐等违法犯罪行为，净化食盐市场；开展农村餐饮食品安全专项治理，不定期巡查走访小工业用盐单位，严防工业用盐流入食盐市场。加强边界盐业市场管理沟通协调机制建设，与边界地市相互通报私盐线索，信息共享。建立定期走访制度，协调解决存在问题。

产品结构 做好经常性销售与阶段性特色销售，巩固结构调整销售工作。分解细化月度销售，小包装分解到客服部，客服部细化到终端客户，大包装盐客户实行“一月一回访”。推进320克海藻碘盐销售，引导健康消费，提升各品种销售和结构质态。

（江学礼）

成品油管理

【概况】2016年6月底、12月中旬，区商务局两次牵头组织全区成品油市场监管工作领导小组成员单位开展全区加油站综合检查，整改检查中发现的问题。截至年底，全区有加油站（点）60家，其中中石化加油站（点）20家、中石油加油站10家、社会加油站（点）30家。

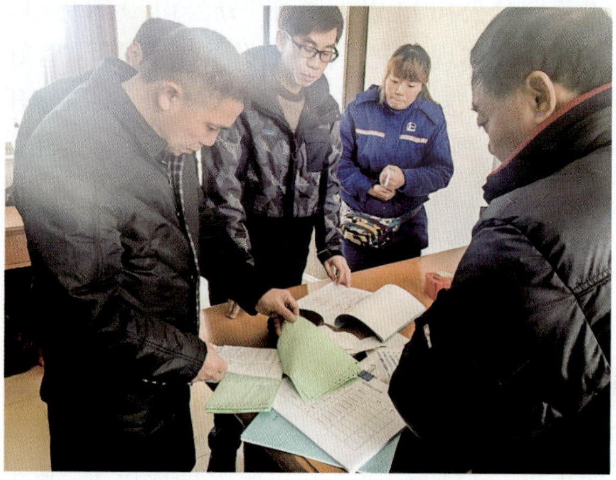

开展加油站安全检查

（顾春鹏　张艺昕）

2016年度泰州市姜堰区成品油零售企业基本情况表

表6

数量情况					从业人数			加油点所有制情况			加油船所有制情况		
零售企业总数	加油站	加油点	加油船	其他	国有	民营	外资	国有	民营	外资	国有	民营	外资
60	49	8	3	—	219	131	—	1	7	—	—	3	—

说明：（1）“零售企业总数”为加油站、加油点、加油船及其他合计数量。（2）“所有制情况”中，“国有”指国有及其国有控股企业；“外资”包括港澳台资企业；“民营”指国有及其外资以外企业

物流业

【概况】2016年，全区有华东五金城物流园区、劳武物流东郊交易中心、劳武物流西郊园区3个物流中心，较大的物流企业有太宇运输公司、奥海运输公司、华源大件运输公司、银宝运输公司、南环汽车配件经营部、第四运输公司等。全区物流业完成货运量2089万吨。其中，道路货运量368万吨，道路货物周转量11685万吨千米；水路运输货运量1721万吨，货物周转量127765万吨千米。

（朱晓龙）

对外及对港澳台经济贸易

利用外资及港澳台资

【概况】 2016年，全区实际利用外资1.6228亿美元，完成年计划1.8亿美元的90.2%，比上年增长7.8%。全区新批外资项目12个、增资项目7个。新批项目中，总投资1000万美元以上项目8个、500万美元~1000万美元项目2个、500万美元以下项目2个；到账项目4个，到账率33.33%，其中总投资1000万美元以上项目到账2个。全区有外资任务单位20家，其中有实绩单位7家，占总数35%。截至年底，全区有外资项目203个，其中独资项目145个、合资项目55个、合作项目3个。投资主要来自美国、英国、日本、德国、韩国、泰国、新加坡、马来西亚、巴基斯坦、叙利亚、越南、萨摩亚、澳大利亚、新西兰、英属维尔京群岛等国家及中国香港、澳门、台湾地区。

【招商引资活动】 4月7日16：15—17：30，2016年中国泰州姜堰溱潼会船节经贸洽谈会在溱湖会务中心二楼大会议室召开。签约项目50个，其中内资44个、外资6个，计划投资总额162.8亿元。单体投资规模较大的有50亿元的光电产业园项目、20亿元的太阳能光伏电池项目以及2.98亿美元的太阳能组件及电池片项目。

溱潼会船节经贸洽谈会现场

区委书记李伟、区长李文飙等领导参加。

6月20—22日，姜堰（深圳）投资说明会在深圳市五洲宾馆举行。签约项目21个，计划总投资82.6亿元，项目涉及智能电网、先进装备制造、节能环保、新材料、新兴服务业等产业。区四套班子主要领导，“一区两园”及区发展和改革委、区经济和信息化委、区住建局、区科学技术和知识产权局、区市场监管局、区建管局、北京招商分局、上海招商分局、深圳招商分局及苏州招商分局主要负责人，区商务局局长薛维昌、副局长夏阳等参加。

8月18—25日，副区长史献辞带队赴日本、韩国开展招商活动，与相关方面洽谈项目招商引资工作。区商务局副局长夏阳等参加。

8月29日至9月2日，市长史立军带队赴深圳开展“深圳投资促进周”活动。副市长张余松、托里坤，区委副书记、区长李文飙，区委常委、区经济开发区（三水街道）党工委书记宋羽，区政府办主任周谅，区商务局局长薛维昌、副局长夏阳等参加。

9月28日下午5点，2016年姜堰金秋经贸洽谈会签约仪式在溱湖会务中心二楼大会议室召开。签约项目53个，总投资约197.3亿元。涉及智能电网、先进装备制造、节能环保、新材料、新兴服务业等产业。其中，内资项目49个，计划投资155.7亿元；外资项目4个，计划投资6.3亿美元。该活动由区委办、区政府办牵头，区商务局承办，区四套班子主要负责人及相关部门人员参加。

姜堰金秋经贸洽谈会现场

对外及对港澳台贸易

【概况】 2016年，全区有自营进出口实绩企业250家，其中外贸流通企业28家、生产型内资企业172家、"三资"企业50家。实现自营进出口9.5497亿美元，比上年增长12.17%，完成年计划8.7亿美元的109.77%。其中，出口8.2645亿美元，比上年增长9.22%；进口1.2852亿美元，比上年增长35.76%。自营贸易市场主要是北美、欧洲、东南亚等国家和中国香港、台湾地区，逐步向南美洲、大洋洲、非洲等新兴市场发展，产品销往118个国家和地区。进出口商品主要以纺织服装（含鞋帽）、石油装备、建材、五金工具、电力设备等产品为主，品种2500多个，其中纺织服装（含鞋帽）进出口占14.2%、油气装备制造进出口占8.17%、建材进出口占24.62%、五金工具进出口占10.17%、电力设备进出口占11.07%、其他一般产品进出口占42.84%。高新技术产品出口占全部出口商品3.1%。

对外及对港澳台经济技术合作

【概况】 2016年，全区完成新签外经合同额1.343亿美元；实现外经营业额1.76亿美元，比上年增长1.15%。外派劳务人员326人。

对外工程承包　全区有对外承包工程企业5家，分别是正太集团有限公司、锦宸集团有限公司、鸿佳集团有限公司、正威科技建设集团有限公司和江苏万邦建设集团有限公司。对外工程承包和劳务合作的主要国家是纳米比亚、博茨瓦纳、塞内加尔等。

对外及对港澳台投资　全区新增对外及对港澳台投资企业4家，分别是泰州市华丽塑料有限公司在法国投资223万美元设立的ESTIVAL有限责任公司、泰州星云动力有限公司在美国投资5万美元设立的REO CARTS INC、泰州市普奥贸易有限公司在澳大利亚投资1533.2美元设立的BM发展有限公司、润泰化学股份有限公司在香港投资1万美元设立的润泰新材料（香港）有限公司。截至年底，全区有对外及对港澳台投资企业29家，其中亚洲10家、非洲8家、北美洲7家、欧洲4家。投资主要分布在美国、法国、澳大利亚等国家和中国香港地区等。对外及对港澳台投资主体主要涉及医药、机械、塑料制品、建筑业等。

（顾春鹏　张艺昕）

2016年利用外资完成情况表

表7　　单位：万美元

单位	实际利用外资		
	计　划	实　绩	完成（%）
区现代科技产业园区（罗塘街道）	3000	2422	81
区经济开发区（三水街道、梁徐镇、桥头镇）	10000	8000	80

续表 7

单位	实际利用外资		
	计划	实绩	完成（%）
淤溪镇	300	120	40
区发展和改革委	500	532	106
区商务局	500	500	100
区住建局	500	500	100
区市场监管局	500	500	100

说明：该表统计时间为2016年12月31日

表8　2016年泰州市姜堰区自营进出口月报表

单位：万美元

地区名称	全年计划	当月进出口	累计进出口	进出口增减（%）	占年计划（%）	其中					
						当月出口	累计出口	出口增减（%）	当月进口	累计进口	进口增减（%）
全区合计	90000	10216	95497	12.17	106.11	8157	82645	9.22	2059	12852	35.76
区现代科技产业园区	10800	663	9695	3.60	89.77	546	7846	−11.62	116	1852	286.64
溱潼镇	60	10	44	−13.73	73.33	10	40	−14.89	0	3	−25.00
蒋垛镇	350	107	1203	291.86	343.71	107	1202	292.81	0	1	−50.00
顾高镇	4600	830	4918	20.27	106.91	797	4565	24.90	33	353	−18.66
大抡镇	350	18	232	−24.68	66.29	18	232	−24.43	0	0	—
张甸镇	16200	2110	22612	50.46	139.58	2093	22528	50.53	17	84	35.48
淤溪镇	600	36	710	37.33	118.33	36	689	54.83	0	21	−70.42
区高新技术装备产业园区	15000	807	9247	−30.70	61.65	790	8821	−28.44	16	425	−58.13
娄庄镇	400	8	96	−73.48	24.00	3	16	−95.06	5	80	110.53
区现代农业产业园区	5400	472	4146	0.17	76.78	434	3932	2.02	38	214	−24.91
兴泰镇	280	2	75	−68.62	26.79	2	75	−68.62	0	0	—
俞垛镇	3560	127	1948	−41.83	54.72	127	1880	−39.94	0	68	−68.81
华港镇	1800	135	1907	13.51	105.94	132	1782	14.89	3	125	−3.10
区经济开发区	34000	4891	38660	19.45	113.71	3059	29038	13.27	1829	9620	42.96

说明：该表统计时间为2016年12月

表9　2016年度泰州市姜堰区对外承包工程统计表

单位：万美元

单位名称	合同个数		合同额（万美元）			营业额（万美元）		
	当年累计	上年累计	当年累计	上年同期	同比（±%）	当年累计	上年同期	同比（±%）
正太集团有限公司	5	8	5249	6873	−11.27	16700	16611	0.53
锦宸集团有限公司	1	3	643	500	22.23	620	583	5.97
鸿佳集团有限公司	2	0	3938	0	—	280	160	75.00
正威科技建设集团有限公司	1	0	3600	0	—	0	0	0.00
总计	9	11	13430	7373	82.15	17600	17354	1.15

说明：该表统计时间为2016年12月31日

旅游

综　　述

【概况】 2016年，区旅游局围绕创建国家旅游度假区总目标，落实旅游业发展三年行动计划，确定“项目建设年”主题，实施“五区同创”战略，构建旅游、文化、商贸、休闲体系，打造长三角知名休闲度假养生目的地。接待游客645.8万人次，实现旅游直接收入15.9亿元，比上年分别增长9.1%、9.6%。

旅游宣传　构建电视、报纸杂志、网络、户外硬广等立体式宣传框架，利用微信、微博、电子商务等新兴媒体和中央电视台等重点媒体，加强溱湖旅游产品和线路宣传。在中央电视台《朝闻天下》《新闻30分》栏目开展春秋两季旅游宣传，中央电视台《新闻联播》《新闻直播间》《乡土》《传承》等栏目多次报道溱潼会船节、古镇端午习俗和传统制簖技艺，与江苏新浪网合作开展“溱湖八鲜”美食节大型网络直播互动活动，出版《影像溱湖》书画摄影集，在上海地铁站、南京高铁站等地开展溱湖景区形象宣传，提升溱湖旅游知名度。

市场拓展　整合全区旅游资源，设计旅游产品，推广特色旅游线路，组织参加2016年江苏旅游新干线春季旅游新品推介会、夏季休闲度假产品推广月等活动，在徐州、连云港召开姜堰秋季旅游产品推介会，加大自驾游和散客班营销力度，新兴市场游客人次增多，散客比例提高。巩固江苏、上海、浙江、安徽、山东等传统客源市场，加大远程市场开拓力度。溱湖与全国2200多家旅行社和数十家车友俱乐部签订合作协议，旅游市场覆盖全国19个省（市）。

项目建设　开展招商引资，与珠海九洲控股集团在文化演艺、酒店集群、文体运动等方面达成合作意向。围绕“观光特色化、休闲体验化、度假精品化”，加快项目建设，溱湖旅游向差异化、多元化发展。溱湖动物园进入试运营阶段，二期启动建设；溱湖海洋世界在内部装修，预计春节后对外开放；环湖路一期完成前期搬迁工作，年底启动建设；溱湖国家湿地公园完成大停车场改扩建工程，推进渔事乐园、漂流改造、清淤工程、线路改造等项目；古镇胜江南八鲜美食街开工建设。

景区管理　构建旅游信用体系，开展星级农家乐、星级餐厅及星级宾馆评定活动，规范旅游商户经营行为，提升溱湖旅游餐饮住宿服务水平和对外形象。组建溱潼鱼饼虾球协会，制定相关制作标准。景区开发建设有限公司、旅游发展公司和溱湖会议中心实行政企分开、市场化运营。推进景区服务标准化建设，举办导游风采大赛、船娘歌咏大赛、游船驾驶技能大赛等系列活动。

（王　斌　帅建军）

【电影《你行你上》在泰州华侨城开机】 1月3日上午，青春励志电影《你行你上》在泰州华侨城举行开机仪式。该片由上海飞牛影视传媒有限公司、泰州凤城印象文化传播有限公司联合制作，全程在泰州取景，其中50%的场景位于泰州华侨城内，其余场景包括老街、市区东风路等。电影讲述金融公司遭遇危机后，5名个性迥异的年轻人为挽救公司，成立临时工作室，被迫接受啼笑皆非的业务，走上创业之路的故事。影片计划于2017年春节期间在全国多家网络主流媒体以及部分院线放映。

（周书卉）

节庆活动

【概况】 举办春季溱潼会船节、夏季湿地亲水节、秋季“溱湖八鲜”美食节、冬季温泉养生节四季主题活动和特色旅游活动。配合主题节庆活动，开展万朵古山茶观赏节、“万人八鲜宴”、簖蟹垂钓大赛等系列活动。举办“黄龙士杯”世界女子围棋邀请赛、端午龙舟大奖赛等，承办亚洲铁人三项赛。发行溱潼古镇特种邮票。

【第十二届中国·姜堰溱潼万朵古山茶观赏节】 3月26日，古山茶观赏节在溱潼古镇开幕。该届古山茶观赏节主题为“茶香溱潼 花满天下”，茶花最佳观赏期延续至4月中旬。开幕式当天开展送福袋活动，送出内含茶花、花语、花盆、养殖说明的“花满天下”福袋2000份。区领导

第十二届中国·姜堰溱潼万朵古山茶观赏节开幕

戚才俊、汤文林、盛育河、黄彭赣向游客代表赠送福袋。江苏、上海、安徽、浙江、山东等地100多家旅行社7000多名游客到古镇赏花、游玩。

（王 斌 帅建军）

【“非遗”展示馆成立】 3月26日上午，“非遗”展示馆揭牌仪式在溱潼古镇景区水龙局举行。区委副书记戚才俊为展示馆揭牌。该活动为第十二届中国·溱潼万朵古山茶观赏节系列活动。溱潼古镇有国家级非物质文化遗产1项，江苏省级非物质文化遗产2项，泰州市级、姜堰区级非物质文化遗产30余项。“非遗”展示馆位于溱潼古镇水龙局、砖瓦馆展厅内，运用声、光、电和蜡像等现代技术，展现泰州市非物质文化遗产——姜堰薄脆和面、发酵、烘烤等流程。

（杨 澄）

【2016年中国泰州姜堰溱潼会船节】 4月8日上午，第十一届中国湿地生态旅游节暨2016年中国泰州姜堰溱潼会船节在溱湖国家湿地公园开幕。该届会船节以“溱湖‘篙’歌、千舟‘潼’庆”为主题，延续到5月19日，包括2016年中国泰州姜堰溱潼会船节旅游推介会（上海）、第十二届溱潼万朵古山茶观赏节、会船节开幕式、会船系列表演活动、姜堰区首届乡村旅游节、第六届“黄龙士杯”世界女子围棋擂台赛、姜堰区第十二届群众文化艺术节、泰州华侨城篝火音乐节、招商引资项目签约仪式、姜堰旅游星级餐饮特色菜品系列评选活动、健康产业发展研讨会、中国古镇——溱潼邮票首发式等活动。区委书记李伟在开幕式上致辞。第十一届全国政协副主席李金华、中国文联副主席杨承志、省人大常委会原副主任张艳、市领导王守法、李伟等共同为会船表演开篙。科技部原副部长刘燕华，国家林业局湿地保护管理中心副主任严承高，亚洲院士、“世界政党气候与生态联盟”主席团成员兼经济委员会主席陆德，市领导张国梁、卢佩民、马士光、丁士宏、张余松，区四套班子领导高永明、申泰州、仲亚岭等，以及省林业局、省文联等有关部门负责人与来自台湾的200多名嘉宾和国际友人出

席。400多条船只和1万多名会船选手参加表演。数万名中外嘉宾、游客观赏。中央电视台、新华社、新华网、人民网、江苏卫视、《新华日报》、《文汇报》、澎湃新闻等省内外60多家媒体报道该活动,江苏卫视新闻公共频道现场直播会船盛况。

(郭晓彬　沈小静)

【首届中国·河横乡村旅游节】 4月9日,乡村旅游节开幕式在沈高镇河横村举行。从2005年至2015年,沈高镇连续举办“中国·河横菜花节”11年。千亩油菜花田有来自省内外10多家科研机构试种的油菜花20多种,被誉为“中国最有科技含量的油菜花海”。举办中国·河横乡村旅游节旨在利用园区农业资源,拉长产业链,增加附加值,提高美誉度,扩大影响力,促进省级现代农业产业园区、省级农产品加工集中区、省级姜堰河横休闲观光农业园、省级苏台(姜堰)农业创业园“四园一体”协调发展。从2016年起每年举办一届。该届乡村旅游节持续至5月8日,其间推出漂流、垂钓、烧烤、露营、抓鱼等旅游项目,开展民俗文艺表演、农民趣味运动会、农产品展销等活动。区委副书记戚才俊宣布乡村旅游节开幕,区委常委、副区长、区现代农业产业园区党工委书记肖延川致辞,区领导王萍、盛育河出席。

(王　斌　帅建军)

【泰州华侨城第七届亲水狂欢节】 6月25日至8月28日,狂欢节举行。该届狂欢节以“水狂欢,冰世界”为主题,举办沙滩泳池派对、空降童话主题气模、儿童娱乐主题周、德国慕尼黑啤酒节、淑女绅士夏令营、美食大作战等活动。

(泰州华侨城)

【溱湖首届湿地露营节】 7月9日,溱湖首届湿地露营节开幕式在溱湖湿地举行。该活动由溱湖旅游度假区管委会、区旅游局主办,为期两天。露营节期间,景区为游客免费提供帐篷烤架、炭火、水电、卫生间、洗澡间、驱蚊贴等物品,开展露天烧烤、水上漂流、篝火晚会、湿地露营等活动及啤酒大赛、西瓜王大赛、宝贝在哪里、水杯乒乓接力赛等游戏。上百名户外爱好者参加。

溱湖首届湿地露营节开幕

(王　斌　帅建军)

【泰州华侨城第七届温泉养生节】 11月19日,“泉世界 心有约”泰州华侨城第七届温泉养生节暨“万家童心 书香筑梦”司庆十周年感恩公益活动在云海温泉开幕。泰州报业传媒集团党委书记、社长、董事长曹茂良,南京和泰州两地学校代表及泰州华侨城经营班子为泰州华侨城爱心图书馆揭幕。泰州晚报小记者俱乐部负责人高娟、泰州华侨城副总经理翟颖为“泰州晚报小记者实践基地”揭幕。曹茂良与泰州华侨城副总经理林伯铮签署战略合作协议。该届温泉养生节延续到2017年1月19日,围绕中医养生温泉新概念,从嗅、食、饮、泡、补等方面调理身体,结合花道、茶道、香道调养身心,开展水中瑜伽、多重亲子体验手工项目及圣诞狂欢节、祈福撞钟夜、中韩高尔夫对抗赛等活动。2016年是泰州华侨城成立10周年。泰州华侨城联合《南京晨报》《泰州晚报》以及南京10所小学、泰州10所小学,开展双城记之“万家童心 书香筑梦”十周年公益互赠书活动。赠书活动以泰州华侨城官方账号线上报名和线下捐赠方式开展,持续至12月31日,所有图书赠予江苏益创社会工作服务中心。金陵中学仙林分校小学部副校长林卫云,南京莫愁新寓小学副校长张盈九,南京马台街小学校长刘晓梅,南京拉萨路小学、南京新城小学及泰州实验小学、泰州凤凰小学、泰州大浦中心小学、泰州海光小学、泰州城东中心小学等学校代表，50家主流媒体记者，游客千余人参加。

（泰州华侨城）

溱湖旅游度假区

【概况】 2016年，溱湖旅游度假区围绕稳增长、促改革、调结构、惠民生、防风险开展工作。实现地区生产总值19.9亿元，可比增长10%；实现一般公共预算收入5050万元，可比增长11%；完成固定资产投资19.45亿元，可比增长15%。溱湖旅游度假区入选首批省级研学旅游示范基地名单，溱湖旅游度假区管委会获“全国旅游系统先进集体”称号，溱潼镇入选中国首批特色小镇，溱湖旅游度假区景区公司党支部被评为泰州市先进基层党组织，溱湖湿地科普馆入选省级节水教育基地，溱湖旅游度假区综合提升项目入选“2016年全国优选旅游项目”名录，溱湖国家湿地公园管理处活动获评“2016年国家环保科普基地优秀科普活动”，姜堰溱湖湿地农业系统被列入全国农业文化遗产名录，溱湖基地获评首批江苏省高层次创新创业人才休养活动基地。

旅游发展　围绕“项目建设年”，推进项目建设。溱湖野生动物园进入试运营阶段，溱湖海洋世界在内部装修，环湖路一期施工，湿地公园大停车场完成改扩建工程，推进渔事乐园、漂流改造、河道清淤、线路改造等工程，溱潼古镇胜江南八鲜美食街基本建成，进入招商阶段。举办溱潼会船节、端午龙舟赛、湿地露营节、八鲜美食节等系列旅游节庆活动，承办亚洲铁人三项赛，发行溱潼古镇特种邮票，溱潼会船节连续登上中央电视台综合频道《新闻直播间》《新闻联播》，古镇端午习俗登上中央电视台军事农业频道《乡土》，制箭技艺被中央电视台中文国际频道《传承》栏目组专题拍摄。接待游客203万人，实现旅游总收入2.37亿元，比上年分别增长8.05%、6.59%。

城镇建设　完成溱潼镇总体规划修编，制定古镇保护区规划及东大门周边规划，初步形成古镇城北片区规划建设方案；完成新城区一期扫尾工程及“房土两证”办理，新安置搬迁户135户，新城区二期及苏果北侧确定规划设计单位；基本完成溱湖街、鹿鸣街绿化、亮化、道路铺设及屋面立面改造等整治提升工程；姜溱河步行桥交付使用，古镇生态停车场、环镇路等工程建成。建立健全镇村环境长效管理机制，环境整治各项考核名列全区第一。

经济建设　完成200万元以上农业项目3个，新增设施农业和渔业面积约58.67公顷，南寺村获“江苏省农业电子商务示范村”称号，秸秆“双禁”工作被评为泰州市二等奖，两次获区季度考核农业银杯。实现工业总产值54.52亿元，其中列统工业产值26.5亿元，比上年增长17.6%；完成全部工业纳税销售10亿元，完成工业设备抵扣税572万元，实施1000万元以上技改项目6个。实现服务业增加值7.4亿元，比上年增长12%；完成1000万元以上服务业项目2个，实现服务业税收3460万元。完成建筑业总产值11.42亿元、增加值2.46亿元，在溱潼入库税收1270万元，三季度获建筑业铜杯。

社会事业　开工建设610省道连接线、鹊仙路至湿地公园科普馆、新城区区间大道延伸等道路工程，湖西村西村大桥改造及湖滨村通镇区道路建设基本完成；推进镇区亮化、污水管网、停车场等基础设施建设；改造社区巷道5条。新增居民健身点4个，建成百姓大舞台4座；新建圩口闸4座、排涝站3座，改建水冲式仿古厕所4座，基本落实2016年十件民生实事。新增参保缴费449人，新型农村合作医疗参合率100%，实现城镇居民人均可支配收入36833元、农民人均纯收入超过2万元，比上年分别增长8%、11%。推进振兴溱潼教育三年行动计划，推行乡村医生签约服务，落实全面两孩和计划生育惠民政策，建成AAA级居家养老服务中心1家，完成村卫生室达标提升工程建设3家，溱潼会船节获评省首批群众文化“百千万”工程优秀文化活动品牌。

【旅游市场】 2016年元旦小长假3天期间，溱湖旅游度假区接待游客7482人，同比增长10.84%；实现旅游直接收入123.36万元，其中门票收入26.74万元，同比分别增长10.44%、

10.95%。春节7天期间，接待游客43762人，收入176.89万元，同比分别增长8.67%、10.68%。端午节小长假期间，接待游客41073人次，其中溱湖国家湿地公园26914人次、溱潼古镇14159人次，实现旅游业总收入298.9万元，同比分别增长9.43%、9.07%。“十一”黄金周假日期间，接待游客13.4万人，实现旅游收入863万元。受台风“鲶鱼”影响，出行最高峰出现在10月4日，单日接待游客3.06万人，同比增长6.05%；单日旅游收入201.29万元，同比增长5.01%。

【主题宣传活动】 2月2日是第20个“世界湿地日”，主题是“湿地与未来——可持续的生计”。溱湖国家湿地公园向全市市民开展“免费一日游”活动，提高大家爱护湿地、关爱鸟类、珍爱生命意识。4月22日，溱湖旅游度假区、区农委联合举办的“爱鸟周”活动在溱湖国家湿地公园开幕。该活动主题为“依法保护鸟类，建设美丽中国”。工作人员向行人及游客介绍爱鸟护鸟知识，发放野生动物保护宣传资料；溱湖湿地公园制作常见候鸟图片展，呼吁人们参与鸟类栖息地保护，营造人与自然和谐共处美好环境。

【中央电视台《传承》栏目组到溱湖拍摄制簖技艺】 11月中旬，中央电视台中文国际频道《传承》第二季专题栏目组到溱湖旅游度假区取景拍摄。该次拍摄内容为传统制簖技艺、传承故事和簖蟹美食。素有“南闸北簖”誉称中的溱湖簖蟹青眼红毛，膏厚肉腴，蕴含着传统的里下河地区

《传承》栏目组到溱湖拍摄制簖技艺

（张泽海　帅建军　摄）

渔事文化，制簖技艺与该次拍摄的“绝技”主题契合。该次拍摄内容将在2017年10月中央电视台综合频道、财经频道、中文国际频道等频道播出。

【溱湖旅游度假区成为首批省级研学旅游示范基地】 该度假区探析“游学兼得”研学新模式，开拓“研学旅行”新思路，挖掘湿地文化、历史文化、民俗文化、会船文化、饮食文化、宗教文化等资源，打造溱湖湿地科普馆、古契约文书馆、砖瓦馆、“非遗”展示馆、中草药植物科普示范园、溱湖淘吧、古寿圣寺等一批研学旅游特色景点，连年举办“溱潼会船节”、“溱湖八鲜”美食节和温泉养生节等研学节庆活动。2016年8月15日，省旅游局、省教育厅发文《关于认定首批省级研学旅游示范基地的通知》（苏旅综〔2016〕258号），52家形象良好、形式多样、形态丰富的申报单位被认定为首批省级研学旅游示范基地。溱湖旅游度假区入选。

【溱湖湿地科普馆入选省级节水教育基地】 8月31日，省水利厅、省委宣传部、省教育厅3部门联合发文公布第二批省级节水教育基地名单。溱湖湿地科普馆入选。该馆选用处理性能好、成活率高、生长周期长、根系发达，可以吸收污水中含毒物质和杂质的水生植物养在生态净化池中，构成“土壤—植物—微生物”湿地生态系统，达到净化水质目的。该系统被大规模应用到溱湖湿地水治理工作中。2015年年底，该馆向社会开放科普参观，为推进全区节水型社会建设提供宣传教育平台。

【溱湖旅游度假区管委会获评全国旅游系统先进集体】 12月12日，人力资源社会保障部和国家旅游局共同举办的2016年全国旅游系统先进集体、劳动模范和先进工作者评选表彰大会在北京人民大会堂举行。会议表彰全国旅游系统先进集体81个、劳动模范95人、先进工作者45人。江苏省姜堰溱湖旅游度假区管理委员会获“全国旅游系统先进集体”称号。

（郭晓彬　沈小静）

江苏省姜堰经济开发区

【概况】 2016年，江苏省姜堰经济开发区（以下简称“区经济开发区”）实现公共财政预算收入8.09亿元。完成工业纳税销售224.53亿元，比上年增长11.85%；列统工业产值479.8亿元，比上年增长11.7%；完成利税总额44.2亿元，比上年增长5.8%；工业投资108.73亿元，比上年增长31.1%；完成设备抵扣税0.87亿元，比上年增长69.5%。

项目建设　新签约亿元以上项目23个，实际利用外资8000万美元。经泰州市认定新开工亿元以上项目28个，其中10亿元以上项目3个；竣工验收项目11个；在建亿元以上项目31个。10月，总投资30亿元的大唐热电联产项目首台机组投入运行；总投资20亿元的中来股份太阳能电池项目从签约到投产用时7个月；1月，瑞银物流公共型保税仓库项目获南京海关总署批准设立，年底竣工。

科技创新　新开工建设1000万元以上技改项目28个，其中1000万元~3000万元项目6个、3000万元~1亿元项目11个、亿元以上项目11个。

安全监管　开展安全生产“三个百日行动”。摸查10人以上企业212家、10人以下企业和单位380家，发放“安全生产友情提醒”288份。开展危险化学品专项整治活动，排查辖区企业21家，查出蓝表企业6家，全部整改到位。

基础设施建设　开工建设基础设施项目26个，竣工验收项目24个。建成纬八路（许陆河—广州路）、区间道路网格化道路、科技大道北延、四支河滨河路等道路工程5.14千米，开工建设陈庄路改造、上海路改造、科技大道北延、南京路南延、立新路等道路工程；建成公寓楼安置房13.8万平方米，完成544户自建区外网配套工程，其中陈庄三期后增6幢、马厂七期D区杭州路东侧通过竣工验收；完成开发区学校幼儿园一期工程和配套装备建设，开工建设幼儿园二期；推进赛宝厂房改造及设备安装调试，开工建设派出所用房；新建路灯200余盏，维修道路4500平方米。

（王　磊）

【区经济开发区通过省级知识产权试点验收】 2013年年底，区经济开发区获批省知识产权试点园区。该区以筑牢夯实省级知识试点园区为根本，以提高知识产权创造、运用、保护、管理的综合能力和区域核心竞争力为目标，以提升全区工业企业自主创新能力、促进知识产权工作向示范园区攀升为主线，培育一批拥有自主知识产权、市场竞争力强的高新技术企业和后备企业，为建设国家级创新型工业园区提供科技支撑。2016年4月15日，区经济开发区省级知识产权试点园区期满。专家组通过走访企业、听取汇报、查阅资料、提问交流等方式开展检查验收，认为该区完成省知识产权试点园区目标任务，同意通过验收。

（肖亚林）

泰州市姜堰区现代科技产业园

【概况】 区现代科技产业园区建成工业区面积12平方千米，拥有孵化面积20万平方米的国家级科技企业孵化器高新技术创业中心、6万平方米的科技研发大厦留学生创业园、省级众创空间智谷软件园和省重点培育小企业创业基地扬帆创业园等创新创业平台。入驻工业企业1570家，其中规模以上工业企业206家，高新技术企业79家，开票销售过亿元企业20家，上市企业3家。形成以苏中药业为代表的大健康产业，以1001号3D打印、SMT贴片机为代表的智能装备制造产业，以江苏越美激光显示蓝光芯片为代表的集成电路制造产业和以泰州市智谷软件园为代表的软件信息产业。2016年，该园区实现公共财政预算收入12亿元，比上年增长5.6%。实现列统工业产值221.2亿元，比上年增长17.4%；完成工业开票销售68.4亿元，比上年增长16.3%；净增规模以上工业企业5家。实现服务业税收9.9亿元。全社会固定资产投资52亿元，比上年增长30.8%。

制度建设　出台《高新技术产业开发区招商引资、引智优惠政策》《科研人才工作奖励办法》，制定供给侧结构性改革“三去一降一补”推进措施，设立新兴产业发展引导资金，推行“人才+项目+资本”创业模式，培育一批现代企业家、职业经理人和高技术蓝领工人。

项目建设　以智能装备、电子信息、新材料、新能源产业为主攻方向，加快集聚高端要素、发展高端产业，3D打印、蓝光芯片、SMT贴片机、手机视窗、超高纯大流量气体（液体）输送系统等高新技术项目落户。年内通过泰州市认定亿元以上新开工项目19个，总投资99.2亿元；竣工亿元以上项目13个，总投资15.8亿元；实际到账外资2422万美元。馨德高分子、东南环保、台湾力野、星云动力等项目实现当年竣工当年投产当年开票，新办项目工业开票销售贡献率占全部工业开票销售9.6%。

科技创新　园区与江苏大学、华中科技大学、东南大学、哈尔滨工业大学、华东理工大学、上海交通大学、西安交通大学、农业部南京农研所等高等院校建立产学研合作。有院士工作站2家、博士后科研工作站1家，研究生工作站3家，省工程技术研究中心2家；引进高层次创新创业人才78人、高层次创新创业团队6个，有国家创新创业“千人计划”领军人才2人、院士1人。累计申请专利3632件，其中发明专利1134件；专利授权2397件，其中PCT美国、日本、德国、韩国发明专利各1件。累计开发高新技术产品117个。实施省级以上科技计划项目46项、省科技成果转化项目6项，多项研究成果获国家、省（部）级科技进步奖。有国家级高新技术企业2家、省级高新技术企业13家，牵头起草并获批国际标准2项、国家标准5项，组建离岸孵化器3家。年内新开工技改项目7个，其中3000万元以上项目2个；竣工验收1000万元以上技改项目6个，其中3000万元以上项目2个。智谷软件园入驻项目47个，当年实现主营业务收入2200万元，获“江苏省众创空间”“江苏省创业孵化基地”“江苏省电子商务示范园区”“江苏省科技企业孵化器”等称号。3次为市委工作会提供项目现场10个，光电产业园、佳润管件等项目获与会代表好评，泰州越美激光显示蓝光芯片项目获评2016年江苏省重大产业项目，苏中药业主导研发的“IgA肾病中西医结合证治规律与诊疗关键技术的创研及应用”项目获国家科技进步一等奖。

（陈晚林）

泰州市姜堰区高新技术装备产业园

【概况】 2016年，该园区围绕“1510”行动方案，推进“一大主业”（招商引资）、“五大工程”（园区扩建工程、文化强镇工程、镇村形象提升工程、10万亩高标准农田整治工程、要素保障工程）、“十大提升”（“三农”工作水平大提升、服务管理水平大提升、经济总量大提升、项目质量大提升、园区承载能力大提升、创新转型能力大提升、镇村总体形象大提升、群众幸福指数大提升、党建工作大提升、社会管理创新大提升），实现经济和社会事业新发展。该园区被评为江苏省特色产业园区。

招商引资 成立5个招商小组，由3名党政领导、2名中层干部分别带队，挖掘招商信息，跟踪洽谈项目。聘请荣誉招商大使30人，与姜堰上海商会合作，为招商引资提供信息，为洽谈项目牵线。

项目建设 签约亿元项目8个，开工建设亿元以上工业项目6个。

基础设施建设 推进园区标准厂房建设，配套实施绿化、亮化、污水处理等各项基础工程。启动亿元企业孵化园二期工程2.2万平方米标准厂房建设，主体工程即将封顶；围绕园区东进，规划调整东部干线西侧、园二路北侧土地5公顷，实施场地平整、围墙建设，翌年初将启动标准厂房建设。完成园二路两侧绿化土方回填，完成区镇污水支管网改造和蒲津大桥北侧道路改造工程，启动竹窠庄“两路一桥”连通工程。

（成爱峰）

江苏省姜堰现代农业产业园

【概况】 2016年，该园区围绕“打造全省一流农业园区，跻身姜堰综合实力强镇”目标，加快转型升级，致力融合发展。获区年度工作目标综合优胜奖二等奖、招商引资和项目建设先进单位奖二等奖，区季度单项竞赛获金杯4个、银杯4个、铜杯6个。河横村被评为江苏省首批休闲观光农业示范村，江苏北农大农牧科技有限公司被农业部评为2016年畜禽养殖标准化示范场，“蚊帐大米”通过欧盟农产品质量检验，万众村“美丽乡村”建设通过泰州市级考核验收。

现代农业发展 实现农业增加值4.1亿元，比上年增长8.8%。有高效果蔬400公顷、特水养殖600公顷、花卉苗木约333.33公顷，其中大棚蔬菜约166.67公顷、大棚西瓜约106.67公顷、大棚茨菰20公顷、优质葡萄82公顷、特禽养殖110万羽。建成粮食烘干中心4个，购置大中拖86台套、小拖152台套、三麦条播机29台、步进式插秧机44台、乘坐式插秧机30台、联合收割机88台，推进稻麦两熟机械全量还田，水产、畜禽机械化水平80%。推进“互联网+农业”发展，创办园区电商孵化中心，建立村级服务e站15个。建立农产品安全监管体系，创建检测中心6个，培训专业检测人员10人。实施农业保险收缴及扩面工作，农业保险参保、投保率100%。提升农产品质量，有有机食品1个、绿色食品23个、无公害农产品56个。全镇有农产品加工企业42家，其中区规模以上农产品加工企业16家，市以上农业龙头企业6家。

农业改革 开展农业改革与建设试点工作，为全国农业现代化规划工作暨农业改革试点工作培训会提供现场。新增高效设施农业面积105.8公顷、高效设施渔业面积约38.67公顷、高效设施园艺项目3个，新增农业“三品”2个，均超额完成年度计划。完成高效农业保险313万元，生猪大中型规模养殖比重65%，建成联盟、超幸2座为农综合服务中心，夏、秋季秸秆“双禁”工作被作为全区第一名上报泰州，农村土地确权登记工作基本完成。沈高镇农村产权交易站完成农村产权交易105宗，交易额6061932.16元，完成年计划239%。培植示范性家庭农场2个，培植“五好”示范合作社6家，全镇累计成立农民专业合作社176家。

基础设施建设　园区建设分为农产品加工集中区、休闲观光农业、农业科技集成示范、设施果蔬及园区服务中心五大板块。其中，农产品加工集中区板块完成腾飞北路、丁河北路、力实路“两横一纵”主干道绿化和亮化工程，启动丁河西路、力实路西延建设，完成标准化厂房一期工程建设，开工建设二期工程，污水处理厂进入扫尾阶段；休闲观光农业板块启动《姜堰现代农业产业园区（沈高镇）乡村休闲旅游规划》修编工作，实施千亩葡萄园避雨大棚及游步道建设，启动建设溱湖农产品交易中心；农业科技集成示范板块河横稻麦基地智能化灌溉系统和沈高扩展基地完工；设施果蔬板块完成横河路、沈新路拓宽改造，石家舍等四条河道疏浚及生态护坡；园区服务中心二期竣工投入使用。

（张永进　冯　霞）

溱湖四角菱

溱湖四角菱系“溱湖八鲜”之一。菱呈三角形，四个角分布在两个垂直的平面上，角尖细，仓饱满，花期5—10月，采期6—11月。菱表皮白绿色，皮薄肉质糯性，煮熟的老菱香气四溢。常年种植面积800公顷以上，产量1.7万吨。

溱湖水瓜

溱湖水瓜系溱湖地区特有品种。瓜呈椭圆形，皮青肉白，肉质细嫩脆、低糖高水分、口感味道好，商品性价比高，单个重1~1.5千克，是“伏缺期”上市解渴的放心、保健瓜果，为瓜类中的佼佼者、夏令季节上市的抢手货。一般2月中旬播种，5月下旬上市。常年种植面积在167公顷以上，产量7.5万吨。

姜堰葡萄

姜堰葡萄主要分布在沈高镇、大坨镇、蒋垛镇、淤溪镇等镇。早熟品种有夏黑、美人指，中熟品种有醉金香、巨玫瑰、滕稔，晚熟品种有金手指、阳光玫瑰等，采期6—10月。常年种植333公顷以上，产量0.6万吨。2015年，沈高镇与江苏省农科院合作培育新品种“紫金早生”，6月中旬上市，单果果粒0.008~0.010千克，穗重0.450~0.600千克，甜度等级18~20，抗病力强，成熟后可挂枝销售30~40天，亩产750~1000千克，被江苏省农科院鉴定为优质葡萄。

人事·劳动·社会保障

人事工作

【概况】 2016年，全区有公务员2253人、参公人员414人。事业单位工作人员总数10223人，其中管理人员736人、专业技术人员9064人、工勤技能人员402人。人才总数13.56万人，其中专业技术人才5.64万人、高层次人才6230人。

人才培养　实施高技能人才培养计划，开展职工职业技能大赛，深入企业生产一线开展职业技能培训鉴定，新增企业职工技能提升培训7164人，职业技能鉴定获证12989本，新增高技能人才2616人。

人才服务　落实“人才强企”政策，协调财政、住建、国土等部门，在泰州地区率先明确发放“购房券”和兑现购房补贴各部门职责，形成联合审核机制，畅通兑付渠道，专人跟踪服务，向129人发放“购房券”533万元，向109名各类优秀人才发放生活补贴75万元。

人事管理　开展年度考核工作，加强各单位优秀比例和单位报送优秀人员名单审核，460人被区政府嘉奖、54人被区政府记三等功。开展新录用公务员初任培训，组织近年来新录用的145名公务员参加年轻公务员调研与策划培训班。培训全区10个单位162名新批准参公管理人员，培训考试合格率100%。实施公务员职务与职级并行工作，537人完成职级晋升，兑现工资待遇。推进事业单位人事制度改革，坚持“因事设岗”，严格岗位聘用管理，907人晋升岗位等级，6人因处分降低岗位等级。完成2016年全区公务员和事业单位工作人员招录工作。

工资待遇　区人力资源和社会保障局与区委组织部、区编办、区财政局、区审计局等部门成立联合督查组，开展全区机关事业单位“吃空饷”和违规发放津补贴奖金情况专项治理，督察整改存在问题。在全区机关事业单位中推广应用工资管理软件，加强区级机关绩效资金、奖励性绩效工资、正常晋升工资等审核备案，规范工资福利待遇发放。

劳动工作

【概况】 2016年，全区劳动力总数43.06万人，其中城镇劳动力8.52万人、农村劳动力34.54万人。城乡就业总数34.38万人，其中城镇就业8.23万人、转移农村劳动力26.15万人，登记失业率1.88%。

人才招引　引进聘用具有硕士研究生以上学历或副高以上职称优秀人才196人，其中海外人才35人。开展“泰爱才”校园引才活动，组织50多家企业赴40多所高校招引人才，达成初步意向181人。鼓励引导高校毕业生到企业参加就业见习，全区建立省、市、区三级毕业生就业见习基地28家，开发见习岗位424个。开展“春风行动”，组织双登集团、振华泵业等企业参加“聚力泰州”人力资源合作交流大会，建立省外劳务合作基地10多个，举办各类招聘会103场，提供就业岗位3.28万个，达成就业意向1.19万人。

用工就业　出台《姜堰区人力资源市场管理暂行办法》，为求职者和用人单位提供人力资源市场服务。开展春季企业用工和农村务工人员就业情况专项调查，做好劳动者求职和企业需求对接。创新职业指导模式，失业人员递交失业登记手续后即可参加职业指导培训，循环播放视频短片，提升职业指导培训质效。加强劳动者就业技能培训和职业能力提升服务，联合永发模塑和晨源母婴等企业开展注塑工、育婴师等专业培训，举办各级职业技能培训鉴定114期，1.28万人参加在岗职业技能提升培训。

劳动关系　开展劳动关系动态监测预警和定期分析研判，把矛盾消灭在萌芽、化解在基层。服务企业破产关闭、法人失联等突发情况职工安置问题，维护职工权益。加强集“办案、服务、监管、预警、指挥”为一体的监察联动维权指挥调度平台建设，提高基层网格初始处置违法行为和防范群体性事件发生能力。打击不签订劳动合同、不缴纳社会保险等违法行为，重点治理企业拖欠职工工资问题，受理举报投诉案345件，帮助9800名职工追回被拖欠工资1.23亿元。开展“春暖百家企业”走访调研，为企业依法用工提供法律帮助。开展“百家企业观摩庭审”活动，用案例警示企业依法用工。推进基层劳动争议仲裁巡回庭建设，加强仲裁员、调解员业务培训，提高裁审质量。开通特殊群体“绿色通道”，缩短办案周期，规范“要素式”审理办案模式，探索重大集体争议多方联动调解和快速仲裁机制，提高基层劳动争议调解室运行效能。

【创业创新工作】　开展巾帼电商创业培训班和创业培训宣讲校园行活动，为企业量身定制个性培训方案，获市人力资源和社会保障局肯定，在全市推广。创新服务载体，从汽车美容、糕点制作等投资少、风险小、见效快的项目中选定20家企业作为区创业培训实训基地，实施“技能培训+创业实训”复合培训，助推创业成功率。开展省创业型镇（街道）、社区创建工作，打造“创富泰州”品牌，推动创业孵化基地建设，智谷软件园被认定为省级创业孵化示范基地。向138名创业者发放小额担保贷款1439万元，为5家企业落实贴息贷款1650万元。2个创业项目被省人力资源和社会保障厅认定为优秀大学生创业项目；1个创业项目进入中国创翼大赛全国半决赛，获“银翼奖”，2个创业项目被评为“创翼之星”。举办区第二届“乐·居姜堰、创·享未来”主题创新创业大赛，在泰州市第四届创业富民大赛中获项目一等奖和优秀组织奖，实现“四年冠”。

（张海新）

【姜堰区第二届创业创新大赛】　6月20日，姜堰人力资源和社会保障网、姜堰人才网、就业通微信发布姜堰区第二届创新创业大赛通知，启动姜堰区第二届创新创业大赛。该次大赛主题为“乐·居姜堰 创·享未来”，分为创业标兵和创业项目两项内容。经过初赛、复赛，9月13日，大赛决赛举行。评选出创业项目一等奖1个、二等奖2个、三等奖3个，罗塘街道推选的CLIP3D打印项目获一等奖；创业标兵6人，其中“最佳励志奖”“最佳引领奖”“最佳人气奖”各1人，汉土家庭农场获第一名。区委常委、常务副区长戴兆平为获胜者颁奖。

（肖亚林　王　萍）

社会保障

【概况】　2016年，全区城镇职工养老保险参保总数13.67万人；城镇职工医疗保险参保总数16.60万人；城镇居民医疗保险参保总数3.51万人；工伤保险参保总数13.50万人；生育保险参保总数7.87万人；失业保险参保总数8万人；新型农村合作医疗参合人数53.51万人；城乡居民养老保险参保总数21.58万人，领取待遇人数15.85万人，月人均养老金202.5元。社会保险基金结余23.96亿元。

保障待遇　推进城乡居民养老保险全覆盖，实现年老人员人人享有养老保险待遇，基础养老金增至每人每月125元，惠及城乡居民15.85万人。调整5.9万名企业退休人员养老金，退休费平均为2011元。城镇职工及城乡居民大病（包括新型农村合作医疗）补偿3452人次，补偿金1426.38万元；发放新型农村合作医疗门诊和住院补偿金28786.66万元。

走访城乡居民养老保险全覆盖情况

（潘　俊　顾　祥　摄）

惠民政策　从2016年5月1日至2018年4月30日，企业职工基本养老保险单位缴费比例从20%降到19%。将淤溪镇、俞垛镇等镇22个项目1009人按省政府93号令纳入征地保障，其中劳动力年龄段392人参加企业职工养老保险、养老年龄段380人按653元/月标准发放。出台城镇职工大病保险新政，起付标准为1.5万元，个人自付合规费用超过1.5万元以上部分实行分段补偿。按照《省人力资源社会保障厅省财政厅关于调整生育津贴计发标准的通知》，执行新生育保险政策。工伤保险费率由原先三类企业增加至八类，惠及全区用人单位2286家。从2016年1月1日至2018年12月31日，失业保险阶段性降低费率，单位由1.5%降为1%，个人缴费比例仍为0.5%。10月，根据市人力资源和社会保障局文件精神，取消收取退休服务代办费。

扩面征缴　全区城乡居民养老保险续保14.05万人，续保率92.27%。职工养老、医疗、失业、工伤、生育五大保险分别新增参保13236人、11074人、5894人、5712人、6402人。

社保服务　推进老有所学“三万计划”，区老年职工大学被区文广新局命名为省级“非遗”项目“姜堰滚莲湘”传习基地。联合邮政储蓄银行、建行开辟社保缴费绿色通道，通过开通网上办事大厅、掌上“12333”、单位网上申报缴费等方式，用人单位和参保职工足不出户就可查询社保信息、办理相关业务。换发省卡搭建异地就医实时结算平台，实现参保人员异地实时结算。改变医保二次救助年底一次性报销模式，实现大病救助实时报销。与中国人寿保险股份有限公司泰州分公司达成城镇职工和城乡居民大病保险合作协议，与中国人民健康保险股份有限公司泰州中心支公司达成城镇职工基本医疗保险大病统筹合作协议。

（张海新）

【《春风人社》电台专栏开播】　该电台栏目为便民服务专栏，由区人力资源和社会保障局与区广电台合作开设。以公众需求为导向，宣传人力资源和社会保障工作相关法律、法规和规章，提高人民群众对人社工作政策的知晓率。听众拨打《春风人社》节目热线在线咨询问题或者提出建议，相关人员现场解答群众关心的热点、难点问题，公开办事流程，接受社会监督。自3月起，每个星期三上午十点至十点半在姜堰广播电台民生栏目播出。

（周　唯）

城乡规划

【概况】2016年，市规划局姜堰分局（以下简称"规划局区分局"）以助推项目大突破、引导城建新提升为主题，履行规划职能，推进体制调整，服务项目建设。核发选址意见书11份、建设用地规划许可证123份、建设工程规划许可证144份、乡村建设规划许可证145份，核发面积189.75万平方米；绘制道路红线25份、用地红线102份、拆迁红线8份；出具规划设计要点137份，组织规划论证12次，审批规划方案108个；单体规划核实6次，竣工规划核实74次，核实面积152万平方米。

规划编制　修编海绵城市规划、城市地下综合管廊工程规划、地下空间开发利用规划、城市消防规划等专项规划。抗震防灾专项规划获市政府批准。姜堰旅游产业创新发展规划通过专家评审，形成正式文本；溱湖国家旅游度假区规划等待省旅游局组织论证。区经济开发区东片区、西片区控制性详细规划上报市政府，待区经济开发区取得区域环评后批准。围绕城建新提升，规划设计原时代超市、农工商、政法委等城市重要节点、重要地块。落实姜堰区火车站提升改造规划方案。完成古罗塘旅游文化景区提升计划。区烟草公司北侧等7处游园节点完成规划方案。做好溱潼镇胜江南商业街规划方案和桥头镇小杨人家精品民宿工程规划。溱潼镇总体规划获省政府批准，蒋垛小城市规划和蒋垛镇小城市统筹规划通过专家论证，桥头镇区控规、梁徐片区控规获市政府批准，淤溪镇、兴泰镇、娄庄镇、顾高镇、沈高镇总体规划、消防规划等相关规划通过专家论证。镇村布局规划获市政府批准，报省住房城乡建设厅备案。组织制定姜堰区特色小镇创建初步方案。白米镇蛙庄村、沈高镇万众村形成美丽村庄规划方案。

规划管理　按事权划分及区城乡规划委员会议事规则和程序决策城乡规划重大事项。上报市规委会研究议题6项；提请召开区规委会3次，研究议题18项；召开局业务会议22次，讨论研究事项455个。实行在建项目动态跟踪管理，按规划许可内容开展规划监管和规划核实。规划局区分局与区城市管理行政执法局联合开展违法建设相关技术认定19次，检查在建工程项目15个，确保按规划实施。

规划服务　开展"规划镇区行、服务面对面"活动，将全区重大项目分解落实到人，实行工作重点前移，提前介入、事先指导，帮助解决项目推进中的有关规划问题和矛盾。做好区委、区政府为民办实事项目中道路、公交停车场、文教卫体等事项的选址、审批工作。开展城区、溱潼镇房屋征收调查产权认定工作，完成6户思想包保及挂钩联系任务。张甸镇杨俞村编制村庄发展提升规划，规划局区分局支持资金10万元改善基础设施及民生工程。开展项目建设和企业服务“大走访、大排查、大整治”活动，为企业提供规划服务。调查核实问题22个，其中整治到位9个、落实8个、暂不具备条件解决5个。开展建设工程联合测绘工作，在区政务服务中心规划窗口运行，实施施工图联合审查，提高服务效能。明确以出让方式取得建设用地使用权的项目不再核发“选址意见书”。从12月1日起取消规划技术服务收费，从12月16日起不再代收建制镇基础设施配套费。

【阳光规划】 拓宽规划公开范围和方式，加大规划公开力度，接受社会监督。推进规划许可内容公民查阅责询平台建设，访问量3000多人次。开展“城乡规划法律法规暨规划成果”宣传活动。完善信访工作机制，每月排查规划矛盾问题，落实包保责任和调处措施，做好三水·新都会、中天二村、碧桂园、家乐福等项目规划矛盾调处工作，办结上级交办和自办的信访案件16件、“12345”工单60件、网络舆情75条。

（林泽朋）

城区建设

【概况】 2016年，区住房和城乡建设局（以下简称“区住建局”）围绕建设“生态宜居旅游度假养生基地”目标，改善城乡生活环境，推进城乡一体化建设，完成年度目标任务。区住建局被评为“区级机关效能建设十佳单位”，获全区年度招商引资和项目建设先进单位奖；“民生住建360+”品牌创建成优秀机关服务品牌，融资项目获全区特别贡献奖。

道路建设 重建东板桥，改造上海路、陈庄路、马厂路、东大街，东海北路、通前路、淮海东路、姜园路（梁徐镇区段）建成通车；推进上海路南延、三水大道南延和姜园路东段3条跨年度项目，初步形成干路成格、支路成网的路网体系。

市政养护 实行市政设施分区管护责任制，确保市政设施完好率。疏通城区主次干道、后街背巷排水管道6000多米，维修砼路面3800平方米，维修沥青路面5800平方米、人行道板3300平方米；更换路牙800米，更换各类井盖650套，增设马眼窨井78座，清理各类窨井14600座次，清运淤泥1600立方米。

园林绿化 提升改造振兴路、古田东路道路绿化，完成上海路、陈庄路等配套绿化，罗塘公园建成开放，新烟草公司北侧、马厂小区西侧及公安局南侧游园建成。

供水供气 完成引长江水深度处理工程土建施工，实施设备安装，预计2017年7月建成。天然气管网在实现镇镇通基础上，延伸燃气管网12千米。

污水处理 铺设姜堰大道、姜官路等污水管网33千米。完成时庄河北段和革命河整治。区经济开发区实施工业污水处理厂建设，推进土建工程。

社区整治 完成古田新村、府西新村2个老旧小区综合整治，实施雨污分流、屋面维修、外立面及楼道出新、管线入地、自来水分户改造、道路改造等工程，完善小区基础设施。

房屋搬迁 完成河东街、陵园东河北、中心超市及周边3个地块956户房屋征收补偿安置。完成2500户房屋征收搬迁工作，包括溱潼镇古镇北片区、新城大道等项目房屋征收，“两路一河”（328国道姜堰段、姜高路姜堰段和新通扬河姜堰段）集体土地房屋搬迁，罗塘街道幸福村五组及周边与淮海路集体土地房屋搬迁，红旗大道集体土地房屋搬迁。

行业管理 审查施工图设计95项128个单体109万平方米，完成绿建审查46项72.99万平方米，纠正违反强制性条文368条、强制性标准770条。加强地震应急避难场所建设，区政府中心应急避难场所和时庄河公园固定避难场所得到市抗震办专家肯定。受理施工合同备案（审查）项目80个，办理工程结算初审项目38个，核减约2775万元，核减率17%，接收建设工程档案项目66个，整理上架建设工程档案1681卷。实施新建房屋白蚁预防面积128万平方米，预防单位（个人）110户。

【海绵城市建设】 编制姜堰区海绵城市专项规划，形成初步成果。在三水大道南延、上海路南延、苏中药业停车场、游园建设及部分老旧小区整治项目中，探索应用各项海绵技术措施，通过“专项规划+试点项目”双引擎驱动战略，海绵城市建设在全市处于前列。罗塘公园获泰州市唯一“省海绵城市建设示范项目”，获省财政建设引导资金500万元。

【罗塘公园开园】 7月14日上午，罗塘公园开园。该公园建设是2016年区委、区政府为民办十个方面实事项目之一，建设中将海绵城市建设实践创新与生态园林绿化理念融合，采取“渗、滞、蓄、净、用、排”等多种海绵城市建设技术措施，打造高效生态城市海绵综合体。公园总投资1.18亿元，占地面积约10.67公顷。设计建造结合生态性、功能性和文化性，形成具有地域特色的湿地景观，可满足不同年龄段市民活动需求，承担区域及周边防洪滞洪、雨洪疏导、改善生态等作用。5月，该公园成为泰州市唯一的“江苏省海绵城市建设示范项目”。区领导李伟、李文飙、申泰州、仲亚岭、戴兆平参加开园仪式。

镇村建设

【概况】 2016年，围绕城乡一体化统筹发展总体目标，全区推进城镇基础设施和美丽乡村示范建设，开展农村危房改造和渔民上岸安居工程，提升农村人居环境质量。改造农村危房400户；基本完成白米镇蛙庄村、沈高镇万众村美丽乡村建设，兴泰镇西陈庄村创建成全国美丽宜居村庄。完成全区801户渔民上岸安居任务。

集镇建设　全区各镇实施重点工程项目76个，总投资14.5亿多元，其中小城市建设基础设施和公共服务设施项目较多。溱潼镇开展城北社区整体改造提升，征收搬迁房屋785户近9万平方米，野生动物园开园，溱湖旅游度假区旅游停车场基本完工，读书址大桥、湖滨跨泰东河大桥通车，胜江南美食一条街、溱湖景苑小区已至封顶，溱潼人民医院内科综合病房楼投入使用；蒋垛镇东环路改造工程在施工中，普济路、文化路路灯和观音寺生态停车场、公厕立项进入招投标程序；蒋垛中学教职工宿舍楼和食堂改造基本完工，康陈河河坡绿化及幸福小区绿化提升完成。

乡村建设　沿宁盐高速、启扬高速等重点道路打造高标准绿色通道7条，新建绿化河道21条，绿化圩堤32千米，打造绿化合格村38个（其中省级示范村6个）、单位绿化40个、集镇绿化25项、通村道路绿化50千米。制定出台《姜堰区2016年农村危房改造工作实施方案》，把“建档立卡贫困户、‘五保户’、低保户、贫困残疾家庭”四类对象作为优先改造对象。启动危房改造工作，印发农村危房改造政策宣传手册，改造农村危房400户，在分批验收中。

【美丽乡村建设】 建成沈高镇万众村、白米镇蛙庄村美丽乡村典型示范项目，通过泰州市级初验；兴泰镇西陈庄村创建成全国美丽宜居村庄；列入2016—2017年计划的桥头镇小杨村、溱潼镇洲南村、大坨镇顾野村完成美丽乡村规划设计，通过评审进入项目招投标阶段。梁徐镇江村村、蒋垛镇新桥村拟出康居乡村建设规划初步方案。加强传统村庄保护，组织调查全区拥有较丰富的传统资源、具有较为鲜明乡土文化特色的15个自然村落，形成档案资料上报省住房城乡建设厅。俞垛镇仓场村成功申报省级传统村落保护项目，编制完成村保护规划。

【渔民上岸安居工程通过国家检查组考核】 12月8日，住房城乡建设部联合农业部、国土资源部组成以船为家渔民上岸安居工程检查组，到姜堰区开展以船为家渔民上岸安居工程专项工作检查。该区成立专门组织机构，根据《江苏省以船为家渔民上岸安居工程建设实施方案》相关要求，制定方案，实施多种渠道安置。全区渔民上岸安居任务801户，总人口2010人，分布在1个渔业社、8个镇、1个街道。所有渔民上岸安居，建立“一户一档”资料档案，相关数据录入全国以船为家渔民上岸安居信息系统，通过市级验收，代表江苏省接受国家验收。下一步，区住建局将联合农委、发改、教育、公安、民政、人社、国土等部门做好渔民上岸后续保障工作。检查组听取有关工作落实情况汇报，走访湖西人家，了解渔户上岸后居住状况。认为该区操作管理程序规范，资金补助到位，资金配套力度大，渔民上岸安居及后续社会保障类政策落实较好，渔民享受政策实惠，对该区以船为家渔民上岸安居工程给予高度评价和肯定。住房城乡建设部村镇建设司调研员卫琳参加，省、市相关领导，区委常委、常务副区长戴兆平，副区长王萍陪同。

房地产业

【概况】 2016年，出台《关于促进房地产市场平稳健康发展的意见》，通过加强规划引领、推进货币安置、支持农民进城和外来务工人员购房、举办房交会、搭建拆迁安置平台等措施推动房地产去库存，举办第二十、二十一、二十二届房交会。截至12月底，全区商品房销售成交10213套，销售面积122.3万平方米，销售金额62.6亿元；库存商品房总面积138万平方米，同比下降34.7%，完成市交50万平方米去库存任务。

智慧社区　完成中天二村三期（12~15幢、18幢、19幢、21~27幢、62~67幢）、智慧社区硬件设施建设，四期建设主体工程封顶，五期建设在启动中；安装22个社区视频系统，罗塘街道实施社区网格化管理；完善社区GIS地图和网格化，实施新老系统无缝衔接，为除中天社区以外的姜堰城区其他21个社区做好硬件设施，完成8个社区GIS地图和网格化系统。

物业管理　印发《物业管理政策法规新编》，定期安排专人在各个小区明察暗访。对存在问题较多的小区下达整改通知书，责令限期整改，汇报整改情况；对整治好的老旧小区实施长效化管理，下半年，以南苑新村为试点，通过招投标方式引进泰州凤城物业公司实行市场化管理，逐步在全区推广。规范业委会运行，做好小区业主委员会建立换届工作。城区有住宅小区（组团）169个，其中组建业主委员会77个。修改完善《姜堰区物业公司考核管理办法》，全年分两次考核物业公司及其服务项目，开征网上投票和报纸投票评比，根据投票和评比结果实施以奖代补。

【房地产去库存成效明显】 2016年，全区贯彻落实国家、省、市对房地产市场分类调控、因城施策要求，开展2011年1月1日至2015年12月31日房地产市场运行情况专题调研。7月，出台《关于促进房地产市场平稳健康发展的意见》（以下简称《意见》），实施去库存控房价。一、严格用地管理。《意见》第二条明确“严格控制土地上市节奏，暂缓新增建设用地用于商品房开发建设，除省、市确定的部分小城市、小城镇以外，其余各镇暂不实施零星土地开发”。二、推进货币安置。明确停止新建征收搬迁安置房和经济适用房、公租房等保障性住房，推进旧城改造，加大征收搬迁货币化安置力度，鼓励征收搬迁户在姜堰城区购买新建商品住房或保障性住房，施行货币化安置和产权调换相结合方式。三、举办房交会促进购房。举办房交会3届，出台系列补贴措施，引导住房消费，激活房地产市场销售，促进房地产去库存。四、调整涉房收费。《意见》第十条明确，将电梯消防设施专项资金由40元/平方米调整为30元/平方米，停止收缴人防归集平战转换经费，由建设单位按照人防工程平战转换设计要求，购置安装相关设施设备。五、规范引导销售行为。引导房地产开发商将营业性用房出租，达到先租后售预期效果。截至年底，全区完成市交房地产去库存任务。

（钱凯峰）

【第二十届房地产展示交易会】 2015年12月30日，交易会在省姜堰中学体育馆开幕。该届房展会由区房地产协会和市中广文化传媒发展有限公司联合主办，以“新年，圆梦新生活”为主题，2016年1月3日结束，为期5天。全区24家房产商34个楼盘参展，成交671套，成交面积7.76万平方米，成交金额约3.85亿元。区领导徐闻仲、汤文林、陈文亚出席开幕式。

（张泽海）

【第二十一届房地产展示交易会】 4月29日，交易会在省姜堰中学体育馆开幕。该届房展会以“幸福姜堰 乐居家园”为主题，5月4日结束，为期6天。全区25家房产商34个楼盘参展，成交918套，成交面积11.26万平方米，成交金额约5.26亿元。区委常委、常务副区长徐闻仲，区人大常委会副主任汤文林，区政协副主席陈文亚出席开幕式。

（张泽海　丁晨伟）

【第二十二届房地产展示交易会】 9月30日，交易会在省姜堰中学体育馆开幕。该届房展会由泰州市房协姜堰工委、区广电台主办。10月5日结束，为期6天。全区29家房产商近30个楼盘参展，成交面积13.07万平方米，成交金额约8.68亿元。区领导戴兆平、汤文林、陈文亚出席开幕式。

（张泽海　李晓倩）

城市管理

【概况】 2016年，区城市管理局（以下简称“区城管局”）围绕创建省级优秀管理城市，以“保姆城管、效率城管、精细城管”品牌创建为导向，开展市容环境专项整治行动，破解管理难题、提升精细水平、提高服务质量。在泰州市组织的季度考核中，姜堰区村庄环境长效管理工作第一、三、四季度均名列全市第一，第二季度名列全市第二；姜堰区被省农村综合改革领导小组办公室、省财政厅、省农委联合评为农村公共服务运行维护绩效评价二等奖，获奖励资金100万元，成为全市唯一获奖单位。

市容环境整治　一是开展违法建设快速处置专项行动。组织集中拆违行动42次，拆除违法建设148处近8000平方米，制止备料、作业现场违法建设近130起，消除隐性违法建设面积约5600平方米。建立健全片区中队与各镇（街道）违建防控挂钩联系制度，各镇（街道）查处违法建设近60起，拆除违法建设1万平方米以上。二是开展店招标牌专项整治。制定《城区空间美化专项行动实施方案》，专项整治姜堰大道、人民路、陈庄路两侧违章广告、店面招牌。1个多月期间，拆除各类违章广告480处，改造店面招牌460处。12月上旬，按照区领导对市委工作会项目考察现场沿线店招广告硬质化、亮化要求，跟踪治理人民南路、长江路以及太宇家具城和巴黎城北侧路段店招广告，拆改违章广告55处4400平方米、违规店招267处。制作安装城区103条道路776块新式路铭牌，该项工作走在全市前列。三是开展建筑渣土专项整治。集中清运城区姜堰大道、振兴路等11条主干道及23条重要次干道积存垃圾，清运120处约3000多立方米。落实片区巡查制，督促业主清理建筑垃圾206处。完善渣土运输企业行业监管制度，督促渣土运输企业办理准运手续。四是开展摊点疏导专项整治。推进校园及市场周边市容环境专项整治，跟踪治理省姜堰中学、省姜堰第二中学、罗塘高中、励才学校、南苑学校等学校周边流动摊点，确保上放学高峰时段道路通畅；治理殷唐路、姜官路、府东路等路段摊点占道顽症，加强光明路、幸福路、马厂路常态管理。整治马厂路、三水广场等重要路段和重点区域夜市烧烤摊点，规范入室经营18户，引导集中经营32户，取缔13户。开展城区核心区域市容环境专项整治行动，重点治理迎宾路、南北大街、步行街和广茂巷马路摊点、烧烤摊点、骑门跨店等长期积留的管理顽症。在三水广场设置34间棚亭，疏导步行街区域小吃摊点，委托第三方管理。

城乡环卫管理　投入300多万元，购置扫路车3辆、高压冲洗车1辆、垃圾压缩密封车2辆、电动清运车20辆，提高城区主要道路清扫保洁质量和生活垃圾收运处理能力。围绕区政府为民办实事项目，投入近22万元，维修改造城区垃圾房40座、公厕5座，所有垃圾房安装防撞护角。投入74.8万元，升级改造城区第一、三中转站压缩设备。推进城乡一体化发展，全区城乡生活垃圾收集率、无害化处理率保持在95%以上。推进村庄环境长效管理，执行月巡查、季考核制度，考核覆盖全区262个行政村，考核结果在报纸和电视上公布。

城管服务　3月上旬，抽调机关科室和队员20多人、环卫工人近50人，到桥头镇南大街开展集镇环境和秩序突击整治行动，美化村庄环境，迎接全国农业现场会，历时不到20天。3月中旬，集中开展姜堰大道市容环境整治工作，迎接国家前领导人回乡视察，在不到一周时间里，拆除绿岛灯箱106杆、灯杆灯箱131杆、罗马旗58杆、多层和破损店招105块，清理乱搭乱建202处，卷帘门粉刷出新75间。打造美好宜居城市印象，拆除上海路绿岛灯箱45杆、灯杆灯箱66杆。围绕全区房屋征收搬迁工作总体部署，完成城区搬迁户26户、溱潼镇搬迁户2户的征收包保任务。

【机动车路面停车收费】 开展城区部分地段机动车路面停车收费工作，在南大街、北大街、东大街、罗塘东路、广茂路、梁山路6个路段，设置停车位430个，按照市场化运作模式，向社会公开招标。11月1日，城区部分路段路面停车收费工作启动。

（沈国栋）

溱湖全景

环境保护

环境管理

【概况】2016年，区环境保护局（以下简称“区环保局”）围绕环境保护和生态建设，开展环境管理，解决环境问题，服务重大项目，服务社会发展。姜堰区空气环境优良率、$PM_{2.5}$平均浓度下降率等4项重点指标均列全市第一。区环保局3个科室和1人获泰州市环保系统“奔牛奖”。

污染防治　推进水环境整治。开展新通扬运河等国控、省控断面现场踏勘、调查多次，编制水质分析报告，制定新通扬运河水质改善实施方案；相关镇（街道）开展年度全省“覆盖拉网式”农村环境综合整治工程建设，全区25套农村小型生活污水处理设施每年处理生活废水约40万吨。推进大气污染治理。开展化工园区废气、重点企业挥发性有机物治理等7项大气治理工程；区环保局与区建管局等部门联合开展施工工地扬尘专项整治；推进全区燃煤锅炉整治，整治燃煤锅炉168台，发放补助286万元；整治第四批燃煤锅炉147台46652万元。推进重金属、固废、噪声污染防治。组织验收双登公司铅蓄电池生产工艺清洁优化项目，核拨中央重金属污染防治资金780万元，姜堰双登科技工业园被环境保护部确定为“十三五”重金属污染防控区退出类示范；监管全区危险废物产生及处置单位60家，每年高考、中考期间组织“绿色护考”专项行动，加强学校、医院、居民集中居住区等敏感区域夜间噪声监测监管。

项目管理　加强建设项目环境管理，推行环境项目风险提示、重大项目跟踪服务、环保审批“三增三减”（增通道减时限，增服务减环节，增监管减流程）等环保服务制度。严把生态红线，开辟项目审批“绿色通道”，弱化前期审查，加强事后审查、抽查，简化办事流程，提高审批效率。污染轻微的建设项目实施网上备案管理，加强事中事后监管。

企业管理　全区1168家企业实行环境信用等级评定，根据企业信用等级情况，推行差别化水电价格。21家企业签约投保环境污染责任险，4家企业开展清洁生产审核。

【环境社会治理】推进全国首家镇村级民间环保社团——姜堰区乡村环保生态家园协会建设，运用“社会组织+圆桌对话+人民调解”环境社会治理新模式，调处环保矛盾纠纷，维护社会稳定。姜堰区环境保护纠纷人民调解委员会被省司法厅命名为“江苏省人民调解委员会规范化建设示范点”。探索建立村级生态环境自治模式，大抡镇顾野村，娄庄镇放牛村，兴泰镇薛何村、甸址村，华港镇李家庄村5个村在村组织换届选举工作中，开展村党支部设立生态文明建设委员、村委会设立环境保护委员试点工作。“环境委员”与环保执法人员定期召开“碰头会”，帮助化解村里重点、难点环境信访问题；对一时难以解决或久拖未决的环境信访，召开圆桌对话会议或协调会，协商制定解决方案。“环境委员”为环境监管网格化管理第三级网格的具体责任人，不定期巡查村里重点企业，常态化监管企业排污设施运行情况，参与做好村庄与河道环境整治监管、秸秆“双禁”、化工企业整治、燃煤锅炉整治、环保违法违规建设项目清理等环保工作。“9·16”国际臭氧层保护日、“12·4”法制宣传日等期间，深入村民小组、工业企业、田间地头，发放各类环保宣传资料，开展新《中华人民共和国环境保护法》、《中华人民共和国大气污染防治法》、生活垃圾分类处理、污染减排等相关法律法规知识宣传。该做法为全国首创，填补农村环保机构空白，被《人民日报》《中国环境报》《江苏省政府简报》《新华日报》《泰州日报》等多家媒体宣传推介。

环境监察

【概况】 机制建设　落实“党政同责、一岗双责”生态环保理念，制定《姜堰区环境监管网格化实施方案》，明确镇（街道）党委、政府的主体责任，部门的行业管理责任和环保部门的监督责任。兴泰镇等地率先出台奖补政策，增强环境监管网格运行质态。

环保执法　将“三个百日行动”与环保违法违规建设项目清理结合，按照“关停一批、登记一批、整治一批”要求，清理2800余家违法违规项目。开展化工、电镀、危险废物、中干河二水厂备用水源地保护区、兴泰冷镦行业、“十小”企业（小型造纸、制革、印染、染料、炼焦、炼硫、炼砷、炼油、电镀、农药企业）专项执法检查。区环保局联合公安、海事等部门开展季度水上综合巡航执法，处置“‘5·15’环境犯罪案”遗留危险废物。推行“双随机”（随机抽取执法人员，随机确定执法对象）执法检查，出动执法6705人次，开展风险隐患排查3512次，立案查处各类环境违法行为108件，其中查处违反新《中华人民共和国环境保护法》典型案例12件（限产停产7件、按日计罚1件、行政拘留1件、移送司法机关3件）。

环保信访　做好中央环保督察组交办信访件办理工作，按期办复交办信访27件。对中央环保督察组反馈的涉及姜堰区的23项整改事项，组织相关部门制定整改措施，明确整改期限和整改要求。畅通“12369”环保投诉热线，受理各类环境污染信访370件。

环境质量

【概况】 水环境质量　新通扬运河姜堰段桥头备战桥断面、林场公路桥断面基本达到Ⅲ类水标准，官庄大桥断面基本达到Ⅳ类水标准。老通扬运河姜堰段曲江桥断面基本达到Ⅳ类水标准，杭家铺大桥断面、白米刘池桥（市界）断面水质基本达到Ⅲ类水标准。周山河坡岭大桥断面基本达到Ⅲ类水标准。姜溱河河横大桥断面基本达到Ⅲ类水标准。泰东河泰东大桥（出境）断面基本达到Ⅲ类水标准。

大气环境质量　姜堰区城区大气污染物SO_2全年日平均值0.020毫克/立方米，NO_2全年日平均值0.026毫克/立方米，PM_{10}全年日平均值0.080毫克/立方米，CO全年日平均值1.221毫克/立方米，O_3全年日平均值0.091毫克/立方米，$PM_{2.5}$全年日平均值0.046毫克/立方米，空气质量优良率78.1%；全年平均降尘量5.59吨/平方千米·月；全年监测有效降水80次1661.32毫米，发现酸雨8次。

声环境质量　全年城区区域环境噪声昼间均值55.2分贝（A），达到二类混合区标准要求。城区道路交通干线噪声昼间噪声均值65.2分贝（A），达到交通干线噪声标准要求。

（王　冬）

水利·交通·邮政·电力

水　　利

【概况】 2016年，区水利局围绕保障、发展、民生、安全、生态，投资4亿多元，完善水利基础设施，推进重点水利工程建设，做好防汛防旱工作，打造良好水环境。

水利建设　实施国家、省重点工程卤汀河、泰东河主体工程及配套影响工程。疏浚整治干河33千米，驳岸长42千米，加固圩堤60千米，新（拆）建干河桥梁6座，新建支河桥梁45座，疏浚整治支河22条，新（拆）建圩口闸130座、排涝站62座，航道等级由五级提高到三级。完善水利基础设施。疏浚整治区级河道5条、镇级河道12条、村庄河塘113条，加固圩堤16.1千米，新建、拆建圩口闸95座，新建衬砌渠道141千米，更新改造灌排泵站182座，改造农村危桥60座。城区马厂路套闸桥拆除重建工程提前1个月竣工通车，白米套闸除险加固工程在主汛期来临前完工。服务农村引长江水工程建设，全区16个镇（街道）支管网改造到位，各镇（街道）供水销差率普遍得到控制。

防汛防旱　落实各类防汛防旱责任制，完善全区防汛防旱应急预案和水利工程度汛运行方案，调整防汛指挥系统，增储补足防汛抢险物资，在俞垛镇春草村举行防汛抢险培训，检查消除防汛隐患。组织开展防汛排涝工作，抵御突发性强降雨和“莫兰蒂”台风影响，全区安全度汛。

水资源管理　推进水生态文明城市建设试点工作，实施通南片水生态调度控制、老通扬运河西段整治、四支河东段河道整治、时庄河生态补水泵站、重点河道绿化提档升级等示范工程。落实水资源管理制度，深化节水型社会建设，城区河道管护实行市场化运作，农村河道管护委托有专业监管资质的第三方每月实施长效管理考核。兴泰镇获省级“水美乡镇”称号，娄庄镇先进村、三水街道军铺村获省级“水美村庄”称号，蔡官学校、东桥中心小学获“省级节水型学校”称号，溱湖湿地科普馆创建成省级节水教育基地。

水利服务　落实《现代农业园区两年行动计划》，实施园区水利基础设施提档升级工程，完成沈高镇河横村智能化灌溉建设、生产河疏浚、生态护坡及沈马路沿线水环境整治。服务旅游经济发展，基本建成溱湖旅游度假区生态调水泵站，推进溱湖湿地内部河道清淤整治工程。

（陈立俊）

交通运输

·综　述·

【概况】 2016年,区交通运输局围绕区委、区政府中心工作,实施交通工程建设,做好交通运输服务。组织、纪检、宣传、统战工作在全区考核中排名前列;工会被省交通运输厅评为“职工模范小家”;229省道改扩建工程获区委、区政府特别贡献“提名奖”;“惠民交通”品牌被评为全区机关“十佳服务品牌”,列第6名;区交通运输局连续3年被评为全区机关作风效能建设“十佳部门”,连续3年获全市交通运输工作综合考核一等奖。

交通行业管理　拓展城乡公交服务,新增、延伸公交线路13条,建成城乡公交站台247座、电子站台23座。实施“两个早知道、快知道”工程,通过手机短信,让市民知晓恶劣天气、特殊情况期间泰州境内高速道口、列车、公交客运运行信息,用户10万人;通过掌上公交和电子站台,让市民实时知晓公交信息。

运输安全监管　229省道改扩建工程创建成省“平安工地”示范工地,系统企业未发生安全生产责任事故。

交通运输服务　完成全国农业现场会、市委全委会等重要会议服务保障,“为民办实事”工程,招商引资,会船节服务保障,城区房屋搬迁包保等中心工作任务,做好春运、中高考等运输服务工作。会船节开幕式期间,组织安排公交车120辆,开通免费公交专线7条,投入艇力23艘次、人员70多人次,免费运送旅客3.2万人次。

(张晓华　王　晨)

【春节运输工作】 2016年春运从1月24日至3月3日,历时40天。全区完成道路旅客运输量258.22万人次,其中客运班车完成运量16.06万人次、城镇公交完成运量189.32万人次、出租汽车完成运量52.84万人次;出动海巡艇130航次,巡航里程1500千米,海事执法人员上航巡查420人次,溱湖旅游度假区安全接待水上游客4.3万人次;姜堰收费站免费通行7座以下小型客车14400余辆,免征通行费14.4万元。

(王　晨)

·公路交通运输·

【概况】 2016年,区公路管理站加强辖区内国省干线公路全面养护、预防性养护和精细化养护管理,在全市公路管理养护年终综合考核中排名第一。

公路管理养护　修补路面3.4万平方米,灌缝2.8万米,维修水泥砼路面700平方米,实施328国道大中修工程6.6千米、231省道大中修工程2千米、610省道路面改善工程12千米。补植高秆女贞428棵、广玉兰112棵、灌木126平方米,清除倒伏意杨树67棵,扶正各类景观树木179棵。清扫路面25400千米,整修路肩、边坡75.6千米,清理边沟18.8千米。干线公路技术状况综合指数MQI基本稳定在95以上。

路域环境整治　清除障碍物1731立方米、占道摊点948处、非标悬挂物365块。排查整改安全隐患,加固松动的安全设施43套,新增标志12块,维修标志39套,补缺标线349平方米。保护路产路权,办理路政许可12件,处理路损案件126件,收取赔补偿费942476元。

公路运输治理　加强公路运输超限治理,开展联合治超50余次,出动执法人员2200人次,检查疑似超限运输车辆9722辆,查处超限车辆323辆,卸驳载超限货物4093吨,罚款582296元,案件结案率100%,超限率从2015年的1.5%降至0.98%。开展安全大检查19次,检查干线公路865千米。

公路普法宣传　围绕路域环境整治、超限治理案例宣传,开展“路政宣传月”、超限超载专项整治活动,坚持普法宣传进镇村、进社区、进企业。开展广场集中宣传日活动,设置宣传展板6块,悬挂条幅12条,漆刷标语6处,出动路政宣传车13次,出动宣传人员20人次,向过往群众发放宣传资料1000余份，接受群众咨询120多人次。

·水路交通运输·

【概况】 2016年，区地方海事处以加强水上安全和船舶防污染工作为中心，以稳定辖区通航形势为主线，开展工作，服务地方经济社会发展。

水上安全治理 加强重点航段、重点水域、重点码头船舶污染治理打击力度，化解水上安全隐患。开展“船舶污染防治专项安全检查”、“打非治违”、“危险化学品内河运输安全专项整治”、“平安船舶”创建、“安全生产月”等安全专项活动25个，与环保、公安、水利、交通港口部门组织实施联合执法行动4次。加强营运船舶防油污水、防生活污水、防垃圾污染、防空气污染检验，启动船舶生活污水处理装置直通阀铅封工作，减少船舶污染排放。督促6家危险化学品船公司执行防污染制度。监管二水厂水源地船舶，查处兴泰镇、沈高镇两艘违法装运危险化学品船舶，处理俞垛镇水域油船沉没事件。

水路巡查执法 针对船舶签证取消后监管工作中出现的新问题，加强水上现场巡查执法。组织各类检查523次，上航3697人次，检查各类船舶8683艘次，查处违章6455艘次。实施船舶安检817艘次。执行航道巡查管理制度，提高巡航频率，开展夜间巡航，加强通航水域日常巡视，处置堵塞隐患。出动海巡艇2187航次，巡航里程19085千米，巡航时间2499小时，全区未发生24小时以上航道堵塞事件。

水路运输护航 护航涉水重点工程，现场提供特护128天次，完成阜兴泰高速大桥等8项涉水重点工程施工通航保障工作。针对新建超限船舶操纵性能受限，移泊所经航段船舶流量大、通航环境复杂等情况，制定《新建超限船舶移泊护航方案》，采取“一船一护”模式，做好领航开道和伴航警戒工作，处置护航过程中突发情况。安全护航新建超限船舶100多艘次。

水上应急演练 加强水上重点安全行业现场应急救援演习，与溱湖旅游景区联合开展“溱潼会船节人员落水救生演练”“游船旅客失足落水搜救演练”，与阜兴泰高速大桥项目部联合开展“施工人员落水救生演练”，与泰州采油厂帅垛采油管理区洲城原油码头联合开展“油船着火及水体防污染演练”。

开展水上应急救援演练

（张泽海　丁晨伟　帅建军　摄）

水上安全监管 完成32家公司年度监管工作，其中客运公司1家、危险化学品公司6家、普货公司25家。春运期间联合水警部门开展9家危险化学品公司（含体系公司3家）春运安全专项监管。加强安全监管工作内容、目的和意义宣传。召开安全生产形势分析会，通报年度监管工作情况，分析航运公司安全管理中存在问题，部署翌年相关工作，全区航运公司管理船舶无较大等级以上责任事故和污染水域事故发生。溱潼海事所每月实施一次游艇安全技术、操作人员安全适任、应急设施安全良好等方面专项安检，纠正存在隐患。航监部门将春运、会船节、汛期、国庆“黄金周”等重要安全节点检查贯穿季度检查中。船检部门实施旅游客船检验，解决技术隐患，确保游艇处于安全适航状态。船务部门把溱湖旅游景区旅游客船纳入航运公司监管范围，制定完善安全管理制度。会船节期间，制定水上安保方案，完善应急处置机制。会船节开幕式当日调用管理用艇30多艘、管理人员60多人，完成湖区救生及会船活动外围水域断航、巡逻、卡口管理等工作。

营运船舶检验 调整外省市船舶“大集中”

和周边地区船舶“小集中”检验制度，重新划分检验区域，化解服务需求矛盾。检验营运船舶3015艘、新建船舶42艘，换发新版吨位证书520本。规范办理各类海事行政处罚、行政许可案件6400多起。征收规费1382万元，比上年下降5.86%，完成年度征收目标。

（张晓华　王　晨）

·铁路交通运输·

【概况】 姜堰火车站是宁启铁路一期所设四等车站，2001年由铁道部和江苏省合资建设，为单线客流标准。2016年5月15日开通动车。周一至周四有动车停靠班次10趟。分别是汉口—南通D3151次、南通—汉口D3156次一对；南通—南京3趟，D5508次、D5514次、D5534次；南京—南通4趟，D5503次、D5523次、D5527次、D5533次；南京—南通高峰线D9523次。周五至周日有动车停靠班次11趟。分别是汉口—南通D3151次、南通—汉口D3156次一对；南通—南京4趟，D5458次、D5464次、D5478次、D5484次；南京—南通4趟，D5453次、D5473次、D5477次、D5487次；南京—南通高峰线D9487次。

（赵　凡）

【火车动车开通】 5月15日，宁启铁路复线电气化工程开通运营。姜堰火车站有9趟动车停靠，分别是汉口—南通D3151次、南通—汉口D3156次一对；南通—南京3趟，D5508次、D5514次、D5534次；南京—南通4趟，D5503次、D5523次、D5527次、D5533次。原办理客运业务的南通—南京K8456次，南京—南通K8503次、K8455次，南京—盐城K8577次4趟列车全部停止办客。宁启铁路沿长江东西贯穿江苏中部地区，全长268.3千米，其中姜堰境内22.4千米，线路设计时速200千米。2005年7月1日中午12点42分，由姜堰开往海安县的K5183次列车出发，姜堰开启火车时代；2016年5月13日上午10点33分，南通开往南京的K8456次普通列车途经姜堰站，为最后一趟姜堰开往南京的普列；2016年5月14日下午4点52分，南京开往南通的K8455次列车经停姜堰站后，驶往南通方向，为姜堰站发出的最后一趟普列，姜堰告别K字头的普通列车；2016年5月15日上午8时40分，首列南京至南通的D5503次动车组列车驶入姜堰站，姜堰进入动车时代。

（张泽海　丁晨伟）

·交通基础设施建设·

【概况】 2016年，全区组织实施重点工程19项，实现投资14亿元以上。推进交通干线公路建设。229省道改扩建工程姜堰南段按期建成通车，成为建市20周年献礼项目；10月8日，229省道改扩建工程姜堰北段新通扬运河大桥右幅挂篮悬浇施工合拢，提前实现半幅通车；328国道东延、姜高路东延工程完成路基土方90%及桥梁主体工程；通扬线三级航道整治、新328国道快速化改造、姜高路老路拓宽改造工程完成379户房屋搬迁工作。做好泰镇高速、阜兴泰高速建设服务工作。骨干联网公路逐步完善。华溪大桥实现主体工程竣工，新通扬运河二号桥帮宽工程提前实现全桥通车；610省道溱潼连接线完成路基土方工程；353省道俞垛互通段完成路基土方40%；304县道淤溪段完成路基土方及桥梁下部结构20%；304县道娄庄段(娄沙路至泰怡大道）完成路基土方60%；科技大道南延完成路基土方60%；开工建设天目路西延、广州路北延等工程。提升补助标准，完成农村公路提档升级道路37条60千米、桥梁38座。姜堰火车站升级改造配套工程开工奠基。

（张晓华　王　晨）

【启扬高速增设姜堰东互通方案通过审查】 6月22日下午，规划布局方案通过专家审查。该互通规划在启扬高速公路（S28）与姜堰东部干线公路（X251）交汇处，项目西距启扬高速姜堰北互通约12.3千米，东距启扬高速曲塘互通约8千米，直接连通353省道、新老328国道、411省道和规划建设的355省道，拟采用单喇叭互通形式，预计新增用地约17.33公顷，估算投资约1.3亿元。

（张晓华）

【**229省道改扩建工程姜堰南段通车**】 2016年9月28日，229省道改扩建工程姜堰南段建成通车。该工程是市委、市政府确定的“三区融合发展项目”，也是迎接建市20周年确保建成的22个城建重点项目之一。全长17.8千米，北起姜堰东转盘，南至姜堰区与泰兴市交界处，总投资6.1亿元。2014年4月开工建设，由双向两车道改为城区路段双向六车道、一般路段双向四车道，设计时速80千米/小时。

（孙晓旭）

【**火车站提档升级**】 2016年，区发展和改革委牵头协调推进姜堰火车站提档升级和增停班次各项工作。多次走访省、市铁办，宁启铁路建设指挥部，新长车务段，与上海铁路局对接，实施车站客服设施改造更新。3月，赴国家铁路总公司专题汇报，将姜堰站及站前广场升级改造工程纳入宁启铁路建设补强工程范围立项。中铁上海设计院规划设计升级改造工程，经过10多次审查对接，确定站房改造设计方案。与扬泰机场洽谈姜堰火车站异地候机楼项目，该项目列入扬泰机场开通规划。9月28日，姜堰火车站升级改造项目举行开工典礼。待上海铁路局调整部分铁路设施设计后，2017年将全面开工。姜堰火车站改造方案设计概念为：“日出三水，振翅翱翔”。车站中心为弧形立面造型，两侧为竖向墙面，屋顶向两侧展开。站房总建筑面积5000平方米，一层平面布置候车厅、VIP候车室、旅客服务用房、出站厅、公共卫生间及部分设备用房，二层平面布置设备用房及部分办公用房。站前广场总占地面积35000平方米，中间区域为中心集散广场，西侧为公交车停车区，南侧为出租车停车区、社会车停车区及非机动车停车区。预计2018年建成。

（赵　凡）

邮　政

【**概况**】 2016年，中国邮政集团泰州市姜堰区分公司（以下简称“区邮政公司”）实现业务总量8977万元，比上年增长13.77%。邮储年末平均余额39.70亿元，同比增长15.4%。实现邮政业务总收入9904.5万元，完成年计划95.26%，比上年增长11.44%。其中，邮储业务实现收入7580.3万元，完成年计划103.23%，比上年增长16.88%。其中，利差收入4400万元，比上年增长13.7%。区邮政公司被命名为2013—2015年度“江苏省文明行业”，邱德平被评为市级劳动模范。

金融业务 代理金融业务实现收入7580万元，新增金融总资产12.4亿元，实现新增保费6.7亿元，新增理财1.51亿元，销售期交保险4076万元，中邮证券累计开户290户，资金业务规模176万元。开展大走访活动，实施“一点一策”“一局一策”；开展常态化客户联谊、网点沙龙活动，以活动促营销。开展“六大工程”“四大俱乐部”项目，教师节、国庆节、重阳节等时期，开展主题营销活动。华港镇建行撤点、城区拆迁、溱潼古镇扩建等时期，成立BIU项目团队驻守拆迁指挥部，开展大走访、联谊公关等服务活动，截至12月初，策反他行存款9000多万元。

邮政业务 开拓集藏市场，开展新邮首发、品鉴集藏、集邮文化季等活动，围绕书香校园、环保节能、文化遗产、预防职务犯罪等主题，开展项目营销，集邮函件专业实现收入704万元，专用邮资明信片、日常封片申报收入同比增长5.4%。采取公益讲座、阅读漂流、小报童项目等形式，联合校园、图书馆开展读书体验活动，聘请专家到校园授课及开展各类活动16次，新开发图书营销20多万元，报刊发行专业实现收入501万元。加强分销车险业务，开展大型团购会5场，实现保费额725万元，开展“一点一季”车险活动50场，发展邮掌柜317个，实现短信收入201万元。开展邮政包裹业务，加大硬件设施投资，调配生产用车，增配扫描枪，农村支局全部配备电动三轮车，应对“双11”“双12”高量期进口快包投递工作。小包业务实现收入558万元，揽收客户38户，出口小包日均3000件左右，进口日均900件。

项目营销　加强项目运作机制建设与市场研究，开展各项金融项目营销。通过举办积分优购，营销优质存量客户，抓住劳务、代发、商贸、批发市场潜在客户，挖掘流动客户，加强与客户互动，获取客户信任。组织“邮政储蓄惠万家”路演活动45场，产生晒存单记录350条，金额1058万元；预约存款客户1032户，预约存款金额4962.95万元；29个网点同时开展“年终回馈，感恩庆典”爆点活动，邀约客户2552户。通过常态化走访，开展会员日活动，举办中医坐诊，加强客户分层分类维护管理，做好存量客户巩固和增量客户开发工作，提升优质客户数量和资产占比。跨赛期间，开展“走千访万”专项营销活动。以客户金融总资产为主线，在保证基础客户覆盖率基础上，重点关注优质客户，优先走访VIP客户，全部走访1万元~10万元优质客户，大力走访万元以下潜在优质客户。分析主要目标客户属性特点和金融需求，建立不同走访模板，开展产品组合营销。完善邮银融合发展机制，在业务发展、营销宣传、资金归集、系统平台建设、金融安全大检查等方面加强协作，形成发展合力。

内控管理　完成全部网点销售化转型升级工作，年内转型升级网点12个。每个网点配备专职理财经理，掌握所辖村户情况，做好维护客户、争取资金工作。利用个人客户营销系统做好“走千访万”工作，专人跟进，每日通报，推进全区客户精细化管理和客户提升工作。加快农村综合服务平台建设，开办姜堰电子商务运营中心，发展加盟商，建成邮乐购加盟店331个。部分支局通过农村综合服务平台叠加金融业务宣传，利用平台社员信息加强数据库营销，满足客户金融需求，实现目标客户有效绑定。搬迁邮政生产综合楼，完成港口、桥头支局局房装修改造工程，新增农村投递电动三轮车30辆。全区所有网点配备叫号机，安装无线网银体验终端，更换部分支局ATM自动取款机。官庄仓储中心于2017年1月竣工。开展“预防邮路”“五心邮路”活动，参与爱心帮扶、义务献血和志愿者服务活动；通过举办文艺演出、上门宣传、配发宣传资料等形式宣传预防职务犯罪，建设预防职务犯罪邮路。

【加盟店啤酒订货会】　3月12日上午，2016年“苏邮惠民”加盟店大富豪啤酒订货会在紫光阁大酒店召开。该订货会由区邮政公司组织，举行抽奖活动。现场预订啤酒1.89万箱，销售额56万余元，同比分别增长31.22%、35.8%。全区100多家加盟店店主参加。

【溱潼古镇入选特种邮票】　2016年5月19日，中国邮政集团公司发行《中国古镇（二）》特种邮票。该邮票1套6枚，分别展示江苏姜堰溱潼镇、湖北红安七里坪镇、贵州贵阳青岩镇、上海青浦朱家角镇、安徽肥西三河镇、广西昭平黄姚镇6座历史文化古镇，张鸿斌设计，郝欧雕刻，北京邮票厂胶雕套印工艺印制。该藏品为2016-12《中国古镇（二）》小版票。该项目创收200多万元。溱潼古镇是江苏省唯一入选古镇，也是姜堰历史上首例登上国家邮票，成为极具地方特色的一张文化名片。当日上午，《中国古镇（二）——溱潼古镇》特种邮票首发式在溱潼镇东停车场举行。省集邮协会秘书长蒋苏萍宣读发行公告。副市长杨杰、省邮政公司副总经理许定才为溱潼古镇邮票揭幕。市邮政公司总经

《中国古镇（二）——溱潼古镇》特种邮票首发式

理俞泽昕、区人大常委会党组书记高永明、区人大常委会主任申泰州、区政协主席仲亚岭为《水韵姜堰》《印象溱潼》专题邮册揭幕。省、市、区邮政公司和有关领导出席。

【溱潼古镇主题邮局建成】 5月19日，泰州市姜堰溱潼古镇主题邮局开业。该邮局为姜堰集邮第一个对外开放的主题邮局，将景区旅游和集邮文化结合在一起。该主题邮局集邮产品按照珍邮产品、常规产品、新邮产品、地方产品分类，将函件和集邮产品集中展示，开拓文创产品的新销售渠道。市旅游局局长张涛、溱湖旅游度假区党工委书记陈中华为该古镇景区主题邮局揭牌。

【姜堰邮政电子商务运营中心揭牌】 12月12日上午，姜堰邮政电子商务运营中心揭牌。该中心集交费、购物、体验、培训功能于一体，围绕农村电商开展特色农产品展销、邮乐网购物体验、电商人才培训、合作洽谈等活动，线上依托邮乐网，线下依托邮掌柜，形成线上线下联动运营展销平台。该中心在各镇村设加盟店，实现加盟店村村全覆盖，村民可以生活、购物、创业、金融、销售“五不出村”。

（陆劲松）

供　电

【概况】 2016年，全区完成全社会用电量28.14亿千瓦时、售电量26.67亿千瓦时，比上年分别上升1.7%、2.5%。国网江苏省电力公司泰州市姜堰区供电公司（以下简称“区供电公司”）被表彰为“服务地方建设先进单位”，“繁星花青年志愿服务”被评为区级机关服务品牌、江苏省十佳青年志愿服务品牌。

电网建设 投资3.9亿元，建成投运110千伏前林输变电工程，新增、改造配变539台、配电线路189.45千米，增加配电容量20.69万千伏安，改造农村低压台区1065个、低压线路735千米。投入专项资金256万元，新建标准化10千伏线路4条，新增变压器14台，完成兴泰镇、罗塘街道2个镇（街道）12个村组“美丽乡村”建设。市供电公司与区政府签订“十三五”坚强智能电网建设战略合作协议。

电力服务 上争资金3015万元，完成通前路、陈庄路、上海路等9条线路迁移改造及古田小区、府西新村等老旧小区改造。投资170万元建成城市快充站1座、高速公路充电站2座、充电桩18个，推广电锅炉及冰蓄冷空调技术，免费为8家企业安装用能监测装置。推广智能家居，完成4000多户“多表合一”信息采集安装工作。

（孙　寅）

开展“电网连万家、共享电气化”主题活动

（张泽海　李　杨　摄）

信息化建设与信息服务

综　述

【概况】 2016年，全区加大信息化建设力度，发挥信息化技术在稳增长、促改革、调结构、惠民生、防风险等方面引领带动作用，各项社会事业取得明显进步。

企业信息化建设　开展“两化融合”管理体系宣传贯标工作，帮助企业打造信息时代背景下创新发展能力，以信息化带动工业化、以工业化促进信息化，提升企业发展信息产品、提供信息服务市场竞争力。全区3家企业申报江苏省“两化融合”管理体系贯标试点企业，太平洋精锻科技通过“两化融合”管理体系贯标，成为全市第二家通过贯标企业，振华泵业获评省两化深度融合创新示范工程试点企业。全区建成泰州市“两化融合”示范企业5家、试点企业2家。

农村信息化应用　以创建农村信息化应用示范基地为基础，加快农村信息化基础设施建设，加强农民用网和应用信息技术创业致富宣传培训，利用信息化解决“三农”问题。加强“网上村委会”建设，将政务、村务、便民服务等信息通过区、镇、村三级平台向村民公开，定期开展平台信息公开情况督察，通报信息录入不完整、不及时单位，限期落实整改。梁徐镇岭家村被认定为江苏省农村信息化应用示范基地，沈高镇万众村被评为泰州市农村信息化应用示范基地。

【2016年“两化融合”示范（试点）企业名单】 1.国家“两化融合”管理体系贯标企业1家：江苏太平洋精锻科技股份有限公司；2.江苏省两化深度融合创新示范工程试点企业1家：江苏振华泵业股份有限公司；3.江苏省“两化融合”贯标试点企业3家：江苏太平洋精锻科技股份有限公司、江苏振华泵业股份有限公司、江苏苏中药业集团股份有限公司；4.泰州市“两化融合”示范企业5家：润泰化学股份有限公司、泰州市溪龙包装有限公司、环球传动泰州有限公司、泰州金宝来纺织有限公司、泰州市旺鑫耐火材料有限公司；5.泰州市“两化融合”试点企业2家：江苏海龙电器有限公司、江苏万丰船用设备制造有限公司。

（肖　磊）

【承办移动信息化高层研讨会】 6月28日，2016年移动信息化高层研讨会在智谷软件园举行。该次研讨会由信通创展、赛迪网主办，区政府、亿达信息技术有限公司承办，主题为“互联网+大数据时代的移动信息化发展”。通过价值分享和探讨交流地方移动信息化发展的热点、难点、疑点问题，为地方移动信息化健康、快速发展探索经验、提供实践支撑，促进产业创新转型升级。副市长杨杰、中国信息化推进联盟秘书长刘献军致辞，区委常委、常务副区长戴兆平从基本概况、产业现状和配套支撑3个方面推介姜堰区投资环境。工业和信息化部信息通信经济专家委员会秘书长、中国信息通信研究院副总工程师陈金桥，国家统计局中国统计信息服务中心主任江青，SAP全球高级副总裁、中国研究院院长李瑞成等科研单位嘉宾和企业代表分别作主题演讲。区领导李伟、李文飙，SAP、浪潮、联想、美林、华苏等70多家信息化企业代表参加。

（张泽海　王晨霞）

信息安全

【概况】 2016年，全区落实信息安全各项保障措施，加强信息安全管理，开展信息安全排查，加强信息安全意识，落实信息安全工作。引入第三方网情监控APP，实时监控反馈全区各相关网站网络信息舆情。监测通报重点网站安全漏洞，相关责任单位落实整改。全区各党政机关、事业单位信息系统和网站检测出网络与信息安全隐患风险4个，比上年下降56%。

无线电管理

【概况】 2016年，区无线电管理办公室加强依法行政和监督检查，开展无线电频率使用情况管理。与公安、移动、联通、电信等部门联动，通过电子屏幕、戗牌、传单、广告牌等，把宣传和执法检查、登门服务结合，开展纪念《中华人民共和国无线电管理条例》颁布23周年暨《江苏省无线电管理条例》颁布11周年宣传活动。开展打击各类伪基站电信诈骗和非法占用无线频率活动，区无线电管理办联合市无线电管理办排除私装干扰器事件1起，帮助区公安局鉴定电信诈骗伪基站设备2个。

（肖　磊）

信息服务业

·中国电信股份有限公司泰州姜堰区分公司·

【概况】 2016年，中国电信股份有限公司泰州姜堰区分公司（以下简称“区电信公司”）围绕发展第一要务，加快互联网转型，完成年度目标任务。被表彰为江苏省文明单位，泰州市文明单位、诚信单位，省电信公司先进基层党组织，省电信公司市场经营先进县分公司等。

信息化建设　实施“智慧姜堰”建设，加大移动互联网、云计算、物联网、大数据等新一代信息技术与经济社会融合力度。建立电子政务专网，实现姜堰电子政务与泰州政务数据中心资源信息共享；打造“智慧粮库”，建设“平安交通”，建成中小学“教育云”，提升民生信息化应用水平。

通信建设　建成“光网城市”，实现姜堰地区光纤网络全覆盖。在资费下调基础上提高网速，将在网宽带用户向光纤网络迁改，提升在网宽带用户接入带宽。打造4G移动网络，实现4G网络全覆盖。

客户服务　加快城区社区与重点镇服务网点建设。实施差异化“星级服务”战略，公布“装维品质服务新标准”三大承诺，提升服务品质。加强门店营业与装维人员服务技能培训，提高窗口服务感知度。

（金　伟）

·中国移动通信集团江苏有限公司姜堰分公司·

【概况】 2016年，中国移动通信集团江苏有限公司姜堰分公司（以下简称“区移动公司”）解决移动互联网时代发展难题，推动市场健康可持续发展。实现业务收入29838万元。区移动公司被授予“2013—2015年度江苏省文明单位”“江苏省优秀质量管理小组”“泰州市巾帼文明岗”“泰州市工会‘三个文化’建设示范单位”“姜堰区2016年度服务地方先进单位”等称号，获2016年泰州市QC小组质量成果发布会一等奖、泰州市服务质量奖，被省移动公司评为2016年度“先进集体”“先进分工会”。

业务经营　围绕转型发展和4G运营，加强精细化管理和工作协同。开展变革，提升执行效率，完成年度各项运营目标，巩固在当地通信市场的领先优势。

移动服务　构建全员服务体系，各接触点提升客户服务感知，前台NPS在全市名列前茅。调整流程，针对典型投诉，挖掘流程实施过程中存在的缺陷，查漏补缺。以完善管理考核制度、建立科学的业务培训体系、明确内部作业流程为基础，加强窗口人员素质教育，为用户提供优质服务。

服务社会　区移动公司配合政府部门实施小区和村庄线路改造；参加省道和交通干线杆路整治；青年员工参加社会公益活动，开展“学雷锋，我们在行动”、“空中彩虹”网络志愿服务、爱心献血、灾区捐款、预防电信诈骗讲座、“青少年之家”等志愿服务活动10余次。

（朱小燕）

·中国联合网络通信有限公司姜堰分公司·

【概况】2016年，中国联合网络通信有限公司姜堰分公司（以下简称“区联通公司”）围绕“创新体制机制、提高运营效率”工作思路，实施聚焦战略，创新合作发展，各项工作取得新成效。

市场经营　开拓市场，聚焦经营发展，加大渠道投入，改变零售门店运营环境，发展各项业务，完成上级下达的经营目标。

工程建设　加强4G网络建设，实现全区4G网络全覆盖。结合市场需求，开展FTTH、WiFi建设，满足业务发展需求。做优4G网络，改善网络质量。

客户服务　秉承“以客户为中心，用服务促发展”服务理念，为客户提供优质通信服务。贯彻执行《2015年服务质量考核办法》，做到“消费请客户放心，服务让社会满意”。执行六项服务承诺，确保客户知情权，投诉处理首问负责，限时办结。定制业务由客户确认，方便客户查询话费。公开省、市两级服务热线，接受社会监督。话费误差双倍返还，短信差错先行赔付。推进以提升客户感知为导向的大服务体系建设，从服务过程管控、服务水平考核、服务结果评价等方面制定制度、流程和规范，实施服务风险预警和重大服务问题问责，从客户投诉问题查找公司内部服务管理问题，实现客户服务全过程渗透。

（吴　农）

金融

综　　述

【概况】　截至2016年年末，全区15家银行本外币各项存款余额664.58亿元，比年初增加69.05亿元；本外币各项贷款余额494.99亿元，比年初增加57.47亿元，增长13.13%，目标完成率114.94%。综合存贷比在泰州三市一区中位居第一。全区有保险机构35家，其中财产保险公司13家、人身险保险公司18家、中介机构4家。保险业实现保费收入13.5亿元，比上年增长16%，其中产险保费收入3.8亿元、寿险保费收入9.7亿元，分别比上年增长13%、18%，保险深度2.3%，保险密度1730元。全区有证券营业部2家，证券交易额43.15亿元。全区6家小额贷款公司投放小额贷款余额4.66亿元，14家农民资金互助合作社投放互助金余额5.75亿元。全区金融业完成税收1.58亿元，其中国税0.38亿元、地税1.19亿元。

信贷结构　实施金融工作考核、“三农”和中小微企业信贷风险补偿等政策，引导信贷资源向实体经济倾斜，支持先进装备制造业、新能源两大主导产业及纺织业、建筑业、旅游业等传统产业。年末，全区工业类贷款余额171.89亿元，占全部贷款余额34.59%，比年初增加14.76亿元，增长9.39%（其中小微企业新增贷款10.63亿元，比年初增长12.5%）；建筑业贷款余额51.06亿元，比年初增加0.32亿元，增长0.64%；农业贷款余额8.8亿元，比年初增加2.23亿元，增长34.03%；个人消费、房屋贷款余额81.42亿元，比年初增加11.6亿元，增长16.62%。银行业不良贷款余额7.10亿元，不良贷款率1.43%，比上年年末下降0.26%。

金融服务　推进农村“三权”（林权、农村土地承包经营权、农民住房财产权）抵押贷款试点工作，促进农村土地适度规模经营，解决规模经营主体融资担保难题。截至年末，发放农村土地承包经营权抵押贷款1.33亿元，比年初增加1.19亿元。推进“企业上市三年行动计划”，举办企业上市业务咨询会，江苏振华泵业制造有限公司、乐威医药（江苏）股份有限公司挂牌“新三板”。组织银企对接，推进金融服务进镇、进园区活动。保险机构全年赔款、给付支出6.8亿元，比上年上升72%。

金融环境　深化金融生态创建工作，省金融生态优秀县（区）复核成绩全省排名第三。多部门联合开展互联网金融风险专项整治，排查走访P2P及投资理财类公司近百家，下达事实认定书20余份。开展预防和处置非法集资专项行动，印发宣传海报2万余份，利用电视、报刊、微信公众号等媒体营造防范和打击非法集资的舆论氛围，维护金融秩序。定期组织召开金融形势分析会，开展信贷风险监测预警工作，加大信贷问题协调力度，无系统性、区域性金融风险发生。

（李　智）

银　行

·中国人民银行姜堰支行·

【概况】 2016年，中国人民银行姜堰支行（以下简称“人行区支行”）贯彻执行稳健货币政策，改进金融服务，加强金融生态建设，为姜堰经济发展做出贡献。截至12月底，全区金融机构本外币各项存款余额664.58亿元，比年初增加69.05亿元，同比多增5.69亿元；各项贷款余额486.33亿元，比年初增加64.97亿元，同比多增33.53亿元。

执行货币政策　组织开展“银企对接镇区行”等小型银企对接座谈会5次，银行与列统工业企业、小微企业及新型农村经营主体等达成意向性贷款协议8.5亿元。加强银企对接项目落实率督察考核，全年贷款落实率80%。加大农村金融机构支持大学生“村官”和妇女创业贷款力度。发放下岗失业人员小额担保贷款和劳动密集型小企业贷款145笔1439万元，年末余额911万元。

金融环境　区政府制定出台《姜堰区非法集资监测预警制度》，明确非法集资“属地管理、一线把关”职责和相关奖惩措施。1月，人行区支行联合区金融工作办公室（以下简称“区金融办”）集中开展防范和打击非法集资集中宣传周活动。开展全区金融生态环境自评估。区委、区政府将金融生态创建纳入《2016年度镇区工作目标考评实施办法》，由人行区支行考评乡镇中小企业信用体系建设、新型农业经营主体信用信息采集、农村承包土地经营权抵押贷款、金融执法环境建设、开展诚信宣传等金融生态建设指标，在2016年全省金融生态考核评估中，姜堰获第3名。

金融服务　整合各单位、各部门涉农信息，开发农村新型经营主体信用评价管理系统。推进农村金融综合服务站标准化升级，为农村群众提供资金汇划清算服务。法人金融机构建立落实“以需定调、以需定投”现金需求管理制度，按季完成小面额现金投放计划和残损券回笼任务。推动直接投资外汇登记银行直接受理制度，实行外商投资企业资本金意愿结汇，增强企业资金管理灵活性，降低汇率风险。

宣传教育　利用“‘3·15’消费权益保护”“护企盾研讨会”“‘12·4’国家宪法日”等开展各类主题宣传活动，宣传非法集资、消费者权益保护和反假币等金融知识。制作金融消费者权益保护动漫微电影《你的权益我来护》，阐述国务院《关于加强金融消费者权益保护工作的指导意见》中保障金融消费者权益的八项权利，在蒋垛中学举行首映式。

（岳耀智）

·中国工商银行股份有限公司姜堰支行·

【概况】 2016年，中国工商银行股份有限公司姜堰支行（以下简称“工行区支行”）按照“围绕效益抓市场，围绕不良控风险”总体工作思路，以“回归本源，效益导向”为出发点和落脚点，调整业务结构，夯实业务基础，做好不良贷款处置和风险管控工作。截至年末，本外币存款余额35.28亿元，比年初增加2.12亿元。其中，储蓄存款增加0.54亿元，个人金融资产余额30.85亿元，比年初增加1.74亿元；对公存款增加1.3亿元；金融机构存款增加0.28亿元。各项贷款余额33.1亿元，比年初增加1.54亿元，其中公司贷款增加1.43亿元、个人贷款增加0.28亿元、票据贴现减少0.17亿元。中间业务收入5753万元，比上年增加731万元。全年实现减值准备前利润11231万元。不良率1.8%，与年初基本持平。

资产业务　加强重点领域、重大项目、重要客户拓展，重点拓展政府购买服务、重点工业项目。围绕个人住房贷款市场，抢占按揭贷款资源，营销各类分期业务。三季度实现小微企业创业贷泰州行首笔投放。公司贷款中项目贷款新增3.44亿元，一般流动资金贷款、房地产贷款均有较大幅度下降；个人贷款中个人住房贷款新增0.85亿元，个人消费贷款、个人经营性贷款下降较多。

负债业务、中间业务 明确提升营业贡献是零售转型的最终目标，截至年末，零售营业贡献3732万元，占全行营业贡献29%。加强代发工资重点营销，成功代发多家单位，开展二次梳理渗透营销。以金融资产为核心，以储蓄存款为基础，加强中高端客户群营销，提供金融服务。年末，人民币储蓄存款余额19.61亿元，比年初增加0.54亿元，日均同比增加9200万元；个人金融资产余额30.85亿元，比年初增加1.74亿元，增长6%。调整个人客户结构，个人中高端客户及私银客户较年初均有不同程度增加，信用卡发卡及信用卡收单特约商户新增列辖内前列。发展个人业务重点产品，加大工银安盛保险、重点首发基金、13系列私银产品营销力度。二维码商户拓展547户。

内控管理 加大存量贷款风险排查力度，规范信贷投放和管理流程，落实信贷“三查”（贷前调查、贷时审查、贷后检查）要求，加强存量信贷客户日常管理和监测检查。加强项目贷款贷后管理，加强信贷业务和结算业务联动，按照贷存比管理要求，加强信贷客户贷款归行率管理。通过批量处置、现金清收、重组转化，压降不良贷款风险。推进渠道自助化发展，5家网点实现智能化改造。加快线上互联网金融转型，加大“融e联”推广力度。调整网点服务窗口，加强大堂服务能力；开展窗口服务质量专项整治，提升网点服务水平。签订“案件防范工作责任书”，落实“一岗双责”。召开案防分析会，做好风险提示。开展“回归本源、防控风险”基础管理年活动，形成主动合规、人人合规的内控氛围。开展员工参与民间借贷、私售理财、不良贷款等异常行为专项排查，全年无事故案件发生。

（吉雄文）

·中国农业银行股份有限公司泰州姜堰支行·

【概况】 截至2016年12月底，中国农业银行股份有限公司泰州姜堰支行（以下简称“农行区支行”）各项存款余额97.29亿元，比年初净增8.15亿元，同比多增3.63亿元；各项贷款余额48.05亿元，比年初净增4.70亿元。实现中间业务收入6267万元，比上年增加541万元，完成目标106%。成本收入比35.1%，比上年下降1.86%。实现拨备前利润15078万元、拨备后利润13911万元，效益指标符合预期。

负债业务 营销同业存款6000万元。截至12月底，核心存款日均增量7.42亿元，完成年度目标105.28%。活期存款余额占比34.45%，比上年提升5%；日均占比31%，比上年提升2%。个人1年期以上存款同比少增4.79亿元，单位定期存款下降0.89亿元。

资产业务 推广“苏微贷”、“账盈贷”、“金政通”、“金农贷”、“农民安家贷”、农机消费贷款等新产品。发放大唐电力项目贷款2800万元、水利1.82亿元、富朗特技改贷款4000万元。个贷总量20.24亿元，新增3亿元，比上年增加6915万元，其中个人住房贷款新增2.08亿元。二手房贷款累计发放7167万元，“农民安家贷”累计发放2.31亿元，公积金贷款投放7734万元。截至12月底，农户贷款日均余额6206万元，比年初增加1791万元，完成全年目标任务107%。新型农业经营主体贷款月均余额1100万元，完成全年目标任务110%。其中，“金农贷”92户2853万元，比年初增加51户1080万元。水利、环境和公共设施管理业贷款2.62亿元，比年初增加1.32亿元。全行不良贷款余额5304万元，其中卡透支不良132.3万元，比年初下降739万元；不良贷款率1.10%，比年初下降0.01%。年末将个人关注调次级640万元，实际不良贷款余额4664万元，不良率0.97%，比年初下降0.13%。清收处置不良贷款（不含形态上调）1735.09万元，其中现金清收957.15万元（含行司合作处置收回192.06万元）、呆账核销777.94万元（法人客户1户322.67万元、个人客户10户455.27万元）。现金清收中法人客户收回261.47万元（含行司合作处置收回192.06万元）、个人客户收回695.68万元（诉讼清收353.38万元）。收回已核销呆账贷款8.50万元，其中法人客户收回7万元、个人客户收回1.50

万元。清收不良贷款利息208.65万元。

中间业务　拓展新兴业务，"银关通"系统上线，"互换宝"产品实施一体化营销，办理全市首笔非指定商户业务，实现全省首笔卢布收汇等。发展移动金融，新上线"e农管家"10户、缴费通项目6户，实现电子商户交易结算量1.3亿元。掌银潜在客户渗透率89.49%。截至12月底，点均"惠农通"服务点交易量20笔，超过农行省分行16笔目标任务。新增惠农卡7054张，总量6.33万张。

内控管理　加快网点转型，华港镇李庄村被农行区支行认定为信用村，调整柜面劳动组合，充实大堂经理、客户经理等营销岗位。做好安全生产、信访维稳、案件防控、舆情监控、客户服务、员工行为管理等工作。堵截各类案件13起，涉及金额161万余元；处置负面舆情线索19条；化解保险满期给付引发的各类矛盾纠纷。

（孙展宏）

·中国银行股份有限公司姜堰支行·

【概况】　截至2016年年末，中国银行股份有限公司姜堰支行（以下简称"中行区支行"）本外币一般性存款余额386744万元，比年初增加50479万元；本外币各项贷款（含贴现）余额384393万元，比年初净增31249万元。实现国际结算业务量42588万美元，国际结算市场份额44.52%。本外币各项贷款不良余额1765万元，不良率0.46%。中行区支行被省文明委授予"江苏省文明单位"称号。

负债业务　加强企业资金归集和流向管理，增强企业存款稳定性。

资产业务　支持地方经济建设，中行区支行联合中行首尔分行办理450万美元省内首笔海外直贷业务。加强逾期贷款管理，清收不良贷款6089万元。推动"爱心服务站"体系特色网点建设，部分网点在中小企业贷款、个人贷款、外汇交易等业务上形成特色，带动网点其他业务产品实现交叉销售。

中间业务　拓展维护中高端客户，开展"大类资产配置"投资策略报告会、中银财富大讲堂、全球名校直通车留学讲座、"对话大咖 问鼎财富"投资策略峰会等客户增值服务活动。结合苏中制药厂企业文化，研发"苏中制药厂荣誉奖章"贵金属定制产品。

内控管理　开展风险预警与信贷资产盘存工作，加强重点客户监控，提高授信大户、重点客户信息甄别能力，对风险积聚授信客户提出管控计划和措施。加强网点负责人和关键岗位员工监督制约，实现风险防范关口前移。

（顾怡洲）

·中国建设银行股份有限公司姜堰支行·

【概况】　截至2016年年末，中国建设银行股份有限公司姜堰支行（以下简称"建行区支行"）一般性存款余额71.7亿元，日均存款新增超过8.4亿元，其中储蓄存款日均新增4.6亿元、对公存款日均新增3.8亿元。个人存款余额46.5亿元，比年初新增3.38亿元。公司贷款余额36.54亿元，当年新增3.5亿元；个人贷款余额20.06亿元，当年新增4亿元，余额、新增列同业第一位。实现中间业务收入6228万元，实现账面利润1.28亿元。

负债业务　坚持"以存款增长为核心、以客户增长为基础、以提升市场份额为目标"工作思路。加强存款市场营销，适应客户金融需求变化和金融市场发展趋势。吸收各路资金，注重日均存款经营质量。发挥"聚财宝""惠存通"等存款产品优势，开展专项活动，确保时点存款，突出日均存款和市场份额。

资产业务　结合姜堰区域性经济发展形势，调整信贷工作思路。优先支持先进制造业；巩固扩大建筑业领域业务合作，实现全区建筑总承包一级施工资质企业全覆盖。创新金融服务方式，支持中小企业发展。对名单制中小企业实行上门营销，支持科技创新型企业发展。加大贷款营销力度，贷款投放新增居当地同业第一。注重风险防范，加强贷后管理，提高信贷资产质量，控制不良贷款反弹。

中间业务　各营业网点均衡推进贵金属产

品销售，实物金、账户金、账户银等任务完成率位居分行前列；柜面代销保险、基金销售等金融产品营销指标完成率靠前；发展电子银行业务，新增活跃个人网银客户、手机银行客户、个人短信及微信银行客户数均居分行前列。实现存款、产品、客户同步快速增长。

内控管理　贯彻落实万人警示教育大会会议精神，开展"正风肃纪、勤业守廉"主题教育活动、"管控关键环节，防范突出风险"案件专项治理活动，以及"案防教育进基层"活动等。区委党校讲师为党员干部上党课，建行省分行监察室专家为全行员工作"远离非法集资、珍惜职业生涯"讲座，区公安局和区消防大队宣传员开展防范电信诈骗和防火安全知识宣讲，进行防抢劫演练，增强员工案件防控和安全合规经营意识，实现全年安全经营无事故。

（宋继鹏）

·江苏姜堰农村商业银行股份有限公司·

【概况】　截至2016年年末，江苏姜堰农村商业银行股份有限公司（以下简称"区农商行"）各项存款余额230.6亿元，比年初增加24亿元，增长11.6%，各项存款地区市场份额34.7%；各项贷款余额165.7亿元，比年初增加14.6亿元，增长9.7%，各项贷款市场份额34.1%。被泰州银监分局授予"泰州市小微企业金融服务先进单位"称号，在全区绩效考评中被评为优秀等级，被区委、区政府表彰为"服务地方建设先进单位"。

信贷业务　加大信贷支农支小力度，梳理下发16项"阳光信贷"产品说明书及标准化操作流程，初步建立起具有地域特点、契合服务需求、品类齐全的信贷产品体系。支持家庭农场、农民合作社、农业龙头企业等农村新型生产经营主体，向408户农村新型经营主体授信9095万元。围绕产业政策，调整信贷投向，重点支持科技、环保、绿色型客户。投放绿色产业贷款10.6亿元，发放消费类贷款1.35亿元。以"圆鼎易贷通"卡为载体，开通手机自助贷业务，提升信贷办理效率。加强农村土地承包经营权抵押贷款、"税贷富"、小微企业转续贷、应收账款质押融资等信贷业务宣传推广，发放土地承包经营权抵押贷款182户5048万元、"税贷富"贷款150笔1056万元、小微企业转续贷65户4.84亿元、应收账款质押融资75笔9.14亿元。

中间业务　策应互联网金融发展趋势，引入现代市场营销理念，丰富营销推广手段，推进电子银行业务增量扩面。打造"缴费一卡通""业务一卡通"平台，推进更多便民业务及传统柜面业务在网上银行、手机银行、微信银行、农村金融综合服务站等电子渠道全覆盖。做好社保卡、涉农补贴、农村金融服务站等金融服务工作。发展手机银行11696户、个人网银10992户、企业网银915户；电子银行业务柜面替代率69%，比上年上升11%。

内控管理　开展合规与案防学习活动，增强员工合规案防意识，提升案件防控水平。组织员工观看从业行为警示教育片。开展"学法条、抄法条、记法条、防控案件"活动。开展"两个加强、两个遏制"（加强内部管控、加强外部监管，遏制违规经营、遏制违法犯罪）"回头看"工作，整理存在问题，下发联动整改意见书，实施整改结果有效性评估，形成合规长效机制。

【区农商行第七次股东大会】　2月26日，大会在区农商行金融大厦三楼报告厅召开。会议审议通过董事会工作报告、监事会工作报告、2015年度财务收支执行情况和2016年度财务收入预算编制情况报告、2015年度利润分配及股金分红方案、2016年度经营发展计划、修改区农商行《章程》的议案等报告或议案，听取监事会对董事会及经营管理层的履职评价报告，审议批准相关法律法规和区农商行章程规定应由股东大会决定的其他事项。区农商行董事长刘友余作董事会工作报告，回顾总结2015年度董事会主要工作，分析影响和制约经营发展的存在问题，明确2016年总体工作部署和主要目标。刘友余主持，105名股东及其代理人、董事会董事、监事会监事及高级管理人员参加，泰州银监分局合作科科长吉明出席。

区农商行第七次股东大会召开

（章　华）

·交通银行股份有限公司泰州姜堰支行·

【概况】 截至2016年年末，交通银行股份有限公司泰州姜堰支行（以下简称“交行区支行”）存款时点余额比年初增加4.13亿元，贷款时点余额比年初增加2.87亿元。新增新开户14.8户，有效户15户，分别完成目标任务247%、188%，列泰州分行首位。交行区支行创建成全国千佳网点。

资产业务　针对地区行业特点和客户工程建设要求，拓展捷运新材料、杰梅铜业、鼎茂电气、中裕软管等优质中小企业，新增投放实质性贷款4500万元。加强项目贷款营销。推进溱湖环湖路7亿元项目贷款获批，实现部分提款3.3亿元，该项目贷款为分行首笔与交银国信组建的内部银团贷款；新增交通353省道6亿元项目贷款，实现提款2亿元；新增鑫源6亿元增资过桥授信。

中间业务　创新融资方式，率先在分行办理内保直贷业务3000万美元，办理三个月全额风参业务3000万元。发展投行业务，投放姜堰城投企业债过桥3.5亿元。

（陈前进）

·中国农业发展银行泰州市姜堰区支行·

【概况】 截至2016年年末，中国农业发展银行泰州市姜堰区支行（以下简称“农发行区支行”）各项存款余额105135万元，比年初增加51941万元，日均存款余额93177万元；各项贷款余额192479万元，比年初增加72605万元。实现中间业务收入219.3万元。无新增不良贷款和欠息。

信贷业务　投放粮食贷款9733万元，全区无“打白条”和“卖粮难”现象。支持城乡发展一体化，投放贷款53000万元。投放农业现代化建设贷款63000万元，流转土地近3000公顷。投放实体经济贷款10900万元，全区产业化龙头企业持续、健康、有效发展。

内控管理　提升风险识别预警能力，落实防控措施，加强宏观形势、粮油重点行业分析研究，加强资金链、担保链跟踪监控，制定风险预案，加强贷前检查贷后管理，做好风险防范化解工作，确保信贷资产安全。

（刘惠芳）

·中国邮政储蓄银行股份有限公司泰州市姜堰区支行·

【概况】 2016年，中国邮政储蓄银行股份有限公司泰州市姜堰区支行（以下简称“邮政储蓄银行区支行”）实现收入7058万元。截至12月底，各项存款余额13.23亿元。其中，个人存款时点余额8.33亿元，比年初增加1.37亿元；公司存款时点余额4.9亿元，日均余额4.65亿元。各项贷款余额15.72亿元。其中，个人贷款余额10.15亿元，净增1.74亿元；小企业贷款余额1.82亿元，净增0.15亿元；公司贷款余额3.75亿元。

负债业务　围绕“抢市场、抓规模、重服务、出成效”发展思路，加大营销力度，发展公司负债业务、票据业务。

信贷业务　推进“担保公司联保业务”合作，加大公立医院贷款投放，促进小企业贷款业务。小企业信贷团队多次走访“一区两园”，召开银企对接会，开展客户贷款授信办理。围绕“支农、兴农、富农”，以“一行一策”为重点，打造全省“‘三农’金融创新示范行”。创新“富农贷”“惠农贷”等产品，在全市率先试点开办农村土地承包经营权抵押贷款，丰富涉农产品体系，满足新型农业经营主体融资需求。在区农委举办的农业技术培训班上宣传“三农”贷款产品，服务“三农”和小微企业。截至12月底，“三农”类贷款占全部小额贷款比重75%，投放290笔7591万元，余额6240万元。

中间业务 元旦到春节前夕期间，举办积分换礼品活动、抽奖活动、送“福”活动等。策划多场维护活动，举办高端客户联谊会、健康讲座、节日美甲、“小小银行家”亲子活动等。组织开展“疯狂来袭”信用卡刷卡优惠系列活动。

内控管理 把机关作风建设与经营发展工作结合，实施精细化管理，提高职业化水平。实施二级支行行长能力提升“领航计划”，行领导班子担任二级支行行长导师。行领导班子成员多次下基层开展以形势教育、座谈交流、客户走访、员工家访和员工联谊为主要内容的“五个一”活动。

（陈扣喜）

·南京银行股份有限公司姜堰支行·

【概况】 2016年，南京银行股份有限公司姜堰支行（以下简称“南京银行区支行”）坚持开拓与管理并重，发展各项业务，经营业绩和内部管理均取得较好成绩。

负债业务 围绕区政府新一轮发展规划，加强重点项目储备，利用政府投放，争取更多低成本存款。围绕河道拓宽改造、安置房建设等项目，成功洽谈姜堰龙翔城镇建设结构性融资、区自来水公司区域供水结构性融资、安置房项目、区高新技术装备产业园和区现代科技产业园两大园区项目等。

信贷业务 围绕“与有政府背景的小企业合作做大贷款余额，以批量贷做大贷款户数”经营思路，发展中小企业客户。结合姜堰区域经济特点，加大个人经营性贷款和住房按揭贷款营销力度，培植个人优质信贷业务新增长点，推动以房地产抵押为主的消费贷款业务适度增长，实施以信易贷为主打产品的易贷类产品营销。

营销管理 采取点、线、面“三合一”宣传营销策略，将营销费用向个人业务倾斜。建立市场营销新体系，健全市场营销新机制。将客户分为优质类、发展类、一般类三大类，指定营销责任人，设计营销方案和营销办法。出台纯存款奖励、战略性指标奖励等考核制度，每周、每月、每季通报业绩完成情况。调整业务、产品、客户结构，突出日均存款考核，不同业务、不同产品设置不同考核权重和放大倍数，取得的成果作为部门牵头人工作绩效考核的重要依据。

（夏 锐）

·吴江农村商业银行姜堰支行·

【概况】 2016年，吴江农村商业银行上市。吴江农村商业银行姜堰支行（以下简称“吴江银行区支行”）秉承机制灵活、服务高效、办事快捷特色，坚持“立足‘三农’和中小企业、助推经济发展”市场定位，开展各项业务工作，实现资产质量稳定，利润、存款、理财等超额完成总行下达的任务指标。截至年底，存款余额4.30亿元，投放各类贷款4.79亿元。

（周霄鹤）

·江苏银行股份有限公司泰州姜堰支行·

【概况】 2016年，江苏银行股份有限公司泰州姜堰支行（以下简称“江苏银行区支行”）围绕“建设泰州地区负责任的主流银行”目标，构建公司业务、零售业务、国际业务、小企业金融业务和资金业务五大业务板块，服务中小企业、服务地方经济、服务城市居民。截至年末，各项存款余额32.47亿元，各项贷款余额28.78亿元。全年实现营业收入17700万元，实现净利润9292万元。中小企业客户190多户。

资产业务 发展中小企业业务，推行小企业金融业务专营机制，开通授信、审批绿色通道，为中小企业量身定做适合企业特点的信贷产品。推出苏科贷、人才贷等系列产品，满足科技、人才领域流动资金需求。推动零售业务转型发展，为中小企业业主、微小企业业主等提供零售资产类业务，推进特色产品卡易贷、现金分期业务等消费贷款业务，营销卡分期、及时贷等个人产品。零售客户存、贷款规模稳定增长。

中间业务 发展不耗用和少耗用经济资本的高端投行业务。投放政府项目5个8亿元。

内控管理 将各类业务信用风险管理纳入风险条线，落实重点领域风险防控，实施周期风险管理，对重点行业、重点客户、重点产品和重点区域，采取针对性风险管控措施。了解客户生产经营状况，推进内外部风险管理信息在授信准入、风险预警和资产质量管理中的有效应用。

（王海宁）

·中信银行股份有限公司姜堰支行·

【概况】 截至2016年年末，中信银行股份有限公司姜堰支行（以下简称“中信银行区支行”）本外币各项存款余额11.03亿元，比年初减少2.66亿元。其中，对公存款时点余额8.65亿元，比年初减少1.43亿元；储蓄存款时点余额2.38亿元，比年初减少1.23亿元。本外币贷款余额8.84亿元，比年初增加0.87亿元。其中，对公贷款余额5.73亿元，比年初减少1.1亿元。全年不良转让6019.42万元，不良清收1496.96万元，风险压缩2000万元，退出500万元。

资产业务 开展中期流动资金贷款业务，投放区水利系统配套企业兴水河道公司中期流动资金贷款16500万元，投放区经济开发区平台企业中期流动贷款13000万元。泰州市第二人民医院授信获批2.6亿元，待投放；白米镇高新技术装备园授信获批3亿元，待投放。调研全区前十强企业、重点企业及成长型企业信贷市场，调整信贷结构，做好存量客户维护和新客户拓展工作。实施项目储备，收集上报区交通投资发展有限公司、区财政局融资项目授信资料。

中间业务 截至12月底，实现中间业务收入1507.84万元，其中投行业务收入600万元、公司中收153.88万元、同业中收274.8万元、托管中收25.16万元、零售收入454万元。

内控管理 加强信贷客户授信管理，规范完善信贷调查内容，严把贷款发放关，严格担保管理。健全信贷退出机制，加快潜在风险客户退出。12月底，潜在风险客户退出2500万元。加大信贷现场检查力度，重点监管1000万元以上授信客户及集团性客户，定期不定期实地走访。做好不良资产清收工作，配合上级行处置华源减震器4133万元、久源管业986.42万元、个人客户900万元，全额收回齐大涂料逾期贷款1496.96万元。

（於梅娟）

·江苏长江商业银行姜堰支行·

【概况】 2016年，江苏长江商业银行姜堰支行（以下简称“长江银行区支行”）以各项经济指标为主线，以客户为中心，发展小微贷款、长江卡、票据贴现三大核心业务，服务小微企业，服务经济发展。截至12月底，各项存款余额19.3亿元，各项贷款余额近10亿元，向小微企业发放贷款8000多笔近41亿元，发行长江卡9.4万张，年票据贴现额31亿元。

资产业务 配备信贷营销员50多人，收集客户需求，做好市场拓展。每日到社区宣传，逐户拜访，建立社区客户信息档案，按照“定时、定点、定人”要求，为社区小微企业、个体工商户提供零辅币兑换、贷款卡办理等金融服务。与娄庄镇、白米镇、兴泰镇等镇及工业园区联系，定期召开银企对接会，向小微企业介绍小贷业务。截至12月底，有小微客户数1500多户，遍布城区、各镇。推出年审制贷款项目，用新发放贷款结清原有贷款，降低企业流动性经营贷款转贷、续贷时融资成本。做好票据贴现转贴工作，完善贴现客户档案，建立联系人制度，定期与客户沟通报价，为客户提供优质、便捷服务。通过票据转让，开展票据融资业务，为各类工商企业办理贴现业务100多亿元，其中100万元以下的小面额票据占比不低于40%。推出商业承兑贴现业务，给出票人为国企、央企、上市企业或者大型综合企业符合授信条件的商业承兑汇票办理贴现。

网点建设 开设附行式自助网点1家、离行式自助网点11家，离行式自助网点以长江银行区支行为中心，分别位于姜堰的东、西、南、北四个方位的主干道、主流商圈及社区。网点内设有提供银行卡自助存取款、查询、转账等金融服务的ATM存取款机和通过远程方式办理部分柜员业务的VTM机。

服务社会 推行各项减费让利政策，所有电子渠道业务免收费用，柜面服务免项目费率超过80%。关注社会公益事业，参与慈善捐款、连续5年冠名姜堰十大新闻评选等社会公益活动。

（陈秋林）

·上海浦东发展银行姜堰支行·

【概况】 截至2016年年末，上海浦东发展银行姜堰支行（以下简称"浦发银行区支行"）本外币存款余额121912万元，比年初新增23671万元。其中，对公存款余额105287万元，比年初新增26584万元；储蓄存款余额16625万元，比年初下降2913万元。各项贷款余额141620万元，比年初新增51738万元。其中，新增十强企业授信1户、实体经济及园区招商引资企业授信5户、政府平台融资企业3户，投放贷款6.7亿元。为企业开立银行承兑汇票45300万元，办理银票贴现65000万元，开立国内信用证1600万元，办理商票保贴17200万元，融资租赁融资8000万元，自营资金理财2亿元。实现拨备前利润2595万元，当年新增不良为零。

负债业务 制定对公存款专项营销奖励办法、营销产品计价计分绩效考核办法，促进全员营销。加强客户分层管理，重点拓展稳定职业人群、公司要客、小微业主、个体工商户，根据不同客户需求制定个性化理财方案。加强公私联动，挖掘现有客户资源，提升综合贡献度。

资产业务 根据上级行信贷政策，开展全区重点行业贷款投放，主要分布于政府融资平台、建筑企业、成长性工业企业、服务行业企业及个人经营企业。其中，旅游、交通、水利等重点建设项目新增投放贷款7.3亿元；"一区两园"企业新增投放贷款1.1亿元。参加区金融办及人行区支行组织的银企对接活动多次，落实对接项目，实施信贷投放。

中间业务 加强金融产品营销工作，向个人客户推出各类高收益理财产品及浦银点贷、房抵快贷、精英贷、安居贷等信贷产品；通过总行自营资金、银租保、境外融资等形式，解决企业融资和降低融资成本需求。节假日和休息期间，走进社区向企业宣讲金融产品，利用移动终端上门为客户办理业务。

（刘　婧）

保　　险

·中国人民财产保险股份有限公司姜堰支公司·

【概况】 2016年，人保财险区支公司围绕"以人为本、诚实守信"经营理念，转变发展方式，致力经营管理、客户服务和社会责任"三位一体"协调发展，提供优质保险保障服务。实现保费收入2.04亿元，比上年增长16.5%，完成年度计划107%。处理各类赔案19733笔，比上年增长28.20%；赔款15084万元，比上年上升13%。缴纳地方税收1438万元。人保财险区支公司被市文明委评为"创建文明单位工作先进单位"，被市工商局、市消费者协会评为"诚信单位"，被区政府表彰为"金融行业先进单位"。

宣传教育 制定落实人民银行金融政策措施，参与反洗钱、非法集资等宣传活动，参与平安金融创建活动。

农业保险 贯彻中央和地方政府农业保险政策，开展农业保险工作。收取农业保险保费6451万元，支付赔款5069万元，其中完成高效农业保费3853万元。

（吴秋飞）

·中国人寿保险股份有限公司姜堰支公司·

【概况】 2016年，中国人寿保险股份有限公司姜堰支公司(以下简称"寿保区支公司")围绕省、市系统工作会议精神,深化改革创新,加快转型升级,推进公司建设"三优四强"(平台支撑优、创新能力优、服务体验优,系统化协作强、市场化竞争强、专业化技能强、模式化创新运作强)现代企业。截至12月31日,实现总保费收入70528.45万元,比上年增长22.9%,同比增幅列市辖第一;10年期交保费10506.21万元,比上年增长66.72%,同比增幅列市辖第二;实现首年标准保费7723.37万元,比上年增长42.16%,同比增幅列市辖第一。处理赔案7116件,赔付2896万元。其中,短险赔案6671件,赔付1821.5万元;长险赔案445件,赔付1074.5万元;短险赔付率62.5%。在姜堰缴纳税收903.74万元,其中营业税及附加117.98万元、代扣代交个人所得税772.19万元、印花税1.03万元、房产及土地使用税12.54万元。寿保区支公司获"2015年度江苏省放心消费示范单位""2014—2015年泰州市文明单位""2013—2015年江苏省文明单位"称号。

宣传教育　"3·15"消费者权益日、"6·16"客户服务节等期间,组织举办大型业务咨询活动,利用横幅、站牌、宣传彩页向消费者宣传保险业务知识,解答热点问题。召开保险消费维权座谈会,听取社会各界意见建议。

保险服务　开展送赔款上门服务和限时办结等服务项目,客服部的重要考核指标在全市名列前茅。开展"国寿绿色服务"品牌创建活动,推行三大服务承诺(即首问责任制承诺、一次性告知承诺、限时办结承诺),开展服务明星评选、绩效考核,客户服务工作效率、服务质量明显提高。

内控管理　利用早会组织"代签名""销售误导"等关键风险点专题教育,各职场每月上旬召开一次专题早会,在"3·15"早会现场举行诚信宣誓活动。开展营销员信用等级评选活动,张榜公布AAA级、AA级营销员,加强销售人员行为规范检查。开展"两学一做"专题教育活动,开展创先争优、"遵纪守法合规经营"教育活动,加强党员及员工思想道德建设。开展关键岗位人员风险教育,签订风险管控承诺书。9月,开展非法集资风险专项排查,实施风险预警教育。不定期召开前后台沟通协调会,讲解新管理规定,解决一线实际问题。加强监督检查,落实责任制,遏制腐败,防范经营风险。推进"平安创建""法治建设",落实单位内部安全保卫责任制,重点单位、重点部位平安创建100%达标。加强治安、消防监督管理。一个月开展法制宣传教育两次,营造学法、守法、用法良好氛围。

服务社会　儿童节、母亲节、重阳节等期间,举办各类知识讲座,国内及省内健康专家、青少年心理教育专家普及健康知识、灌输文明理念。开展爱心献血、救助孤寡老人、驻村帮扶等公益活动。

(费　璐)

证　　券

·华泰证券股份有限公司姜堰东大街营业部·

【概况】2016年,华泰证券股份有限公司姜堰东大街营业部(以下简称"华泰证券区营业部")贯彻经理工作会议精神,围绕"以客户服务为中心、以客户需求为导向、以客户满意为目的"服务理念,以增加市场份额、提高利润收入为基本点,以"涨乐"为营销手段,整合营销资源,提升综合营销能力,提高服务水平。

业务经营　创新业务,引入私募基金,开发受限流通股。开展理财转型宣传,在晨会、全体员工会议、决策小组会议上宣传营业部理财转型重要性,学习公司相关文件,收看公司视频宣传,组织讨论理财转型发展意义。

内控管理　实施合规经营,围绕证监会文件及公司每月合规与风险管理工作自查表,梳理营业部内部流程,加强合规风险管理。11月,华泰证券区营业部的平安证券工作通过人行区支行带领的工作组检查。

(翁　践)

财　　政

【概况】 2016年，全区实现一般公共预算收入35.6亿元，比上年增长1.9%，完成泰州任务100%，增幅列三市四区第四位。实现财政支出77.83亿元，比上年增长13.4%。其中，一般公共预算支出66.88亿元，比上年增长9.2%；基金预算支出10.95亿元，比上年增长47.5%。区财政局获“江苏省文明单位”“泰州市‘六五’普法先进单位”称号，连续14年被评为全区机关效能建设“十佳单位”；财政集中支付中心、预算外资金管理办公室均获“十佳科室”称号；“民本财政、普惠万家”服务品牌被评为优秀服务品牌。

2016年泰州市姜堰区主要财政收入、支出项目一览表

表10　　金额单位：万元

财政收入	实　绩	财政支出	实　绩
1. 工商税收收入	259355	1. 一般公共服务支出	81257
2. 耕契两税	15100	2. 公共安全支出	28638
3. 罚没及行政性收费	41427	3. 教育支出	105153
4. 基金收入	81547	4. 科学技术支出	11744
		5. 文体和传媒支出	6046
		6. 社保和就业支出	57966
		7. 医疗卫生支出	68716
		8. 节能环保支出	13510
		9. 城乡社区事务支出	121808
		10. 农林水事务支出	65866
		11. 交通运输支出	7117

财政收入　申请延长过渡期财政政策体制至2018年，全区每年增加可用财力2亿多元；申请省企业退休职工养老保险补助最优政策，获补2亿元，今后每年将获固定比例补助。加强收入

预测分析，实现涉税信息资源共享。加强综合治税，补征各类税款近8000万元。加强非税征管，规范非税收入减、免、缓审批，实现应收尽收、应减尽减，非税收入足额及时入库。

财政支出 加大保障民生力度，一般公共预算支出中77.6%以上用于各类民生社会事业支出。支持现代农业发展，投入财政支农资金7.6亿元；建成村级为农服务综合体47座；完成农业"三项补贴"改革，发放各种涉农补贴15项1.75亿元；投入近4000万元，推进"一事一议"财政奖补村内道路建设和宜居乡村建设，涉及全区108个村。投入11.7亿元完善现代公共文化体育服务体系，健全义务教育经费保障机制，统筹资金2560万元建设文体中心，打造全民健身场所。投入6.4亿元保障养老、扶贫、助残、保险、优抚各项社保专项经费，连续12年提高企业退休人员养老金标准，统筹资金开展全区医疗卫生综合改革。

财政监管 完善财政监督体系，做好各单位预算执行情况、各镇（区、街道）财务收支情况日常检查，规范财务收支行为。区财政局联合区纪委、区监察局开展"扶贫领域、镇级财务"专项检查，限期整改相关问题。

财政改革 推进预决算全面化、规范化、常态化，建立公开长效机制。深化预算绩效管理，同步编报绩效目标与预算编制，开展财政支出第三方绩效评价，形成"使用资金要评价，资金使用要效益"绩效理念。完成国库集中支付联网升级改造工作，完善国库单一账户体系，规范"三公经费"支出管理、公务卡使用管理。

财政服务 出台产业发展引导基金管理办法，投资落户或拟落户的战略性新兴产业、重点产业和特色产业项目，参股新招引的华芯公司。兑现落实企业转型升级、科技创新、建筑业、服务业等各项优惠政策资金2000万元，40多家企业申报国家和省级引导资金项目40多个6210万元。推广成本低、手续简、审批快的"小微企业创业贷"，为40多家企业提供周转金8亿元。注资5亿元组建资产管理公司，吸引更多金融和社会资本参与产业发展。

（周望筠）

国家税务

【概况】 2016年，全区有效税源经济下行，政策性减税增多。区国家税务局（以下简称"区国税局"）开展组织收入、税收管理改革、"营改增"、"金税三期"上线等工作，完成年度工作任务，实现各项税收工作量质并举良好局面。区国税局获"江苏省文明单位"称号，区国税局工会被中华全国总工会评为"全国模范职工之家"。

组织收入 组织各项税收收入25.35亿元，比上年增收1.6亿元，增长6.71%。实现地方公共预算收入10.025亿元，比上年增收2.46亿元，增长32.6%。

税收征管 组建欠税追征团队5个，召开联动工作会议4次、案例讲评会6次。建设综合治税平台，实现信息资源互通互享，共享信息10万余条，涉及税款3000余万元。风险应对成效4526万元（不含稽查），比上年增长64%；户均应对成效26.94万元，比上年增长527%。

税收执法 围绕税收管理改革进程，调整内部风险防控重心，降低税收执法过错率。过错数据月不足1条，自由裁量权基准执行连续6个月零差错。开展税务稽查。查处案件66户，结案27户，查补税款1005万元，罚款376万元，加收滞纳金118万元。开展公职律师试点工作，1人入选全省首批公职律师。开展"万人学法"竞赛活动，举办税法宣传2期，参加区联合普法宣传3次，区国税局被区委政法委推荐申报"泰州市2015—2016年度依法行政先进单位"。

纳税服务 设立24小时自助办税厅，添置增值税专用发票自助领用终端2台、代开终端2台、认证终端5台，纳税人可以通过自助办税厅办理发票领购、代开、认证等基础业务，实现全天通办。推广电子税务局，建设姜堰国税微信平台，答复纳税人在线提问。10月8日，"金税三期"个人所得税扣缴系统上线。落实税收优惠政策。出口退税3.68亿元，民政福利企业退税4329万元；执行政策性减税，落实小微企业、高新技术企业等各项优惠政策，办理各类减免税4608.97万元。运用各类平台，从税收视角研究分析经济发展形势、政策变化对地方经济发展影响，为地方党委、政府科学决策提供帮助。

【“营改增”改革】 5月1日起，全区实施“营改增”改革，涉及纳税人3091户。区国税局分行业、分类别、分对象开展政策宣讲，举办培训班8期，培训3000多人次。开展基础数据核实、金税卡发行、三方协议签订等工作，所有试点纳税人懂政策、能开票、会申报。向地方党委、政府汇报“营改增”进展情况，报送的《姜堰区国税局“营改增”全面扩围税源预测报告》《姜堰区国税局新“营改增”税源及全年税源预测分析报告》等被区委办专报刊发；在《新华日报》《中国税务报》《泰州日报》《姜堰日报》等媒体刊发宣传稿件32篇。

（朱　勇）

【税收征管体制改革】 贯彻落实《中共中央办公厅国务院办公厅关于印发〈深化国税、地税征管体制改革方案〉的通知》《国家税务局地方税务局合作工作规范（2.0版）》总体要求，通过建立“一厅两区”、打造掌上办税微平台、成立联合办税服务厅党支部、成立联合追征中心等方式，推动以服务深度融合、执法适度整合、信息高度聚合为主线的国税、地税合作，建立国税、地税协作和长效合作机制。明确35项合作项目内容和规范要求，实现实体办税厅合并。相关经验做法被各类媒体报道28次。

（朱　勇　刁爱兰）

地方税务

【概况】 2016年，泰州市姜堰地方税务局（以下简称“区地税局”）围绕“管理提质、工作提速、能力提升”三大重点，开展工作，推进“五优（服务优、管理优、执法优、合作优、队伍优）同创”。获“全国三八红旗集体”“全国工人先锋号”“省工人先锋号”“省青年文明号”“全省普法工作先进单位”等地市级以上称号22项，在泰州地税系统季度绩效考核中连续三次排名第一。

组织收入　按照“职责相配，收入共管”要求，完善任务对接和目标协作机制。组织各项收入377816万元，同口径增收54102万元，增长16.71%。其中，入库税收收入213927万元，同口径增收44547万元，增长26.30%。

税收征管　推行TQM数据质量管理机制，提升基础数据质量。推行“新办户分类分级管理”，零税款申报占比同比下降76%。开发完善“业务通”平台，在全市推广上线。做好“金税三期”上线工作，制作《“金三”超人来了》宣传动漫，在省地税局、国家税务总局网站推广。开展“五星级”档案管理单位争创工作，以高分通过省档案局验收。

税收执法　完善依法行政体系和风险防控机制。推出“一单三账”、业务流程“五统一”（统一领导、统一计划、统一布置、统一检查、统一考核）等举措，实现督察内审工作“五同步”；编写执法督察案例，被评为优秀案例上报国家税务总局；定期开展中等风险应对对象回访工作，建立链条式防控体系。

税收服务　落实各项税收优惠政策，办理各类减免税2.37亿元。以“税官妈妈”事迹为蓝本创作情景剧；推进“三风”（党风、政风、行风）建设长效管理，相关做法被省纪委网站专题报道；创作微电影《车票》代表姜堰区参加泰州市优秀“廉情一拍”微视频评选，撰写《运用“互联网+”思维推进纪检监察工作》调研文章被国家税务总局廉政之窗推介。

（刁爱兰）

国民经济计划管理

【概况】 2016年，全区实现地区生产总值583.19亿元，可比增长10%，完成预期目标。姜堰区获首批国家农产品质量安全区命名，姜堰大米、益众芝麻油获中国国际粮油产品交易会金奖。太平洋精锻获评2016年全国“两化融合”管理体系贯标试点企业，双登集团获评江苏省质量奖。实现服务业增加值278.65亿元，可比增长12.1%；服务业增加值占地区生产总值比重47.8%，同比提高2.2%。实现社会消费品零售总额172.5亿元，比上年增长11.8%，完成预期目标。全区高新技术产业产值占列统工业产值比重41.0%，低于预期目标0.8%。全区接待游客645.8万人次，实现旅游直接收入15.9亿元，分别比上年增长9.1%、9.6%。溱湖旅游度假区获评全国旅游系统先进集体、省级研学旅游示范基地。完成固定资产投资494.82亿元，比上年增长16.8%，低于预期目标3.2%；实现产业投资420.65亿元，比上年增长27.0%。完成建筑业总产值633亿元、增加值155亿元，分别比上年增长11.39%、8.39%。姜堰区获“中国建筑之乡”称号。

城乡建设　策应泰州纳入省沿海开发战略，规划328国道、353省道、354省道、411省道“四路东进”接通海安县干线路网。229省道改扩建南段、304县道娄庄段建成通车。完成陈庄路、上海路改扩建，姜堰火车站动车运营并启动升级改造，城乡公交实现全覆盖。提档升级农村公路60千米，疏浚整治河道130条，更新改造灌排泵站182座。完成娄庄镇、白米镇等镇用户燃气施工，实现区经济开发区4大社区天然气管网覆盖，延伸全区燃气管网约12千米。推动全区海绵城市建设，罗塘公园获泰州市唯一“省海绵城市建设示范项目”。基本完成城区河东街等3个地块956户、溱潼镇古镇北片区等4个地块885户房屋征收补偿安置。综合整治古田新村、府西新村2个老旧小区和盐库路南侧、幸福北路、东进路3条后街背巷，改造农村危房400户。姜堰区获批“国家生态区”，溱潼镇入选中国首批特色小镇，娄庄镇被评为“中国最美乡镇”，建成省级绿化示范村8个、“水美乡村”10个。

社会事业　完成十个方面35件民生实事项目。全区新增创业1.1万人，创业带动就业2.9万人，转移农村劳动力3900人，城镇登记失业率1.9%。城镇、农村居民人均可支配收入36833元、17638元，分别比上年增长8%、9%。新型农村合作医疗人均筹资标准提高到555元，参合率100%。企业退休人员月均养老金提高到2011元，最低工资标准提高到1770元，城乡低保标准统一调整为每人每月590元。省姜堰中学学生高考获全省文科第一名、全市理科第一名，罗塘高中晋级为省四星级高中，励才学校获评全国生态文明教育示范学校。提升达标村卫生室70家，落实全面两孩和计划生育惠民政策。区三水艺术团、溱潼会船节分别获评江苏省首批群众“百千万”工程优秀群文团队、优秀文化活动品牌。推进农村“20分钟体育健身圈”建设，人均公共体育面积全市第一。举办2016年中国·姜堰第六届“黄龙士·双登杯”世界女子围棋擂台赛和2016年泰州铁人三项亚洲杯赛。

（葛文才）

固定资产投资

【概况】 2016年，全区完成固定资产投资494.8亿元，比上年增长16.8%。其中，产业投资完成420.65亿元，比上年增长27%。经市核查认定亿元以上新开工项目80个，其中10亿元以上4个。159个区级重大项目开工建设149个，开工率93.7%，总投资78.43亿元。泰州溱湖健康养老产业园和越美激光显示蓝光芯片项目申报江苏省重大项目。在建500万元以上技改项目133个，通过核查验收1000万元以上竣工项目55个。新批外资项目12个、增资项目8个，实际到账外资1.6亿美元。13家企业成为重点上市、挂牌后备企业，双登集团进入上市辅导期，乐威医药、振华泵业在“新三板”挂牌。区经济开发区昆姜工业园一期工程建成使用，区现代科技产业园区创建成省级创业孵化示范基地，区高新技术装备产业园区亿元企业孵化园二期工程有序推进，区现代农业产业园区河横稻麦示范基地智能化灌溉系统建成。

（林　华）

服务业管理

【概况】 2016年，全区实现服务业增加值278.7亿元，可比增长12.1%，增幅列泰州第4位。服务业增加值占地区生产总值比重47.8%，同比提高2.2%，列泰州第1位。实现社会消费品零售总额172.5亿元，比上年增长11.8%，增幅列泰州第3位。实现服务业产业投资83.2亿元，比上年增长35%，增幅列泰州第3位。净增限额以上批零住餐企业14家，列泰州第1位。净增规模服务业企业17家，列泰州第1位。

制度改革　推动供给侧结构性改革“1+25”政策体系，制定全区供给侧结构性改革任务分解方案和66项具体改革目标任务。打造张甸镇便民服务样板工程，推进镇级便民服务标准化建设，通过“国家农村社会化服务标准化示范区”考核验收。出台公布行政权力“五张清单”管理办法，完成全区行政审批事项及收费清理工作。完善审批制度改革，驻场项目总数动态调整至221项，其中行政许可项目95项、服务项目126项。推进“多证合一、一照一码”，推行“先照后证”改革，基本实现“零门槛”登记注册。实施商事制度改革，在全市率先试行企业简易注销登记，缩短未开业及无债权债务企业退出周期。

科技创新　全区万人发明专利拥有量7.6件。设立“李德群院士精锻科技工作站”，泰州智谷软件园被认定为省级创业孵化示范基地，太平洋精锻技术中心获批国家级企业技术中心。

（张继忠）

【区健康服务业集聚区发展规划通过评审】 4月23日下午，区健康服务业集聚区发展规划评审会召开。省老龄产业协会副会长、省委研究室副巡视员张伟新，省社会科学研究院教授田伯平，省委党校教授李宗尧组成专家组评审《泰州市姜堰区健康服务业集聚区发展规划》。认为该发展规划解读国家和省相关政策，借鉴国内外健康服务业发展较好地区的成功经验，从特色发展角度，提出姜堰健康服务业集聚区发展目标、功能定位、发展方向、空间布局和保障措施，为姜堰区未来建设省级乃至国家级健康服务业集聚区提供依据，符合国家产业政策，与相关规划实现较好衔接，基本符合姜堰区健康服务业发展实际和长远发展要求，目标较为明确，布局较为合理，措施可行，具有一定的针对性、前瞻性和可操作性，同意通过评审。建议修改完善相关数据，加强集聚区公共服务平台等内容。区领导戚才俊、盛育河参加。

（张　明）

统　计

【概况】 2016年，区统计局加强基层基础建设，提高统计数据质量，建设机关服务品牌，加强干部队伍建设。区统计局被区委、区政府表彰为机关效能建设先进单位，白米镇统计站站长彭存银等2人被评为泰州市最美统计人。

统计基础　将部门统计工作纳入绩效考核，将镇（街道）统计工作纳入工作目标考评体系。修订完善《镇（街道）统计工作考核办法》《姜堰区部门统计工作绩效考核实施细则》，规范统计台账，建立统计资料收集整理归档和发布制度，加强基层统计规范化建设。各部门提供涉及国民经济核算、"八项工程"（转型升级工程、科技创新工程、农业现代化工程、文化建设工程、民生幸福工程、社会管理创新工程、生态文明建设工程、党建工作创新工程）及泰州市考核指标等相关资料。提高统计数据质量，实行数据报送全流程质量控制。对新上规模企业和新增投资项目加强审核，不符合标准不准入库；严把数据审核、上报、验收关，执行省、市统计指标数据质量评估办法，加强企业上报数据审核查询，完善审核关系，规范审核方式，查询回复要求，提高源头数据质量。

统计执法　对115家企业开展统计检查，其中执法检查40家、行政指导75家，与市统计局联合执法检查10家。配合省统计局开展全区农业和贸易统计数据质量检查，深入企业一线，查阅统计基层台账，无统计违法行为发生。首次实行"双随机"执法检查，具有执法资质的人员随机组成检查组，区统计局纪检组组长组织人员随机抽取"四上企业"（规模以上工业企业、资质等级建筑业企业、限额以上批零住餐企业、规模以上服务业企业）样本。查处企业统计违法行为，给6家有轻微统计违法行为的单位送达"责令改正通知书"。

宣传教育　围绕全国性普查和大型统计活动，开展统计法治宣传教育活动，提高调查对象支持率和配合度。组织区统计局全体人员学习《中华人民共和国统计法》《江苏省统计条例》《统计违法违纪行为处分规定》《统计执法检查规定》等法律法规知识。市统计局政策法规处处长开展统计法治讲座，区统计局机关和镇（街道）统计站100多人参加培训。"统计开放日"活动期间，组织编印宣传画500张、宣传手册2000份发放到镇（街道）和村（居委会），首次与团区委联合到励才实验学校和桥头中心小学开展"统计小知识"课堂教学活动。

统计服务　建立部门统计工作联席会议制度。在部门间规范各项统计指标口径范围及计算方法，收集、整理、反馈、交流各种信息，加强小康建设、农业现代化建设、投资项目入库及"四上"单位入库等工作协调配合。

统计信息　每月召开各科室负责人参加的工作例会，点评上月工作，分析全区经济运行情况，明确当月重点工作。创新统计产品，办好"二网四刊"（即姜堰统计信息外网和内网，《统计分析》《统计信息》《统计月报》《统计年鉴》）。统计改革创新的有关情况在《中国信息报》《泰州日报》刊登。撰写各类信息246篇、统计分析36篇，被省统计局采用信息16篇、市统计局采用95篇、市政府网站采用19篇、区政府网站和快报采用48篇。2篇分析获常委区长批示，2个课题在市统计学会立项，1篇分析获泰州市评比三等奖。

【第三次全国农业普查工作】 该工作被列为2016年区政府重点工作。区政府发文明确普查机构各成员单位工作职责，召开工作推进会，将农业普查工作列入年度镇（街道）统计工作目标管理考核内容。区、镇（街道）农普办推出各种形式普查宣传活动。印制宣传条幅、宣传单，悬挂张贴在镇村交通主要地段及村民经常聚集场所；试点镇白米镇利用流动宣传车播放农业普查标语和工作流程。区农普办向区政府提交经费报告，落实普查经费、设备及试点所需物资等；各镇（街道）农普办设置独立办公场所，悬挂“农业普查办公室”门牌，选调政治素质高、熟悉农村情况、业务素质过硬的普查员和普查指导员。建立部门协调机制，明确各部门普查工作职责，加强部门联动；建立普查办运转机制，选聘人员实行制度化管理。9月22日，区农普办组织镇（街道）业务人员100人分成10个组，到白米镇马沟村开展试点入户登记。对于情况较复杂的规模户、农业经营单位，组织全体人员参与登记。建立试点工作日志制度，记录试点情况、问题及解决办法。11月2—3日，分两期培训镇村业务骨干人员300多人，按照清查摸底细则，界定普查区域和普查登记对象。区普查办成立清查摸底工作督查组，督察各镇（街道）摸底工作进度和数据比对情况，确保登记对象不重不漏。

（田小明）

【“全国第三次农业普查遥感测量调查”微电影在姜堰区取景】 5月，该区启动全国第三次农业普查遥感测量工作。使用卫星遥感等影像资料，采用无人机、智能手持电子数据采集仪等现代信息技术及先进设备，展现农作物种植情况时空分布，计算农作物种植面积，实现定时、定量、定位精准监测，取得真实客观的种植面积数据。兴泰镇尤庄村农田面积广，农作物种类比较齐全，符合国家进行遥感测量的有关标准。国家统计局江苏调查总队在该村第二、第三地块取景拍摄“全国第三次农业普查遥感测量调查”微电影。电影成片时长约3分钟，展示全国第三次农业普查人员运用PDA设备进行遥感现场测量的全过程，体现农业普查工作的艰辛。国家统计局江苏调查总队副总队长庄龙德、区委副书记孙靓靓参加活动。

（王宇飞）

审　计

【概况】 2016年，区审计局开展审计（调查）50个，查出各类违规金额3146万元，管理不规范金额400988万元，工程审计净核减11802.5万元。

财政审计　关注财政支出合规性和绩效性，揭示虚报冒领、骗取套取、截留侵占及“三公”经费使用中问题，重点审查全区农村危房改造基金。围绕预算执行的真实性、合法性、效益性和科学性，分别审计区农委、区司法局的预算执行情况。

专项资金审计　组织开展区城镇保障性安居工程跟踪审计、2012年至2015年6月姜堰土地出让收支情况审计、全区彩票公益金管理使用情况审计调查、盐城龙卷风冰雹特别重大灾害救灾物资和灾后重建资金管理使用情况跟踪审计。

固定资产投资审计　实施标底审核项目431项，送审价133527万元，审定132415.1万元，核减1111.9万元；组织中介机构对89个政府投资工程项目开展结（决）算审计，项目送审价83321万元，初审价81386.1万元，审定投资额70695.5万元，净核减10690.6万元；组织开展区文化体育中心工程建设项目竣工决算审计。

经济责任审计　开展领导干部自然资源资产离任审计，重点关注“三公经费”支出、重点工程实施、重大经济决策等内容。审计离任领导干部（人员）20人。

（王春荣）

市场监督管理

【概况】 2016年，区市场监管局围绕“基础建设年”目标，加强队伍建设，创新服务举措，基本形成以食品药品、产品质量、消费维权、市场准入、执法办案等为核心的全区“一体化”市场监管体系。区市场监管局被表彰为“江苏省文明单位”、区机关作风建设“十佳单位”。

市场主体登记　推进商事登记改革，企业“多证合一”登记改革、个体工商户“两证合一”登记改革分别于10月1日和12月1日在全区实施。修订公示“先照后证负面清单”，放宽项目登记限制，服务创业创新。截至年底，全区有各类企业15698户、个体工商户40139户、农民专业合作社1928家，注册资本总额1125.2亿元，市场主体总量同比增长14.2%。8月1日，在全市率先试点企业简易注销登记，缩短未开业及无债权债务企业退出周期。2015年在全省工商系统率先试点年报公示信息“双随机”抽查，2016年扩大“双随机”抽查种类和范围，在全省率先实施“双随机”综合监管，将涉及工商、质量监管和食品药品监管的相关检查事项纳入“双随机”抽查范畴，扩大事中事后监管公信力，得到省工商局表彰，在全省推广。引导市场主体在年报中公示出资、资产及营运等信息，建成运营全区市场监管平台。

市场合同监管　建立健全诚信信用体制，申报“守合同重信用”企业198户，其中189家通过验收，获批准公示。制定《姜堰区2016网络市场监管专项行动方案》，开展网络交易平台、企业网站集中申领、公开“工商网监”电子标识工作，推进线上线下一体化监管，452个网站办理注册申请，通过审核，307家企业贴标；组织开展农资市场专项整治，抽样检测农资产品3次，抽检化肥50多批次、农药3批次，立案查处不合格产品3批次；根据姜堰区《2016年度系列平安创建工作计划》，规划全区平安市场创建工作，组织开展2016年夏季商品交易市场安全生产大检查活动，出动人员365人次，整改安全隐患183个。

质量监管　制定《姜堰区2016年质量强区工作实施意见》，加强企业质量管理。苏中药业获评国家科技进步一等奖；双登集团获评江苏省质量奖，太平洋精锻获评泰州市长质量奖；溱湖旅游景区争创“全国知名品牌创建示范区”工作进入申报环节；重点企业申报QC课题，太平洋精锻、移动公司两家企业获泰州市质量成果发布一等奖。申报省名牌12家、市名牌15家、省著名商标6件、市知名商标15件，“润泰”争创中国驰名商标，获批省名牌产品2个、市名牌产品6个、省著名商标6件、市知名商标15件。修订《区长质量奖评审管理办法》，组织开展2016年度区长质量奖评审，泰州捷锋帽业有限公司获评。

计量监管　深入学校、医院、社区开展“5·20”计量日宣传活动，帮助企业建立健全计量管理体系，65家企业获计量确认证书。组织开展“民用三表”监督检查，新安装水、电、气表19611只，首检率100%。开展春耕农资、端午商品定量包装监督检查和夏粮收购市场计量器具专项监督检查。开展“两免费”检定工作，免费检测全区34个集贸市场电子秤1371台、24家镇卫生院和144家村卫生室医用计量器具1054台，减免检测费用80多万元。每季度开展定量包装商品监督检查，检查生产企业56家，抽查样品261批次，不合格样品5批次，合格率98%。在医院、集贸市场、加油站、超市、眼镜店、餐饮店等重点民生领域，推进诚信计量自我公开承诺活动，培育诚信计量示范单位，12家单位获“2016年省级诚信计量示范单位”称号。

开展农贸市场计量器具检查

标准化工作　围绕“产品专利化、专利标准化”，实施产业升级。船舶舾装件公司修订国际标准3项，成为苏中地区首家国际标准制（修）订企业；制订具有自主知识产权企业标准9个，中医院公共服务综合标准化、农村产权流转交易服务标准化2个项目通过国家标准委立项；区基层政务服务标准化试点高分通过国家标准委验收，被列入省级标准化成果展示平台；农村社会化服务标准化示范区和畜禽养殖标准化2个国家级标准化示范区通过验收。新申报国家标准3项、行业标准1项、省级地方标准2项、农产品地方标准1项。

行政许可 落实商事制度改革措施，放宽市场准入。接受电话和现场咨询13000多人次，新办有限公司1524户、分公司188户、外商投资企业14户。发放食品经营许可证2413份，其中食品销售1440份、餐饮经营973份，办理药品经营许可证开业、变更、换证、注销52家，医疗器械经营许可证设立、变更、注销26户，二类医疗器械备案56户。完成各类转型升级66户。振华泵业和乐威医药等项目完成股改工作，奥力星厨卫有限公司等开展国家级名称核准和公司登记注册。推进“先照后证”改革和“双告知”制度，发放“先照后证”各类企业和个体执照1104家，涉及“前置改后置”项目45项。推行“一照一码”换照工作，9349家企业领取带有统一社会信用代码的营业执照，换照率60.36%。简易注销登记企业14家。

稽查执法 围绕群众关注的假冒不合格商品和食品药品违法行为开展重点稽查执法，组织开展“利剑1号行动”、公用企业限制竞争行为、面制品含铝泡打粉违法行为、中国制造海外形象维护“清风行动”等专项整治22项。完成国家食品药品监管总局督办的“‘11·5’降糖胶囊假药案”及省食品药品监管局督办的“‘11·20’假酒案”。立案287件，办结246件。查处一批电线电缆大案要案，破获一起特大销售有毒有害野生鸟类案，率先立案查结公用企业乱收费案件1起、串通招投标案件1起；开拓网络销售调查取证渠道，查处电商案2起。加大行刑衔接，设立公安派驻警务室，与公安部门实施紧密型联动执法，向公安部门移送案件线索28起。在面制品含铝泡打粉专项执法活动中，向公安机关移送14人，起诉14人，判刑10人。统一规范“三合一”后执法文书，加强法制核审，实施行政处罚信息公开。创新实施人大、纪委、政府法制办、法院、检察院、公安局、市场监管局七方联席会议，建立市场监管联动合作机制，加大市场领域违法犯罪打击力度。

消费者权益保护 打造“你消费我维权”服务品牌，完善维权服务平台举报投诉联动处理工作制度，各类举报投诉规范流转、高效处置、及时反馈；集中受理、分流、处置“12345”“12315”“12365”“12331”申投诉举报，接受分流投诉举报702件，办结598件，为消费者挽回经济损失61.64万元，消费者满意率98%；建成消费维权服务工作站288个，形成覆盖全区各镇的维权网络；组织开展流通领域商品质量检测，抽样送检LED灯、洗衣机、成人服装、电线电缆、汽车线束等商品202批次，立案查处上期抽检的113批次不合格商品中94批次商品；推进放心消费创建工作，寿保区支公司、大洋百货、宇涵食品公司3家单位创建成省级放心消费示范单位，太平洋财保区支公司、太平洋寿保区支公司、文峰千家惠超市区分公司、姜堰宾馆4家单位创建成市级放心消费先进单位。

开展“消费维权”进商场活动

【食品安全监管】 区食安办召开全区食品安全工作例会两次，与各镇（街道）和9个主要监管部门签订食品安全工作责任书，部署各阶段食品安全监管工作。组织修订《食品安全事故应急预案》，加强食品安全应急管理。开展春节、端午节、中秋节等节日期间食品安全联合执法检查，组织开展学校食堂、第三方平台网络订餐、含铝泡打粉、旅游食品、成品粮油市场等专项整治。在质检中心、基层分局逐步设立食品安全快速检测室，抽检食品2220批次，立案查处不合格食品12批次。制定发布《姜堰区食品小作坊经营品种目录》，明确流通环节食品安全监管责任区。建立食品生产经营企业信用档案，13家食品生产企业建成电子追溯系统。加强校园、养老院和旅游景点餐饮安全监管，量化分级餐饮单位1128家，其中学校食堂A级单位85%。完成世界女子围棋擂台赛、溱湖会船节、中高考、国家现代农业现场会和泰州市委全委会等17项重大活动、重要节日餐饮服务安全保障，保障就餐160餐次近15万人次。

【保健食品化妆品监管】 加强保健食品、化妆品生产经营单位监督管理，实施风险管控。组织开展保健食品等三类食品非法添加问题专项治理和化妆品标签标识专项监督检查，日常监督检查化妆品生产企业1家、保健食品经营单位163家、化妆品经营使用单位756家。区市场监管局与区卫生计生委联合印发《姜堰区化妆品不良反应监测工作方案》，明确化妆品不良反应监测哨点医院3家，收集上报化妆品不良反应报告25份。组织开展保健食品、化妆品经营企业量化分级管理工作，评出年度保健食品经营A级单位9家、化妆品经营A级单位8家。加强媒体宣传，针对老年人、高考考生等群体发布保健食品消费提示。

【药品医疗器械监管】 加强药械生产企业日常监管，开展药品医疗器械专项检查，规范药械市场秩序，保障用药安全。修订《药品和医疗器械安全突发事件应急预案》，组织开展注射用透明质酸钠、无菌植入性医疗器械、“问题疫苗”等专项检查，化解网民对问题疫苗的担心。开展药品经营企业快速检验200批次，完成药品监督性抽样150批次。对苏中药业等6家单位开展两“G”（GMP、GSP）认证后飞行检查，对23家单体药店开展新版GSP认证前指导。日常监督检查区中医院制剂室、苏中药业等医药生产经营单位9家，一级医疗机构36家，医疗器械生产企业41家。收集、核查、上报ADR 736份、MDR626份。

【特种设备安全监管】 落实主体安全责任，加强特种设备动态监管。组织开展船舶修造（拆）行业、气瓶充装、危险化学品贮存企业、中高考前等特种设备专项整治行动，专项监督检查特种设备重点使用单位278家，危险化学品生产、储存特种设备企业16家，压力容器制造企业23家；围绕区人大常委会评议电梯安全工作，制定下发《2016年电梯安全攻坚战实施方案》，全区1081台乘客电梯、92台在用自动扶梯和自动人行道均处于安全、有效、可控运行状态，被纳入泰州市“96333”电梯应急救援平台，加强小区住宅电梯闭环管理；推进气瓶二维码工作，专项整治全区充装气站、气瓶生产企业15家；举办特种设备作业人员培训班8期，培训考核作业人员760人次，培训压力管道元件生产企业质保体系负责人50人次。全区特种设备安全运行，实现无安全生产责任事故目标。

开展特种设备安全大检查

（洪珊瑚）

【“3·15”系列宣传活动】 “3·15”期间，区市场监管局牵头多部门开展消费者权益保护日系列宣传活动。与姜堰电视台联合举办消费维权知识竞赛活动，大型商场、超市等企业组队参赛；与《姜堰日报》、姜堰电台联合刊播“3·15”特别报道，与姜堰电视台“民生关注”“新闻综合”等栏目联合宣传消费维权法律法规；开展“3·15”网上在线咨询活动，为消费者答疑解惑，做好线上线下沟通对接工作；通过手机短信、电子显示屏等方式向全系统干部职工和市民宣传2016维权年主题“新消费 我做主”的精神和意义；区消费维权举报申诉中心大厅实施24小时值班，稽查大队、各分局组织应急小分队，确保随时出动、现场处置；组织省级“放心消费”示范企业、“12315”“五进”工作先进企业参加市“3·15”晚会授牌仪式等。3月15日上午，区市场监管局联合区司法局、区消协律师团、特检院泰州分院和罗塘街道北街社区、区电梯维保公司等单位20多人在东方不夜城黄金广场，开展“3·15”消费者权益保护知识暨电梯安全法律知识宣传服务活动；在各镇（街道）繁华地段举办宣传咨询活动，发放宣传资料，接受咨询投诉，调解消费纠纷。

（李晓燕　钱　路）

国土资源管理

【概况】 2016年，全区国土资源系统按照“保护资源、节约集约、维护权益、改革创新”总体要求，开展土地保护、节约集约等土地资源管理工作，服务经济社会发展。泰州市国土资源局姜堰分局（以下简称“国土资源局区分局”）被评为“2013—2015年度江苏省文明单位”“2014—2015年度全省矿产资源补偿费征管工作先进单位”；获全市国土资源工作综合二等奖；被授予“2016年度姜堰区服务地方先进单位”称号，获特别贡献奖提名奖。“6·25”全国土地日专题宣传活动“古镇大合唱”被评为全省2016年度土地日宣传好项目，连续四年获该项目奖。

项目用地保障　利用省重大产业项目扶持政策，包装项目上争用地计划13.4公顷。实施增减挂钩增加用地指标约15.36公顷，调整土地规划约154.46公顷。报批项目79宗，面积144.64公顷；挂牌出让工业用地90宗，面积173.4公顷。上争土地利用总体规划调整完善及永久基本农田划定指标，核减耕地保有量约3686.67公顷、基本农田保护面积4980公顷，全区规划空间增加约1153.33公顷。

土地资源市场　实施土地资产运作，收储土地3宗，面积14.12公顷，金额1.76亿元；出让经营性用地8宗，面积约18.51公顷，成交总额7.09亿元。

耕地保护　完成年度耕地保有量和基本农田保护任务，占补平衡新增耕地面积约120.73公顷。建设高标准农田约2926.67公顷，实施东部干线10万亩高标准农田建设国家试点项目，建设规模6840公顷。编制“十三五”土地整治规划，完成年度耕地后备资源更新调查，变更后备资源438.92公顷。

土地执法监管　做好矿业权管理工作，开展国土资源整治“三个百日”行动，调查工矿用地3420宗、村民宅基地22.11万户。推进2015年度卫片执法检查，督促整改存在问题。

土地节约集约　推进节约集约用地“双提升”行动，全区亿元地区生产总值建设用地占用规模由约33.82公顷下降到约32.43公顷，下降4.11%；建设用地地均地区生产总值产出水平由每公顷295.65万元增长到321.15万元，增长8.62%，完成市下达的“双提升”指标任务。盘活处置存量建设用地约256.13公顷，超额完成年度目标。清理2008—2015年度批而未供土地93宗，面积259公顷，全区该时段供地率82.6%，完成往年供地率80%和当年供地率60%两项省交指标。

土地基础工作　成立区不动产登记局、区不动产登记中心，发放不动产权证。将52项登记类型梳理调整为23项，将法定30个工作日办结的事项压缩至15个工作日，对有特殊需求的服务对象做到特事特办、急事急办。“4·22”世界地球日、“6·25”全国土地日、“8·29”全国测绘法宣传日等期间，开展国土资源法制宣传活动。

（洪　浩）

开展测绘法宣传活动

（潘　俊　高　路　摄）

【区不动产登记局和区不动产登记中心成立】 5月16日上午，区不动产登记局、区不动产登记中心揭牌暨不动产权证书首发仪式举行。泰州市姜堰区不动产登记局为姜堰区不动产统一登记机构，所设泰州市姜堰区不动产登记中心负责具体办理国有建设用地使用权，集体建设用地使用权，宅基地使用权，房屋所有权，构筑物所有权，地役权的首次登记、转移登记、抵押登记、变更登记、注销登记、更正登记、异议登记、预告登记、查封登记等，集体土地所有权登记，林权登记等业务，颁发“不动产权证书”“不动产登记证明”。副区长王萍主持揭牌仪式，市国土资源局局长李兴国、区委书记李伟为姜堰区不动产登记局揭牌，区委副书记、区长李文飙，市国土资源局副局长潘金华为姜堰区不动产登记中心揭牌。李兴国、李伟、李文飙分别为首批申领不动产权证的权利人颁证。

（陈燕华　姜　伟　方　园）

【区国土资源宣传教育基地成立】 6月25日上午，区国土资源宣传教育基地揭牌仪式在院士旧居举行。副区长王萍为基地揭牌，给8名土地国策宣传员颁发聘书。当日是全国土地日，宣传主题是“节约集约用地，切实保护耕地”。区国土资源宣传教育基地在院士旧居和古契约文书馆陈列测绘、不动产登记等方面法律法规，设置宣传台，将国土资源宣传教育与古镇旅游资源结合，发挥名人效应、品牌效应、文化效应和旅游辐射效应，引导游客参与耕地保护、自觉珍惜土地资源。

（顾冬梅）

物价管理

【概况】 2016年，区物价局贯彻省委、省政府《关于全面推进价格机制改革的实施意见》，落实省、市价格工作会议精神，围绕改革、监管两大主题，加强制度规范、队伍能力和基础建设，开展物价管理工作，为全区经济建设做出贡献。区物价局被表彰为2015年度全省价格工作先进单位、2013—2015年度江苏省文明单位。

价格调控　建立以分管区长为组长的价格调控联席会议制度，出台价格调控目标考核办法，明确预期目标，将价格调控各项任务分解到19个相关部门，监测预警、稳价保供惠民、稳定通胀预期，基本完成泰州市下达的各项价格调控目标任务。落实低收入群体价格补贴机制，上半年启动联动机制4次，在低收入居民消费价格指数涨幅大于3%时，给登记在册的城乡低保对象、孤儿、重点优抚对象、农村“五保”对象和特困职工发放困难家庭生活费价格临时补贴近7万人次369.6万元。落实商品房价格备案制度，推行商品房明码标价。1—6月，备案住宅商品房36万平方米，均价5216元/平方米，同比上升1.38%。按照江苏省保障房价格管理办法，制定区中天二村三期（续）21幢养老住房销售价格指导意见，住宅建筑面积69127.50平方米，销售基准价3360元/平方米，允许上浮3%。养老房销售情况良好，无价格投诉。

价格监测　加强价格预测预警，建立重要民生商品价格走势分析机制，严把采价环节，实时跟踪生猪、大米、鸡蛋、食用油和部分蔬菜价格行情，预警预报相关价格波动。全区价格监测设点99个，其中省级10个、市级46个、本级43个，采集价格品种690多种41万多笔。3月，生猪价格出现猪粮比10∶1的不涨红线。区物价局启动生猪价格预测预警预案，形成生猪生产、成本、销售等方面分析材料，全区采取措施，稳定生猪价格。

收费管理　按照简政放权、放管结合、优化服务、转变政府职能的总体要求，清理规范行政审批中介服务收费行为，引导中介服务市场健康发展。编制区级行政审批前置中介服务事项和收费清单向社会公布，明确中介服务项目名称、设定依据、办理时限、收费项目、收费依据和收费标准等，清单根据项目变化和政府定价目录调整实行动态管理。落实国家、省、市各项收费政策，跟踪督察政策执行情况。编印公布姜堰区《行政事业性收费项目清单》《经营服务性收费目录清单》《政府性基金行政事业性收费项目清单》。实行收费公示制度，各收费单位在门户网站或收费场所醒目位置向社会公布公示收费项目、收费标准、收费依据、收费范围、收费对象、优惠减免规定、监督举报电话，接受社会监

督。召开全区自来水价格工作会议，解读现行自来水价格和延伸服务收费政策。各镇水厂在营业（收费）场所公布自来水到户价格、延伸服务价格等标准，接受用户监督。经民政、总工会核定的城乡低保、“五保”、孤儿及特困职工，执行水价优惠政策，每户每月免费使用自来水6吨，补贴资金由区财政负担。

价格监管　开展规划、国土、民政、人防、交通、旅游、气象、会计事务所等涉企收费和中介服务价格专项检查，处理4个单位价格违法案件，罚没15万元。抽查城区10个主要商品楼盘明码标价情况。对违反明码标价规定的行为，责令当事人当场整改；对销售现场公示价格和备案价格不一致的行为，下发整改通知书。立案查处通信行业明码标价不规范、业务宣传涉嫌价格欺诈的行为和医疗机构、药店虚构原价、低标高结的行为。畅通价格投诉举报渠道，“12358”价格举报平台运转正常，实行网上受理、登记和答复。受理价格咨询和投诉73件，回复率100%，办结率100%。对涉及举报多的数字电视、出租车等行业和领域，开展政策提醒，规范价格行为，减少价格矛盾。研究新时期办理举报的特点和解决方法，解决网购价格投诉5起，对网络经营者发出政策提醒，规范电商“双11”“双12”等价格行为。推进价格诚信体系建设与诚信社会接轨，建立相关企事业单位价格诚信档案，对价格诚信单位分级评选、分类监督、动态管理。姜堰人民商场、姜堰区广播电视传输网络有限公司等4家单位获“江苏省价格诚信单位”称号，西大街步行街获“江苏省价格诚信街区”命名表彰。

价格服务　5月1日，《江苏省价格条例》实施。区物价局利用发放宣传手册、电子显示屏、进企业、进学校等形式开展宣传。到华润燃气公司开展天然气价格、安装服务等延伸服务方面价格政策、明码标价情况指导；到溱湖动物园指导合理定价，要求加强价格自律，维护游客合法权益；召开全区出租车经营企业、房地产和物业企业、农村自来水等价格政策提醒会，规范学校超市（商店）等相对封闭区域价格行为，加强监管。编印《2016年涉农价、费公示表》350份，发放到全区17个镇（街道）262个行政村常年公示。应对供给侧结构改革，为车用燃气和民用管道燃气工程费，溱湖景区、溱潼古镇门票，民办初中教育收费，天然气接驳费，自来水、出租车等定价成本提供监审服务。定期成本监审5件，定调价成本监审3件，申报成本35817.5万元，核减成本8618.4万元，核减率24.06%。全区7个镇11个行政村26个农调户承担小麦、水稻、油菜、生猪、香菇、肉鹅、西瓜7个农产品成本调查任务，开展农本登记工作，所有农调户一次性全面达优，农本调查准确及时。完成农本调查信息报道30篇，其中被《江苏信息简报》采用5篇、省物价局网站采用1篇。开展价格认定工作。受理刑事涉案价格认定173件，认定400多万元；受理涉税价格认定336件，认定6亿元；参与区市场监管局、区农委、区交通运输局、区盐务局等执法部门涉案财产价格认定20多件。区物价局联合税务机关调整完善二手存量房计税系统价格。与区政府法制办、区司法局联合筹备建立镇（街道）、村（社区）级价格争议调解网络，设立调解专家库。

【开展价格为民办实事工程】　一是开展“价比三家”采价工作。全区4家超市、4家农贸市场、3家医院、5家零售药店、4家家电零售单位实施每周四采价、周五网上公示和更换社区公示栏；在区物价局网站和《民生价格导航》分别建立专栏；在城区建立价格公示栏8个，明确专人每周五更换公示内容，引导市民理性消费，抑制消费品价格上涨。二是加强平价商店管理。全区5家平价商店安装电子显示屏和电子监控设备，通过网络了解各平价商店运行情况，加强日常管理。1—10月，销售平价蔬菜450多万千克，低于市场平均价16.2%；销售平价猪肉、大米、鸡蛋、食用油16万千克，低于市场平均价6%；受益人数260万人次以上，为市民节约开支110万元左右。三是开展惠民药店建设。全区有“五保”老人、“三无”人员、困难职工2595人，每人有购药资助金300元，市物价局拨付姜堰区82.26万元。全区4家惠民药店让利群众60.5万多元，惠及市民91.5万人次。

【价格改革】 一是深化资源性产品价格改革。自6月起实施差别化污水处理费政策。环保部门评定各企业环保信用等级，被评为“红色”等级的企业，污水处理费在现行标准基础上加收0.8元/立方米；被评为“黑色”等级的企业，加收1.2元/立方米。落实中央、省、市关于降低实体经济企业成本精神，实施工业用电、水、天然气、蒸汽价格优惠政策，全年全区企业可降低生产成本4598.15万元。二是开展清费减负工作。按照“全面清理、合理降低、规范运行”原则，组织开展涉企收费专项清理工作。清理的范围包括：行政事业单位向企业收取的行政事业性收费（含政府性基金）、服务性收费和培训收费等费用；行业协会、中介服务机构向企业收取的政府定价（指导价）的经营服务性收费等费用。相关单位根据要求上报执收的涉企收费项目、标准、优惠政策及依据，区物价局审核公布涉企收费目录清单。三是推进医药价格综合改革。2014年3月在市第二人民医院和区中医院推行首批医药价格综合改革，2015年12月在区溱潼人民医院、区皮肤病防治所、区妇幼保健所三家卫生医疗机构实施第二批医药价格综合改革。调整的医疗服务项目价格执行到位，药品实行零差率销售，基本破除“以药养医”旧机制，探索建立新型医疗服务价格定价机制和管理机制。四是出台价费政策。调整励才学校学费和出租车运价。在调整政府指导价、政府定价的项目标准时，按照《江苏省定价目录》规定的定价权限和具体适用范围，在成本监审基础上拟定调价方案，征求社会群众意见，通过专家论证、风险评估，经区物价局价审会集体审议后作出价格决定向社会公布，跟踪监测新收费政策执行情况，接受社会各界和群众监督。

（黄　强　许　伟）

安全生产监督管理

【概况】 2016年，全区落实安全监管责任，加强安全生产“红线”意识，开展安全生产各项工作。安全生产事故起数、死亡人数两项指标连续实现“双下降”，连续10年未发生3人以上死亡及造成较大社会影响的安全事故。事故指标控制在市下达指标内，安全生产形势保持稳定态势。区安全生产监督管理局（以下简称“区安监局”）被省安监局表彰为全省职业健康监管工作先进集体、全省安全生产执法工作先进集体、非煤矿山及冶金等工贸行业安全生产工作先进集体；被市政府表彰为2015年度安全生产工作先进集体，获一等奖。

机制建设　将安全生产“十三五”规划纳入国民经济和社会发展总体规划，编制安全生产“十三五”专项规划和重点行业安全生产专项规划。实行安全生产“三级五覆盖”［“三级”指省、市、区，“五覆盖”指“党政同责”全覆盖、“一岗双责”全覆盖、“三个必须”（管行业必须管安全、管业务必须管安全、管生产经营必须管安全）全覆盖、政府主要负责人担任安委会主任全覆盖、各级安监部门向同级组织部门通报安全生产情况全覆盖］。区委召开常委会议2次，区政府召开常务会议4次、专题会议2次，研究部署安全生产重点工作；区委书记督察安全生产工作4次；区政府召开由区政府主要负责人主持，各镇（街道）、园区和部门主要负责人参加的全区安全生产工作大会9次，督促检查安全生产工作完成情况，部署重点工作任务；区政府全体负责人分别带队赴各镇（街道）、园区和安全生产重点部门督促检查安全生产工作4次。年初，区长分别与副区长和各镇（街道）、园区、部门主要负责人签订安全生产目标责任状，明确安全生产职责；制定下发年度目标考核细则，抓好各项基础性工作和重点工作。每月通报各镇（街道）、园区、部门安全生产监管情况，年终按考核结果兑现奖惩，2015年度全区三分之一的镇（街道）、园区和五分之一的部门被扣减监管保证金，17家单位获奖励。建议调整工作不负责任、履职不到位的镇分管安全生产负责人1人、镇安监办主任2人。区委、区政府联合发文，规定区级安全生产投入每年不低于500万元，随经济社会发展和工作需要增加；明确镇（街道）安全生产专项资金不低于财政收入5‰，最少不得低于20万元；追加网格化建设、购买中介机构安全评价专项资金279万元。实现网格化监管全覆盖，所有网格员持证上岗，明确村（居）网格员的“宣传员”“督导员”“信息员”“协调员”“四员”职责，区政府每年考核奖补三级网格员343人120万元。制定《泰州市姜堰区生产经营单位落实安全生产主体责任规定》《泰州市姜堰区企业安全生产失信黑名单和诚信评价管理制度》等规范性文件，实行安全生产诚信褒奖和失信惩治。6月，通过竞争性谈判方式，投入近200万元专项资金，选取4家国内甲级资质安全生产中介机构，对全区46家化工、工矿重点企业开展安全生产现状评价，查出各类隐患751条，除挂牌督办隐患外，其他基本整改到位；出台激励政策，奖励一级标准化企业5万元、二级标准化企业2万元。

综合治理　一是加强重点行业领域安全生产专项整治。交通运输方面，专项整治水路危险化学品运输企业9家、道路危险化学品运输企业6家，排查各类隐患、问题25处，挂牌督办关闭的8家危险化学品码头被停止办理港口经营许可手续、禁止码头装卸作业；城镇燃气方面，查处各类安全隐患150处，下发整改通知书30份；建筑施工方面，检查在建工程项目塔吊、施工升降机2次，督促整改隐患问题75处，检查在建工程脚手架，发现隐患153处，下发整改通知书8份、停工通知书4份；人员密集场所（社会福利机构）消防方面，推广安装简易消防设施，改造11家社会福利机构消防设施；电梯安全方面，68个小区与物业公司签订管理合同，发现安全隐患126处，下发整改通知书15份，查封存在安全隐患的自动扶梯5台。二是组织开展安全生产巡查。年内组织开展全区安全生产巡查2次，明确专人跟踪督促整改市安委会巡查发现的问题。年初，区安委办分成5个组巡查各镇（街道）、园区烟花爆竹“两关闭”（关闭与居民居住场所设置在同一建筑物内的烟花爆竹零售点，关闭与人员密集场所和重点建筑物安全距离不足、集中连片经营、在超市内销售、未按规定专店销售的烟花爆竹零售点）情况；“4·22”靖江德桥仓储事故后，区安委会成员单位负责人带队巡查各镇（街道）、园区安全生产大检查情况，跟踪督促整改问题。三是遏制较大及以上生产安全事故。打击非法违法生产经营建设行为，检查生产经营单位447家，实施隐患通报260家，排查各类隐患和问题2425条，下达各类执法文书451份，培训企业主要负责人、安全管理人员和特种作业人员近2500人。立案查处44件，责令停产停业7家，挂牌督办8起，关闭非法生产企业2家。受理举报案件63起，核查63起，移交相关部门13起，处理50起。四是开展重大节日、重要手段安全生产大检查。春节前、“五一”节前、夏季、国庆节前、党代会期间、岁末年初，开展安全生产大检查，督促重点生产经营建设单位整改非法违法行为。五是完善联合执法机制。自2012年姜堰区制定安全生产联合执法制度起，各职能部门相互配合，打击安全生产领域违法行为。

应急管理　落实安全生产24小时应急值守和领导带班制度，处理“12345”政府热线和来信、来访63件。区政府安全生产事故灾难应急预案在有效期内，政府部门预案在区安监局备案，危险化学品、道路交通、水上交通、建筑施工、城镇燃气等行业领域开展应急救援演练。建立因自然灾害引发生产安全事故预警预报机制，在大风、雷雨、暴雨等恶劣天气来临前发布预警信息。开展7家危险化学品企业重大危险源等级确认、备案等工作。

安全创建　区安全生产监察大队通过省规范化创建验收；新增3个镇通过省安全规范化乡镇验收，全区14个镇（街道）通过市安全规范化乡镇考核验收。97家企业通过风险较大作业场所规范化验收，超额完成市交任务；立案查处风险较大作业场所规范化创建工作进展缓慢、不想创建的企业5家。9家危险化学品生产企业取得二级标准化证书，5家危险化学品生产企业、1家构成重大危险源经营企业、6家工贸企业向省安监局提交二级标准化考评申请；11家小微企业通过标准化创建评审；新增工贸三级标准化达标企业44家（其中规模以上21家）、小微企业151家，新增达标率10.1%；2家烟花爆竹批发企业向市安监局提交二级标准化考评申请。全区800多家企业建成安全生产标准化。

宣传教育　制定年度宣传教育计划，出台信息考核办法，将信息上报情况与各镇（街道）、园区、部门和区安监局科室、个人考核挂钩。上报宣传信息300余条，多条信息在《新华日报》《中国安全生产报》《泰州日报》《姜堰日报》刊登。组织宣讲团下乡宣传新《中华人民共和国安全生产法》《江苏省安全生产条例》，举办讲座20余次。开展“安全生产月”、“安康杯”知识竞赛、道路交通安全日、“119”消防日、“职业病防治周”、“安全社区”创建、“安全文化建设示范企业”等活动。在电视台开设“阳光安监”专栏，主要录制全区安全生产动态、企业安全管理、事故隐患曝光等涉及安全生产方面民生内容，播出40期；录制《城市对话》访谈节目，从6月起，每月围绕一个专题，区安监局分管局长和科室负责人以访谈形式讲解安全生产方面知识。从6月起，区安监局、区教育局、区文广新局、区总工会、区妇联、区广电台等部门组织开展“一封安全家书”征集活动，征集“安全家书”2382件，评出特等奖1人、一等奖5人、二等奖10人、三等奖50人、鼓励奖若干人。推广省、市微信公众号，近3000人关注；打造“阳光安监”微信公众号，该公众号有安监在线、安全知识、互动平台三大板块，从9月起，每日一期。将“三项岗位”人员（高危行业企业主要负责人、安全生产管理人员和特种作业人员）培训、持证上岗从业人员培训教育列入执法检查必查内容，开展专项检查2次，高危行业企业主要负责人、安全生产管理人员和特种作业人员培训率100%；组织重点行业主要负责人参加安全管理能力考试，组织全区46家重点危险化学品、工贸企业负责人和安全管理人员96人参加市安监局组织的业务知识考试。坚持“五整改一监督”监管执法机制（说服教育劝整改、限改指令逼整改、友情提醒促整改、隐患通报督整改、严格执法保整改，跟踪监督强作风）。6月29日，《新华日报》用半版篇幅报道姜堰区“五整改一监督”做法和取得的成效；11月3日，区安监局作为3个县级市区代表之一在全省安全生产执法工作暨执法机构规范化建设推进会上作典型经验介绍。

【安全生产专项监管】　一是开展企业安全生产主体责任专项行动。将专项行动阶段分为“三个百日行动”，区政府主要负责人3次召开动员部署、业务培训和督察会，区安委办全体负责人分别带队到各镇（街道）、园区督察指导排查摸底工作，通过三级网格员摸清全区14647家生产经营单位基本情况，集中开展整治，制定长效管理制度。二是加强化工、危险化学品和烟花爆竹安全监管。制订化工行业安全发展“十三五”规划；1家单位有化工技改项目，已验收合格；按照省市相关要求完成危险化学品专项整治工作，实施“关闭小化工”工作方案，关停列入关闭计划的9家企业；开展危险化学品储罐区安全体检；制定化工企业动火作业提级管理办法，委托第三方监督；15家重点化工企业设置门禁系统，其中2家企业停产、13家通过验收；开展油气输送管道情况调查摸底，未发现占压和安全距离不足等问题；邀请化工专家158人次，检查危险化学品生产经营企业134家次，排查出各类安全生产违法行为和事故隐患787项，下发责令改正指令书128份，责令停止使用国家明令淘汰落后的三足离心机74台，立案查处不按规定整改企业7家；深化安全生产告知承诺报告和企业主要负责人述职制度，年初召开化工、工矿重点企业安全生产工作会议，企业主要负责人递交手书上年度述职报告。8月12日，区政府召开全区安全生产重点企业主要负责人述职质询大会，安监、消防等部门质询企业落实主体责任。开展烟花爆竹零售网点、批发企业检查，2家批发企业被检查4轮，消除隐患21项，查处1家公司违法行为，关闭不符合条件的烟花爆竹经营单位315家。三是加强工贸企业安全监管。核查甄别出粉尘涉爆企业35家，检查发现隐患310项，整改294项，立案查处不按规定整改的企业3家；开展有限空间检查，5家造纸和酱腌菜生产企业均不涉及有限空间，排查出镇（街道）企业18家，隐患106项，立案调查隐患未全部整改到位企业3家；完善金属冶炼企业名册、企业信息表和数字化一企一档，查出各类违法行为和安全隐患848项，责令2家企业停产停业整顿；检查使用储存危险化学品工贸企业154家次，排查整改隐患889项，督促18家储存危险化学品建设项目完善“三同时”（建设项目的安全设施与主体工程同时设计、同时施工、同时投入生产使用）手续，查处隐患整改不力企业10家；在2000万元或者100人以上重点行业和领域推行安全总监，其中59家重点工贸企业全部配备安全总监；开展工贸企业较大危险因素辨识管控，从通过规范化验收的企业中选择六大行业10家单位试点，13家企业完成辨识管控工作，形成书面管控报告，84家规范化建成单位完善管控内容，翌年将根据试点经验推行。四是加强船舶修拆造企业安全监管。重点检查有限空间作业审批、人员持证上岗、临时用电和油船、危险化学品船只维修等方面，排查各类隐患54处，下发整改指令书7份，均整改到位。五是深化隐患排查治理体系建设。要求企业每月通过隐患排查治理信息系统上报隐患自查自纠开展情况，未上报及零隐患申报企业由所在地政府、行业主管部门核查后报区安委办，作为年终考核依据，2167家企业按月排查上报隐患，占全部注册企业93.4%；有直接监管企业的注册行业部门正常使用隐患排查系统；建立重大事故隐患台账，按期完成整改。六是开展职业卫生基层基础工作。完成职业危害申报备案企业1921家，全区职业病危害严重的35家企业基本达到职业卫生基础建设要求，3家木质粉尘超标企业完成中央除尘系统改造，4家存在职业卫生违法行为的企业被行政处罚，职业病危害评估试点工作得到国家安监总局高度评价。

【苏中药业集团爆炸事故】 5月26日中午12时40分左右，江苏苏中药业集团股份有限公司固体三车间干燥区域发生爆炸，烘箱内燃料起火。事故未造成人员伤亡，直接经济损失约30万元。事故直接原因是形成含乙醇可燃气体的混合性爆炸气体、电气设备不防爆；间接原因是安全设施“三同时”手续不完善，爆炸区域原设计为制浆、包衣等功能区，后擅自变更为烘房，未办理相关设计变更手续。

（戴金建）

住房公积金管理

【概况】 2016年，泰州市住房公积金管理中心姜堰分中心（以下简称“区住房公积金管理中心”）归集住房公积金4.9亿元，年末归集余额15.4亿元；当年新增开户单位66家，新增开户人数5200多人；年末职工缴存人数45368人，覆盖率83%。当年职工购、建住房，偿还贷款提取使用住房公积金3.6亿元，占当年归集额73.4%。当年办理职工住房公积金贷款1986户，发放6.1亿元，回收贷款1.5亿元；年末住房公积金贷款户数7510户，贷款余额24.7亿元；贷款运转良好，贷款逾期率为零，期房抵押率63%。

制度建设　实施住房公积金按月提取还贷政策，出台中低收入家庭住房公积金贷款额度上浮政策。简化贷款流程，取消贷款公证，减掉收入证明，规范提取手续，拓宽使用渠道，提高职工住房公积金使用率。

政策宣传　6月，区住房公积金管理中心全体人员在凤凰广场设台宣传《住房公积金管理条例》，区电视台、姜堰日报社跟踪报道，各承办银行网点电子屏滚动宣传住房公积金政策。《姜堰日报》开设专版宣传住房公积金管理情况、缴存提取贷款程序和所需材料、住房公积金知识、政策调整情况、受表彰先进单位和先进个人。年

开展公积金政策宣传

初列出催建计划，到规模企业宣讲《住房公积金管理条例》。8月，结合“亮品牌、送服务”活动，到园区、企业、镇（街道）、社区、楼盘开展“五走进”服务，提高企业缴存公积金意识。走访76家单位340多人次。

归集扩面　开展住房公积金扩面工作，落实人大代表关于“加大住房公积金征缴力度”的建议，明确责任人，制定措施。通过召开座谈会、表彰先进单位和先进个人，为建立健全住房公积金制度建言献策。区幼儿教师合同制人员，罗塘街道办、三水街道办合同制人员，中来光电等一批规模企业开户缴存。

行政执法　开展行政执法，推进职工举报投诉、经济效益好的单位开户缴存。明确专人催缴催调，提醒短期欠缴，调查长期欠缴；转发基数调整文件，督促达不到最低缴存基数的单位调整到位。

贷款管理　执行贷款各环节管理制度。实行“逾期即催”管理，关注重点人员，出现问题，采取相应措施。针对期房抵押率低情况，采取要求承办银行限期办理、要求开发企业按时提交办理两证所需材料、督促中介公司及时传递材料、请求不动产登记处优先办理等措施，加大他项权证办理工作力度。组织检查4家承办银行，核对清理抵押情况，对各承办银行办理抵押工作提出目标要求。与开发商签订合作协议，落实贷款保证金制度。

（陆金银）

公共资源交易管理

【概况】 2016年，区公共资源交易中心围绕廉洁招标、诚信投标、公正评标，整合公共资源平台，规范招标人、投标人、评标人行为，加强公共资源交易管理服务，推进电子化招投标系统各项建设。开展各类公共资源交易456宗，交易额26.61亿元，增收节支3.66亿元。其中，建设工程交易217宗，交易额15.22亿元，节支3.64亿元；政府采购149宗，交易额8843.15万元，节支1995.42万元；土地交易83宗，交易额10.5亿元；其他交易7宗，交易额59.2万元。查处招标采购串标围标案件8起，涉及投标单位16家，不予退还保证金近20万元。

项目招标　采取资格预审、法人代表面谈、项目经理书面答辩等措施，实施投资4亿元的东部干线10万亩高标准农田建设试点项目。跟踪服务重点项目，全程沟通交流招标环节进展情况，定期开展工作推进会，提高成功招标效能。将医疗责任保险、公共环境服务、重大事项第三方评审、政府绩效评价等公共服务纳入政府购买服务范围。全区完成政府购买服务项目11个，采购预算额578.6万元，实际采购508.6万元，节约资金70万元，节约率12%。

交易市场　将政府采购委托代理协议由“一项目一协议”变为年度协议。逐层审核、逐一把关，明确电子招投标监管、服务人员操作权限，实行扎口管理，严防泄露、严禁使用他人用户名登录。实行采购要素公示，促进阳光采购。实施电子化招投标建设，加大硬件投入。

专项治理　区公共资源交易中心联合区住建局、区建管局、区人力资源和社会保障局、区城管局等部门，开展全区25个有代表性的在建房屋建筑工程综合执法检查。组织协调相关部门在全区开展政府投资工程建设招标投标问题专项治理行动，打击遏制招标投标违法违规行为。清理、修改、完善近年来全区制定印发的工程建设招投标文件，涉及区级文件11件、区级以下文件14件，初步保留区级文件4件、部门文件2件。

监管服务　修改完善《建设工程招标文件示范文本》《监理招标文件示范文本》《水利工程招标文件示范文本》，严禁设置限制性、歧视性条款。建立评标专家信用档案，实行动态考核管理，给评标专家的出勤率、评标行为、评标质量等打分。实施“一标一考评”，给招标代理人员各项工作打分，每季末公示，要求季度累计分最高的招标代理机构限期整改，将考核结果上报区中介管理办公室。

（严月华　张　立　丁　咚）

科技

·科学技术·

【概况】 2016年，全区新申请专利5363件，设立离岸孵化基地5个，净增国家三部委高新技术企业31家。区科学技术和知识产权局连续14年被省科技厅、省知识产权局表彰为省知识产权工作先进集体。

科技计划项目申报　上争省级以上科技项目资金1482万元，其中省成果转化专项资金项目1项；新增省民营科技型企业88家；利用科技贷款风险补偿金发放科技贷款2250万元；科技政策税收减免1.1亿元；获国家科技进步奖一等奖项目1项、二等奖项目1项，省级科技进步发明奖一等奖项目2项；农村科技服务超市分店获省奖补资金1家，姜堰区申报泰州市科技服务超市示范市（区）。

高新技术产业化　组建“新型复合材料产业技术创新联盟”，为华芯半导体等战略性新兴产业项目提供创新服务。实施高新技术产业培育提升专项行动，遴选一批科技含量高、创新能力强、发展潜力大的科技型企业纳入高企培育后备库，采取政策扶持、平台共享、项目集聚等方式给予综合支持，培植一批拥有核心技术的高新技术产品群，培育一批具有较强创新能力的高新技术企业，建设一批具有鲜明创新特色的产业基地和园区。全区有国家高新技术企业93家、省民营科技型企业316家，省高新技术产品646项，总数泰州第一。

产学研合作　加大专题性、团队式、共建型产学研活动组织力度，围绕新能源、油气装备、先进装备制造、汽车关键零部件等重点产业，到企业征集技术难题需求信息195条，组织高校到姜堰开展技术需求对接和现场指导20多次，分别与上海电机学院、东南大学建立校地合作关系，实施产学研合作项目54项，与高校、科研院所共建产学研联合体17个、校企联盟27个。开展网上技术交易，25家企业通过网络与高校签约，合作项目数为泰州最多。新建省市级研发机构及省绩效优良研发机构11家，双登集团“电化学储能技术重点实验室”成为全省7家新晋企业重点实验室之一。

知识产权　年初启动知识产权创造提升计划，在高新技术领域、战略性新兴产业和传统优势产业领域等，加大科技项目知识产权导向激励，全区组织专利申请5363件。实施专利保护，联合市知识产权局立案查处假冒专利和侵权案件90余件。

科技创新券发放　把研发创新与成果转化

作为创新券发放支持的重点，通过面上引导、专门辅导、难题疏导、挂钩督导、专题指导，组织87家企业申领科技创新券1995万元；指导37家企业申报兑现科技创新券463万元；完成奖补类企业143家238项，奖补资金471万元。宣传解读科技创新券等政策文件，服务企业500多家，科技创新券的兑现率和兑现额都列全市四区之首。

高新技术创业中心　联合区工商局举办孵化企业年报专题培训，开展“保护和促进华侨投资”宣传活动，开设政策解读讲座，开展创业经验交流，为大学生做创业辅导。围绕国家鼓励和发展的十大新兴产业和全区重点产业、特色产业开展科技招商，引进高新技术孵化项目30个，总投资1.6亿元的高分子材料规模项目落户。江苏曙光集团股份有限公司陈国民（团队）、江苏太平洋精锻科技股份有限公司庄新村、江苏鼎启钟华新型材料科技有限公司乐启发获省财政厅下达的省级高层次创新创业人才专项资金120万元。

生产力促进中心　建议企业实施新包装、新产品知识产权保护，帮助企业挖掘技术创新点申请专利。鼓励企业自主创新，推动创新成果应用，提升企业技术创新能力。申请各类专利1316件，其中发明专利125件、实用新型132件、外观1029件。专利申请总量和发明专利申请数比上年增长10%、14.5%。4家企业开展知识产权贯标工作。开展查新工作47项，检索、下载论文、标准、科技动态等文献近40G，科技信息数据库给10多家大中型企业无偿提供使用。

科技宣传　加强科技宣传，报送创新动态信息。上报各类宣传信息稿件99条，其中《新华日报》采用1篇、省级以上媒体采用6篇、《泰州日报》采用10篇、《姜堰日报》采用21篇。区党政信息考核积分排名列本组部门第一；区科学技术和知识产权局被评为全区党政信息工作先进单位，1人被评为全区党政信息工作先进个人。

【区第二届创业创新创益风尚节】　5月4日，风尚节举行。江苏太平洋精锻科技股份有限公司董事长夏汉关，为海集团总裁、泰州青商会会长杨根宏，南京壹千零壹号自动化科技公司董事长李获鼎等通过TED演讲的形式，交流创业感悟，分享创业经验，激发青年创业热情，引导他们投身青创事业。区委书记李伟等领导出席。演讲嘉宾共同点亮“青创汇”地图。该届风尚节持续至5月下旬，其间围绕创业创新创益主题，开展宣传教育、选树典型等系列活动，引导激励青少年增强创业创新创益本领。

【离岸创业孵化器建设】　11月2日上午，姜堰（南京）离岸创业孵化器挂牌仪式在南京紫金（江宁）科技创业特别社区举行。该孵化器为全区首家离岸创业孵化器，是泰州首批挂牌的离岸孵化基地。建成后，将依托南京“π动力创客小镇”，以区高新技术创业中心为载体，在新能源、先进装备制造、新材料、生物医药等新兴产业领域为姜堰培育、引进高科技、高成长的孵化项目或产业化项目。区科学技术和知识产权局牵头为有意向入孵的特色产业项目提供政策、知识产权、技术、投资对接等整体前置服务。12月16—17日，全区第二家离岸创业孵化器姜堰（上海电机学院）离岸创新创业孵化基地挂牌仪式在上海电机学院机械学院308会议室举行。该基地孵化培育上海电机学院教师的科研项目，使该校科研项目产业化，有利于大学生创新创业，为姜堰地方经济发展提供科技项目支持。

【两企业入选“2016江苏省创新型企业100强”】　12月30日，“2016江苏省创新型企业100强发布会”在南京举行。江苏省科技发展战略研究院公布“2016江苏省创新型企业100强”名单，双登集团股份有限公司、江苏太平洋精锻科技股份有限公司分列榜单第34名和第71名。双登集团股份有限公司拥有有效专利174件、有效发明专利38件，2016年新申请专利184件，其中发明95件、实新68件、外观

21件；江苏太平洋精锻科技股份有限公司拥有有效专利71件、有效发明专利22件，2016年新申请专利29件，其中发明10件、实新19件，“双闭塞液压模架”PCT在美国、日本、德国、韩国获授权。该活动为全省首次举办。江苏省科技发展战略研究院参照全球创新企业、国家和江苏省创新型企业评价标准，针对企业创新关键要素和主要环节，选择能够有效体现创新发展水平的定性及定量指标，制定《江苏省百强创新型企业评价指标体系》，分别从创新投入、创新产出、创新绩效、创新管理四个方面进行创新发展水平综合评价。

（王晶星）

【常春高氮合金炼制高氮钢填补国内高氮合金领域空白】 2011年，泰州常春高氮合金研发有限公司与长春工业大学共同创立高氮钢研发中心，专门研发高氮合金材料。经过近3年研究，成功研发“以氮代镍”技术；经过2年实践，2016年炼制出全国首例高氮钢，填补中国高氮合金领域空白。高氮钢被誉为“特钢中的特钢”，具有高强度、高韧性、高耐腐蚀性、高耐磨性、无磁性等综合性能，应用于军工、核电、机械制造等多个领域。产品面世后将替代进口产品，为国内企业节约成本，改变钢铁业无利可图的格局，预计达产后产值在5亿元～10亿元。

（王宇飞）

【苏中药业项目获国家科技进步奖一等奖】 2017年1月9日上午，2016年度国家科学技术奖励大会在人民大会堂召开。中国工程院院士陈香美领衔、中国人民解放军总医院和苏中药业集团等单位联合完成的“IgA肾病中西医结合证治规律与诊疗关键技术的创研及应用”项目获评国家科技进步奖一等奖。该项目将中医整体观融入西医临床实践，从中西医结合角度揭示IgA肾病进展新机制，建立中西医结合治疗IgA肾病新方案，学术价值及社会经济效益得到国内外认可，是苏中药业专利产品黄葵胶囊科技成果产业化、市场化发展的成果。

（刘 宇）

获2016年度国家科学技术进步奖项目一览表

表11

项目名称	完成单位	获奖等次
IgA肾病中西医结合证治规律与诊疗关键技术的创研及应用	江苏苏中药业集团股份有限公司	一
多工位精锻净成形关键技术与装备	江苏飞船股份有限公司 江苏太平洋精锻科技股份有限公司	二

获2016年度江苏省科学技术奖项目一览表

表12

项目名称	完成单位	获奖等次
全工况高性能泵关键技术研究及工程应用	江苏振华泵业股份有限公司	一
中药资源产业化过程循环利用模式与适宜技术体系创建及其推广应用	江苏苏中药业集团股份有限公司	一

获2016年度泰州市科学技术进步奖项目一览表

表13

项目名称	完成单位	获奖等次
低温烧结水口锆芯研发与应用	泰州市旺鑫耐火材料有限公司	一
保留盆腔自主神经的宫颈癌根治术的临床研究	泰州市第二人民医院	二
等内径直流三维球型补偿器的研发与应用	江苏贝特管件有限公司	三
智能化水田耕整机	泰州樱田农机制造有限公司	三
黄芪桂枝五物汤手足浴联合钙镁合剂防治奥沙利铂神经毒性的临床研究	泰州市姜堰中医院	三
谢兆丰散积消脂颗粒治疗非酒精性脂肪肝临床研究	泰州市姜堰中医院	三
YQJ-GW型核泵用高温低噪声舰用电机研发与应用	江苏远东电机制造有限公司	三
多西紫杉醇节拍化疗治疗晚期非小细胞肺癌的临床研究	泰州市第二人民医院	三

·防震减灾·

【概况】 2016年，区地震局围绕建设工程抗震设防要求，加强学校、医院等人员密集场所建设工程抗震设防管理。姜堰区在泰州市防震减灾工作综合评比中被评为先进单位，在全省市县防震减灾工作综合评比中被评为优秀单位；区地震局在2016年度全省市县地震监测预报工作效能考核中获“先进单位”称号。

地震监测 全区有苏（姜堰）10地震观测井1处、数字化强震台1处，两台站均正常运行。新增姜堰区君鹏鸵鸟养殖专业合作社、姜堰区梁徐镇张埭村养鸡场、泰州市溱湖鸽业专业合作社3处地震宏观观测点，全区有姜堰区种猪场、姜堰区沈高养殖场、区经济开发区藏獒养殖场、顾高镇种猪养殖基地、蒋垛奶牛养殖场等挂牌宏观观测点8家。区地震局坚持日、周、月地震监测资料收集管理制度，每日收集数据，每周分析数据，每月形成数据报表上报省地震局，保障地下水微动态监测资料信息连续完整。监测资料在2016年江苏省监测资料评比中获水位第二名、前兆数据管理与系统维护第二名。

抗震设防管理 完善重要工程抗震设防要求备案和地震安全性评价单位承接业务备案管理制度，执行建设项目地震安全性评价备案程序。截至年底，审批一般建设工程1件。

地震应急 联合区经济和信息化委指导全区各镇15家重点企业修编地震应急预案，根据企业行业特征和危险特性排查危险源，配备应急装备及物资，对各危险源相应处置过程提出合理化建议。15家企业均完成地震应急预案修编工作，向区地震局报备。组织镇（社区）和相关单位开展地震应急演练，提升应急自救互救能力。“‘5·12’防灾减灾日”期间，联合区教育局、区人防办在姜堰区实验小学三水学校开展地震应急演练活动。

防震减灾宣传 科普宣传周、“5·12”防灾减灾日、科技“三下乡”等活动期间，通过电子屏播放字幕、设立咨询点、展出画板、悬挂横幅等形式，向市民宣传地震科普常识与避震自救知识。5月12日上午，联合区教育局、区人防办在姜堰区实验小学三水学校开展地震逃生演练活动，向学生发放学校防震减灾宣传单页5000册。“5·12”宣传周期间，《姜堰日报》第1596期A3版以“普及防灾减灾知识，提升自救互救技能”为题，宣传防震减灾知识。5月18日，参加区科协组织的科普宣传周活动，在东大街向市民发放防震减灾宣传单页，普及防震减灾科普及自救互救技能。5月23日，参加区科协组织的“科技三下乡”活动，到大坨镇开展防震减灾宣传。6月6日，联合区红十字会到蒋垛小学开展防震减灾知识及紧急救护知识宣传，给五年级学生举办防震减灾知识讲座。8月3日，联合区红十字会、沈高小学、蒋垛小学组织防震减灾知识科普夏令营活动。8月18日，省地震学会理事长、省防震减灾领域首席科技传播专家、高级工程师张振亚为全区中心小学、幼儿园作专题讲座，全区各学校副校长及幼儿园负责人等200余人参加。

开展防震减灾知识宣传

（潘　俊　费在云　摄）

【地震安全示范创建】2016年，罗塘街道中天社区创建成国家级地震安全示范社区，罗塘小学和姜堰实验小学城西学校创建成江苏省防震减灾地震科普示范学校。全区有罗塘街道古田社区、太平社区、荷叶社区、河南社区4家省级地震安全示范社区。

（王华凤）

·气象工作·

【概况】2016年，区气象局秉承“主动、全程、贴身、贴心、广盖”服务理念，按照“分层级、保重点、广覆盖、求实效”原则，开展气象业务工作，为地方经济社会发展提供气象业务服务。5月，被省气象局表彰为“2015年度江苏省重大气象服务先进集体”。

气象业务　开展气象测报基础业务，每月按时上报上月各类报表文件，无缺测、缺报、错用台站基本参数现象。组织开展各类灾害性天气气象应急演练，熟练掌握各项工作流程。总结每次灾害性天气服务过程，分析气象业务服务工作中不足，研讨如何做好气象业务服务工作，促进气象业务更加规范。

气象服务　围绕农业、环保、旅游、教育、卫生、安全等各类重点工作，开展气象服务。重大节日、重要社会活动期间，开展全程气象服务；重要天气期间，开展精细气象服务。创新中高考专题气象服务，直接服务考生家长。根据地方经济社会发展对气象防灾减灾服务的不同需求，开展冬春灾害性天气、夏收“双禁”、秋收“双禁”等各类针对性气象服务，发布各类服务材料274期，其中公报20期、周报45期、春运37期、会船54期、林业提醒4期、梅雨35期、秋收“双禁”22期、夏收“双禁”32期、中高考13期、农事提醒12期，发布和解除预警140次，接受地方媒体采访26次，发布短信630多条近180万人次。2016年4月17日，姜堰电视台报道《姜堰气象局个性化服务助力地方发展》。

气象设施　定期巡检维修探测设备，气象站自动站、区域自动气象站、自动土壤水分观测站、大气电场仪等运行正常。土壤水分观测站实施搬迁。

【气象为农服务】围绕中央财政“三农”气象服务专项实施，区气象局成立以主要负责人为组长、分管负责人为副组长、各部门负责人为成员的“三农”气象服务专项实施领导小组。明确分工责任、工作进度、工作质量，建立督察机制；向区委、区政府领导汇报项目建设内容及其意义；组织业务服务人员开展如何加强气象灾害防灾减灾服务大讨论，形成“做好气象服务是基层气象部门全部工作的核心”的共同认识；定期组织召开专题会议，研究“三农”专项实施工作，定期检查总结，提升服务能力，提高服务质量。推进气象灾害减灾避灾平台进镇村活动，所有涉农镇全部安装使用。各镇根据为农服务需求设立种田大户、果蔬种植、水产养殖、畜禽养殖、农机手、企业等不同群组，根据农业农村工作需要设立镇、村行政管理人员和农业气象信息员、综治、会计等不同群组，收集相关基础资料，建立完善服务网络群组数据库。开展包括气象灾害预警信息、农业气象与农业技术服务信息、田间管理技术信息、农技培训交流、农产品市场行情信息、镇村管理信息等针对性气象服务。该项工作获省气象局中期检查和年度验收专家组的肯定。姜堰区被作为农业改革试点创新点上报农业部。

（夏华云）

教　育

【概况】 2016年，全区教育系统围绕“全力冲刺教育现代化、促进办学品质新提升”总体目标，推进教育教学工作。姜堰区创建成江苏省中小学校责任督学挂牌督导创新区；区教育局连续六年获评区机关效能建设“十佳单位”，普教科连续五年获评区级机关效能建设“先进科室”，学生资助管理中心连续六年被评为“江苏省学生资助优秀单位”；治理在职教师有偿家教获评建市20周年十大教育品牌，教育服务校校行连续五年获评区“十佳机关服务品牌”，“2016年教育发展提档加速，教育教学质量全省领先”获2016年度机关部门（单位）“特别贡献奖”。

教育管理　率先启动学前教育挂牌督导工作，提升学前教育规范化办园水平。重组调整义务教育阶段教育集团和教育联盟，整合放大优质教育资源。城西实验学校创建成泰州市义务教育现代化学校，全区义务教育现代化学校创成率94.4%。罗塘高级中学创建成省四星级普通高中，蓝天幼儿园创建成省优质园。励才实验学校获评“全国生态文明教育示范学校”，省姜堰中学、省姜堰第二中学、第四中学、实验初级中学4所学校被表彰为“江苏省文明校园”，行知实验小学被评为“泰州市廉政文化建设示范点”，省姜堰第二中学、第二实验小学教育集团三水校区获省健康促进学校金奖，特殊教育学校获省第三届智障教育微课比赛优秀组织奖，全区获评泰州市学校微创新优秀案例11个。姜堰区在课程育人、文化育人、素质育人和配套机制建设等方面取得的成绩得到教育部基础教育一司司长吕玉刚肯定。加强招标采购管理，增收节支2070万元。完成审计项目82个，纠正管理不规范资金248万元，促进增收节支181.33万元。

教育科研　探索具有核心素养的小学课程整合体系，启动国家课程校本化实施创新班建设，申报国家课程校本化创新班144个，小学综合学科课程整合研究成果获省一等奖，被评为省中小学精品校本课程。新增省姜堰第二中学、溱潼中心小学2个省级课程基地，第二实验幼儿园和张沐幼儿园申报省级课程游戏化建设项目1个。推进“自主课堂”建设，全区90%以上的初中学校形成各具特色的校本教研和教学模式。开展教育科研，全区中小学有在研省级规划课题32个、省级教研课题7个、市级规划课题83个、市级教研课题14个、区级微课题5000多个，实现80%的学校有省市级课题、人人参与课题研究。开展新教育实验工作，姜堰四中石建华被评为“全国新教育实验年度榜样教师”，白米中心小学潘兆良的“儿童画融合教育”校本课程被评为“全国新教育实验十佳卓越课程”，第二实验小学教育集团康华校区被评为“全国新教育实验先进学校”。参加各级各类论文竞赛，省姜堰第二中学游忠获省第十一届新世纪园丁论文大赛特等奖，实验小学教育集团北街校区刘红梅获省“教海探航”征文一等奖。

素质教育　开展“八礼（仪表之礼、餐饮之礼、言谈之礼、待人之礼、行走之礼、观赏之礼、游览之礼和仪式之礼）四仪（入学仪式、成长仪式、青春仪式和成人仪式）”教育，举办十岁成长仪式现场会，组织实施新教育实验“每月一事”，帮助学生养成良好的行为习惯、文明素养。举办“我们的节日·清明”主题教育活动，开展红军长征80周年纪念活动，第二实验小学教育集团三水校区《写童谣，唱童谣，伴成长》德育视频获省优秀视频奖，溱潼中心小学“崇德教育”被中央电视台中文国际频道报道，城西实验学校“红领巾寻访”项目获省特等奖。举办武术进校园启动仪式，举办第六届“区长杯”校园足球联赛和“竞彩杯”足球联赛，第二实验小学教育集团男足获省青少年足球锦标赛冠军、省足球精英总决赛冠军，女足获省青少年足球锦标赛冠军、省足球精英总决赛亚军，实验初级中学获泰州市校园足球联赛男、女足冠军，省姜堰中专获市首届中职校园足球联赛冠军，励才实验学校获泰州市第五届运动会篮球比赛冠军，蔡官学校在省级以上赛事中获2金、2银、6铜。在省、市级青少年科技创新大赛、个人艺术单项比赛、电脑制作评选、网络读书评选等活动中，近100名师生获一等奖。溱潼中心小学机器人社团获省冠亚军、全国二等奖。全区形成素质教育“姜堰模式”。

举办十岁成长仪式

（宋　伟　摄）

教育服务　推出“均衡直通车”精准改薄校校行、“成长淘宝城”精准助学校校行、“名师空间站”精准优师校校行、“教育百事通”精准惠民校校行4大服务项目，调整小学生作息时间，实施弹性放学试点。区教育局《用行动擦亮教育服务的金字招牌》获全市“讲品牌故事，创一流服务”学习交流活动一等奖第一名。完善家庭经济困难学生资助体制，资助学生2.7万多人次，发放资助经费2000多万元。为151名大学生办理助学贷款，贷款总额116.24万元，全区无学生因贫辍学。

校园安全　区教育局与区综治办联合召开校园周边环境综合治理工作会，开展校园周边环境专项整治。召开全区校车安全管理工作会议，组织开展校车安全管理工作专项整治。安全教育日和全国第8个“防灾减灾日”，组织开展宣传教育和安全疏散演练活动。组织实施安全教育课程和专题教育活动，实验小学教育集团北街校区获安全教育实验区“全国示范学校”称号，沈高学校等10所学校被评为“泰州市安全教育先进学校”。中高考期间，多部门联合开展专项督察和治理行动，给考生营造安全、舒适的考试环境。召开全区2016年学校食品安全工作会议，表彰10所先进学校和先进个人。“7S”（整理、整顿、清扫、安全、维护5个现场要素和节约、素养2个员工要素）学校食堂管理模式在全市推广。实施“七五”普法教育，全区有省市级依法治校示范校63所，区教育局代表队获区“崇法礼行”交通安全知识大赛第一名。

校园建设　新建、加固校舍5.5万多平方米。建成城西实验幼儿园、罗塘高级中学风雨操场和图书馆等投入使用，建成南苑幼儿园交付，建成实验小学教育集团罗塘校区等塑胶化运动场地投入使用，整治省姜堰第二中学等6所学校燃煤锅炉。扩大“数字校园”建设，投入近70万元建成全区义务教育阶段网上阅卷系统，投入1000多万元在全省率先建成规模最大的“云桌面”群，覆盖中小学20所，“云桌面”终端1300台。

师资建设　举办“爱的芬芳”最美女教师表彰、“心向远方”优秀教师风采展示、“美的绽放”教职工曲艺比赛等活动。组织开展全员培训和专题性教科研训活动60余项，高中数学名师工作室被评为全国“优秀数学教师基地”。启动“领航50”精英培养计划，确定培养对象108人。培养乡村骨干教师，组建乡村教师培育站7个。申报实施国培计划——2016年网络研修与校本研修整合项目。组织中小学校长赴北京、山东等地参加培训，20名校长到上海跟岗学习。启用“姜堰教育博客”新平台，新版姜堰教育博客上线。开展各学科教师课堂教学竞赛，近20人次获省市比赛一等奖，东桥小学教育集团凤凰园校区张梅获全国苏教版课堂教学大赛特等奖。新增省特级教师3人，分别为城西实验学校肖维松、梁徐中心小学刘秀凤、港口中心小学沈勇，全区有在职省特级教师20人。新增教授级高级教师2人、区级三级骨干教师174人，省姜堰中学杨晓丽获评省级教学名师。

（林忠玲）

【高考取得佳绩】 2016年，全区参加高考应届生人数比上年减少262人。2294人达普通类二本控制线，达线率57.96%。各类考生3601人达省本科最低控制线，达线率64.85%。省姜堰中学本科达线人数965人，比上年提高3.1%；省姜堰第二中学本科达线人数920人，比上年提高1.0%；罗塘中学本科达线人数201人，比上年增加12人。姜堰区艺术中学参考人数436人，达全省最低控制线人数388人，达线率88.99%。省姜堰中学魏思伦以427分获省文科状元，其中语文169分、数学143分、英语110分、小高考+5分；陆天寅以427分获市理科状元，全省第8名，其中语文133分、数学179分、英语110分、小高考+5分。省姜堰中学文、理科进入全省前100名11人，其中理科5人、文科6人。

（钱小明）

【乡村中小学教师定向培养】 从2016年起，姜堰区落实《江苏省乡村教师支持计划实施办法（2015—2020年）》有关乡村教师补充的政策规定，实施乡村教师定向培养计划。该计划纳入普通高等学校年度招生管理，培养层次为四年制本科，列入本科高校提前批次，定向招生，按志愿填报情况分县（市、区）择优录取。录取的定向师范生在入学前与户籍所在县（市、区）教育局签订《定向就业协议书》。2016年培养计划30人。

（游余良）

【溱潼小学崇德教育被中央电视台拍摄】 2月5日晚8点，中央电视台中文国际频道《记住乡愁》大型纪录片播出溱潼篇《孝德永彰》。该片拍摄溱潼小学语文教师戈根慧带领学生走进社区宣传以“孝德永彰”为主题的崇德文化的活动。该校1927年创办，以“品高 志远”为校训，制定崇德教师和崇德学生“六有”标准，即做有崇高追求、有淡定心态、有阳光形象、有慈母爱心、有敬业精神、有丰富学识的教师，培养有远大理想、有良好品质、有健康心理、有强健体魄、有显著特长、有合作精神的学生。

（李晓倩　邹士萍）

【蔡官学校被中央电视台记者采访】 3月20日下午，中央电视台中文国际频道节目记者到蔡官学校拍摄该校摔跤队、自行车队、跆拳道队训练场景，采访摔跤队和自行车队教练。该校围绕“打造体育特色，创建冠军文化”办学宗旨，开展以摔跤、足球、篮球为主的体育运动项目，提高学生身体素质和体育竞技水平。蔡官学校摔跤队成立于2011年，是泰州市摔跤训练基地，先后培养出贾梅、万元烽、何俊航、毛剑涛等数十名优秀运动员，被泰州市体育局授予“世界冠军的摇篮”称号。4月2日，《新华日报》以《姜堰蔡官学校——摔跤项目的“世界冠军摇篮”》为题报道。

（蔡　仁）

【有偿家教治理工作经验被《中国教育报》报道】 5月10日，《中国教育报》在“基层新闻”栏目以《有偿补课现象逐渐消失 教师法纪意识明显增强——治理有偿家教的“姜堰体系”》为题，报道姜堰区有偿家教治理工作经验。该区建立教师身份识别信息库，对有关信息登记建档；

建立访谈制度，每学期对五分之一以上家长、四分之一以上学生进行访谈或面谈，了解有无从事有偿补课行为；推行验证性公示，通报调查结果，接受监督。每个社区至少聘请一名群众观察员和一名干部观察员；抽调36名工作人员组成核查执法大队，确保第一时间稳控现场；构建部门协作机制，公安、新闻媒体全程参与整治核查工作，将有关问题移交上级纪检监察部门。采取推门听课、课堂随机检测、问卷调查、学生座谈等方式，了解课堂教学过程及效果；开辟互联时空，满足学生辅导需求；建设“泰微课”网络学习资源库、“微课堂”等学习平台，制作覆盖各学段各学科教学微视频1万多个，免费向学生提供自主学习资源；推行公益辅导，建立社区、村（居）辅导站，3000多名教师志愿者在节假日无偿为学生提供学习辅导。全区有偿补课现象逐渐消失、教师法纪意识明显增强，有关在职教师有偿家教的群众举报显著下降，95%以上的学校实现“零举报”。

（顾盛杉　姜红军）

【高中教育被《江苏教育报》报道】 11月30日，《江苏教育报》（2016年第88期）第四版“高中教育”板块以《各美其美，美美与共——解读姜堰高中教育高位攀升的“奥秘”》为题，从“课堂是基，优质先行”“统筹协调，均衡发展”“特色发展，各美其美”三方面，报道姜堰区高中教育取得的成绩。刊发省姜堰第二中学校长陈余根的文章《本真教育：追求人性与智慧的耦合》和姜堰区艺术中学校长丁洪湖的文章《求实创新，走特色发展之路》。该区根据自身实际，从制定目标、实施目标、评价和检查目标方面，完善目标管理和过程管理机制，健全目标考核与激励机制，全区高中教学质量高位运行。

（高　杰）

【初中生汉字听写大赛】 4月16日上午，第二届“凤凰书城杯”初中学生汉字听写大赛初赛在区广播电视台开幕。该次大赛有23支代表队参加，分为7个场次，分别于4月16日、17日、23日、30日举行，每场比赛决出2支代表队参加半决赛。半决赛分2场进行，姜堰四中、实验初中、溱潼二中、张甸初中4支代表队晋级总决赛。4月30日，大赛闭幕。姜堰四中代表队成为冠军，喻衮源等6名学生获“最佳选手”称号。

（沈璐璐）

【庆祝“六一”儿童节暨第二届“书香伴成长”风采展示活动】 6月1日下午，活动举行。分为书香儿童、书香家庭、书香校园和书香社区4个篇章，揭晓第二届十佳书香儿童、书香家庭、书香校园评选结果。韩骁淳、吴洋伊、窦旖昕等学生被评为“十佳书香儿童”，曹烨琪、石安然、树睿韬等家庭被评为“十佳书香家庭”，大坨中心小学、东桥中心小学南校区、实验小学城南校区等学校被评为“十佳书香校园”。国家二级作家、著名儿童文学作家、诗人迟慧为书香儿童、书香家庭、书香校园获奖代表赠书。该活动为“教育服务校校行”行动之一，4月初，区教育局在教师、学生、家庭中组织开展“书香伴成长”活动，围绕“书香校园”“书香家庭”建设，引导教师、学生、家长养成“爱读书、会读书、读好书”习惯。

举办庆“六一”暨“书香伴成长”风采展示活动

（张泽海　姜　伟）

【第二届小学生成语大赛】 11月25日下午，全区第二届“鑫宇杯”小学生成语大赛决赛在区广电台闭幕。该次成语大赛由区教育局与区广电台联合举办，初赛6场，半决赛2场，全区35支小学代表队参加。东桥小学东板桥校区获冠军，南苑学校、实验小学北街校区和仲院中心小学代表队分别获亚军、季军和优胜奖。区教育局局长武晓明参加。

（郁菲菲　黄　为）

【姜堰南洋职业技术学院（筹）揭牌】 4月18日上午，上海交大教育集团姜堰南洋职业技术学院（筹）揭牌仪式在姜堰中等专业学校举行。上海新南洋股份有限公司总经理、上海交通大学教育集团董事长吴竹平，上海交通大学教育集团总裁、嘉兴南洋职业技术学院院长常韶伟，市政协副主席、教育局局长奚爱国，区委书记李伟共同为学院揭牌。区领导薛金林、刘文来、刘玮参加。上海新南洋股份有限公司是上海交通大学控股的A股上市公司。3月，该公司与姜堰区签署协议，以姜堰中等专业学校为启动基地，合作共建"姜堰南洋职业技术学院（筹）"。该学院将对接国际先进职教培养模式，以智能化制造核心人才培养为切入点，以智能制造、智能物流、汽车制造与维修等专业领域教学与实训为核心，以上海交通大学中德合作项目为基础，建立适应当地产业发展需求的高技能人才培养模式，培育具有国际背景的高技能人才。

（高　杰）

【教育集团和教育联盟重组】 7月，全区开展教育集团、教育联盟重组和调整工作。小学阶段将城区学校组建成实验小学教育集团、第二实验小学教育集团、东桥小学教育集团3个教育集团，原有5个农村小学教育联盟调整为南部小学教育联盟、中东部小学教育联盟、西部小学教育联盟3个教育联盟；全区初中组建成励才实验学校教育集团、实验初中教育集团、四中教育集团3个教育集团，5个九年一贯制学校组建成1个九年一贯制教育集团。

（钱小明）

【泗洪姜堰实验学校签约】 7月4日，姜堰区政府与宿迁市泗洪县政府合作办学签约仪式在姜堰区举行。该学校是两地区共同打造的一所现代化、高标准城区九年一贯制公办学校，是两地探索教育深度合作交流，实现跨区域教育优质均衡的实验学校。占地10公顷，可容纳近7000名学生就读。区委书记李伟致辞，泗洪县委书记王晓东介绍泗洪县经济社会发展情况，区委副书记、区长李文飙，泗洪县委副书记、代县长李爱华签订合作协议，区教育局、泗洪县教育局和泗洪姜堰实验学校负责人分别作表态发言。区领导薛金林、盛育河，泗洪县领导易冰参加。

（姜红军）

【罗塘高中晋升省四星级普通高中】 9月6日上午，揭牌仪式举行。区委书记李伟，区委副书记、区长李文飙及市、区教育局负责人共同为罗塘高中晋升省四星级普通高中揭牌。该校创建于2009年，以原三星级高中励才实验学校为主体，整合姜堰八中、梁徐中学高中部而成，形成"海纳百川"的校风、"润物无声"的教风、"水滴石穿"的学风、"三水浸润，师生共进"的办学理念。2016年6月通过江苏省四星级普通高中评估验收。区领导丁志强、薛金林、黄健全，市教育局副局长封留才及全区中学校长参加。

（黄　为）

【与多恩大学合作】 12月9日，美国多恩大学校长Jacque Carter一行考察区教育工作。听取姜堰教育情况汇报，考察省姜堰第二中学、励才实验学校，建议与姜堰区部分学校在英语学科、自然科学等方面先行合作，成为中美教育在姜堰发展的先驱。Jacque Carter与区教育局局长武晓明、省姜堰第二中学校长陈余根共同签订合作协议书。区委副书记、区长李文飙，区委常委、宣传部部长薛金林，区政府办等部门负责人出席。

（钱小明）

【谢天获"世界记忆大师"奖】 12月14—17日，第25届世界脑力锦标赛全球总决赛在新加坡举行。该锦标赛是由"世界记忆之父"托尼·博赞于1991年发起、由世界记忆力运动委员会（WMSC）组织的世界最高级别的记忆力赛事。

设有比赛项目10个，分别为二进制数字、虚拟历史事件、一小时扑克牌、一小时数字、新诗记忆、随机单词、扑克牌速记、数字速记、口述数字、随机中文词语记忆。20个国家和地区的218名选手参赛。姜堰四中学生谢天以总分3384分的成绩获“世界记忆大师”奖。

（范前锋　康鹤彪）

【2016年度姜堰教育十大新闻事件、十大教育人物】 2016年度姜堰教育十大新闻事件：1.2016年姜堰区高考再创辉煌，江苏省文科状元、泰州市理科状元花落姜堰。2.罗塘高级中学创建成江苏省四星级普通高中。3.制定出台《关于优化作息时间及实施弹性放学的实施方案》，区教育局机关服务品牌“教育服务校校行”连续五年获评区十佳机关服务品牌。4.品牌项目“治理在职教师有偿家教”被评为“泰州教育20周年教育十大品牌”。5.启动“领航50”精英培养工程，108名教师成为首批培养对象。6.投入1000多万元在全省率先建成规模最大的“云桌面”群，全区新增智慧教室21个、梦想教室10个。7.区第二实验小学教育集团三水校区男、女足球队获2016年江苏省青少年足球锦标赛冠军。8.“凤凰读书吧”改版升级，成功开讲。9.区教育局被省教育厅、省委教育工委表彰为江苏省教育工作先进集体。10.姜堰区获2016年度“江苏省中小学校责任督学挂牌督导创新区”称号。2016年度姜堰教育十大教育人物：章璐，姜堰四中学生，获“苏教国际杯”江苏省第十六届中学生作文大赛（初中组）决赛特等奖，被授予“《初中生世界》文学之星”称号；申佳琪，省姜堰中专学生，获泰州市职业学校十佳“阳光学生”称号；魏思伦，省姜堰中学应届毕业生，2016年江苏省高考文科状元；胡禹舟，区实验小学教育集团罗塘校区学生，出版图书《小象历险记》；徐铭宇，蔡官学校学生，获2016年江苏省青少年跆拳道锦标赛50千克级金牌；王存富团队，2016年赴泗洪支教，参与建设泗洪姜堰实验学校；丁洪湖，区艺术中学校长，获评“泰州教育20年十大功勋人物提名人选”；区城西实验学校校长肖维松、区教师发展中心小学教研部主任刘秀凤、泗洪姜堰实验学校副校长沈勇3人同时被评为江苏省第14批特级教师；石建华，区第四中学副校长，被评为“全国新教育实验2016年度榜样教师”；省姜堰第二中学姜立东、区实验初级中学许亚平、省姜堰中专部宇3名教师的专著获评“泰州教育20年20本（套）教师专著”。

（区教育局）

湿地芡实

综　　述

【概况】 2016年，全区围绕区委、区政府战略部署和文化姜堰建设总体目标，以满足群众日益增长的精神文化需求为宗旨，开展省级公共文化服务体系示范区和省级书香城市先进区创建活动，实现文化事业和文化产业新发展、新提升。姜堰区获“江苏省‘扫黄打非’先进地区”称号，通过省公共文化服务体系示范区最终检查验收，创建省“书香城市”先进区工作通过省级评审答辩。

群众文化

【概况】 开展政府为民办实事工作，扶建百姓大舞台34座、五星级农家书屋5家，超额完成任务。推动姜堰区村（社区）综合性文化服务中心建设试点工作，打造“一体、两翼、三特色、七配套”姜堰模式，建成村（社区）综合性文化服务中心100家。完成溱潼会船节开幕式方案策划、贡船表演、暖场演出等工作。5月，溱潼会船节获评江苏省首批群众文化“百千万”工程优秀文化活动品牌。举办第十二届群众文化艺术节新创文艺节目调演、“梨园飘香”苏中七县市戏曲交流演出等大型文艺活动。开展第四届“欢乐新春”文化惠民活动，送春联、送展览进社区10场。举办“激情三水”广场文艺演出16场；“激情三水”艺术团在2016年度“加强全省基层文化建设”总结表彰会上获赠流动舞台车1辆，流动舞台走进镇、社区演出17场。整合音乐、舞蹈、戏剧、书画、篆刻、摄影、收藏等多门类姜堰文化名人资源，组织开展公共文化服务“百家行”活动近100场。扶持特色文艺团队30支，区三水艺术团获评江苏省首批群众“百千万”工程优秀群文团队；2人获评江苏省首批群众文化“百千万”工程优秀文艺骨干。20支文艺团队获泰州市文化惠民券演出资格。落实文化惠民券演出702场。开展姜堰区农村公益电影招标工作，放映公益电影3144场。举办文艺创作培训班，编印《姜堰文艺》专辑，增加镇、村、社区文艺演出节目供给。围绕“中国梦·泰州美”、建市20周年等主题，打造音乐作品6件、舞蹈作品4件、戏剧曲艺作品3件，参加泰州市首届群众文化艺术节，歌舞《阳光大道》获优秀节目奖，音诗画《我家就是你家》、小淮剧《父债子还》获优秀作品奖。选送滚莲湘节目《张灯结彩》参加省文化厅、淮安市政府主办的苏皖地区莲湘舞邀请赛，获二等奖。《鹤林玉露·选抄》《过云印痕》两篇书法作品入展第十二届省“五星工程奖”,《鹤林玉露·选抄》获评书法优秀作品。书法作品《诗经原始选抄》入展第十一届中国艺术节。

【“激情三水”广场文艺演出】 1月29日，2016年首场“激情三水”——“致青春”音乐家迎新歌会在省姜堰第二中学演出。“激情三水”广场文艺演出由区文化馆承办，自2004年创办以后演出199场。2016年举办演出16场48场次，观众近3万人次。“激情三水”广场文艺演出下乡巡演17场，激情三水艺术团文化惠民券演出15场。

举办“激情三水”广场文艺演出

【姜堰区第十二届群众文化艺术节】 4月8日至5月10日，艺术节举行。该届艺术节以繁荣姜堰文化艺术事业、丰富群众精神文化生活、推动文化姜堰建设迈上新台阶为宗旨，举办开幕式表演、“春色满园”——2016年群众文艺新作调演暨优秀节目公演、“三水流韵·二适遗风”庄希祖师生书画展、“梨园飘香”——苏中友邻县市戏曲交流演出、“雕刻的岁月”——区博物馆馆藏木雕木刻花板展等10项活动，展示具有姜堰特色的民俗民间文艺和群众文化风采，丰富群众业余文化生活。

【姜堰区第二届青少年汉字书写大会】 6月17日上午8时，第二届“翰墨芬芳”全区青少年汉字书写大会在东桥小学南校区举行。该活动是第十二届姜堰区群众文化艺术节重要文化活动之一，由团区委、区教育局、区文化广电新闻出版局（以下简称“区文广新局”）主办，区文化馆、区书画院、区书画艺术研究会、区书协、区实验小学教育集团、区东桥小学教育集团承办，罗马假日婚纱摄影公司协办。以“欢乐三水、精彩姜堰”为主题，分为现场临帖和现场创作两部分，评选出临帖佳作20幅、创作佳作20幅、书法之星10人。全区近1000名小书法爱好者参加。《新华日报》、姜堰电视台等多家媒体报道。

【全国优秀摄影作品展】 2016年12月22日至2017年1月12日，“精彩江苏 锦绣姜城”“丝绸之路”全国优秀摄影作品邀请展在区文化馆一楼展厅举行。该活动由省文化厅主办，省文化馆、区委宣传部、区文广新局承办，区文化馆、区群众文化摄影学会协办，是姜堰区公共文化“百家行”活动第62场，展出全国摄影家（爱好者）作品87幅。

【省级公共文化服务体系示范区创建】 2015年8月21日，姜堰区启动创建活动。完善制度设计；加大公共财政投入；完善三级网络体系，构建基层综合性文化服务中心，形成姜堰模式；开展文化惠民工程，提升公共文化服务；扶持培育特色文艺团队；免费开放公共文化服务；提高公共数字化服务均等化程度；形成“三水”系列文化品牌。2016年12月，创建工作通过检查验收，进入省公示阶段。

图　书

【概况】 2016年，区图书馆全年免费开放，接待读者51.2万人次。建成三水军铺、梁徐坡岭、娄庄娄东、淤溪靳潭、张甸葛庄5个五星级农家书屋。举办“中国利是文化集藏展”“书香中国”“中国吉祥文化”3场主题展览。姜堰数字图书馆网站年访问量4.6万次；开通“书香姜堰 全民阅读”网站；更新124个农家书屋电脑，建成数字农家书屋78个；组织读者参加省共享工程活动，获省公共数字文化建设中心颁发的“金猴迎春网络书香过大年”新春活动优秀组织奖。区图书馆获“第五届江苏省服务农民、服务基层文化建设先进集体”称号，区三水书院获“泰州市优秀社会阅读组织”称号。

（陈治洪）

【《衔春集》出版】 该书为诗词文学作品集，由团结出版社出版。收集沈高学校教师张彦创作的诗词170首、小说散文22篇。张彦自2014年开始创作诗词，在省内外报刊发表诗词及小说、散文作品近百篇，获“钟山杯”纪念孙中山先生150周年诞辰海内外楹联大赛、全国“郑板桥杯”诗词大赛等比赛奖项，多篇作品被收入《诗颂新泰州》等诗词集。

（张永进　丁宝东）

【区书画艺术研究会揭牌】 12月20日下午，区书画艺术研究会揭牌仪式暨首届会员作品展在河滨广场举行。该研究会成立于2013年8月，依托《姜堰日报》创办《姜堰书画》专刊，3年内刊发专刊30期，印发60万份；举办书法基础培训班多次，培训区级机关工作人员和工会职工300多人次；举办国际性书画艺术交流活动3次，派出画家到北京、南京等地参加创作笔会10多次。有会员单位29家、个人会员58人，具备研讨、教学、交流、展览等功能。省文联主席、党组书记章剑华和区政协主席仲亚岭为姜堰书画艺术研究会揭牌，副区长黄健全向南京航空航天大学教授邱世鸿颁发研究会特邀学术指导聘书，区领导薛金林、钱爱社参加。

（袁　亮）

文化遗产

【概况】 文化遗产保护　完成历时5年的全区第一次全国可移动文物普查工作，区文广新局获评“江苏省第一次全国可移动文物普查先进集体”。天目山遗址核心区保护一期工程通过初步验收。修缮市（县）级文物保护单位桥头镇李堡花氏宅。成立区收藏协会。姜堰面塑、陈氏针灸、许氏正骨疗法、姜堰摺石锁4个市级“非遗”项目入选第四批省级非物质文化遗产代表性项目名录。“华港雕版木刻技艺”传承人宋保旺成为首届“泰州名匠提名人选”。“姜堰滚莲湘”传承人张进军申报第四批泰州市级“非遗”传承人。组织开展第十一个“文化遗产日”活动，授牌“姜堰滚莲湘”传习基地12家。组织开展“千人莲湘广场展演”活动。申报国家级、省级非物质文化遗产保护专项资金，清明节（溱潼会船）获批国家级专项保护资金50万元，清明习俗文化生态保护实验区获批省级专项保护资金10万元。

开展“千人莲香”广场舞大赛

博物馆　收藏珍贵文物165件，其中一级文物1件、二级文物14件、三级文物150件。库房和展厅可移动文物预防性保护调控工程监测和调控设备基本到位。免费开放接待参观人数近15万人次，举办“寒山禅意书画展”“姜堰民间瓷器收藏展”等各类临时展览12次。征集文物500余件套，修裱完成馆旧藏古字画77件套。

高二适纪念馆　完善馆内外基础设施，初步完成美术馆建成后与三唐画院的联合参观线路规划。编印馆刊《舒凫》，建立馆微信公众平台。完成全国第一次可移动文物普查文物信息补录。举办各类展览6次，接待参观3万余人。参加7月24日在中国美术馆开幕的“祥泰之州——地级泰州市建立20周年书画作品展”，提供高二适遗墨4帧。

【全国可移动文物普查】 第一次全国可移动文物普查自2012年10月开始，至2016年12月结束，历时5年。该工程是中华人民共和国成立后首次可移动文物普查，旨在掌握全国文物资源、加强文物保护、建设文化遗产强国。姜堰区普查出可移动文物3494件套，完成全区第一次全国可移动文物普查文物录入、数据库建设、档案编制等相关工作。区文广新局获评“江苏省第一次全国可移动文物普查先进集体”。

【李奎根书画捐赠作品展】 4月29日上午，“丹青梦·故乡情”李奎根书画捐赠作品展在区博物馆举行。李奎根，1935年出生于姜堰区原运粮乡，原任沈阳军区政治部《前进报》主任编辑，现为中国美术家协会会员。长期从事部队美术创作活动，作品曾参加全国、全军美术作品展及辽宁省、辽宁省军区展览，在全国各大报刊发表。该次展览捐赠书画作品72件。市政协副主席、市工商联主席姚社成，著名粉画艺术家杭鸣时、丁薇夫妇，区委副书记戚才俊，区委常委、宣传部部长薛金林，区人大常委会副主任钱拥军，副区长刘文来等出席开幕式。

李奎根书画作品展开幕式现场

【圣旨精品展】 8月31日，“紫气东来·圣旨驾到”徐州圣旨博物馆馆藏圣旨精品展举行。该展览由姜堰博物馆与徐州圣旨博物馆联合举办，展出徐州圣旨博物馆馆藏精品明清圣旨、官服、木刻圣旨牌匾49件套。其中姜堰刘氏一族受朝廷封赠的5幅圣旨纵30厘米、横200多厘米，丝质、五彩、云头底纹，左右两边饰有升降龙图案。右边汉文，从右向左书写；左边满文，从左向右书写，基本保存完好。

（陈治洪）

【余跃紫砂艺术馆开馆】 5月29日上午，余跃紫砂艺术馆开馆仪式在古罗塘文化街区举行。余跃，出生于姜堰区兴泰镇，擅长书法、油画，20世纪80年代末期前往宜兴从事紫砂壶造型及雕塑创作，后转攻紫砂陶刻、制陶，作品屡获大奖，被各级博物馆收藏。余跃紫砂艺术馆坐落于古罗塘文化街区，陈列余跃不同时期作品100多件，是泰州地区最大的紫砂艺术馆。区委常委、宣传部部长薛金林，区人大常委会副主任钱拥军为艺术馆揭牌。余跃向区博物馆捐赠紫砂挂盘《清风》和紫砂茶壶《三足鼎立》两件作品。区领导花庆如参加。

（张泽海）

文化市场

【概况】 开展“4·26”版权宣传周“绿书签”系列宣传活动，派发绿书签3000余张。开展“扫黄打非”——“护苗2016”“清源2016”“净网2016”“秋风2016”专项整治行动，出动执法人员2320人次，取缔游商地摊7个，查缴各类盗版非法出版物2300余册张、盗版音像制品及计算机软件4200余张。立案31起，结案31起。行政执法案卷获全省三等奖。加大校园周边环境整治力度。做好春节、“两会”、“五一”节、国庆节、“G20杭州峰会”等重大节假日和活动期间消防安全检查。办理行政许可项目33件、服务项目6件，行政许可案卷获省文化厅、省新闻出版广电局表彰。办理全区版权作品登记366件。完成全区印刷、音像、出版物行业年度核验和换证工作，核验印刷企业80家、出版物经营单位102家。组织召开娱乐项目听证会3次，保障申请人、利害关系人合法权益。

文化产业

【概况】 建立区文化产业名录库和“三上”单位统计联系工作平台，全区产业单位848家，其中法人单位379家(其中“三上”单位33家)、个体户469家。完成文化产业增加值核算。开展优秀企业申报文化产业基地、特色文化产业项目和文化产业引导资金工作,申报国家级文化产业引导资金项目2个、省级文化产业引导资金项目4个。落实下拨2015年泰州市文化产业引导资金。完成溱潼古镇文化旅游项目、溱湖旅游度假区文化元素提升项目绩效评价。

(陈治洪)

广播电视

·泰州市姜堰区广播电视台·

【概况】 2016年,区广播电视台(以下简称“区广电台”)围绕“新闻立台、技术强台、创收兴台”发展思路,转型升级,在传媒发展新常态中强基固本、深化融合,为建设新姜堰营造良好舆论氛围。

新闻宣传　开辟《决胜全面小康 加速崛起振兴》《“两学一做”看典型》《房屋搬迁专题报道》等专栏28个,策划系列报道、系列评论26组。围绕贯彻落实区第十二次党代会精神,开辟《抓项目、抓经济、抓发展专题报道》《建设和谐美好姜堰》等专栏,推出报道140多篇。开展“益众百村行”大型新闻行动,《民生关注帮你忙》栏目以记者跟踪调查方式,帮助百姓办事、为基层调解矛盾纠纷82起。《“12345”·政风行风热线》节目直播42期,受理群众咨询投诉1516件,其中现场接受咨询投诉405件。开展泰州《“12345”·政风行风热线》“市(区)长上线日”走进姜堰区现场直播活动。摄制区党风廉政建设相关微视频、微电影14部。全程录直播区级重大活动35场次。与区卫生监督所合作拍摄《生活饮用水情景剧》在全国发行推广。会船节开幕式盛况及会船风俗新闻当天在中央电视台《新闻联播》《共同关注》和《江苏新时空》节目中播出。被泰州台用稿、用片700多篇,省台用稿、用片100多篇,中央电视台新闻频道用片12篇。

产业经营　举办房交会、中国好家装、大型车展等活动,形成广电品牌效应,拉动消费市场。开展汉字听写大赛、成语大赛等系列活动,形成活动品牌。中广传媒公司为客户提供品牌推广、展位布置、主题活动等服务,打开专业传媒营销市场。举办“精锻科技杯”网民文化节开幕式、“为了爱”千人公益长跑、“119”消防主题文艺演出等系列活动。

工程建设　围绕全国文明城市和全国卫生城市创建,人民公园、体育公园、古罗塘旅游景区开展创建活动。人民公园创建成健康主题公园,实施创建国家AAA级景区项目。启动古罗塘旅游景区提升工程,向社会征集方案,形成初步意见。不定期邀请作家与文学爱好者座谈交流,扩大中国作家雨花读书俱乐部影响;国家级工艺美术师余跃的紫砂艺术馆在古罗塘文化街区开馆。6月,美术馆工程开工;截至年底,主体工程封顶。

【新媒体发展】 加大技术革新,转型升级主流媒体。投入184万元,历时8个月,升级改造电视播出系统,确保电视节目安全、不间断、高质量播出。启动实施无线地面数字电视建设工程,实现中央广播电视节目无线数字信号全覆盖,提升农村地区广播电视公共服务能力。“姜堰微视听”开通微信视频直播功能,成为全区首个具备大型活动现场直播能力的新闻公众号。

(杜　宇)

【“益众百村行”大型新闻活动】 2月4日,区广电台《民生关注》“益众百村行”大型新闻活动启动。该活动由区委宣传部和区广电台主办,以展示姜堰独特地域文化为宗旨、以传统村落为载体、以生活化的故事为依托,集中报道5个村,展现传统村落发展变迁、自然环境、人文景观、民风民俗、乡土之物等,体现优秀传统文化在民间的延续和发扬。区委常委、宣传部部长薛金林为活动授旗。副区长刘文来发表讲话。

(潘　俊)

·江苏有线网络发展有限责任公司姜堰分公司·

【概况】 2016年，江苏有线网络发展有限责任公司姜堰分公司（以下简称“江苏有线区分公司”）围绕广播电视网络、数字电视、互联网、视频监控、专线租赁等方面开展经营，实现营业收入9400多万元、利润1050多万元，用户总规模20多万户，净资产收益率、户均营收、户均利润、营收利润率等指标排名全市各分公司前列。被区委、区政府表彰为“服务地方建设先进单位”。

网络传输 投入300多万元，改造升级机房设备。实行双岗值班、领导带班制度，加强线路巡查，做好区“两会”召开、溱潼会船节等重要保障期间和每日《姜堰新闻》播放期间当地节目网络传输质量和安全工作。

业务发展 适应广电网络产业化发展和专业化分工要求，加强市场导向作用，促进业务发展转型升级。拓展集团业务，开发网络功能，围绕高清姜堰、技防城项目、专线电路出租业务、中天“智慧社区”等社会发展热点，创新平台功能业态，走多元发展道路。

市场服务 开展八项服务，建立标准化服务体系。加强入户体验式营销，开展暑期营销竞赛活动，细化“每日一单”考核指标，促进高清互动、宽带、高清包等增值业务发展。

（周文兵）

太谷学派三传人

太谷学派为清朝嘉庆、道光年间，安徽石埭人周太谷（1764—1832）创立的中国封建社会最后一个儒家学派。太谷学派以传授儒家经典为主，有时采用佛教、道教两家的说法解释儒家学说的精义。自1798年起自成一家之言，1949年中华人民共和国成立自然解体，赓续时间150年。

姜堰有三名太谷学派代表性人物，他们分别是第二代传人蒋文田、黄葆年和第三代传人章祖荫。

“北宗”传人蒋文田（1843—1909），字子明，江苏姜堰人。是太谷学派创始人周太谷嫡传弟子李光炘的著名传人之一，被李光炘指定为太谷学派的“北宗”传人，在北方讲学。其文字、诗作结集为《龙溪先生文钞》《龙溪先生诗钞》存世，是太谷学派中罕有的思想家和诗人。

“黄门”师主黄葆年（1854—1924），字锡明，一作隰朋，号希年，江苏姜堰人。是周太谷的再传弟子，拜李光炘为师。他创立“黄门”，把周太谷、李光炘的思想普及到群众中间，徒众达万余人，成为晚清、民国之交影响最大的太谷学派传人。

“张庄书院”章祖荫（1888—1953），号承之，江苏南通海安人。黄葆年在苏州创办归群草堂，章祖荫在归群草堂学习，成为太谷学派传人。1918—1945年，章祖荫在现姜堰区白米镇张庄村开办书院传道讲学，门徒云集，影响很大。张庄书院成为太谷学派弟子在姜堰开设的唯一一所书院。

（曹学林）

综　　述

【概况】 2016年年末，全区有各类医疗卫生计划生育机构309家，其中三级综合医院1个，三级乙等中医医院1个，镇卫生院（医院）22个（其中二级综合医院1个），民营医院7个（其中二级综合医院1个），城市社区卫生服务中心4个、站17个，村卫生室189个，诊所40个、厂校医务室13个、门诊部5个，疾病预防控制中心、卫生监督所、妇幼保健计划生育服务中心、皮肤病防治所、急诊急救、血站、卫生职工培训中心、疗养院、中天护理院、益民精神病院等其他卫生机构10个。全区医疗卫生机构实有床位3726张，其中医院2688张（含民营医院571张）、卫生院772张，平均每万人拥有51张；卫生技术人员3812人，其中执业医师（含助理)1934人、注册护士1494人，平均每万人拥有卫生技术人员52人、执业医师（含助理）26人、注册护士20人。2016年，全区卫生计划生育部门医疗机构门急诊215.09万人次、出院8.86万人次。卫生部门固定资产9.8881亿元，医疗卫生事业费3.1531亿元（含城乡基本公共卫生经费、改厕专项经费)，平均每门诊人次医疗费用62.63元，人均住院费用8971.01元。泰州市第二人民医院科研教学楼、溱潼人民医院内科病房楼年底竣工，投入使用；完成区疾控中心业务用房改造、大坨卫生院整体搬迁工程装修及70家村卫生室达标提升工程建设；实施港口卫生院整体搬迁工程装修；启动俞垛卫生院门诊病房综合楼土建工程建设。蒋垛中心卫生院、白米卫生院、梁徐卫生院创建成全国群众满意乡镇卫生院，张甸中心卫生院创建成省示范镇卫生院，白米镇蛙庄村卫生室、蒋垛镇朱高村卫生室、三水街道三舍村卫生室创建成省示范村卫生室。

（姜森林　祝　华）

【姜堰区慈善医院挂牌】 9月16日，姜堰区慈善医院揭牌仪式在姜堰中医院举行。区人大常委会党组书记、区慈善协会会长高永明与副区长顾鹏程揭牌。区慈善协会副会长颜大龙与区中医院院长钱承美签约。该医院为全市首家区级慈善医院，由区慈善协会与区中医院合作成立，是一家面向全区贫困人群就医的慈善医疗服务机构。救助对象为具备姜堰区户籍的低保人员、“五保户”、孤儿、二级以上残疾人员、城市“三无”人员、重点优抚对象，以及因病致贫、因灾返贫家庭，严重支出型贫困家庭。慈善医院实施普惠救助，对在慈善医院门诊、住院诊治的慈善救助对象减免部分医疗费用；实施重点救助，区慈善医院收治经区慈善协会确认的贫困家庭大病救助对象，减免患者自费部分费用每例不超过2万元；实施项目救助，区慈善协会每年对慈善救助对象特定群体实行一次性救助，由区慈善医院收治，减免患者自费部分费用每例不超过3万元。

（卞　慧）

医政管理

【概况】落实改善医疗服务行动计划措施40项，推行临床路径管理、医疗机构间临床检验检查报告互认和日间手术、预约诊疗服务等。深化平安医院创建，实施医疗责任保险，处理医疗纠纷。组织开展医疗护理核心制度、诊疗技术操作规范、合理应用抗菌药物、“三合理”规定等制度执行情况及一级医疗机构归档住院病历督察，提高医疗服务质量和服务水平。加强血液管理，组织开展无偿献血90多次，接受无偿献血4693人次，献血7213.5个单位；全区医疗机构临床用血成分输血率99.98%；推行自体血回输工作。开展科技创新，获姜堰区科技进步奖8项、泰州市科学技术进步奖6项。实施中医药服务能力提升工程，举办中医药适宜技术培训班2期，培训基层医师200余人，每家基层医疗机构均有一名以上骨干人员能够熟练掌握和开展中医药适宜技术；开展第六届“中医药就在你身边”中医药文化科普巡讲系列活动18场次，组织开展第四届中医药文化科普宣传周、中医专家进村义诊、冬病夏治、膏方节等活动33场次。区中医院被国家标准化管理委员会表彰为“国家级社会管理和公共服务综合标准化试点单位”。推进区、镇、村三级医疗卫生机构一体化进程，促进基层医疗卫生服务水平提升。推进乡村医生签约服务工作，全区乡村医生签约家庭124648户，其中签订基础包379804人、签订特需服务1675人，基础包签约率63%。制定出台城市社区家庭医生签约服务实施方案。

（姜森林　祝　华）

开展慈善义诊活动

（潘　俊　纵亚雯　摄）

【第二届“十佳医生”“十佳护士”暨“最美村医”评选活动】该活动由区委宣传部、区文明办、区卫生计生委、姜堰日报社联合举办。经过推荐评选，确定“十佳医生”“十佳护士”和“最美村医”候选人各20人，通过社会投票、综合评审、媒体公示等环节，评选出“十佳医生”“十佳护士”“最美村医”和“优秀医生”“优秀护士”“优秀村医”各10人。沈长兵、刘玉林、鲁晶、丁汉、王小燕、王瑞尧、刘春林、贾典荣、马林、高宇被评为“十佳医生”，丁雅琴、孟小敏、黄霞、杨书萍、田美娟、钱小芳、王琴(娄庄)、申玉华、许爱芳、宗秋梅被评为“十佳护士”，夏晓红、朱倩、张永龙、邹锦根、周章怀、丁文平、黄正龙、鲍春林、丁杰、丁章庆被评为“最美村医”，倪友正、朱进、姚明、周树梅、费宏祥、夏爱华、殷静、袁红建、丁绪元、许骅被评为“优秀医生”，王琴(中医院)、孙慧云、刘小翔、华春萍、张利、翁秋平、翁桂凤、王桂凤、凌月琴、黄志芳被评为“优秀护士”，卫正松、钱志红、马庆富、姚冬华、袁友宝、黄龙玉、高文贵、李爱萍、王贵荣、柳玉香被评为“优秀村医”。5月12日下午，纪念“5·12”国际护士节暨第二届“十佳医生”“十佳护士”和“最美村医”颁奖典礼举行。区委常委、宣传部部长薛金林致辞，全区获省级以上先进个人表彰的医护工作者代表为“十佳医生”“十佳护士”和“最美村医”颁奖。区领导李伟、李文飙、申泰州、仲亚岭、钱拥军、陈文德、花庆如出席。

（张泽海　丁晨伟　姜森林）

卫生监督

【概况】开展公共场所、饮用水卫生、职业卫生、放射卫生、环境卫生、学校卫生、传染病防治、医疗卫生、计划生育和中医服务监督执法工作。立案查处非法行医案件17宗，没收违法所得1.68万元，没收药械1233件，罚款17.25万元；查处不规范执业医疗机构3家，罚款3000元，给予记分管理；行政处罚违规经营消毒产品单位10家，罚款1万元；行政处罚未取得卫生许可证开展公共场所服务单位36家；社会抚养费征收案件立案33件，征收入库20.82万元。无行政复议和行政诉讼发生。做好卫生计划生育行政许可工作，办件873件，按期办结率100%。开展食品安全风险监测评估工作。

疾病预防控制

【概况】 2016年，全区报告法定传染病18种2076例，无甲类传染病发生，死亡5例(其中艾滋病4例、狂犬病1例)，发病率284.5/13万，发病数比上年上升17.95%，传染病年总发病率控制在较低水平。开展戊肝、未分型肝炎、麻疹、出血热、狂犬病、登革热、猩红热205例传染病病例流行病学调查及疫点处理，流调率100%。开展霍乱金标试纸初筛检测腹泻病人工作，全区腹泻病门诊报告登记腹泻病人8268例，检索1248例，检索率15.09%，占总人口1.62‰，所有检索结果均为阴性。全区春季查螺调查9个镇（街道）54个行政村，参加查螺人员1904人，投入查螺工日16231个，调查面积1304.4306万平方米，查出有螺环境2个，均为历史有螺环境复现钉螺，有螺面积1.015万平方米，解剖钉螺68只，未发现感染性活螺；制定灭螺方案，组织专业灭螺队针对有螺环境开展全方位灭杀。开展血防监测点流动人口查病，采用HIA法监测查病200人、血清学监测（DDIA法）查病4035人、粪检查病1008人，均为阴性；牲畜查病119头，未发现病畜。询诊治愈晚血病人43例，给1例尚未治愈的晚血病人组织体检。非结防机构登记肺结核病人199例，报告率、转诊率100%；应追踪病人117例，追踪到位116例，追踪到位率99.15%；筛查89例菌阳肺结核病人密切接触者269人，筛查率100%。治管肺结核病人263例，痰培养阳性89例，培养率100%；涂阳培阳77例，涂阳培阳率90.59%。新发现艾滋病病例32例，比上年发现率上升100.25%。HIV感染者/病人应随访管理110例（其中死亡病例15例、失访6例），实际随访89例（其中艾滋病病人37例、HIV病毒感染者52例），75例病人及感染者接受抗病毒治疗。4家VCT门诊接待求询者1023人，免费检测发现HIV抗体阳性10例；艾滋病抗体筛查实验室及艾滋病抗体检测点检测73470人次，发现HIV抗体阳性32例，艾滋病抗体筛查检测率占总人口10.20%；开展CD4检测4次，检测146人次，检测艾滋病病例配偶HIV抗体40人次。开展AFP病例监测，检查哨点医院25家，检查内科、儿科、传染科等科室门诊、住院病人近万人，搜索到AFP病例2例，均进行流调、48小时双份样本采样送检及60天随访工作。开展麻疹监测，发生计免相关疑似麻疹病例30例，经流调及采样检测，确诊麻疹1例、风疹2例，排除27例，疑似麻疹排除率3.60/10万；对2例确诊病例密切接触者进行麻疹疫苗应急接种，疑似麻疹疫情得到控制，无二代病例发生。开展AEFI监测，报告疑似预防接种异常反应93例，单位报告率100%，其中异常反应12例为过敏性皮疹、81例为发热红肿等一般反应，所有预防接种异常反应病例48小时内报告率、48小时内调查率、个案调查表项目填写完整率、反应分类率、调查表3日内报告率均为100%。全区建成数字化预防接种门诊16家。全区出生新生儿5666人，新生儿建卡率100%，12~24月龄儿童基础疫苗接种率均为95%以上，其中卡介苗接种率98.84%、脊灰糖丸疫苗接种率97.03%、无细胞百白破疫苗接种率97.07%、麻风疫苗接种率97.97%、乙肝疫苗合格接种率97.28%、乙脑疫苗接种率97.97%、A群流脑疫苗接种率97.18%、灭活甲肝疫苗接种率97.82%，麻风腮疫苗接种率98.21%。各类疫苗及时率均达目标要求，其中乙肝首针及时率95.32%、麻风疫苗及时率91.88%、麻腮风疫苗及时率91.09%。监测54份零售层次食盐碘含量，均为合格碘盐。5个镇开展人群碘营养监测及居民户层次食用盐碘含量监测。触诊学龄儿童200人，发现Ⅰ°肿大者1人，8~10岁学龄儿童尿样200份，尿碘中位数278.4微克/升；孕妇尿样100份，尿碘中位数338微克/升。完成居民户碘盐监测300份，5份为不合格碘盐。完成全区16个镇（街道）18个水厂枯水期水碘监测工作，水碘含量在1.7微克/升~12.5微克/升之间。发现疟疾病例9例，其中恶性疟病例8例、卵形疟病例1例，均实施正规治疗和疫点处置；对上年的6例卵形疟病例患者进行休止期根治，全程服药率100%；11月，姜堰区通过省级泰州市消除疟疾达标考核现场复核验收。完成426家企业9496人职业健康检查。其中，岗前体检1449人、在岗体检7780人、离岗体检267人，粉尘类4834人次，物理因素类4272人次，化学因素类3909人次。与目标疾病相关异常374人，职业禁忌证125人，疑似职业病19人次。做好慢性病防控工作。发现高血压病人141935人，管理86271人，管理率60.8%；规范管理77504人，规范管理率90%。发现糖尿病49024人，管理20156人，管理率41.1%；规范管理18541人，规范管理率92%。区疾病预防控制中心被省卫生计生委表彰为“2016年度全省疾病预防控制工作先进集体”，娄庄卫生院被省卫生计生委表彰为“2016年度江苏省免疫规划（预防接种）工作先进集体”。

妇幼保健

【概况】开展国家免费孕前优生健康检查和重大妇幼卫生服务项目工作，完成2087对免费孕前优生健康检查，实施农村妇女孕前和孕早期增补叶酸2931人、孕产妇住院分娩直补4393人、免费婚检4864对、农村妇女“两癌”（乳腺癌、宫颈癌）免费筛查5013人、艾滋病和梅毒检查4102人、乙肝检测4140人，为乙肝表面抗原阳性产妇所生新生儿免费接种乙肝免疫球蛋白229支。

爱国卫生

【概况】2016年，全区组织开展第28个爱国卫生月暨第20个健康教育宣传月及“世界卫生日”宣传活动。姜堰区创建成江苏省健康促进区。娄庄镇朱翟村、张甸镇甸头村、蒋垛镇许庄村、顾高镇西芦村、桥头镇大杨村5个村创建成省卫生村；罗塘街道唐园村，梁徐镇二塘村，俞垛镇角墩村，华港镇徐家垛村，溱潼镇龙港村，大伦镇土山村、东徐村7个村创建成泰州市卫生村。完成农村卫生户厕改厕6109户。农村生活饮用水水质监测覆盖率100%。

（姜森林　祝　华）

【姜堰区创建成省级健康促进区】10月26日上午，省疾控中心专家组现场评审姜堰区创建省级健康促进区工作。观看宣传片，听取工作汇报，查阅创建资料，到区体育中心、溱潼医院、三水街道军铺村等地开展实地评估。肯定该区省级健康促进区创建工作，同意通过验收。希望该区健全完善健康促进长效工作机制，提高健康促进工作覆盖面，做好资料收集整理，加强健康促进工作效果评估，为调整卫生服务策略、制定更有针对性的干预措施提供科学依据。该区为江苏省首批13个健康促进试点县（区）之一，2014年11月启动创建省级健康促进区工作。全区53家机关事业单位中有28家被健康促进工作领导小组命名为健康促进机关，创建率52.8%；35家医疗卫生计划生育单位中有29家被命名为健康促进医院，创建率82.9%；262个行政村和39家社区中有70家社区（村）被命名为健康社区（村），创建率23.3%；110个家庭为健康家庭；59家中小学校中有31家中小学校创建成金、银、铜牌健康促进学校，创建率52.5%；8家大型企业中苏中药业等3家创建成健康促进企业，创建率37.5%；建成“示范食堂”“示范餐厅”各5个。创建指标均达到和超过健康促进区评价指标。2016年12月，该区被命名为“江苏省健康促进县（市、区）”。

（许　寅）

体育

综　　述

【概况】 2016年，全区4个社区全民健身中心竣工；区体育馆、区游泳馆确定建设规模，完成规划选址。完善区文体中心相关功能布局。城区有健身步道14条，总长7千米，体育公园、人民公园、三水公园、罗塘公园和23个城区游园健身设施配套到位。

群众体育

【概况】 建成"农村20分钟体育健身圈"，人均拥有公共体育面积3.05平方米，居全市第一。举办庆祝全国第8个"全民健身日"暨全民健身展示活动、2016年"体彩杯"庆元旦职工长跑、第七届"大洋杯"职工乒乓球比赛、"东风风神杯"机关职工羽毛球比赛、区"国税杯"职工羽毛球比赛、"活力机关·魅力女性"妇女运动会、2016年区职工篮球比赛、2016年区"润泰化学杯"职工棋类比赛等各类群众性体育活动50多场次；举办各类社会体育指导员培训班，培育社会体育指导员600多人次；举办2016年中国·姜堰第六届"黄龙士·双登杯"世界女子围棋擂台赛，与中国围棋协会签订第七届至第九届合作协议；协办2016年泰州铁人三项亚洲杯赛；承办2016年全国象棋业余棋王赛江苏赛区姜堰分站赛、泰州分站赛和江苏赛区总决赛。

（周　舟）

【承办泰州市门球联赛（姜堰赛区）】 3月26日，联赛在区门球场开赛。该届比赛由市门球协会主办、区门球协会承办。泰州各市区7支代表队50余名门球爱好者参加。

（许　寅）

【承办第六届世界女子围棋团体赛】 4月6日晚，2016年中国·姜堰第六届"黄龙士·双登杯"世界女子围棋团体赛抽签仪式在溱湖旅游度假区举行。国家体育总局棋牌中心党委书记杨俊安、中国围棋协会主席王汝南、中国围棋协会副主席聂卫平、中国围棋队领队华学明、江苏棋院院长杨伊明、市体育局局长陈学东、副区长刘文来、江苏双登集团公司代表及中国、日本、韩国三国参赛棋手等出席。该次比赛分为两个阶段：第一阶段为4月6—14日，第二阶段为6月3—11日，每个阶段对局7盘。6月10日，比赛闭幕。中国队获团体冠军。副区长盛育河与华学明续签办赛协议，"黄龙士·双登杯"世界女子围棋团体赛2017—2019年再办3届。王汝南出席颁奖签约仪式。

（潘 俊 颜禹铭 周 舟）

【区第十一届老年人体育运动会】 4月14日，江苏省第七届全民健身运动会暨2016年省老年人体育节泰州市分会场启动仪式、区第十一届老年人体育运动会开幕式在区门球场举行。该活动由区体育局、区民政局、区老干部局、区人力资源和社会保障局、区老年人体育协会、区老年人健康协会共同举办，设有门球、象围棋、男女乒乓球、掼蛋、20米托球跑、跳绳等比赛项目及广场舞展示和钓鱼活动。副区长盛育河出席。10月9日下午，"江苏省老年人体育节姜堰区分会场暨姜堰区第十一届老年人体育运动会闭幕式"欢度重阳文体展演活动在溱溪镇文体中心举行。活动表彰全区在2014—2016年老年体育工作中有突出表现的先进集体24个、先进个人95人、健康老人45人。城区和各镇10多支文艺宣传队表演文体节目20多个。区领导薛金林、钱拥军、黄健全、花庆如参加。

（李晓倩 许开宇）

【承办泰州铁人三项亚洲杯赛】 5月7—8日，比赛在溱湖旅游度假区举行。该次比赛由中国铁人三项协会、省体育局、市政府主办，市体育局、区政府承办，区体育局、溱湖旅游度假区、泰州华侨城协办，为泰州地区首届最大户外国际赛事活动。比赛为亚洲杯、全国冠军杯、全国业余积分赛，包括男女优秀组、男女青少年组、全程分龄组、半程分龄组和泰州当地体验组等10个组别，澳大利亚、俄罗斯等8个国家和地区的运动员，国家集训队运动员及国内专业运动员635人参加。全程比赛距离为51.5千米，半程为25.75千米。俄罗斯的Vladimir Turbayevskiy获男子优秀组比赛冠军，国家集训队的王莲媛获女子优秀组比赛冠军，山东铁人三项队的王亦凡获男子青少年组比赛冠军，八一铁人三项队的韦雯获女子青少年组比赛冠军；全国业余积分赛按年龄分组比赛，23个组别及泰州当地男子、女子体验组分别决出名次。国家体育总局自行车击剑运动管理中心副主任、中国铁人三项运动协会副主席季道明，省体育局局长陈刚，市领导蓝绍敏、史立军、戴胜利、王学锋、蔡德熙，区领导李伟、薛金林、钱拥军、刘文来、王平、花庆如等出席开幕式。

（陈燕华）

【承办全国象棋业余棋王赛江苏赛区大赛】 10月22日下午，"江阴周庄" 2016中国体育彩票全国象棋业余棋王赛江苏体彩·乐在棋中"姜堰农村商业银行杯"江苏赛区在溱湖旅游度假区举行。比赛为期3天，设有老年组、公开组、少年组、儿童组4个组别。13个地级市230多名运动员参加，产生男、女棋王各4人，其中泰州市有4人获"省棋王"称号。南京、苏州、泰州等10个优秀赛区和淮安、南通、扬州3个最佳赛区获表彰。省体育局副局长颜争鸣，省体育总会秘书长李一冰，省棋牌运动管理中心主任杨伊明，区委常委、宣传部部长薛金林参加开幕式。

（嵇远平）

【市网球协会姜堰分会成立】 8月27日上午，泰州市网球协会姜堰区分会成立大会在区体育局召开。会议表决通过泰州市网球协会姜堰区分会《章程》《选举办法》《费用收取管理办法》3个草案，选举产生第一届理事、会长、副会长、秘书长、副秘书长、各工作小组主要负责人名单等。区委常委、统战部部长盛育河，区政协主席陈文亚等人担任名誉会长。泰州市网球协会会长张光荣出席。

（潘 俊 黄绍平）

竞技体育

【概况】 承办泰州市校园足球联赛，与区教育部门联合举办校园足球、篮球、田径、乒乓球、棋类等比赛。组队参加省、市各项年度比赛，男、女足丙组在省青少年足球锦标赛中均获冠军，其中男足为时隔34年后再获省冠军。巩固足球优势，拓展业余训练布局，做好体育后备人才选拔输送工作，扶持建设市队区办、市队校办项目。

（周　舟）

【女子足球沪苏共建活动】 4月12日上午，"三水杯"女子足球沪苏共建合作签约仪式暨第一届女子足球联赛在区文体中心举行。上海市普陀区金沙江路小学、区实验小学和姜堰上海商会负责人在共建协议书上签字，启动姜堰区和上海市普陀区女子校园足球共建合作活动。上海市金沙江路小学和区实验小学举行足球友谊赛。副区长刘文来，区发展和改革委、区教育局、区体育局、区工商联及上海市普陀区教育局、体育局、相关学校有关负责人参加。

（赵明炎）

举办首届"三水杯"女子足球联谊赛

（潘　俊　摄）

【姜堰区第六届"区长杯"校园足球联赛】 6月12日上午，联赛开赛。该比赛为期1天，采取小学组5人制、初中组8人制、小组单循环积分制，分别在励才实验学校、罗塘高级中学、姜堰中专和南苑学校举行。35所小学和6所初中近1500名男女运动员参加。省足球运动管理中心党总支书记朱宁，市体育局局长陈学东，市委教育工委副书记管文华，区领导李文飙、薛金林、盛育河出席开幕式。

（陈燕华）

【姜堰区第六届"竞彩杯"校园足球联赛】 11月27日，联赛决赛在区文体中心举行。该次比赛由区政府主办，区教育局、区体育局承办。前期"主客场校园足球联赛"产生的甲、乙、丙组第一名队伍成为该次参赛的54支A组、B组、C组男、女学校足球代表队。经过比赛，区实验小学罗塘校区获一等奖4个。

（姜　华）

【区足协换届选举大会】 4月5日下午，区足球运动协会换届选举大会举行。会议选举产生新领导班子。足球教练、体育教师、足球俱乐部负责人、足球爱好者等94名会员参加。姜堰区从1993年起，向省和国家队输送足球运动员几十人，其中国家级运动员10多人，先后被命名为"国家足球后备人才培养基地""全国校园足球试点县"。区足协将组织形式多样、内容丰富的足球活动和赛事，为全区群众参加足球活动提供平台，调动社会各界各年龄层次人群参与健身积极性，逐步实现足球运动生活化、普遍化和科学化。

体育产业

【概况】 加强体育彩票销售管理，体彩销售额9476万元，超额完成市销售目标任务，增幅列全市第一。规范行政权力操作，监管游泳高危行业。5个项目获市体育产业发展专项资金55万元，1个项目获省体育产业发展专项资金100万元，包装项目数和上争资金数均列全市第一。

（周　舟）

民政事务

【概况】 2016年，全区民政系统围绕“五争”（全区争十佳、全市争第一、全省争一流、全国争先进、全力争创现代民政示范区）目标，打造“惠民兴政”品牌，推进兜底民生保障、双拥优抚安置、社会治理创新、专项社会事务等工作。姜堰区创建成江苏省现代民政示范区。区民政局被省文明委表彰为江苏省文明单位，被市委、市政府记集体三等功，被区委、区政府表彰为机关效能建设先进单位，获区级机关部门“特别贡献奖”提名奖。

社会救助　推进农村低保与扶贫开发制度衔接，从7月1日起，城乡低保标准分别从570元/人·月和500元/人·月统一提高到590元/人·月，超过扶贫线标准（7000元/人·年）。为困难对象建档立卡，排查出致富开发户（挂钩脱贫户）762户1790人、社会保障户（绝对困难户）11247户14806人，因户制宜，实施精准保障。规范社会救助工作流程，组织申请救助家庭经济状况比对11250人次，在民生资金监管平台发布困难对象资金发放明细等信息10万多条。健全“救急难”机制，实施临时救助6867人次，发放临时救助金228万元；实施医疗救助10453人次，发放医疗救助资金2047万元。开展防灾减灾救灾工作，组织培训灾害信息员290人，发放冬春灾民生活救助款和汛期风雹灾害救助款130多万元。开展社会救助“爱心365活动”，动员社会力量支持社会救助、参与社会救助。实施慈善救助1200多人次420多万元。9月成立姜堰区慈善医院，救助困难群众近200人。开展节日普惠制慰问，春节期间慰问城乡低保等困难对象22726人次，发放慰问金344万多元。

社会事务　加强婚姻登记、收养登记规范化建设，推行收养家庭评估制度，办理婚姻登记10658件、收养登记27件，登记合格率均为100%。推进殡葬改革，出台姜堰区推行节地生态安葬实施办法。落实惠民殡葬政策，为6760人减免基本殡葬服务费679万元。开展平安边界创建，联合泰兴市、东台市组织开展泰姜线（泰兴—姜堰）、盐泰线（姜堰—东台）行政区域界线联检。组织地名普查，区民政局联合区城管局排查城区道路路牌缺损等情况，更换城区172条道路路牌。做好困境儿童分类保障和农村留守儿童关爱保护工作，将490名困境儿童和918名留守儿童信息录入未成年人社会保护系统，组织开展“小当家”成长夏令营等系列关爱活动。加强流浪乞讨人员救助保护，救助流浪未成年人24人次。区救助管理站被命名为2015—2016年度江苏省“青少年维权岗”。

社区建设　出台《关于在全区推行“政社互动”推动社会治理创新的意见》，在桥头镇、兴泰镇先行试点，全区推广试点成果，镇（街道）“政社互动”机制覆盖率100%。完成新一轮村（居）委会换届选举。出台《关于加强城乡社区民主协商的实施意见》，明确规范协商内容、主体、形式，在城乡社区开展民主协商，畅通基层民主渠道。深化村务公开民主管理，每季度组织开展专项督察，促进村务公开制度化、规范化、常态化。完善社区基础设施，提升社区服务功能，建成区级综合服务中心1个（城北综合社区服务中心）、镇级综合服务中心1个、社区级综合服务中心4个。

社会组织　加强社会组织培育，新增社会组织76家。开展社会组织等级评估，全区获评估等级社会组织399家。实行“三证合一”，换发社会组织统一信用代码证书580家。加强社会组织党建工作，新成立姜堰上海商会等4家社会组织党支部。开展社会组织公益创投活动，5个项目通过省评审，3个项目通过市评审，获省、市资助资金近75万元。出台《关于加强社会工作专业人才队伍建设的实施意见》，建立健全社工人才激励保障机制，组织96人参加社工职业水平考试，通过率34%。

（树寿兵）

【泰州市社区应急互助联盟成立】 1月17日下午，成立大会在区民政局召开。会议宣读市民政局关于同意泰州市社区应急互助联盟成立登记的批复。表决通过联盟章程、选举办法，审议通过首届理事名单，选举李如齐为联盟会长，翁文清、李春平为副会长。泰州眼视光医院向联盟捐赠价值100万元的困境群体眼科疾病诊疗关爱服务。联盟和区残疾人托养中心签订“盆栽助残”合作协议，所得收益全部用于联盟公益活动。该联盟由姜堰社区应急互助联盟、泰州市阳光心理服务中心、泰州眼视光医院、罗塘街道荷叶社区等单位的5名爱心志愿者发起成立。将引入泰州市阳光心理服务中心专业化力量，依托荷叶社区等合作社区，孵化一批社会组织，针对困境群体开展以“民防应急、心理疏导、助残增收、助困圆梦”为主要特色的关爱服务，促进平安、幸福、和谐、文明社区建设，打造社区困境群体应急互助“服务链”。市、区民政局相关负责人，泰州报业传媒集团、《姜堰日报》等媒体负责人及各界爱心人士约80余人参加。

（范前锋）

【区慈善协会兴泰分会成立】 9月8日，分会成立。大会选举产生慈善分会第一届理事会；召开慈善分会第一届理事会第一次会议，选举产生慈善分会常务理事、会长、副会长、秘书长、监事会主席、监事会副主席。市民政局局长李志高，区人大常委会党组书记、区慈善协会会长高永明为分会授牌。兴泰镇近60家企业160多人捐款82.05万元。

（潘　俊　陈　康　李明华）

双拥工作

【概况】 2016年，全区调整优抚补助标准，发放各类优抚对象抚恤、补助、优待金和护理费4700多万元。开展优抚数据核查，超额完成各类别、各年龄段核查任务，核查总人数3926人，数据库二代身份证录入率100%。给1904名重点优抚对象免费体检，为350多名重点优抚对象医疗巡诊，组织复员军人集中疗养8期130人次。鼓励退役士兵参加政府组织的免费职业技能和学历教育培训，全区2015年秋、冬季退役士兵316人，其中参加职业技能培训、学历教育、复学277

慰问北京卫戍区“老虎团”

人，参训率88%。组织符合政府安排工作条件的退役士兵按照积分排名公开选岗，安置7人。开展宣传教育和文体活动，走访慰问北京卫戍区"老虎团"、驻姜堰军事单位和优抚对象。

老龄事业

【概况】 2016年，根据泰州市政府《关于加快养老服务业发展的实施意见》，向中天护理院、溱湖绿岛养老院等民办养老机构发放养老床位建设补贴和运营补贴107万元，建成中天养老社区二期工程等民办养老项目，全区有各类养老床位9638张。推进公办养老机构运营方式转变，区社会福利院公建民营签约运营。发展居家养老服务，建成城乡标准化居家养老服务中心32家、老年人助餐点32家、老年人日间照料中心1家，超额完成市交指标任务。开展养老机构达标年活动，全区有养老机构22家，其中取得消防许可证4家、取得消防实体隐患整改到位证明14家、待验收3家、选址重建1家，所有福利机构均取得食品卫生许可证或备案凭证。提升养老机构服务水平，组织130人参加养老护理员职业资格培训，向符合条件的24名养老护理员发放一次性护理补贴13500元，全区养老护理员持证上岗率95%。做好老年人精神关爱工作，开展"敬老文明号"创建、老年春晚会演等活动，创建成江苏省"敬老文明号"1家、泰州市"敬老文明号"2家。落实分散供养"五保"、城市"三无"人员"1+1+1+1+1"结对关爱照料制度[分散供养的，由镇（街道）民政办、一名党员或村（居）干部、一名供养对象的亲属（邻居或社区网格员）、一名镇村医务人员与供养对象签订关爱照料服务协议；集中供养的，由养老机构所属的市（区）民政局或镇（街道）民政办、一名机构管理人员、一名护理人员、一名镇村或机构内医务人员与供养对象签订关爱照料服务协议]，"五个一"关爱照料协议签订率100%，形成全覆盖关爱照料网络。

（树寿兵）

【区老年健康协会一届三次理事会】 4月12日下午，大会召开。会议回顾总结2015年度工作，部署2016年度工作。2015年，区老年健康协会遵循"传递健康理念，服务老年朋友"宗旨，开展老年健康各项工作。《姜堰老年健康》报创刊发行，老年健康宣教服务活动受到老年人欢迎。2016年，区老年健康协会将建立完善内部组织架构，提高议事质量，提高和谐环境，提高社会声誉；开展多种服务活动，加强与党委、政府及各相关部门沟通，加强与各社会团体合作，加强与基层社区组织联动。副区长刘文来肯定2015年老年健康工作成绩。

（朱　熹）

【姜堰区"健康老人"表彰大会暨镇（街道）老年健康分协会建设推进会】 10月8日，大会召开。会议表彰"健康老人"，部署老年健康分协会建设工作。姜堰区"健康老人"推选活动由区委宣传部、区卫生计生委、区老年健康协会联合举办，3月启动。罗塘街道鲁丽娟、戴玉纯、许群英、何有喜、杨金林，三水街道吴有宽、石恒来、肖长桂，溱潼镇傅玉秀、赵友才，顾高镇申辉、俞玉栋，张甸镇曹福海、蔡振年，桥头镇李同寿、李爱喜，白米镇吴同元、刘志超，沈高镇张善荣、沈昌俊，俞垛镇徐克旺、张桂芝，蒋垛镇卢伯银、刘友鹏，大伦镇钱夕全、胡宏根，梁徐镇陈文宝、游吉官，淤溪镇王锦荣、王锦喜，娄庄镇邓学诗、丁昌喜，兴泰镇李文芹、孙同钦，华港镇蒯殿奎、杨雨香，区老干部大学邓

姜堰区"健康老人"表彰大会召开

涵庆，区老年科协刘锦富，区老年体协赵如富，姜堰门球协会赵德俊，区老年职工大学李兰英，区老干部艺术团居国太，区武术协会孔令全，区老年书画联谊会卞贵发44名身心健康、心态平和、家庭和睦、邻里团结，参加多种文化、娱乐、健身活动的老人被表彰为2016年度姜堰区“健康老人”。

（李晓倩）

人口与计划生育

【概况】 2016年，全区落实全面二孩政策，完善规范首接责任制、全程代理制、信息公开制等生育登记服务制度，推行委托办理、村级代理办理、上门办理、预约办理及生育登记信息网上受理、网上查询和网上反馈等便民利民服务措施。建立出生人口性别比监测和预警制度，加大监管力度，全区出生人口性别比趋于正常。姜堰区被国家卫生计生委表彰为“全国计划生育优质服务先进单位”。

宣传教育　自2016年1月1日起，新修改的《中华人民共和国人口和计划生育法》在全国统一实施。全区开展全面二孩政策实施工作培训，组织学习贯彻《省人口与计划生育条例》修订内容，开展相关业务指导；通过各类新闻媒体、社会宣传窗口宣传全面两孩政策，进村入户发放、张贴政策宣传资料，引导群众按政策、有计划生育。

计划生育奖励扶助　落实农村部分计划生育家庭奖励扶助、计划生育特殊家庭特别扶助、持证企业退休职工及城镇非从业人员两个一次性奖励、计划生育手术并发症特别扶助等计划生育家庭奖励优惠政策。审核确认奖励扶助人员32147人，发放资金2932.608万元；特扶人员1597人，发放资金1088.09万元；核准计划生育手术并发症人员947人，发放资金11.394万元；登记核准“两个一次性”奖励人员3931人，发放资金1179.3万元；免费治疗计划生育手术并发症患者983人。出台《关于进一步做好计划生育特殊困难家庭扶助工作的意见》《关于计划生育特别扶助家庭住院护理保险补助的意见》《关于做好全区计划生育特殊困难家庭签约服务的通知》《关于深入开展计划生育特殊困难家庭亲情牵手结对帮扶的通知》，实施“六个一”帮扶（即签约一名责任医生、建立一份健康档案、提供一次免费体检、购买一份住院护理和大病保险、明确一户“双岗”联系人、结对一名志愿者）。为全区1597名特殊困难人员免费办理每人每年168元的住院护理保险，赔付95人次16.24万元。深化生育关怀行动，以社区为依托，以张甸镇和罗塘街道西桥村为试点，探索建立“连心家园”，为失独家庭搭建活动平台；投入20余万元购买日常生活护理、健康体检等社会服务，为计划生育特殊家庭提供日常生活便利；不定期组织失独人员参加心理疏导讲座、节日团聚、参观旅游等社会活动，为计划生育特殊家庭提供精神抚慰。

【流动人口管理】 推进流动人口基本公共卫生计划生育服务均等化工作，实现项目服务惠及流动人口，促进流动人口社会融合；简化行政办事程序，规范流动人口一孩生育服务登记程序；开展流动人口婚育证明电子化改革，保证流动人口婚育证明信息完整性和准确性；开展流入人口、返乡流出人口和留守老人、妇女和儿童关爱活动，实现流动人口关怀关爱全覆盖；加强流动人口动态监测规范化管理，完成国家流动人口动态监测工作；规范流动人口信息系统管理应用，全区流动人口信息反馈率居全省前列。

（姜森林　祝　华）

民族·宗教

【概况】 2016年，区民族宗教事务局（以下简称“区民宗局”）贯彻落实党的民族宗教政策，推进民族团结进步事业，完善宗教基础工作，全区民族宗教工作和谐稳定、经济发展作用进一步增强。

民族工作 开展民族团结进步创建，区民宗局与各镇（街道）联合开展民族团结进步宣传教育进社区、企业、学校活动；组织开展第四个民族团结进步宣传周活动，各镇（街道）印发宣传资料2000多份，在社区、村、居委会主要道路口挂横幅34条，张贴宣传标语200多条。采取“企业（合作社）+农户”方式，扶持有劳动能力的少数民族家庭脱贫致富。张甸镇梅垛村金桐林木种植专业合作社采取入股分红加务工的形式，帮扶少数民族家庭8个，年内通过省、市核查。上争少数民族发展资金40万元，帮助张甸镇三野村和顾高镇塘桥村发展草绳加工项目（20万元）和良种种植项目（20万元），其中少数民族家庭20多个。加强流动少数民族服务管理，给青海籍、甘肃籍少数民族流动经商人员协调矛盾、解决纠纷、提供帮助，年内无涉及少数民族的治安和民事案件发生。采取“宗教界+病患”方式，帮扶暂时困难家庭。春节期间，区民宗局带领宗教代表人士10多人，对患大病、重度慢性病的少数民族贫困家庭开展帮扶活动；12月，3名姜堰籍上海僧人捐助病患家庭35户35万元。宗教慈善周期间，宗教人士与贫困家庭结对帮扶，开展助医、助学等活动。

宗教工作 6月，组织区政协班子成员和住建、国土等部门主要负责人赴海南三亚南海寺，海口澄迈县金山寺、永庆寺开展宗教旅游调研考察活动，形成打造系列佛教特色文化景区的共识；9月，区民宗局赴上海走访姜堰籍僧人，开展慈善公益活动。组织统战委员学习培训。4月，部署全年工作，开展业务辅导，实行阶段性工作提醒；6月，组织全区统战委员在杭州余杭区釜托寺举办为期3天的全封闭业务培训；7月，在区教堂举办全区基督教传道员培训班，组织讲道比赛；10月，基督教出台神学生考核、奖励和安置实施办法。开展信教群众教育引导。5月，基督教三自会根据全区反邪教“2016震慑”专项行动部署，在各基督教场所开展反邪教知识辅导，60名牧师、长老、传道员分赴所属场所开展反邪教教育活动；6月，全区宗教活动场所开展政策法规学习活动，各镇（街道）宣传发动，营造氛围；6月，基督教举办培灵会，邀请省、市两会及周边县（市）牧师、牧长讲道、证道；11月，围绕“百名律师进场所”“宪法进场所”等主题，开展法律法规进宗教活动场所系列活动。开设“禅意姜堰”“姜堰基督教会”2个微信公众号，推出区民宗局机关、宗教团体工作及宗教相关题材。委托中亚文化传媒有限公司，拍摄《堰上佛韵》《淮堧佛国》2部宗教宣传片。以姜堰上海商会为平台，联络在上海的姜堰籍僧人开展温情活动。区民宗局与各宗教场所签订《宗教活动场所安全工作责任书》。3月和8月分别组织佛教和基督教场所开展消防基础知识和灭火器材操作培训。古寿圣寺创建成全国和谐寺观教堂先进集体和省五星级宗教活动场所。

（钱震美）

【《堰上佛韵》开机】 2016年，开机仪式在泰州华侨城古寿圣寺举行。该片由区民宗局主创、泰州市中亚文化传媒制作，拍摄总长度约为10分钟，是一部融思想性、艺术性和文化性于一体的全面介绍姜堰佛教现状的宣传片。区委常委、统战部部长盛育河参加。

（颜禹铭）

泰州市姜堰区少数民族分布情况统计表

表14

	蒙古族	藏族	回族	维吾尔族	苗族	彝族	壮族	布依族	朝鲜族	满族	侗族	瑶族	白族	土家族	哈尼族	傣族	黎族	畲族	京族	仫佬族	傈僳族	羌族	仡佬族	水族	保安族	拉祜族	锡伯族	景颇族	纳西族	布朗族	毛南族	土族	德昂族	佤族	合计
罗塘街道	10	7	37	2	10	2	5	1	1	35	11	4	—	4	—	—	—	3	—	—	—	—	—	—	—	—	1	—	—	—	—	—	—	—	133
溱潼镇	—	—	3	—	—	—	1	—	—	—	—	1	—	1	—	—	1	—	—	—	—	—	—	—	—	—	—	—	—	—	—	—	—	—	7

续表 14

	蒙古族	藏族	回族	维吾尔族	苗族	彝族	壮族	布依族	朝鲜族	满族	侗族	瑶族	白族	土家族	哈尼族	傣族	黎族	畲族	京族	仫佬族	傈僳族	羌族	仡佬族	水族	保安族	拉祜族	锡伯族	景颇族	纳西族	布朗族	毛南族	土族	德昂族	佤族	合计
顾高镇	8	3	14	1	19	4	11	2	—	17	7	—	—	33	—	—	—	1	—	—	—	—	—	—	1	—	2	—	1	—	—	—	—	—	124
蒋垛镇	2	12	6	—	14	4	9	11	1	4	7	—	—	17	—	—	2	—	1	2	—	—	1	—	—	—	—	—	—	1	2	2	—	—	98
大坽镇	6	2	5	—	49	5	20	24	1	—	11	2	4	54	5	—	—	—	—	—	—	1	2	—	—	—	—	—	—	—	—	—	—	—	191
白米镇	5	2	4	—	21	16	19	8	1	1	9	1	2	25	—	2	1	—	—	—	—	—	4	—	—	—	1	—	—	—	—	—	2	—	124
娄庄镇	8	—	4	1	16	7	3	10	—	5	4	1	1	2	—	—	1	1	—	1	—	—	3	1	—	—	—	—	—	—	—	—	—	—	69
兴泰镇	—	—	2	—	3	2	—	—	—	—	1	—	1	1	—	—	—	—	—	—	—	—	—	—	—	2	—	1	—	—	—	—	—	1	14
俞垛镇	2	—	11	—	8	6	9	9	2	4	6	—	—	—	—	—	—	—	—	—	—	—	1	1	—	—	—	—	—	—	—	—	—	—	59
桥头镇	—	1	1	—	6	3	—	—	—	2	—	—	1	—	—	—	—	—	—	—	—	—	—	—	—	—	—	—	—	—	—	—	—	—	14
溱溪镇	2	—	—	—	2	2	—	—	—	1	2	—	—	2	—	—	—	3	—	—	—	—	—	—	—	—	—	—	—	—	—	—	—	—	14
华港镇	3	—	5	—	9	8	2	6	—	2	2	1	7	4	—	—	—	—	—	—	—	—	1	—	—	1	1	—	—	—	—	—	—	—	52
梁徐镇	9	1	—	—	30	7	24	3	—	7	2	1	—	36	—	3	2	—	—	—	1	—	7	—	—	—	—	—	—	1	—	—	—	—	134
张甸镇	2	1	8	—	13	3	31	9	—	8	11	7	3	62	1	3	2	—	—	—	—	4	—	—	—	—	—	—	—	—	—	—	—	—	168
沈高镇	3	—	1	—	4	1	3	2	2	5	—	—	2	7	—	2	—	—	—	—	—	—	—	—	—	—	—	—	—	—	—	—	—	—	32
三水街道	4	—	2	—	6	10	19	2	1	7	2	—	1	19	—	—	1	1	—	—	—	—	—	—	—	—	—	—	—	—	—	—	—	—	75
度假区	—	—	2	—	1	—	2	—	—	—	—	—	—	3	—	—	—	—	—	—	—	—	—	—	—	—	—	—	—	—	—	—	—	—	8
合　计	64	29	105	4	211	80	158	87	9	98	75	18	22	270	6	10	10	9	1	3	1	5	19	2	1	3	5	1	1	2	2	2	2	1	1316

说明：该表统计时间为2016年12月

水上游览线

中共泰州市姜堰区委员会

重要会议

【全区机关作风建设暨干部警示教育大会】 2月14日召开。会议激励广大党员干部以更严更实作风，勇于担当作为，开启姜堰“决胜全面小康、加速崛起振兴”新征程。会议通报2015年全区案件查处、机关作风建设情况。

【全区党建暨农业农村工作会议】 3月29日召开。会议回顾总结2015年工作，部署安排2016年工作。动员各级党组织和广大党员干部进一步凝神聚力、奋勇争先，不断提升全区党建和农业农村工作水平，为姜堰“决胜全面小康、加速崛起振兴”提供坚强有力的保证。

【全区经济工作会议】 8月23日召开。会议回顾总结当年前期工作，研究部署下阶段任务。动员全区上下进一步提振精气神、鼓足实劲干，圆满完成“十三五”开局之年各项目标任务。

【中共泰州市姜堰区第十二次代表大会】 7月25—28日召开。会议总结区第十一次党代会以后工作，研究确定今后五年奋斗目标和主要任务。动员各级党组织和广大党员干部团结带领全区人民，围绕“决胜全面小康、加速崛起振兴”核心任务，锐意进取、扎实工作，为加快建设“强富美高”新姜堰团结奋斗。李伟代表中共泰州市姜堰区第十一届委员会向大会作题为《决胜全面小康 加速崛起振兴 为加快建设“强富美高”新姜堰而团结奋斗》的工作报告。会议选举产生中共泰州市姜堰区第十二届委员会、中共泰州市姜堰区纪律检查委员会，通过区委报告和关于区委报告的决议、区纪委报告和关于区纪委报告的决议。选举产生姜堰区出席中国共产党泰州市第五次代表大会代表。

【承办中共泰州市委五届二次全会】 12月29日下午，大会在姜堰区召开。会议学习贯彻习近平总书记系列重要讲话精神，贯彻落实中共十八届六中全会、中央经济工作会议和省党代会、全省经济工作会议精神，回顾总结2016年工作，研究部署2017年任务，动员全市上下“聚力创新、聚焦富民”，推进“三大主题”工作，加快“四个名城”建设，为高水平全面建成小康社会而努力奋斗。会议审议通过《中国共产党泰州市第五届委员会第二次全体会议决议》。市委书记蓝绍敏代表市委常委会向大会作主题为“全力打好‘聚力创新、聚焦富民’主攻仗，向着高水平全面建成小康社会奋力前进”的工作报告。靖江市、泰兴市、兴化市、海陵区、高港区、姜堰区、医药高新区作交流发言。市委副书记、市长史立军作小结讲话。市领导卢佩民、张国梁、陆春云、汤成快、李国强、常胜梅、张余松、李伟出席。

（马中林）

组织建设

【概况】2016年，区委组织部围绕区委“决胜全面小康、加速崛起振兴”工作大局，开展牵引性、基础性组织建设工作，取得较好成效。

干部教育培训　开展干部情商和专业化培训。举办高层次“干部大学堂”6期，重点培训党章党规党纪、国学智慧与人文修养、领导干部情绪管理与压力调适等方面内容，加强党员干部纪律意识、规矩意识，国内顶尖专家学者授课。选择6名年轻干部到东南大学，进行为期3个月的本科专业课程跟班学习。

干部监督管理　围绕区、镇、村三级党组织换届，实施干部监督管理，开展谈心谈话200多人次，了解干部思想动态，疏导干部情绪，引导干部正确对待进退留转，《认真贯彻〈干部任用条例〉防止干部“带病提拔”》一文被中组部《党建研究参考资料》专题刊登。联合区纪委，就廉洁从政和从严管理监督两方面，对近两年新提拔区管干部开展集中谈心谈话。调整干部前，区委组织部领导与相关对象面谈，了解个性特征、能力水平和工作态度。

人才工作　省人才促进会姜堰代表处（泰州市首家）和江苏省“千人计划”（海智）专家姜堰创新创业基地（全省首家）落户姜堰，中国工程院院士李德群在太平洋精锻设立“李德群院士精锻科技工作站”，国家“千人计划”专家谢永年与区现代科技产业园区签订项目落户协议。研究制定《姜堰区关于深化完善党管人才机制的实施意见》，解决“宏观统筹与大包大揽”问题。落实人才强企政策，区委、区政府首次表彰“人才强企”先进单位，“人才强企服务直通车”到70多家企业开展政策宣传。组织开展姜堰籍青年学子新春洽谈交流、“名城名校聚贤揽才”等系列活动，到清华大学、北京大学、中国人民大学等学校招揽人才，打造“堰归来”人才回乡工作品牌。

基层党组织建设　建立基层党建工作巡查制度，7个巡查组到全区14个镇开展为期3天的首轮巡查，形成各镇巡查报告，逐一反馈，督促整改，该项工作被《人民日报》报道。启动党建信息化中心建设，搭建“互联网+党建”动态信息平台，解决基层情况不清、工作手段不新等问题。研究制定《关于严肃党内政治生活的意见》，从“三会一课”等10项制度方面严肃党内政治生活。年初调整村主要干部基本报酬，增长40%。举办第一书记“村村看”、第一书记工作论坛等活动，鼓励第一书记比学赶超、干事创业。培养任用大学生“村官”，10名大学生“村官”成为副科级干部，20名大学生“村官”新当选村“两委”正职，14个公务员省考职位、17个事业单位职位定向招录大学生“村官”。

领导班子和干部队伍建设　面向“985”“211”高校公开选聘党政青年人才19人，其中硕士研究生18人。实行行政事业人员“三年千人计划”，每年招录公务员、事业单位工作人员300人左右，三年招录1000人左右。研究出台《乡科级后备干部工作办法》，组织开展后备干部专题调研活动，在全区统筹比选。

【开展“两学一做”学习教育】2016年，按照中央和省、市委统一部署，开展“学党章党规、学系列讲话，做合格党员”“两学一做”学习教育，全区16个镇（街道、园区）、68个区级机关部门（单位），30多名县处级党员领导干部、600多名镇局级党员干部，2051个基层党组织，4.4万多名党员参加。学习教育中，贯彻“四个进一步”（进一步坚定理想信念，提高党性觉悟；进一步增强政治意识、大局意识、核心意识、看齐意识，坚定正确政治方向；进一步树立清风正气，严守政治纪律和政治规矩；进一步强化宗旨观念，勇于担当作为，在生产、工作、学习和社会生活中起先锋模范作用）、“取得三个新成效”（在推动全面从严治党向基层延伸、保持发展党的先进性和纯洁性上取得新成效，在拓展群众路线教育实践活动和

“三严三实”专题教育成果、解决党员队伍突出问题上取得新成效，在发挥基层党组织战斗堡垒和党员先锋模范作用、奋发有为干事创业上取得新成效）总体要求，把握“六个突出”（突出正常教育，以党支部为基本单位，以“三会一课”等党的组织生活为基本形式，以落实党员教育管理制度为基本依托；突出正面教育，把思想建设放在首位，以科学理论武装头脑，以思想自觉引领行动自觉；突出学用结合，发扬理论联系实际学风，在学中做、在做中学，学而信、学而用、学而行；突出问题导向，带着问题学，针对问题改，着力解决一些党员在理想信念、党的意识、宗旨观念、精神状态、道德行为等方面存在的突出问题，推动解决党的组织生活中、党员和党员领导干部教育管理中、基层党组织建设中存在的问题，持之以恒纠正“四风”，抓好不严不实突出问题整改；突出实际实效，因地制宜、因人施策，给基层党组织结合实际开展学习教育留出空间，坚决克服和防止形式主义、走过场；突出以上率下，发挥“关键少数”引领作用，上级为下级作示范，书记给党员树标杆，形成上行下效、整体联动的良好局面）基本原则，开展讲好支部党课、学习讨论、查摆突出问题、召开专题组织生活会、民主评议党员、立足岗位做贡献等规定活动，创新开展“干部大学堂”、党员“先锋社区行”、村干部“串门”、基层党建巡查等特色活动，出台严肃党内政治生活、党员档案管理相关意见，完成学习教育各项任务。

（陈　亮）

宣传教育

【概况】 2016年，全区宣传思想文化战线贯彻落实中央和省、市、区委要求，围绕中心、服务大局，以习近平总书记系列重要讲话精神为主线，开展各项工作，为姜堰“决胜全面小康、加速崛起振兴”提供精神支撑。

理论武装　学习贯彻中共十八届六中全会精神、习近平总书记系列重要讲话以及在江苏调研时的讲话精神，开展“两学一做”学习教育活动，区委中心组带头，全区形成学习贯彻讲话精神和“四个全面”（全面建成小康社会、全面深化改革、全面依法治国、全面从严治党）治国理政方略的浓厚氛围。打造“三水讲坛”“三水论坛”“三水评坛”群众性理论宣传教育阵地，开展“行走的课堂”理论宣讲活动，赴基层宣讲200多场次。开通“姜堰有理”微信公众号。围绕“中国梦”主题，利用党校、行政学校和冬训等，通过宣讲团宣讲、文艺演出、远程教育等形式，开展宣传教育和思想政治工作。党员干部冬训由农村扩大到机关部门，创新巡回课堂、榜样课堂、警示课堂和空中课堂“四个课堂”制度，姜堰区被评为“全省冬训工作示范区”，张甸镇、淤溪镇被评为“全省基层党员冬训工作示范镇”。

新闻宣传　学习贯彻习近平总书记集中调研三大中央媒体以及在党的新闻舆论工作座谈会上的重要讲话精神，坚持正确舆论导向，提高舆论引导能力和水平。推进报网融合、台网融合，打造“姜堰微信联盟”，形成平台共建、资源共享、重大宣传形成声势、爱心公益多方支持的舆论引领新格局。围绕市委工作会议、泰州建市20周年、省第十三次党代会、市第五次党代会和区第十二次党代会，“两台一报”开设专题专栏，展示宣传全区经济社会发展成果。组织会船节推介会和开幕式各项外宣活动，与中央电视台《新闻联播》、新华网等媒体联合，扩大姜堰对外影响力。全区在市级以上主要媒体刊发（播）稿件1600余篇（条），其中中央级媒体74篇（包括新华社6篇、《人民日报》15篇、中央电视台25篇、《光明日报》5篇、《经济日报》2篇、《农民日报》6篇）、省级主要媒体近200篇、《泰州日报》1000余篇（其中头版头条15篇、其他版面头条及重点稿件200余篇）。

网络监管　依托姜堰政府网、姜堰宣传网、义茶亭论坛、镇区部门门户网站、官方微博微信等平台，联合当地各商业网站论坛，建立10万多人关注的“姜堰微视听”“姜堰在线”公众号。“姜堰在线”微信公众号在“腾讯江苏微榜单”排行中位于媒体类前10强、综合实力全省前3位。围绕全区中心工作、重大活动组织网络宣传。全区网络宣传发帖2万多篇，微信、微博发布信息3万多条，阅读转发评论上亿人次。交办网络舆情3000多条，在人民网江苏视窗公布的“网络问政排行榜”中名列第一，回复率100%。开展“网罗正能量”系列活动，“明日星”网络创业公益培训项目入选“江苏省第四届网络文化季”子活动。举办2016年姜堰第二届网民节，组织问政2016、出彩2016和点赞2016三大篇章八大系列活动，培育文明理性、健康向上的网络环境。

【文化姜堰建设】 2016年，全区开展创建“江苏省第三批公共文化服务体系示范区”活动。区美术馆完成主体工程建设，大剧院、游泳馆完成选址规划。新建村（社区）综合文化服务中心100家、“百姓大舞台”34家、五星级农家书屋8家，初步形成区、镇、村三级公共文化设施网络体系，城乡各级公共文化服务阵地免费开放，姜堰区的工作做法在全省基层综合性文化服务中心建设推进会上做经验交流。实施政府购买公共文化服务新模式，发放“文化惠民券”378万元。举办第十二届群众文化艺术节、万朵古山茶观赏节、“溱湖八鲜”美食节、河横菜花节、泰州建市20周年群众文艺专场演出等，开展公共文化“百家行”活动，下乡巡演60多场，打造一批镇村文化活动特色品牌。“激情三水”广场文艺演出15场，累计180多场次。微电影《润蕾无声》获省委宣传部微视频大赛三等奖。设立政府性文化产业发展专项资金，围绕文化旅游、文化休闲、节庆演艺等重点产业，推进文化金融合作、文化科技创新，注重吉祥文化与旅游联合发展，深化溱湖旅游度假区、北大街文化街区等文化产业示范基地建设，新建海洋世界、野生动物园、会船文化展示区等一批重点项目。溱湖影视基地在建设中，一批影视作品将在基地组织拍摄。

（胡中华　陈　华）

【《姜堰日报》】 2016年，该报围绕中心，服务大局，开展新闻宣传各项工作。联办专版（专栏、专刊）50个以上。建成《姜堰日报》阅报栏40座。该报被评为全省县市新闻中心系统先进单位，9月加入全国新闻工作者协会技术联合会，10月被聘为中国报业小记者联盟理事单位。顾盛杉的《牢记职责使命　看齐创新担当》获中国县市报研究会“关于学习贯彻习近平总书记‘2·19’讲话精神”征文活动二等奖，6篇新闻作品在省县市新闻中心好新闻评选活动中获奖。何学桂被中国县市报研究会授予“百家优秀报人”称号，王根明被江苏省县市新闻中心工委授予“名总编”称号，周逸平、顾盛杉、陆小兰、应婷婷、周莉被江苏省县市新闻中心工委授予“先进个人”称号。

新闻宣传　围绕中共姜堰区委第十二次党代会和“两会”以及区委、区政府的决策部署策划新闻报道，开设《真抓实干　马上就办》《提升效能　拒绝“蜗牛”》《全力以赴抓招商　始终不渝抓项目》《学党章党规　学系列讲话　做合格党员》《“两学一做”学习教育专栏》《贯彻落实经济形势分析会精神》《喜迎党代会　回眸发展路》《贯彻落实党代会精神　谱写强富美高新篇章》等专栏50多个。围绕区委、区政府中心工作，开展宣传报道，以消息、特写、故事、图片等形式刊发城区和溱潼镇拆迁报道100多篇。围绕全区重大活动，推出党代会特刊《旗帜》、“两会”特刊《向两会报告》、溱潼会船节特刊《璀璨姜堰》。组织开展姜堰“十大新闻”评选、姜堰第四届广场舞大赛、重阳节手机摄影大赛等活动。

关注民生　围绕“走基层，转作风，改文风”，开展“民生记者伴你行”“姜堰好人”“致敬最美姜堰人”等活动，关注民生，服务基层群众，弘扬正气，激发经济建设和社会事业发展的正能量。围绕人民群众关注的热点、难点问题，开辟《读者来信》《记者调查》《曝光台》等栏目，实施舆论监督，为读者排忧解难。民生版开辟《大家拍新闻》专栏，鼓励读者用相机、手机拍摄身边的不文明行为，把社会监督和舆论监督有机结合。通过舆论监督和新闻呼吁等形式，帮助读者解决实际困难100多个。

新媒体工作　做好“姜堰在线”公众号，搭建对外代运营微信公众号合作平台。为区人大、区政府、区纪委以及其他多个部门或单位代运营微信公众号14个，在内容采编、页面制作和后期推送等方面提供服务。6月参加市纪委举办的廉政微视频征集活动，4个原创作品被区纪委微信公众号采用推广；12月，在区委宣传部主办的姜堰第二届网民节活动中，“姜堰在线论坛”“爱心在线，情暖重阳——姜堰在线网友走进兴泰敬老院”活动获优秀公益活动奖，颜禹铭的网络图片《我跑步 我快乐》获优秀网络图片奖，应婷婷的网贴《城区部分小区有楼“无号”》获优秀网络问政案例奖，4条“姜堰范”微信作品获优秀微信作品奖。

（何学桂）

【2015年度姜堰十大新闻评选活动】 该评选活动由区委宣传部主办，姜堰日报社承办，区发展和改革委、区人防办、区教育局、区财政局等部门或单位协办。活动通过报纸、电视、网站、微信公众号、易拉宝、楼宇广告、《姜堰日报》阅报栏、LED显示屏、现场投票、印制宣传品等形式开展宣传，收到报纸选票2000多张、现场投票1000多张，网上点击率和微信投票10万多人次。20多名评委对20条十大新闻候选条目进行初选，12条新闻进入终评条目。4月21日下午，“江苏长江商业银行杯”2015年度姜堰十大新闻评选结果揭晓，蓝绍敏在桥头镇小杨村驻点调研、姜堰区2015年高考创历史最好水平等10条新闻入选。28名参与报纸投票、现场投票、网上投票的读者分获一、二、三等奖和优秀奖。副区长刘文来出席新闻发布会。

召开2015年度姜堰十大新闻评选评审会

（张泽海　丁晨伟）

【区新四军历史研究会三届二次常务理事会（扩大）会议】 3月15日，大会召开。会议研究部署下阶段工作。区委常委、宣传部部长，区新四军研究会名誉会长薛金林发表讲话。2015年，区新四军历史研究会组织开展爱国主义教育专题宣讲、纪念抗战胜利70周年座谈会、新四军研究会刊物征订等活动，全区新四军历史文化得到更好传承和发展。

（嵇远平　孙　柳）

【姜堰第二届网民节】 9月14日上午，精锻科技·姜堰第二届网民节在泰州姜堰凤凰文化广场启动。区委常委、宣传部部长薛金林讲话。区人大常委会副主任钱拥军向参加公益跑的领跑员授旗，300多名网民代表参加“RUN FOR LOVE”公益跑活动。副区长、区公安局局长王平致辞，部分爱心企业代表、网民代表发言。区领导花庆如参加。该届网民节由区委宣传部主办，区新闻中心、泰州中广文化传媒有限公司、姜堰各主要网站及相关街道、部门承办，江苏太平洋精锻科技股份有限公司、江苏姜堰农村商业银行、泰州三水人力资源有限公司、江苏华洋服饰有限公司等企业协办。以“网筹微力量，指尖逐浪；发展新姜堰，聚力起航”为主题，推动姜堰网络文化繁荣发展，弘扬社会主义核心价值观，推进网络文明建设，为建设“强富美高”新姜堰营造良好网络文化环境。活动项目主体包括“问政·2016”“出彩·2016”“点赞·2016”三大篇章。其中，“问政·2016”篇章开展“淘幸福”网民看民生、“微参政”优秀网络问政案例评选两大活动；“出彩·2016”篇章开展“金书签”网络文化活动、“众筹爱”网络公益行动、“光明行”网民体验季和“学法季”网络普法四大活动；“点赞·2016”篇章开展“最姜堰”微视频网络征集和“姜堰范”微信集结令两项活动。活动为期3个月，40多万名网民直接或间接参与，省、市、区多家媒体发布各类宣传报道信息3000多条，论坛跟帖阅读、微博微信互动100万人次。12月23日下午，精锻科技·2016姜堰第二届网民节颁奖典礼在姜堰中专报告厅举行。《白血病父亲亲吻幼儿》等6

幅摄影作品被评为网络优秀图片；网友放逐西伯利亚的“坐公交看姜堰边界”等6篇网帖被评为优秀网帖；最美环卫工人陈跃章等9部微视频被评为“最姜堰”最美姜堰人微视频；姜堰人民论坛“感恩你我”爱心志愿服务队关爱特殊群体等6个活动被评为“优秀网络公益活动”；网友娉婷的“城区部分小区有楼‘无号’”等6部作品被评为“优秀网络问政案例”；洪源、顾潇、于子桓、姜小团被评为“姜堰好网民”。《一座博物馆一部史，点进来看尽大姜堰前世今生！》等10部微信作品获表彰。市委宣传部副部长、网信办主任孟国平，区领导薛金林、花庆如参加。

（黄立群　刘永彬　尹有文）

姜堰第二届网民节开幕式启动仪式

（颜禹铭　摄）

【姜堰第四届广场舞大赛】 11月18日，“三水·新都会杯”姜堰第四届广场舞大赛在区文体中心开幕。区委常委、宣传部部长薛金林参加。该届大赛由区委宣传部、区文明办、区体育局、罗塘街道办事处、三水街道办事处、姜堰日报社主办。分为初赛、复赛、决赛三个阶段，镇区组、城区组两个类别。泰州各高校持证专业评委、域外评委现场打分。41支代表队参加，其中城区代表队22支、镇区代表队19支，参赛选手近1000人。17支城区代表队进入复赛、14支镇区代表队进入决赛。12月10日，大赛决赛在坝口广场举行。产生一等奖2个、二等奖5个、三等奖8个、优胜奖15个。罗塘街道南苑社区代表队和淤溪镇代表队分别获城区组和镇区组一等奖。

（陈燕华　张泽海）

统战工作

【概况】 2016年，全区统一战线贯彻落实中央关于统一战线系列重大决策部署和区委十一届九次全会、区第十二次党代会精神，履行职能，开展工作，取得新成效。区委统一战线工作部（以下简称“区委统战部”）被中央统战部宣传办、中国统一战线杂志社表彰为宣传先进单位。

非公有制经济代表人士联系引导　加强非公有制经济代表人士联系引导，走访非公有制经济企业60多家，帮助解决实际困难和问题。筹建姜堰上海商会、姜堰北京商会，组织开展金秋助学、重阳敬老等活动。开展非公有制经济代表人士理想信念教育实践活动，举办非公有制经济代表人士培训班2期，培训非公有制经济代表人士200多人。对拟推荐为人大代表候选人、政协委员人选、工商联执委人选的非公有制经济代表人士实施综合评价。制定《区委统战部关于工商联（商会）换届工作的实施意见》，完成区工商联和镇（街道）基层商会换届工作。

党外队伍建设　完善党外代表人士重点调研课题协调机制，按照“党委出题、党派调研、政府采纳、部门落实”思路，围绕区“十三五”规划实施、推进供给侧结构性改革等任务，组织党外代表人士开展调查研究，形成一批调研成果。开展民主党派成员发展和党外代表人士培训工作，发展民主党派成员23人，总数130人，省委党校和省社院相关专家、教授培训党外代表人士260多人。成立九三学社泰州市姜堰区委员会，九三学社省委在姜堰区成立专家工作站。召开区党外知识分子联谊会二届一次会员大会，选举产生新一届知联会领导班子。区委统战部联合区委组织部制定《关于政协泰州市姜堰区第十四届委员会人事安排的意见》，做好市、区政协换届人事安排及相关工作。

统战队伍建设　加强统战干部政治理论与政策业务学习培训，组织镇（街道）新任统战委员参加省、市统战系统培训。加强区委统战部领导班子和机关思想、组织、作风和制度建设，开展“两学一做”学习教育。完善机关统战工作目标责任制，制定年度重点工作计划和重要活动安排，实施实绩考核，实行项目化管理。开展“树统战干部形象、建党外人士之家”学习教育活动。区委成立统战工作领导小组，初步构建大统战工作格局。

（申建中）

【区党外知识分子联谊会二届一次会员大会】 11月16日，大会召开。会议审议通过《泰州市姜堰区党外知识分子联谊会章程》《泰州市姜堰区党外知识分子联谊会会员大会选举办法》，选举产生区党外知识分子联谊会第二届理事会会长、副会长、秘书长及各专门委员会负责人。钱拥军当选为区党外知识分子联谊会第二届理事会会长。区委常委、统战部部长盛育河，区人大常委会副主任钱拥军参加。

（孙　柳）

台湾事务

【概况】 2016年，区委台湾工作办公室、区政府台湾事务办公室（以下简称“区台办”）围绕做台湾人民工作主线，开展涉台经济、服务、交流和宣传等工作，推进姜堰台湾联络、交流和合作。

涉台经济　召开区台商联谊会，构建台资项目信息平台。区台办联合区经济开发区、区现代科技产业园区、区高新技术装备产业园区、苏台（姜堰）农业合作创业园区及桥头镇等相关镇在台湾举办招商推介会6次，宣传姜堰投资环境和园区优惠政策。台湾10多家行业协会和600多名台商参加。赴福建、上海、深圳、苏州、无锡等地举办招商活动13次，走访台商协会9家，牵头与台商洽谈7次，邀请20多批次台商参观考察。4月，300多名台商到姜堰考察；10月，20多名台商参加姜堰区金秋经贸洽谈会，签约4个，协议利用台资1.2亿美元。

涉台服务　实施“十项”特色服务（发挥权益保障协调委员会作用，召开台企用工专场招聘会，推行医疗保健、旅游一卡通，实施校企联合办学，成立法律、审计师、会计师顾问团，开展银企联姻活动，开通阳光快捷车，落实台企税收政策解读，推动安全生产环境达标，实施企科联动），帮助台企解决生产、生活中矛盾和问题。走访台资企业164家次，接触台商93人次，接待台属52人次。为台商台干、台企职工3名子女入学提供服务；开展台商节庆茶话会、联欢会，走访重点台商，组织在姜堰台商、台干开展传统节日、生日慰问活动。组织多家银行与台企对接，为企业发展提供融资近2500万元。与科技部门对接，帮助台企理思路、上争项目资金和研发新品，促进企业技术创新和产业升级。台企柏纬公司建成国家级高新企业，开广塑胶公司获江苏省紫峰奖。

涉台交流　邀请台湾中小企业联合会等社团、台企台商到姜堰参访，接待到姜堰考察台商、台胞500人次。区委、区政府负责人率团组7个，赴台湾28人次，举办大型招商推介会7次，参访台湾行业协会、企业8家次，接触台商及其他重要人士159人次，举办座谈交流、洽谈会22次。企业赴台湾交流团组12个21人次，涉及科技研发、机械制造、营销发展等领域。

涉台宣传　开展宣传推介服务，促进更多台商了解姜堰。区台办牵头在学校、工厂、社区建立“三进”涉台教育基地。举办涉台知识讲座，通过宣传展板进社区、学校等开展涉台宣传教育。撰写涉台信息报道，重点宣传服务台企台商做法和投资软环境变化，在中国台湾网发表报道13篇。

（李再君）

机构编制

【概况】 2016年，区机构编制委员会办公室（以下简称“区编办”）围绕中心，深化改革，加强机构编制管理，优化机构编制服务，提升机构编制工作水平，为推动姜堰经济社会发展提供体制机制保障。

机构编制管理　将机构编制管理工作纳入2016年度区级机关部门绩效考评指标体系。加强源头和总量控制，管理进人计划，规范审批程序，控制机构编制和人员增长，实现财政供养人员负增长目标，全区行政、事业编制数均低于2012年年底规模。编报2017年度公务员招录用编计划108个，其中区级机关31个、镇（街道、园区）43个、参照公务员管理单位34个。健全完善全区机构、编制和人员实名制信息库，建立常态联络校核机制，更新机构名称、性质、规格和经费形式、人员编制、领导职数、实有人员等方面信息，按月审核财政工资统发系统编制和人员信息等。

机构编制设置　设立江苏省姜堰溱湖旅游度假区党工委、管委会分别为区委、区政府派出机构，内设“一办五局”，调剂行政编制24个。将区供销合作总社履行的内贸职能划转至区商务局，区供销合作总社所属的市场建设与秩序科、市场运行与商贸服务科移交区商务局。调整镇文化站管理体制和区劳动保障监察大队机构规格等，成立区不动产登记中心。

事业单位登记管理　截至3月31日，全区345家事业单位法人年度报告全部在姜堰机构编制网上集中公示，完成新版事业单位法人证书换证工作。建立投诉举报处理机制，健全登记管理信用记录等制度，确保事业单位规范运行，实现公益目标。

机构编制监督检查　正常开通“12310”举报电话，做好举报内容受理工作，加强全区机构编制工作日常监督管理。推行机关中层干部职数预审制度，按照“三定”方案审查职数、编制性质，防止超职数配备、擅设岗位配备以及任用编外人员等违规行为。开展机构编制纪律执行情况专项督察，检查区级机关部门“三定”落实情况和镇属事业单位机构运行情况，遏制机构编制违纪违规现象发生。做好相关镇主要负责人“三责联审”（用人责任审查、编制责任审核、经济责任审计）工作，加强领导干部机构编制法治意识和执行机构编制纪律自觉性。

【行政管理体制机制改革】　行政审批制度改革　出台《关于公布姜堰区涉企重点中介服务收费标准的通知》《关于印发姜堰区涉企中介机构管理办法的通知》等规范性文件，加强中介机构服务监督管理，压缩中介收费自由裁量空间，形成《清理行政审批中介服务事项和收费汇总表》，将15个部门原有46项行政审批前置中介服务事项压减至35项，精简率24%，部分服务事项不再收费。印发《泰州市姜堰区“五张清单”管理办法》，明确纳入“五张清单”目录的各类事项以及清单管理的具体机关和部门职责分工，规定清单调整的类型、动态管理的方式、调整的操作流程等问题，加强权力运行监管。完成城市、市场管理等领域综合监管执法体制改革，推行“双随机、一公开”，做到检查人员随机抽取、检查对象随机抽取，检查结果上网公示，实现事前审批、事中事后监管。

张甸镇简政放权改革　深化张甸镇简政放权改革试点，督察前两批部分区级经济社会管理权限下放对接、事项进驻等情况，协调解决权限下放后运行中出现的问题，根据实施情况，调整补充相关行政权力事项。完善便民服务中心、综合执法局、社会管理服务中心运行机制，探索推行“互联网+政务服务”行政审批模式，加强事中事后监管，为特色小镇建设提供优越、高效、便捷的营商环境。

统一社会信用代码制度改革　将原由机构编制部门核发的事业单位法人证书、市场监管部门核发的组织机构代码证、税务部门核发的纳税人识别号和人民银行核发的机构信用代码证，改为由机构编制部门核发承载上述四项功能的统一社会信用代码法人证书，增加二维码真伪识别和信息查询新特点。

【规范编外用工专项行动】　按照《中共泰州市姜堰区委关于落实市委巡察反馈问题整改“六个专项行动”的工作方案》要求，加强组织领导，明确职责分工，开展规范编外用工专项行动。暂停编外进人，调查用工情况，出台《泰州市姜堰区规范机关事业单位编外用工工作方案》。开展专项督察行动，出台《姜堰区机关事业单位编外用工管理暂行办法》，规范管理全区编外用工计划审批、聘用形式和程序、待遇及经费渠道等。

（许宝会）

区级机关党建

【概况】 2016年，区级机关工作委员会（以下简称“区级机关工委”）带领区级机关党员干部职工学习贯彻中共十八大，十八届五中、六中全会和区委第十二次党代会精神，开展“两学一做”学习教育活动，落实从严治党政治责任，完成“服务中心、建设队伍”两大核心任务。

思想建设　开展“两学一做”学习教育活动。召开“两学一做”学习教育专题部署会，传达中央、省、市、区有关精神；举办机关大党课4期，700多名科级干部、3万多名在职党员参加闭卷考试和知识测试，8支代表队参加“两学一做”现场知识竞赛。举办党务干部、发展对象培训班等，提高党员干部理论素养和业务水平能力。在领学、自学基础上，邀请专家、学者分析讲解国内外政治形势，增强党员的政治敏锐性和鉴别力。组织全区党员干部开展“不忘初心、展我风采”征文比赛等，纪念建党95周年。督促检查机关党组织政治理论学习和开展支部活动情况。

组织建设　落实机关党建“一岗双责”责任制、党建和业务双目标考核制、督查工作制三个长效工作机制，明确“一把手”党建工作责任；区级机关88个部门以在职正式党员和预备党员为主体，利用周六、周日，到城区22个社区常态化开展“先锋社区行”志愿服务活动。下发《关于进一步规范机关基层党组织换届选举工作的通知》，加强基层党组织规范化建设，51个区级机关基层党组织按规定程序举行换届选举。严格党员发展程序，做好新党员教育培训和跟踪考察，区级机关155名发展对象参加为期4天的培训，发展预备党员34人，转正党员37人，年末党员总数3035人；区级机关160多名基层党组织负责人就如何做好党员发展和支部换届选举工作接受专题学习辅导；组织开展党费收缴排查工作，按照标准对少缴的党员进行集中补缴；组织基层党组织召开组织生活会；组织基层党组织书记71人分三批集中述职，考核党建工作。

廉政建设　把党风廉政建设纳入机关党建目标考核制度，制定出台《关于进一步加强机关作风建设的实施意见》《基层党支部工作制度》《基层党员管理制度》等制度规定。将《廉政准则》等纳入党务干部和党员发展对象培训内容，把廉政谈话内容向新党员延伸；将严格党内政治生活作为推进从严治党的重要举措；开展“三会一课”和民主评议等活动，机关各党组织开好民主生活会。开展廉政文化进机关活动，规范党务、政务公开内容、方式方法，构建廉政风险防控体系，推进党风廉政建设；开展“五查摆五强化”（查摆信仰信念是否动摇，强化政治定力；查摆纪律规矩是否松弛，强化党的意识；查摆宗旨意识是否淡薄，强化群众观念；查摆精神状态是否懈怠，强化担当精神；查摆德行表现是否缺失，强化道德修养）活动，组织党员干部查摆突出问题、制定问题清单、落实整改措施，帮助党员查找差距、分析原因，提升党员干部工作能力。开通“廉政短信平台”，定期向区级机关全体党员干部发送党的知识、党纪党规和勤政廉政等短信，实现党性教育全员覆盖；做好交办案件查处工作，协助区纪委查处违法违纪党员干部，诫勉谈话6人，处理违法违纪党员15人，其中开除党籍7人、党内警告8人。

作风建设　按照“工作在单位、活动进社区、奉献‘双岗位’”要求，开展志愿服务活动；围绕区委中心工作，参加全国文明城市创建活动和包保拆迁工作，完成包保拆迁任务；开展创建文明机关、“青年文明号”、“巾帼标兵”，公益献血等活动；做好俞垛镇田管村挂钩帮扶和机关党员干部关爱帮扶工作。开展国防知识教育活动，举办“两学一做”“崇法礼行”知识大赛；开展区级机关干部职工羽毛球赛、乒乓球赛、“绿色骑行”等活动。

（黄金林　徐亚媛）

机要保密

【概况】 2016年，区委机要保密局围绕区委、区政府中心工作，开展保密宣传，加强通信保障，完成年度目标任务。

通信保障　做好通信报务工作，组织各类电报译传办，实现全年电报办理无差错。完善密码工作制度，确保制度健全无盲区。做好密电及密码管理工作，无密码安全事故发生。开展密码队伍忠诚教育，提高密码干部政治素养。

保密宣传　组织实施保密法制宣传教育。开展采集登记涉密人员信息活动，深入各单位宣传保密法规，普及保密知识，加强涉密人员保密意识。举办保密技术专题讲座4期，为重点部门、重点单位讲解防窃密防泄密、涉密载体、计算机与网络保密管理方面工作要求及注意事项。9月，通过多媒体平台、网站、展板、电视、报纸等，开展保密宣传周活动，组织各单位参加泰州市保密知识竞赛，收集有效答题卡3000余份。12月完成新任公务员保密培训。

保密检查　不间断巡检全区政务网站公开信息，确保涉密信息不上网。完成全区“金网”系列保密检查及数据统计工作。开展全区重点涉密单位保密技术突击检查11次。组织废旧物资回收站点保密检查2次，集中销毁纸质文件7吨。

（徐爱年　张锦锋）

党校教育

【概况】 干部培训　2016年，区委党校举办各类培训班28期，培训基层党员干部3538人次。其中，承办区交培训班15期，培训党员干部2500人次；自主办班4期，培训党员干部400人次；与部门联办、协办各类培训班9期，培训638人次。举办“干部大学堂”专题讲座6期，参加副科级以上干部4000人次。

学历教育　开办本科、大专两个层次学历班8个，年末在籍学员412人。完成规定课程学习、经考试考查合格予以毕业109人。获江苏省青年管理干部学院颁发成人大专毕业证书109人。

科研工作　发表地市级以上科研成果24项，其中省级成果15项。围绕地方经济发展，实施集中调研项目化管理，立项决策咨询课题1项，结项1项。开展课题研究，结项2015年度调研课题10项，其中省委党校课题1项、市委党校课题9项。

宣讲活动　组织外出宣讲129场次，其中区外宣讲18场次，受教育干部群众1万人次。

（赵　益）

老干部工作

【概况】 2016年，区委老干部局学习贯彻中共十八届五中、六中全会及习近平总书记系列重要讲话精神，开展“两学一做”学习教育活动。围绕《关于进一步加强和改进离退休干部工作的意见》，以思想上关心、生活上照顾、精神上关怀为重点，开展老干部工作。

离退休干部政治待遇　举办老干部党支部书记培训班，省委老干部局机关党委副书记朱义豪和区委党校常务副校长王余华分别就《关于进一步加强和改进离退休干部工作的意见》（中办发〔2016〕3号）和《“四个全面”是引领民族复兴的战略布局》作专题辅导讲座。每半年组织一次离退休干部党支部工作分片交流例会。在泰州建市20年之际，区公安局老干部党支部、区人力资源和社会保障局老干部党支部、溱潼镇老干部党支部、沈高镇老干部党支部、梁徐镇老干部党支部5家老干部党支部被市委组织部、市委老干部局表彰为离退休干部先进集体，陈凯、顾学文、沈子琛、胡宏根、仇志民、李万华、刘跃、沈信、任天庆、黄华幸、刘友庭11人被表彰为离退休干部先进个人。

离退休干部生活待遇　上半年组织全区离休干部和区四套班子退休老干部开展第21次健康检查。督察离休干部遗属无工作补助落实情况及离休干部定点医疗服务管理工作情况。春节、高温、重阳节期间，走访慰问老干部。接待老干部来信、来访127人次，处理老干部丧事33起。到医院或家中看望慰问离休干部98人，给3名离休干部上门祝寿。

老干部活动　组织老干部参加由区老年健康协会与区老年书画联谊会主办，区老干部大学、区中医院协办的老年人书画养生研讨会。在曲江楼举办纪念建党95周年暨长征胜利80周年老干部书画展，展出书画作品120幅。

（王青兰）

信　访

【概况】 2016年，区信访局围绕全区工作大局，落实信访工作责任制，做好重大政治活动期间信访工作，为全区经济发展营造和谐稳定的社会政治环境。受理群众来信、来访1146件次。其中，受理各类来信843件（初信464件、重信379件），办结率100%；接待到区上访303批1671人次，其中集访53批1271人次。群众去泰州到省赴京的批次、人次同比都呈下降趋势。复查复核信访事项35件。

信访机制建设　通过现场指导、以干代训等方式，推进权益保障监督卡制度实施，提升各镇（街道）、各部门信访干部能力。印发权益保障监督卡制度宣传册，引导群众依法逐级走访，规范信访秩序。发放权益保障卡185份，其中区级43份、镇（街道）130份、部门12份。制定姜堰区法定途径分类处理信访诉求清单，将信访纳入法治化轨道。参与部门23个，相关重点部门重点科室在实施过程中。

信访积案化解　围绕“案结事了、息诉停访”目标，坚持“个案处理，一案一策”原则，以法理为标杆，以稳控为手段，落实责任，分类处理。化解省交办信访案件4件、市交办信访积案21件。

信访服务　畅通群众来信来访、网上信访、领导信箱等信访渠道，规范登记、受理、反馈、督察、上报等各个环节工作流程，采取“统一登记、分类接谈、现场处理、立案调处、交办督办”方法，做到有访必接、接访必办、办必有果。开展“信访为民连心桥”服务品牌创建活动，解决群众合理诉求，提升群众满意度。

【重大活动期间信访工作】 在各级“两会”、暑期北戴河、G20峰会、中共十八届六中全会及市、区党代会等重大政治活动和敏感时期，做好信访维稳工作。一是排查。在每月排查一次基础上，实行周排查，关键时点实行当天排查当天上报、当天信访当天上报制度。二是交办。一般性问题交办到位，疑难信访问题提请相关领导明确对策措施。三是督办。久拖不决的信访问题由区纪委、区维稳办、区委政法委、区信访局联合督办。四是通报。重大政治活动期间坚持日报制和短信友情提醒制度，提醒各级领导关注信访，防止人员失控、矛盾上交。全区重大政治活动和敏感时期社会稳定，受到省、市领导表扬。

（吴晓明）

史志档案工作

【概况】 2016年，区史志档案办公室（以下简称“区史志档案办”）围绕“党史研究、续修方志、管好档案”三方面开展工作，推进史志档案事业发展。

党史工作　开展党史三卷本编纂工作。拟定需补充编写专题14篇，明确专题篇幅和完成时间；查阅县委、县政府及相关部门案卷78卷，摘录相关档案资料；完成第一编和第二编七章二十二节约10万字的初稿编写，时间范围从1978—1992年。围绕纪念建党95周年，开展“五个一”活动。即开展一次党史宣讲，在区级机关工委组织的发展对象培训班上宣讲地方党史知识；组织一堂专题党课，区委党校常务副校长刁义峰作题为《把学和做的目标任务落细落实落到底》的大党课；重温一次入党誓词，组织全办党员重温党章、入党誓词；学习一名先进人物，组织学习市党史方志档案办公室吴文凤的先进事迹；奉献一次爱心，组织全办人员参加“我为灾区献爱心”捐款活动，支持灾区建设。

方志工作　开展续修《姜堰市志(1988—2007)》工作。一季度修改完善市志稿件，确认彩页修改方案，拟定随文插图方案，送印刷厂修改排版；二季度汇总方志出版社、专家及编纂人员修改意见，送印刷厂修改，6月底送样书到省方志办备案；8月中旬送样书到方志出版社，完成一审、二审、终审。编纂出版《姜堰年鉴》2016年卷。1月下发年鉴资料征编通知；6月底形成年鉴稿件初稿；8月形成年鉴初审稿件，送区委办、区政府办等部门领导和方志出版社审阅；11月形成年鉴定稿；12月出版发行。

档案工作　开展档案宣传。6月9日“国际档案日”，开展“档案在你身边”主题系列宣传活动；组织区实验小学师生分批次参观档案史料陈列展，开展红色教育活动。开展档案培训。举办区级机关档案人员、镇机关文件材料集中整理培训班，参培100多人；采用“互联网+”模式，依托省档案局网站，组织开展档案人员远程教育培训和上岗证培训。通过电话指导、上门指导、档案工作QQ群等方式，指导区级机关各部门整理2015年度文件材料，指导部分企事业单位包括一些私营企业档案工作。8月，开展全区78家机关单位档案工作年检，整改存在问题。区史志档案办与市档案局组成专项执法检查组，检查金融、卫生系统4家单位。开展档案工作星级测评，中行区支行、淤溪镇财政所、华港镇财政所等13家单位通过星级测评，其中区地税局、人行区支行档案工作通过五星级测评。开展沈高镇二轮土地承包确权档案工作试点，4月在泰州召开的全省土地确权档案工作现场会上，姜堰区作为全省三家先进典型之一作经验介绍，受到省档案局及省农委肯定。全区承包地确权档案工作接近尾声，部分镇开展确权工作区级验收。推进数字档案馆建设。接收白米镇、张甸镇、区农委、区委党校、区机关事务局等41家单位2003—2013年文书档案进馆，进馆档案89913件，其中永久51896件、30年（长期）38017件，均已全文数字化；为基层档案室免费安装数字档案室管理系统，开展操作培训，逐步实现数字档案大数据共享。依托数字档案馆平台，完善档案利用工作机制，做好档案和现行文件接收、整理、保管、提供利用等服务。接待查档770人次，调阅档案5200卷，复印、打印2700张，出具证明1100份。接待10多家镇（街道）、区级机关单位规范使用旧公章。完成《泰州大事记》（姜堰部分）月度上报工作，编印约5万字的《姜堰大事记》（2015年），收集《姜堰大事记》（2016年）素材，征集进馆姜堰籍离休老干部张秉粟捐赠的奖章6枚，获奖证书5份，各类文集、文学艺术作品、地情资料书籍30余册，袁平波个人作品集2册。

【《姜堰年鉴》2016年卷出版发行】　该年鉴是姜堰区第17部年鉴，记载2015年度姜堰区政治、经济、社会等各方面的基本情况和“社会主义物质文明、政治文明、精神文明、生态文明”建设的新成就、新经验。由区委、区政府主办，区史志档案办组织编纂，方志出版社出版。全书71万多字，大16开，精装本，彩版印刷，随书配备电子版多媒体光盘。设有特载、专记、姜堰概貌、大事记、文件选编、统计资料、便民指南等类目37个，分目180个，子目28个。收录条目533个，随文照片62幅，彩页73页，表格83个，索引1363条。

（周美娟）

泰州市姜堰区人民代表大会

【概况】 2016年，区人大常委会召开区第十四届人民代表大会第五次会议，召开区十四届人大常委会会议12次、区人大常委会主任会议19次，区人大常委会主任会议听取区人民政府、区人民法院、区人民检察院及有关部门工作情况汇报和审议意见落实情况反馈44项。组织重要考察活动12次、执法检查活动2次、专项工作评议活动2次、专题询问2次，开展区水利局、区民政局、区科学技术和知识产权局、区人力资源和社会保障局及其基层站所工作评议，对区法院副院长钱厚明、张桂林、韩国清、刘宗开，区检察院副检察长相华生、宋祥网、李鸿贵，区城管局局长曹圣基，区审计局局长马林，区商务局局长薛维昌，区统计局局长林俊宽开展述职评议。

【第十四届人民代表大会第五次会议】 1月11—14日召开。大会应到代表280人，实到代表272人。大会听取审议区政府代区长李文飙作的《政府工作报告》，听取审议区人大常委会主任高永明作的《姜堰区人大常委会工作报告》、区人民法院院长褚靖娟作的《姜堰区人民法院工作报告》、区人民检察院检察长丁军青作的《姜堰区人民检察院工作报告》。审议《姜堰区国民经济和社会发展第十三个五年规划纲要》草案，审议区发展和改革委员会主任李宝权受区人民政府委托提交的《关于2015年国民经济社会发展计划执行情况和2016年计划草案的报告》，审议区财政局局长秦永金受区人民政府委托提交的《关于2015年财政预算执行情况和2016年财政预算草案的报告》，大会审议通过上述报告，作出相关决议。会议收到代表10人及以上联名提出的议案36件，其中经济建设方面3件、农业农村方面3件、民生和社会事业方面5件、城乡建设管理方面7件、交通水利建设方面9件、生态旅游方面6件、其他方面3件。大会通过接受高永明辞去姜堰区第十四届人民代表大会常务委员会主任职务、申忠华辞去姜堰区第十四届人民代表大会常务委员会副主任职务请求的决定。会议选举申泰州为姜堰区人大常委会主任，选举李文飙为姜堰区人民政府区长，选举秦永金为姜堰区人大常委会副主任，补选刘长虹为姜堰区第十四届人民代表大会常务委员会委员。

【人大常委会会议】 2016年，区人大常委会召开会议12次，分别听取审议区人民政府及有关部门工作情况汇报22项，听取审议意见落实情况反馈13项；作出决议、决定12项；任免国家工作人员58人次。

区十四届人大常委会第28次会议 1月7日召开。会议以票决方式补选徐军、李文飙为泰州市第四届人民代表大会代表。

区十四届人大常委会第29次会议 1月12日召开。会议表决通过关于召开区十四届人大五次会议的有关事项，通过区人大常委会代表资格审查委员会关于补选区十四届人大代表的资格审查报告。听取区人大常委会代表资格审查委员会关于出席区十四届人大五次会议的代表情况报告。会议通过有关人事任免事项，决定任命史献辞为区人民政府副区长，决定免去朱嘉浩区人民政府副区长职务，向区十四届人大五次会议报告备案。

区十四届人大常委会第30次会议 2月24日召开。会议审议并原则通过《泰州市姜堰区人大常委会2016年度工作要点》。会议听取审议副区长刘文来作的《关于新型农村合作医疗工作审议意见落实情况的反馈》，测评审议意见落实情况。会议听取审议区供电公司总经理唐晓勇作的《关于区供电公司及其基层站所工作评议意见落实情况的报告》，测评评议意见落实情况。会议听取审议区农委主任孙来扣作的《关于区农委及其基层站所工作评议意见落实情况的报告》，测评评议意见落实情况。会议分别听取审议区法院副院长钱厚明、张桂林和区检察院副检察长相华生、宋祥网的述职报告，测评4人履职情况。会议集中学习医疗卫生体制改革相关业务知识。

区十四届人大常委会第31次会议 4月28—29日召开。会议听取审议副区长刘文来作的《关于推进医疗卫生体制改革工作情况的报告》，听取区人大常委会教科文卫工委主任钱志强作的《关于推进医疗卫生体制改革工作情况的调查报告》。会议听取审议区委常委、常务副区长徐闻仲作的《关于社会保险基金征收、管理和使用审议意见落实情况的反馈》，测评审议意见落实情况。会议听取审议区交通运输局局长丁家余作的《关于区交通运输局工作评议意见落实情况的报告》，测评评议意见落实情况。会议听取审议规划局区分局局长沈梅作的《关于区规划分局工作评议意见落实情况的报告》，测评评议意见落实情况。会议听取审议副区长王平作的《关于〈中华人民共和国道路交通安全法〉和〈江苏省道路交通安全条例〉贯彻实施情况的报告》，听取区人大常委会执法检查组《关于检查〈中华人民共和国道路交通安全法〉和〈江苏省道路交通安全条例〉贯彻实施情况的报告》，测评贯彻实施情况。会议听取审议区委常委、常务副区长徐闻仲作的《关于2016年国民经济和社会发展计划调整方案（草案）的报告》，作出相关决议。会议听取审议区水利局局长陈永吉作的《姜堰区水利局及其基层站所工作情况报告》，听取区人大常委会部门工作评议调查组《关于区水利局及其基层站所工作的调查报告》，测评区水利局及其基层站所工作。会议分别听取审议区法院副院长韩国清、刘宗开，区检察院副检察长李鸿贵，区城管局局长曹圣基的述职报告，测评4人履职情况。会议通过有关人事任免事项。会议集中学习电梯安全监管相关业务知识。

区十四届人大常委会第32次会议 6月2日召开。会议通过有关人事任免事项，决定任命戴兆平、顾鹏程为区人民政府副区长，决定免去徐闻仲的区人民政府副区长职务。决定任命张兆海为区监察局局长。会议表决通过《泰州市姜堰区人大常委会关于授权街道人大工委加强监督工作的暂行办法》。

区十四届人大常委会第33次会议 6月28日召开。会议听取审议副区长王平作的《关于"六五"普法实施及"七五"普法启动工作情况的报告》，听取区人大常委会法工委主任李新荣作的《关于"六五"普法实施及"七五"普法启动工作情况的调查报告》，测评"六五"普法实施及"七五"普法启动工作情况。会议听取审议区文广新局局长陈希斌作的《关于区文广新局工作评议意见落实情况的报告》，测评评议意见落实情况。会议听取审议区体育局局长吴巧林作的《关于区体育局工作评议意见落实情况的报告》，测评评议意见落实情况。会议听取审议副区长盛育河作的《关于电梯安全监管工作情况的报告》，听取区人大常委会专项工作评议调查组《关于电梯安全监管工作情况的调查报告》，测评该专项工作。会议听取审议区民政局局长张苏平作的《姜堰区民政局及其基层站所工作情况报告》，听取区人大常委会部门工作评议调查组《关于区民政局及其基层站所工作的调查报告》，测评区民政局及其基层站所工作。会议听取审议区审计局局长马林的述职报告，测评其履职情况。会议通过有关人事任免事项。会议集中学习政策性农业保险工作相关业务知识。

区十四届人大常委会第34次会议　8月24—25日召开。会议分别听取审议区发展和改革委员会副主任朱为春受区政府委托作的《关于2016年上半年国民经济社会发展计划执行情况及计划调整方案的报告》、区财政局副局长赵莉莉受区政府委托作的《关于2015年财政决算草案、2016年上半年财政预算执行情况和预算调整方案的报告》、区审计局局长马林受区政府委托作的《关于2015年度区本级预算执行和其他财政收支的审计工作报告》及区人大常委会财经工委主任杨希作的《关于2015年区本级财政决算草案，2016年上半年计划、预算执行情况和计划、预算调整方案的初审调查报告》。会议决定批准2016年国民经济和社会发展计划调整方案、2015年区本级财政决算和2016年财政预算调整，作出相关决议。会议听取审议副区长顾鹏程作的《关于加快旅游业发展三年行动计划实施情况的报告》，听取区人大常委会环资城建工委主任钱忠林作的《关于〈加快旅游业发展三年行动计划〉实施情况的调查报告》，测评该专项工作报告。会议听取审议副区长王萍作的《关于政策性农业保险工作情况的报告》，听取区人大常委会农工委主任曹学军作的《关于政策性农业保险工作情况的调查报告》。会议听取审议副区长黄健全作的《关于区人大常委会〈中华人民共和国食品安全法〉和〈中华人民共和国药品管理法〉执法检查审议意见落实情况的反馈》，测评审议意见落实情况。会议听取审议副区长顾鹏程作的《关于区人大常委会〈中华人民共和国老年人权益保障法〉和〈江苏省老年人权益保障条例〉执法检查审议意见落实情况的反馈》，测评审议意见落实情况。会议听取审议区委常委、常务副区长戴兆平作的《关于城区停车场规划建设与管理工作情况的报告》，听取区人大常委会专项工作评议调查组《关于城区停车场规划建设与管理工作情况的调查报告》，测评该专项工作。会议分别听取审议区商务局局长薛维昌、区统计局局长林俊宽的述职报告，测评2人履职情况。会议通过有关人事免职事项。会议集中学习《江苏省物业管理条例》相关知识。

区十四届人大常委会第35次会议　9月28日召开。会议作出关于全区区镇两级人民代表大会换届选举问题的决定和关于任命各镇选举委员会组成人员的决定；会议听取审议副区长黄健全作的《关于“七五”普法规划起草的说明》，作出相关决议。通过有关人事任职事项，任命秦永金、熊先明为泰州市姜堰区人大常委会代表资格审查委员会组成人员。任命孔维俊为区人民检察院副检察长，决定任命孔维俊为区人民检察院代检察长，报泰州市人民检察院和泰州市人大常委会备案。会议表决通过关于接受丁军青辞职的决定。

区十四届人大常委会第36次会议　10月27—28日召开。会议作出关于召开区十五届人大一次会议的决定。会议听取审议区委常委、常务副区长戴兆平作的《关于落实2015年度代表建议办理工作审议意见及2016年度代表建议办理工作情况的报告》，听取区人大常委会人代工委主任曹德锋作的《关于对落实代表建议办理工作审议意见及代表建议办理工作检查督办的情况汇报》，测评该专项工作报告。会议听取审议区委常委、常务副区长戴兆平作的《关于农村河道长效管护情况审议意见落实情况的反馈》，测评审议意见落实情况。会议听取审议区国税局局长朱勇作的《关于区国税局及其基层分局评议意见落实情况的反馈》，测评评议意见落实情况。会议听取审议区地税局局长刘佑渠作的《关于区地税局及其基层分局评议意见落实情况的反馈》，测评评议意见落实情况。会议听取审议区委常委、常务副区长戴兆平作的《关于〈江苏省物业管理条例〉贯彻实施情况的报告》，听取区人大常委会执法检查组作的《关于检查〈江苏省物业管理条例〉贯彻实施情况的报告》，测评该条例贯彻实施情况。会议听取审议区科学技术和知识产权局局长王长林作的《姜堰区科技局工作情况报告》，听取区人大常委会部门工作评议调查组作的《关于区科技局工作的调查报告》，测评区科学技术和知识产权局工作。会议听取审议区人力资源和社会保障局局长丁如根作的《姜堰区人社局及其基层站所工作情况报告》，听取区人大常委会部门工作评议调查组作的《关于区人社局及其基层站所工作的调查报告》，测评区人力资源和社会保障局及其基层站所工作。会议通过有关人事任免事项。

区十四届人大常委会第37次会议 12月1日召开。会议通过有关人事任免事项。表决通过关于接受杨希、李新荣2人辞去区十四届人大常委会委员职务的决定。

区十四届人大常委会第38次会议 12月9日召开。会议听取审议区委常委、常务副区长戴兆平作的《关于2016年财政收入预算调整方案（草案）的报告》，作出决议。

区十四届人大常委会第39次会议 12月23日召开。会议通过关于召开区十五届人大一次会议的有关事项。会议分别听取审议区政府《关于2016年国民经济社会发展计划执行情况和2017年计划草案的报告》《关于2016年财政预算执行情况和2017年财政预算草案的报告》，听取区人大常委会财经工委的初审报告，会议原则同意上述报告，要求相关工作机构根据审议意见作进一步修改后，提请区十五届人大一次会议审查批准。会议听取审议副区长黄健全作的《关于教育系统师德师风建设专项工作评议意见落实情况的反馈》，测评该专项工作报告。会议听取审议副区长王萍作的《关于泰州市姜堰区生态文明建设规划（2016—2020）编制情况的报告》，作出相关决议。会议听取区人大常委会代表资格审查委员会主任秦永金作的《关于姜堰区第十五届人民代表大会代表资格的审查报告》。会议作出关于调整区人大常委会部分工作机构的决定。会议通过有关人事任免事项。

【人大常委会主任会议】 根据2016年工作要点，区人大常委会主任会议听取区政府工作情况汇报4项，区法院、区检察院工作情况汇报各1项，听取区政府、区检察院审议意见落实情况反馈3项。分别是：听取区政府关于城区地下管线建设管理工作情况的汇报；听取区政府关于《中华人民共和国安全生产法》执法检查审议意见落实情况的反馈；听取区法院和区检察院关于司法体制改革工作情况的汇报；听取区检察院关于反渎职侵权工作审议意见落实情况的反馈；听取区政府关于政府债务管理及政府融资平台运行情况的汇报；听取区政府关于市场监督管理工作情况的汇报；听取区政府关于《中华人民共和国人民防空法》执法检查审议意见落实情况的反馈；听取区政府关于全区帮扶经济薄弱村发展工作情况的汇报。

【人大代表议案和建议、批评、意见办理】 区十四届人大五次会议期间，代表提出议案（经大会主席团决定，均转为建议办理）和建议158件，涉及主办单位32个、会办单位33个，所有建议均在6月底前办复完毕。代表在闭会期间提出建议6件，在人大常委会领导接待代表日活动中提出建议64件，相关部门办结62件，其余8件在办理过程中。所有代表建议答复率、见面率、满意率均为100%。区政府向区十四届人大常委会第36次会议汇报重要建议办理情况。代表对办理结果表示满意54%，表示基本满意26%，表示谅解20%。代表对办理结果表示真心满意33.3%；因承办单位重视，虽然建议未完全落实但表示理解42.7%；因承办单位领导亲自答复，表示态度很好19.8%；因承办单位找人打招呼，表示人情难却4.2%。

区十四届人大五次会议期间10人及以上代表联名提出建议一览表

表15

序号	代表姓名	代表所在单位	建议内容	主办单位	协办单位
1	秦文银等12名代表	江苏华源电机有限公司	关于进一步加强金融部门支持工业经济发展的议案	区政府	人行区支行、区金融办
2	邱宝进等10名代表	江苏金鼎建筑工程有限公司	关于消化存量房产、顺应楼市调整作为今后一段时期重要任务的议案	区政府	区住建局
3	包金山、周同庆等20名代表	三水街道办事处、罗塘街道河东社区	关于加大开发区化工企业整治力度的议案	区政府	区经济和信息化委、区环保局、区安监局
4	王素芳等10名代表	俞垛镇房庄村	关于化解村级债务的议案	区政府	—
5	严桂娣等10名代表	泰州天力铁芯制造有限公司	关于加强村级卫生服务站建设的议案	区政府	—
6	陆双琳等10名代表	沈高镇政府	关于加大村庄环境整治及长效管护资金投入，促进城乡公共事业均衡化、一体化发展的议案	区政府	区城管局、区财政局
7	陆春华等10名代表	姜堰春华纺织品有限公司	关于推进工业强区、促进地方经济发展的议案	区政府办	—
8	王小云等11名代表	三水街道西查村	关于加大家庭农场扶持力度，降低运营成本、增强抗风险能力的议案	区委农工办	区农委、区农机局
9	王华庭等11名代表	姜堰益众油脂有限公司	关于加强校园门前交通拥堵综合治理的议案	区综治办	区公安局、区城管局、区教育局
10	许洪章等10名代表	蒋垛镇许桥村	关于蒋垛中学争创四星级高中的议案	区教育局	—
11	王国斌等10名代表	大纶镇党委	关于实施运粮卫生院改造的议案	区卫生计生委	—
12	潘爱兰等10名代表	泰州市第二人民医院	关于推进疾病应急救助制度规范实施的议案	区政府办	区卫生计生委、区财政局、区公安局、区民政局
13	丁军青等10名代表	区检察院	关于城区污水管网覆盖高新技术装备园区的议案	区住建局	—
14	李新荣等10名代表	区人大常委会法制工委	关于在上海路西侧增设人行道的议案	区住建局	—
15	包金山等11名代表	三水街道办事处	关于对陈庄西路进行拓宽改造的议案	区住建局	三水街道
16	金慧霞等10名代表	罗塘街道人大工委	关于加快落实新建小区纳入社区管理的议案	区政府办	区住建局、区民政局、罗塘街道
17	石秀芳等11名代表	三水街道陆庄村	关于让开发区四大社区住户尽快用上天然气的议案	区住建局	—
18	钱传兵等10名代表	罗塘街道东街社区	关于加快推进东大街棚户搬迁改造的议案	区住建局	—

续表 15

序号	代表姓名	代表所在单位	建议内容	主办单位	协办单位
19	包金山等 11 名代表	三水街道办事处	关于对开发区内及周边村庄居民实施搬迁的议案	区经济开发区	区住建局
20	丁军青等 10 名代表	区检察院	关于新 328 国道继续东延的议案	区交通运输局	—
21	周宏才等 10 名代表	沈高镇党委	关于将姜官北路向北延伸至 229 省道的议案	区交通运输局	—
22	卞善良等 10 名代表	泰州良帅服饰有限公司	关于将东部干线北接 353 省道的议案	区交通运输局	—
23	周宏才等 10 名代表	沈高镇党委	关于拓宽改造娄沈公路的议案	区交通运输局	—
24	王国斌等 10 名代表	大纶镇党委	关于打通 307 县道的议案	区交通运输局	—
25	许洪章等 10 名代表	蒋垛镇许桥村	关于打通蒋垛镇对外联络三方通道的议案	区交通运输局	—
26	陆双琳等 10 名代表	沈高镇政府	关于加快老圩堤闸改造的议案	区水利局	—
27	于红海等 10 名代表	梁徐镇梁徐村	关于对沟塘进行护坡，重塑梁徐集镇形象的议案	区水利局	—
28	李新荣等 10 名代表	区人大常委会法制工委	关于对东姜黄河进行疏浚、护坡的议案	区水利局	—
29	徐开红等 10 名代表	淤溪镇孙庄村	关于对水环境进行综合治理的议案	区政府办	区环保局、区农委、区水利局
30	于红海等 10 名代表	梁徐镇梁徐村	关于打造环境优美中心村的议案	区住建局	梁徐镇、区城管局
31	潘凤珍等 10 名代表	溱湖湿地公园宣教中心	关于将兴泰纳入溱湖风景区旅游发展的议案	区政府办	溱湖旅游度假区、兴泰镇
32	陆双琳等 10 名代表	沈高镇政府	关于对河横旅游开发资金和政策扶持的议案	区政府办	区财政局
33	戈艳玲等 10 名代表	罗塘街道	关于深化行政审批制度改革的议案	区编办	区政府法制办、区政务办
34	刘长虹等 10 名代表	罗塘街道人大工委	关于加强志愿者服务体制建设的议案	区委宣传部	—
35	钱传兵等 10 名代表	罗塘街道东街社区	关于加强社区干部队伍建设的议案	区委组织部	罗塘街道、三水街道、区民政局

【重要考察活动】 根据2016年工作要点，区人大常委会组织的重要考察活动分别是：考察城区农贸市场建设与管理工作情况；考察全区宗教场所管理工作情况；考察农产品电子商务平台运行情况；考察全区食盐安全监管工作情况；考察全区交通重点工作；考察全区村卫生室建设情况；考察住宅小区技防建设工作情况；考察引长江原水工程；考察代表建议办理工作情况；考察《现代农业园区两年行动计划》实施情况；考察区政府为民办实事项目实施情况；考察《姜堰经济开发区争创国家级开发区三年行动纲要》实施情况。

【执法检查】 2016年2—10月，区人大常委会组成执法检查组开展全区贯彻实施《中华人民共和国道路交通安全法》《江苏省道路交通安全条例》《江苏省物业管理条例》情况执法检查。针对存在问题，提出审议意见。

【专题询问】 2016年5月23日，区人大常委会听取区政府关于农产品质量安全监管工作报告，察看现场，开展专题询问。7月19日，区人大常委会听取区政府关于村庄环境长效管理工作审议意见落实情况反馈，察看现场，开展专题询问。

【专项工作评议】 2016年4—8月，区人大常委会通过听取汇报、查阅资料、现场察看、集中座谈、问卷调查、群众测评、明察暗访等方式，开展电梯安全监管和城区停车场规划建设与管理工作专项评议。听取审议区政府相关工作报告和专项工作评议调查组报告，测评两个专项工作开展满意度，提出评议意见。

【部门工作评议】 2016年2—4月，区人大常委会开展区水利局及其基层站所工作评议。成立部门工作评议调查组，采取区镇联动方式。听取区水利局工作报告，观看专题片，召开相关部门负责人座谈会，与区水利局中层干部座谈，到兴泰镇、梁徐镇等镇听取镇人大主席团关于区水利局及其基层站所工作情况报告，召开分管农业负责人和部分人大代表、村支部书记座谈会，发放调查问卷。通过邮寄方式向各镇分管农业负责人和57名区人大代表开展问卷调查。收回调查问卷91份，公开征集各类问题和意见126条，整理出问题29条。在姜堰人大网站、姜堰电视台、《姜堰日报》上公布评议内容和联系方式，征求社会各界对区水利局及其基层站所工作意见和建议。

4—6月，区人大常委会开展区民政局及其基层站所工作评议。成立部门工作评议调查组，采取区镇（街道）联动方式。听取区民政局工作情况汇报；通过部门评、镇（街道）评、代表评、社会评等途径，采取集中座谈、个别访谈、问卷调查、现场核查等形式，调查区民政局及其基层站所工作情况；组织两个工作组，围绕依法行政、服务效能、队伍建设等方面内容随机暗访，组织集中座谈4次，参加人员100多人次；发放调查问卷281份、征求意见表343份、量化打分表251份，征集各类意见和建议三大类131条。

8—10月，区人大常委会开展区科学技术和知识产权局、区人力资源和社会保障局及其基层站所工作评议。成立部门工作评议调查组，采取区镇联动方式。听取区科学技术和知识产权局、区人力资源和社会保障局工作汇报。组织镇（街道）人大、镇（街道）科技工作分管负责人、科技助理、企业代表、区科学技术和知识产权局中层干部召开区科学技术和知识产权局工作座谈会，派出调查小组，随机走访部分中小企业和重点企业，开展问卷调查，征求意见和建议。受访对象56人次，收回调查问卷73份，整理问题、意见和建议向区科学技术和知识产权局反馈。采取区镇联动方式，在人大网站、姜堰电视台、《姜堰日报》等发布公告，动员社会各界参与评议区人力资源和社会保障局工作。9—10月，听取区人力资源和社会保障局工作汇报和各镇（街道）人大主席团（工委）关于区人力资源和社会保障局及其基层站所工作情况的调查报告，召开相关部门负责人座谈会，个别走访部分企业，同步开展问卷调查，分两个调查组与区人力资源和社会保障局科室负责人个别座谈，听取社会各界对区人力资源和社会保障局及其基层站所的意见和建议。收回调查问卷85份，整理意见和建议反馈给区人力资源和社会保障局。

（钱艺慧）

综　　述

【重要会议】 第十四届姜堰区政府第30次常务会议　1月29日下午，区委副书记、区长李文飙在区行政中心四楼1号会议室主持召开。研究产业发展引导基金设立建议方案、淮水大厦营业用房招商经营建议方案、"低保"和"特困"家庭自来水价格补贴标准建议、新公交公司组建遗留问题解决方案、加强村卫生室建设与发展的实施意见、基本医疗保险定点护理院管理办法（试行）等事项。

1.关于产业发展引导基金设立建议方案。会议听取区财政局关于产业发展引导基金设立建议方案的汇报，讨论并原则同意该方案。会议认为，设立产业发展引导基金，有利于更好地发挥财政资金的引导和激励作用，撬动社会资本支持全区主导产业和战略性新兴产业跨越式发展，促进企业科技创新，推动产业转型升级。会议同意，首期产业基金规模3亿元，可根据区财政财力和基金使用情况适当调整。鼓励全区符合条件的企业参与基金的募集和享受基金红利。区政府成立产业基金管委会负责重大事项决策，管委会办公室设在区财政局，负责基金日常管理和监督工作。会议要求，相关单位对基金的设立、募集、使用要过细工作，规范运作。

2.关于淮水大厦营业用房招商经营建议方案。会议听取区住建局关于淮水大厦营业用房招商经营建议方案的汇报，讨论并原则同意该方案。会议认为，招引江苏通信置业有限公司与泰州电信公司共同入驻淮水大厦经营，既能解决搬迁遗留问题，又利于完善步行街商业生态格局。会议要求，由区住建局牵头，联合相关部门对承租协议严格把关，确保各项工作规范有序。

3.关于"低保"和"特困"家庭自来水价格补贴标准建议。会议听取区物价局关于"低保"和"特困"家庭自来水价格补贴标准建议的汇报，讨论并原则同意该建议。会议认为，对"低保"和"特困"家庭实施自来水价格补贴，是关心弱势群体的切实举措，相关单位必须落实到位。会议同意，2016年全区"低保"和"特困"家庭自来水价格补贴共268.41万元由区财政承担。

4.关于新公交公司组建遗留问题解决方案。会议听取区交通运输局关于新公交公司组建遗留问题解决方案的汇报，在原则同意的同时，要求完善相关方案。会议认为，尽快解决新公交公司组建遗留问题，有利于公交事业健康有序发展。会议要求，相关遗留问题的解决要坚持合法合规的原则，将妥善处置遗留问题与收归国有统筹结合考虑，补偿采取适度从宽的政策。会议明确，由常务副区长徐闻仲总牵头，区交通运输局具体负责，纪检监察、审计、财政等部门参与并严格把关。

5.关于加强村卫生室建设与发展的实施意见。会议听取区卫生计生委关于加强村卫生室建设与发展的实施意见起草情况的汇报，讨论并原则同意该意见。会议认为，加强村卫生室建设与发展，有利于进一步提升农村基本医疗和基本公共卫生服务水平，是一项重要的民生实事。会议明确，各镇（街道）人民政府（办事处）是辖区内村卫生室标准化建设的责任主体，负责辖区内村卫生室的硬件建设及房屋设备日常运行的维修补充。会议要求，各镇（街道）人民政府（办事处）要统筹规划辖区内村卫生室设置，区国土、规划等部门做好相关指导工作，确保村卫生室建设有序推进。区卫生计生委要加强乡村医生人才队伍建设，提升服务水平。

6.关于基本医疗保险定点护理院管理办法（试行）。会议听取区人力资源和社会保障局关于基本医疗保险定点护理院管理办法（试行）起草情况的汇报，讨论并原则同意该试行办法。会议认为，为完善姜堰区老年人医疗护理保障政策，满足广大老年人日益增长的医疗服务需求，促进全区养老服务业健康发展，制定该试行办法十分必要。会议要求，相关部门要学习借鉴先进地区做法，加强规范定点护理院管理，提升服务水平，要科学规划和布局定点护理院的区域设置和定点数量。

第十四届姜堰区政府第31次常务会议 3月25日下午，区委副书记、区长李文飙在区行政中心四楼1号会议室主持召开。研究对河东街等地块房屋实施征收搬迁、对溱潼古镇北侧等地块房屋实施征收搬迁、环境监管网格划分、补充征召政府专职消防员及专职队车辆装备建设、加快推进蒋垛观音寺佛教文化生态旅游区创建国家AAAA级景区、解除江苏锦宸溱湖酒店和溱湖度假村租赁合同等事项。

1.关于对河东街等地块房屋实施征收搬迁方案。会议听取区征管办关于对河东街等地块房屋实施征收搬迁方案的汇报，讨论并原则同意该方案。会议认为，对河东街等地块房屋实施征收搬迁，是旧城区、棚户区改造的实际需要，也是改善居民居住环境的必然要求。会议同意，适时启动3个项目的签约程序，力争用1个月的时间基本完成搬迁工作。会议要求，相关部门要过细实施方案，依法、阳光实施房屋搬迁改造，实现“公开补偿安置结果、合理降低征收成本、减少搬迁维稳压力”的工作目标；要落实相关措施，加强宣传引导，统筹做好“货币补偿全覆盖和房地产去库存”工作。

2.关于对溱潼古镇北侧等地块房屋实施征收搬迁方案。会议听取溱潼镇关于对溱潼古镇北侧等地块房屋实施征收搬迁方案的汇报，讨论并原则同意该方案。会议认为，对溱潼古镇北侧等地块房屋实施征收搬迁，既有利于改善民生，又能完善古镇旅游基础设施配套，提升古镇旅游形象。会议要求，溱潼镇要合理安排时间，依法、阳光实施房屋搬迁；结合旅游发展、综合配套等情况，在完善优化原有规划的基础上，统筹规划好搬迁后的地块，精心组织实施。

3.关于环境监管网格划分实施方案。会议听取区环保局关于环境监管网格划分实施方案起草情况的汇报，讨论并原则同意该方案。会议认为，建立网格化环境监管体系是国家、省、市刚性要求，必须落实到位。会议要求，以改善环境质量为目标，以落实环境保护主体责任为重点，按层级定区域、按职责定任务，通过属地监管、分级负责、全面覆盖、无缝衔接、责任到人的网格监管，确保排污单位得到有效监管、环境违法行为得到及时查处、突出环境问题得到稳妥解决、环境秩序得到有力维护，为全区生态建设提供坚实保障。会议明确，按照行政区域将全区划为区、镇（街道）、行政村（居委会）三级网格，特殊功能区域单独划分网格。

4.关于补充征召政府专职消防员及专职队车辆装备建设方案。会议听取区消防大队关于补充征召政府专职消防员及专职队车辆装备建设方案的汇报，讨论并原则同意该方案。会议认为，补充征召政府专职消防员，有利于缓解全区消防力量不足，加快构建覆盖城乡的灭火救援力量体系。会议明确，由区人力资源和社会保障局牵头指导，相关镇、园区联合区消防大队，根据相关镇、园区实际需要，拓宽思路，专兼职结合，严格标准，按照程序，组织好政府专职消防员征召工作，征召人员实行属地管理。会议要求，相关镇、园区按照消防工作要求加强政府专职队建设，配齐配强消防车辆和装备器材，溱潼镇和白米镇政府专职消防队年内建成；区消防大队要加强政府专职消防员的日常教育管理，提升政府专职消防员队伍建设水平。相关镇、园区要保障政府专职消防员人员经费和专职队建设经费，蒋垛镇、俞垛镇政府专职消防员人员经费由区财政给予适当补助。

5.关于加快推进蒋垛观音寺佛教文化生态旅游区创建国家AAAA级景区方案。会议听取蒋垛镇关于加快推进蒋垛观音寺佛教文化生态旅游区创建国家AAAA级景区方案的汇报，讨论并原则同意该方案。会议认为，观音寺佛教文化生态旅游区规划建设是姜堰区旅游业三年行动计划的重点项目和大健康产业的重要内容，也是把蒋垛镇打造成为泰州市文化旅游型小城市的核心项目，必须加大扶持力度，加快推进速度。会议同意，区旅游业发展专项资金补助该项目2000万元~3000万元。会议要求，蒋垛镇配合建设方规范办理规划、土地、招标、消防等手续，确保项目建设合法合规；蒋垛镇督促建设方排出项目建设时间表，加快工程进度，确保工程质量；区财政根据蒋垛镇与寒山寺对接情况，做好补助资金的拨付工作；补助资金落实到具体项目，实行专户储存、专款专用，审计、监察等部门做好资金的延伸监管工作，工程结束后做好专项审计。

6.关于解除江苏锦宸溱湖酒店和溱湖度假村租赁合同。会议听取溱湖旅游度假区关于解除江苏锦宸溱湖酒店和溱湖度假村租赁合同建议的汇报，讨论并原则同意该建议。会议同意，从2015年12月31日起解除租赁合同。会议要求，要依法做好合同解除；溱湖旅游度假区要精心谋划酒店发展思路，制定切实可行的方案。

第十四届姜堰区政府第32次常务会议 6月29日下午，区委副书记、区长李文飙在区行政中心四楼1号会议室主持召开。研究对2015年度考核优秀公务员进行嘉奖记功、安全生产网格化管理、建筑施工企业信用等级评定、促进房地产市场平稳健康发展、区级规范性文件清理结果、土地征收工作中将被征地农民保障人员名单前置、开发区工业废水处理项目建设方案、2015年度姜堰区科技进步奖评审结果等事项。

1.关于对2015年度考核优秀公务员进行嘉奖记功的建议。会议听取区人力资源和社会保障局关于对2015年度考核优秀公务员进行嘉奖记功建议的汇报，讨论并原则同意该建议。会议明确，对2015年年度考核被确定为优秀等次的，以及2013—2015年连续三年被确定为优秀等次的公务员（含参照公务员法管理单位工作人员），由区政府分别予以嘉奖、记三等功。

2.关于安全生产网格化管理工作实施方案。会议听取区安监局关于安全生产网格化管理工作实施方案起草情况的汇报，讨论并原则同意该方案。会议认为，实行安全生产网格化管理有利于进一步加强安全生产基层基础工作，健全完善安全生产社会综合治理体系。会议强调，要将实施安全生产网格化管理工作与镇（街道、园区）安监机构规范化建设、工业企业标准化建设、安全生产信息化、安全生产领域“打非治违”等要求结合，下移工作重心，突出安全生产基层基础建设，统一部署，统筹推进，提升基层安全生产工作水平。会议明确，该实施方案试行一年。

3.关于建筑施工企业信用等级评定办法。会议听取区建管局关于建筑施工企业信用等级评定办法起草情况的汇报，讨论并原则同意该办法。会议认为，制定该评定办法有利于增强建筑企业及其从业人员的守法、信用意识，促进企业诚信经营，维护建筑市场秩序。会议要求，相关部门根据会议讨论意见对办法作进一步修改完善，区政府法制办要依法依规认真把关。

4.关于促进房地产市场平稳健康发展的意见。会议听取区住建局关于促进房地产市场平稳健康发展的意见起草情况的汇报，讨论并原则同意该意见。会议认为，出台该意见是贯彻落实国家、省、市对房地产市场分类调控、因城施策的要求，有利于促进全区房地产市场平稳健康发展。会议同意，实施强化规划支持等11个方面措施。会议强调，要宣传姜堰区促进房地产市场平稳健康发展的各项举措，提振消费者和房地产市场的信心。要不折不扣抓好政策措施的落实，确保尽快发挥作用。

5.关于区级规范性文件清理结果。会议听取区政府法制办关于2015年年底前以区政府或区政府办公室名义发布的456件规范性文件清理情况的汇报，讨论并原则同意清理结果。会议同意，保留277件规范性文件，废止或失效179件规范性文件。

6.关于土地征收工作中将被征地农民保障人员名单前置的建议。会议听取国土资源局区分局关于土地征收工作中将被征地农民保障人员名单前置建议的汇报，讨论并原则同意该建议。会议强调，要严格执行省政府93号令，依法依规做好征地工作，要妥善处理过渡期被征地农民的保障工作。会议明确，从2016年第二季度起，将被征地农民的人员名单确定工作前置，在征地之前确定相应的被征地农民保障人员名单。

7.关于开发区工业废水处理项目建设方案。会议听取区住建局关于开发区工业废水处理项目建设方案的汇报，讨论并原则同意该方案。会议明确，区政府授权区住建局签订相关协议；区政府授权区财政局签订承诺书，由区财政局支付污水处理费。会议要求，区住建局要督促施工方加快施工进度，确保按期运行。区环保局要加强运行监管，确保符合相关标准。

8.关于2015年度姜堰区科技进步奖评审结果。会议听取区科学技术和知识产权局关于2015年度姜堰区科技进步奖评审情况的汇报，讨论并原则同意该评审结果。会议明确，该评审结果以区政府名义发文公布并表彰奖励。

第十四届姜堰区政府第33次常务会议 9月5日下午，区委副书记、区长李文飙在区行政中心四楼1号会议室主持召开。研究区交警大队车管所搬迁、人民防空工程平时使用和维护管理、实施大病保险服务外包、清理行政审批中介服务事项和收费工作情况、推进全区电子商务产业发展的扶持政策、村淘和银统智能终端机两个电商项目推进方案、开发区拟设立产业基金、组建资产管理公司、区政府法律顾问工作报酬指导办法、在全区公民中开展法治宣传教育的第七个五年规划（2016—2020年）等事项。

1.关于区交警大队车管所搬迁工作方案。会议听取区公安局关于区交警大队车管所搬迁工作方案的汇报，讨论并原则同意该方案。会议认为，车管所办公设施陈旧，场地破损严重，不能满足经济社会发展的需要。车管所搬迁至公交总站（原西客站），既能整合利用相关资源，又能改善车管所服务条件。会议要求，区公安局和区交通运输局要密切配合，有机衔接，共同做好车管所搬迁工作。

2.关于人民防空工程平时使用和维护管理暂行办法。会议听取区人防办关于人民防空工程平时使用和维护管理暂行办法起草情况的汇报，讨论并原则同意该办法。会议认为，制定出台该办法有利于加强全区人民防空工程使用和维护管理，更好地服务经济建设和人民生活，充分发挥人防工程的战备效益、社会效益和经济效益。会议要求，防空地下室异地建设费的减免必须严格按照相关程序，区监察局负责日常监督；规划局区分局要严格人防工程的审批；国有资产投资的人防工程使用由区政府统筹管理，通过招投标方式确定使用单位，使用单位要符合安全生产、环境保护、消防等要求，涉及用途变更的，区住建、城管、规划要加强监管。相关部门要尽快制定出台具体的管理细则。

3.关于实施大病保险服务外包的建议方案。会议听取区人力资源和社会保障局关于实施大病保险服务外包建议方案的汇报，讨论并原则同意该方案。会议认为，实施大病保险服务外包，有利于发挥市场机制作用和商业保险机构专业优势，提高大病保险运行效率、服务水平和质量。会议同意，全区大病保险服务外包招投标工作由区人力资源和社会保障局牵头，委托区招投标办公室具体实施。

4.关于清理行政审批中介服务事项和收费工作情况。会议听取区编办关于清理行政审批中介服务事项和收费工作情况的汇报，讨论并原则同意清理结果。会议要求，区审改办要将全区行政审批中介服务事项和收费清单在政府网站及时公布，对取消的收费项目，相关部门要广泛宣传，区监察、审计、物价等部门要加强中介服务收费的日常监管。

5.关于推进全区电子商务产业发展的扶持政策。会议听取区商务局关于推进全区电子商务产业发展的扶持政策起草情况的汇报，讨论并原则同意该扶持政策。会议认为，制定该扶持政策，有利于加快全区电子商务发展，创新产业发展形态，促进经济转型升级、产业结构调整。会议要求，区商务局借鉴先进地区经验，结合姜堰区实际，对政策作细化。扶持资金由区财政专项安排。

6.关于村淘和银统智能终端机两个电商项目推进方案。会议听取区商务局关于村淘和银统智能终端机两个电商项目推进方案的汇报，讨论并原则同意该方案。会议明确，由副区长史献辞牵头，区政府法制办具体负责对合同内容把关，依法依规签订合同，要加快项目推进速度，力争尽早投入使用。会议要求，区商务局要对推动全区电子商务发展作深入思考，制定切实可行的措施，要采取以点带面的形式，力争在一两个领域、地区、行业取得成效。开发区和科技园区作为全区科技引领的主阵地、“大众创新、万众创业”的主战场，要认真思考、主动作为、敢于冒尖。

7.关于开发区拟设立产业基金的方案。会议听取区经济开发区关于拟设立产业基金方案的汇报，讨论并原则同意该方案。会议认为，为促进全区以及开发区经济转型升级，设立产业基金很有必要。会议要求，按照市场规则和国际惯例，合法合规开展相关工作，相关部门每年要提供第三方审计报告。

8.关于组建资产管理公司的方案。会议听取区财政局关于组建资产管理公司方案的汇报，讨论并原则同意该方案。会议明确，新组建的公司主要承担信贷应急周转基金管理、金融机构风险资产处置、产业发展引导基金运作等职能。会议要求，按照市场化要求，依法开展相关工作。

9.关于区政府法律顾问工作报酬指导办法。会议听取区政府法制办关于区政府法律顾问工作报酬指导办法的汇报，讨论并原则同意该办法。会议认为，出台该指导办法是做好政府法律事务的需要，是规范政府法律顾问工作的需要。会议要求，相关部门要充分利用政府法律顾问资源，规范政府行为，有效推进依法行政。

10.关于在全区公民中开展法治宣传教育的第七个五年规划（2016—2020年）。会议听取区司法局关于在全区公民中开展法治宣传教育的第七个五年规划（2016—2020年）起草情况的汇报，讨论并原则同意该规划。会议认为，法治宣传教育是全面落实依法治国基本方略，深入推进法治姜堰建设的一项基础性、先导性工程，需要采取有力措施，扎实推进，确保各项工作任务落到实处。会议明确，区财政根据全区实有人口（户籍人口与流动人口之和），按照人均每年不少于1元的标准确定法治宣传教育经费，纳入财政预算，足额拨付到位。

第十四届姜堰区政府第34次常务会议 10月31日下午，区委副书记、区长李文飙在区行政中心四楼1号会议室主持召开。研究对溱潼镇古镇北片区、华光大桥东北侧、鹿鸣路西延及新城大道东延、北延地段作出征收决定的建议，促进和扶持建筑业发展的实施办法，土地利用总体规划调整完善及永久基本农田划定两项工作主要指标分解方案等事项。

1.关于对溱潼镇古镇北片区、华光大桥东北侧、鹿鸣路西延及新城大道东延、北延地段作出征收决定的建议。会议听取溱潼镇关于对溱潼镇古镇北片区、华光大桥东北侧、鹿鸣路西延及新城大道东延、北延地段作出征收决定建议的汇报，讨论并原则同意发布征收决定。会议认为，对溱潼古镇北侧等地块房屋实施征收搬迁，有利于改善古镇人居环境和基础设施。会议要求，溱潼镇要细化方案，做好各项准备工作，依法、阳光实施房屋搬迁，要妥善安置被征收户。相关责任部门和镇要紧密配合，全力推进，力争尽早完成搬迁工作。

2.关于促进和扶持建筑业发展的实施办法。

会议听取区建管局关于促进和扶持建筑业发展的实施办法起草情况的汇报。会议认为，制定该办法有利于促进全区建筑业企业做大做强，推动建筑产业现代化进程。会议指出，要加快设立建筑业产业引导基金和担保基金，引导建筑业企业内涵发展，促进转型升级，提升全区建筑业发展质态。要培育壮大龙头骨干企业，提高企业市场竞争力。会议明确，该实施办法在修改完善后下发。

3.关于土地利用总体规划调整完善及永久基本农田划定两项工作主要指标分解方案。会议听取国土资源局区分局关于土地利用总体规划调整完善及永久基本农田划定两项工作主要指标分解方案的汇报，讨论并原则同意该方案。会议要求，按照“保护优先、统筹兼顾、节约集约、优化布局”的要求，各镇（街道）要强化耕地和基本农田保护，合理布局各类用地；区国土部门要联合各镇（街道）认真研究，科学合理做好耕地和基本农田核减工作，要推进违法用地整改及闲置土地盘活工作。会议明确，今后各镇（街道）需单独供地的工业企业须报经区长李文飙和常务副区长戴兆平审定。

第十四届姜堰区政府第35次常务会议 12月3日上午，区委副书记、区长李文飙在区行政中心四楼1号会议室主持召开。研究2015年冬季退役士兵安置办法、《生产经营单位落实安全生产主体责任规定》、对溱潼人民医院病房楼贷款贴息补助等事项。

1.关于2015年冬季退役士兵安置办法。会议听取区民政局关于2015年冬季退役士兵安置办法起草情况的汇报，讨论并原则同意该办法。会议强调，做好退役士兵安置工作是一项直接关系国防建设、经济建设和民生改善的重大政治任务，各接收安置单位要不折不扣地完成退役士兵安置任务。会议要求，区民政局、区人力资源和社会保障局要按照公开、公平的原则做好安置工作，依照相关政策制定好工资待遇标准。

2.关于《生产经营单位落实安全生产主体责任规定》修订情况。会议听取区安监局关于《生产经营单位落实安全生产主体责任规定》修订情况的汇报，讨论并原则同意修订结果。会议认为，随着安全生产相关法规的颁布实施，以及安全生产管理改革的不断深化，修订姜堰区《生产经营单位落实安全生产主体责任规定》十分必要。会议要求，相关部门和镇（街道、区）要进一步强化和落实生产经营单位安全生产主体责任，防止和减少生产安全事故，保障人民群众生命和财产安全，促进经济社会健康协调发展。

3.关于对溱潼人民医院病房楼贷款贴息补助。会议听取区卫生计生委关于对溱潼人民医院病房楼贷款贴息补助建议的汇报，讨论并原则同意该建议。会议指出，该工程是为民办实事项目，建成运行后将有利于改善区域医疗环境。会议同意，按中国人民银行同期贷款利率安排贷款贴息，从2017年起列入部门预算，贷款额度2000万元，期限5年。

第十四届姜堰区政府第36次常务会议 12月11日上午，区委副书记、区长李文飙在区行政中心四楼1号会议室主持召开。会议集中学习全省“两减六治三提升”专项行动动员会精神。听取区环保局关于姜堰区中央环保督察反馈意见整改工作方案起草情况和《泰州市姜堰区生态文明建设规划（2016—2020）》（以下简称《规划》）编制情况的汇报，讨论并原则同意整改工作方案和《规划》。会议指出，要坚定不移地按照中央要求和省、市部署，集中时间、集中力量、集中资源，开展专项行动和整改工作，力争尽快取得环境改善的显著成效。会议明确，尽快成立“263”专项行动领导小组，由副区长王萍牵头制定专项行动实施方案。相关部门要制定好近期以及翌年专项行动和整改工作的具体措施，要结合《规划》谋划好3~5年的中长期工作计划。会议要求，要严格落实整改工作各牵头部门责任，制定时间表和路线图，副区长王萍负责总督察。对个别疑难问题按照合情、合理、合法的原则妥善处理。结合全区安全生产环境保护国土资源领域联合整治“三个百日”专项行动阶段工作安排，于2016年12月底至2017年1月初，对整改工作进行专题督察推进。区环保局根据会议讨论意见对整改工作方案和《规划》作修订完善。

第十四届姜堰区政府第37次常务会议　12月25日上午，区委副书记、区长李文飙在区行政中心四楼1号会议室主持召开。研究2017年政府工作报告（讨论稿）、2017年保障和改善民生十个方面实事项目、城建新提升新两年行动计划重点项目、《泰州市姜堰区区长质量奖评审管理办法》、2016年区长质量奖评审结果、对泰州市第二人民医院科研教学楼贷款贴息补助等事项。

1.关于2017年政府工作报告（讨论稿）。会议听取区政府办关于2017年政府工作报告起草情况的汇报，讨论并原则同意该报告。会议认为，报告内容翔实，文风朴实。会议要求，起草组要将政府工作报告与区委全委会工作报告有机衔接，要与相关部门对接靠实相关指标体系，根据会议讨论意见对报告作进一步修改完善。

2.关于2017年保障和改善民生十个方面实事项目。会议听取区发展和改革委关于2017年保障和改善民生十个方面实事项目编排情况的汇报。会议要求，编排项目时要重点考虑对今后经济社会发展具有强力支撑和长远推动作用的生态环境、道路桥梁、基础设施等方面的项目；相关部门要做好上争工作，力争将项目纳入泰州城建新提升新两年行动计划；项目确定后，相关牵头部门要按照合法依规的原则，尽快制定工作方案，加快实施，有关镇（街道、区）要做好配合工作，确保为民项目办实、办好；相关部门根据会议讨论意见对项目作梳理完善。

3.关于城建新提升新两年行动计划重点项目。会议听取区发展和改革委关于城建新提升新两年行动计划重点项目编排情况的汇报。会议要求，相关部门要认真做好城市交通规划，健全完善对外交通框架，畅通城区道路，提档升级通镇达村公路；加快城区城中村和棚户区改造，对相关镇老镇区进行改造提升；超前谋划生态文明建设和水环境整治工作，加强城市绿化管理；区交投、城投、水投、国投公司要担负起建设的主体责任；相关部门根据会议讨论意见对项目作梳理完善。

4.关于《泰州市姜堰区区长质量奖评审管理办法》。会议听取区市场监管局关于《泰州市姜堰区区长质量奖评审管理办法》（以下简称《办法》）修订情况的汇报，讨论并原则同意修订结果。会议认为，为深入推进质量强区工作，引导和激励全区各行各业加强质量管理，对《办法》进行修订十分必要。会议要求，相关部门根据会议讨论意见对《办法》作进一步修改完善。

5.关于2016年区长质量奖评审结果。会议听取区市场监管局关于2016年区长质量奖评审情况的汇报，讨论并同意评审委员会提出的评审结果。会议明确，该评审结果以区政府名义发文公布。

6.关于对泰州市第二人民医院科研教学楼贷款贴息补助。会议听取区卫生计生委关于对泰州市第二人民医院科研教学楼贷款贴息补助的汇报。会议同意，以5000万元贷款为基数，按照中国人民银行同期贷款基准利率安排贷款贴息补助，期限为5年。

（宋　玉）

【姜堰区入选“三个百强区”】 2016年，姜堰区分别入选2016年度中国中小城市实力百强区（全国科学发展百强区）第74位、2016年度中国最具投资潜力中小城市百强区第80位、2016年度中国中小城市新型城镇化质量百强区第88位，是泰州各市（区）中唯一全部入榜的地区，排名均比上年有所提高。

（陈　亮）

【“江苏姜堰”微信公众号上线】 11月1日，姜堰区人民政府官方微信公众号“江苏姜堰”上线。该微信主要介绍姜堰经济和社会事业的发展成就，发布产业布局、投资指南、项目推介，提供政策咨询、民生信息等，包含《微政务》《微服务》等专栏和子菜单。

（孙　柳）

政务服务

【概况】 2016年，区政务服务管理办公室（以下简称“区政务办”）以推进供给侧改革为主线，深化行政审批制度改革，调整审批流程，推进“互联网+政务服务”，加强公共资源交易管理，服务地方经济社会发展。窗口办件135.2万件，日均办件5412件，办结率100%，即办件率86.4%；开展各类公共资源交易466宗，交易额26.98亿元，增收节支2.88亿元。姜堰区通过“国家农村社会化服务标准化示范区”考核验收。

审批制度改革 驻场项目总数动态调整至247项，其中行政许可项目121项、服务项目126项，承诺总时限压缩至法定34.6%，压缩工作日536个。精简8个部门审批申报材料12类42套，取消（压减）收费事项9个，调整再造14个部门32个事项办理流程。开展全区权力事项标准化和办事指南数据入库工作，升级政务服务网，推进“互联网+政务服务”。开展中介服务清理，规范收费标准。深化“先照后证”改革，实现“零门槛”登记注册；策应商事制度改革，发放“多证合一、一照一码”营业执照1万多张、个体工商户“两证合一”营业执照1000多张。企业投资项目备案提速1倍，外资企业备案缩短工作日3个，技改项目备案提速为1个工作日，环评报告审批压减工作日7个，危险化学品审批发证压缩工作日9个，职工工伤申请认定压缩至7个工作日，临时身份证办理压缩为1个工作日，施工图联合审查由39~46个工作日减少到7~15个工作日。

审批流程调整 在全市率先推行建设工程联合测绘，一窗受件、一次告知，将不同测绘种类7个环节整合为联合测绘3个环节。整合5个不同部门审图职能，实施建设工程联合审图，统一收件、并联审图、统一反馈、统一发证，年内开展联合审图办理服务项目35个。组建不动产登记窗口，将原国土、房产52项登记类型梳理调整为23项，分类绘制办理流程图。策应省政务服务“一张网”建设，建立全区统一行政权力运行系统和行政权力事项数据库，实现政务服务“一站式”办理。区市场监管局开通“企业名称自主选择系统”“网上登记系统”，从线下办理转变为线上办理。区发展和改革委重大项目能评、稳评审批前置改后置。规划局区分局对以出让方式取得建设用地的项目免核发“选址意见书”。商务外资企业设立、变更审批改备案。区安监局职业卫生“三同时”备案改备查。区人防办压缩审批复审环节，实现窗口“一站式”即办。区交通运输局调整“道路运输证”“行驶证”审验时间一致。区卫生计生委调整再生育审批流程，以各镇“一站式”服务大厅为依托，明确专人受理办理，创新“委托办理、村级代理、上门办理和预约办理”等方式，实行“一站式管理、一条龙服务”。

服务体系建设 将烟花爆竹经营许可、道路运输证审验、市内户籍迁移等事项归入窗口“一站式”办理。开通“政务咨询”，事项办理在线答复、现场查询。引进邮政EMS进驻，审批办理结果速递送达。在泰州地区率先实施异地二代身份证办理服务，实现全国全覆盖。增设社保自助服务一体机，参保信息即查即知。增置国地税窗口无线POS机，“金税三期”系统升级上线。编制印发《项目清单》《政务服务100问》《企业服务套餐式办事指南》。政府采购规模大、规格要求特殊、市场差异化大的项目实行采购要素公示。挂牌成立泰州市公共资源交易中心姜堰分中心，整合调整公共资源交易平台信息发布系统。清理修改涉及工程建设招投标文件25件。实施电子化招投标建设，网上开、评标成功率100%，在省5.0系统完成远程评标51次。推进分中心、镇（社区）便民服务中心建设。梳理下放事项27个，实现社区“一站式”办理。张甸镇拓宽便民服务范围，形成样板辐射效应；俞垛镇、淤溪镇、娄庄镇、华港镇、桥头镇等镇服务水平逐年提升。车管分中心创新便民措施，争创“一等车管所”。财政集中支付分中心深化支付改革，提升公务卡结算支付管理水平。国地税分中心深化“互联网+税务”，简化办税流程。婚姻登记分中心增加设备投入，调整服务平台。海事、农机分中心实行预约服务、上门服务。

项目建设服务 实施《重大项目联审会办实施办法》，建立健全会办机制，提前介入，特事特办，将联审会办7个步骤每个环节时限要求具体化。开展重大项目联合审图、联合测绘，简化审批环节，整合中介服务，提高服务质效。组建项目审批组、帮办服务组，明确职责，加强跟踪服务；建立审批服务工作群，开展联审会办集中培训，建立项目审批周进度清单。开展“一区两园”走访服务，项目建设、企业服务“大走访、大排查、大整治”，“百团千村万企大走访大落实”等活动。邀请重大项目投资人参加服务重大项目座谈会，协调解决审批疑难问题。综合运用资格预审、法人代表面谈、项目经理书面答辩等措施，服务东部干线高标准农田建设试点项目。加强重点项目招投标跟踪帮办，定期开展工作推进会，完成姜堰区陈庄路等五条道路建设重点工程、2016年各类小区综合整治工程、引长江水深度处理工程等民生工程招投标工作。相关部门会商会办，为江苏力野精工、上海永发模塑等企业补办“两证”。开展区委办重大项目联审会办工作调研，总结成效，梳理问题，提出建议。

服务品牌建设 按照“包办企业墙外事，帮办企业墙内事”品牌建设任务要求，打造“审批e站通”服务品牌。创优贴心服务，坚持一线服务，加强审批服务合力；减少审批时间，减少审批材料，精简审批流程；推进审批流程“一站通”、联审会办“一站通”、网上审批“e站通”；探索集中审批模式，创新联审联批方式，健全一站服务机制。各办事窗口收到企业群众赠送锦旗190面、表扬信260封，“审批e站通”品牌创建情况多次被《姜堰日报》、区政府“政务之窗”网站等媒体报道。

（严月华　张　立　丁　咚）

外事·侨务

【概况】 2016年，区政府外事侨务办公室（以下简称“区外侨办”）、区归侨侨眷联合会（以下简称“区侨联”）提升外事管理和服务效能，实施因公出国（境）团组和人数总量控制。开展涉侨文化宣传、走访慰问和为侨服务活动，丰富侨界群众物质文化生活。

外事管理服务 审核办理因公出国（境）团组26批72人次，其中自组团7批34人次、非本市组团19批38人次，所有团组按期完成出访任务，上报材料审批通过率100%，未发生违规违纪事件；审核上报企业邀请外国人来华手续24批30人次，境外人员主要来自亚洲、非洲等国家，到姜堰开展商贸洽谈或受企业招聘从事技术工作。为企业申办APEC商务旅行卡6张。

外事侨务接待 组织或参加省、市外事侨务活动5次，接待海外华侨华人及客商近60人次，包括欧盟—中国交流协会副主席孟昭祺，法中友好协会宋笑澄，新西兰江苏商会会长游有志，旅美艺术家曹俊，瑞士大苏黎世地区投资促进署副总裁Lukas Huber和驻中国首席代表高建平，柬埔寨泰州同乡会会长张海龙、副会长高国志。

侨法宣传 《江苏省保护和促进华侨投资条例》（以下简称《条例》）自2016年5月1日起施行。5月12日，区外侨办、区侨联在姜堰区高新技术创业中心、留学生创业园举办《条例》宣传咨询活动，向园区机关、企业和咨询人员发放《条例》读本和相关学习杂志近100册。

外事活动 参加“江苏—美国西部城市对话会”“江苏—维州城市联盟对话会”等外事活动，与维州瓦南布尔达成交流与合作共识，与美国、澳大利亚、新西兰相关城市创建友好城市工作粗具成效。

助侨活动 开展侨界空巢老人关爱活动。深入侨眷家庭和住院病房，了解空巢侨眷家庭和生病住院特殊需求，组织志愿者参加服务活动，提高空巢老人生活质量。中秋节、国庆节、春节等节日期间，开展侨眷家庭慰问活动，看望慰问侨眷近110人次。9月28日，组织侨眷代表20多人参观兴化郑板桥纪念馆，交流侨联组织开展基层文化活动的成功经验。

【侨务工作品牌创建】 4月13日上午，罗塘街道荷叶社区获评“全国社区侨务工作示范单位”揭牌仪式举行。罗塘街道办主任姜洁云主持，省侨办侨政处处长卢胜平宣读国侨办授牌文件，省侨办副主任徐开信、副区长史献辞共同揭牌。市外侨办副主任华生新、侨务处处长邵宝顺，区政府办副主任、区外侨办主任单平宏，区外侨办副主任潘婧等参加。

（曹　杰）

应急管理

【概况】 2016年，区应急管理办公室（以下简称“区应急办”）开展应急管理各项工作，取得一定成效。

机制体制建设　加强应急保障体系建设，将应急管理纳入全区双文明考核，年初表彰应急管理先进单位6家、先进个人6人。出台《姜堰区应急管理工作考核办法》，年终通过自评和抽查的方式考核列入绩效考评的63家部门，通过“一听（听简要情况）、二看（互看台账资料）、三评（互相评分）、四查（考核人员查阅资料）”的方式考核各镇（街道）。

预案体系建设　开展“十三五”突发事件应急体系建设规划相关调研工作，出台征求意见稿，2次向全区各镇（街道）及有关部门征求意见。制定姜堰区“十三五”应急体系建设规划，上报市应急办。下发文件要求各镇（街道）和相关部门做好“十三五”应急体系建设规划工作，开展督促检查，确保相关规划内容全面、目标明确、措施务实、保障有力。下发《关于开展新一轮应急预案修编工作的通知》，布置区级专项应急预案修编工作，督促各镇（街道）、各部门做好本部门预案修编工作。修订《姜堰区重特大火灾事故灭火救援应急预案》等区级专项应急预案5个，所有预案附有简本或流程图。各镇（街道）、园区、学校、医院及重点企业和安监、公安、环保、卫生计生委等重点部门（系统）开展新一轮应急预案修编工作。

应急演练　开展区级层面应急演练活动，每季度梳理上报全区应急演练计划，报送应急演练综合情况。组织开展华润燃气梁徐场站应急演练、泰州众品食业危险化学品泄漏应急演练、溱湖主体水域人员落水搜救演练3次；开展罗塘街道荷叶社区防震减灾应急逃生演练、区水利局防汛应急演练等活动3次。

应急保障　开展全区应急装备、应急物资、应急救援队伍台账基础资料调研统计活动3次，相关资料全部汇总至区应急指挥中心数据库。开展应急保障体系建设情况调研，撰写《关于我市应急管理信息平台建设的思考和建议》《关于姜堰区应急管理工作整体水平提升的报告》等专题调研报告上报市应急办。加大综合性应急避难场所建设力度。相关部门和各镇（街道）做好应急物资和装备日常管理更新，开展应急救援队轮训，加强应急专家队伍建设。

隐患排查预警　开展自然灾害、事故灾难、公共卫生、社会安全等各类风险隐患排查，督促整改。重要节点时期，区领导带队开展全区安全生产大检查；区减灾委员会与有关单位建立预警信息发布联络机制，大范围灾害情况发生时，通过联通、移动、电信等信息平台将灾害信息发送到灾区所有用户；推进整顿规范食品药品市场秩序专项行动，完善突发食品药品安全事故监测网络体系，提高预测预警能力；区应急办配合省地震局完成三水街道陈庄社区地震监测点各项参数测试工作；水利部门汛期24小时工程监测系统、农业部门“12316”“三农”热线、交通部门GPS监控平台、公安部门重大事件预警信息发布平台等在各自领域发挥预警监测作用。

突发事件防范处置　突发公共事件发生后，区应急办组织相关负责人到现场指挥处置，将损害减到最低，协助维护良好社会秩序；上报相关信息，采取预防措施，杜绝次生衍生灾害发生；对于发生在当地的突发事件，事后形成分析报告上报市应急办。年内处置入汛期间强降水恶劣天气、张甸镇龙卷风、“7·26”泰州水管破裂等各类突发事件，未发生处置不力或不及时现象。

宣传教育　开展全区“领导干部大讲堂”活动，全区科级干部开展应急管理知识培训活动1次，组织或参与应急知识宣教活动5次，区应急办与区教育局联合组织开展中小学生公共安全教育活动2次。“5·12”防灾宣传日，开展系列宣教活动，提高居民防灾减灾意识；区应急办与区公安局、区级机关工委、区司法局联合举办姜堰区2016年“风神杯”“崇法礼行——安全是离家最近的路”知识大赛，推动交通安全进机关、进乡镇、进社区，提升市民安全防护能力；围绕“减少灾害风险，建设安全城市”主题，组织宣传、讲座和演练2次；“3·15”、“6·26”、“12·4”法制宣传日等期间，开展药品、医疗器械、食品管理法规宣传教育3次，布置展板30余块，散发宣传资料7000余份，接待咨询人员500余人次，通过电视台、广播电台宣传30多次，在30多处公共场所投放视频公益广告。全区各学校将公共安全教育纳入主题班会，每年至少开展2次以上。

信息报送 加强值班室软硬件建设，做好应急值守和信息报送工作。明确值班工作和突发事件信息报送制度，无迟报、漏报造成的“信息倒流”现象，实现24小时无缝衔接，做好值班记录，无脱岗情况发生。年内报送应急管理工作信息83篇。

（施国青）

机关事务管理

【概况】 2016年，区机关事务管理局（以下简称“区机关事务局”）履行职能，开展机关后勤管理和服务保障工作。

办公用房管理 开展办公用房清理腾退工作“回头看”活动，组织人员抽查10家单位办公用房使用情况，落实整改存在问题。重新统计年内办公场所发生变化的区公安局、区人力资源和社会保障局、区人防办、区卫生计生委等单位的办公用房数据，掌握各部门办公室、服务用房、设备用房、附属用房面积，领导干部级别职务、房号和办公室面积等主要信息。提出由区发展和改革委与区市场监管局对接办公用房置换事宜的建议，在行政大楼调剂办公室给“两学一做”协调小组、10万亩高标准农田建设项目指挥部、区文广新局、区委统战部、区统计调查队、区商务局和姜堰日报社等单位使用。组织勘查区消防大队营房，针对营房墙体渗水、墙皮剥落、电线短路以及其他安全隐患问题，区机关事务局协助区消防大队形成营房维修改造项目及预算清单，通过公开招投标形式组织施工，全程监督检查项目质量安全等。

机关后勤管理 开展“美丽的大楼我的家”主题图文有奖征集活动。6件文字类作品和7件图片类作品获奖。打造“互联网+事务”平台，提高后勤保障信息化水平。租用电信和移动两条光纤宽带电路传输通道接入互联网，提高行政大楼网络信号传输速度；建立“企信通”信息平台，为驻行政中心大院各部门（单位）工作人员免费发布大院秩序管理、极端天气预警、设备设施保养等方面提示和信息，约750人加入平台，发送信息数千条。加强行政大楼电梯运行监管。实施电梯技术改造；与电梯生产商授权委托的安装公司签订维保合同，做好日常维修保养工作；落实电梯年检制度；每天巡查电梯不少于4次，发现问题及时处置。规范车辆停放秩序。重新登记行政中心私家车，掌握约390辆私家车信息；在2号地下停车库入口处安装剩余车位显示系统；整顿行政大楼B1层停车库，摩托车、电动车和自行车统一停放至大楼东北侧车棚；疏导管理交通要道行驶车辆，在禁停路段设置禁停标识牌和隔离带。做好行政中心小型维修改造工作。维修行政大楼四楼中常委会议室和政府常务会议室顶部、十六楼东裙楼和大楼正厅北侧防水层；更换行政大楼九楼中区委办会议室破损椅子；改造行政大楼一楼西电视电话会议室、二楼西2号会议室电视电话设施和音响设备；维修保养行政大楼及领导常住楼部分故障频发空调；改造领导常住楼西侧下水道；拆除区政务服务中心围墙，移栽绿化，改建停车场，扩建改造上海路。

后勤服务保障 做好“两会”会场布置及服务、溱潼会船节开幕式主会场布置、2016年泰州铁人三项亚洲杯赛赛场布置等保障服务工作。完成红旗农场看守所、区中医院病房等地4户搬迁户房屋搬迁包保工作。

【公车制度改革】 2016年，全区开展公车制度改革。区党政主要负责人多次听取公车制度改革工作情况汇报，区政府第29次常务会议专题研究全区公车制度改革相关方案，成立公车制度改革领导小组。上半年，《泰州市姜堰区公务用车制度改革总体方案》通过泰州市公车改革领导小组审批。全区拟取消车辆按期封存停驶，拟保留车辆按照保留用车使用口径，安排专人负责，建立公务用车专门台账。区纪委和区车改办多次检查车辆封存停驶情况和保留用车使用情况，督促整改存在问题。各参改单位按照“谁主管、谁负责，谁用人、谁负责”原则，以内部消化为主，多种安置方式并行，开展司勤人员安置工作，解除和终止部分司勤人员劳动关系。改革前全区司勤人员532人，改革后353人，安置179人。公务交通补贴标准测算在保证节支率不低于8%的基础上，按不高于中央国家机关标准的130%设定，划分为三个层级，分别为处级1040元/月、科级650元/月、科员及以下500元/月。全区各级党政机关，包括党委、人大、政府、政协机关，审判、检察机关，各民主党派和工商联机关，参照公务员法管理的人民团体、群众团体、事业单位等79家参改单位2625人获公务出行补贴。从5月起，开展公车改革取消车辆评估和拍卖工作，通过多种媒体发布专场拍卖公告，提前预展参拍车辆，在区纪委、区财政局、区审计局等部门监督参与下，6月18日和26日，在区委党校举办拍卖会2场，参拍车辆175辆，评估价302.7万元，成交170辆，成交金额528.1万元，总溢价率74.5%。成立公车服务中心，建立车辆集中管理平台。全区119辆应急用车统一更换使用固定号段号牌，安装北斗定位系统，过户到公车服务中心，纳入车辆集中管理平台。公车服务中心集中管理平台为无保留用车的区级机关部门提供应急用车保障，为区领导集中调研提供用车服务。区委办、区人大办、区政府办、区政协办成立公务用车集中管理分中心，为区四套班子领导提供应急、接待以及老干部服务等用车保障；行政中心办公区域范围外的部分区级机关部门实行车辆派驻服务。下发《泰州市姜堰区保留车辆使用管理制度》，规范车辆使用程序。区机关事务局联合区纪委监察、财政等部门，检查有关部门保留用车使用管理情况，整改使用管理过程中存在的超口径超范围使用、使用申请单填写不规范、无汇总表等问题。规范保留车辆维修、加油等管理，做到车辆管理有制度、有专人、有核算、有台账。新购丰田柯斯达客车1辆，改装后作正常接待调研用车。

（区机关事务局）

十里溱湖

政协泰州市姜堰区委员会

【概况】 2016年，区政协及其常委会围绕区委、区政府工作中心，团结依靠全体政协委员，履行职能，开展政治协商、民主监督、参政议政各项工作，为促进姜堰经济社会发展做出贡献。

专题调研 围绕姜堰区企业直接融资情况、城区教育增量扩容和全区建筑工业化开展专题调研，形成调研报告3份，指出存在问题，提出相关建议，报送区委、区政府，供决策和工作参考。

走访考察 围绕中心工作、民生课题等开展走访考察。开展主席走访4次、专题考察5次，形成走访建议书4份、考察报告4份，报送区委、区政府，供决策和工作参考。

提案工作 开展提案办理双向评议和“回头看”活动，发挥提案服务发展、改善民生的积极作用。办结提案164件，满意率100%。

社情民意 征集社情民意，反映群众诉求。编印《社情民意简报》10期，向上级报送16篇，领导批示8篇。

民主监督 以集中委派民主监督员小组的形式，对区公安局、区法院等10家部门（单位）开展民主监督，形成民主监督建议书10份，反馈政府相关部门。

专题督察 每季度对各镇（街道）招商引资、项目建设工作开展专题督察活动1次，形成督查通报4份。反映存在问题，提出针对性意见建议，得到区委、区政府领导肯定。

政治协商 召开主席会议5次、常委会会议5次，就全区经济社会事业发展、党风廉政建设、扶贫工作、智能制造产业、社区建设、综合性文化服务以及公、检、法工作，听取情况通报，进行专题协商。完善区委、区政府与区政协联席协商机制，实现联席协商制度化、常态化。区政协与区政府及相关部门就市容市貌的持续改善、城区新建游泳馆、个转企工作、提案办理评议等开展“双月协商”活动4次，提出相关建议，供区政府决策参考。

召开“个转企”工作情况“双月协商”座谈会

政协活动 各界别委员结合自身特点，深入基层、走村入企，提供文化、卫生、科技、农技等服务，支持招商引资和镇（区）建设。各镇政协工委围绕党委、政府中心工作，履行职责，为地区发展贡献力量。各镇（街道）“政协委员工作室”组织开展各类主题活动100多次。

交流联系 定期开展“主席接待日”活动，了解工作情况，听取意见建议。加强与各民主党派、党外代表人士、“三胞”眷属、少数民族和宗教界人士联系。与姜堰籍在外客商开展联系交友活动，扬州市姜堰商会连续4年开展捐资助学活动，累计为姜堰区贫困学生捐款119.8万元。

文史宣传 在姜堰政协文史馆举办委员风采和履职成果展4次。征集出版文史资料《姜堰文史集萃》（第二册）、《姜堰精英人物》、《风雨同心六十年》。筹备组建姜堰政协书画研究会。

【政协泰州市姜堰区第十三届委员会第五次会议】 2016年1月11—15日在姜堰区举行。大会应到委员272人，实到263人。区委、区人大、区政府领导，区法院、区检察院及区级机关各部门主要负责人和各镇（区）党群负责人参加。在姜堰历任政协主席、副主席、秘书长，驻姜堰泰州市政协委员，各镇（街道）政协工委特邀委员列席。区委书记李伟在大会开幕式上发表讲话。大会听取审议区政协主席仲亚岭作的常委会工作报告和区政协副主席夏彩霞作的提案工作报告；与会委员列席区十四届人大五次会议，听取讨论政府工作报告和其他有关报告；进行大会献计献策发言。大会表彰区政协第十三届优秀政协委员、2015年度政协委员优秀提案和社情民意信息工作先进个人，协商通过政协泰州市姜堰区第十三届委员会第五次会议决议。区政协主席仲亚岭作闭幕讲话。

【政协常委会会议】 2016年，区十三届政协常务委员会召开常委会议5次。

区政协十三届常委会第24次会议 1月15日召开。会议审议2016年区政协常委会议等主要活动计划。

区政协十三届常委会第25次会议 6月23日召开。会议听取区委农工办关于全区扶贫工作情况的通报和区经济和信息化委关于全区智能制造发展情况的通报，协商审议区政协经科委《关于全区工业企业直接融资情况的调查报告》。协商决定有关人事任免和委员调整事项。参观区政协文史馆火花展。

区政协十三届常委会第26次会议 7月29日召开。会议听取讨论区政府关于全区上半年经济和社会事业发展情况的通报、区民政局关于社区建设情况的通报；听取评议3个委派民主监督员小组、2家受派部门工作汇报，对下一步工作提出意见和建议；听取审议区政协文教卫体委《关于城区学前教育与义务教育增量扩容需求情况的调查报告》。

区政协十三届常委会第27次会议 10月27日召开。会议听取讨论全区党风廉政建设和反腐败工作情况的通报、区政府关于提案办理情况的通报、区文广新局关于全区村（社区）综合性文化服务中心建设情况的通报。会议听取2个委派民主监督员小组和3家受派部门工作情况汇报，对下一步工作提出意见和建议。会议听取通过区政协城乡委《关于全区建筑工业化情况的调查报告》。

区政协十三届常委会第28次会议 12月21日召开。会议听取区法院、区检察院、区公安局工作情况通报；听取区委统战部有关区政协换届人事安排工作情况说明；听取区政协各专委会、界别、镇（街道）工委工作情况汇报；协商讨论政协泰州市姜堰区第十三届委员会常务委员会工作报告（讨论稿）；协商讨论政协泰州市姜堰区第十三届委员会常务委员会关于提案工作情况的报告（讨论稿）；协商确定区政协2016年度优秀提案；协商决定有关人事任免事项；协商通过召开区政协十四届一次会议的决定、议程、日程及相关名单。

区政协召开常委会议

【委员活动日】 区政协举办委员活动日2次，驻姜堰泰州市政协委员、区政协委员、区政协之友联谊会会员参加。7月29日，听取区政府关于全区上半年经济和社会事业发展情况的通报和区民政局关于社区建设情况的汇报。10月27日，听取全区党风廉政建设和反腐败工作情况的通报、区政府关于提案办理情况的通报、区文广新局关于全区村（社区）综合性文化服务中心建设情况的汇报以及“互联网+”知识讲座。

【政协之友联谊会】 4月7日上午，区政协之友联谊会召开七届四次会议。会议听取区政协之友联谊会秘书长高茂平关于2015年度区政协工作情况汇报，回顾总结2015年度区政协之友联谊会活动情况，部署2016年相关工作。各会员就全区经济建设和社会事业发展中的热点、难点问题建言献策。下午，在区政协之友联谊会会长韩镇的带领下，全体会员赴高港区考察学习。

【友好往来】 3月22日，浙江省余杭区政协副主席潘发高一行21人到姜堰区交流学习；3月24日，常州市武进区政协主席张建新一行11人到姜堰区学习“多规合一”工作；4月13日，洪泽县政协副主席陈炳峰一行10人到姜堰区参观考察；4月18日，淮安区政协主席刘建平一行20人到姜堰考察委派监督工作；5月6日，山东省淄博市桓台县政协主席高连义一行11人到姜堰区考察学习；6月14日，泰兴市政协主席丁亚一行30人到姜堰区考察城区社区体育规划建设工作；8月10—11日，安徽省肥西县政协副主席徐治国带队到姜堰区学习交流镇（街道）政协工委工作；10月13日，南通海门市政协副主席李冠斌带队到姜堰区考察智慧社区建设工作；11月24日，安徽省芜湖市三山区政协到姜堰考察学习。

（张根林）

【文史工作交流】 10月27日，省政协第22次文史工作会议召开。区政协以《加强文史整体化建设，提升文史科学化水平》为题在会上作交流，介绍姜堰区文史工作经验。近年来，区政协推进文史工作理论创新、制度创新和工作创新，研究探索以文史机构为主导、文史队伍为基础、文史阵地为依托、文史研究为联结的文史资料整体化建设新模式，提升文史工作科学化水平，发挥文史资料工作“存史、资政、团结、育人”的社会功能。

（郑桂发）

【《姜堰名人》出版发行】 9月9日上午，《姜堰名人》首发式举行。该书由凤凰出版社出版发行。收集自1921年7月1日起，除泰县当时划归海陵区的泰东、泰西、朱庄外其他地区名人1100多人。各名人结合自己实践写人生感悟，折射姜堰各个时代政治、经济、军事、文教、卫生等方面印痕。区领导黄健全、黄彭赣参加。

（孙　柳）

【《姜堰精英人物》（第一册）出版】 该书由区政协征编，人民日报出版社出版。全书介绍50名具有正高级专业技术职称且取得显著专业技术成就的成功人物的简历、学业、工作历程、主要成果和荣誉，配有人物工作、生活照片和艺术作品照片等。其中有中国科学院、中国工程院院士，有机械工程、重特大工程等领域突出贡献专家，有科学研究领域学科带头人等。

（肖亚林）

泰州市姜堰区纪律检查委员会

【概况】 2016年，全区各纪检监察组织贯彻习近平总书记系列重要讲话精神，按照区委和上级纪委部署，围绕全面从严治党主线，运用“四种形态”（党内关系要正常化，批评和自我批评要经常开展，让咬耳扯袖、红脸出汗成为常态；党纪轻处分和组织处理成为大多数；对严重违纪的重处分、作出重大职务调整是少数；严重违纪涉嫌违法立案审查的是极少数），惩治腐败，深化作风建设，加强权力制约监督，全区纪律检查工作取得新成效。

宣传教育　学习宣传中共十八届六中全会精神，以贯彻落实《中国共产党廉洁自律准则》《中国共产党纪律处分条例》《中国共产党问责条例》《中国共产党党内监督条例》《关于新形势下党内政治生活的若干准则》等为重点，开展各类宣讲活动60余场，组织692名在职科级干部进行闭卷知识测试，下发《以案释纪》口袋书2000余册。拍摄警示教育专题片，通过案件庭审、反腐倡廉教育基地等加强警示教育，受教育2万余人次。举办廉政书画展、廉政文艺会演、“家规家训”征集等廉政文化活动。对在作风督察、信访调查、专项检查中发现苗头性、倾向性问题的单位及个人，实施约谈函询，分批约谈党组织及纪检监察组织主要负责人26人，函询7人。

监督检查　围绕全区工作大局，监督项目建设、环境保护、征收搬迁、财政资金管理等重点领域，对监管缺失、失职渎职、徇私枉法等问题实时纠偏、严格追责。改进党风政风，落实上级巡视、巡察反馈意见整改工作，组织开展机关事业单位违规发放津贴补贴和奖金专项清理、机关事业单位“吃空饷”问题“回头看”专项治理、工程招投标问题专项治理、规范编外用工、各镇（园区）财政收支及财务管理情况专项检查、侵害群众利益的不正之风和腐败问题专项整治6个专项行动，创新建立“6+6”挂联督导机制，成立由区委书记任组长的巡察整改工作领导小组，下设6个挂联督导组，每组挂联一项专项行动，组长由区纪委领导班子成员担任，组员从委局机关中层干部中抽调。发现问题90多个，问责11人，完善制度17项。组织开展“在岗不作为、履职不担当”监督执纪问责专项行动，问责21人，党政纪处分10人。建立效能建设“蜗牛奖”线索联报机制，跟踪监督检查市效能办认定的5家“蜗牛奖”单位，问责9人。围绕换届各项纪律要求，加强督察，将中央“九严禁”和省委“四个从严”要求贯穿始终，营造风清气正的换届环境。

案件查处　加强执纪审查，落实全面从严治党要求。全区各纪检监察组织接受信访举报568件次，立案363件，比上年上升38.03%。其中，科级干部案件15件，经济类案件206件，移送司法机关处理14人，挽回直接经济损失320余万元。突出查处环保、残联等系统案件，移送涉嫌违法的科级干部给司法机关处理。查处一批事情小影响大、金额小性质坏、职位低反响差的案件。

作风建设　贯彻落实中央“八项规定”和省、市、区委作风建设规定精神。建立作风建设“大督查”机制，将作风建设和“四风”纠治主体责任落实情况纳入部门绩效考核重要内容，纪委、财政、人社、审计等13个作风建设牵头部门加强通联指导、综合协调。成立联合巡察组，定期深入基层村（居）、站（所）明察暗访，全程视频纪实。开展作风建设督察13次，下发通报8期，曝光49名党员干部顶风违纪问题。

廉政建设　落实党风廉政建设责任制，区委制定《2016年泰州市姜堰区党风廉政建设责任分解方案》，建立主体责任任务清单、负面清单、监督清单“三张清单”，“两个责任”落实全程纪实等制度，加强责任落实过程管控。巩固深化“双派单”制度，围绕突出问题，对16个镇（街道）、8个部门落实“两个责任”，实施“一单双派”，查处扶贫领域案件39件。构建以主体责任当面报告、“一岗双责”公开报告、监督责任分类报告、履职情况自评报缺为主要内容的“三报告一自评”工作体系，组织召开4家单位主体责任当面报告会1场、“一岗双责”公开报告现场观摩会2场，74家单位自评报缺问题329个。追究主体责任、监督责任和领导责任，实施“一案双查”39人。

（钱华平）

溱湖

民主党派工作

【概况】 全区有民主党派支部（支社）6个。2016年发展民主党派成员23人，总数130人。1月31日，民盟姜堰支部走进罗塘街道康华社区开展送温暖活动，给困难群众送生活物资等节日慰问品，邀请书法爱好者免费为社区居民写春联。7月28日，全国人大常委会副委员长、民建中央主席陈昌智考察调研会员企业江苏贝特管件有限公司，为民建姜堰支部题词“民建会员之家”。12月，民进姜堰支部组织部分民进会员就校园周边环境整治工作开展调研，形成相关意见建议。姜堰区“两会”期间，农工党泰州市姜堰支部党员中人大代表、政协委员提交建议、提案15条，上报社情民意5条，其中2条被省、市政协采用。年底，农工党泰州市姜堰支部委员会被农工党泰州市委评为社会服务先进集体。九三学社省委在姜堰区成立全市首家专家工作站，九三学社泰州市姜堰区委员会成立。9月下旬，区委统战部组织39人考察区经济开发区和区现代农业产业园区，其中各民主党派支部（社）班子成员21人、各民主党派代表18人。

（申建中）

【九三学社江苏省委专家工作站揭牌】 7月8日，揭牌仪式在区卫生计生委举行。该工作站是九三学社省委在泰州成立的第一个专家工作站，是基层科研单位和江苏九三学社长期合作交流平台，是江苏省“智库合作”典范。九三学社省委会主委叶勇，区领导黄彭赣、盛育河，区卫生计生委主任沈宇清共同为专家工作站揭牌。九三学社泰州市委会主委潘林元、原主委马云，区卫生计生委、区卫生监督所工作人员等参加。

（孙　柳）

【九三学社泰州市姜堰区委员会成立】 9月3日，大会召开。会议选举产生九三学社泰州市姜堰区委员会委员、主委和副主委。区委常委、区委统战部部长盛育河，九三学社泰州市委会专职副主委卞新峰为姜堰基层委员会揭牌，卞新峰为姜堰基层委员会授印。该委员会为泰州市九三学社及姜堰区6家民主党派中唯一的基层委员会，下设经济科技支社、社会事业支社、综合支社。区政协副主席黄彭赣出席。

（潘　俊　高　路）

泰州市姜堰区工商业联合会

【概况】 2016年，区工商业联合会（以下简称

"区工商联"）及其常委会围绕"两个健康"（非公有制经济健康发展和非公有制经济人士健康成长）工作主题，注重"三性"（统战性、经济性、民间性）有机统一，打造"求真务实创新，团结拼搏奋进"工商联团队，服务"项目兴区、环境立区、富民强区"战略目标。全区非公有制经济持续、健康发展，现代商会组织稳步、有序推进。区工商联通过全省"五好"（领导班子好、会员发展好、商会建设好、作用发挥好、工作保障好）县（市、区）工商联市级复审。

参政议政　工商联界别组及非公有制经济人大代表递交提案、议案9条，社情民意4条，其中集体提案《关于推进传统企业加快实现"互联网+"的建议》成为区政协主席督办的重点提案。工商联界别组丰富罗塘街道光明社区、古田社区政协委员工作室内容，参与社区绿改停、环境整治、扶老助残等公益服务项目。

经济服务　组织帮扶薄弱村2个，提供有效项目2个，资金10万元。举办银企对接会3期，为会员企业融资3.8亿元；帮助江苏飞船、邦德钨钼等20多家会员企业解决土地征用手续办理、市场拓展、融通资金等困难和问题。区工商联相关负责人联合相关部门赴上海指导上海姜堰商会党建工作，与商会领导排找"双招双引"（招商引资、招才引智）工作线索。在北京姜堰商会筹备工作座谈会及筹委会阶段工作报告会中宣传姜堰，鼓励在北京姜堰籍企业家排找线索、回乡投资兴业。利用友好商会平台和第十三届城市友好商会会长会议，推介姜堰经济社会发展现状，洽谈一些有合作意向项目，完成"平行汽车"合同项目1个。5月15日，姜堰区高新技术装备产业园区与姜堰上海商会在姜堰区高新技术装备产业园区管委会（白米镇）四楼会议室签署《姜堰区高新技术装备产业园区与姜堰上海商会战略合作框架协议书》《姜堰装备园区与姜堰上海商会"建设园中园"项目合作协议》。区政协副主席、区工商联主席陈文德，区级机关职能部门，部分会员企业负责人参加签约会。

商会组织建设　3月，区工商联下发《关于进一步加强镇（街道）商会规范化建设的通知》（泰姜联〔2016〕3号），对镇（街道）商会的基础建设、队伍建设、工作机制提出要求。各镇（街道）商会在服务会员企业、维护稳定、招商引资、光彩事业等方面发挥作用。3月12日，上海姜堰商会成立。5月20日下午，区工商联联合区餐饮业商会举办"餐饮业更好地经营发展，融入'互联网+'时代"座谈会。区工商联领导班子、区餐饮业商会各会员单位成员、香港赢客企业集团华东区教育总监出席。9—11月，筹备成立北京姜堰商会。

非公有制经济人士队伍建设　区工商联制定《关于加强新时期非公有制经济人士"四信"（信念、信任、信心、信誉）教育实践活动的实施方案》，向区委、区政府报请批准。成员单位涉及区委组织部、区委统战部、区总工会、区工商联、区文广新局、区经济和信息化委、区税务局、区市场监管局等部门。该方案以"五大工程"的实施，深化非公有制经济人士"四信"教育工作。即：实施人才培养工程，健全教育培训机制；实施助推发展工程，完善服务引导机制；实施文化建设工程，构建现代企业文化；实施帮扶济困工程，激发民企社会责任；实施非公有制企业党建工程，发挥基层党组织作用。6月3日，举办全区非公有制经济代表人士供给侧结构性改革引领经济"新常态"专题讲座，省委党校经济社会发展研究所所长助理、经济学博士田伟讲解供给侧结构性改革政策取向、关键点及保障措施等；组织部分会员企业参加全区"工业4.0和中国制造2025"高级研修班；组织召开"运用国学智慧助力企业突围"培训班，全区重点会员企业领导参加。组织部分会员企业到苏州工业园、上海姜堰商会参观考察。

（刘昊宸）

【姜堰上海商会成立】 3月12日，成立大会召开。会议宣布姜堰上海商会一届一次理事会选举结果及秘书处组成人员名单。区委副书记、区长李文飙与姜堰上海商会会长周正明、党支部书记黄宝生共同为"姜堰上海商会""姜堰上海商会党支部”揭牌。上海江苏商会向姜堰上海商会颁发团体会员证书。与会领导分别为会长、常务副会长、副会长、理事单位授牌。上海江苏商会、上海溧阳商会相关负责人分别致辞。区人大常委会副主任汤文林、区政协副主席陈文德出席。

（张泽海）

【区工商联第十二次会员代表大会】 12月26日，大会召开。会议号召全区工商联会员和非公有制经济人士立足新起点、谋求新发展，再接再厉，奋力拼搏，在谱写“两聚一高”姜堰篇章、实现更富含金量的崛起振兴中做出贡献。区政协副主席、第十一届区工商联主席陈文德代表区工商联十一届执委会作工作报告，群众团体致贺词。会议选举产生区工商联、区总商会新一届领导班子，推选参加市工商联第五次会员代表大会代表。陈文德当选为区工商联新一届执委会主席、区总商会会长。市委常委、区委书记李伟，市政协副主席、市工商联主席姚社成在大会开幕式上讲话，区委常委、统战部部长盛育河在大会闭幕式上讲话，区领导李文飙、仲亚岭、丁志强、戴兆平、钱爱社出席大会开幕式。

（张泽海　姜　伟）

溱湖

泰州市姜堰区总工会

【概况】 2016年，区总工会围绕区总工会十六届七次全委会提出的“五个主动”（主动服务崛起振兴、主动弘扬时代正气、主动参与社会治理、主动开展普惠服务、主动抓好队伍建设）工作要求，团结带领广大职工为姜堰区“决胜全面小康、加速崛起振兴”做贡献。

职工宣传教育 开展“十佳关爱职工的企业家”“十佳工会主席”和“十佳职工”评选活动。“五一”节前夕召开表彰大会，宣传“三个十佳”和8名新晋省劳模先进事迹，选出8名典型制作专题片现场播放。往届全国劳模和省劳模颁奖，区四套班子主要领导出席。拍摄劳模宣传微电影《本色》，获省总工会微视频大赛三等奖。开展“共享读书乐·共圆中国梦”主题系列读书活动，向全区职工发出读书倡议书，200多名职工获赠自己推荐的“我最喜欢的一本书”；开展“金书签·你荐我送”姜堰人喜爱的10本好书推介活动，被《工人日报》宣传报道。

职工职业技能 参与供给侧结构性改革，联合人力资源和社会保障部门组织全区职工开展职业技能竞赛，参赛选手近1100人。各级工会组织各类技能竞赛158次，参加职工2.5万人次。开展征集职工合理化建议活动，全区职工提合理化建议1万多条，实施3500多条，开展群众性技术创新1000多项，创经济效益近亿元，振华泵业吴尉主导的“舰船用离心泵减振降噪技术”获省十大职工科技创新成果奖。组织多场职工素质提升培训和技能培训，为各类企业培养大专生、本科生126人，900名职工提高技术等级。

职工服务 丰富“服务职工365”服务品牌内涵，开展集中服务活动，“服务职工365”连续三年被评为区级机关“十佳”服务品牌。健全特困职工申报制度，了解困难职工生活现状、致贫原因和帮扶需求，建立困难职工实名制档案。组建“服务职工365”法律援助服务队，到广场、社区、企业、工地开展送慰问、送培训、送图书、送体检等工会服务。区总工会与区人力资源和社会保障局共同举办“百企千岗”现场招聘会，提供岗位近1500个。举办第九届“鹊桥会”，镇（街道）、教育、卫生、重点企业等近200名青年职工参加。

职工队伍建设 推进工会组建，做好工会按期换届工作，新增基层工会96家，新增会员8000余人。开展“争创模范职工之家、争做优秀工会干部”活动。按照“会、站、家”一体化思路，组建工会、创办职工服务中心、建设职工之家，开展职工之家“结对共建”。开展工会机关工作人员业务技能竞赛。

【姜堰区“十佳关爱职工的企业家”“十佳工会干部”“十佳职工”评选活动】 该活动由区总工会、区人力资源和社会保障局联合开展，从45名候选人中评选出“十佳关爱职工的企业家”“十佳工会干部”“十佳职工”各10人。4月25日，区政府发文《关于表彰“十佳关爱职工的企业家”“十佳工会干部”和“十佳职工”的决定》（泰姜政发〔2016〕76号）。泰州市华丽塑料有限公司董事长袁华寿、礼恩派（泰州）有限公司总经理沙剑波、江苏飞船股份有限公司总经理黄廷波、正太集团有限公司董事长范宏甫、江苏润泰化学有限公司董事长张世元、江苏利思德新材料有限公司董事长李金忠、江苏博格东进管道设备有限公司董事长钱永寿、泰州市姜堰人民商场有限公司董事长李军、泰州市大洋百货有限公司董事长傅南昌、泰州市瑞骠汽车运输有限公司董事长何滨被表彰为“十佳关爱职工的企业家”，江苏曙光集团股份有限公司工会主席王兆祥、泰州市姜堰博特新材料有限公司工会主席王青、江苏正裕建筑安装工程有限公司工会主席艾玉才、江苏中程建筑有限公司工会主席徐敏、江苏太平洋精锻科技股份有限公司工会主席任德君、江苏振华泵业制造有限公司工会主席周翔、泰州里华齿轮制造有限公司工会主席柳玉龙、江苏亚光金属制品有限公司工会主席王兴中、礼恩派（泰州）有限公司工会主席陆文涛、江苏姜堰船舶舾装件有限公司工会主席周如金被表彰为“十佳工会干部”，江苏苏中药业集团车间经理朱宝康、江苏省姜堰粮食储备直属库主任助理杨志山、姜堰大运交通运输集团有限公司驾驶员沐真平、菁茂科技（泰州）有限公司设备部副经理陈春兰、江苏博格东进管道设备有限公司会计黄萍、江苏吉扬钢结构有限公司钢结构工程制作安装车间主任翟银兵、泰州市中亚纺织有限公司细纱挡车工王忙珍、泰州市姜堰人民商场有限公司鞋品经营部精品组柜组长刘素梅、江苏飞船股份有限公司齿轮分厂热处理车间主任左华、泰州市恒立管业制造有限公司工会委员常季被表彰为“十佳职工”。

（梁　亮）

【区总工会十六届七次全委（扩大）会】 3月31日，大会召开。会议听取区委组织部副部长、区总工会主席王圣彪作的工作报告。总结回顾2015年工作，部署2016年任务，提出“五个主动”工作要求。2016年，区总工会将在经济社会转型升级中团结带领职工建功立业，在推进工会文化建设中激发职工群众劳动热情；参与社会治理，维护职工权益和社会稳定，依托服务平台开展普惠、帮扶等服务，深化“服务职工365”品牌建设。区委副书记戚才俊就新时期、新形势下做好工会工作提出要求。会议表彰2015年度姜堰区“十佳工会”“先进工会”单位。区总工会十六届两委委员，各镇（街道）、系统、直属单位分管负责人、工会负责人，十强、重点企业工会主席参加。

（沈璐璐　姜　婕）

共青团泰州市姜堰区委员会

【概况】 2016年，共青团泰州市姜堰区委员会（以下简称“团区委”）贯彻落实中央、省委党的群团工作会议，区委全会和上级团组织全会精神，围绕共青团“凝聚青年、服务大局、当好桥梁、从严治团”四维工作格局，开展“两学一做”教育实践活动，回应青年关切，推进团建创新，完成年度目标任务。

青少年工作　团区委联合区教育局等部门出台《进一步加强少先队工作的意见》《进一步加强中学中职共青团工作的意见》。各级学校共青团和少先队组织开展“我的中国梦”“社会主义核心价值观”等主题宣传教育活动130多场次。选树各类优秀青少年典型。翟文周获评全国优秀共青团干部；罗塘街道团工委获评全省“五四红旗团委”；姜堰中学钱琪钰代表江苏获全国网络安全知识竞赛二等奖；开展评选姜堰“十佳（优秀）少先队员、少先队辅导员”活动，南苑学校夏璟尧被评为泰州市十佳少先队员，参加全省“十佳”表彰；开展系列“好青年”海选活动，梁徐镇杭海娟获评全省孝老爱亲“好青年”

称号。开展“平安春节”“平安暑假”“禁毒进校园”等校园法治和自护技能教育活动。通过微信等新媒体手段向青少年开展法治教育。深化重点青少年群体服务管理和预防犯罪工作，加强“平安姜堰”建设，针对“五类”重点青少年（有不良行为青少年、闲散青少年、流浪乞讨未成年人、服刑强戒人员未成年子女、流动留守儿童）分类开展引导服务。利用各级“青少年之家”，引入青年政法干警、专业化社工等力量，为青少年提供法律维权和心理疏导等服务。区图书馆、区公安局刑警大队被命名为全省“青少年维权岗”；高兴获评全省“预防青少年违法犯罪工作先进个人”；姜堰区青少年犯罪率和涉罪率为全市最低水平，通过省重点青少年群体服务管理“成长护航”工程综合考评。

青年就业创业　依托团属平台，举办就业创业培训58期，参训5300余人次；建立青年创业见习基地34家，组建20人的创业导师团，对接创业青年近300人。白米镇“匠心智造，会呼吸的小布鞋”项目获第三届“创青春”江苏青年创新创业大赛互联网初创组二等奖，“江苏无界电子商务”项目获农村电商组三等奖，“君鹏鸵鸟”项目获现代农业成长组三等奖。深化“人才强企·青商先行”活动，组织青年企业家开展主题调研活动4次。实施“堰归来”人才回乡工程，138名姜堰籍大学生利用暑期到机关、企事业单位开展学习实践活动。开展“青年文明号”公益行、青工技能比武等活动，区地税三分局获全省“青年文明号”称号。

青年志愿服务　组建全区青年志愿服务队，利用节假日和重大时间节点集中性、常态化开展活动，服务全区创建文明城市复检、秸秆禁烧宣传、植树护绿等工作。溱潼会船节、铁人三项赛期间，组织动员近600名青年志愿者开展交通志愿引导、新媒体宣传推广等志愿服务活动，覆盖游客约6万人。挖掘特色服务项目，建设“青少年之家”志愿服务项目“云库”，针对不同类别青少年开展针对性菜单式服务，该项目获评全省优秀青年志愿服务项目。

济困帮扶　开展“微公益·博大爱”“大手拉小手”“我是你的孩子”“志愿助残阳光行动”等关爱留守儿童、外来务工者子女、残疾青少年群体公益活动30多场次，服务各类青少年8000余人次。筹集“希望工程”圆梦行动资金30多万元，帮助贫困青少年大学生115人。

平台建设　利用团区委官方微信、微博“姜堰新青年”、“青年之声”青年互动平台、网站等新媒体，编发积极向上的宣传内容，传播网络正能量。“姜堰新青年”微信有粉丝近3万人，发布文章467篇，总阅读量59.4万次，微信影响力指数（WCI）列全区政务类微信号前列。建立涵盖团属各条战线的区、镇、村三级“青年之声”及团属网宣传员队伍，征集青少年意见建议，开展网络舆论斗争，捍卫清朗网络空间。整合搭建“青创汇”等平台。开展“指尖青缘”交友联谊和“职来职往”招聘辅导吧等活动，服务青年婚恋交友和学习进步需要。依托微信建立涵盖身心健康、就业创业、社会救助等多个方面的菜单式服务板块滚动体系，打造青年“想得起、找得到、靠得住”服务型团组织。

【青年电商创业】　打造“共青团牵头、平台支撑、行政化市场化双结合”的农村青年电商创业模式，全区新注册网店165家，新增电商从业人员500多人。整体搬迁区青年电商孵化中心，入驻孵化企业（网店）近百家。

（毛贤惠）

【省青基会先锋公益基金成立】　4月14日，成立仪式举行。该公益基金由先锋单车俱乐部和省青基会共同发起成立，将被纳入省青基会总体工作规划中，结合“圆梦行动”“暖冬行动”等品牌活动，设计、宣传、组织开展公益项目，吸引服务更多青少年。团省委副书记司勇、副区长盛育河为该公益基金揭牌。

（张泽海　张晓给）

【承办全省助残“阳光行动”服务基地授牌仪式】　7月6日下午，第三批全省青年志愿者助残“阳光行动”服务基地授牌仪式暨泰州市志愿助残主题活动在姜堰区举行。该次行动以“让爱同行·共享阳光”为主题。团省委副书记司勇和省残联相关负责人为第三批江苏青年志愿者助残“阳光行动”服务基地代表授牌。司勇肯定泰州市及姜堰区青年志愿者助残行动取得的成果，要求各级团组织、志愿者协会为加快推进江苏青年志愿服务品牌化、制度化、信息化、常态化发挥应有作用。团市委书记、区委副书记孙靓靓等参加。

（张泽海　潘小乐）

【“青年之声·姜堰”心理服务联盟上线】 “青年之声·姜堰”是团区委运用互联网思维和技术打造的直接联系、直接服务、直接引导青年的网络互动社交平台，通过线上和线下活动，为青年在成长、创业、就业、婚恋、健康、志愿服务、心理、国学、维权等方面提供帮助。“青年之声·姜堰”心理服务联盟依托团区委组建的青少年心理咨询专家团，以“创新分享、合作共赢”为宗旨，线上为青年群体提供咨询服务，线下深入到学校、社区、特殊教育机构青少年群体中，开展公益宣传、减压讲座、健康课堂、团队培训、家长沙龙等活动，为青少年提供专业的免费心理咨询和心理健康教育服务，促进青少年健康成长。

（王　霞）

泰州市姜堰区妇女联合会

【概况】 2016年，区妇女联合会（以下简称“区妇联”）围绕群团工作新思路、新要求，适应经济发展新常态，履行职能，开展妇联工作，服务妇儿民生，服务经济发展。被评为2016年度区级机关效能建设“十佳单位”。

巾帼创业　巩固完善巾帼示范基地建设，申报省级农家乐基地、巾帼电商基地、创业创新孵化基地各1家。开展妇女创业“1+1”结对帮扶工作，组织女企业家与女科技工作者、女企业家与女大学生“村官”、女大学生“村官”与女农民开展结对共建活动，结成126对。

培训工程　开展电商培训，采用讲学和实际操作结合的模式，培训一大批电商创业女能人。开展实训服务，区妇联与区人力资源和社会保障局联合确定北斗方略美联盟等20家单位为创业培训实训基地，帮助基地周边妇女掌握实用技能。开展“印象溱湖·魅力女性”现代时尚礼仪培训。举办“关爱女性·预防两癌”健康知识讲座。

巾帼建功　加强“巾帼文明岗”规范管理，开展创岗交流，组织抽查考核。开展“巾帼向党·歌声飞扬”歌咏比赛、“活力机关·魅力女性”妇女运动会。通过姜堰妇联微信公众号发布移动公司、“110”报警台等“巾帼文明岗”岗位建功、岗位成才、岗位奉献的典型事迹。

巾帼维权　成立“巾帼法律服务团”，开展“法治姜堰·家庭先行”平安家庭创建活动，利用姜堰妇联微信公众号开展法律知识竞赛，举办婚姻家庭纠纷调解观摩现场会，民政、公安、法院、司法等部门专家以案说法。受理来信、来电、来访216起，解决家庭矛盾纠纷28户，区法院向因家暴选择离婚的刘某发出《中华人民共和国反家庭暴力法》出台后的第一张人身保护令。

爱心帮扶　开展“你的微心愿，我来帮实现”公益活动，帮助困境儿童110人。实施“关爱贫困孤儿”慈善救助项目，上争省慈善总会救助资金8000元，资助贫困孤儿8人。实施“春蕾助学”行动，上争省儿基会扶持资金30万元，区中等专业学校和蒋垛中学新办两个春蕾班，连续三年帮助65名贫困学生解决生活学业困难。上争中国少年儿童基金会物资60万元，扶持建设“儿童快乐家园”6家。开展“守护天使·姜城行动”关爱留守困境儿童活动，发放《“阳光天使”成长档案》600多本，采取“4+1”（给每名留守困境儿童配备1名“爱心人士”、1名“社会妈妈”、1名“教师妈妈”、1名“知心伙伴”）帮扶结对模式，通过助学、助养、助教、助乐等形式，为留守困境儿童送去物质资助和精神资助。开展“悦读吧”留守儿童与“社会妈妈”亲子共读交流活动，让留守儿童享受母爱。

家庭创建　开展“幸福姜堰·美在我家”家庭创建活动。举办“家的味道·生活秀”风采展示活动，引导广大家庭争创“厨艺之家”；举办“家的智慧·同悦书香”亲子阅读主题活动，引导广大家庭争创“书香之家”；开展寻找最美庭院（阳台）活动，引导广大家庭争创“绿色之家”。开展“让爱住我家——呵护成长‘罐’爱行”活动，引导广大家庭和孩子参与爱心行动，发放爱心储蓄罐500只。深化家庭教育，7所家长学校被评为“泰州市优秀家长学校”。

举办“家的味道·生活秀”风采展示活动

（张泽海　李明华　摄）

基层组织建设　开展村（社区）妇代会改建妇联工作，实现女性“两委”均达100%和村级组织换届“两高一低”（即村“两委”女性成员和正职女干部当选率高于上届、学历高于上届，平均年龄低于上届)目标。探索镇妇联区域化建设新思路，桥头镇建立家庭农场妇联，三水街道探索小微企业联合妇联新模式，梁徐镇组建留守妇女互助小组。建设“姜堰妇联”微信平台。组织22名律师志愿者与“妇女儿童之家”负责人结对。打造“解语花”“爱心苑”“蒲公英七彩小课堂”3个公益社工项目，分别被评为“江苏省妇女儿童公益社工服务”二、三类项目，获省财政厅专项扶持资金12万元。

【区妇联十三届六次执委（扩大）会】 1月20日，大会召开。会议回顾总结2015年工作，明确2016年任务。2016年，区妇联将围绕政治引领、创新创业、文明创建、权益维护、解难脱贫、自我革新6个方面，开展“三大培训系列”“姜堰最美女性评选”“法治姜堰、家庭先行”“守护天使、姜城行动”等工作。区委副书记戚才俊肯定2015年全区妇女工作。要求认清形势、理清思路、突出重点、务实工作、重视建设、大胆创新，发挥妇女“半边天”作用，引领妇女投身经济建设，促进妇女实现创业就业，动员妇女营造良好生态，维护好妇女儿童合法权益；建强妇联组织、打造特色品牌、创新工作机制，不断开创全区妇女工作新局面。

【庆“三八”系列活动】 一是举办纪念“三八”国际劳动妇女节暨首届“姜堰最美女性”颁奖典礼。会议展示创业女性、职场女性、孝顺媳妇、智慧母亲、贤惠妻子、“社会妈妈”代表们的先进事迹，表彰个人（集体）“最美女性”40人、“优秀女性”20人，3名“最美女性”介绍先进事迹和经验。区委书记李伟，区长李文飙，区人大常委会主任申泰州，区政协主席仲亚岭，区委常委、宣传部部长薛金林参加。二是开展“学雷锋，巾帼志愿在行动；反家暴，普法维权进行中”志愿服务。巾帼志愿者们为居民提供免费量血压、理发、修理自行车及法律咨询等服务。接待咨询群众200余人次，发放各类宣传资料2000多份。三是举办“庆‘三八’·架金桥”女性专场招聘会。86家企业提供会计、服务员、育儿嫂等工种20多个、岗位近1000个，进场1800多人次，达成意向性就业协议629人。

【首届“姜堰最美女性”评选活动】 该评选活动由区委宣传部、区文明办、区妇联、区广电台、姜堰日报社联合主办，区教育局、区文广新局、区建管局协办。分为推荐阶段、宣传阶段、投票阶段，候选人名单和事迹简介在姜堰妇联微信公众号、《姜堰日报》等平台公布。经过群众投票和组委会评审，从近27万张选票中选出“最美女性”40人、“优秀女性”20人。3月8日下午，纪念“三八”国际劳动妇女节暨首届“姜堰最美女性”颁奖典礼举行。吕卫勤、刘龙英、张小丽、陈海英、严桂娣、袁美兰、夏晓红、葛兰晓、储帷、戴香莲被评为“最美创业女性”，卜冬青、王秀兰、王艳梅、王新苗、王燕、吕红粉、陈红云、吴丽莉、吴茂平、黄夏平被评为“最美职场女性”，李琦、徐秀红、高建兰、黄顺梦、缪秀兰被评为“最美孝顺媳妇”，王秀舒、吕华兰、杨晓莺、杨敏、常春霞被评为“最美智慧母亲”，李方珍、陈璐、杨秋红、俞才凤、姜小艳被评为“最美贤惠妻子”，区法院少年庭、区公安局城南派出所女子社区民警队、姜堰地方税务局“税官妈妈”、钱素兰、万俊华被评为“最美社会妈妈”，申卫华、叶小慧、包露、刘灯桂、朱芝萱、肖正英、陈亚芳、张登兰、张筛扣、罗蓉、施马红、姜兰英、徐小兰、徐静、凌存梅、顾晓香、高霞、戚友凤、韩秀玲、程新兰被评为“优秀女性”。

【巾帼志愿服务】 打造“‘她’服务·‘微’爱行”服务品牌，建立“家庭教育公益讲师团”“巾帼法律顾问团”“巾帼创业联盟”“巾帼义诊服务队”“巾帼植绿护绿宣传队”“巾帼反邪教卫士”6支特色队伍。巾帼志愿者们通过“春日森林——巾帼护绿行”“夏日清风——巾帼维权行”“秋日红叶——巾帼扶老行”“冬日暖阳——巾帼爱心行”，常态化开展巾帼志愿服务。

【庆“六一”活动】 5月31日，区妇联庆“六一”爱心捐赠仪式暨“让爱住我家”亲子公益义卖活动在区实验小学康华校区举行。区领导向10名困境儿童送慰问金，区烟草专卖局给孩子们捐赠图书，10户爱心家庭领取爱心储蓄罐。与会人员向孩子们购买字画、图书、玩具等商品。区领导薛金林、钱拥军、花庆如参加。

（王　雯）

【区失依少年儿童联络中心成立】 1月29日上午，“结对牵手助推成长”暨失依少年儿童联络中心授牌仪式在区政府举行。该中心从失依少年儿童日常联络、身心关爱、心理帮扶等方面，建立政府主导、部门协调、社会参与的失依少年儿童关爱体系，使失依少年儿童关爱工作制度化、规范化，解决失依少年儿童关爱帮扶问题。区委常委、宣传部部长薛金林希望有关部门把节日温暖送到孩子身边，与全社会共同打造关爱失依少年儿童的民心工程、德政工程；希望孩子们把关爱化作力量，做到自重、自强、自立，怀着感恩的心做好爱的传递、爱的回馈。副区长刘文来向区失依少年儿童联络中心授牌。相关部门和志愿者给20名失依少年送慰问金和礼物。区领导钱爱社、陈文亚参加。

（嵇远平）

【全区首个家庭农场妇联成立】 6月22日下午，桥头镇家庭农场妇女第一次代表大会召开。会议由桥头镇妇联主持，选举产生全区首个家庭农场妇联，选举家庭农场妇联执行委员9人，其中主席1人、副主席2人，卞凤兰当选为家庭农场妇联主席。该镇有家庭农场148个，专职从事农场工作的妇女197人，农忙时参与农场工作的妇女1000多人。该家庭农场妇联为妇女提供就业、维权、学习、培训、文化娱乐等方面服务，实现区域内妇女组织的全覆盖和妇女工作的有效覆盖。

（鲍　仁）

泰州市姜堰区科学技术协会

【概况】 2016年，区科学技术协会（以下简称“区科协”）围绕区科协八届四次全会确定的目标，依靠广大科技人员和基层科协组织，开展“四服务一加强”（为科技工作者服务、为创新驱动发展服务、为提高全民科学素质服务、为党和政府科学决策服务，加强科协自身建设）工作，完成年度目标任务。被中国科协表彰为“2016年全国科普日活动优秀组织单位”；被省科协表彰为“江苏省《全民科学素质行动计划纲要》‘十二五’实施工作先进集体”，申报“江苏省海外智力为国服务行动计划工作基地”；获全市2016年度科协工作综合考核一等奖。

科普项目　组织相关学会、企业科协117名科技人员参加研发“讲理想、比贡献”竞赛项目12个、“金桥工程”项目11个，其中江苏姜堰船舶舾装件有限公司科协的“船用自主升降式铰链梯”等10个项目被评为优秀成果项目。

科普惠农工程　实施“科普惠农工程”重点项目25个，组织结对专家集中开展服务活动，举办实用技术培训班100多场次，发放自编教材近1万份。兴泰镇肉鸽养殖项目形成栏存种鸽20万对、年上市肉鸽300万羽的产业规模，销售上海及省内各大超市；桥头姜才蛋鸡存栏10万只，成为全市超大规模蛋鸡基地；三水龙虾养殖基地成为全省2家小龙虾良种繁育场之一；桥头镇桥头村创建成全国“一村一品”（香菇）示范村，沈高镇冯庄村创建成全省现代渔业示范村。

科技信息推送　组织企业科协引导科技人员直接引用和借鉴引用国外先进专利技术，为企业技术改造、技术创新服务。培训相关技术人员，设置专用电脑，为企业提供服务。下载技术专利光盘企业48家，引用国外专利技术11项、借鉴引用国外专利17项，申请专利13个，为企业节约研发资金1300多万元、增加销售1.2亿元。

学会科技服务　依托企业科协组织，建设省级学会服务区企业活动平台。省仪器仪表学会与区高新技术创业中心共建“姜堰创业服务中心分析仪器仪表协同创新科技服务基地”，与江苏新高科分析仪器有限公司、江苏泰达纺织有限公司等企业共建科技服务站。全区建立协同创新基地2个、首席专家工作站3个、科技服务站16个。

科普宣传　组织开展姜堰区第25届科普周、全国科普日活动，启动“科普姜堰”微信公众平台。组织31个部门开展重点科普宣传活动100多场次。展出科普图板600多块，送科技电影下乡15场，开展实用技术培训、科普讲座80多场，发放科技书籍、专刊、资料、手册等50多种3万余份，接待科技咨询1000多人次，参加活动科普志愿者1500多人次。区电台、区电视台播出稿件26篇，《姜堰日报》跟踪报道所有大型科普宣传活动，报道各镇（街道）、各联办单位科普宣传活动信息，政府门户网站义茶亭论坛参加并报道送科技下乡及集中科普宣传活动，近10万人次市民群众受到科普教育。

开展科普宣传活动

（陈燕华　摄）

科技工作者　实施“四比四看”学（协）会能力提升工程。组织各学会举办或承办学术交流和专题研究63次，参加人员4500多人次，在各级报刊发表论文382篇。区医学会、区农学会等区级学会举办承办省、市级学术交流9场次。江苏太平洋精锻科技有限公司承办全国第六届精密锻造学术研讨会，江苏江分公司科协承办国家级电分析仪器专刊，其他学（协）会举办较高层次培训班38期。组织科技工作者撰写合理化建议93条，70%被领导批示和采用。建立健全协会会员制度，重新修订表彰奖励和会员联系制度，落实全区1.4万多名会员联系工作。组织开展优秀科技工作者评选活动，2名科技人员被省科协表彰为优秀科技工作者。向各级党组织推荐入党积极分子206人，16名科技人员受到区委、区政府和泰州市表彰奖励，12名科技人员成为负责人。与省科协进修学院对接，举办培训班，东南大学、北京大学、省科技干部进修学院等单位教授、专家作辅导报告，各基层科协、企业科协秘书长，科普志愿者近180人参加。组织各学会、协会、企业科协为会员办理科技人员健康检查、职级晋升、学历培训等实事17项210多件。

基层组织建设　全区组建农学会、教育学会、医学会等区级学（协）会14家，组建园区科协3家、企业科协60家、镇（街道）科协14家、村协会262家，实现镇村科协组织全覆盖。

【区科协八届四次全委（扩大）会议】 3月16日上午，大会召开。区科协主席何剑代表区科协八届常委会向大会作题为《开拓进取 创新创业 奋力推进全区科协事业迈上新台阶》的工作报告，总结2015年科协工作，提出2016年科协工作安排。大会表彰2015年度全区科协系统先进集体31个、先进个人44人，命名一批科普示范镇、科普示范村、科普示范基地、科学教育特色学校和科普示范户。区科协副主席王少宁主持，区委副书记戚才俊发表讲话，区科协八届委员，各镇（街道）分管科协工作负责人、科协秘书长，区各学（协）会秘书长，各企业科协秘书长等110人参加。

【实施“六创一带”科普能力提升工程】 开展“六创一带”（创建科普示范镇、科普示范村、科普示范户、科普示范基地、示范农技协、科技特色学校，带动市民提升科学素质）科普竞赛活动，创建区级科普示范镇1家、科普示范村5家、科普示范户20户、科普示范基地2家、示范农技协2家、科学教育特色学校1家。罗塘街道古田社区创建成省科普示范村社区，娄庄镇曹阳草莓种植科普惠农服务站、大伦镇胡羊养殖科普惠农服务站被表彰为省优秀科普惠农服务站。张甸镇三彭村、张甸镇三野村、顾高镇塘桥村被选定为泰州市科普惠农工程优秀项目，桥头镇鸿程菇业被选定为泰州市优秀科普惠农服务站。罗塘街道科普馆西街馆被推荐为江苏省科普教育基地。桥头姜才蛋鸡养殖协会被中国科协、财政部表彰为全国科普惠农兴村计划先进单位。

【开展全民科学素质提升行动】 实施科学素质纲要，推进面向五大人群（未成年人、农村劳动力、城镇劳动人口、社区居民、机关工作人员）的科学素质行动。组织全区1.1万名中小学生参加省青少年科技创新大赛和第28届“国际科学与和平周”金钥匙科技竞赛，2016年被命名江苏省科学教育特色学校1家、江苏省科技辅导员1人、江苏省青少年科技创新标兵2人；以科普惠农工程、科普惠农服务站和科技示范户为载体，组织250多名科技工作者进村入户，推广新品种57个、新技术27项、新模式36个，培训农民1.5万多人次；提升城镇劳动人口技能，举办缝纫、家政服务等培训班20多次，开展技能比武等培养高技能人才500多人；开展“先锋社区行”，科普站台送智服务队举办“社区科普讲坛”12场，投入近100万元建成罗塘街道社区科普馆，接待社区市民、学生等近万人次；开通“科普姜堰”微信公众平台，通过发送手机短信微信、赠送科普专刊、开辟《科普之窗》栏目等向机关工作人员普及科技创新、科学方法等方面新观念、新知识。

【罗塘街道科普馆开馆】 9月19日上午，姜堰区2016年全国科普日活动启动暨罗塘街道西街社区科普馆开馆仪式在中天清华园举行。区委副书记孙靓靓、市科协副主席谷少平为罗塘街道科普馆揭牌，启动“科普姜堰”微信公众平台。科普日活动持续一周，以“创新放飞梦想 科技引领未来”为主题，开展科普展览、科技体验、科普讲座、科技咨询、健康义诊等系列活动，向市民宣传智慧生活的基本知识和方法，倡导生态环境保护理念，普及安全健康的生活方式。区委常委、组织部部长，罗塘街道党工委书记丁志强，区科协主席何剑及有关单位负责人出席启动仪式。

（钱后勤）

泰州市姜堰区残疾人联合会

【概况】 2016年，区残疾人联合会（以下简称“区残联”）围绕残疾人社会保障宽领域全覆盖和“普惠+特惠”原则，实施“就业保障工程”“创业梦想工程”“康复进社区・进家庭工程”等重大工程，推进社会保障体系和服务体系建设，增强残疾人获得感和幸福感。

残疾人社会保障　围绕《关于完善困难残疾人生活补贴和重度残疾人护理补贴制度的意见》，区残联和民政部门开展下半年“两项补贴”审核发放工作。落实各项残疾人救助政策。向低保对象以外无法定生活来源的2604名重度残疾人发放生活救助金791万元；向生活不能自理的1806名重度残疾人发放护理补贴94.68万元；按照低保60%的标准，向一户多残、以老养残的911名贫困残疾人发放特困残疾人救助金166.88万元；向在低保中的569名重度残疾人发放重残补贴金21.28万元。开展残疾学生教育救助工作。对113名中小学残疾学生实施教育救助，救助金额1.55万元；一次性奖励考入高中及以上大中专院校的31名残疾学生及贫困残疾人子女，奖励金额6.6万元；向高中、高校阶段的81名在校残疾学生发放省级专项教育补贴10.05万元；向高中阶段全日制在校的74名贫困残疾人家庭子女和残疾学生发放泰州专项教育补贴4.05万元。

残疾人康复托养　开展精神病防治工作。给全区696名贫困精神病患者免费送药，做到医生随行送药、当场见面给药、对症下药，送医送药工作基本实现全覆盖；贯彻落实《重性精神疾病患者集中收治办法》，免费集中收治肇事肇祸重度精神病患者83人。组织眼科专家开展眼病义诊咨询活动，实施白内障筛查。筛查出白内障患者789例，完成白内障复明手术526例，为100名贫困白内障患者实施免费手术。投入经费126万多元，开展残疾儿童康复工作。举办康复训练班4期，免费康复0~14周岁残疾儿童326人次，残疾儿童的社会认知能力和生活能力提高，显好率95%以上。健全组织管理，规范服务流程，开展残疾人托养工作，提升托养对象劳动技能和参与社会生活能力。年内托养148人次，基本做到社会满意、家长满意、残疾人满意。

残疾人创业就业　根据区托养中心入托残疾人的特点，与泰州市社区应急互助联盟联合建立“爱心盆栽”农疗基地，带动残疾人和贫困家庭成员就业创业。选拔30名残疾人参加电商创业进阶培训班，其中创业典型被纳入创业先锋队。组织全区有就业需求的120多名残疾人参加泰州市残疾人就业援助专场招聘会，现场达成就业意愿10多人。

残疾人文体宣传　组织助残日系列活动，区四套班子主要领导开展走访慰问，社会各界开展系列志愿者助残活动。组织残疾人参加各类体育比赛。卢亮获里约残奥会复合弓女子W1级个人第五名、复合弓W1级混合团体第七名；徐榕浩在2016年江苏省第七届全民健身运动会暨残疾人游泳锦标赛中获3枚金牌，王志祥和李欣在残疾人田径锦标赛中分别获2枚金牌。区残联联合电台、电视台、报纸、网站等媒介，打造《残疾人之声》《残疾人之友》等宣传平台，开展残疾人政策、法律和残疾人先进典型等宣传。播出电视专题节目48期、电台《残疾人之声》栏目24期，刊发《姜堰日报》专栏6期，与《江苏法制报》《江苏经济报》等报纸联办专版，在各类网络用稿近400篇以上。

【“残疾人之家”创建】　为完善基层残疾人服务网络，向残疾人提供更为便捷的服务，区残疾人托养中心、区特殊教育学校、区益民精神病医院、娄庄镇残疾人庇护安养所、大坨镇申扬村5家单位对照“七有”（有合法的法人登记注册、有独立的财务核算、有统一的名称和标识、有适宜的活动场所、有管理服务队伍、有健全的管理制度、有安全保障）建设标准，共同开展“残疾人之家”创建活动。已启动法人登记注册工作，预计2017年11月底完成创建任务。

【残疾人幸福生活推进计划】　全区10个社区完善社区康复室、图书阅览室和日间照料室，为413名残疾人家庭开展康复器材进家庭、训练指导进家庭、无障碍设施进家庭以及康复知识进家庭服务活动。免费赠送、配发各类康复辅具1236件套。

【残疾人证清理】　2016年3—6月，根据省、市《关于集中开展假错空残疾人证清理工作的通知》要求，全区开展清理复核残疾人证工作。制定下发《清理假错空残疾人证工作计划安排表》，明确工作责任，落实工作任务，做到回收与初核结合、年检与整改结合、核查与复议结合。全区清理出假错空残疾人证1200多个，其中死亡575人、等级发生变化627人、“无法联系查无此人”2人、空挂户4人、迁出1人。

【残疾人信息调查】 从年初起，区残联组织力量，开展残疾人基本服务状况与需求信息数据动态更新业务知识培训，组织信息采集员入户开展残疾人信息数据动态更新工作，做到镇不漏村、村不漏户、户不漏人、人不漏项，减少信息统计工作误差率。全区开展入户调查16160多户，入户调查率97%，调查完成率100%，通过泰州市审核验收。

（殷鸿禧）

泰州市姜堰区红十字会

【概况】 2016年，区红十字会围绕年度工作目标，团结依靠广大志愿者，履行职责，开拓创新，完成年度目标任务。

救助活动 围绕博爱主题，开展系列救助活动。联合区中医院实施“幸福重生”康复治疗救助项目，救助家庭贫困失能患者50多人，补助医疗费20多万元。开展救助白血病患者、先天性心脏病儿童和恶性肿瘤儿童患者活动6次，救助各类患者120多人次。开展博爱助学、助残、助老活动6次，为近400名贫困学生、残疾儿童和孤寡老人发放救助款物近20万元。与蒋垛、沈高、梁徐等学校红十字会联合开展以关爱留守儿童为主题的系列活动，慰问留守儿童200多人，发放救助款物8万多元。开展“博爱送万家”活动，发放救助款物20多万元，受益群众500多人。

救护培训 与区卫生计生委联合制定应急救护培训计划，分解落实任务，调配培训师资。截至10月底，到华港镇、俞垛镇、大坨镇、省姜堰第二中学、交警大队、化肥厂等机关、学校、企业、社区开展培训120多场次，培训各类人员13028人，其中培训救护员818人。建成红十字应急救护培训中心2个，定期开展救护培训。与区卫生计生委联合筹建应急救护体验馆。

志愿服务 注册成立姜堰区红十字志愿服务队，统一配置志愿者服装和装备，建立健全志愿者管理规章制度。举办志愿者培训活动10多次，讲授红十字知识、应急救护知识、献血知识等。组织红十字志愿者开展红十字志愿服务活动。2016年春节前夕，组织开展“博爱送万家”活动、送爱心年夜饭活动、为贫困学生织毛衣活动；5月7—8日，为亚洲铁人三项赛参赛选手实施应急医疗救护近百次，得到国家体育总局医务代表冠宗国肯定；6月14日“世界献血日”，开展红十字志愿者无偿献血活动，动员亲朋好友献血；重阳节前夕，到顾高敬老院开展志愿服务活动；联合区中医院定期开展下乡义诊活动；协助区红十字会开展救护培训、造血干细胞捐献再动员等工作。

【红十字青少年工作】 区红十字会与区教育局联合开展红十字知识校本教程工作，完成相关资料收集整理、编写方案制定和脚本内容编写，讲课视频录制在进行中，预计下学期可在全区各学校推行。沈高学校、蒋垛小学、梁徐小学等学校开展“红十字宣传周”、红十字知识及防灾避险知识宣传、救护知识及防震知识竞赛等活动。暑假期间，举办留守儿童红十字夏令营活动，让留守儿童接受红十字文化教育、掌握应急救护知识、了解姜堰历史、体验地震情况及应对方法、参观海军纪念馆，50多名留守儿童参加。

【造血干细胞捐献】 区红十字会与区血站沟通联系，制定造血干细胞采样计划和方案，落实专人到献血车动员符合条件的献血者加入捐献造血干细胞志愿者队伍。每次开展救护知识培训前，宣传造血干细胞捐献知识，定期组织红十字志愿者到街头开展无偿献血和捐献造血干细胞宣传活动。2016年，全区造血干细胞采样176

例，提前6个月完成省、市下达任务，再动员回复速度和成功率两项指标在全市名列前茅。实现首例造血干细胞捐献。

（凌雨佳）

【全区首例造血干细胞捐献】 姜元军，姜堰区大坨卫生院副院长兼防保组组长。2001年开始参加无偿献血，累计献血4100毫升。2009年4月加入中华骨髓库，成为一名造血干细胞志愿捐献者；2015年10月，姜元军留存的血样与一名患者初配成功；2016年1月8—13日，姜元军在东南大学附属中大医院捐献造血干细胞血液144毫升，成为姜堰区第1例、泰州市第18例、江苏省第472例、全国第5399例造血干细胞捐献者。2016年1月13日，副区长、区红十字会会长刘文来到东南大学附属中大医院看望慰问姜元军。

（顾冬梅　童东旭）

泰州市姜堰区关心下一代工作委员会

【概况】 2016年，全区各级关工委开展宣传教育、关爱特殊青少年群体、引导青年创业、校外辅导等工作，取得实效。

教育宣传　区关心下一代工作委员会（以下简称“区关工委”）下发《关于开展“学党史、学国史，听党话、跟党走”主题教育活动的实施意见》，部署全区学“两史”活动。举办“学习党史国史，寻访红色足迹，争做‘三爱’（爱祖国、爱劳动、爱学习）青少年”主题教育活动启动仪式；开展走访调查，将蒋垛苏维埃纪念馆、姜堰博物馆、克强学校红色乡土文化课程基地等27个纪念馆（碑、园、遗址）列为青少年学“两史”实践体验基地；组织中小学生寻访红色足迹；15名“五老”（老干部、老战士、老专家、老教师、老模范）志愿者组成宣讲队，编写“知党心、感党恩、跟党走”“长征精神永放光芒”“勤读党史国史，争做听党话、跟党走的好孩子”“读书与爱国”等讲稿15篇，宣讲45场，受教育青少年2万多人。开展“老少携手三寻访”（寻访红色足迹、教育基地、乡贤楷模）活动，3000多名少先队员参加。组织红领巾和部分小记者寻访抗日老兵宋春霞、老红军吴九成。开展“党在我心中”征文、故事大赛和“两史”知识竞赛活动，3000多名学生参加。“两史”知识竞赛评选出一等奖10人、二等奖20人、三等奖30人；故事大赛选出2人参加泰州市比赛，均获二等奖。在蒋垛中心小学开展“传承红军精神，做革命接班人”活动，纪念红军长征胜利80周年。101岁老红军吴九成走进校园，讲述红十四军革命故事，参加一年级新生入队仪式，成立“吴九成英雄中队”，吴九成被聘请为少先队志愿辅导员。开展宣传报道。撰写“两史”教育方面典型报道“国旗日日升，板报周周新，村史代代传”、纪念长征胜利80周年人物故事“百岁老人的红军路”分别在《中国火炬》第7期、第11期登载；创业典型戚小燕的“只要坚持，梦想总是可以实现的”和“百岁老红军吴九成，80年心愿今朝圆”在《中国火炬》官网登载；“五老”宣讲员朱积光的“为了青少年的明天”在教育部主办的《社区与教育》杂志登载；“三着实招育后人，红色教育沃乡土”“姜堰区关工委在青少年中深入开展‘两史’教育”在《铁军》杂志第6期、第8期登载；“让每一朵百合都有春天”“构建青少年健康成长的绿色通道”“初心不改一路行”“‘2+1’结对帮扶失依少年儿童”等多篇文章在《江苏关工》登载；一批图片新闻、活动报道分别在《新华日报》《关心下一代周报》《泰州日报》《泰州关工》登载。

关爱特殊青少年群体　一是关爱失依孤儿。走访调查全区孤儿，建立档案；实行“2名联络员+1名监护人”的“2+1”结对关爱，每1名失依少年儿童有联络员2人，其中1人是所在地具有爱心并有一定经济能力的志愿者、1人是就读学校教师；成立失依青少年联络中心，定期开展活动，春节前开展慰问孤儿和特困儿童活动。二是关爱留守儿童。在校外辅导站开设“留守流动儿童之家”；设立“亲情电话”；为留守流动儿童定制课程，拾遗补阙；联合有关部门组织留守流动儿童开展各种活动。“六一”期间，区关工委联合团区委带领百名失依儿童、留守儿童游溱湖、庆“六一”，活动图片新闻在《泰州日报》头版登载；给康复中心每个残障儿童送礼品；看望慰问区特殊教育学校学生79人。各镇（街道）关工委开展关爱活动。区关工委撰写“让每一朵百合都有春天——姜堰区关工委关爱特殊青少年工作纪实”在《江苏关工》全文登载。三是关爱失足失范青少年。全区37名“五老”与37名青年矫正对象结对，签订帮教协议。溱潼镇关工委集中培训参与社区矫正工作的“五老”志愿者；大坨镇关工委组织矫正对象培训法律知识，其做法得到区司法局肯定，在全区推广。开展法律宣讲和网吧监督，净化青少年成长环境。

引导青年创业　全区100多名“五老”参与“成长‘1+1’，结对青年助创业”活动，引导青年农民创业。80多名农学会会员入驻53家专业合作社、规模种养大户，实施科技帮扶。280多名科技人员参与科技入户活动，指导农户3000多个。“养鸵鸟的人”石正君被中央电视台报道，丁谦军获省“青年农民创业之星”称号，“稻田里的养鱼人”孙飞被江苏电视台报道。开展农业实用技术培训，培训青年农民150人；开展实用技能培训，培训200多人；开展电子商务培训，培训160多人。培训形式由技术普及向典型引路转变，由专家授课向基地实训延伸。河横施阳农场“撑着蚊帐种大米”的场主施阳到南京、上海、苏州等地科研院所拜访专家，请北京留美博士、农业专家到农场实训，按照CS项目运作，种植“蚊帐大米”，通过欧盟检测。全区2300多名“五老”参与帮扶青年农民创业，建成专业合作社1297个，创办家庭农场1234家。10月19日，区关工委召开姜堰区青年创业交流会，命名河横施阳农场等“青年创业示范基地”20个。

【校外辅导站建设】　区关工委、团区委、区教育局等有关部门联合开展校外辅导站建设。暑假期间，全区19个青少年活动之家、72个校外辅导站开课，有兴趣班、文体活动班、补习加强班，辅导内容“一站一特色”，如梁徐的机器人，桥头的足球、剪纸，华港的腰鼓、莲湘，俞垛的“五微”（微讲堂、微感动、微展示、微心愿、微宣传）活动等。各校外辅导站将留守儿童和外来务工人员子女作为关注重点。俞垛镇连续3年在外来务工人员较多的俞垛龙沟电镀厂开办企业暑期辅导班，大学生“村官”、“五老”志愿者陪伴外来务工人员子女学习娱乐；梁徐镇创办“留守儿童之家”，有留守儿童57人。

（全玉英）

泰州市姜堰区老区建设促进会

【概况】　2016年，区老区建设促进会、扶贫开发协会（以下简称“区‘两会’”）贯彻区委、区政府决策部署和省、市“三会”（老区开发促进会、扶贫基金会、扶贫开发协会）要求，开展老区建设和扶贫开发工作，取得较好成效。

宣传工作　结合重大时间节点、重要纪念日，开展老区宣传。白米镇、桥头镇等9个镇“两会”组织开展纪念长征胜利80周年活动。利用群众喜闻乐见的形式宣传老区。俞垛镇村“两会”成员协助10个村组建文艺演出队，演出场次均在10场以上；张甸镇“两会”组建专门写作班子，编写老区宣传资料；溱潼镇“两会”利用重要纪念日、溱潼会船节、溱潼古镇景点和溱湖旅游度假区等，开展革命传统教育；梁徐镇坡岭村分会20世纪90年代成立，由16名离退休干部组成，每天升国旗，每周出黑板报，从2001年起编写村史《百年坡岭村》，2007年完成，总字数23.3万字，填补中国村史空白，是开展爱国、爱家、革命传统教育的乡土教材。年内，区“两会”收到各类稿件100多篇，印发会刊《姜堰老区工作》12期，刊用老区宣传稿件71篇，其中被国家、省、市级老区宣传刊物分别转载4篇、10篇、16篇。

调查研究　全区“两会”成员参与调研530多人次，形成调研文章70多篇，提出工作建议近600条，被采纳520多条。溱潼镇“两会”组织7人组成调研组，4次下村、进社区调研，形成书面调研报告2份，均被老区宣传刊物录用。其中《老少同行，创业创新》的调研报告被省农村人力资源开发研究会《创业就业》杂志刊用。区“两会”到14个镇开展调研活动，帮助总结“三农”方面经验，调研“两会”工作遇到的新情况、新问题。区“两会”联合区委农工办两次到两个定点村开展建档立卡户脱贫情况调查，形成调查报告上报。把调研与解决实际问题、办实事结合。各镇“两会”组织参加秸秆“双禁”督察3000多人次，参与矛盾纠纷调解近千人次；“两会”成员做有影响的实事1100余件。

扶贫帮困　建设扶贫志愿者队伍，吸引有经济实力的私企业主、专业大户、技术能人加入。全区有“两会”扶贫志愿者3200多人，比上年增加300多人。溱潼镇每村（社区）都有一支不少于32人的扶贫志愿者队伍，全镇有扶贫志愿者437人。镇村“两会”调查贫困、低收入农户情况，安排“两会”成员、扶贫志愿者结对挂钩帮扶。全区“两会”系统结对挂钩帮扶1116户，比上年增加200户，全部登记造册。坚持因地因户制宜、分类施策。帮助想致富少思路的贫困、低收入农户选项目，搭建增收平台；帮助想就业无途径的贫困人员联系、安排就业岗位，增加工资性收入；帮助有思路缺资金的农户筹措启动资金。全区“两会”帮助落实种养项目372户、工业项目138户、第三产业项目130户，安排劳力就业207户，帮扶资金315户。成立区“两会”扶贫基金会，将每年40万元基金利息作为区“两会”扶贫资金，明确扶贫资金投向范围和对象。年内扶贫项目71个，贴息19.95万元，按项目贷款额3%贴息，贴息总规模近700万元。直接资助或参与有关方面资助贫困学生211人42.6万元。其中，集中资助非义务教育阶段贫困学生101人20.2万元，按每人一次性2000元资助；推荐8名贫困生到省“三会”明确的扶贫教育基地扬州技师学院、扬州天海职校、海安双楼职校就读，资助每人1000元，合计8000元；参与泰州市“三会”开展的“春风助学”行动，当年有贫困生22人，资助每人3000元，合计6.6万元；大纶镇在外企业家缪昌文从2016年秋学期起，资助省姜堰中学建档立卡高一贫困学生50人，每人每年2000元，直至完成高中学业，当年捐助10万元，累计捐资助学30万元；姜堰房地产企业碧桂园资助姜堰实验小学贫困学生30人5万元。开展主题活动募集救助资金。华港镇“两会”开展扶助孤老系列活动，镇扶贫志愿者韩冰清夫妇每年捐资5万元，资助孤寡老人25人，连续5年，2017年春节前第三次发放到位。张甸镇“两会”10多名“两会”成员、扶贫志愿者连续10多年，每年冬季开展为贫困老人送温暖活动；梅垛村扶贫志愿者钱忠官从2002年起，每年给全村50多名60岁以上老人送敬老金3万元；张甸村老区分会会长任荣寿连续12年，在春节前到敬老院看望老人，送红包、送鱼肉。许多扶贫志愿者参加镇村为新农村建设组织的专项资助活动。年内“两会”成员、扶贫志愿者捐助各类活动315万元，全部用于定向扶贫。曙光集团公司总经理、白米镇扶贫志愿者蒋家华先后捐助扶贫、社会公益等方面资金2000多万元，其中个人用于扶贫100多万元，被省政府表彰为全省扶贫先进个人。

组织建设　组织实施“乡村基层组织建设推进年”活动。年初转发泰州市“两会”2016年1号文件，部署全区活动；7月，在大纶镇召开基层组织建设推进年活动现场会，参观镇“两会”及两个村分会现场；12月中下旬，检查验收各镇（街道）开展活动情况，重点验收“五有”（有组织网络、有各类活动、有规章制度、有档案资料、有办公地点）建设，提升自身建设水平。全区16个镇（街道）全部建有“两会”工委，有成员187人。264个村（社区）全部建立老区分会，有分会成员3258人。90%的村民小组建立会员小组，基本实现“两会”组织全覆盖。制度规范完善的村198个，占总村数70%以上。16个镇（街道）“两会”基本做到各类资料齐全，其中重视各类资料归档的村分会198个。村分会有活动阵地的村248个。

（仇志民　印　明）

社会治安综合治理

【概况】 2016年，全区围绕经济社会发展大局，推进社会治安综合治理“三张网”（立体化现代社会治安防控网、多元化矛盾纠纷预防化解网、社会化基础综合服务管理网）建设，抓好综治平安建设，维护社会和谐稳定。群众安全感、政法机关和政法队伍满意率全省第一；姜堰区连续15年获评省平安区，被表彰为全省综治工作先进区；综治平安绩效全市第一。

现代社会治安防控　完善技防城二期工程，初步形成“人、车、电、网、像”等立体化采集系统和覆盖全区的技防网络，建成省“技防城”。公安大数据指挥中心投入使用，整合各类社会信息数据近2亿条，视频综合实战应用平台获省公安厅科技强警奖。构建指挥调度与情报研判、应急处置、巡逻防控、舆情引导、技术保障“一体化”运行机制。建设反恐应急小分队、治安特勤队、机关合成行动队3支队伍，固化城市重点部位定点武装执勤机制。调整城区巡区，整合巡防、交警和辖区派出所力量，实行“棋盘式”布警和“四班三运转”勤务模式，巡防民警驻所先期处警和临街店铺治安联防常态化。建立常态、加强、战时3个等级巡防勤务模式，构建干线公路、城区值勤点、农村集镇网格化“三道巡逻圈”。建成覆盖城乡的平安义工组织，落实有奖举报制度，构筑群防群治网络。全区刑事案件、可防性案件发案率比上年下降15.1%、14.8%。落实居住证管理条例，开展户口清理整顿。健全执法工作者、社工、志愿者“三位一体”服务管理模式，为所有在册社区矫正人员配备定位手机，实现终端定位全覆盖。加强戒毒社工“一岗多责”要求，提升吸毒人员动态管控率。健全易肇事肇祸精神障碍患者排查登记、信息共享、收治预防等五项机制，落实家庭监护“以奖代补”措施。依托“未成年人司法保护基地”“留守儿童维权基地”“预防青少年犯罪基地”等载体，推进青少年群体“成长护航工程”，连续5年实现在校学生零犯罪，未成年人犯罪率同比下降。

矛盾纠纷预防化解　建立“红、橙、黄、绿、蓝”五色情报预警机制，超前预警并化解处置重大矛盾问题和不稳定事件70余起，组建“风险专题库维护应用”工作小组，实施稳评项目55项，未发生重大涉稳事件。推进大走访、大接访活动，镇（街道）班子成员常态坐班接访，落实首问负责制。通过网格排查、定期排查、日常排查、集中排查，常态开展“村（居）每周、镇（街道）半月、全区每月”集中排查，深化矛盾纠纷排查化解双月专项行动和调处“百日”专项活动。落实“一个问题、一名领导、一套班子”要求，做到一包到底，重大活动期间基本实现“无滞留、无登记、无滋事”目标。推进“纵向贯通、横向连通、社会参与”大调解体系建设，加强区、镇、村调解平台主导作用，行业性专业调处组织增加到13个，元老会、老娘舅、刘姥姥话吧等自发性民调组织示范带动效应明显。全区建立人民调解组织376个，环境保护专业调解组织、华港镇人民调委会、罗塘街道北街社区人民调委会被评为“江苏省人民调解委员会规范化建设示范点”，张甸镇李明亮被评为全省“最美人民调解员”。健全多元化解告知制度，引导群众依法理性表达诉求。出台诉讼外调解司法确认细则，为非诉调结果提供效力保障。推行多调对接，健全人民调解员派驻法庭、诉讼案件委托调解等制度，出台诉调对接工作实施方案，实现调解、裁决、仲裁、诉讼等手段无缝衔接。在涉法涉诉信访案件中，律师化解矛盾纠纷88起，解答群众法律咨询400多件。借助稳评组织、阳光巡回理事协会和法学会3个专家库，建立调解“智库”，解决调处难度大、涉及面广的疑难复杂纠纷，化解“钉子案”“骨头案”23件。

基础综合服务管理　依托社会管理服务三级平台，开展基层综治平安建设，推进平台等级化评定、信息化建设和实战化应用。按照“五个网上”要求，加强三级平台分析研判、处置调度、协同督办作用，实现交办、会办、督察、考核“四个统一”。加强社会管理服务，形成区、镇两级政法委领导、三级综治办具体负责的“一轴多层”立体化平台架构，区社会管理服务中心创建成一级中心。针对城区社区治理特点，调整城区社区网格划分，将重点人员稳控、消防隐患排查、“扫黄打非”举报、弱势群体帮扶等列入网格员职责范围。提高网格化服务管理组织程度，完善网格员选聘上岗、督察指导、考核评议等环节，将群众满意度作为重要指标纳入考核体系，网格建设补助资金实行考核发放，淘汰超龄、不具备履职身体条件或因主观过错引发恶性事件的网格员。按照“一周一活动、一月一督察、一季一过堂”项目化要求，深化系列平安创建内涵。开展“六无”平安社区创建，加强创建过程管理。围绕平安互联网创建，加强网络源头监管，健全网情实时监控机制，在重点部门设立网安警务室，举报、处理有害信息。围绕平安寄递、物流创建，开展重点因素服务管理、寄递行业规范管理、社会力量组织发动三大行动，推进收寄验视、实名收寄、过机安检“三个100%”。围绕平安家庭创建，完善矛盾纠纷多元对接机制，开展“妇女儿童之家”与律师结对签约活动，推进婚姻家庭纠纷依法化解。出台推行“政社互动”的实施意见，加大社会组织培育力度，新增社会组织67家。出台加强社会工作专业人才队伍建设的实施意见，健全社工激励保障机制，职业水平考试通过率显著提升。

法治姜堰建设

【概况】 2016年，全区围绕依法治区基本方略，推进“七五”普法、依法行政、公正司法，提升群众参与度、获得感、满意度。姜堰区被表彰为全省法治建设示范区、全市“六五”普法先进区，法治建设满意度保持高位。

普法宣教　编印发放领导干部学法笔记本3500余册，举办“万人学法活动”，开展“法润姜城·2016春风行动”，建立“服务企业普法微信群”。开展“百庭进村、百案讲法”，走进镇村巡回开庭审理47次。在姜堰中根驾校设立“危险驾驶巡回法庭”，开展案件审判“六进”（进机关、进乡村、进社区、进学校、进企业、进单位）活动。将法治文化元素融入镇（街道）法治文化广场、法制宣传一条街、十里滨河法治文化观光带等，实现镇（街道）法治文化基础设施建设全覆盖。完善区法治宣教中心功能，青少年法治教育“燕姐姐课堂”实体入驻，形成“线上+线下”普法新模式。加强新媒体普法，区委政法委“守望姜堰”微信公众号开通上线；区检察院微电影《润蕾无声》获省微视频大赛三等奖，“亲民检务”公众号被评为全省“十大司法微信”；区法院微博获评“泰州市最具影响力官方微博”，立体化平安法治宣传形成常态。成立姜堰区普法志愿者大队，全区登记造册普法志愿者1000余人。建立姜堰区崇法社会组织培育中心。

执法司法　深化法官、检察官员额制改革，完善人员分类管理，建立独任检察官和检察官办案组两种办案模式，落实“谁办案、谁决定、谁负责”改革要求。区法院组建4个“法官+法官助理+书记员”审判团队，推行专业化审判，建立要素化审理、软件化运算、格式化文书“三化”办案模式。区检察院被省高检明确为内设机构改革试点院，自主研发“智检+”掌上办公平台，实现日常事务管理掌上运行，相关做法在全省检察工作会议上交流。建立网上办案和执行指挥中心应用系统，所有案件审理实现“三同步”（同步录音、同步录像、同步显示法庭记录），在互联网公开裁判文书7884份，直播庭审1215场次，发布白皮书2期、典型案件30件。连续四年开展“千人听案评案”活动，年内组织听评案件10场600多人次；选择5件有代表性的案件开展旁听庭审，收到有效意见20余条。开展“百案评查”，市政法部门一线业务骨干组成评查组，现场反馈问题，提升办案质效。制定加强公安派出所刑事侦查活动监督实施意见，建立驻派出所检察官办公室制度，加强刑事侦查过程监督。区人大常委会评查《中华人民共和国道路交通安全法》《江苏省道路交通安全条例》《江苏省物业管理条例》等法律法规贯彻落实情况，跟踪监督前期执法检查审议意见落实情况，促进司法行政机关工作人员正确使用职权。

法治实践　完善政府法律顾问制度，明确工作职责和报酬标准，保障督促法律顾问参与政府决策、执法活动。深化行政审批制度改革，清理15个部门48项行政审批事项。审查政府常务会议题26项、各类合同20多份。开展规范性文件清理，梳理47家单位456件文件，废止和失效179件。制定加强行政应诉工作意见，行政机关负责人出庭应诉率100%。加快区、镇、村三级公共法律服务平台实体化、标准化建设，全区行政村司法行政服务站建成率100%。加强法律援助服务，提升“12348”法律服务专线考核标准，开展办案质量“全程无缝式管理”专项活动，接待来访咨询4652人次，接听来电咨询614次，办理法律援助案件880件。建立“村村法律明白人”培育制度，各村（居委会）明确1~2名“明白人”参与重大决策、法律咨询、法治宣传和矛盾化解。实施法治为民办实事项目。建立生态环境执法司法联动保护机制，侦办环境污染犯罪案件2起；加强食品安全风险防控，建立标准化食品快速检测室9家，定期发布抽检信息；开展知识产权执法维权“护航”行动，查处假冒专利案件51件；完善交通管理服务体系，查改安全隐患，全区道路交通事故数、亡人数、伤人数、直接经济损失4项指标大幅下降；加大生效裁判执行威慑和惩戒力度，推进执行联动工作机制，各类案件执结率比上年上升31%；搭建“微警务”移动互联网综合服务平台，推进“互联网+”和警务、检务、审判执行、法律服务结合，“姜堰公安微警务”开辟6个服务板块，提供便民服务56项，“网上检务公开大厅”打造集控告举报、行贿档案查询、律师阅卷等于一体的“网上为民服务中心”；加强诉讼服务中心标准化建设，调整窗口设置，实行一次性告知制度，减轻当事人诉讼负担。

（汪　科）

【法治政府建设】 2016年，区政府法制办公室（以下简称“区政府法制办”）贯彻落实《国务院关于加强法治政府建设的意见》《法治政府建设实施纲要（2015—2020年）》，围绕建设职能科学、权责法定、执法严明、公开公正、守法诚信的法治政府目标，开展工作，完成各项目标任务。

规范性文件审查清理　执行政府工作规则和重大决策程序规定，推进依法行政。对涉及新农村发展、重点项目建设、搬迁安置、规划征地等重大事项，做到征询意见，开展协商和风险评估论证，区政府作出的决定、文件、会议纪要和签订的合同，常务会讨论的议题均经合法性审查，区政府法制办审查政府常务会议题26项、各类合同20多份。编制规范性文件制定计划，出台《泰州市姜堰区建筑施工企业信用等级评定办法》等规范性文件3件。开展规范性文件清理工作，审查文件是否符合法律法规和现行政策规定、是否符合行政审批制度改革要求。梳理出2005年以后以区政府、区政府办名义出台的规范性文件456件，涉及文件起草、执行单位47家，保留文件277件，废止和失效文件179件，清理结果通过政府网站公布。

复议诉讼办理　畅通复议渠道，加强文书说理，办理行政复议案23件，实现案结事了。出庭代理以区政府为被告的行政诉讼案件15件，无败诉，每起案件均提交答辩状和证据、依据，注重法律效果和社会效果统一。从各部门精选典型疑难复杂案件17件，进行书面剖析，以点带面，指导行政执法工作。

行政执法监督　6月，评查32家部门执法卷宗。10—11月，组织全区近2000名行政执法人员参加公共法律基础知识培训考试。升级电子政务服务系统，搭建市区联通，集政务公开、行政审批、便民服务等功能于一体的政务服务平台，实现行政权力统一运行和行政权力事项数据统一管理。通过平台公布行政权力“五张清单”，方便群众办事、部门办公。

法律服务　开展法务谈判，区政府法制办参与完成时代超市地块收回、工业污水处理等重大项目谈判近10起。开展矛盾协调工作，与扬州广陵法院、唐山中院协调处理有关土地执行案件，避免财政损失近千万元。

【法治政府建设改革】　分析总结法治政府建设取得的成绩和面临的新情况、新问题，找准薄弱环节和存在问题，完善依法行政考核体系，将政府法律顾问制度建设和政府合同法制审查纳入得分标准。出台《区政府法律顾问工作报酬支付办法》《区政府办公室关于加强行政应诉工作的意见》，落实政府法律顾问制度建设和行政负责人出庭工作。深化行政审批制度改革，清理15个部门48项行政审批前置中介服务事项和收费项目，其中取消11项、保留37项。

（徐爱明）

公　安

【概况】　2016年，全区公安机关围绕深化公安改革、推进“四项建设”（基础信息化、警务实战化、执法规范化、队伍正规化）总体部署，以新一轮警务现代化建设引领公安发展方向，维护全区社会稳定，完成各项目标任务。全区群众安全感和人民群众对公安工作的满意率分别为97.5%、95.55%，两项数据在全省101个县（市、区）中均排名第一。区公安局被表彰为江苏省文明单位、全省“六五”普法先进集体，综合绩效考评列全市第二，获评“2016年度县级公安机关综合考评优胜单位”“护航发展先进集体”。2人立个人二等功，29人立个人三等功，2名民警分别被表彰为“全省优秀共产党员”“江苏省平安家庭创建活动先进个人”。

维护社会稳定　健全公安情报预警机制，围绕敏感节点和重大活动，掌握重点人员、矛盾纠纷、涉稳案事件等情报信息，确定“红、橙、黄、绿、蓝”五色等级，分类细化完善处置工作规范，预警钝化敏感案事件及群体事件，稳控和依法处置挑头人员。年内，超前预警并化解处置重大矛盾问题和不稳定事端100余起，有效应对“e租宝”“中港系”等规模较大群体性事件60余起，情报信息综合考评成绩列区级机关各部门和全市公安系统前列。推进“平安互联网”创建，落实24小时网上舆情监控机制，全区无重大网上涉稳、涉姜堰、涉警舆情炒作事件发生。固化城市重点部门定点武装巡逻，常态开展反恐应急演练，提高实战指挥和快速处突能力。

打防违法犯罪　根据城区道路状况、小区分布、案发特点，划分大巡区3个、小巡区9个，整合巡特警、交警和辖区派出所力量，实行“棋盘式”布警和“四班三运转”，推行常态、加强和战时等级巡防勤务模式。实施巡防民警驻派出所开展先期处警、临街店铺治安联防等工作，街面案件比上年下降22.1%，路面巡防抓获嫌疑人79人。围绕环境保护、食品安全、交通出行、消防监管等与群众生产生活相关民生需求，加大治安重点地区和突出治安问题整治力度，查处公安部挂牌督办的刘某等人生产销售假药案、“11·3”非法狩猎案等一批食品、药品、环保案件，抓获违法嫌疑人931人，行政拘留313人。通过自主研发，在全市率先建成网上合成作战平台，面向全警推广，应用贯穿侦查破案、服务群众全程。侦破年内发生的大要案件，抓获刑事作案嫌疑人948人，摧毁犯罪团伙27个158人，破获“八类（故意杀人、故意伤害致死、爆炸、投毒、放火、抢劫、强奸、绑架致人死亡）案件”23起，破案率100%。

公共安全监管　围绕交通、消防、危险物品管理等开展打非治违、清剿火患、治爆缉枪活动。查处交通违法行为30余万起，整改消防隐患2125处，全区无重大道路交通、火灾、爆炸事故发生。

行政服务管理　依托微信APP，上线运行“姜堰公安微警务”掌上服务平台。对非紧急报警求助、违法犯罪举报、轻微交通事故快撤等模块，实行24小时值守响应，接受审核上传信息，判明紧急程度，提示引导群众正确处置。年内，“微警务”平台关注数4.2万人，预约办理1.1万人次。开展“民意警务”品牌创建活动，构建“风险防控网、合成打防网、便民服务网、执法管理网”四张网，深化公安改革和民意警务，坚持护民、安民、利民、惠民，提升群众安全感和队伍满意度。

规范执法管理　建立覆盖各警种、岗位和环节的执法责任清单，加强执法质量总体掌握和执法工作集约管控，实现执法源头管理、流程控制、预警提醒“闭环式”管理。加大人、案、财物、场所等重点执法要素监管，建成案管中心和18个基层派出所案管室，所有办案场所均按标准改造，落实“四进”（进社区、进村庄、进企业、进重点场所）、“四个一律”（所有案件一律在办案区办理，进入办案区后一律先行采集信息，在办案区内工作对象一律有人看管，办案主要流程一律有录音录像）和刑事案件“四回”（受案回执、立案/不予立案回复、破案回告、未破案件回访）制度，办理刑事案件673件，无冤假错案。

【公安改革】 以大数据指挥服务中心为依托，组建合成研判作战、指挥调度、基础信息指导、勤务督导、公共安全监管信息、科技保障六大分中心，抽调23名专业警种民警、30名文职人员集中办公，实行“规范化、流程化、实体化”运作。整合汇聚全区41个部门（单位）151类社会信息资源数据2亿条，实行“数据、情报、指挥、行动”“四位一体”运行机制，实现警种之间信息共用共享。引进数据监管理念，自主研发集“信息采集、动态监管、分析研判、落地整改、协同处置”等功能于一体的交通、消防、危险爆炸物品安全合成监管信息应用，推动交警、消防、治安等部门和属地派出所公共安全职能合成化运行，提升公共安全监管水平。录入重点单位1.4万家、重点人员1083人、重点车辆958辆，比对产生各类预警信息543条。

（张　峰　陆　穹）

【2016年姜堰公安“十大印象”】 1.健全公安情报预警机制。确定五色等级，超前预警并化解处置重大矛盾问题和不稳定事端，应对规模较大群体性事件。2.推广“网上合成作战”。建成网上合成作战平台，应用贯穿侦查破案、服务群众全程。3.建立等级巡防勤务模式。划分大巡区、小巡区，推行常态、加强和战时等级巡防勤务模式。4.开展治安环境“源头治理”行动。围绕环境保护、食品安全、交通出行、消防监管等民生需求，加大治安重点地区和突出治安问题整治力度；围绕交通、消防、危险物品管理等开展打非治违、清剿火患、治爆缉枪行动。5.推进“实战型”大数据指挥服务中心建设。组建六大分中心，实行“规范化、流程化、实体化”运作；整合汇聚全区社会信息资源，实现警种之间信息共用共享。6.创建“民意警务·四网行动”服务品牌。在延续四年“民意警务”品牌创建、获评泰州市优秀文明服务品牌基础上，构建四张网深化公安改革和民意警务。7.运行公安微警务掌上平台。对非紧急报警求助、违法犯罪举报、轻微交通事故快

撤等模块，做到24小时值守响应。8.推进公共安全信息监管。自主研发交通、消防、危险爆炸品安全合成监管信息应用，推动交警、消防、治安等部门和属地派出所公共安全职能合成化运行。9.严格规范执法管理。建立执法责任清单，实现执法源头管理、流程控制、预警提醒管理。监管重点执法要素，落实“四进”“四个一律”和刑事案件“四回”制度。10.打造更具活力的职业警队。推进“两学一做”学习教育，落实从优待警措施，开展“我最喜爱的人民警察”“优秀共产党员”“最美女警”等系列评选表彰活动。

（徐跃进　张玉成）

【消防】2016年，武警泰州市消防支队姜堰区大队（以下简称“区消防大队”）以维护社会稳定为核心，提高社会火灾防控能力，开展消防部队建设和社会面火灾防控工作，完成以防火灭火为中心的各项任务,实现队伍建设和火灾形势“两个稳定”。

灭火救援　接处警718起，其中火灾308起、抢险救援396起(包含社会救助和其他出警类)、虚假警14起，出动消防车1542辆次、消防官兵5896人次，抢救被困人员75人，疏散人员341人，抢救和保护财产价值2746万元。

灭火演练　修订重点单位预案140份，开展灭火演练98次，开展政府组织的联合演练3次，开展跨区域演练2次。

专项整治　开展夏季消防安全大检查、重大火灾隐患集中整治、易燃易爆企业专项检查、今冬明春火灾防控、“祛火源、降荷载、强设施”等专项排查整治活动。出动检查人员4950人次，发现火灾隐患4566处，督促整改4530处，下发责改1749份，下发行政处罚决定书111份，临时查封单位35家，责令“三停”（停产、停业、停止使用）18家，罚款65.88万元。

宣教培训　组织消防文艺会演1次，开展消防志愿者宣传活动6次、主题宣传活动5次，发放、张贴宣传资料16000余份，播放电视、电台等媒体宣传广告和标语20余条，发送手机预警信息短信1200余条。举办各类消防培训班6期，培训人员800余人；深入社会单位内部开展培训30次，受益人员近万人。对外开放消防教育基地及消防站12次，接待参观2000余人。

基础建设　推进开发区消防站建设，投入40余万元，维修改造大、中队营房和库室，建成红门影院、警营网咖，丰富官兵警营文化生活。

部队建设　区消防大队有现役官兵42人、合同制文员13人；执勤车7辆，载水41.5吨；各类泡沫8.5吨。开展改革强警、“两学一做”主题教育等活动，实行基层党组织规范化建设，推行党务公开。实施部队精细化、标识化管理，开展“队伍正规化、业务规范化”建设。开展执勤岗位练兵活动，提高单兵作战和队伍协同战斗能力。开展党员先锋岗争创、铁军中队争创活动，开展“模范党小组”“先进班级”“训练标兵”“每周一星”活动，营造团结务实、奋勇争先良好氛围。参加地方作风评议活动，通过召开双述双评会议、走访重点企业单位等形式，征求意见，出台便民利民措施，完善窗口服务，改进服务方式和质量。

（田　杨）

开展消防实战化演练活动

（冯　凯　摄）

检　察

【概况】2016年，区人民检察院（以下简称“区检察院”）履行检察职能，参与社会治理，服务发展大局，为姜堰建设提供司法保障。获“全省先进基层检察院”“江苏省文明单位”称号。

刑事检察　打击刑事犯罪，批准逮捕各类刑事犯罪嫌疑人135人，提起公诉462人，批捕、起诉案件准确率100%。加强人权司法保障，在司法办案中维护人格尊严、体现人文关怀，严格规范文明司法。不批准逮捕81人，决定相对不起诉10人。3件轻微刑事案件达成和解。坚持涉罪未成年人“少捕、慎诉”原则，涉罪未成年人不捕率100%，不诉率25%。畅通“信、访、网、电”等群众诉求渠道，推动律师参与化解和代理涉法涉诉案件，加强释法说理工作，注重矛盾化解。处理控申举报34件，办理刑事申诉案件7件，帮助生活困难的刑事案件被害人申请发放司法救助金8000元。

查处职务犯罪　查办贪污贿赂案件10件10人，其中科级干部3人。落实区人大常委会反渎职侵权工作审议意见，建立畅通快捷的案件移送、线索反馈和信息共享机制，立案查办渎职侵权案件4件5人。执行职务犯罪侦查工作八项禁令、保障律师执业权利、涉案款物管理、指定居所监视居住等各项制度规范，落实检察机关向同级纪检监察机关通报、移送涉嫌职务犯罪的党员和国家工作人员查处情况的规定，提高查办案件法治化水平。健全案件信息通报制度，形成侦查和预防分工协作、紧密配合、资源共享、优势互补的工作模式。开展预防调查3件次，推动相关部门建立完善制度5件，开展典型案例剖析会2场，开展预防宣传和警示教育24场。

法律监督　加强刑事诉讼监督，完善对公安派出所刑事侦查活动监督机制，在大坨、城南派出所成立驻所检察官办公室。监督立案3件，监督撤案1件，纠正漏捕1人，纠正漏犯4人，纠正漏罪2件，书面纠正侦查活动违法10件。加强刑事抗诉工作，提出抗诉3件。提请抗诉的何某贩卖毒品案被评为全国检察机关优秀刑事抗诉案件。加强民事行政监督，发出执行监督检察建议6件。办理1起涉案金额330余万元的虚假诉讼监督案件。开展行政违法行为专项调查活动，发出督促履行职责检察建议26件。探索民事公益诉讼，支持区开发区管委会追回污水处理费120万元。加强刑事执行监督，书面纠正监管活动违法3件，纠正脱管1人，纠正漏管1人，建议收监执行1人，办理羁押必要性审查7件，办理指定居所监视居住执行监督7件9人。

检察服务　深入大唐姜堰燃机热电、区229省道北段道路改造、区住建局引源水工程等5个重大工程建设项目，开展重大工程专项预防。区检察院领导班子成员和优秀检察官挂钩联系全区12家重点非公有制企业，开展“非公预防同心圆”活动，在曙光集团、正太集团、双登集团3家企业挂牌成立“检企共建”工作站，开展法治讲座、普法宣传17场，接受法律咨询100余人次。处理涉企信访矛盾，维护非公有制企业正常经营秩序，办理涉企案件14件。规范市场秩序，批捕生产、销售以次充好假酒案、含铝打粉包子案犯罪嫌疑人15人。起诉集资诈骗、非法吸收公众存款等涉众型经济犯罪嫌疑人13人，督促相关部门追赃款440余万元。

【检察改革】 开展司法体制改革。明确检察机关内部各层级司法权限，探索独任检察官和检察官办案组两种司法办案模式；逐步完善与司法责任制相适应的管理监督体系和方式，落实“谁办案、谁决定、谁负责”改革要求。推进社会治理创新。丰富“甜甜话预防”内涵，开展“预防宣讲百村行”活动，向全区科级以上干部家属寄送廉政家书2000余份，举办全区“预防职务犯罪文化会演”；创新“燕姐姐课堂”形式，开展“关爱留守儿童服务月”活动，在大坨中心小学设立“留守儿童维权基地”，在姜堰中专设立“预防青少年犯罪基地”；区检察院拍摄的微电影《润蕾无声》获省委宣传部“微言传大义、影像说价值”微视频大赛三等奖；开展“检镇共建”活动，在大坨镇中心群众休闲广场建设检察文化园，打造法治建设示范村1个、示范企业1个。

【区检察院移动办公平台获国家计算机软件著作权】 2016年，区检察院加强智慧检察建设，开展科技强检示范院争创活动，建成智慧检察中心，自主研发建成姜堰检察智检移动办公平台（简称“智检+”）。该平台以服务日常综合管理为出发点，整合综合保障、检务督察、在线学习、远程指挥等功能，通过手机终端，实现检察干警日常办公全面掌上运行，提高办公效率和办公质量。年内，该平台获国家版权局授予的计算机软件著作权登记证书。

（包　婧）

法　院

【概况】 2016年，区人民法院（以下简称“区法院”）履行审判职能，加强队伍建设和法院管理，参与法治建设，维护社会稳定，服务经济发展，各项工作取得新进步。区法院被省文明委授予“江苏省文明单位”称号，被表彰为“泰州市‘六五’普法考核先进单位”。

审判工作　新收各类案件12742件，结案12112件，比上年分别上升19.01%、16.9%。落实各类庭审规范和流程标准，确保当事人有理讲在法庭、证据举在法庭、疑惑解在法庭、裁判形成在法庭，一审服判息诉率93.34%。

刑事审判。受理刑事案件519件，审结485件623人。打击严重危害社会治安和人民群众生命财产安全的犯罪，推进平安创建工作。打击职务犯罪，审结贪污、贿赂、渎职等犯罪案件2件2人。打击制造、销售假冒伪劣产品犯罪，审结犯罪案件17件35人。打击危险驾驶、交通肇事犯罪，审结危险驾驶犯罪151件151人，审结交通肇事犯罪67件67人，判处拘役以上监禁刑实刑318人。

民商事审判。受理民商事案件8877件，涉案38.46亿元。审结8132件，调解结案2661件，调解率48.36%。审理民间借贷纠纷，规范民间融资秩序，审结案件1328件。维护民生权益，审理劳动争议、追索劳动报酬纠纷642件。开展涉小微企业金融环境专项调研活动，引导规范经营，增强风险防控意识，维护金融市场稳定，审理金融借款合同纠纷339件。审理明欣医药、润鑫钢铁、景泰石油装备、苏中砂轮等破产重整、清算案件7件。其中，审理明欣医药重整案时，引进江苏凌润投资管理有限公司参与破产重整，该公司先期投入8000万元用于清偿债务和经营企业。

执行工作　围绕“两年内基本解决执行难”工作要求，开展“集中执行”“专项执行”活动16次，罚款、拘留110人次，公布失信被执行人信息3053次，其中个人2615人、单位438个，落实限制被执行人高消费、限制出境、约束被执行人社会活动等措施，在当地媒体发布执行“老赖”信息76人次，向公安机关移送侦查涉嫌构成拒不执行判决裁定罪案件1件。开通追索劳动报酬、赡养费、扶养费等民生案件“绿色维权通道”，实行优先立案、优先接待、优先执行，执结案件341件，到位263.82万元。

审判服务　审理涉项目招引、建设纠纷案件，营造安商助商法治环境；建立“菜单式”服务工作机制，区法院领导、法官走访企业52次；开通“服务企业微信群”，提供法制宣传、诉讼引导、法律咨询、风险防控等服务。发布调研报告《供给侧结构性改革语境下“僵尸企业”司法处置问题》《生态环境建设的司法保护——以姜堰区创建生态名城为视角》，提出合理化建议。保障城市建设，审结因房屋征收搬迁引发的各类纠纷7件，完成城区和溱潼镇等相关地段拆迁包保任务。改造建设诉讼服务中心，在诉讼服务中心设立公益律师岗，免费为当事人和来访群众提供法律咨询300余人次；设立退休法官高华金人民调解工作室，调解各类案件48件，接待来访群众156人次。为34名困难当事人缓交诉讼费近11万元。

【审判创新】 开展“百庭进村、百案讲法”活动，选择婚姻家庭、相邻关系纠纷等典型案件以及当事人行动不便的案件，进镇村、进社区巡回开庭审理62次。开展职务犯罪预防，组织机关事业单位工作人员走进法院，旁听职务犯罪庭审9场次。设立“安全驾驶教育基地”，发布《姜堰区危险驾驶犯罪案件调查报告》和10件典型案例，到社区、镇村、驾校巡回审理危险驾驶犯罪案件。

【司法改革】 5月6日，区法院司法体制改革试点暨首批法官入额遴选工作动员会召开。该院作为全省首批8家司法改革试点法院之一，启动司法体制改革试点工作。遴选产生首批员额法官46人，占全院政法专项编制数31.5%。开展执行实施人员转任司法警察工作，推进法官、司法辅助、司法行政三类人员分类管理。推进聘任制书记员单独序列管理，83%的聘任制书记员通过省定岗考试。加强人民陪审员管理使用，人民陪审员参审率93%。出台《姜堰法院审判责任制改革实施意见（试行）》及9个配套文件，落实司法责任制。

（于世民）

司法行政

【概况】 2016年，区司法局围绕服务全区改革发展、服务经济转型升级、保障服务民生三项重点，加强基层基础建设，创新社会管理模式，开展法律宣传、法律服务、法律保障工作。全区司法行政系统获上级表彰先进集体10个、先进个人19人。

法治宣教 启动“七五”普法，制定出台《泰州市姜堰区法治宣传教育第七个五年规划》。区法制宣传教育领导小组办公室被表彰为全省“六五”普法工作先进集体。围绕领导干部、公务员、青少年、企业经营管理人员和农民等重点人群，开展“行走的课堂”“燕姐姐课堂”“农民工学法活动周”等普法活动，做好“和谐使者·法润万家”“美好城市·法律相伴”等普法品牌。组织区普法讲师团深入镇（街道）、学校、企业举办法治讲座280余场次，编印《老单说法》《法律服务手册》等普法教材5万余册。成立姜堰区崇法社会组织培育中心和姜堰区普法志愿者大队，扩大法治宣传教育社会参与度。升级区法治宣传教育中心、十里滨河法治文化观光带，新增张甸镇宫王村等省级民主法治示范村15个。

开展网络普法活动

（潘　俊　顾建军　摄）

人民调解 一季度排查全区人民调解组织和调解员情况，全区建立人民调解组织376个。建立姜堰区人民调解协会。组建人民调解队伍，开展“千人听案评案”活动，10月分片区组织调解员培训。联合区委宣传部、区法宣办开展“最美人民调解员”“模范人民调解组织”评选。完善矛盾纠纷多元化解机制，出台《关于加强诉调对接工作的实施方案》《司法确认实施细则》《关于建立泰州市姜堰区道路交通事故损害赔偿纠纷联动化解机制的意见》《关于加强婚姻家庭纠纷多元化解的实施方案》，9月联合区公安局召开公调对接现场推进会。开展矛盾纠纷排查化解双月专项行动、矛盾纠纷排查调处百日专项活动等，年内受理纠纷1282件，调处成功率99%。

社区矫正 开展社区矫正“严格执法、严格管理”集中整治活动和“三检查、三规范”（检查廉洁自律，规范执法监督；检查职能履行，规范执法行为；检查责任落实，规范队伍管理）专项整改，提升“依法矫正、科学矫正、精准矫正”水平。推行矫务通及指纹头像生物识别系统，社区服刑人员定位率100%。建立姜堰区特殊人群管理服务协会，引导各类社会组织参与社区矫正工作，开启以社区矫正执法工作者为核心、社会工作者为辅助、社会志愿者为补充的社区矫正工作新格局。引入心理咨询师参与社区矫正心理培训，提高社区矫正工作人员心理矫治能力。年内接收社区服刑人员320人，解除社区矫正人员311人，无人因监管原因重新犯罪。

安置帮教 加强服刑人员信息核查，定期通报信息核实和回执发送情况，姜堰籍服刑人员基本信息核实率98%，预释放人员衔接回执发送率95%。落实“必接必送”政策，实现刑释人员中“危安犯”“危顽犯”“三无（无家可归、无亲可投、无业可就）人员”以及涉黑、涉毒、涉邪等重点人员“无缝对接”，重点帮教对象接送率100%，一般帮教对象接送率70%。

法律援助　提升“12348”法律服务专线考核标准，开辟特殊困难当事人绿色服务办理通道，开展办案质量“全程无缝式管理”专项活动。截至年底，接待来访咨询5483人次，接听来电咨询771次，其中“12348”专线接听来电咨询466次、办公电话接听来电咨询305次，办理法律援助案件1284件，其中刑事案件105件、民事案件1178件、行政案件1件。

法律服务　推进区、镇、村三级公共法律服务平台实体化、标准化建设，全区262个行政村司法行政服务站建成率100%。组织律师参与涉法涉诉信访案件化解工作，建立涉法涉诉专业人才库，制定管理、培训、奖励等制度，12名律师成为专业化解人员。年内帮助社区解决矛盾纠纷136起，解答群众法律咨询600多件。

开展法律服务进社区活动

（张泽海　丁晨伟　摄）

司法所建设　推进司法所信息化、规范化建设，建立“2+4”实战勤务平台，落实“1+4”（清单制+职权、责任、廉洁、事务）分析研判机制，华港镇人民调委会、罗塘街道北街社区人民调委会被评为“江苏省人民调解委员会规范化建设示范点”。完善“公调对接”衔接机制，召开公调对接现场推进会，深化司法所与基层派出所“所所共建”、基层法庭“庭所共建”工作。

【姜堰区第二届“姜堰好律师”评选活动】　该活动由区司法局、区律协分会、姜堰日报社联合举办。产生公众参与一等奖2人、二等奖10人、三等奖50人。江苏陈继强律师事务所陈继强、钱越、许云霞，江苏列宿律师事务所项伯辉、俞根章，江苏指明路律师事务所常旭玲，江苏丁鸿庚律师事务所王秀兰，江苏伟程律师事务所张强8名律师被授予“姜堰好律师”称号。

（陈　明）

人民武装

【概况】 2016年，区人民武装部（以下简称“区人武部”）围绕党在新形势下强军目标，适应新体制、新职能、新使命，开展思想政治建设、军事斗争准备、国防动员建设、军民融合发展和作风纪律提升，呈现良好发展态势。

学习教育 学习中共十八届六中全会，习近平总书记在建党95周年、纪念长征胜利80周年大会上重要讲话精神，将学习成果向基层民兵营（连）延伸。与军分区同步组织开展“改革强军”主题教育活动和“两学一做”学习教育，加强党员干部理论素养。坚持党管武装原则，落实各项规章制度，开展民兵营（连）党组织建设，加强专武干部教育管理。

战备训练 按照实战化要求，建成“三室两库”（作战室、作战值班室、兵器室和战备器材库、训练器材库），配足配齐各类战备器材。泰州军分区在区人武部组织召开全市战备规范化建设试点观摩会，形成“姜堰会议”精神向全市推广。区人武部战备工作得到省军区参谋长率领的检查组肯定。围绕首长机关指挥技能训练和民兵应急分队实战化训练两个重点，参加军分区军事考核，获个人综合第一、单位总评第二名。汛前组织修订防汛预案，组织防汛执勤，开展防汛演练，检验遂行多样化任务能力。培训8名优秀退伍军人参加军分区训练考核竞赛，获泰州市第一名。围绕支援保障打仗、参与反恐维稳、参加抢险救灾，开展民兵组织整顿改革，抓好“三类队伍”（任务分队、应急分队、兵员动员对象）结构调整。首次在溱潼镇建立民兵水上应急分队，组织训练演练，提高防汛应急处置能力。5月下旬，区民兵应急连代表泰州市接受省军区组织整顿考评，获全省100家单位前6名。

征兵工作 开展“征兵宣传月”活动，利用征兵视频宣传车，深入基层开展法规宣讲、政策解答。组织应征青年走入军营，开展“军营一日活动”，加强兵役法规宣传教育。坚持依法征兵、廉洁征兵，做好兵役登记和网上报名工作，完成新兵征集任务。

融合发展 军分区投入20万元，帮助顾高镇千佛村发展农业，脱贫致富；区人武部资助10万元，帮助大坨镇卫星村和娄庄镇曹阳村发展壮大村集体经济。优秀民兵标兵联合友邻部队官兵军训中学生7000多人。组织民兵450人次参加溱湖会船节和中国湿地旅游节安全保卫工作。

作风建设 依据从严治军实施细则，围绕教育管理、作风整顿、经常性教育、训风演风、依法征兵、财经管理、重大事项处理和党委议训管训8个方面开展整改。防范堵塞安全管理漏洞，解决人员流动大、办公秩序难正规、管理监控难度大和安全保密风险大等问题。开展“学法规、明职责、正秩序、严纪律”活动，端正军人仪容仪表，正规“四个秩序”（战备秩序、训练秩序、工作秩序、生活秩序），树立军人良好形象。

【常委议军会】 12月13日，常委议军会在区行政大楼四楼常委会议室召开。区委常委、区人武部部长邓肯代表驻姜堰军事单位汇报2016年军事工作完成情况，提出常委会研究审议的三项议题。一是关于新建征兵体检站暨区民兵训练基地的议题。二是关于区人武部指挥机构土地房产归属的议题。要求恢复原人武部土地（现区卫生计生委办公地）房产归属，确保原军产不变更。三是关于区消防大队购置大功率泡沫水罐车的议题。会议审议同意提出的建议。区委书记李伟主持，区委常委出席，驻姜堰军事单位负责人，区人力资源和社会保障局、区民政局、区财政局、区卫生计生委等相关单位负责人列席。

（王小昌）

【首支民兵水上救援分队成立】 6月14日，全区首支民兵水上救援分队在溱湖旅游度假区成立。该救援分队由溱潼镇45名民兵组成，旨在提高全区民兵分队遂行多样化非战争军事行动能力。泰州军分区副司令员张颖峰授旗，区人武部部长邓肯授装，副区长王萍就加强区民兵水上救援分队建设提出要求。

（潘　俊　颜禹铭　钱云华）

人民武警

【概况】 2016年，中国人民武装警察部队泰州市姜堰区中队（以下简称“区武警中队”）按照《军队基层建设纲要》，开展工作，完成以“反恐”、处突和城市武装巡逻为中心的各项任务。一班被评为“先进班”，1人立三等功，7人被评为优秀士兵，3人被评为优秀士官，9人受到上级嘉奖。

思想政治 开展“赞颂科学发展成就 忠实履行职责使命 永远做党和人民忠诚卫士”专题教育，做好部队经常性基础政治工作，实施营区“武化”建设。

双拥工作 参加社会治安综合治理。参与创建“双拥模范城”等拥政爱民活动，深入敬老院帮助孤寡老人解决生活困难，开展“一助一”扶贫活动，开展区武警中队与共建单位联谊活动。年内，区武警中队执行临时性重大勤务和参与城市武装巡逻1000余人次，派出官兵200人次清理垃圾30多吨，植树500余棵。向困难家庭捐款3000多元，被姜堰电视台、《姜堰日报》报道。

执勤工作 加强执勤教育，部队时刻保持高度警惕，战备执勤工作常议、常抓、常检查。年内完成临时勤务30起，出动兵力1000余人次，实现连续60年无安全事故。

军事训练 依据新的《军事训练和考核大纲》，加强官兵军事训练，突出抓好反恐应急班训练。以提高体能、技能、职能为目标，重点开展擒敌术、反恐战术、警棍盾牌术、应急棍、射击、五公里武装越野长跑等科目训练，提高部队应急快速反应能力。年底，在上级组织的军事课目考核中取得优异成绩。

部队管理 依据《中国人民解放军内务条令》，加强部队内部管理，抓好作风养成，正规战备、训练、工作、生活四个秩序。按照《武警部队基层正规化管理规定》，规范统一各库室，改善硬件条件，为官兵创造良好生活环境。巩固“五个重点问题”治理成果，抓好部队安全稳定。年内部队安全无事故。

（袁慧明）

人民防空

【概况】 2016年,区人民防空办公室（以下简称“区人防办”）贯彻落实中共中央、国务院、中央军委《关于深入推进人民防空改革发展若干问题的决定》和省委、省政府、省军区关于《贯彻

〈决定〉的意见》精神，开展人防工作，服务经济社会发展大局。

通信警报建设　完善城区警报网点建设，升级改造固定警报器9台，全区14个镇和区经济开发区安装固定警报器15台，实现全市首家城乡防空警报全覆盖。市区防空警报设备完好率和音响覆盖率均为100%。5月12日上午10时，姜堰区与泰州主城区同步进行防灾减灾警报鸣放；9月18日，全区进行防空警报试鸣，组织区实验小学南校区近6000多名师生开展防空防灾疏散演练。开展7支人防专业队新一轮整组，260名专业队员实名实编到位；组织区人防办机关全体人员开展为期两周的军事科目集训，组织轻武器射击训练考核。

开展军事科目集训

（陆安民　王慧雯　摄）

人防工程建设　新立项人防工程3个，总面积完成区交任务163%；新开工人防工程7个，总面积完成区交任务327.7%；竣工人防工程8个，总面积完成区交任务350.6%。总投资近7000万元的“1201”人防指挥所工程通过专家组综合验收。筹集人防经费完成区交任务223.3%。

人防宣传教育　《姜堰日报》定期刊登防空防灾知识专版（逢双月一期），区人防办与区电台联办《人民防空》专题节目（每周一档）。被《江苏民防》《泰州日报》等媒体用稿60多篇（条）。投入近10万元征订中小学《民防知识教育》读本，免费发给各中小学，全区初二年级和小学五年级学生人手一册。“5·12”防灾减灾日、“5·18”科普宣传周、“9·18”防空警报试鸣日等时间节点，开展广场宣传和咨询活动，向城乡居民宣传人防法律法规和防灾减灾知识。

人防法治建设　落实重大事项行政决策制度、行政执法责任制度、行政执法公示制度等，建立行政执法跟踪回访制，推行容缺受理、并联审批制度，实行行政权力公开透明运行。加强人防执法案卷规范化建设，规范行政行为。以区检察院下发的《检察建议书》为依据，梳理执行《中华人民共和国人民防空法》过程中存在的不足和问题，落实整改措施。

【实现镇（街道、区）防空警报全覆盖】 2016年，区人防办围绕市政府提出的“人防工作‘十进镇（街道）’”中的“人防通信警报进镇（街道）”工作中心，投入50多万元，购置固定式警报器15台、多媒体警报器1台，经过近1个月的现场勘察、布点、招标采购等程序，全部安装到位。全区有固定式警报器32台、多媒体警报器14台，实现镇（街道、区）防空防灾警报全覆盖。

（陆安民）

罗塘街道

【概况】 2016年，罗塘街道完成地区生产总值108.53亿元，比上年增长9.8%；实现公共财政预算收入12亿元，比上年增长5.6%。全社会固定资产投资52亿元，比上年增长30.8%。城镇居民人均可支配收入36812元，比上年增长7.9%；农村居民人均可支配收入17530元，比上年增长8.3%。该街道被表彰为江苏省文明单位、泰州市冬训工作先进集体、江苏省统计规范化建设“百佳单位”等，获泰州市创建全国双拥模范城三等功嘉奖。

农业经济　粮食产量与上年持平。土地流转整村推进6个，新增土地流转面积150公顷。新增农业专业合作社6个。新增设施农业约56.67公顷。通过区考核验收农业项目4个。

工业经济　完成列统工业产值221亿元，比上年增长17.4%；工业开票销售68.4亿元，比上年增长16.3%。净增规模以上工业企业5家。馨德高分子、东南环保、高得复合等一批新办项目投产。

第三产业　实现服务业税收9.9亿元，限上企业销售额98.24亿元，规模以上服务业营业收入16.25亿元，服务业产业投资11.17亿元。智谷软件园入驻项目47个，当年实现主营业务收入2200万元。

建筑业　全街道有建筑企业46家，其中房屋建筑专业二级资质7家、三级资质9家，机电安装专业二级资质1家、三级资质5家，装饰装修专业一级资质2家、二级资质5家、三级资质8家，建筑材料专业5家，钢结构专业1家，建筑消防专业3家。实现建筑业施工总产值54.47亿元、建筑业企业主营业务收入46.18亿元、建筑业增加值12.53亿元、建筑业利润3.7亿元。

社会事业　完善村民集中居住区绿化补栽、下水管网疏通、破损道路修补等基础设施，实施围墙封闭管理。实施安居工程建设，搬迁安置房7幢33套，面积1万平方米，完成通扬、城中、城北新建安置区绿化、技防等配套设施。完善社会保障体系，新增参保养老、医疗、失业、工伤、生育五大保险800人，完成扩面征缴2300人，新型农村合作医疗参保29267人，参保率100%。组织开展“春风行动”，实施贷免扶补优惠措施，扶持自主创业54人，再就业141人，新增转移农村劳动力164人，东街社区、叶舍社区被评为江苏省充分就业社区。举办文化踩街活动，开展“中国梦·社区美”系列文艺活动，配齐20个村、22个社区农家书屋（社区阅览室）“一卡通”电脑和扫描枪20套。

（陈晚林）

【罗塘街道第五届文化踩街活动】 2月20日下午，罗塘街道第五届“贺新春、闹元宵”大型文化踩街活动在步行街举行。表演舞龙舞狮、滚莲湘、挑花担、打腰鼓等民俗特色文艺节目。区领导张士林、戴兆平、薛金林参加启动仪式，25个村（社区）1000多人参加演出。近年来，该街道组织实施文艺演出“暖万家”工程，先后举办大型文化踩街、社区文艺会演、个体征管税收专场文艺演出、纳凉晚会等活动。

（张泽海　姜惠允）

2016年罗塘街道主要社会经济指标情况统计表

表16

指　标	单　位	数　值
耕地面积	公顷	1494
农业总产值	万元	41024
粮食总产量	万千克	1325
农机总动力	千瓦	7578
出栏生猪	头	14509
出栏家禽	万羽	59
水产品	万千克	48
水果产量	万千克	5
蔬菜产量	万千克	5361
工业企业	个	605
纳税销售收入	万元	677634
工业利税	万元	701436
技改项目	个	6
技改投入	万元	368450
外贸供货额	万元	—
自营出口额	万元	60923
第三产业从业人员	人	43110
第三产业增加值	万元	325085
商品零售总额	万元	515989
集贸市场成交额	万元	190680
各类汽车	辆	—
镇村公路	千米	—
科技人员	人	7291
中小学校	所	6

续表16

指　标	单　位	数　值
在职教师	人	—
中小学生	人	—
图书馆藏书	册	24147
有线电视普及率	%	100
医院	所	3
卫生室	个	18
自来水普及率	%	100
年末存款余额	万元	—
农民人均纯收入	元	26011

2016年罗塘街道各村（社区）基本情况统计表

表17

村（社区）名	村（社区）支部（总支、党委）书记	村（社区）主任	工农业总产值（万元）
城东村	韩祥军	杜冬林	32445
朱云村	汤玉全	翟春华	18206
前堡村	包爱民	黄云峰	8808
通扬村	邱　林	陈金发	12396
城中村	刘双林	王宏彬	85300
院子村	王宝明	陈宝旺	23596
银穆村	戴金宏	王万锁	22195
三园村	钱建华	丁　健	20802
东桥村	周爱东	姜晓强	22163
太宇村	沈发喜	王世斌	20546
城北村	周龙根	周龙根	11310
幸福村	黄康来	陈　亮	7316
公园村	顾春林	肖爱玲	0
工联村	刘爱军	孙　林	3524
西桥村	徐鼎文	徐鼎文	13131
城南村	钱存慧	钱忠荣	10653
殷家村	黄锦华	彭　震	29181
曹家村	徐海龙	陈宏根	22222
唐元村	蒋茂平	黄荣方	24359
沿河村	陆宏卫	周广喜	18686

续表 17

村（社区）名	村（社区）支部（总支、党委）书记	村（社区）主任	工农业总产值（万元）
桃园社区	凌　涛	黄晓慧	—
古田社区	李亚光	陈月萍	—
太平社区	景春华	黄　蓉	—
南苑社区	徐　云	蒋建敏	—
荷叶社区	万俊华	沈　浩	—
河南社区	陆文斌	金慧霞	—
新城社区	丁爱军	钱媛媛	—
高陈社区	周霖飞	肖　琳	—
河东社区	陈俊喜	周同庆	—
振兴社区	戈艳玲	彭忠琴	—
康华社区	钱晓霞	宋媛媛	—
东街社区	钱传兵	张永明	—
西街社区	孙海军	徐网红	—
南街社区	宋玉玲	俞继华	—
北街社区	严晓红	丁晓峰	—
河西社区	王　俊	袁春玲	—
光明社区	林桂萍	顾俊龙	—
叶舍社区	袁永培	杭荣芳	—
罗塘社区	陈　波	唐高红	—
老庄社区	王　跃	张　平	—
彭垛社区	杨太如	周春玲	—
中天社区	王　轶	卞　杨	—

罗塘街道领导名单

党工委书记：戴兆平（兼至2016-07）
　　　　丁志强（2016-07兼任）
党工委副书记：姜洁云（女，至2016-04）
　　　　陆双琳（女，2016-04任）
　　　　滕智东
　　　　朱　庆（挂职，至2016-08）
　　　　王文跃
人大工委主任：刘长虹
主　　任：姜洁云（女，至2016-04）
　　　　陆双琳（女，2016-04任）
副 主 任：林良泉　丁晓明　戴爱亚
　　　　钱素芹（女）　江雪峰（2016-11任）
政协工委主任：林　宏
政协工委副主任：王晨霞（女）
纪工委书记：钱厚军
政法委书记：林良泉（兼）

三水街道

【概况】 2016年，三水街道实现地区生产总值129亿元，比上年增长9.3%。农民人均纯收入23405元。新建前马村、三舍村、许陆小区3家百姓大舞台；开展军铺村“五星级”农家书屋创建活动，投资约15万元，购买书籍5000册；组织公共文化“百家行”活动22场，完成文化惠民演出31场，送电影下村204场。开展社会治安防控，打击“六强”（强行买卖、强揽工程、强行装卸、强用水电、强占土地、强拿恶要）行为。年内无恶性刑事案件发生，各类一般案件发生数同比下降。来信、来访办结率91%，矛盾纠纷调处成功率96.87%，无进京非访、赴省集访和影响恶劣的群体性事件发生。实施社会民生工程。开展社会救助，落实优抚政策，发放残疾人生活补贴。完成慈善捐赠任务。西查村创建成省AAA级居家养老服务站。

（王　磊）

2016年三水街道主要社会经济指标情况统计表

表18

指　标	单　位	数　值
耕地面积	公顷	1275
农业总产值	万元	14072
粮食总产量	万千克	1651
农机总动力	千瓦	13538
出栏生猪	头	5789
出栏家禽	万羽	4
水产品	万千克	43
水果产量	万千克	40

续表 18

指　标	单　位	数　值
蔬菜产量	万千克	1526
工业企业	个	553
纳税销售收入	万元	2245289
工业利税	万元	441688
技改项目	个	25
技改投入	万元	304000
外贸供货额	万元	—
自营出口额	万元	256530
第三产业从业人员	人	6624
第三产业增加值	万元	116072
商品零售总额	万元	336980
集贸市场成交额	万元	1309191
各类汽车	辆	—
镇村公路	千米	—
科技人员	人	4412
中小学校	所	1
在职教师	人	120
中小学生	人	1465
图书馆藏书	册	12127
有线电视普及率	%	95
医院	所	—
卫生室	个	16
自来水普及率	%	100
年末存款余额	万元	—
农民人均纯收入	元	23405

2016年三水街道各村（社区）基本情况统计表

表 19

村(社区)名	村（社区）支部(总支、党委）书记	村（社区）主任	工农业总产值（万元）
陈庄村	殷永根	陈建华	5007
马厂村	赵小辉	姚素勤	3258
城西村	肖红梅	卢拥军	1957
南石村	肖登洪	徐树宏	3715

续表 19

村(社区)名	村（社区）支部(总支、党委）书记	村（社区）主任	工农业总产值（万元）
唐宁村	包鸿乾	程雁秋	8249
石黄村	王爱宝	石应春	3322
西查村	缪玉红	王兰珍	2304
双寿村	唐素根	罗阿章	5186
西陆村	周如成	王加强	3692
东查村	周爱林	蒋国平	2090
军铺村	成网根	刘桂明	5825
杏林村	王小忠	王小忠	7364
三舍村	唐　燕	刘顺龙	2331
新河村	包恒才	刘桂红	2427
前马村	徐华凤	缪建红	1772
小冯甸村	李爱平	李爱平	3512
新南村	孙大鹏	陶国兵	4878
陆庄村	陈宝林	石秀芳	5278

三水街道领导名单

党工委书记：徐闻仲（兼至2016-07）
宋　羽（2016-08兼任）
党工委副书记：孙大明（兼）
人大工委主任：袁海燕（女，至2016-11）
曹爱国（2016-11任）
主　　任：孙大明（兼）
副 主 任：严鸿雁
申高峰（2016-04任）
卢小云（2016-04任）
刁国平（2016-11任）
王　龑（2016-11任）

溱 潼 镇

【概况】 2016年，全镇实现地区生产总值19.6亿元，可比增长8.89%；实现一般公共预算收入4734万元，可比增长5%。实现城镇居民人均可支配收入36833元、农民人均纯收入21132元，比上年分别增长8%、11%。该镇被评为江苏省文明乡镇，入选中国首批特色小镇；南寺村获“江苏省农业电子商务示范村”称号。

农业经济　开展土地确权颁证工作。新增设施农业面积约36.67公顷、渔业面积约21.47公顷，新增示范家庭农场2家，培训持证农民290人，农业适度规模经营实现全覆盖。

工业经济　实现工业总产值54.52亿元。其中，列统工业产值25.3亿元，比上年增长9.52%。完成全部工业纳税销售10亿元，完成工业设备抵扣税572万元。

服务业　实现服务业增加值7.4亿元，比上年增长12%；完成服务业税收3120万元。大美溱湖客栈等一批新服务业项目开张，旅游服务业品牌逐步形成。

建筑业　完成建筑业总产值11.42亿元、增加值2.46亿元、在溱潼入库税收1270万元。三季度获建筑业铜杯。

“三项工作”（招商引资、项目建设、技术改造）　完成固定资产投资14.92亿元。实施1000万元以上技改项目6个。

社会事业　推进特色小镇建设。完成溱潼镇总体规划修编，同步制订古镇保护区规划及东大门周边规划，初步形成古镇城北片区规划建设方案；基本完成溱湖街、鹿鸣街绿化、亮化、道路铺设及屋面立面改造等整治提升工程；姜溱河步行桥交付使用，建成古镇生态停车场、环镇路等工程。建立健全镇村环境长效管理机制，落实管护措施，巩固各阶段整治成果，环境整治各项考核列全区第一。落实十件实事。开工建设610省道连接线、鹊仙路至湿地公园科普馆、新城区区间大道延伸等道路工程，基本完成湖西村西村大桥改造及湖滨村通镇区道路建设；推进镇区亮化、污水管网、停车场等基础设施建设；改造社区巷道5条。新增居民健身点4个，建成百姓大舞台4座；新建圩口闸4座、排涝站3座，改建水冲式仿古厕所4座。新增参保缴费449人，新型农村合作医疗参合率100%。推进振兴溱潼教育三年行动计划，溱潼医院通过二级医院定等评审；推进乡村医生签约服务，完成3家村卫生室达标提升工程建设；落实全面两孩和计划生育惠民政策，建成AAA级居家养老服务中心1家。

【溱潼镇入选中国首批特色小镇】 10月13日，中国特色小（城）镇建设经验交流会在杭州召开。住建部公布第一批中国特色小镇名单，溱潼镇入选，成为泰州市唯一上榜特色小镇。该交流会由中央财经领导小组办公室、住房城乡建设部、国家发展和改革委等部门联合主办，认定特色小镇127个，其中江苏省7个。国家发展和改革委等有关部门将支持符合条件的特色小镇建设项目申请专项建设基金，中央财政将对工作开展较好的特色小镇给予适当奖励。

（田文新）

2016年溱潼镇主要社会经济指标情况统计表

表20

指　标	单　位	数　值
耕地面积	公顷	1276
农业总产值	万元	14819
粮食总产量	万千克	1126
农机总动力	千瓦	6132
出栏生猪	头	3907
出栏家禽	万羽	20
水产品	万千克	378
水果产量	万千克	26
蔬菜产量	万千克	583
工业企业	个	121
纳税销售收入	万元	106254
工业利税	万元	39058
技改项目	个	6
技改投入	万元	580
外贸供货额	万元	—
自营出口额	万元	—
第三产业从业人员	人	1200
第三产业增加值	万元	67361
商品零售总额	万元	19138
集贸市场成交额	万元	5500

续表 20

指 标	单 位	数 值
各类汽车	辆	—
镇村公路	千米	—
科技人员	人	703
中小学校	所	5
在职教师	人	450
中小学生	人	3100
图书馆藏书	万册	1
有线电视普及率	%	100
医院	所	1
卫生室	个	9
自来水普及率	%	100
年末存款余额	万元	4063
农民人均纯收入	元	21132

2016年溱潼镇各村（社区）基本情况统计表

表21

村（社区）名	村（社区）支部（总支、党委）书记	村（社区）主任	工农业总产值（万元）
溱东村	陈红俊	李小平	40230
南寺村	雍吉华	王才根	5031
湖北村	田章玉	田章玉	27210
湖西村	王应义	周业存	3717
读书址村	姜存勇	邹业梅	19686
湖滨村	王军华	李 萍	8332
龙港村	杭永德	顾亚付	30699
洲城村	顾鸭珍	顾鸭珍	11307
洲南村	肖成林	徐五林	9180
湖南村	钱小兵	周 奎	14655
城南社区	王杰英	—	—
城北社区	樊元萍	樊元萍	—
渔花池社区	王杰萍	—	—
湖西社区	徐存林	田 霞	—

溱潼镇领导名单

书　　记：李荣圣
副 书 记：曹福荣　朱燕萍（女）
人大主席：张宏晓
人大副主席：王思旭
镇　　长：曹福荣
副 镇 长：王应化　钱小兵　吴鉴泉
　　　　　卢　阳　谢　捷　仲　明
政协工委副主任：花红梅（女）
纪委书记：顾网林
政法委书记：王应化（兼）

顾 高 镇

【概况】 2016年，全镇实现地区生产总值17.11亿元，比上年增长10.1%；实现财政预算收入2680万元，与上年基本持平。实现农村居民人均可支配收入16594元，比上年增长12%。三次产业结构比为6.29∶66.78∶26.93。

农业经济　种植以莲藕、水八仙、大棚蔬菜为代表的高效农业约533.33公顷，参与农户600多户。推进农业适度规模经营，完成土地适度规模经营1600多公顷，占全镇耕地总面积90%以上。培植农业特色品牌，新增无公害农产品、绿色食品、有机食品品牌10多个。

工业经济　实现工业开票销售22.47亿元，比上年增长113.8%。

服务业　借助徐克强烈士墓园、千年古银杏和江北第一寺“千佛寺”，开辟红色文化、历史文化和宗教文化旅游服务项目。打造集镇商业体系，新增个体工商户47家、私营企业21家。实现服务业产业投资2.18亿元，规模以上服务业企业营业收入1815万元。引进年开票5000万元的大型运输企业1家，实现服务业税收353万元。

建筑业　引进建筑企业参与集镇土地开发建设，完成建筑业增加值678万元、建筑业工程结算收入2504万元。

“三项工作”　完成社会固定资产投资16.4亿元，比上年增长27%。赴浙江、苏南、上海、北京等地洽谈项目40多次，在外召开项目集中洽谈会3次，客商到访20多次。新增200万元以上农业项目5个，带动就业家庭400多户，带动农民增收700多万元。招引5000万元以上工业项目2个、亿元以上"飞地"项目1个，江苏恒瑞电力设备项目落户区经济开发区。投入技改资金2.8亿元，实施技改项目8个，完成3个，在建3000万元以上工业技改项目2个。

社会事业　投资300万元，改扩建镇北路和工农路。投资20多万元，疏通集镇至金陵小区下水通道。投资500万元，实施集镇亮化、美化工程，拆除集镇私搭乱建、违章亭房129处，破损广告牌98处，清理建筑、生活垃圾100多吨，新投放垃圾桶100多个。229省道路面主体工程建成通车。实施道路环境综合整治工程，清除乱堆乱放80余处，拆除违章建筑69处，路面亮化、绿化工程完工。推进宁靖盐高速两侧绿化补栽和综合整治工程，229省道至29省道宁靖盐高速顾高入口段路面综合整治工程完工。上争"一事一议"奖补道路项目5个，提档升级通村道路6千米、交通道路5千米，安装路灯近300盏。投资420万元，改扩建丰产路。打击企业偷排漏排行为，关停并转化工企业5家。开展秸秆"双禁"和综合利用工作。提高农村污水处理覆盖率。实施投资1900万元的229省道两侧、投资900万元的宁靖盐高速两侧及投资700万元的"五河二路"两侧绿化提档升级工程，形成"点、线、面、网、片""五位一体"绿化景观和绿化体系。新增职工养老保险173人、职工医疗保险189人、职工工伤保险和生育保险161人。就近转移农村劳动力300人，开展创业培训3期，培训农村劳动力150多人次。新增创业人数500多人，创办项目400个，其中运行质态良好近300个，带动群众就业近2000人次。城乡低保基本做到应保尽保，新型农村合作医疗、新型农村养老保险基本实现全覆盖。新建硬质化渠道近5000米、桥梁2座，清理河道近4000米，改造河道绿化近30千米。完善治安防治体系，成立由派出所牵头，联防队、城管共同负责的治安管控队伍，新配备城管联防队员16人。完成高清治安监控覆盖二期工程。侦破刑事案件15起、治安案件63起，全镇违法犯罪案例比往年下降。

（江均海）

2016年顾高镇主要社会经济指标情况统计表

表22

指　标	单　位	数　值
耕地面积	公顷	2443
农业总产值	万元	24270
粮食总产量	万千克	2399
农机总动力	千瓦	15680
出栏生猪	头	30300
出栏家禽	万羽	18
水产品	万千克	29
水果产量	万千克	25
蔬菜产量	万千克	3561
工业企业	个	186
纳税销售收入	万元	142706
工业利税	万元	33900
技改项目	个	2
技改投入	万元	35800
外贸供货额	万美元	353
自营出口额	万美元	4565
第三产业从业人员	人	7815
第三产业增加值	万元	43374
商品零售总额	万元	40628
集贸市场成交额	万元	13640
各类汽车	辆	2272
镇村公路	千米	114
科技人员	人	515
中小学校	所	1
在职教师	人	127
中小学生	人	1151
图书馆藏书	万册	3
有线电视普及率	%	93
医院	所	1
卫生室	个	8

续表22

指　标	单　位	数　值
自来水普及率	%	99
年末存款余额	万元	73000
农民人均纯收入	元	16595

2016年顾高镇各村（社区）基本情况统计表
表23

村（社区）名	村（社区）支部（总支、党委）书记	村（社区）主任	工农业总产值（万元）
夏庄村	薛云亮	薛云亮	22113
芦庄村	万兴友	尹友才	10834
西芦村	翟高林	翟高林	4911
塘桥村	王红新	申向阳	4662
翟庄村	许章英	翟金喜	5940
野庄村	李荣凤	张金山	3998
张庄村	顾银军	顾银军	3199
千佛村	陈　璐	钱祥进	3791
申洋村	申三荣	申雪梅	4352
俞庄村	王雨田	俞桂春	5673
顾高村	许春红	—	39567

顾高镇领导名单

书　　记：吴巧林（至2016-04）
　　　　　江均海（2016-04任）
副 书 记：江均海（至2016-04）
　　　　　孔晓霞（女，2016-04任）
　　　　　何　毅
人大主席：吴巧林（兼至2016-04）
　　　　　申俊昌（2016-04任）
人大副主席：戚良祖
镇　　长：江均海（至2016-04）
　　　　　孔晓霞（女，2016-04任）
副 镇 长：许飞洲　万国松
　　　　　曹东文（至2016-04）
　　　　　吉章兰（女，2016-04任）
政协工委主任：申俊昌（至2016-04）
政协工委副主任：俞扬岭
纪委书记：顾文杰（至2016-04）
　　　　　刘顺平（2016-04任）
政法委书记：顾文杰（兼至2016-04）
　　　　　张杰华（2016-12任）

蒋垛镇

【概况】2016年，全镇实现地区生产总值23.9亿元，比上年增长9.13%；实现公共财政预算收入3080万元，比上年增长14.4%。农民人均收入17853元，比上年增长11.8%。该镇被表彰为姜堰区安全生产先进单位。

农业经济　基本完成土地整理项目约1333.33公顷，建设高标准农田约2333.33公顷。申报验收土地复垦项目约6.07公顷，挂钩项目约4.33公顷。

工业经济　实现工业开票销售13.5亿元，比上年增长12.6%；设备抵扣税370万元，比上年增长19.3%。新增鑫宇服饰、高鑫高温两家规模企业。永大帽业开票销售突破亿元，比上年增长40%。凯世通石化开票销售80亿元，国、地税净入库超过1000万元。康洁公司快速转型、逆境生存，运行质态向好。旺鑫公司获泰州市科技进步一等奖。

服务业　实现服务业税收1200万元，比上年增长100%。

“三项工作”　实现固定资产投资16.9亿元，比上年增长22%。新签约工业项目4个，新开工泰州市认定亿元项目4个，完成亿元“飞地”项目1个，申报验收农业项目4个、5000万元工业项目2个、1000万元服务业项目1个、1000万元技改项目2个。招引东南砂轮、锦耐新材料项目，实现当年开工、当年竣工、当年投产、当年开票、当年收益。

社会事业　《蒋垛镇小城市总体规划》及控制性详规通过专家评审；土地规划根据发展需求调整到位；生态停车场、旅游型公厕、污水管网项目进入招标程序；东环路改造工程、普济路路灯等项目在施工中；康洁大道综合改造项目在设计方案中；南部干线申报立项，2017年下半年开工建设蒋垛段；佛教生态文化园项目完成开工前各项准备工作。康陈河、运粮河、南干河部分段面生态护坡工作竣工。完成道路提档、农村桥梁、村道绿化工程。实现农村医保、农保、社保全覆盖。交付使用村级标准化卫生室4家，兴建为农综合体3座。蒋垛中学宿舍楼、食堂竣工。实施危草房改造70户，826人脱贫。

（张　勇）

2016年蒋垛镇主要社会经济指标情况统计表

表24

指　标	单　位	数　值
耕地面积	公顷	4143
农业总产值	万元	32878
粮食总产量	万千克	4010
农机总动力	千瓦	22450
出栏生猪	头	95082
出栏家禽	万羽	46
水产品	万千克	123
水果产量	万千克	64
蔬菜产量	万千克	9080
工业企业	个	275
纳税销售收入	万元	132504
工业利税	万元	32500
技改项目	个	5
技改投入	万元	12000
外贸供货额	万元	—
自营出口额	万元	1203
第三产业从业人员	人	14846
第三产业增加值	万元	74752
商品零售总额	万元	28500
集贸市场成交额	万元	22400
各类汽车	辆	1542
镇村公路	千米	400
科技人员	人	685
中小学校	所	4

续表24

指　标	单　位	数　值
在职教师	人	424
中小学生	人	4893
图书馆藏书	万册	1
有线电视普及率	%	85
医院	所	2
卫生室	个	12
自来水普及率	%	100
年末存款余额	万元	—
农民人均纯收入	元	17853

2016年蒋垛镇各村（社区）基本情况统计表

表25

村（社区）名	村（社区）支部（总支、党委）书记	村（社区）主任	工农业总产值（万元）
蒋垛村	徐红会	谢义根	5970.50
蒋北村	赵德宏	曹仁山	1460.82
许庄村	许德宏	许正勤	1885.14
许桥村	于桂康	刘善龙	3312.66
仲院村	蒋义山	陈书标	2411.43
朱高村	王　磊	申士凤	2087.71
高曹新村	高尔功	曹培高	1503.85
溪河村	尤正海	高　杰	1842.12
界河村	钱艺兵	朱善昌	1327.32
六港村	刘慧琴	孟尔全	2290.77
孟莲村	曹亚群	孟　军	1896.30
南港村	戴桂珠	颜礼波	2588.23
邱刘村	尤庆根	刘幸才	2779.22
新桥村	夏晓红	孙宏裕	1609.22
兴港村	孙丽平	时海平	1869.36
薛港村	孙阳春	夏加圣	2141.31
盐大村	黄宏章	申余虎	2236.07

蒋垛镇领导名单

书　　记：张　勇

副 书 记：缪昌友（至2016-04） 仲 剑
　　　　　顾文杰（2016-04任）
人大主席：仲 剑（至2016-04）
　　　　　智国祥（2016-04任）
人大副主席：黄 兴
镇　　长：缪昌友（至2016-04）
　　　　　仲 剑（2016-04任）
副 镇 长：申余彪（至2016-04） 严本荣
　　　　　许建军 吴静娟（女）
政协工委主任：智国祥（至2016-04）
政协工委副主任：王 艳
纪委书记：仲 剑（兼至2016-04）
　　　　　卞剑飞（2016-04任）
政法委书记：许建军（兼）

大 沦 镇

【概况】 2016年，全镇实现地区生产总值19.8亿元，比上年增长9.55%；实现公共财政预算收入2731万元，比上年增长15.91%。农民人均纯收入16995元，比上年增长11.8%。在全区季度考核中，获一季度“农业杯铜杯”“产业投资杯铜杯”，二季度“项目建设杯铜杯”“建筑业杯铜杯”“服务业杯银杯”“产业投资杯铜杯”；全年经济建设主要成果指标完成情况列全区第3名。

农业经济　扩展农业适度规模经营，新增流转土地面积约546.67公顷，新组建种植专业合作社10家。主要农作物良种覆盖率、病虫害统防统治覆盖率、水稻机插率分别为100%、75%、75%。建成稻麦油高产创建万亩示范片1个，新增6.67~20公顷家庭农场37家，新建村级为农综合服务中心3个。在全区率先基本完成农村土地确权登记工作，组织实施高标准农田项目建设。

工业经济　完成列统工业产值72亿元，比上年增长13.31%；完成工业开票销售9.3亿元、利税11.9亿元、利润5.35亿元，比上年分别增长15.19%、28.4%、13.8%；完成工业投资12.1亿元，比上年增长16.1%；工业设备抵扣税648万元，比上年增长79.94%。新增年纳税销售亿元以上企业2家。

服务业　实现服务业增加值4.8亿元，比上年增长8.7%，服务业增加值占比提高2%。

“三项工作”　实现固定资产投资21.9亿元，比上年增长112.99%。完成200万元以上农业项目4个，其中塔子村粮食种植专业合作社超过500万元。新招引落户5000万元以上工业项目3个，竣工投产5000万元以上工业项目2个。完成1000万元以上金高丽新材料技改项目、3000万元以上永发模塑技改项目。

社会事业　大沦初级中学举办建校60周年发展论坛暨成果展示活动，大沦小学成为泰州市“大阅读示范创建校展示”主题活动现场，运粮小学综合楼建设工程竣工交付使用。组织实施“3311”（扶建30个百姓大舞台，扶持30个特色文艺团队，送100场文艺演出下乡进社区，培训100名文艺骨干）文化惠民工程，建成大沦、运粮和塔子3个百姓大舞台。与区检察院联合开展“检镇共建、法润大沦”活动，建成检察文化园。实施太平村、麻墩村和茆戚村3个村有线电视光纤入户工程。装修大沦卫生院新大楼，建成土山、桥东、茆戚和太平4个村级卫生室。在2016年里约残奥会轮椅射箭比赛中，大沦籍运动员卢亮个人成绩排名第五。全镇新增创业165人、转移农村劳动力203人、就业1205人。推进社会保险扩面征缴，新增参保405人，城乡居民医疗保险参合率98.5%。企业退休人员月均养老金提高到2011元，最低工资标准提高到1770元，居民基础养老金调至125元，低保标准统一提高到每人每月590元，实施医疗救助107人次27.5万元。新建农村小型生活污水处理设施1座，疏浚河道4条，成片造林约11.27公顷。改造农村危房65户。建成标准化居家养老服务中心3家。启动“七五”普法，宣传法治文化。开展“六无”村创建，全镇有12个村验收达标。

（曹成礼）

2016年大纶镇主要社会经济指标情况统计表

表26

指　标	单　位	数　值
耕地面积	公顷	3483
农业总产值	万元	46652
粮食总产量	万千克	3571
农机总动力	千瓦	18982
出栏生猪	头	23739
出栏家禽	万羽	640
水产品	万千克	136
水果产量	万千克	48
蔬菜产量	万千克	6008
工业企业	个	353
纳税销售收入	万元	81626
工业利税	万元	119613
技改项目	个	3
技改投入	万元	1640
外贸供货额	万元	13215
自营出口额	万元	232
第三产业从业人员	人	4850
第三产业增加值	万元	73032
商品零售总额	万元	42503
集贸市场成交额	万元	39472
各类汽车	辆	1040
镇村公路	千米	290
科技人员	人	755
中小学校	所	3
在职教师	人	217
中小学生	人	1622
图书馆藏书	万册	1
有线电视普及率	%	96
医院	所	2
卫生室	个	11
自来水普及率	%	100
年末存款余额	万元	980
农民人均纯收入	元	16998

2016年大纶镇各村（社区）基本情况统计表

表27

村（社区）名	村（社区）支部（总支、党委）书记	村（社区）主任	工农业总产值（万元）
大纶村	黄庆荣	周林荣	51584
麻墩村	王有桂	周如朋	44732
响堂村	王珠凤	黄爱芳	51248
茆戚村	黄海平	游余军	49271
土山村	周　伟	周　伟	35024
申扬村	黄卫华	黄玉勤	31246
塔子村	周开宏	邱有勤	44483
缪埭村	夏义君	缪泽勇	40456
桥东村	朱宝根	朱宝太	74412
朱宣村	许如兵	钱宏虎	51672
顾野村	翟晓卫	翟高军	46196
太平村	刘　杰	刘国山	44820
运粮村	丁克成	杨爱明	37484
东徐村	王春沐	潘庆芳	43019
兴驰村	金岳林	闾素英	58129
卫星村	丁加才	吉素梅	44805

大纶镇领导名单

书　　记：王国斌
副 书 记：杨德宝（至2016-04）　王　玮
　　　　　高忠华（2016-04任）
人大主席：扶国富
人大副主席：游有东
镇　　长：杨德宝（至2016-04）
　　　　　王　玮（2016-04任）
副 镇 长：金岳峰　王连章　程益云　黄庆荣
政协工委副主任：唐桂军
纪委书记：高忠华（至2016-04）
　　　　　曹广富（2016-04任）
政法委书记：杨德宝（兼至2016-04）

张 甸 镇

【概况】 2016年，全镇实现地区生产总值38.4

亿元，比上年增长9.04%；实现公共财政预算收入6842万元，比上年增长0.95%。该镇在区目标考评中获党的建设和法制建设一等奖。

农业经济　新增高效农业面积约415.73公顷，新增设施农业面积约152.67公顷，新增高效设施渔业面积约17.33公顷。新建村级为农服务综合体7家，完成产权交易83宗。

工业经济　实现工业开票销售25.7亿元，比上年增长2.88%；列统工业产值106亿元，比上年增长25.23%。

服务业　实现服务业税收1426万元。新增限额和规模以上服务业企业1家。

建筑业　完成建筑业增加值1.24亿元，建筑业税收1217万元。

“三项工作”　新开工5000万元以上工业项目3个，竣工验收500万元以上农业项目2个、5000万元以上工业项目1个、1000万元以上服务业项目2个，经区考核验收项目11个。完成1000万元以上技改项目6个。高新技术产业产值占比26.7%；新增三部委认定高新技术企业2家；华丽公司新型复合型材料获市级科技进步一等奖，腾天炉业获市级科技进步二等奖，组织申报各类专利近200项，其中发明专利50项。

社会事业　完成新328国道快速化、姜高路拓宽改造和张甸工业园区征地搬迁工作；鑫泰名苑商住小区主体工程竣工；完成集镇迎宾路路面维修改造、南转盘周边修复、银宝路绿化等建设工程，新增绿化面积约38.67公顷；实施梅垛集镇、蔡官集镇及主镇区老居住区亮化工程改造及老通扬河、周山河、张后河疏浚、护坡、绿化工程；改造农村危桥7座，提档升级张梅路等通村公路近7千米，疏浚河道2条2.6千米，完成农田林网200公顷。新建姜堰区村综合文化服务中心5家，建成百姓大舞台5个，创建AAA级居家养老服务站3家；蔡官学校中考列全区第三、农村初中第一；推行镇级“5+X”（5指的是信访、司法、公安、综治办、法院）矛盾调处化解机制，23个村创建成“六无”社区，达标率65.7%。

【简政放权工作】　2016年，张甸镇围绕“三大平台”（便民服务中心、综合执法平台和社会管理服务中心）建设，探索建立扁平高效的服务机制。便民服务中心办件5万多件，办结率90%以上。综合执法队处理矛盾154件，群众满意率提高。设立巡回劳动仲裁庭，成立劳动监察中队，巡查企业152家，受理举报投诉124起，处理劳资纠纷31起。该镇创建成泰州市法治示范乡镇。

（刘　亮）

【张甸镇农业科技园规划通过专家论证】　5月12日，张甸镇现代农业科技园规划专家论证会召开。专家组听取规划编制单位汇报，审阅规划文本及相关材料，认为该规划提出张甸镇现代农业科技园未来发展愿景、总体定位、发展目标，明确功能分区、产业发展和配套服务等内容，符合当地经济社会发展需求，具有一定指导性和可操作性，同意通过论证。副区长王萍参加。

（陈燕华）

2016年张甸镇主要社会经济指标情况统计表
表28

指　标	单　位	数　值
耕地面积	公顷	6342.6
农业总产值	万元	66588.5
粮食总产量	万千克	7476.7
农机总动力	千瓦	49848.7
出栏生猪	头	90000.9
出栏家禽	万羽	83.8
水产品	万千克	118.9
水果产量	万千克	40.7
蔬菜产量	万千克	10284.5
工业企业	个	481.8
纳税销售收入	万元	27509.9
工业利税	万元	156615.8
技改项目	个	92.4
技改投入	万元	253000.0
外贸供货额	万元	—
自营出口额	万元	90466.2

续表 28

指　标	单　位	数　值
第三产业从业人员	人	10563.3
第三产业增加值	万元	921.3
商品零售总额	万元	69953.4
集贸市场成交额	万元	9945.1
各类汽车	辆	1375.0
镇村公路	千米	313.5
科技人员	人	3927.0
中小学校	所	5.5
在职教师	人	722.7
中小学生	人	7376.6
图书馆藏书	万册	3.7
有线电视普及率	%	100.0
医院	所	3.3
卫生室	个	35.2
自来水普及率	%	100.0
年末存款余额	万元	—
农民人均纯收入	元	17894.8

2016年张甸镇各村（社区）基本情况统计表

表29

村（社区）名	村（社区）支部（总支、党委）书记	村（社区）主任	工农业总产值（万元）
三野村	钱后红	王建荣	5436.2
梅垛村	王文余	钱后喜	5916.9
高家村	孔令山	单田芳	4159.1
大丁村	王文生	曹爱福	4983.0
蒋佴村	朱为东	张小玲	1853.5
杨俞村	李　平	孙书生	4390.1
华扬村	钱后喜	华召书	3105.3
尹庄村	刘文武	刘绍家	4457.2
大窑村	李芹根	戴松柏	2481.6
三周村	殷金华	殷金根	2591.6
张甸村	任荣寿	杨相华	19798.9
杨港村	陈红虎	阙爱民	6450.4

续表 29

村（社区）名	村（社区）支部（总支、党委）书记	村（社区）主任	工农业总产值（万元）
沙梓村	吴永章	鲍忠泽	4807.0
张前村	陈石章	卢华宝	5505.5
甸头村	李才喜	李才喜	3528.8
魏家村	武圣日	魏红军	7628.5
张桥村	朱银凤	王月芹	4492.4
严唐村	李太山	张克美	6451.5
朱顾村	高华官	丁粉娣	3624.5
土桥村	张小平	程宝杰	2886.4
高庄村	阙国平	杨俊勇	4259.2
单庄村	单小义	单小凤	1701.7
三彭村	张正林	张朋英	6805.7
花彭村	李书平	李仁林	5459.3
三陈村	陈香玉	周龙山	5155.7
葛庄村	丁　华	王桂荣	15902.7
周徐村	王　进	韩必红	13247.3
西网村	树桂林	陈南根	10044.1
河垛村	张来林	张　健	5190.9
梅网村	唐后林	钱俞存	9978.1
蔡官村	魏稳群	胡　均	10380.7
三盟村	刘　忠	郁长冬	11204.6
三兴村	豆永龙	吉平华	8086.1
大李村	李桂林	陈年忠	6274.4
宫王村	蔡志忠	夏秋林	9776.8

张甸镇领导名单

书　　记：周旺根（至2016-04）
　　　　　李伯群（2016-04任）
副 书 记：李伯群（至2016-04）
　　　　　张　承（2016-04任）　许　枫
　　　　　祁海松（挂职，至2016-08）
　　　　　徐思淳（2016-11任）
人大主席：胡银虎（至2016-04）
　　　　　王根贞（女，2016-04任）

人大副主席：周长安
镇　　长：李伯群（至2016-04）
　　　　　张　承（2016-04任）
副 镇 长：张　政　曹圣明（至2016-04）
　　　　　张晓晴（女）　韩　峰（至2016-11）
　　　　　杨爱辉
政协工委主任：王根贞（女，至2016-06）
　　　　　　　许　枫（2016-12任）
政协工委副主任：姜媛媛（女）
纪委书记：于　军（至2016-11）
　　　　　韩　峰（2016-11任）
政法委书记：胡银虎（兼至2016-04）
　　　　　　许　枫（2016-12兼任）

梁徐镇

【概况】2016年，全镇实现地区生产总值43.7亿元，比上年增长9.24%。其中，第一产业增加值2.66亿元，比上年增长9.49%；第二产业增加值33.7亿元，比上年增长8.77%；第三产业增加值7.34亿元，比上年增长11.38%。完成一般公共预算收入1.76亿元，比上年增长82.58%。农村居民人均纯收入22900元，比上年增长14.38%。该镇获"江苏省文明乡镇"称号，张埭村获"江苏省文明村"称号，二塘村创建成省级和谐示范社区。

农业经济　创建林下经营基地1个，建成双墩村林下养鹅6.8公顷；新增土地适度规模面积约466.67公顷，申报认定家庭农场20家。新增为农综合服务中心4家、"五好"农民专业合作示范社2个。

工业经济　完成列统工业产值56.16亿元，工业开票销售50.4亿元；完成工业投资24亿元，工业设备抵扣税900万元。新增规模以上企业2家。双登集团获评江苏省质量奖。

服务业　完成服务业税收2600万元，比上年增长11%；规模和限额以上服务业企业营业收入5.22亿元，比上年增长15%。新328国道南侧6家汽车4S店开票销售3.9亿元。新增个体工商户120家，新增私营企业100家，新增1000万元以上服务业企业1家。

建筑业　完成建筑业施工总产值28.8亿元，比上年增长14.5%；建筑业增加值6.6亿元，比上年增长21.5%；工程结算收入19.2亿元，比上年增长21.9%；建筑业税收1430.63万元，比上年增长52.7%。

"三项工作"　实现固定资产投资24.66亿元，比上年增长6.4%。申报农业项目2个。招引5000万元以上工业项目4个。总投资15亿元的大唐热电联产项目作为市全委会重点项目接受观摩，一期工程基本完成。通过验收1000万元以上技改项目3个，其中3000万元以上技改项目1个。申报省高新技术企业2家、省民营科技企业3家、省高新技术后备企业1家，高新技术产业产值占列统工业产值比重58.8%；申报各类专利496件，其中发明专利118件、实用新型75件、外观设计303件；双登集团、东方水带、易通车件等5家企业分别与北京防化院、长春应化所、江苏大学等研究院和高等院校建立产学研合作关系。

社会事业　基本完成为民办实事工程15件。修建农村通村公路5.04千米，改造危桥1座，改建泵站17座，新建硬质渠道35千米，完成投入5000万元的区域二次改水工程。完成宁靖盐高速两侧绿化7500米、重点河道绿化12320米，建成绿化示范村3个。新建省达标卫生室8个，完成改厕200户。新增转移输出农村劳动力170人，开展城乡创业培训125人、农村劳动力培训891人、新成长劳动力培训190人。社会保险新增参保410人，新型农村合作医疗人均筹资标准提高到555元，参合率100%。全镇核定城乡低保895户1203人，月保障36.8万元。投入18万元改造农村危房14户。梁徐中心小学连续11年获评区素质教育考核优秀学校。

（李　娅）

2016年梁徐镇主要社会经济指标情况统计表

表30

指 标	单 位	数 值
耕地面积	公顷	3927
农业总产值	万元	43814
粮食总产量	万千克	4187
农机总动力	千瓦	31344
出栏生猪	头	44346
出栏家禽	万羽	65
水产品	万千克	23
水果产量	万千克	9
蔬菜产量	万千克	7040
工业企业	个	340
纳税销售收入	万元	504148
工业利税	万元	74699
技改项目	个	3
技改投入	万元	5000
外贸供货额	万元	—
自营出口额	万元	—
第三产业从业人员	人	5492
第三产业增加值	万元	73359
商品零售总额	万元	44420
集贸市场成交额	万元	17382
各类汽车	辆	45/ 百户
镇村公路	千米	28
科技人员	人	3541
中小学校	所	4
在职教师	人	264
中小学生	人	1194
图书馆藏书	万册	1
有线电视普及率	%	93
医院	所	2
卫生室	个	16
自来水普及率	%	99
年末存款余额	万元	144400
农民人均纯收入	元	22565

2016年梁徐镇各村（社区）基本情况统计表

表31

村（社区）名	村（社区）支部（总支、党委）书记	村（社区）主任	工农业总产值（万元）
林野村	钱存海	李 靖	25471.27
王石村	王金宏	王玉华	33497.50
新九村	江本安	周 勇	13657.21
前舍村	翟桂生	郁圣金	17712.56
三林村	钱友余	柳宝凤	35732.38
钱港村	吴金勇	潘国元	9589.96
前时村	钱忠明	钱存亮	20298.60
东官村	肖金涛	许社明	19378.39
官野村	曹福华	周 春	32957.22
二塘村	陈庆海	申太国	22000.89
梁徐村	于宏海	李录才	74902.38
周埭村	柳林书	陈建华	22923.51
张埭村	李存山	袁 杰	13764.93
双墩村	杨元红	徐 飞	22869.93
江村村	钱友余	陈祥根	35327.86
坡岭村	鲍凤珠	杨广才	30427.81
邢家村	杨 坚	杨书和	610186.40
岭家村	杨雪杉	陈爱玲	31954.22
黄村村	陶树军	卞学运	9831.02
葛联村	张明生	田韧义	7939.81
桥林村	王 东	王银喜	11544.96

梁徐镇领导名单

书　　记：石佳生

副 书 记：申　兵　朱爱青

人大主席：张学兵

镇　　长：申　兵

副 镇 长：陆明虎　钱　琨（女）　全立军　洪小军

政协工委主任：曹爱国（至2016-11）

政协工委副主任：臧存亚（2016-06任）

纪委书记：钱普涛

政法委书记：林海明（2016-12任）

白米镇

【概况】2016年，全镇实现地区生产总值59.6亿元，比上年增长8.79%。其中，第一产业增加值2.67亿元，比上年增长9.34%；第二产业增加值47.3亿元，比上年增长8.33%；第三产业增加值9.63亿元，比上年增长10.98%。实现公共财政预算收入1.61亿元。农村居民人均可支配收入22830元，比上年增长10.52%。

农业经济　完成土地规模经营面积约566.67公顷，占年计划106%；新增设施农业面积186.8公顷。新增家庭农场19家，其中示范性家庭农场2家。建成为农服务综合体4家。

工业经济　实现工业开票销售33.5亿元、列统工业产值155.33亿元；完成固定资产投资38亿元、固定资产设备抵扣1044万元。

服务业　完成服务业固定资产投资4.5亿元，占年任务110%；实现服务业税收5077万元，完成年计划119.74%。

建筑业　完成建筑业税收3948万元，比上年增长70.57%。

社会事业　实施区镇基础设施建设，完成园二路两侧绿化土方回填，完成区镇污水支管网改造和蒲津大桥北侧道路改造工程，启动竹窠庄“两路一桥”连通工程。投入近200万元，实施“一事一议”财政奖补项目9个，为拜官村、白米村、纪林村、吴堡村、曹新村、碱场村、杭家铺村、大安村、和平村9个村建成硬质化渠道1.3千米，维修村组道路7.39千米，安装路灯162盏。制定白米镇“十三五”扶贫工作意见，落实强村举措和“四位一体”帮扶机制（将脱贫责任追究机制、考核激励机制、资金筹措机制和审查监督机制构成一个整体系统），帮助村组增加资金积累2000多万元，落实帮扶项目72个，3个经济薄弱村412名低收入人口实现脱贫目标。提升保障水平，全镇城乡居民养老保险续保率连续5年在92%以上，劳动人事争议调解工作被评为省级示范；新型农村合作医疗参保率每年都在99%以上，社会保险扩面征缴340人，镇敬老院创建成全省首批AAA级敬老院。开展师德师风教育活动，投入400多万元，改造维修学校实验楼等基础设施，全镇4所学校都有橡胶跑道，所有中小学办学条件均达到省级教育现代化标准，连续17年获教育局教学质量评估优秀奖。全镇12个村建成农民文艺大舞台，农家书屋图书“一证通”实现全覆盖，开展每村每月送一场电影活动，传统美术白米糖塑被列入泰州市非物质文化遗产名录。该镇创建成泰州市餐饮服务食品安全示范镇。升级改造村卫生室，95%的村卫生有所改善，5个村完成村卫生室达标提升工程建设。

（成爱峰）

2016年白米镇主要社会经济指标情况统计表

表32

指　标	单　位	数　值
耕地面积	公顷	3217
农业总产值	万元	44707
粮食总产量	万千克	3662
农机总动力	千瓦	25221
出栏生猪	头	40365
出栏家禽	万羽	139
水产品	万千克	66
水果产量	万千克	13
蔬菜产量	万千克	5870
工业企业	个	368
纳税销售收入	万元	334885
工业利税	万元	279177
技改项目	个	5
技改投入	万元	11500
外贸供货额	万元	86275
自营出口额	万元	64729
第三产业从业人员	人	7000
第三产业增加值	万元	96259
商品零售总额	万元	163000
集贸市场成交额	万元	6000

续表 32

指　标	单　位	数　值
各类汽车	辆	2129
镇村公路	千米	118
科技人员	人	2256
中小学校	所	4
在职教师	人	249
中小学生	人	1352
图书馆藏书	册	28325
有线电视普及率	%	99
医院	所	2
卫生室	个	13
自来水普及率	%	100
年末存款余额	万元	90500
农民人均纯收入	元	20658

2016年白米镇各村（社区）基本情况统计表
表 33

村（社区）名	村（社区）支部（总支、党委）书记	村（社区）主任	工农业总产值（万元）
拜官村	游培祥	刘玉芳	23732.11
昌桥村	徐国平	王明月	63485.94
甸河村	游　春	陈宝林	49862.80
孔庄村	圣宝明	王网珍	23100.74
白米村	刘兴勇	吉卫忠	55105.00
纪林村	王文斌	仇金珍	14953.38
吴堡村	孔六英	王铁芝	18504.80
曹新村	曹爱明	周友泉	25431.52
马沟村	刘新春	杨顺宏	25990.02
杭家铺村	刘　勇	潘小林	16865.62
碱场村	崔永同	钱宏林	24829.50
新华村	黄于志	吴宝海	139116.95
蛙庄村	黄汉峰	游忠喜	113104.20
野沐村	蒋家和	张兰珍	113219.40
孙舍村	谢瑞华	于在芹	21881.96
和平村	陈龙珍	李爱玲	25303.50
大安村	张宏珍	王万富	17803.32

白米镇领导名单

书　　记：吴　琼
副 书 记：夏义华　李建忠（2016-04任）
　　　　　庞爱林（至2016-04）
人大主席：吴　琼（兼至2016-04）
　　　　　李建忠（2016-04任）
人大副主席：曹根宏
镇　　长：夏义华
副 镇 长：孙桂春　吉章兰（女，至2016-04）
　　　　　顾宏宽　刘兴勇　李荣群
　　　　　曹圣明（2016-04任）
政协工委副主任：陈晓燕（女）
纪委书记：曹广富（至2016-04）
　　　　　曹东文（2016-04任，至2016-12）
　　　　　曹圣明（2016-12任）
政法委书记：刘兴勇（2016-11任）

娄 庄 镇

【概况】 2016年，全镇实现地区生产总值36.7亿元，比上年增长9.5%；实现公共财政预算收入6100万元，比上年增长1.1%。农民人均纯收入20984元，比上年增长10.5%。在全区季度考核中，获一、二季度“科技铜杯”，三季度“工业经济银杯”。

农业经济　新增流转土地面积420公顷，新组建种植专业合作社5家。建成稻麦油高产创建万亩示范片2个，其中小麦万亩示范片为省级A级片。新建为农综合服务中心4个，组建农民专业合作社17家、家庭小农场7家、专业户33家。投资200多万元在先进村建成工厂化育秧中心，朱翟农机专业合作社被认定为市级农机专业合作社。推广农机新机具、新技术，受理购机补贴81份，受益农户56户，新增各种农机具103台。红庙村实施渔业科技入户工程。培育示范户18户，辐射户90户，建立健康、安全、高效养殖面积约133.33公顷，建成泰州市水蛭科技养殖基地。举办“平安农机”农机安全学习班4次，培训农机操作人员320人。举办农业职业技能培训班2次，培训种植大户及农民经纪人283人。基本完成农村土地确权登记、颁奖工作；推进投入1.33亿元覆盖全镇17个村的东部干线10万亩高标准农田建设娄庄片区工程，开工建设道路189条、桥梁24座、排灌站11座、渠道45条，清淤河道29条。

工业经济　完成工业开票销售31.2亿元，比上年增长14.08%；工业投资23.28亿元，比上年增长23.28%；设备抵扣800万元，比上年增长76.03%。净增个体工商户96户，净增私营企业54家。泰州樱田农机制造有限公司获评江苏省专精特新企业，江苏博格东进管道设备有限公司、泰州樱田农机制造有限公司、江苏晨光波纹管有限公司获评泰州市2016年科技小巨人培育企业，江苏新希特机械有限公司、江苏苏创科技有限公司获"泰州企业技术中心"称号，泰州金宝来纺织有限公司、江苏万丰船用设备制造有限公司获评泰州市"两化融合"示范企业，江苏启航塑业通过泰州市智能化车间验收。

服务业　完成服务业税收1700万元，比上年增长30.8%；实现服务业产业资产投资1.43亿元，比上年增长48%；限额以上服务业企业营业收入8200万元，比上年增长39.3%；小税办门市开票入库税收320万元。

建筑业　实现建筑业施工总产值3.8亿元。

"三项工作"　签约5000万元以上项目3个，新开工项目3个。完成1000万元以上服务业项目2个。竣工1000万元以上技改项目4个，其中5000万元1个。高新技术产业产值占列统工业产值比重46.7%，研发经费投入占地区生产总值比重2.5%；新增省高新技术企业2家，申请专利近240件，申请发明专利近70件，完成专利授权170件，新增有效发明专利4件，产学研合作8项；申报省优秀科普惠农服务站1家，成立区科普惠农服务站2家，该镇被表彰为"泰州市'十二五'全民科学素质工作先进集体"。

社会事业　修编完善集镇总体规划、道路规划、土地利用总体规划。改造危房34户，完善集镇润娄路等地段绿化提档升级工程。开工建设集镇天然气项目。完成投入近4000万元的长江水户改工程，水费回收率98.5%。建成省补财政桥梁6座，完成青龙路提档升级、304县道、2号桥帮宽工程，完成东部干线（娄庄大道）照明工程。开展"违章搭建""废旧广告"专项整治行动，整治规范娄庄农贸市场秩序、烟墨路流动摊点。制定生态文明建设规划，开展环保专项行动大检查、违规违法建设专项整治及浆纱行业污染整治等活动。12家企业通过"三同时"验收，环境影响评价执行率、"三同时"执行率均为100%。成片造林24公顷，四旁植树8万株；建成省级绿化示范村1个、绿化合格村3个；建成高标准绿色通道4千米，更新圩堤绿化9千米。开工建设三联村污水处理站，新增垃圾房50座、垃圾桶300余只。生活垃圾无害化处理率98%以上。农村饮用水卫生合格率100%。71家企业聘请"安全保健医生"，率先在全区落实"安全保健医生"制度；218家工业企业实行安全隐患自查自纠网上申报，重点企业安全生产事故隐患排查治理网上申报率100%；建筑管理检查覆盖率100%。新建电灌站40座，改建圩口闸5座，疏浚村庄河道5条；新增低保20户61人，给545户708名低保人员发放低保资金120万元；新增"五保"人员13人，给258名"五保"人员发放"五保"资金170万元；净增数字电视用户89户，高清互动用户1080户，净增宽带用户660户，实施袁联村、三联村、连心村光网全覆盖工程；新增社保参投405人，新增城乡居民养老保险351人，直接享受基础养老金待遇6799人，参保缴费领取待遇7108人；新型农村合作医疗实现全覆盖。娄庄小学、行知实小获评姜堰区中小学素质教育考核优秀学校，娄庄中学高考二本以上达线率领先区三星级高中；达标升级村级卫生室6家，娄庄卫生院被评为全国基层群众满意卫生院；完成改厕509户；残疾人杨金泉获全国羽毛球比赛第一名；给17个村免费配送健身器材；建成朱翟村等3个村大舞台；推进娄东村五星级农家书屋建设，新增图书3000册；启动镇文化中心影剧院提质装修工程；放映农村公益电影200余场；全镇生育政策符合率99.5%，免费孕情优生健康检查100对。开展土地流转、土地确权、征地补偿、个人维权、干部违规违纪、企业欠薪等问题排查，办结信访件16件，调处各类矛盾纠纷258起，完成案件审查12件，接待群众来访134人次。

（曹春森　仇爱琴　陈　锋）

2016年娄庄镇主要社会经济指标情况统计表

表34

指　标	单　位	数　值
耕地面积	公顷	3864
农业总产值	万元	52587
粮食总产量	万千克	5275
农机总动力	千瓦	36977
出栏生猪	头	14649
出栏家禽	万羽	81
水产品	万千克	201
水果产量	万千克	54
蔬菜产量	万千克	5783
工业企业	个	830
纳税销售收入	万元	315792
工业利税	万元	25937
技改项目	个	3
技改投入	万元	3000
外贸供货额	万元	341
自营出口额	万元	96
第三产业从业人员	人	4983
第三产业增加值	万元	98926
商品零售总额	万元	74862
集贸市场成交额	万元	2968
各类汽车	辆	6540
镇村公路	千米	304
科技人员	人	1341
中小学校	所	3
在职教师	人	316
中小学生	人	2048
图书馆藏书	万册	1
有线电视普及率	%	99

续表34

指　标	单　位	数　值
医院	所	2
卫生室	个	15
自来水普及率	%	100
年末存款余额	万元	265100
农民人均纯收入	元	23311

2016年娄庄镇各村（社区）基本情况统计表

表35

村（社区）名	村（社区）支部（总支、党委）书记	村（社区）主任	工农业总产值（万元）
袁联村	张正家	洪后东	46106
三联村	刘茂军	刘瑞凤	28785
红庙村	吴汉国	章爱华	11892
连心村	顾明珠	张云华	14131
洪林村	姚　武	王爱兵	33138
放牛村	许生权	朱　强	41892
曹杨村	徐　斌	秦　鹏	24386
李庄村	黄伯珍	刘　娟	115043
马赛村	张者芳	崔　进	18763
娄庄村	马亚龙	朱亚光	180916
团结村	黄永祥	陈中民	24609
娄东村	王志云	徐荣康	52680
新龙村	陈长山	陈长山	9613
东阳村	丁传华	施元忠	24004
兴胜村	周春荣	堵开元	10790
朱翟村	王稳林	王稳林	26359
先进村	焦红兰	焦红兰	80006

娄庄镇领导名单

书　　记：陈希斌（至2016-04）
　　　　　黄　鹏（2016-04任）
副 书 记：黄　鹏（至2016-04）
　　　　　李建忠（至2016-04）
　　　　　王建宝（2016-04任）
　　　　　曹春森（2016-04任）

人大主席：陈希斌（兼至2016-04）
刘海峰（2016-04任）
人大副主席：黄菊香
镇　　长：黄　鹏（至2016-04）
王建宝（2016-04任）
副 镇 长：朱文涛　黄永祥　缪锦军　郭晓彬
朱　斌　陈　勇（2016-04任）
政协工委主任：刘海峰（至2016-04）
曹春森（2016-12任）
政协工委副主任：仇爱琴（女）
纪委书记：李建忠（兼至2016-04）
潘春桃（2016-04任）
政法委书记：朱文涛（兼）

沈高镇

【概况】 2016年，全镇实现地区生产总值36.2亿元，比上年增长9.3%；实现一般公共预算收入8122万元，比上年增长20.17%。农村居民人均可支配收入22929元，比上年增长10.5%。该镇被评为国家级生态镇、全国“一村一品”示范镇、国家农业科技创新与集成示范基地、江苏省智能农业示范园区、江苏省文明镇、泰州市发展高效农业十佳乡镇等，创建成“机插秧整体推进镇”，获区年度工作目标综合优胜奖二等奖、招商引资和项目建设先进单位奖二等奖，区季度单项竞赛获金杯4个、银杯4个、铜杯6个。河横村被评为首批江苏乡村旅游精品创建试点单位、江苏省首批休闲观光农业示范村、全国文明村镇、国家级生态村、全国部省共建社会主义新农村建设示范点、国家AA级旅游景区、江苏省首批“美丽乡村”、江苏最具魅力休闲乡村。江苏北农大农牧科技有限公司被农业部评为2016年畜禽养殖标准化示范场，“蚊帐大米”通过欧盟农产品质量检验，万众村“美丽乡村”建设通过泰州市级考核验收。

农业经济　新增高效设施农业面积105.8公顷、高效设施渔业面积约38.67公顷、高效设施园艺项目3个，新增农业“三品”2个，均超额完成年度计划。完成高效农业保险313万元，生猪大中型规模养殖比重65%，建成联盟、超幸2座为农综合服务中心，夏、秋季秸秆“双禁”工作被作为全区第一名上报泰州，农村土地确权登记工作基本完成。

工业经济　实现列统工业产值、全部工业投资分别比上年增长18.5%、25%；完成工业开票销售25.4亿元、利税5.9亿元、利润3.8亿元，分别比上年增长8.7%、12%、11%；完成工业设备抵扣1155万元，比上年增长31.3%。新增规模以上企业1家。

服务业　举办首届“中国·河横乡村旅游节”、科技创新交流会及溱湖农品汇开业购物节。发展生产性服务业和生活性服务业。实现服务业税收4580万元、限上企业销售额5.6亿元、服务业固定资产投资2.51亿元，分别比上年增长10.3%、48%、6.7%。引进纳税开票5亿元。

“三项工作”　通过区考核验收200万元以上农业项目8个、1000万元以上服务业项目1个。签约开工亿元项目3个，在建5000万元项目1个、亿元项目1个。总投资亿元以上的江苏新又碧农副产品有限公司、江苏天禹农业机械有限公司竣工投产。开工1000万元以上技改项目7个，通过区考核验收2个。申请专利244件，申请发明专利47件，专利授权35件，新增注册商标10个。

社会事业　落实“十项为民实事工程”。完成229省道、东海北路拆迁工作，工程完成70%以上。修建路道5.5千米、桥梁10座、公交候车亭15座。疏浚整治河道、生态护坡河道14条，加固圩堤0.6千米，新建电灌站、排涝泵站9座，硬质化渠道1.45千米，新建田间道路6500米。建成百姓大舞台2座，创建五星级农家书屋1家。建成冯庄、夏朱、万众3个村卫生室。推进城乡低保标准一体化工作，实现无固定收入重残人员救助全覆盖，参照城乡低保标准发放生活救助金。实施东海北路、万众工业集中区、农产品加工集中区、新229省道、红旗大道东延等地段被征地农民社会保障即征即保工作，552名被征地农民享受社会保障待遇。

【江苏北农大农牧科技有限公司】 该公司由中国农业大学北京农大总公司联合江苏7名股东组建。公司在沈高镇双星村建设节粮型蛋鸡华东高新技术产业基地，建成全自动、智能化、封闭式管理的种鸡舍9幢、育雏育成室2幢，总面积10145平方米，全部采用自动喂料、饮水、光控、温控、通风、换气、清粪、消毒等智能化控制系统，鸡粪用传送带即时输出外运，具备栏存种鸡11万套的生产能力。2016年，农业部确定2016年畜禽养殖标准化示范场552家，其中江苏省24家，姜堰1家，该公司获评。

【微电影《本色》开机】 7月9日，电影在沈高镇开机。该电影由区总工会和沈高镇联合摄制，展现沈高镇双星村党总支书记沈昌宽与村干部们一起带领群众探索发展高效农业的历程。自2001年起，沈昌宽带领村“两委”班子成员发展高效农业，推动村民创业致富，把沈高镇双星村发展成为全省高效农业明星村。该村发展高效农业的经验被总结为“双星模式”在全市推广。沈昌宽获市、区“优秀党组织书记”“优秀党员”“劳动模范”等称号，2015年被评为全省吴仁宝式村党组织书记，2016年被评为省劳动模范。电影制作完成后，将全网上线，在市内外展播。

（张永进　冯　霞）

2016年沈高镇主要社会经济指标情况统计表
表36

指　标	单　位	数　值
耕地面积	公顷	2335
农业总产值	万元	69640
粮食总产量	万千克	3389
农机总动力	千瓦	48385
出栏生猪	头	55274
出栏家禽	万羽	53
水产品	万千克	508
水果产量	万千克	203
蔬菜产量	万千克	6573
工业企业	个	318

续表36

指　标	单　位	数　值
纳税销售收入	万元	264084
工业利税	万元	151557
技改项目	个	76
技改投入	万元	36480
外贸供货额	万元	—
自营出口额	万元	4146
第三产业从业人员	人	7755
第三产业增加值	万元	67749
商品零售总额	万元	45265
集贸市场成交额	万元	35620
各类汽车	辆	1052
镇村公路	千米	228
科技人员	人	1562
中小学校	所	3
在职教师	人	94
中小学生	人	348
图书馆藏书	万册	5
有线电视普及率	%	99
医院	所	2
卫生室	个	10
自来水普及率	%	100
年末存款余额	万元	106309
农民人均纯收入	元	22397

2016年沈高镇各村（社区）基本情况统计表
表37

村（社区）名	村（社区）支部（总支、党委）书记	村（社区）主任	工农业总产值（万元）
华杨村	张春惠	吴文龙	54130
官庄村	韩东明	吴桂根	86458
后堡村	陈红喜	韩龙凤	234974
单塘村	王春生	刘桂兰	87214
万众村	巫荣华	王太林	314860
冯庄村	吴亚东	张　珍	15154

续表 37

村（社区）名	村（社区）支部（总支、党委）书记	村（社区）主任	工农业总产值（万元）
联盟村	魏双林	吴小华	24117
天民村	罗　蓉	沈长华	26323
超幸村	刁传军	丁秋珍	22975
夏朱村	王　桢	陈九林	71530
夏北村	张永胜	朱爱军	179493
沈高村	丁松华	张春花	54639
双星村	陈　云	邱永明	55920
河横村	张成龙	石　庆	108421
夹河村	王爱兵	吴桂华	13452

沈高镇领导名单

书　　记：周宏才
副 书 记：陆双琳（女，至2016–04）
　　　　　缪杰明（2016–04任）
　　　　　生静雅（女，挂职至2016–08）
　　　　　申鹏飞
人大主席：王建宝（至2016–04）
　　　　　庞爱林（2016–04任）
人大副主席：黄　杰
镇　　长：陆双琳（女，至2016–04）
　　　　　缪杰明（2016–04任）
副 镇 长：周　静（至2016–04）
　　　　　陈忠兵　陈兆斌
　　　　　王　燕（女，至2016–04）
　　　　　游　斌
政协工委主任：黄森林
政协工委副主任：吴宏生
纪委书记：刁向荣
政法委书记：陈兆斌（兼）

兴 泰 镇

【概况】 2016年，全镇完成地区生产总值19.01亿元，比上年增长9.8%。实现农民人均纯收入21506.19元。兴泰镇西陈庄村入选全国第四批美丽宜居示范村庄，兴泰镇农村产权交易服务站被省委农村工作领导小组办公室表彰为“全省农村产权交易市场建设先进单位”。

农业经济　在全区率先完成土地承包经营权颁证工作。新增设施农业面积约46.67公顷，新增土地规模经营面积约166.67公顷。新增省级示范合作社2家、市级示范合作社7家，新增市级规模经营示范家庭农场6家。

第三产业　新培植贸易企业1家、物流企业1家，西陈庄村通过省级乡村旅游点初验。

“三项工作”　竣工验收200万元以上农业项目4个、5000万元以上工业开工项目1个、1000万元以上服务业项目1个；新签约亿元以上工业项目1个。实施工业技术改造项目4个，竣工验收1000万元以上技改项目2个，净增省级以上高新技术企业2家、省级以上高新技术产品3项，申请专利210件。

社会事业　探索试点保洁外包模式，村庄环境长效管护工作在全区名列前茅。投入300多万元，开展工业园区夹河及村庄河道环境专项整治工程。整治全镇冷镦、小炉渣企业，40家冷镦企业、30家中频炉企业新上环保处理设施。投入260多万元，提档升级镇域绿化。创建成省级绿化示范村1个、绿化合格村1个、绿化合格单位3个。投入100多万元，整治美化全镇水环境、水文化、水景点，兴泰镇通过省级水美乡镇创建初验，尤庄村、西陈庄村、沙垛村通过省级水美乡村复验。实施十项为民办实事项目及“基础设施、生态环境、为农服务、社会保障、公共安全”五大类16项民生工程。超额完成社会保险扩面征缴任务，新型农村社会养老保险和新型农村合作医疗续保、参合率96%、98%以上；成立全区第一家乡镇慈善协会，筹集慈善母金80余万元。新建幼儿园，升级兴泰镇卫生院，推进村卫生室达标改造，扶持发展社会养老机构，完善百姓大舞台、农家书屋、健身场所等。

（孙敬东）

2016年兴泰镇主要社会经济指标情况统计表

表38

指　标	单　位	数　值
耕地面积	公顷	2060
农业总产值	万元	27163
粮食总产量	万千克	2836
农机总动力	千瓦	14256
出栏生猪	头	21370
出栏家禽	万羽	39
水产品	万千克	262
水果产量	万千克	20
蔬菜产量	万千克	1942
工业企业	个	175
纳税销售收入	万元	101706
工业利税	万元	66844
技改项目	个	5
技改投入	万元	7561
外贸供货额	万元	—
自营出口额	万元	—
第三产业从业人员	人	4827
第三产业增加值	万元	43171
商品零售总额	万元	31815
集贸市场成交额	万元	937
各类汽车	辆	—
镇村公路	千米	38
科技人员	人	248
中小学校	所	1
在职教师	人	48
中小学生	人	578
图书馆藏书	万册	3
有线电视普及率	%	98
医院	所	1
卫生室	个	7
自来水普及率	%	100
年末存款余额	万元	72200
农民人均纯收入	元	21506

2016年兴泰镇各村（社区）基本情况统计表

表39

村（社区）名	村（社区）支部（总支、党委）书记	村（社区）主任	工农业总产值（万元）
尤庄村	陈大华	陈　飞	3220.41
薛何村	郑伟平	徐友成	2830.78
孙楼村	王扣荣	孙　波	4166.63
句址村	杭宝山	花成亮	6271.80
沙垛村	沈加亮	吴志祥	3986.69
三里泽村	申存宏	王秀义	3837.48
西陈庄村	徐爱进	李学军	1514.80
苏庄村	孙敬东	孙长根	2227.76

兴泰镇领导名单

书　　记：王　亮（女）

副 书 记：张炳权（至2016-04）　孔　纬

　　　　　吕爱民（2016-04任）

人大主席：张炳权

人大副主席：严忙凤（女）

镇　　长：孔　纬

副 镇 长：王怀扣　田志春

　　　　　卞剑飞（至2016-04）

政协工委主任：周宝余（至2016-12）

　　　　　　　吕爱民（2016-12任）

政协工委副主任：陈　康

纪委书记：吕爱民（至2016-04）

　　　　　唐　军（2016-04任）

政法委书记：田志春（兼）

桥 头 镇

【概况】 该镇域面积38平方千米，辖行政村7个、村民小组147个，总人口2.4万人。2016年，全镇实现地区生产总值32.3亿元，实现公共财政预算收入3754万元。农民人均纯收入22258元。该镇被表彰为江苏省村庄环境整治工作先进集体。

农业经济　“1+6+7”（培育发展家庭农场，

通过建立土地股份合作社、植保专业合作社、农机专业合作社、粮油产销合作社、资金互助合作社、村级农保服务点6类专业服务平台，实现农田基础设施、农业机械化作业、标准化生产、科技推广、秸秆综合利用水平及农民收入、村集体经营性收入7个提升）农业模式被中央电视台、《农民日报》等媒体多次宣传报道，示范性家庭农场“八有标准”（主体有资质、经营有规模、作业有装备、生产有标准、产出有效益、风险有保障、管理有规范、社会有信誉）被评为江苏省创新课题，家庭农场建设被列入泰州市重大改革成果之一，现代农业发展“桥头模式”被农业部推广。举办全国农业现场会两次。“桥头模式”被国务院副总理汪洋称为“代表着全国现代农业未来的发展方向”。

工业经济　全镇辖企业110家，其中列统企业15家。实现工业开票销售9.58亿元，工业利税1.61亿元，列统工业产值26.1亿元，工业投资6.5亿元。

服务业　完成服务业税收3200万元。

“三项工作”　签约5000万元以上工业项目2个。竣工投产3000万元以上工业项目1个。实施200万元以上农业项目3个，实施3000万元以上第三产业项目2个。完成技改项目2个，实现技改投入2000万元。

社会事业　新建各类桥、泵、闸等20多座，疏浚整治河道8条。新建通村道路7千米，新建公交候车亭8座。农溱线、姜溱线等路段实现亮化。农溱线、姜溱线、宁靖盐高速等道路绿化提档升级。

（姚　磊）

【桥头镇家庭农场“订单种粮”】　该镇围绕农业适度规模经营，推进农业经营体制创新，培育新型规模经营主体。全镇近100%的土地实现流转，创办种植业家庭农场118个，主要从事稻麦生产。桥头镇农业技术服务中心与区粮油购销总公司签订商品粮订单收购合同，为家庭农场提供产品销售服务，解决卖粮难问题。

（陈燕华　王　露　徐树仁）

【桥头镇首部微电影开拍】　微电影《我在桥头等你》在桥头镇小杨·溱湖人家拍摄。该电影以小杨·溱湖人家为背景，以陆小青和杨嘉在桥头民宿为线索，讲述桥头人热情好客的故事。展现桥头农家院和家庭农场美丽风光，宣传推介“小杨·溱湖人家”文化，丰富桥头镇特色旅游文化内涵，助推旅游业发展。

（陈燕华　王　露）

2016年桥头镇主要社会经济指标情况统计表
表40

指　标	单　位	数　值
耕地面积	公顷	2035
农业总产值	万元	33667
粮食总产量	万千克	2465
农机总动力	千瓦	19870
出栏生猪	头	27441
出栏家禽	万羽	86
水产品	万千克	582
水果产量	万千克	85
蔬菜产量	万千克	2711
工业企业	个	200
纳税销售收入	万元	95800
工业利税	万元	24149
技改项目	个	2
技改投入	万元	2000
外贸供货额	万元	0
自营出口额	万元	447
第三产业从业人员	人	6101
第三产业增加值	万元	46177
商品零售总额	万元	26237
集贸市场成交额	万元	4601
各类汽车	辆	615
镇村公路	千米	159
科技人员	人	551
中小学校	所	2
在职教师	人	104
中小学生	人	1084

续表 40

指　标	单　位	数　值
图书馆藏书	万册	3
有线电视普及率	%	91
医院	所	1
卫生室	个	6
自来水普及率	%	100
年末存款余额	万元	84000
农民人均纯收入	元	22258

2016年桥头镇各村（社区）基本情况统计表

表 41

村（社区）名	村（社区）支部（总支、党委）书记	村（社区）主任	工农业总产值（万元）
小杨村	王小军	卫泽民	15430
大杨村	姜　林	姜东洋	11213
桥头村	马长余	马长余	17819
李堡村	李留锁	卞凤兰	16553
杨院村	黄　平	王小凤	15557
三沙村	卞勇军	杨子英	14347
状元村	严卫群	沈　舜	13019

桥头镇领导名单

书　　记：俞扬祖
副 书 记：蒋金荣（至2016–05）　左　丞
人大主席：韩云峰（至2016–12）
　　　　　石宝荣（2016–12任）
人大副主席：王扣凤（女，至2016–04）
镇　　长：蒋金荣（至2016–05）
　　　　　俞扬祖（2016–05任）
副 镇 长：卞志岚　杨红明　徐晓玲（女）
　　　　　丁秀华（2016–12任）
政协工委副主任：朱　媛（女，2016–06任）
纪委书记：王　飞
政法委书记：杨红明（兼）

淤溪镇

【概况】 2016年，全镇实现地区生产总值19亿元，可比增长10%；实现公共财政预算收入4547万元，比上年增长15.1%。农民人均可支配收入20660元，比上年增长11.6%。该镇一季度获区“工业流动银杯”，二季度获区“财政流动金杯”；匍夏村创建成“江苏省文明村”，被省民政厅评为“江苏省和谐社区建设示范区”。

农业经济　新增农村土地适度规模经营约666.67公顷，新增6.67公顷以上家庭农场54个，新增区级示范性家庭农场3个。申报泰州市“五好”农民专业合社示范社3个，完成农村产权交易27宗。土地确权合同签订9426户，合同签订率88.2%。两季秸秆“双禁”率100%，机械化还田约2393.33公顷，完成率115%。建成村为农综合体4个。申报农机具补助34台，上争三级财政补贴172万元。投资750万元的杨庄村、周庄村、靳潭村5000亩高标准农田建设项目完工；投资750万元的潘庄村、孙庄村5000亩高标准农田项目开工建设。设施农业完成园艺30公顷、渔业约42.67公顷，新增特色高效经济作物约22.67公顷。

工业经济　完成列统工业产值26.4亿元，工业增加值4.8亿元。实现工业开票销售15亿元，比上年增长34.3%；工业设备抵扣税420万元，比上年增长50%；列统工业产值、利润、利税分别比上年增长15.9%、29.8%、37.6%。民营经济净增40家。

服务业　完成服务业税收2202万元，比上年增长21%。限上企业销售4700万元，规模以上服务业营业收入5亿元。招引涵养税额584万元。

建筑业　完成建筑业施工产值1.06亿元，超额完成区交指标。

“三项工作”　实际利用外资100万美元。招引200万元以上农业项目3个。其中，500万元以上农业项目1个，新增果树苗木种植约33.33公顷。在建项目5个，竣工5000万元以上项目4个。验收1000万元以上技改项目2个。

社会事业　发放医疗救助资金24.8万元；发放退役士兵补助31.2万元，发放在乡复员军人遗孀补助17.8万元，发放尊老金59.8万元。做好失地农民土地换社保工作，完成养老保险339人，医疗保险308人，工伤、生育、失业保险200人，城乡居民医疗保险投保率99%以上。开展就业再就业培训，新增农村劳动力转移130人，新增农民自主创业540人。完成水利疏浚工程区级河道1条（唐港河）、镇河道2条（淤卞河、古港河）、村庄沟塘27条。新拆建圩口闸11座、改建3座，新建闸站3座，新建排涝站1座、改建3座，新建电灌站5座、渠道5.35千米。送文化下村演出23场次，实现健身路径村村全覆盖。参加区工会系列活动。推进平安淤溪、法治淤溪建设。开展信访矛盾化解工作，处理人民来信4封，通过阳光信访平台处理群众上访事项9件，发放权益保障卡5份，处理"'12345'·政风行风热线"电话275件。里溪村、南桥村、北桥村、马庄村、孙庄村5个村创建成"六无"村。开展"七五"普法活动；化解矛盾126起，调解成功率100%。设置安全网格员19人，24家企业聘用安全"保健医生"；开展安全生产大检查，检查单位206家次，发现隐患430个，发出整改指令书132份。开展农村家宴管理和药品"亮剑"专项检查。开展通榆河流域一级生态保护区内畜禽养殖污染整治工作。保护集中饮用水源，镇区日处理污水500吨，武庄村、御墅华庭完成小区污水设施工程，靳潭村完成污水管网工程。开展各类重大活动社会稳定风险评估工作。完成2016—2030年淤溪镇总体规划。投入90万余元维修淤红路、淤马路、三垛集镇、人民路等。新建公交候车亭9座，加密公交班次。加大村庄、河道环境综合整治力度，每月督察考核村长效管护情况。建设垃圾中转站渗液收集池。引进河道清洁船，落实专人不间断巡查、保洁，确保全镇主要河道水面无漂浮垃圾。完成启扬高速沿线7000株大规格树种种植、淤卞河绿化及205县道绿化，打造南桥村、武庄村、靳潭村3个绿化合格村，绿化甸夏村、北桥村、靳潭村3个村通村道路1810米。整治马庄集镇段和兴泰公路、江海高速沿线，清理河道沟塘31条，拆除沿线违章搭建及破旧棚披27处，修缮、粉刷、出新破旧墙壁5000平方米。统一制作商铺店招牌，在马庄集镇兴泰公路沿线段面砌筑花台1200米，花台内栽种花草树木。结对帮扶经济薄弱村7个、低收入农户369户552人，上争资金69万元，脱贫194人，靳潭村、马庄村脱贫。

（王志祥）

2016年淤溪镇主要社会经济指标情况统计表

表42

指　标	单　位	数　值
耕地面积	公顷	3618
农业总产值	万元	22155
粮食总产量	万千克	2531
农机总动力	千瓦	15711
出栏生猪	头	24254
出栏家禽	万羽	37
水产品	万千克	550
水果产量	万千克	120
蔬菜产量	万千克	2200
工业企业	个	220
纳税销售收入	万元	155800
工业利税	万元	16714
技改项目	个	3
技改投入	万元	30000
外贸供货额	万元	2000
自营出口额	万元	3500
第三产业从业人员	人	4751
第三产业增加值	万元	6832
商品零售总额	万元	35456
集贸市场成交额	万元	1500
各类汽车	辆	900
镇村公路	千米	65
科技人员	人	603
中小学校	所	3

续表 42

指　标	单　位	数　值
在职教师	人	178
中小学生	人	1197
图书馆藏书	万册	6
有线电视普及率	%	93
医院	所	2
卫生室	个	15
自来水普及率	%	100
年末存款余额	万元	117764
农民人均纯收入	元	20660

2016年淤溪镇各村（社区）基本情况统计表

表43

村（社区）名	村（社区）支部（总支、党委）书记	村（社区）主任
武庄村	肖冬林	肖长林
卞庄村	陈德荣	陈　奎
淤溪村	沈顺山	陈明珍
里溪村	武晓勤	蒋　科
杨庄村	杨网元	陈网英
周庄村	周林和	韩秋龙
靳潭村	沈向明	周五小
吉庄村	夏卫东	夏卫东
孙庄村	徐开红	徐开红
潘庄村	丁秋林	—
匍夏村	张永红	—
三垛村	周石磊	周慧琴
马庄村	魏爱群	王桂峰
南桥村	冀国顺	王克俊
北桥村	赵根宏	许新进

淤溪镇领导名单

书　　记：袁　勤
副 书 记：沈玉堂　成　猛
人大主席：袁　勤（兼至2016-04）
　　　　　成　猛（2016-04任）
人大副主席：沈新荣
镇　　长：沈玉堂
副 镇 长：唐　军（至2016-04）　沈　阳
　　　　　沈阿银　潘春桃（至2016-04）
　　　　　徐水勇　吴芳苏（女，2016-04任）
政协工委副主任：邵云龙（至2016-11）
纪委书记：成　猛（兼至2016-04）
　　　　　柳存银（2016-04任）
政法委书记：沈　阳（兼）

俞 垛 镇

【概况】 2016年，全镇实现公共财政预算收入3970万元。居民人均可支配收入21606元，比上年增长11.03%。该镇被表彰为江苏省文明乡镇，宫垞村、忘私村、祝庄村被表彰为江苏省文明村。

农业经济　完成土地流转面积约293.33公顷，累计约3346.53公顷，占总面积91%；新增设施农业面积约266.67公顷，新增高效渔业面积约56.27公顷。新增现代农业经营主体35个，农村产权交易站完成交易36宗，启动忘私村、叶甸村、横庄村3个村为农服务综合体投入使用。农村土地确权登记工作进入颁证准备阶段。

工业经济　实现全部工业开票销售12.6亿元；实现列统工业产值14亿元；完成工业投资11.5亿元，比上年增长11%。新增列统企业4家（北钨科技、金源沥青、鑫鑫化工、南星化工）；全镇钨钼企业实现开票销售5.72亿元，阀门法兰企业实现开票销售2.15亿元，化工电镀企业实现开票销售2.52亿元。

服务业　完成服务业增加值13.28亿元，固定资产投资16.8亿元，实现税收1181万元。新增个体工商户70户、私营企业31家。

“三项工作”　实现固定资产投资19.1亿元。投入200万元以上农业项目5个，通过区考核验收4个，其中500万元以上项目1个；新投产工业项目3个，分别是1.05亿元的钨电极项目、5000万元的改性沥青项目和彩色包装项目。新开工

1000万元以上技改项目4个，通过区考核验收3个。申请专利197件，授权105件；高新技术产业占列统工业比重近70%，居全区第二；申报省级以上高新技术企业3家、高新技术产品8个。

社会事业　投资500多万元，拓宽提档何野村、俞耿村、叶甸村、南野村、花庄村等村公路5千米，工程基本竣工。投资100多万元实施集镇修补工程和路灯改造；投资近400万元改造府前路，8月公开招投标，春节前后完成改造。完成叶仓公路和玉星路亮化工程，安装路灯近240盏。改造俞叶路闸桥3座，完成工程招标，进场开工。投资170多万元，绿化沈马路、俞叶路等5个路段及祝庄村、姜茅村、柳官村3个示范村。俞垛卫生院门诊病房综合楼主体工程竣工，翌年下半年交付使用；何野、横庄等9个示范村卫生室和何野村污水处理站基本竣工。府前小区天然气入户，金垛丽园主管道铺设到小区。总投资4000多万元，实施农田水利基础建设。泰东河、卤汀河成套工程项目新建排涝站7座、电灌站11座、硬质渠7千米、桥6座。农水工程项目疏浚区级河道3条、村庄河道21条，复垦土地4公顷以上，护坡4.3千米。千亿斤粮食产能项目新建电灌站21座、桥梁5座，硬质渠14千米、路面5千米。投资170万元新建圩口闸、排涝站各2座。投资100万元实施土地整理后续工程项目，完成仓场至薛陈、仓场至花庄和田管等4条硬质化路面浇筑。新增变压器59台，改造更换10千伏高压线路7条，400伏迎峰度夏项目改造线路80.2千米，总投资1752万元。忘私村、房庄村等4个村添置体育健身器材。举办农村劳动力技能培训班5期，吸纳农村劳动力2156人。新增社会养老保险302人，新增城乡居民养老保险392人。实施困境儿童和残疾人福利工程，摸查全镇留守儿童，为白内障患者免费提供健康检查治疗，“全国助残日”到思佳乐超市慰问困难残疾儿童，启动薛陈村残疾人“幸福家园工程”建设。实施重点优抚对象医保政策，发放优抚对象抚恤金。申报发放尊老金，发放冬令春荒临时救助款，开展“慈善一日捐”及盐城阜宁自然灾害捐助工作。实施低保、“五保”等困难群体动态管理，核定低保536户、“五保”257户。集中供养“五保户”220户，分散供养“五保户”37户。建成南野AAA级居家养老服务站投入使用。开展全国第三次农业普查。召开钨钼行业工资集体协商会议，得到省、市、区总工会表彰，被《工人日报》《江苏工人报》报道。叶甸中学录取省姜堰中学、省姜堰第二中学9人。开展市文化惠民演出活动，组织春节电影放映周活动。筹建姜茅五星级农家书屋，创建姜茅、宫坨2家村级综合性文化服务中心，投入3万元购置农家书屋图书。薛陈百姓大舞台投入使用，全镇建设百姓大舞台4座。推进燃煤锅炉整治，拆除锅炉18台套。开展畜禽粪便污染整治，调查规模养殖场80家。组织维护妇女儿童合法权益活动16次。两孩生育登记146人。开展已婚育龄妇女“两癌”免费检查。建立健全综治责任落实和风险评估机制，签订综治平安建设各类责任书200多份，实施神童关庙会、江苏北钨和强大塑业风险评估。8月底，镇社会管理服务中心运行，综治办、派出所、司法所等部门合体办公。建成“六无”村13个。做好G20杭州峰会、全国农业现场会等特殊时期信访维稳工作。处理矛盾纠纷104起，办结来信、来访31件，处理“‘12345’·政风行风热线”292个，司法援助4起。

（纪马龙）

2016年俞垛镇主要社会经济指标情况统计表

表44

指　标	单　位	数　值
耕地面积	公顷	4375
农业总产值	万元	32961
粮食总产量	万千克	5487
农机总动力	千瓦	35722
出栏生猪	头	16800
出栏家禽	万羽	70
水产品	万千克	710
水果产量	万千克	16
蔬菜产量	万千克	867
工业企业	个	208

续表 44

指　标	单　位	数　值
纳税销售收入	万元	127841
工业利税	万元	5454
技改项目	个	21
技改投入	万元	80787
外贸供货额	万元	10740
自营出口额	万元	31260
第三产业从业人员	人	7518
第三产业增加值	万元	96172
商品零售总额	万元	36842
集贸市场成交额	万元	4100
各类汽车	辆	5260
镇村公路	千米	96
科技人员	人	592
中小学校	所	3
在职教师	人	215
中小学生	人	1136
图书馆藏书	万册	4
有线电视普及率	%	91
医院	所	2
卫生室	个	15
自来水普及率	%	99
年末存款余额	万元	125065
农民人均纯收入	元	22110

2016年俞垛镇各村（社区）基本情况统计表

表 45

村（社区）名	村（社区）支部（总支、党委）书记	村（社区）主任	工农业总产值（万元）
祝庄村	蔡桂华	梁俊昌	23603
何野村	潘俊华	吴春勤	66506
俞耿村	严冬林	纪冬平	22610
忘私村	丁尔华	孙久华	21209
房庄村	张茂森	王素芳	8810
宫埨村	杨秀年	张如红	12119

续表 45

村（社区）名	村（社区）支部（总支、党委）书记	村（社区）主任	工农业总产值（万元）
角墩村	杨国彬	丁志林	27543
姜茅村	姜庆中	姜广彬	13939
春草村	王　彪	曹俊才	5677
柳官村	葛勇成	陶红粉	5147
许庄村	王俊明	田龙桂	4761
横庄村	唐秋红	—	6724
叶甸村	张月朗	唐万如	8453
南野村	骆正荣	张金华	9421
仓场村	尹顺勤	高粉林	34045
田管村	王根民	王忠宝	4967
薛陈村	熊恒兴	李建平	5618
花庄村	顾亚民	—	7592

俞垛镇领导名单

书　　记：章惠明

副 书 记：纪马龙　张玉俊（至2016-11）

　　　　　纪小斌（2016-11任）

人大主席：章惠明（兼）

镇　　长：纪马龙

副 镇 长：曹春森（至2016-04）　钱　程

　　　　　陈　亮　王　燕（女，2016-04任）

　　　　　葛新成（2016-04任）

政协工委主任：杨应国

政协工委副主任：唐云华

纪委书记：纪小斌（至2016-11）

　　　　　丁金华（2016-11任）

政法委书记：张玉俊（兼）

华 港 镇

【概况】 2016年，全镇实现地区生产总值25.47亿元，比上年增长9.26%；实现公共财政收入5232.5万元，比上年增长32.10%。农民人均纯收入20333元，比上年增长11%。该镇获全区

2016年度镇（区）工作目标考评综合优胜三等奖，综合排名全区第五，获姜堰区“年度统筹协调和开放创新争先进位奖”“招商引资和项目建设先进单位三等奖”“工业经济工作先进单位三等奖”和三、四季度“财政收入杯金杯”。镇人民调解委员会被省司法厅评为“江苏省人民调解委员会规范化建设示范点”，镇农经站被省委农工办评为“江苏省农村产权交易市场建设先进集体”。

农业经济 依托“东菜—中水—西粮”农业布局，策应泰州城北现代农业走廊建设，打造提升万亩无公害蔬菜、万亩特种水产养殖和万亩优质稻麦“三大生产基地”，申报验收农业项目4个，其中500万元1个、200万元3个。推进土地确权颁证和适度规模经营，新增家庭农场、专业合作社等新型农业经营主体38家，新增设施农业面积约96.67公顷、设施渔业面积约46.67公顷。新建为农服务综合体3家、省农桥8座，完成“一事一议”财政奖补项目8个。

工业经济 出台《关于鼓励企业做大做强的激励意见》，发展汽摩配件、新能源、新型休闲家具、智能电网四大主导产业。规模以上工业企业实现现价总产值23.96亿元，比上年增长18.7%；工业纳税销售15.67亿元，比上年增长13.2%；工业投资16.26亿元，比上年增长29.7%；新增规模以上工业企业2家。以飞船公司、里华齿轮、华晨机械、吉利机车、中鑫公司为龙头的汽摩配件产业完成纳税销售5.17亿元，以华晨曲木、明星五金等为主的智能家具产业形成销售规模1.27亿元，以神运、通辰、华泽、中泰电气为主的智能电网产业形成销售规模近亿元。里华齿轮厂、华晨曲木、里华机械、华晨机械、嘉伟木业和里华五金冲压件厂等企业销售增长幅度较大。泰州市华晨曲木家具有限公司、泰州里华齿轮制造有限公司获评“全区工业纳税销售上台阶企业”。

服务业 依托江洲北路、新港路等道路建设，规划集镇、商贸区功能布局。完善规模企业、中小企业、个体税源分类管理体系，招引税源性企业1家。全镇实现服务业增加值5.07亿元，比上年增长11.22%；完成税收1190.57万元，比上年增长55.22%，完成年计划138.44%。

“三项工作” 招引5000万元以上工业项目5个，其中亿元以上项目2个；招引1000万元以上服务业项目1个，盘活闲置企业2家。开工建设项目9个，其中5000万元项目4个、亿元项目3个；竣工亿元项目、5000万元项目各1个，分别是泰州中电能源和泰州舜泽机械。培育发展江苏飞船、里华齿轮、里华机械、华晨曲木、泰林动力、华晨机械、永林机械、明星五金等企业，实施1000万元以上技改项目7个，其中5000万元1个、3000万元2个、1000万元4个；通过区级验收技改项目3个，分别是3000万元泰林动力公司油锯生产项目、1000万元永林机械精密铝制品生产项目、1000万元明星五金公司高档自行车配件及沙发功能架生产线项目。江苏飞船股份有限公司参与攻关的齿轮精密成型项目获2016年国家科技进步二等奖，获评“全区科技创新杰出贡献企业”“人才强企先进单位”；泰州市里华齿轮制造有限公司年产10万台电动汽车车桥项目获评“全区十佳技术改造项目”；泰州市兴华齿轮制造有限公司完成的大型农机用高强度精锻成型差速齿轮获姜堰区科学技术进步奖三等奖。

社会事业 竣工港口卫生院迁址主体工程和14座公交候车亭，建成使用圩口闸15个、排涝站8个，提前完成亮化绿化提档升级工程，5家村卫生室主体工程竣工。升级改造入港口道路、桑湾南圩路，推进德康路建设、新港路建设、野马路提档升级。开展镇村环境综合整治“135”行动，推进村庄环境全域整治及长效管护。飞船大道、纬一路、纬四路、鹏程路、港口夹河街亮化提档升级提前竣工，置换低耗能LED路灯168盏，更换、维修节能灯44盏。推进畜禽养殖污染治理，规模养殖建档115户，关停或协议关停32户，整治改造完成68户。开展环境保护“百日行动”，关停9家，整顿规范12家，完善备案198家；建成溪东村微动力污水处理设施投入使用，建设桑湾村微动力污水处理设施。执行农村低保、“五保”、社会救助政策，社保扩面完成年度计划156.55%，城乡居民养老保险续保率95.55%。完善养老服务体系，新增AAA级居家养老服务站标准村1个；开展清欠农民工工资专项检查，保障劳动者和农民工合法权益。新建百姓大舞台2处，该镇获江苏省非物质文化遗产“姜堰滚莲湘传习基地”称号，“兰花”文艺表演队入选泰州文化惠民演出名单。里华中学、港口中学34人考取省姜堰中学、省姜堰第二中学。开展“六五”普法教育，野营村、塔岳村等8个村创建成“六无”村，里华村、港口村等8个村通过“省民主法治示范村”建设验收。推进大技防提档升级，新增高清摄像头24个。落实安全生产责任制，通过泰州市安全生产网格化乡镇验收。推进安全生产“百日行动”，调查摸底全镇经营单位1131家。开展国土资源领域“百日行动”，完成宅基地、工业用地土地丈量和数据录入。

（袁小宽）

2016年华港镇主要社会经济指标情况统计表

表46

指　标	单　位	数　值
耕地面积	公顷	3344
农业总产值	万元	51506
粮食总产量	万千克	3481
农机总动力	千瓦	60671
出栏生猪	头	8353
出栏家禽	万羽	59
水产品	万千克	536
水果产量	万千克	44
蔬菜产量	万千克	8306
工业企业	个	291
纳税销售收入	万元	156650
工业利税	万元	20050
技改项目	个	4
技改投入	万元	6000
外贸供货额	万元	—
自营出口额	万元	1502

续表46

指　标	单　位	数　值
第三产业从业人员	人	4959
第三产业增加值	万元	50033
商品零售总额	万元	49450
集贸市场成交额	万元	3486
各类汽车	辆	—
镇村公路	千米	112
科技人员	人	626
中小学校	所	4
在职教师	人	241
中小学生	人	1690
图书馆藏书	万册	1
有线电视普及率	%	92
医院	所	2
卫生室	个	10
自来水普及率	%	99
年末存款余额	万元	198900
农民人均纯收入	元	20333

2016年华港镇各村（社区）基本情况统计表

表47

村（社区）名	村（社区）支部（总支、党委）书记	村（社区）主任	工农业总产值（万元）
左舍村	张红兵	左鹤根	69282
葛舍村	左玉龙	张玉民	10545
李庄村	张　波	金华奎	69319
里华村	王亚伟	李罗山	101758
塔岳村	薛德胜	薛德胜	5646
许庄村	卢向阳	练文远	10981
徐垛村	蒋树华	王忠富	9333
野马村	王俊松	徐阿年	34105
野营村	刘灯桂	潘兆峰	12715
双烈村	纪维英	龚仁军	6848
桑湾村	宋兆海	郭根扣	14085
港口村	王焕余	高　明	62120

续表 47

村（社区）名	村（社区）支部（总支、党委）书记	村(社区)主任	工农业总产值（万元）
溪西村	梁网根	金兰珍	38539
溪东村	杨雨林	刘彩云	23276
董潭村	卢雨晴	梁元英	6887
下溪村	潘应彪	蒯月萍	6013
刘庄村	俞巧云	周巧宝	5654

华港镇领导名单

书　　记：杭绘东（至2016–05）
　　　　　蒋金荣（2016–05任）
副 书 记：张　喜（至2016–05）
　　　　　张　承（至2016–04）
　　　　　罗冬雷（2016–04任）
　　　　　陆大雷（挂职，至2016–08）
　　　　　丁青宝（2016–05任）
人大主席：李铜锁
人大副主席：宋兆海
镇　　长：张　喜（至2016–05）
　　　　　罗冬雷（2016–05任）
副 镇 长：纪　立　袁明邦
政协工委主任：罗冬雷（至2016–06）
　　　　　　　丁青宝（2016–12任）
政协工委副主任：张为芳（女，至2016–11）
纪委书记：丁青宝（至2016–11）
　　　　　纪　立（2016–11任）
政法委书记：罗冬雷（兼至2016–05）
　　　　　　丁青宝（2016–05兼任）

蒋垛地名传说

蒋垛镇历史悠久，人文积淀深厚，原称“蒋督庄”，清嘉庆十一年（1806年）称“蒋督镇”，1925年改称蒋垛。因距离泰州、如皋、泰兴、海安都是90里，故称“四九集镇”。

蒋垛二字中的“蒋”字与人文历史有关，“垛”字与地形地貌有关。

南宋建炎初年，金兵从山西和山东分两路发起进攻，企图夺取南宋在苏北的地盘，进而渡江南下一举消灭南宋政权。皇帝高宗急令抗金名将岳飞，火速率兵北上，阻止金兵南犯，伺机收复失地。

岳飞率部仓促出发，面对以骑兵为主的金兵，战力尤显不足，于是请求朝廷增派兵马，可朝廷根本无法满足。这时探马急报蒋垛发现金兵活动踪迹。第二拨探马又报金兵在蒋垛有一个养马场。岳飞一听，喜出望外，立即把担任督军的蒋姓部将找来面授机宜。

蒋督军临阵受命，连夜率部神不知鬼不觉地潜入蒋垛境内，接近金兵养马场后掩蔽起来。利用金兵晚上开饭的时机，集中兵力突然袭击，全歼守护养马场的金兵，夺得军马千匹。

岳飞特别嘉奖蒋督军歼敌夺马之功，安排蒋督军留守蒋垛建立养马场。蒋督军利用金兵的养马场，依靠降服过来的金兵马夫办起集繁殖、养育、训练于一体的军马场。后来人们把蒋督军在蒋垛养马的地方称作走马岭和跑马岭，这两处地名一直沿用至今。

蒋督军在蒋垛时与当地人结下深厚情谊，军队帮助乡民挖井（蒋垛发现多口宋代水井，井底有岳家军用过的双耳军用水壶），乡民也为军人缝补衣被。

随着时间推移，蒋督军在蒋垛安扎的营寨，饲养训练军马的垛地逐渐形成村落。人们把这个村落叫作“蒋督庄”，后来又成为“蒋督镇”，直到20世纪20年代中期才改称“蒋垛镇”。

（黄稳成）

人　物

·中共泰州市姜堰区第十二届委员会领导·

李　伟

1966年11月出生，男，汉族，江苏泰州人，中共党员，硕士研究生，泰州市委常委、姜堰区委书记。

1988年8月参加工作，历任泰州市电化厂技术员、团委副书记（专职），县级泰州团市委青工部部长，县级泰州团市委副书记、书记，海陵团区委书记，泰州市委组织部市（区）干部科科长，兴化市委常委、组织部部长，拉萨市曲水县委书记（援藏）、泰州市发展计划委副主任（正处级）、泰州市发展计划委党组成员，泰州市纪委副书记，兴化市委副书记、市政府代市长，兴化市委副书记、市政府市长，泰州市委组织部常务副部长（正处级），姜堰市（区）委书记，泰州市委常委、姜堰区委书记等职。

李文飙

1970年5月出生，男，汉族，江苏泰州人，中共党员，大学文化，姜堰区委副书记，区政府区长、党组书记。

1992年8月参加工作，历任山东东营信义企业集团公司摩擦材料研究所技术员、副所长、团委副书记、市场营销部副主任，山东省东营市广饶县大王镇镇长助理，泰州市外经贸委外资科科员，泰州市外经贸局外资科副科长、招商处处长，泰州市外经贸局招商处处长、海陵区政府区长助理（挂职），海陵区政府区长助理（副处级），海陵区政府副区长，海陵区政府副区长、海陵工业园区党工委书记、京泰路街道党工委书记，海陵区委常委、海陵工业园区党工委书记、京泰路街道党工委书记，泰州市商务局局长、党委副书记，泰州市商务局局长、党委书记，姜堰区委副书记、区政府代区长、区政府党组书记，姜堰区委副书记、区政府区长、区政府党组书记等职。

孙靓靓

1984年2月出生，女，汉族，江苏滨海人，中共党员，硕士研究生，泰州团市委书记、泰州团市委党组书记、姜堰区委副书记。

2006年7月参加工作，历任盐城市亭湖区新兴镇经济发展办公室办事员、镇工商联秘书长、科协副秘书长，借调盐城市委组织部工作，盐城市亭湖团区委副书记、书记，泰州团市委副书记、党组成员，泰州团市委书记、党组书记，泰州团市委书记、泰州团市委党组书记、海陵区委副书记（挂职），泰州团市委书记、泰州团市委党组书记、姜堰区委副书记等职。

丁志强

1967年12月出生，男，汉族，江苏泰兴人，中共党员，党校研究生，助理经济师，姜堰区委常委、区委组织部部长、区委党校校长、区现代科技产业园区党工委书记、罗塘街道党工委书记。

1992年8月参加工作，历任泰州华厦集团公司深圳龙马分公司办公室办事员，泰州华厦集团公司办公室办事员、秘书（副股级），海陵区建委办公室办事员，海陵区建设工业三产管理办公室副主任，海陵区公路建设办公室副主任，海陵区政府办公室综合一科科长，海陵区政府办公室主任助理（挂职），海陵区政府办公室副主任，海陵区政府办公室副主任、研究室主任，泰州市委办公室综合三处主任科员、综合三处处长，泰州市市政公用事业管理局局长，泰州市委办公室副主任，借调省政府办公厅工作，姜堰区委常委、组织部部长，姜堰区委常委、组织部部长、党校校长，姜堰区委常委、区委组织部部长、区委党校校长、区现代科技产业园区党工委书记、罗塘街道党工委书记等职。

戴兆平

1965年9月出生，男，汉族，江苏泰州人，中共党员，党校研究生，助理工程师，姜堰区委常委，区政府常务副区长、党组副书记，区行政干部学校校长。

1986年6月参加工作，历任苏北冷冻机厂工人，鲍徐农机站工作人员，姜堰市农机局农机安全监理所工作人员、副所长、副所长兼局团总支书记、所长，姜堰市农机局副局长，蒋垛镇党委副书记、镇长，姜堰镇党委副书记、镇长，姜堰镇党委书记、镇长，姜堰市委常委、姜堰镇党委书记、姜堰镇镇长，姜堰市委常委、姜堰镇党委书记，姜堰市（区）委常委、市（区）现代科技产业园区党工委书记、姜堰镇党委书记，姜堰区委常委、区现代科技产业园区党工委书记、罗塘街道党工委书记，姜堰区委常委、区政府常务副区长、区现代科技产业园区党工委书记、罗塘街道党工委书记，姜堰区委常委、区政府常务副区长、区政府党组副书记、区行政干部学校校长等职。

薛金林

1965年9月出生，男，汉族，江苏姜堰人，中共党员，大学文化，技术员，姜堰区委常委、宣传部部长。

1988年8月参加工作，历任江苏电分析仪器厂技术员，泰县人事局工作人员，泰县县委机要室机要员、秘书（副股级），泰县县（市）委办公室秘书、信息查办科副科长、信息查办科科长，姜堰市委政策研究室副主任，姜堰市委办公室副主任，张甸镇党委副书记、镇长，张甸镇党委书记、人大主席，张甸镇党委书记，白米镇党委书记、镇长，姜堰市（区）委办公室主任，姜堰区委常委、宣传部部长、区委办公室主任，姜堰区委常委、宣传部部长等职。

刘志群

1966年2月出生，男，汉族，江苏姜堰人，中共党员，大学文化，工程师，姜堰区委常委、政法委书记。

1982年7月参加工作，历任白米建筑工程公司预算施工员、大庆工程队技术负责人、大庆工程队队长，白米建筑工程公司副经理、经理、党支部书记，白米镇镇长助理、副镇长兼白米建筑安装工程公司经理、党支部书记，白米镇党委副书记、白米建筑安装工程公司经理，白米镇党委副书记，姜堰市建管局副局长，溱湖风景区管委会主任、溱湖风景区党委（党工委）书记、姜堰市政府办公室副主任、溱潼镇党委副书记、姜堰市旅游局局长，溱湖风景区（副处级）管委会主任、姜堰市政府办公室副主任、姜堰市旅游局局长、溱潼镇党委副书记，溱湖风景区党工委书记、溱湖风景区管委会主任、姜堰市旅游局局长，姜堰市（区）政府副市（区）长、市（区）政府党组成员、市（区）委政法委副书记，泰州市建筑工程管理局局长、党委副书记兼市住房城乡建设局副局长、党委委员，姜堰区委常委，姜堰区委常委、政法委书记等职。

刘文来

1975年12月出生，男，汉族，江苏兴化人，中共党员，大学硕士，姜堰区委常委、区纪委书记。

1998年8月参加工作，历任泰州市泰华塑料制品有限公司办公室工作人员，泰州市寺巷镇党委组织科办事员，海陵区委宣传部办公室办事员、副主任，海陵区委组织部干部一科副科长，海陵区政府办公室副主任，泰州市凤城河风景区管委会办公室主任、财务和资产管理处处长、工会主席，泰州市凤城河风景区管委会副主任、党组成员，姜堰市政府副市长、党组成员，姜堰市（区）政府副市（区）长、市（区）政府党组成员、市（区）红十字会会长，姜堰区政府副区长、区政府党组成员、区红十字会会长、区红十字会党组书记，姜堰区政府副区长、区政府党组成员、区红十字会会长、区红十字会党组书记、区市场监管局局长、区市场监管局党组书记，姜堰区政府副区长、区政府党组成员、区红十字会会长、区红十字会党组书记，姜堰区政府副区长、区政府党组成员、区红十字会会长，姜堰区委常委、区纪委书记等职。

邓 肯

1971年5月出生，男，汉族，湖南邵阳人，中共党员，大学文化，上校军衔，姜堰区委常委，区人武部部长、党委副书记。

1990年12月参加工作，历任第一集团军高炮旅高炮一营二连战士、三连排长、教导队区队长，江苏陆军预备役高射炮兵师第二团双37营一连副连长、一连连长、二连连长，江苏陆军预备役高射炮兵师司令部作训科正连职参谋、副营职参谋，江苏陆军预备役高射炮兵第一师作训科副营职参谋、第一师第三团作训股股长，江苏省军区司令部作训处副营职参谋、正营职参谋、副团职参谋，姜堰区人武部部长、党委副书记，姜堰区委常委、区人武部部长、区人武部党委副书记等职。

盛育河

1975年7月出生，男，汉族，江苏姜堰人，中共党员，党校研究生，姜堰区委常委、统战部部长。

1995年8月参加工作，历任姜堰市民政局工作人员，姜堰市委办公室办事员、秘书、综合二科副科长、综合二科科长，姜堰团市委副书记，姜堰市委办公室副主任，兴泰镇党委书记、党委书记兼人大主席，姜堰市（区）政府副市（区）长、西藏曲水县县委副书记、西藏曲水县常务副县长（援藏），姜堰区政府副区长、党组成员，姜堰区政府副区长、区政府党组成员、区委政法委副书记，姜堰区委常委、统战部部长等职。

宋 羽

1967年11月出生，男，汉族，江苏姜堰人，中共党员，大学文化，工程师，姜堰区委常委、区经济开发区党工委书记、三水街道党工委书记。

1990年8月参加工作，历任泰县芦庄中学教师，姜堰五中教师、校办厂厂长，姜堰市委办公室办事员、秘书、信息督办科副科长、信息查办科科长、综合四科科长，梁徐镇党委副书记，姜堰市委办公室副主任，姜堰市委办公室副主任、市考核办主任，姜堰市建管局局长、建管局党委书记、中江正太公司总经理，姜堰市建管局局长、建管局党委书记、中江正太公司总经理、住建局副局长、住建局党委副书记，姜堰市建管局局长、建管局党委书记、中江正太公司总经理、住建局副局长、住建局党委书记，姜堰市（区）建管局局长、建管局党委书记、住建局副局长、住建局党委书记，溱湖风景区党工委书记、溱湖风景区管委会常务副主任、溱潼镇党委书记，溱湖旅游度假区管委会主任，姜堰区委常委、区经济开发区党工委书记、三水街道党工委书记等职。

·泰州市姜堰区第十四届人大常委会新任领导·

申泰州

1960年1月出生，男，汉族，江苏泰州人，中共党员，党校研究生，政工师，姜堰区人大常委会主任、党组书记。

1977年9月参加工作，历任泰州东郊信用社工作人员，部队战士、班长，泰州第二商业机械厂电工、会计，泰州豆食品厂职工，泰州商业职工中专学校教师，共青团县级泰州市委工作人员、办公室主任，县级泰州市泰东乡党委副书记、纪委书记、人武部部长，县级泰州市（海陵区）郊区工委书记，地级泰州市筹建领导小组农业办公室工作人员，泰州市委农工部副部长，泰州市委农工办副主任、市乡镇企业管理局副局长，泰州市科协主席、党组书记，泰州市农业开发区管委会主任、工委书记，泰州市总工会党组书记、副主席，姜堰区人大常委会主任、党组副书记等职。2017年3月，任姜堰区人大常委会主任、党组书记。

秦永金

1961年1月出生，男，汉族，江苏姜堰人，中共党员，大学文化，助理经济师，姜堰区人大常委会副主任。

1984年11月参加工作，历任白米镇团委书记，白米镇副镇长、党委副书记，白米镇党委副书记、镇长，华港镇党委书记、人大主席，华港镇党委书记，溱潼镇党委书记、溱湖风景区党工委副书记、溱湖风景区管委会常务副主任，溱潼镇党委书记、溱潼镇人大主席，溱湖风景区党工委副书记、溱湖风景区管委会常务副主任、溱湖湿地公园管理处主任，溱湖风景区党工委书记、管委会主任，溱湖风景区党工委书记、溱湖风景区管委会主任、溱潼镇党委书记，姜堰区财政局局长、党组书记（副处级），姜堰区人大常委会副主任、区财政局局长、区财政局党组书记，姜堰区人大常委会副主任等职。

·第十四届泰州市姜堰区人民政府新任领导·

史献辞

1971年2月出生，男，汉族，江苏兴化人，中共党员，硕士研究生，经济师，姜堰区政府副区长、党组成员。

1991年8月参加工作，历任兴化市农机监理所工作人员、副所长，泰州市人事局工作人员、人才流动服务中心科员，北京江泰保险经纪公司高级主管，宁波杉杉服装公司资产管理部部长、企划部部长，泰州医药科技成果转化服务中心负责人、主任，泰州医药高新技术产业园区科技外联局局长、科技成果转化服务中心主任、中药办主任、部省共建联络办主任，泰州医药产业园区党工委委员、管委会副主任、公共平台服务中心主任、中药办主任，泰州医药高新区医药高新技术产业园区科技外联局局长、科技成果转化服务中心主任、中药办主任、部省共建联络办主任，泰州医药产业园区党工委委员、管委会副主任、公共平台服务中心主任、中药办主任，泰州医药产业园区党工委委员、管委会副主任，姜堰区政府副区长（挂职）、党组成员等职。

乌拉木江·沙吐哈力

1972年1月出生，男，维吾尔族，新疆特克斯人，中共党员，大学文化，姜堰区政府副区长、党组成员。

1996年3月参加工作，历任新疆维吾尔自治区伊犁哈萨克自治州纪委干部、副科级纪检员、正科级纪检员、机关服务中心主任，新疆维吾尔自治区察布查尔县委常委、纪委书记，新疆维吾尔自治区伊犁哈萨克自治州纪委第三纪检监察室（政治纪律监督检查室）主任，姜堰区政府副区长（挂职）、党组成员等职。

顾鹏程

1973年6月出生，男，汉族，江苏泰州人，中共党员，党校研究生，姜堰区政府副区长、党组成员。

1992年8月参加工作，历任泰兴市经济技术开发总公司办事员，泰兴市政府办公室驻北京办事处办事员，泰兴市经济开发区管委会办事员、项目开发科副科长、项目开发科副科长（正股级）、外商服务中心主任兼办公室副主任，泰兴市经济开发区管委会主任助理、副主任兼过船镇纪委副书记，泰兴市经济开发区党工委委员、管委会副主任兼滨江镇纪委副书记，泰兴市经济开发区党工委委员、管委会副主任兼滨江镇纪委副书记（正局职），泰兴市经济开发区党工委委员、管委会副主任（正局职），泰兴市黄桥工业园区党工委副书记、管委会主任兼黄桥镇党委副书记，泰兴市黄桥工业园区党工委副书记、管委会主任，姜堰区政府副区长、党组成员等职。

陈　华

1974年12月出生，男，汉族，江苏扬中人，中共党员，硕士研究生，姜堰区政府副区长、党组成员，区“科技镇长团”团长。

2000年8月参加工作，历任句容市委办综合科副科长、市委办副主任，镇江市委办综合二处干部、综合二处副处长、综合四处处长，江苏省纪委第六纪检监察室干部、主任科员，江苏省粮食局办公室主任科员、办公室副主任、政策法规处副处长，姜堰区政府副区长（挂职）、区政府党组成员、区“科技镇长团”团长等职。

曹　祥

1973年5月出生，男，汉族，江苏兴化人，中共党员，党校研究生，姜堰区政府副区长、党组成员，区委政法委副书记，区公安局党委书记、局长、督察长。

1997年8月参加工作，历任泰州市公安局高港分局办事员，泰州市公安局刑警支队办事员、科员，泰州市公安局经侦支队一大队副大队长，泰州市公安局海陵分局西郊派出所所长（副科级），泰州市公安局行动技术支队副政委、政委，泰州市公安局网络安全保卫支队支队长，姜堰区政府副区长、党组成员，区委政法委副书记，区公安局党委书记、局长、督察长等职。

·政协泰州市姜堰区第十三届委员会新任领导·

钱　娟

1964年4月出生，女，汉族，江苏姜堰人，中共党员，党校研究生，姜堰区政协主席、党组书记。

1981年12月参加工作，历任泰县胜利布厂工人、办公室工作人员，泰县（姜堰市）法院书记员、助理审判员、经济审判庭副庭长，姜堰市司法局副局长，张沐镇党委副书记、镇长，姜堰市纪委副书记，姜堰市政府副市长，姜堰市政府副市长、市委政法委副书记，姜堰市政府副市长、市委政法委副书记、市农委主任，姜堰市委常委、宣传部部长，姜堰市委常委、宣传部部长、政法委书记，姜堰市委常委、宣传部部长，泰兴市委常委、组织部部长、党校校长，姜堰区政协党组书记等职。2017年1月，在政协泰州市姜堰区第十四届委员会第一次会议上当选为政协泰州市姜堰区第十四届委员会主席。

·泰州市姜堰区人民法院新任领导·

卢爱华

1965年11月出生，女，汉族，江苏泰州人，中共党员，大学文化，四级高级法官，姜堰区法院院长、党组书记，区委政法委副书记。

1985年7月参加工作，历任县级泰州市法院书记员（办事员），县级泰州市（海陵区）法院助理审判员（科员级）、审判员（副科级）、告申庭副庭长、刑庭副庭长，泰州市中级法院刑二庭助理审判员、庭长助理、副庭长、刑一庭庭长，姜堰区法院副院长、代院长、党组书记，区委政法委副书记等职。2017年1月，任姜堰区法院院长、党组书记，区委政法委副书记。

·泰州市姜堰区人民检察院新任领导·

孔维俊

1973年12月出生，男，汉族，江苏泰兴人，中共党员，法律硕士，姜堰区检察院党组书记、检察长，区委政法委副书记。

1994年8月参加工作，历任泰兴市检察院工作人员、书记员、助理检察员、检察员、办公室副主任，泰州市检察院办公室工作人员、助理检察员、检察员、办公室副主任、办公室主任，姜堰区检察院党组书记、代检察长，区委政法委副书记等职。2017年1月，任姜堰区检察院党组书记、检察长，区委政法委副书记。

荣誉栏

·先进集体·

【姜堰区获得的综合荣誉】

获奖单位	颁发单位	荣誉称号
姜堰区	中小城市经济发展委员会、中小城市发展战略研究院、中国中小城市科学发展指数研究课题组等	2016年中国中小城市实力百强区、最具投资潜力中小城市百强区、中小城市新型城镇化质量百强区
	环境保护部	国家生态区
	农业部、财政部	全国农业改革与建设试点三年总结考核第一名
	农业部	第一批国家农产品质量安全县
	国家卫生计生委	2014—2016年全国计划生育优质服务先进区
	中国建筑业协会	中国建筑之乡
姜堰区	省委、省政府	2014—2015年全省法治建设示范区
	省委组织部、省委宣传部	2015年度全省基层党员冬训工作示范区
	省综治委	2015年度全省综治工作（平安建设）先进区、2015年度全省平安区
	省教育厅、省财政厅	2015年度全省市、区学生资助绩效评价优秀等级
	省农委、省财政厅	2015年度全省农产品质量安全绩效评价第二等次
	省海洋与渔业局	2015年水生动物病害测报工作绩效考评二等奖
	省综治委铁路护路联防工作组	2015年度全省平安铁路区
	省政府办公厅	江苏省人口协调发展先进区
	省政府教育督导委员会	江苏省中小学校责任督学挂牌督导创新区
	省人力资源和社会保障厅	2016年度全省劳动保障监察两网化管理示范区
	省农委、省海洋与渔业局、省财政厅	全省发展现代高效农业成效显著县
	省商务厅	第二批江苏省农村电子商务示范县
	省文化厅	第三批省级公共文化服务体系示范区
	省爱卫会	江苏省健康促进区
姜堰区	市委、市政府	全市2015年度工业经济工作目标考核先进市（区）二等奖、全市2015年度科技创新工作目标考核先进市（区）二等奖、全市2015年度开放型经济工作目标考核先进市（区）二等奖、全市2015年度民营经济发展先进市（区）二等奖、全市2015年度节能工作目标考核先进市（区）二等奖、2015年度泰州市建筑业工作目标考核一等奖
	市政府	2015年度安全生产工作先进集体、泰州市2015年服务业发展先进市（区）一等奖
	市政府办	素质教育工作先进市（区）、推进教育现代化建设工作先进市（区）
	市委、市政府	2016年度泰州市绩效管理先进市（区）二等奖、2016年度项目大突破投入奖二等奖、2016年度项目大突破新开工项目奖二等奖、2016年度项目大突破竣工项目质效奖二等奖

【国家部委表彰的先进集体】

获奖单位	颁发单位	荣誉称号
区水产技术指导站	全国水产技术推广总站	第三批全国基层水产技术推广示范站
溱湖旅游度假区管委会	人力资源和社会保障部、国家旅游局	全国旅游系统先进集体
溱潼镇	住房城乡建设部	第一批中国特色小镇
溱湖旅游度假区综合提升项目	国家旅游局	2016 年全国优选旅游项目
溱湖湿地农业系统	农业部	全国农业文化遗产名录
娄庄镇	新华社半月谈杂志社、中国国情调查研究中心	中国最美乡镇
	全国旅游景区质量等级评定委员会	国家 AA 级旅游景区
区科协	中国科协	2016 年全国科普日活动优秀组织单位
团区委的青少年之家服务配送“云体系”项目	团中央等	第三届中国青年志愿服务项目大赛银奖
罗塘街道中天社区	中国地震局	国家地震安全示范社区
罗塘街道东街社区	民政部	2016 年度全国综合减灾示范社区
梁徐卫生院、白米卫生院、蒋垛中心卫生院	国家卫生计生委	2015—2016 年度群众满意的乡镇卫生院
区地税局第五分局	中华全国总工会	工人先锋号
区地税局规划财务科	全国妇联	全国三八红旗集体
区劳动人事争议仲裁院	人力资源和社会保障部	全国人力资源社会保障系统 2014—2016 年度优质服务窗口
区中医院实施的公共服务标准化试点项目	国家标准化管理委员会	第三批社会管理和公共服务综合标准化试点项目
区经济开发区科协	中国科协	全国科技工作者状况调查 A 级优秀站点
白米镇、溱潼镇	住房城乡建设部、国家发展和改革委等	全国重点镇
东桥中心小学、实验小学三水校区、实验小学康华校区、溱潼中心小学、桥头中心小学、淤溪中心小学、大坨中心小学、蒋垛中心小学、罗塘小学、张甸中心小学、梁徐中心小学、兴泰中心小学、仲院中心小学、梅垛中心小学、俞垛中心小学、里华中心小学、行知实验小学、实验初级中学、第四中学、张甸初级中学、省姜堰第二中学、罗塘高级中学、南苑学校、蔡官学校、克强学校、沈高学校	教育部等	2015 年全国青少年校园足球特色学校
运粮中心小学、港口初级中学	教育部等	2016 年全国青少年校园足球特色学校
江苏星光特钢有限公司轧钢车间工会小组	中华全国总工会	全国“模范职工小家”
泰州市中盛玻纤制品有限公司	人力资源和社会保障部、中国宋庆龄基金会	第二届“中国创翼”青年创业创新大赛企业组“银翼奖”

获奖单位	颁发单位	荣誉称号
泰州市益众油脂有限责任公司“益众”牌芝麻油	中国粮食行业协会	第十四届中国国际粮油产品及设备技术展示交易会金奖
江苏北农大农牧科技有限公司	农业部	2016年畜禽养殖标准化示范场
江苏太平洋精锻科技股份有限公司	国家知识产权局	2016年度国家知识产权优势企业
兴泰镇西陈庄村	住房城乡建设部	美丽宜居乡村
区国税局工会	中华全国总工会	全国模范职工之家
江苏金堰交通工程有限公司	国家工商总局	2014—2015年度“守合同 重信用”企业
区委统战部	中央统战部宣传办、中国统一战线杂志社	宣传先进单位

【省级和省条线表彰的先进集体】

获奖单位	颁发单位	荣誉称号
桥头镇	省村庄环境整治推进工作领导小组	2014—2015年度村庄环境整治工作先进集体
张甸镇、溱溪镇	省委组织部、省委宣传部	2015年度全省基层党员冬训工作示范镇
区政府办	省政府办公厅	2015年度全省政务信息工作先进单位
区法制宣传教育领导小组办公室	省委宣传部、省法制宣传教育工作领导小组办公室、省司法厅	2011—2015年全省普法工作先进单位
国土资源局区分局	省国土资源厅	2014—2015年度全省国土资源政务信息工作先进单位、2014—2015年度全省矿产资源补偿费征管工作先进单位
区农委	省农委	2015年全省农经农业系统工作效能建设成效显著单位
区人防办	省民防局	2015年度县（市、区）民防工作先进单位
区物价局	省物价局	2015年度全省价格工作先进单位
区总工会	省总工会	2015年度县以上工会财务会计工作竞赛一等奖
团区委的“三大基地立体化服务青年电商创业”项目	团省委	2015年度江苏共青团工作创新创优成果奖二等奖
区工商联	省工商联	2015年度江苏省“五好”县（市、区）工商联
区气象局	省气象局	2015年度全省重大气象服务先进集体
罗塘街道团工委	团省委	2015年度“江苏省五四红旗团委”
罗塘街道东街社区、振兴社区、叶舍社区	省人力资源和社会保障厅	2015年度省级充分就业示范社区
区墙改办	省墙改办	2015年度全省墙材革新工作考核三等奖
区散办	省散办	2015年度全省散装水泥工作先进单位
罗塘高级中学	省教育厅	四星级普通高中
实验小学（三水校区）	省水利厅、省教育厅	2015年度江苏省节水型学校
区地方海事处	省地方海事局	2015年度全省地方海事船检工作先进单位

获奖单位	颁发单位	荣誉称号
区植保植检站	省植保植检站	2015年度十佳植保站
区农委科教科	省农委	“送科技、比服务、促增收”活动表现突出单位
区农业综合执法大队	省农业行政执法总队	2014年全省农业行政综合执法标准化建设通过单位
区少工委的“巧用新媒体微信平台，提升少先队工作影响力”项目	省少工委	2015年度少先队工作优秀创新项目
区地税局规划财务科	省总工会	江苏省五一巾帼标兵岗
区地税局第三分局、区招标采购交易中心	团省委	2014—2015年度江苏省青年文明号
张甸镇、梁徐镇、娄庄镇、白米镇、溱潼镇、俞垛镇	省文明委	2013—2015年度江苏省文明乡镇
沈高镇河横村、沈高村、万众村，娄庄镇娄东村、先进村、娄庄村、朱翟村，罗塘街道太宇村、公园村，俞垛镇祝庄村、宫坽村、忘私村，淤溪镇匍夏村，梁徐镇张埭村，溱潼镇湖北村，白米镇马沟村	省文明委	2013—2015年度江苏省文明村
区法院、区市场监管局、区民政局、罗塘街道办事处、中行区支行、区卫生计生委	省文明委	2013—2015年度江苏省文明单位
罗塘街道中天社区	省文明委	2013—2015年度江苏省文明社区
东桥中心小学	省文明委	2013—2015年度江苏省文明校园
姜堰新华书店有限责任公司、区国税局、区地税局、区自来水公司、区供电公司、区烟草专卖局（分公司）、区电信公司、区邮政公司、区检察院、区移动公司、区财政局、姜堰人民商场有限公司、农行区支行、区公安局、区农商行、区广电台、泰州市第二人民医院、姜堰中医院、国土资源局区分局、区物价局、实验幼儿园、区卫生监督所、人行区支行、寿保区支公司、区气象局、区地方海事处、江苏曙光集团股份有限公司	省文明委	江苏省文明单位
罗塘街道南街社区、古田社区、南苑社区	省文明委	江苏省文明社区
省姜堰中学、省姜堰第二中学、第四中学、实验初级中学	省文明委	江苏省文明校园
罗塘街道	省统计局	2016年江苏省统计规范化建设“百佳单位”
沈高镇	省新闻出版广电局	江苏省实施农家书屋提升工程试点工作先进乡镇
张甸镇	省民政厅	江苏省和谐社区建设示范乡镇
区委宣传部	省委宣传部等	2016年江苏省文化科技卫生“三下乡”先进集体

获奖单位	颁发单位	荣誉称号
区委宣传部申报的“深挖民俗文化、推介城市形象”	省委外宣办	2016年江苏对外宣传工作创新奖
区委农工办	省委农工办、省扶贫办	全省农村产权交易市场建设先进集体
区扶贫办	省人力资源和社会保障厅、省委农工办、省扶贫办	全省农工办（扶贫办）系统先进集体
区法院	省高院	2016年全省法院档案工作先进集体
区教育局	省教育厅、省委教育工委	江苏省教育工作先进集体
区科学技术和知识产权局	省科技厅、省知识产权局	2016年度知识产权工作先进集体
	省知识产权局	2016年度江苏省知识产权宣传培训工作先进单位
区地震局	省地震局	2016年度全省市县防震减灾工作优秀单位、2016年度全省市县地震监测预报工作效能考核先进单位
区住建局实施的罗塘公园项目	省住房城乡建设厅	2016年海绵城市建设示范项目
区文广新局的“泰州·溱潼会船节”文化活动品牌	省委宣传部、省文化厅、省新闻出版广电局、省文联	江苏省首批群众文化“百千万”工程优秀文化活动品牌
区安监局	省安监局	全省职业健康监管工作先进集体、全省非煤矿山及冶金等工贸行业安全生产工作先进集体
区人防办	省人力资源和社会保障厅、省民防局	全省民防系统先进集体
区粮食局	省粮食局	全省粮食行业安全生产工作先进单位
团区委的青少年之家服务配送“云体系”项目	省委宣传部、省文明办、省民政厅、团省委	首届江苏志愿服务展示交流会银奖项目
团区委	团省委	2016年度全省团属报刊宣传工作先进单位
区科协	省科协等	江苏省《全民科学素质行动计划纲要》实施工作先进集体
区国税局	省国税局	全省国税系统法治税务示范基地、全省国税系统税收管理改革示范点
罗塘街道古田社区	省科协	江苏省科普示范社区
罗塘街道西街社区、彭垛社区，三水街道陈庄社区、军铺社区，梁徐镇二塘社区，大坨镇运粮社区，张甸镇张甸社区，娄庄镇曹杨社区，兴泰镇西陈庄社区	省民政厅	江苏省和谐社区建设示范社区
三水街道三舍村卫生室、白米镇蛙庄村卫生室、蒋垛镇朱高村卫生室	省卫生计生委	江苏省示范村卫生室
泰州市智谷软件园创业孵化基地	省人力资源和社会保障厅	2016年度省级创业示范基地
泰州市智谷软件园科技孵化器	省科技厅	2016年江苏省科技企业孵化器
智谷创业空间	省科技厅	第四批省级众创空间
溱湖湿地公园	省旅游局、省教育厅	首批省级研学旅游示范基地

获奖单位	颁发单位	荣誉称号
溱潼镇南寺村	省商务厅	第四批江苏省农村电子商务示范村
白米镇武装部	省军区	基层建设标兵单位
沈高镇河横村	省农委	首批2016年江苏省休闲观光农业示范村
张甸中心卫生院	省卫生计生委	江苏省示范乡镇卫生院
华港镇人民调解委员会、罗塘街道北街社区人民调解委员会	省司法厅	江苏省人民调解委员会规范化建设示范点
华港镇农经站	省委农工办	江苏省农村产权交易市场建设先进集体
区法院执行局	省高院	全省法院执行标兵单位
姜堰中专	省教育厅、省财政厅	第二批江苏省高水平现代化职业学校
罗塘小学、实验小学、省姜堰第二中学、第四中学	省教育厅、省委教育工委	江苏省教育工作先进集体
区救助管理站、区图书馆、区法院团支部	团省委等	2015—2016年度江苏省“青少年维权岗”
区植保植检站	省植保植检站	2016年农作物病虫测报工作先进集体
区农业综合执法大队	省农业行政执法总队	2016年农业行政执法信息系统应用优秀单位
区图书馆	省委宣传部、省文化厅、省新闻出版广电局	第五届江苏省服务农民服务基层文化建设先进集体
区卫生监督所	省卫生监督所	2016年度基层卫生监督工作先进单位
区安全生产监察大队	省安监局、省煤矿安全监察局	全省安全生产执法工作先进集体
区妇联权益部	省妇联、省维护妇女儿童合法权益联席会议暨“平安家庭”创建活动领导小组	江苏省维护妇女儿童权益示范岗
区妇儿工委办	省妇女儿童工作委员会	全省妇女儿童工作先进集体
区移动公司服务支撑QC小组	省质量管理协会、省总工会、省妇联、省科协	2016年江苏省优秀质量管理小组
区三水艺术团	省委宣传部、省文化厅、省新闻出版广电局、省文联	江苏省首批群众文化“百千万”工程优秀群文团队
实验小学	省教育厅、省体育局	2015年度全省青少年校园足球比赛女子乙组团体一等奖
九三学社姜堰支社	九三学社省委	2015年度参政议政工作先进集体
淤溪初级中学、溱潼中心小学	省环境保护厅、省教育厅	第十五批江苏省“绿色学校（幼儿园）”
区卫生计生委	省统计局	2015年统计规范化建设部门统计示范点
区白蚁防治所	省白蚁防治协会	2015年江苏省白蚁防治行业先进单位
俞垛镇金色原野水产养殖家庭农场	省海洋与渔业局	第一批江苏省示范家庭渔场
区门球运动协会	省门球协会	江苏省“门球运动先进集体”
三水街道马厂村	省科协	江苏省科普示范村

获奖单位	颁发单位	荣誉称号
江苏太平洋精锻科技股份有限公司的“双离合器变速器齿轮冷温精密近净成形制造技术开发与应用”项目	省政府	2015年度江苏省科学技术二等奖
五行材料科技(江苏)有限公司的“页岩气开采压裂液输送软管”项目	省政府	2015年度江苏省科学技术三等奖
区疾病预防控制中心	省卫生计生委	全省疾病预防控制工作先进集体
娄庄卫生院	省卫生计生委	2016年度江苏省免疫规划（预防接种）工作先进集体
双登集团股份有限公司	省委、省政府	江苏省优秀企业
	省政府	2015年江苏省质量奖
泰州市大洋百货有限公司	省放心消费创建活动办公室	2015年度全省放心消费创建示范单位
省姜堰第二中学	省教育厅	第二批江苏省中小学心理健康教育特色学校
江苏姜堰开广塑胶有限公司	省政府	江苏省“紫峰奖”“青年创业企业奖”
泰州市双缘瓜果蔬菜专业合作社	省农委	2016年全省蔬菜标准园建设单位
江苏鲜乐美生态农业发展有限公司、泰州市和合种植专业合作社	省农委	2016年全省水果标准园建设单位
泰州市和合种植专业合作社、泰州市蒋垛高曹畜业专业合作社、泰州市海伦羊业有限公司、泰州市沈高绿之园蔬菜种植专业合作社、泰州市姜堰区城南天鹏种植专业合作社、泰州市苏鹏蛋业生物科技有限公司	省农委、省财政厅	2015年度江苏省农产品质量安全追溯管理示范单位
江苏润泰化学股份有限公司	省文明办、省总工会等	2015年江苏省书香企业建设示范点
城西实验学校	省委、省教育厅、省少工委	2016年全省少先队活动课展示活动特等奖
区高新技术装备产业园区	省经济和信息化委	第三批江苏省高端装备制造业特色产业基地
白米小学、行知实验小学	省陶行知研究会	江苏省优秀实验学校、最美行知文化校园
国土资源局区分局的《古镇“大合唱”》项目	省国土资源厅	全省“土地日”宣传“十佳”好项目
东桥小学教育集团	省教育厅	首批江苏省书香校园建设示范点
双登集团股份有限公司、江苏太平洋精锻科技股份有限公司	省科技发展战略研究院	2016年江苏省创新型企业100强
区农委关工委	省关工委、省文明办	全省关心下一代工作先进集体
溱湖基地	省委组织部、省人才创新创业促进会	首批江苏省高层次创新创业人才休养活动基地
区交通运输局实施的229省道姜堰段改扩建工程	省交通运输厅	2015年度全省公路水运工程“平安工地”建设活动省级“示范工地（工程）”
蒋垛镇村镇建设档案室	省住房城乡建设厅	省特级村镇建设档案室
蒋垛司法所	省司法厅	江苏省优秀司法所

获奖单位	颁发单位	荣誉称号
大坨镇大坨村湖羊养殖科普惠农服务站	省科协	2016 年江苏省科普惠农服务站
淤溪镇向夏村	省民政厅	江苏省和谐社区建设示范区
	省民政厅、省司法厅、省依法治市指导委员会	江苏省民主法治示范村

【市级表彰的先进集体】

获奖单位	颁发单位	荣誉称号
区教育局	市教育局	2015 年市（区）素质教育“5+2”工程考核第一名
区科学技术和知识产权局	市科技局	2015 年度全市科技工作目标考核第一名
区物价局	市物价局	全市价格系统 2015 年度工作考评第一名
区气象局	市气象局	2015 年度全市气象部门综合考评第一名
溱潼康养旅游特色小镇	市政府办	泰州市首批培育建设的特色小镇
区民政局、罗塘街道	市委	泰州市创建全国双拥模范城突出贡献集体，记三等功
区政府办、区委农工办、区发展和改革委、区环保局、大坨镇、张甸镇	市委	泰州市扶贫开发工作先进集体
罗塘街道中天社区党支部、溱湖旅游度假区景区公司党支部	市委	全市先进基层党组织
区委党校	市委党校	2016 年度泰州市党校系统综合考核评比第一名
区农委	市农委	2016 年度全市农业系统目标管理考核第一名
团区委	团市委	全市共青团工作先进集体、信息工作先进集体、2016 年度全市共青团工作考核第一名
团区委的《“多维挂钩”立体化推进青少年综合服务平台建设》项目	团市委	全市共青团工作创新创优成果一等奖
梅垛医院、区建业房屋征收服务中心、区预防职务犯罪协会、王石中心幼儿园	市民政局	AAAA 级社会组织
九三学社姜堰支社	九三学社市委	2015 年度综合先进集体
太平洋精锻科技股份有限公司	市委、市政府	2015 年度“人才强企”先进单位
正太集团、华丽塑料有限公司	市委、市政府	泰州市 2015 年度外经贸十强企业
区体彩中心	市体彩中心	2015 年度体育彩票销售先进单位、体育彩票销售贡献奖、体育彩票销售进步奖
国土资源局区分局	市国土资源局	2015 年度全市国土资源管理工作综合二等奖
姜堰宾馆有限公司	市放心消费创建活动办公室	2015 年度全市放心消费创建先进单位
区人力资源和社会保障局团委、姜堰中专团委	团市委	2015 年度“泰州市五四红旗团委”
泰州市第二人民医院	市老龄委	泰州市第二届“敬老文明号”

获奖单位	颁发单位	荣誉称号
区检察院、区法院	市法制宣传教育领导小组	泰州市“六五”普法先进集体
江苏双登集团有限公司、太平洋精锻科技股份有限公司	市科技局	泰州市“科技诚信之星”
区烟草专卖局	市烟草专卖局	泰州烟草系统“文明执法楷模单位”
区烟草专卖局稽查一中队	市烟草专卖局	泰州烟草系统“文明执法楷模中队”
实验小学北街校区、溱潼洲城幼儿园、实验幼儿园、第二实验幼儿园、张沐初级中学、娄庄中心小学、实验初级中学、行知实验小学、沈高学校、蒋垛中学	市教育局	2015—2016 学年度泰州市安全教育先进学校
江苏太平洋精锻科技股份有限公司	市政府	2016 年度“泰州市市长质量奖”
区公安局老干部党支部、区人力资源和社会保障局老干部党支部、溱潼镇老干部党支部、沈高镇老干部党支部、梁徐镇老干部党支部	市委组织部、市委老干部局	全市离退休干部先进集体
区农委妇委会	市巾帼建功活动领导小组	全市“巾帼建功”活动先进集体
罗塘街道、区教育局、区农业干部学校、娄庄镇、区经济开发区前马村、大伦镇	市科协、市农委等	2011—2015 年度泰州市全民科学素质工作先进集体
区烟草专卖局（分公司）	市烟草专卖局	2015 年度泰州市“卷烟打假工作先进集体”
区交通运输局	市法制宣传教育领导小组	全市“六五”普法先进集体
区安监局	市政府	2015 年度安全生产工作先进集体，获一等奖
区青年志愿者协会	市文明办	泰州市 2015—2016 年度全市优秀志愿服务组织
罗塘街道	市委宣传部	全市冬训工作先进街道
罗塘街道总工会	市总工会	泰州市“五一巾帼标兵岗”
罗塘街道荷叶社区、太平社区	市民政局	泰州市城乡社区协商民主示范点
罗塘街道北街社区	市委组织部	泰州市首届优秀社区服务品牌
张甸镇	市法制宣传教育领导小组	2015—2016 年度泰州市法治乡镇（街道）创建工作示范单位
张甸镇司法所	市法制宣传教育领导小组	泰州市“六五”普法考核先进单位
张甸镇	市委宣传部、市委组织部	2015 年度泰州市冬训工作先进集体
梁徐镇财政所	市委、市政府	泰州市文明单位
俞垛镇妇联	市“双学双比”活动领导小组	泰州市“双学双比”先进集体
俞垛镇关工委	市关工委、市文明办	泰州市关心下一代工作先进集体
俞垛镇祝庄村家长学校	市妇联	优秀社区（村）家长学校

·先进个人·

【国家部委表彰的先进个人】

姓　名	颁发单位	荣誉称号	授予时间
丁　婧	国家税务总局	国家税务总局优秀征文奖	2016-02
翟文周	团中央	2015 年度“全国优秀共青团干部”	2016-05
殷永忠	中国计划生育协会	全国计划生育协会先进个人	2016-05
朱　勇	中央宣传部、司法部	2011—2015 年全国法治宣传教育先进个人	2016-07
金加明	中国成人教育协会、农村成人教育专业委员会	2016 年全国农村老年教育先进个人	2016-11
王建祥	公安部	G20 峰会安保贡献突出个人	2016-11
李月琪	团中央、全国学联	省级“最美中职生”	2016-11
宋祥进	中央宣传部、中央文明办	“见义勇为”中国好人	2016-12
何学桂	中国县市报研究会	百家优秀报人	2016-12

【省级和省条线表彰的先进个人】

姓　名	颁发单位	荣誉称号	授予时间
钱忠星	省国土资源厅	2014—2015 年度全省国土资源系统预防职务犯罪工作先进个人	2016-01
康翠萍	省农业信息中心	2015 年度江苏农业网信息资源建设先进个人	2016-01
陈亚明	省粮食局	2015 年度全省粮食行业安全生产工作先进个人	2016-01
何学桂	省县市报研究会、省县市新闻中心工委	2015 年度全省县市新闻中心系统名总编	2016-01
顾盛杉	省县市报研究会、省县市新闻中心工委	2015 年度全省县市新闻中心系统优秀新闻工作者	2016-01
陆小兰	省县市报研究会、省县市新闻中心工委	2015 年度全省县市新闻中心系统优秀新闻工作者	2016-01
应婷婷	省县市报研究会、省县市新闻中心工委	2015 年度全省县市新闻中心系统优秀新闻工作者	2016-01
周逸平	省县市报研究会、省县市新闻中心工委	2015 年度全省县市新闻中心系统优秀新闻工作者	2016-01
周春章	省海洋与渔业局	2015 年度水产品质量安全专项整治工作先进个人	2016-01
黄根东	省渔业技术推广中心	江苏省水产技术推广系统先进个人	2016-01
高　路	省国土资源厅	2014—2015 年度全省国土资源政务信息工作先进个人	2016-03
俞善明	省建筑行业协会	2015 年度江苏省建筑业“优秀企业经理”	2016-03
丁桂珍	省农业科技学院	2015 年度江苏省农业科技学院科学技术奖获奖个人	2016-03
陈克春	省海洋与渔业局	“十二五”全省渔业科技入户工作优秀专家	2016-04
孙　潜	省海洋与渔业局	“十二五”全省渔业科技入户工作优秀专家	2016-04
韩忠进	省交通运输厅	2015 年度“江苏省交通建设优质工程”项目经理	2016-04
沈昌宽	省委、省政府	江苏省劳动模范	2016-04

姓　名	颁发单位	荣誉称号	授予时间
夏汉关	省委、省政府	江苏省优秀企业家	2016-04
吉网林	省海洋与渔业局	连续从事渔政执法30年工作者	2016-04
徐友银	省海洋与渔业局	连续从事渔政执法30年工作者	2016-04
杨　勇	省卫生计生委	全省疾病预防控制工作先进个人	2016-04
黄根东	省海洋与渔业局	优秀技术指导员	2016-04
孙　飞	团省委	江苏省“双创英才”	2016-05
刘效东	省委宣传部、省文化厅、省新闻出版广电局、省文联	江苏省首批群众文化“百千万”工程优秀文艺骨干	2016-05
杨华山	省委宣传部、省文化厅、省新闻出版广电局、省文联	江苏省首批群众文化“百千万”工程优秀文艺骨干	2016-05
丁　玲	省人口抽样调查领导小组	江苏省1%人口抽样调查先进个人	2016-06
钱　萍	省人口抽样调查领导小组	江苏省1%人口抽样调查先进个人	2016-06
杨兰芳	省人口抽样调查领导小组	江苏省1%人口抽样调查先进个人	2016-06
黄宽荣	省交通运输厅	全省交通运输行业“十二五”镇村公交发展工作先进个人	2016-06
孙广明	省高院	全省法院优秀党务工作者、全省法院执行系统个人三等功	2016-07
张　杰	省高院	全省法院执行系统执行标兵	2016-07
秦正宇	省民防局	全省民防系统先进个人	2016-09
蒋家华	省扶贫工作领导小组	全省扶贫济困奖	2016-10
张子平	省依法治省领导小组办公室、省委宣传部、省法制宣传教育工作领导小组办公室	江苏省“十大法治人物”	2016-11
杭海娟	团省委等	2016年“孝老爱亲”类江苏好青年	2016-12

【市级表彰的先进个人】

姓　名	颁发单位	荣誉称号	授予时间
钱忠星	市委、市政府	泰州市扶贫开发工作先进个人	2016-01
沈向明	市委宣传部	最美基层干部	2016-01
武圣日	市委、市政府	泰州市扶贫工作先进个人	2016-02
孙广明	市委政法委、市人力资源和社会保障局、市公务员局	泰州市十佳模范政法干警	2016-02
郑勇军	市文明委、现代快报社	2015年度“感动江苏泰州十大人物”	2016-03
郑勇军	市文明委	2015年泰州市美德善行十大人物	2016-03
张开风	市平安家庭创建活动领导小组	泰州市“平安家庭”创建活动先进个人	2016-04
李亚伟	市农委	全市高产增效创建工作先进个人	2016-05
蒯晓月	团市委	泰州市优秀共青团干部	2016-05
郑长进	市总工会	泰州市劳动模范	2016-07

姓　名	颁发单位	荣誉称号	授予时间
徐鼎文	市委、市政府	泰州市劳动模范	2016-08
仇爱琴	市委、市政府	新泰州建设功臣	2016-08
崔广明	市委、市政府	新泰州建设功臣	2016-08
葛兰小	市委、市政府	新泰州建设功臣	2016-08
黄　鹏	市委、市政府	新泰州建设功臣	2016-08
蒋家华	市委、市政府	新泰州建设功臣	2016-08
马晓兵	市委、市政府	新泰州建设功臣	2016-08
潘传芳	市委、市政府	新泰州建设功臣	2016-08
王琴香	市委、市政府	新泰州建设功臣	2016-08
杨　慧	市委、市政府	新泰州建设功臣	2016-08
杨善基	市委、市政府	新泰州建设功臣	2016-08
殷红芳	市委、市政府	新泰州建设功臣	2016-08
殷永忠	市委、市政府	新泰州建设功臣	2016-08
张开凤	市委、市政府	新泰州建设功臣	2016-08
孙佩君	市法制宣传教育领导小组	泰州市“六五”普法先进个人	2016-09
孙维维	市法制宣传教育领导小组	泰州市“六五”普法先进个人	2016-09
周庆典	市法制宣传教育领导小组	泰州市“六五”普法先进个人	2016-09
董志林	市科协、市农委等	2011—2015年度泰州市全民科学素质工作先进个人	2016-10
高　路	市科协、市农委等	2011—2015年度泰州市全民科学素质工作先进个人	2016-10
姜大连	市科协、市农委等	2011—2015年度泰州市全民科学素质工作先进个人	2016-10
李秋芹	市科协、市农委等	2011—2015年度泰州市全民科学素质工作先进个人	2016-10
林红彬	市科协、市农委等	2011—2015年度泰州市全民科学素质工作先进个人	2016-10
刘　萍	市科协、市农委等	2011—2015年度泰州市全民科学素质工作先进个人	2016-10
钱亚梅	市科协、市农委等	2011—2015年度泰州市全民科学素质工作先进个人	2016-10
宋小燕	市科协、市农委等	2011—2015年度泰州市全民科学素质工作先进个人	2016-10
王传宝	市科协、市农委等	2011—2015年度泰州市全民科学素质工作先进个人	2016-10
王东晖	市科协、市农委等	2011—2015年度泰州市全民科学素质工作先进个人	2016-10
徐乃美	市科协、市农委等	2011—2015年度泰州市全民科学素质工作先进个人	2016-10
张兆明	市科协、市农委等	2011—2015年度泰州市全民科学素质工作先进个人	2016-10
周维军	市科协、市农委等	2011—2015年度泰州市全民科学素质工作先进个人	2016-10
钱永寿	市文明办、泰州日报社	第五批泰州市“文明达人”	2016-10
陈　凯	市委组织部、市委老干部局	全市离退休干部先进个人	2016-10
仇志民	市委组织部、市委老干部局	全市离退休干部先进个人	2016-10
顾学文	市委组织部、市委老干部局	全市离退休干部先进个人	2016-10
胡宏根	市委组织部、市委老干部局	全市离退休干部先进个人	2016-10

姓　名	颁发单位	荣誉称号	授予时间
黄华幸	市委组织部、市委老干部局	全市离退休干部先进个人	2016-10
李万华	市委组织部、市委老干部局	全市离退休干部先进个人	2016-10
刘　跃	市委组织部、市委老干部局	全市离退休干部先进个人	2016-10
刘友庭	市委组织部、市委老干部局	全市离退休干部先进个人	2016-10
任天庆	市委组织部、市委老干部局	全市离退休干部先进个人	2016-10
沈　信	市委组织部、市委老干部局	全市离退休干部先进个人	2016-10
沈子琛	市委组织部、市委老干部局	全市离退休干部先进个人	2016-10
马晓兵	市民政局、市文明办	泰州市首届“十佳公益之星”	2016-10
高凤英	市党史方志档案办	泰州最美档案人	2016-10
夏义江	市党史方志档案办	泰州最美档案人	2016-10
周美娟	市党史方志档案办	泰州最美档案人	2016-10
曹祝基	市教育局	2015—2016 学年度泰州市安全教育先进个人	2016-11
陈　新	市教育局	2015—2016 学年度泰州市安全教育先进个人	2016-11
成贵宝	市教育局	2015—2016 学年度泰州市安全教育先进个人	2016-11
戴卫军	市教育局	2015—2016 学年度泰州市安全教育先进个人	2016-11
秦国凡	市教育局	2015—2016 学年度泰州市安全教育先进个人	2016-11
苏海娟	市教育局	2015—2016 学年度泰州市安全教育先进个人	2016-11
王国平	市教育局	2015—2016 学年度泰州市安全教育先进个人	2016-11
武晓春	市教育局	2015—2016 学年度泰州市安全教育先进个人	2016-11
袁光亮	市教育局	2015—2016 学年度泰州市安全教育先进个人	2016-11
张成军	市教育局	2015—2016 学年度泰州市安全教育先进个人	2016-11
周　峰	市教育局	2015—2016 学年度泰州市安全教育先进个人	2016-11
唐仁茂	市委宣传部、市文明办等	泰州市第二届“诚信之星”	2016-11
巫　进	市委宣传部、市文明办等	泰州市第二届“诚信之星”	2016-11
夏汉关	市委宣传部、市文明办等	泰州市第二届“诚信之星”	2016-11
王　飞	市委宣传部、市委组织部	全市冬训工作优秀教案	2016-12
刘雨珠	市委组织部、市民政局	十佳社区工作者	2016-12
徐　云	市委组织部、市民政局	十佳社区工作者	2016-12
李亚光	市委组织部	泰州市优秀社区工作者	2016-12
仇勇军	市烟草专卖局	泰州烟草系统“文明执法楷模队员”	2016-12
金　生	市烟草专卖局	泰州烟草系统“文明执法楷模队员”	2016-12
金岳龙	市烟草专卖局	泰州烟草系统“文明执法楷模队员”	2016-12
徐　云	市烟草专卖局	泰州烟草系统“文明执法楷模队员”	2016-12

重要文件摘要

中共泰州市姜堰区委 泰州市姜堰区人民政府 关于印发《2016年度招商引资项目建设考评奖惩办法》的通知

第一章 总 则

第一条 为贯彻区委十一届九次全会精神……

第二条 考评对象……

第三条 区领导单独招引项目考评由区考核办会同区委办、人大办、政府办、政协办组织实施……

第二章 考评内容

第四条 对区领导的考评……

第五条 对区级机关部门考评……

第六条 对区镇考评……

第七条 招商活动考评……

竣工项目考评……

第三章 考评条件

第八条 新办项目……

第九条 区领导单独招引项目固定资产投资须在1亿元以上……

第十条 镇飞地落户项目为镇招引落户相关园区的项目……

第十一条 区镇招引工业新办项目……

第十二条 开工项目为厂房主体在建……竣工项目为……

第十三条 实际到账外资为……

第四章 考评办法

第十四条 飞地落户项目和开工项目的认定。

第十五条 竣工项目的认定。

第十六条 实际到账外资的认定。

第十七条 鼓励类项目的认定。

鼓励设备投入……

鼓励招引税源性项目……

鼓励盘活停产半停产或低效企业……

鼓励招引农产品加工业项目……

第五章 考评计分

第十八条 区领导单独招引项目考评计分。

第十九条 部门招引项目考评计分。

第二十条 区镇招引项目考评计分。

第二十一条 分值安排和计分办法。

“一区两园”……

溱湖旅游度假区(溱潼镇)……

农业园区(沈高镇)……

镇……

第二十二条 区镇新办项目和实际到账外

资，达到以下条件的实行加分。

产业加分……

超额完成任务加分……

大项目加分……

飞地落户加分……

节约集约用地加分……

项目质态加分……

孵化项目加分……

第二十三条 实施滚动追溯考评……

第二十四条 考评得分。

区领导考评得分为单独招引项目得分。

第六章 考评奖惩

第二十五条 奖励措施

（一）设立季度项目建设杯奖

（二）评选年度招商引资项目建设先进单位

（三）竣工项目奖励

（四）实际到账外资奖励

对引进重大外资项目有特殊贡献的，采取“一事一议”方式，再给予特别奖励。

“一区两园”利用外资考评奖励……

第二十六条 惩戒措施

（一）区镇新办项目未完成全年任务……

（二）对季度考评无实绩的相关区镇……

第七章 附则

第二十七条 新办项目和实际到账外资……

第二十八条 在招商引资项目建设中弄虚作假……

第二十九条 以上各项奖金……

第三十条 本办法由区考核办会同有关部门负责解释。

（2016年2月29日）

中共泰州市姜堰区委 泰州市姜堰区人民政府 关于推进农业改革创新加快发展 现代农业的政策意见

为深入推进农业改革与建设试点，夯实现代农业基础，加大创新驱动力度，加快转变农业发展方式，保持农业稳定发展和农民持续增收，走产出高效、产品安全、资源节约、环境友好的农业现代化道路，制定如下政策意见：

一、夯实农业生产新基础

1.当年新建连片100亩以上新钢架大棚并投入生产……

2.当年新增花卉、果树种植连片50亩以上……

3.对省、市认定的镇级农业园区……

4.当年获得全国“一村一品”……

5.上级支农项目优先支持省级现代农业产业园区……

二、培育农村发展新产业

1.当年开票销售首次达到1000万元……

2.当年新创建成的国家、省“五好”示范合作社……

3.当年新确认的国家级、省级、市级……

4.当年农产品首次自营出口30万美元~50万美元……

5.当年新建的农产品电子商务企业、电子商务平台……

6.当年新创建成江苏省乡村旅游示范点……

三、创立农业企业新品牌

1.当年新创建成的国家……

2.当年新认定认证无公害……

3.当年新创建成的泰州市级……

四、推进农业改革新步伐

1.单个本区经营主体……

2.新增达“八有”标准的示范家庭农场……

3.本地农产品实行订单生产收购……

4.当年农业改革与建设试点评估成绩居前五位……

五、提高为农服务新水平

本《意见》涉及的奖补项目……

（2016年3月28日）

中共泰州市姜堰区委
关于印发《深入贯彻省党代会精神
扎实开展“百团千村万企大走访
大落实”活动实施方案》的通知

为深入贯彻落实省第十三次党代会、市第五次党代会和区第十二次党代会精神，更好地谋划、推动“两聚一高”和“决胜全面小康，加速崛起振兴”奋斗目标的实现，按照市委统一部署，决定从12月起，在全区开展以“助力发展解难题、聚焦富民补短板”为主题的“百团千村万企大走访大落实”活动。现就活动开展提出如下实施方案：

一、总体目标

二、参加对象

三、基本原则

1.坚持问题导向

2.坚持全面覆盖

3.坚持务求实效

4.坚持统筹兼顾

四、主要任务

1.访党代会精神贯彻情况，促落实落细

2.访企业生产经营情况，促创新发展

3.访项目建设推进情况，促开工达产

4.访富民惠民为民情况，促全面小康

5.访基层社会治理情况，促和谐稳定

6.访管党治党责任落实情况，促全面从严

7.访“三个百日行动”推进情况，促发展质态提升

五、方法步骤

1.划区组团、集中走访、摸清情况（2017年春节前）

2.梳理情况、形成清单、推动解决（2017年上半年）

3.定期回访、长期联系、一管到底（长期坚持）

六、工作要求

1.划细网格

2.深入走访

3.详细记载

4.认真解答

5.严抓督察

七、组织保障

1.加强组织领导

2.健全工作机制

3.营造良好氛围

4.严明纪律要求

（2016年12月13日）

区政府办公室关于印发
《2016年质量强区工作实施意见》
的通知

各镇（街道）人民政府（办事处），各园区管委会，区有关委办局，区有关直属单位：

现将《2016年质量强区工作实施意见》印发给你们，希认真贯彻执行。

泰州市姜堰区人民政府办公室

2016年5月26日

姜堰区2016年质量强区
工作实施意见

为认真贯彻落实《泰州市质量发展规划（2015—2020年）》以及《中国制造2025姜堰行动实施纲要》，进一步明确工作重点，打造质量品牌，提高发展质态，加快推进供给侧结构性改革以及质量强区建设，现就2016年质量强区工作提出以下实施意见：

一、指导思想

全面贯彻区委十一届九次全会精神，把推动发展的立足点转到以质量和效益为中心上来，主动适应经济发展新常态，坚持质量为本，加强质量引领，有效推动“中国制造向中国创造转变、中国速度向中国质量转变、中国产品向中国品牌转变”，动员全社会增强质量意识，努力营造政府重视质量、企业追求质量、社会崇尚质量、人人

关注质量的良好社会氛围，为早日实现“决胜全面小康、加速崛起振兴”目标提供质量保障。

二、目标任务

（一）产品质量显著提高。全区产品质量安全状况明显改善，无系统性、区域性质量安全问题。制造业国家和省级监督抽查合格率分别达到90%和95%以上，主要工业产品采标率达到95%以上；主要农产品质量安全抽检合格率稳定在98%以上；力争新增江苏名牌1~2个、泰州名牌5~6个，江苏省著名商标3~4件、泰州市知名商标8~9件、泰州市市长质量奖1个，江苏省AA级质量信用企业1~2家。

（二）工程质量显著提升。建设工程质量明显提高，受监竣工工程质量全部达到国家标准、规范要求，大中型工程项目一次验收合格率、竣工验收备案率达到100%，其他工程一次验收合格率达到98%以上，功能完备、环境友好、安全可靠、节能减排等综合满意指标不断提高，工程质量水平达到全市先进水平。交通、水利工程质量合格率达到100%。努力争创一批鲁班奖、詹天佑奖等国家优质工程奖和“扬子杯”“梅兰杯”等省、市优质工程奖。

（三）服务质量显著改善。规模以上服务业企业服务质量基本实现规范化、标准化和品牌化，金融服务、现代物流、高技术服务、软件和信息服务等重点生产性服务业顾客满意度超过85，商贸、旅游、居民服务、公共服务等生活性服务业顾客满意度超过80，整体服务质量达到全市先进水平，形成一批具有品牌优势、在区内外有影响力的精品服务项目和大型现代服务企业。

（四）创新能力显著增强。高新技术产业产值占规模以上工业产值比重达40%以上，战略性新兴产业企业专利授权量占全区企业专利授权量比重达25%，万人发明专利拥有量达6.5件，企业研发经费支出占地区生产总值比重达2.0%。

三、工作重点

（一）推进质量创新体系建设。依靠科技创新引领，支持产业经济和社会进步，增加发展的可持续性。探索技术创新的市场导向机制，完善创新激励政策，激发社会创新活力，营造公平公正的竞争环境。依托国家技术创新工程，加快科技专项平台建设，发挥优势企业创新要素集聚的优势，支持企业建立技术中心、工程中心和重点实验室，加快建立以企业为主体、市场为导向、产学研相结合的质量技术创新体系。通过建成重点突出、优势互补、资源共享的质量技术创新基地、产业孵化基地，培育形成以技术、标准、品牌、服务为核心的质量新优势。推动实施卓越绩效等先进的质量管理方法，积极探索产品竞争力指数、品牌价值评价、产业竞争力等现代质量管理理论和方法的应用研究，用科学的方法开展宏观质量分析，进一步创新和提升社会综合质量管理水平。广泛开展质量改进、质量攻关等多种形式的群众性创新活动，推动质量技术万众创新。

（二）推进标准战略建设。围绕新兴产业、现代服务业的发展和传统产业的结构调整推进标准化建设。鼓励企业采用国际标准或国外先进标准，增强实质性参与国际标准化活动的能力，提升市场竞争力，按照有关规定对主导制（修）订行业标准、国家标准、国际标准的组织给予奖励。完善自主创新过程中的知识产权和标准化管理，推进新能源、新材料等战略性新兴产业标准化。鼓励更多的技术成果上升为行业标准、国家标准。

（三）推进品牌战略工作。强化品牌的带动作用，开展广泛的市场调研，不断完善全区品牌培育计划，加大对新型工业、现代农业、现代服务业和重点工程品牌的培育力度，着力培育一批具有核心竞争力和市场竞争力的品牌产品和企业。助推企业从产品竞争、价格竞争向质量竞争、服务竞争、品牌竞争转变，使品牌经济成为全区经济发展的重要支柱。加强对品牌的宣传，扩大品牌的影响力，加强品牌的动态监管，建立品牌退出机制，维护品牌信誉。加强品牌产权保护，严厉打击假冒品牌等违法行为。

（四）推进质量诚信工作。整合质量安全监管信息资源，完善企业质量信用档案和产品质量信用信息记录，利用质量信用评价体系，实施质量信用分类监管。充分发挥“12315”“12365”

等违法失信行为的举报手段以及各类媒体监督作用，利用质量信用“黑名单”制度，逐步形成激励守信、惩戒失信的质量信用监督机制。开展社会诚信教育，落实企业质量主体责任，提高企业法制意识、责任意识和诚信意识。促进完善企业与顾客的沟通机制，鼓励企业运用现代信息技术，拓展顾客投诉渠道。

（五）推进质量惠民工程。强化消费者权益保护，严厉打击制假售假、计量欺诈、侵犯知识产权等违法行为，营造放心满意的消费环境。完善质量安全风险评估、监测、预警、信息通报和处置机制，防范和处置食品、药品、消费品质量安全及重大工程质量、电梯使用安全等突发事件，切实增强事前防范、事中控制和事后处置能力。着力推进绿色发展、循环发展和低碳发展，加强对产品、服务、工程、环境质量的监督，完善质量安全追溯、召回、区域监管和责任追究等制度，解决好关系群众切身利益的质量问题。

（六）推进质量文化建设工程。将以人为本作为质量发展的价值导向，以培养质量道德观为基础，以建设质量价值观为核心，以树立优质诚信的质量意识为目的，将诚实守信、持续改进、创新发展、追求卓越的质量精神转化为广大企业及企业员工的行为准则，自觉抵制违法生产经营行为，倡导科学理性、优质安全、节能环保的消费理念，不断推进质量文化建设，形成政府重视质量、企业追求质量、社会崇尚质量、人人关心质量的良好质量文化氛围。

四、保障措施

（一）加强组织领导。区质量强区工作领导小组负责质量强区工作的整体部署和协调推进，承担产品质量、工程质量、服务质量管理职责的相关成员单位负责本行业领域的质量提升工作，其他部门各司其职，密切配合，共同形成推进质量强区的工作合力，扎实推进各项工作，确保质量强区活动取得实效。

（二）加大政策扶持。各成员单位要紧紧围绕“质量强区”建设工作，研究制定完善相关产业、科技、金融、财税、人才培养等促进质量发展的配套政策和措施，将“质量强区”建设相关经费纳入预算，重点支持质量标准体系、质量监督抽查、重点质量工程、质量信用信息化建设等工作，为工作推进提供有力保障。

（三）强化中介服务。加强质量管理、检验检测、计量校准、合格评定、信用评价等社会中介组织建设，推动质量服务的市场化进程。积极引导行业协会等社会团体在质量管理、技术创新、品牌培育、标准化、计量检定检测等方面为企业和社会提供优质咨询服务，及时反映企业及消费者的质量需求，充分发挥中介组织在质量发展中的桥梁纽带作用。

（四）严格考核激励。区质量强区工作领导小组办公室将会同有关成员单位，切实加强对各镇（街道、园区）、部门工作开展的督促检查。对各项工作目标的落实情况及效果进行考核评价，并将考核结果予以通报。对质量工作成绩突出的单位和个人按规定予以表彰，对质量事故涉及的渎职腐败行为要严肃责任追究，加大警示问责和督导整改力度。

区政府关于《姜堰区电子商务发展三年行动计划（2016—2018年）》的通知

各镇（街道）人民政府（办事处），各园区管委会，区各委办局，区各直属单位：

现将《姜堰区电子商务发展三年行动计划（2016—2018年）》印发给你们，希遵照执行。

泰州市姜堰区人民政府

2016年9月30日

姜堰区电子商务发展三年行动计划（2016—2018年）

为加速推进我区电子商务进程，拟通过三年左右的时间，在荣获“江苏省农村电子商务示范县”称号基础上，积极推动国务院、省、市政府相关政策措施和行动方案落地生根，进一步丰富我区电子商务工作内涵，逐步普及全领域电商应用，力争在这个周期中，电子商务发展路径更加明晰、全民参与度普遍提升、电商功效不断凸现，努力实现全区电子商务“泰州走前列、全省有位置、全国有影响”目标，为积极申报国家级示范县奠定良好基础。

一、总体思路

以国务院《关于大力发展电子商务加快培育经济新动力的意见》《关于积极推进“互联网+”行动的指导意见》，国务院办公厅《关于促进跨境电子商务健康快速发展的指导意见》《关于深入实施“互联网+流通”行动计划的意见》，省政府办公厅《关于加快电子商务发展的意见》和《泰州市电子商务发展三年行动计划（2016—2018年）》等文件为指导，遵循“自愿、公平、诚实信用”的原则，遵守国家相关法律法规和商业道德，通过“行政推动、示范引导、园区集聚、规范发展”，不断加大政策扶持力度，引入和培育一批电子商务企业和平台，推进电子商务“七进”（进镇村、进社区、进园区、进学校、进企业、进旅游区、进医院），推动跨境电子商务发展，扩大我区电子商务交易规模，为我区决胜全面小康、加速崛起振兴提供新动力。

二、发展目标

到2018年，全区电子商务交易额超80亿元（含跨境电商），其中在姜堰行政区划内实现结算的电子商务交易额达10亿元，网络购物交易额占社会消费品零售总额的15%。打造1个在全国有影响的电子商务交易平台，建成1~3家仓储物流平台，建成1~2家业务流程服务平台（政府公共服务平台）。培育出口额超1000万美元的重点跨境电子商务企业2家。移动上网用户普及率达到70%以上，全区电子商务直接从业人员超过8000人。培训电子商务人才5000人次以上，培育引进电子商务高层次人才20名以上，创建省级电子商务人才培训基地1个。

三、重点任务

（一）深入开展示范工程建设

1.创建电子商务示范基地。建立健全电子商务重大项目引进、培育机制，大力引进境内外知名电子商务企业和平台，加快培育龙头型、骨干型电子商务企业。发展特色化电子商务集聚园区，支持各类产业园区建立青年电子商务创业园，鼓励重点电子商务集聚区争创国家及省级电子商务示范基地。加大智谷软件园、易销电商创业园等电子商务示范区建设力度，加快推进“一般出口、直购进口、公共保税仓”等跨境电子商务试点。（牵头单位：区商务局，配合单位：区经济和信息化委、团区委）

2.创建电子商务示范平台。发展互联网平台经济，重点在信息技术产业、现代旅游服务业及生态农业等领域培育一批集交易、物流、支付于一体的行业电子商务平台。支持企业应用跨境电商平台不断丰富商品和服务种类，形成“平台集聚经济”。推动“同城惠”等综合性平台提升服务功能和水平，不断丰富产品，扩大经营范围，增强对线下企业的吸引力。打造“中国华东五金网”等专业性垂直类电子商务平台，推动建材、家具、农产品等领域发展专业化电子商务平台，增强实体产业发展活力和市场竞争力。培育电子商务第三方服务平台，推动相关第三方电商服务机构加快发展，加快引进电子商务人才、代运营机构，助推我区电子商务发展。（牵头单位：区商务局，配合单位：区发展和改革委、区经济和信息化委、区教育局、区人力资源和社会保障局）

3.创建电子商务示范企业、示范镇、示范村。对照《泰州市电子商务示范企业、乡镇评选办法》的要求，从2016年开始，每2年在全区择优推荐认定5~10家电子商务重点示范企业、2家跨境电子商务骨干企业，打造本地有特色龙头电子商务企业，引进外地龙头电子商务企业入驻姜堰，发挥引领示范作用，提高姜堰在电子商务领域的知名度。在荣获“江苏省农村电子商务示范县”称号基础上，大力推进省级电商示范镇、村创建活动，及时总结经验做法并向全区推广。力争到2018年，创建成省级电子商务示范企业1~2家，省级农村电子商务示范镇1~2个、示范村4个，培育市级电子商务示范村8个。（牵头单位：区商务局，配合单位：区发展和改革委、区经济和信息化委）

（二）加快电子商务与传统产业融合

1.推动电子商务与传统工业融合发展。大力推广供应链电子商务模式，提升制造业配套协作水平及资源配置效率，积极引导终端中小型企业依托阿里巴巴、京东等第三方电子商务平台开设网络店铺。鼓励制造业龙头企业建立自营电子商务平台，加强与境外企业的合作，通过海外仓、展示中心、体验店和配送网点等模式，加快融入海外零售体系，扩大市场销售份额。力争到2018年，规模以上工业企业和中小工业企业开展电子商务的比例分别达到95%和50%，企业自建海外仓1~2个。（牵头单位：区经济和信息化委，配合单位：区发展和改革委、区商务局）

2.推动电子商务与传统商业融合发展。鼓励百货商场、购物中心、老字号和品牌专营店等商业企业建立网上销售平台，着力打造一批立足本土、彰显特色的精品“网购商城”。支持零售、餐饮、休闲、生活服务类商家及传统商业街区应用O2O（线上到线下）模式开展营销。力争到2018年，规模以上商业企业和中小商业企业开展电子商务的比例分别达到100%和80%。（牵头单位：区商务局，配合单位：区发展和改革委、区经济和信息化委、区市场监管局、区供销合作总社）

3.推动电子商务与传统专业市场融合发展。推动钢材、木材、塑化等生产资料专业市场电子商务化，加快市场交易和管理模式转型升级。引导家居类专业市场加强合作，大力拓展现场体验、家装设计等增值服务，加快形成姜堰网上家装市场新优势。利用江苏无界和华东五金城网上平台，培育大宗商品电子商务企业。支持农品汇（溱湖农产品集散中心）、“溱湖八鲜”、“鲜乐美”、中艺农业等特色农产品龙头企业实施鲜活农产品直供社区示范工程，打造农副产品品牌网站。力争到2018年，传统专业市场经营户电商化比例达70%以上，在城区设立鲜活农产品直供社区配送点20个以上，自建农副产品品牌网站1~2个。（牵头单位：区商务局，配合单位：区发展和改革委、区经济和信息化委、区农委、区市场监管局、区供销合作总社）

（三）深化重点领域应用

1.深化跨境电子商务应用。全面执行泰州市跨境电子商务扶持政策，确保实现“互联网+外贸”优进优出，促进跨境电子商务健康快速发展。引导我区汽车零部件、石油钻采设备、消防水带等具有较大优势的外贸企业利用跨境电子商务拓展销售渠道，实现电商化转型。加大跨境电子商务项目的招引力度，加快培育跨境电子商务平台，集聚一流的电子商务企业、物流企业和网络金融服务企业，打造姜堰区跨境电子商务产业园。加大对我区跨境电商平台企业拓展境外市场的扶持力度，支持企业利用阿里巴巴、京东、敦煌网等平台开拓跨境电子商务业务，助推经济开发区公共保税跨境电商平台建设。力争到2018年，我区跨境电子商务年贸易额超过2亿美元。（牵头单位：区商务局，配合单位：区邮政公司、区经济开发区）

2.深化服务外包电子商务应用。引导智谷软件园、留学生创业园、华东五金城等载体向服务外包领域发展，争创国家级服务外包示范区和中国服务外包示范城市。推动全区服务外包企业加快电子商务和服务外包两大产业有机融合、互动发展，围绕软件研发、平台维护、网络推广、移动应用、创意美工、代运营等业务，加快拓展电子商务服务外包新领域。鼓励重点电子商务服务外包企业以合作、并购、业务创新等方式加快规模化和综合化发展。（牵头单位：区商务局，配合单位：区发展和改革委、区经济和信息化委、区科学技术和知识产权局）

3.深化移动电子商务应用。加快推动移动电子商务普及应用，提供即时化、个性化、专业化的电子商务服务。支持传统电子商务平台企业同步开展移动电子商务，重点对移动电子商务产业链企业给予扶持。加快推动公共服务移动电商发展，促进移动电子商务运用于教育、医疗、社保、交通、工商、税务等民生和社会管理领域，提升公共服务效能。（牵头单位：区商务局，配合单位：区金融办、区教育局、区卫生计生委、区人力资源和社会保障局、区交通运输局、区旅游局、区市场监管局、区国税局、区地税局、区住

建局、区供电公司）

（四）强化重点体系建设

1.加强农村电子商务体系建设。利用电子商务平台、智能终端设备宣传和销售地理标志产品，探索建立农产品溯源系统，健全农产品追溯体系和长效的政府监管机制，加快品牌农产品走出去步伐。支持淘宝、京东等知名企业在姜堰开设农村电子商务综合服务站（点），开展网上代购代销和便民服务等业务，促进农村地区电子商务发展。力争到2018年，全区行政村开展电商覆盖率达90%以上。（牵头单位：区商务局，配合单位：区委农工办、区农委、区邮政公司、区供销合作总社、团区委、区妇联）

2.加强社区电子商务体系建设。积极打造智慧社区，大力发展社区电子商务和社区购物服务应用软件，引导电子商务企业整合社区现有便民服务设施开展物流分拨、快件自取、电子缴费等配套服务。推动城市社区发展餐饮、娱乐、培训、家政、婚庆、旅游、家装、再生资源回收等服务类电子商务。完善“一站式”便民服务消费功能，鼓励物业服务等企业依托互联网创新社区电子商务服务模式，开展面向社区居民的电子商务增值服务。力争到2018年，设立社区电商服务站20个。（牵头单位：区商务局，配合单位：区民政局、区文广新局、区卫生计生委、区旅游局、区人力资源和社会保障局）

3.加强电子商务支付体系建设。以实现在姜堰结算为目标，增强和拓展我区银行业金融机构在线支付服务的能力和功能，加快推进移动支付电子商务发展，鼓励支付宝、翼支付等移动支付平台在本地应用推广，进入民生和社会服务领域，惠及民众生活服务(如水电煤查询和缴纳)、出行服务、娱乐服务等。逐步拓展面向全国网上支付业务，打造一批功能完善、特色明显、安全易用的电子商务在线支付平台，形成以满足支付需求为导向，银行业金融机构、支付机构、担保机构、支付清算组织等共同参与的多元化支付服务体系。（牵头单位：人行区支行，配合单位：区财政局、区金融办、区商务局、区国税局、区地税局）

4.加强电子商务物流体系建设。加快重点物流基地建设，完善电子商务物流中转、分拨中心规划布局。完善区级数字物流体系，探索建立同城物流配送体系，有效整合各类物流资源，突破农产品冷链运输瓶颈，畅通农产品流通，切实解决好农产品进城“最初一公里”和工业品下乡“最后一公里”物流瓶颈。加快完善跨境电子商务物流支撑体系，积极融入长三角通关一体化建设，构建跨境电子商务便利化物流通关环境。（牵头单位：区发展和改革委，配合单位：区经济和信息化委、区商务局、区交通运输局、区邮政公司）

四、保障措施

（一）加强组织领导。完善区、镇（部门）、村电商发展三级组织体系，确保“五有”，即有制度、有人员、有场所、有设备、有经费。区成立由区政府主要领导任组长、分管领导任副组长、区级机关相关部门领导为成员的区电子商务工作领导小组，领导小组办公室设在区商务局，负责电子商务规划、指导、协调和管理，定期召开领导小组会议，通报工作推进情况，协调解决存在的问题和困难；各镇（街道）、各园区、各相关部门要加强电子商务管理机构建设和人员配备，建立健全相应领导体制和工作机制，切实发挥区域内统筹规划、政策促进和综合协调作用；村委会要明确专人负责电子商务工作，对落地本村的电商项目要全力以赴，帮助做好宣传发动、组织协调，同时积极推动示范创建各项工作，全面推进电子商务产业健康有序发展。

（二）加大财政支持力度。结合实际，制定扶持电子商务发展专项财政资金政策和管理办法，对发展趋势好、带动性强的企业以奖励补贴的形式给予支持，对重点企业、重点项目以基金参股结合PPP模式的方式共同参与建设。各镇（街道）和各园区要按照现行财政体制和属地原则，同步安排专项扶持资金，支持推进电子商务应用、跨境电商发展、培育重点企业和平台、推进电子商务集聚区建设、电子商务示范企业发展、引进知名电子商务企业、电子商务配套支撑体系建设等重点工程。探索运用产业发展基金引领和支持电子商务发展的新路径，积极向上争取国家、省、市电子商务政策及资金支持，及时配套相关政策和资金。

（三）加快电子商务人才队伍建设。积极实施《关于加快推进“人才强企”的若干政策意见》，建立健全领军型电子商务人才引进机制，大力引进境内外高层次电子商务人才。建立健全操作型电子商务人才引进培养机制，加快推进全区电子商务培训基地建设，积极引导全区专业电子商务培训机构及重点电子商务企业加强资源整合和交流合作，大力培养实用型、技能型电子商务人才和青年电子商务创业型人才。

（四）强化电子商务市场监管。认真履行政府监管职能，创新管理模式，完善协同机制，建立完善能够促进电子商务健康、快速发展的政策法规体系、网络基础设施、信息安全体系、信用管理体系和交易监管体系，引导电子商务企业诚信经营。强化质量保障、交易安全、消费者权益和知识产权保护等领域监管，维护行业正常经营秩序。积极发挥区电商协会作用，搭建资源融合、优势互补、共同发展的平台，提升行业管理和服务水平，促进行业自律和依法经营。加强与各电子商务运营商的合作，建立电子商务统计分析体系，提升电子商务数据统计监测、分析的智能化水平，为电子商务的科学发展提供指导和决策参考。

（五）优化电子商务发展环境。深入开展电子商务示范园区、示范平台和示范企业评选活动，激发新一轮创业创新的热情。组织高峰论坛、主题演讲和专题培训、电商展览会、网货交易会等活动，加大电子商务知识的宣传和普及力度，引导传统企业切实转变经营理念，充分认识发展电子商务的重要性。引进高端的宣传、策划机构，强化姜堰产品网络形象设计和宣传，并通过政府引导，不断扩大示范效应，形成良好的社会氛围。

重要文件索引

区　委

1 号　区委、区政府关于下达 2016 年主要经济和社会发展指标的通知
2 号　区委、区政府关于印发《2016 年度镇（区）工作目标考评实施办法》的通知
3 号　区委关于召开“三严三实”专题民主生活会的报告
4 号　区委、区政府关于 2015 年四季度流动杯竞赛获奖情况的通报
5 号　区委、区政府关于表彰 2015 年度镇（区）工作目标考评先进单位的决定
7 号　区委、区政府关于表彰 2015 年度区级机关效能建设先进集体的决定
8 号　区委、区政府关于表彰 2015 年度“特别贡献奖”及“特别贡献奖”提名奖的决定
9 号　区委、区政府关于表彰 2014—2015 年度“平安社区”的决定
11 号　区委、区政府关于推动文化姜堰建设迈上新台阶的实施意见
12 号　区委、区政府关于表彰 2015 年度“人才强企”先进单位的决定
13 号　区委关于泰州市姜堰区深入开展“三严三实”专题教育总结的报告
14 号　区委关于转发《泰州市姜堰区人大常委会 2016 年度工作要点》的通知
15 号　区委、区政府关于印发《2016 年度招商引资项目建设考评奖励办法》的通知
16 号　区委关于转发《政协泰州市姜堰区委员会 2016 年度工作要点》的通知
18 号　区委、区政府关于印发《泰州市姜堰区激励干部干事创业防治在岗不作为履职不担当的若干规定》的通知

19 号　区委关于印发《关于深化完善党管人才机制的实施意见》的通知
20 号　区委、区政府关于表彰 2015 年度农业农村工作先进单位的决定
21 号　区委、区政府关于推进农业改革创新加快发展现代农业的政策意见
22 号　区委关于建立基层党建工作巡查制度的意见
23 号　关于镇党委换届工作的意见
24 号　区委、区政府、区人武部关于表彰“关心国防建设好领导”和人民武装工作先进单位、先进个人的决定
25 号　区委、区政府关于印发《2016 年泰州市姜堰区党风廉政建设责任分解方案》的通知
27 号　区委、区政府关于成立东部干线 10 万亩高标准农田建设试点项目指挥部的通知
28 号　区委、区政府关于 2016 年一季度流动杯竞赛获奖情况的通报
30 号　区委关于做好中国共产党泰州市姜堰区第十二次代表大会代表选举工作的通知
31 号　区委关于印发《关于监督执纪“四种形态”实践运用规则》的通知
32 号　区委关于表彰先进基层党组织、优秀共产党员、优秀党务工作者的决定
33 号　区委、区政府关于表彰 2016 年上半年镇（区）工作目标考评综合优胜奖获奖单位的决定
34 号　区委、区政府关于 2016 年二季度流动杯竞赛获奖情况的通报
36 号　区委关于召开中国共产党泰州市姜堰区第十二次代表大会的通知
37 号　区委关于转发《区人大常委会党组关于做好全区区镇两级人民代表大会换届选举工作的意见》的通知
39 号　区委、区政府关于转发《中共泰州市姜堰区委宣传部、泰州市姜堰区司法局关于在全区公民中开展法治宣传教育的第七个五年规划》的通知
40 号　区委、区政府关于 2016 年三季度流动杯竞赛获奖情况的通报
42 号　区委关于印发《中共泰州市姜堰区委巡察工作实施办法（试行）》的通知
44 号　区委关于印发《深入贯彻省党代会精神、扎实开展“百团千村万企大走访大落实”活动实施方案》的通知
45 号　关于同意召开泰州市姜堰区第十五届人民代表大会第一次会议的批复
46 号　关于同意召开政协泰州市姜堰区第十四届委员会第一次会议的批复
47 号　区委关于政协泰州市第五届委员会委员初步人选推荐情况的报告

区人大常委会

3 号　关于《区政府关于请予批准将溱湖旅游度假区文化整治提升（古镇区）工程项目贷款本息列入财政预算的报告》的复函
5 号　关于《区政府关于请予批准将姜堰区渔业社房屋搬迁工程项目贷款本息列入财政预算的报告》的复函
6 号　关于表彰 2015 年度镇（街道）人大工作先进单位的决定
7 号　关于表彰 2015 年度优秀常委会组成人员的决定
8 号　关于做好 2016 年镇（街道）人大工作的意见
9 号　关于印发《2016 年镇（街道）人大工作考核意见》的通知
10 号　关于《区政府关于请予批准将溱湖风景区开发建设有限公司贷款本息列入财政预算的报告》的复函

11 号　关于印发《2016 年度泰州市姜堰区人大常委会及人大机关学习计划》的通知
15 号　关于《中华人民共和国道路交通安全法》和《江苏省道路交通安全条例》执法检查报告的审议意见
16 号　关于推进医疗卫生体制改革工作情况的审议意见
17 号　关于区水利局及其基层站所工作的评议意见
20 号　关于印发《泰州市姜堰区人大常委会关于授权街道人大工委加强监督工作的暂行办法》的通知
21 号　关于《区政府关于请予批准将国投集团公司旅游发展基金融资贷款本息列入财政预算的报告》的复函
22 号　关于《区政府关于请予批准将泰州市姜堰区 2015—2016 年棚户区（城中村）改造工程项目（一期）贷款本息列入财政预算的报告》的复函
25 号　关于“六五”普法实施及“七五”普法启动工作情况的审议意见
26 号　关于区民政局及其基层站所工作的评议意见
27 号　关于电梯安全监管专项工作的评议意见
29 号　关于《区政府关于提请审议溱湖旅游景区基础设施项目有关事项的报告》的复函
31 号　关于城区停车场规划建设管理专项工作评议意见
32 号　关于《发展旅游业三年行动计划》实施情况的审议意见
33 号　关于政策性农业保险工作情况的审议意见
34 号　关于 2015 年区本级财政决算草案、2016 年上半年计划预算执行情况和计划预算调整方案的审议意见
38 号　关于全区区镇两级人民代表大会换届选举问题的决定
43 号　关于开展第七个五年法治宣传教育的决议
51 号　《江苏省物业管理条例》审议意见
52 号　区人力资源和社会保障局评议意见
53 号　区科学技术和知识产权局评议意见
54 号　代表建议办理情况审议意见
60 号　关于调整部分工作机构的议案
62 号　关于批准《泰州市姜堰区生态文明江苏规划（2016—2020）》的决议
63 号　关于召开泰州市姜堰区第十五届人民代表大会第一次会议的通知

区政府

5 号　关于命名泰州市姜堰区第四批名校长和第五批名教师的决定
7 号　关于表彰 2015 年度安全生产先进集体和先进个人的决定
11 号　关于印发《姜堰区国家知识产权强县工程试点工作方案》的通知
15 号　关于切实做好第三次全国农业普查工作的通知
25 号　关于表彰 2015 年度姜堰区民营经济发展工作考核先进单位的决定
26 号　关于对 2015 年度全区建筑业工作目标考核情况的通报
30 号　关于表彰 2015 年度姜堰区建筑业先进单位和先进个人的决定
31 号　关于表彰 2015 年度开放型经济工作先进单位的决定

32 号　关于调整 2016 年度区十强重点成长型工业企业的通知
33 号　关于表彰 2015 年度工业经济工作先进单位的决定
34 号　关于表彰 2015 年度科技创新工作先进单位和个人的决定
39 号　关于表彰 2015 年度服务业工作先进单位的决定
41 号　关于债务风险化解规划和应急处置预案的报告
42 号　关于印发《2016 年重点工作目标任务及分解落实方案》的通知
45 号　关于表彰 2015 年度全区创建土地执法模范镇工作先进单位和先进个人的决定
46 号　关于下达 2016 年度耕地占补平衡及城乡建设用地增减挂钩土地开发复垦新增耕地指标的通知
48 号　关于表彰 2015 年度人力资源和社会保障工作先进集体和先进个人的决定
51 号　关于深入推进商标战略促进品牌创建的实施意见
55 号　关于表彰 2015 年度人口和计划生育工作先进单位的决定
57 号　关于表彰 2015 年度群众体育工作先进集体和先进个人的决定
60 号　关于表彰 2015 年度交通运输工作先进集体和先进个人的决定
63 号　关于第二届“姜堰文艺奖”的表彰决定
67 号　关于“十三五”规划纲要草案 2015 年计划预算执行情况和 2016 年计划预算草案的审议意见研究处理情况的报告
71 号　关于姜堰区 2016 年村级公益事业建设“一事一议”财政奖补工作实施方案的报告
74 号　关于成立区公立医院管理委员会的通知
75 号　关于对泰州市级机关部门 2013—2015 年帮扶资金进行专项审计的情况报告
76 号　关于表彰“十佳关爱职工的企业家”“十佳工会干部”和“十佳职工”的决定
77 号　关于加强社会工作专业人才队伍建设的实施意见
81 号　关于做好 2016 年度国防后备力量整组工作的通知
83 号　关于实施不动产统一登记的公告
103 号　关于印发《泰州市姜堰区安全生产网格化管理工作实施方案（试行）》的通知
107 号　关于对 2015 年度区镇机关年度考核优秀人员给予记功、嘉奖的决定
113 号　关于公布区级规范性文件清理结果的决定
114 号　关于表彰 2015 年度泰州市姜堰区科学技术进步奖获奖项目的决定
121 号　关于区人大常委会《中华人民共和国道路交通安全法》和《江苏省道路交通安全条例》执法检查审议意见落实情况的报告
128 号　关于印发《陵园东河北地块 A、B、C、D、E 段国有土地上房屋征收补偿方案》的通知
129 号　关于陵园东河北地块 A、B、C、D、E 段国有土地上房屋征收的决定
132 号　关于印发《河东街地块 A、B、C 段国有土地上房屋征收补偿方案》的通知
133 号　关于河东街地块 A、B、C 段国有土地上房屋征收的决定
136 号　关于印发《中心超市及周边地块国有土地上房屋征收补偿方案》的通知
137 号　关于中心超市及周边地块国有土地上房屋征收的决定
140 号　关于进一步加强全区妇幼重大公共卫生服务项目实施工作的意见
144 号　关于落实区人大常委会关于“六五”普法实施及“七五”普法启动工作情况的审议意见的报告
145 号　关于研究办理区人大常委会电梯安全监管专项工作审议意见的报告

146 号　关于《姜堰区电子商务发展三年行动计划（2016—2018 年）》的通知
154 号　关于研究办理区人大常委会推进医疗卫生体制改革工作情况审议意见的报告
160 号　关于印发《溱潼镇古镇北片区地块 A、B、C、D、E、F 段国有土地上房屋征收补偿方案》的通知
161 号　关于溱潼镇古镇北片区地块 A、B、C、D、E、F 段国有土地上房屋征收的决定
164 号　关于印发《溱潼镇新城大道续建工程地块国有土地上房屋征收补偿方案》的通知
165 号　关于溱潼镇新城大道续建工程地块国有土地上房屋征收的决定
168 号　关于印发《溱潼镇鹿鸣西路道路建设工程地块国有土地上房屋征收补偿方案》的通知
169 号　关于溱潼镇鹿鸣西路道路建设工程地块国有土地上房屋征收的决定
172 号　关于印发《溱潼镇华光大桥东北侧地块国有土地上房屋征收补偿方案》的通知
173 号　关于溱潼镇华光大桥东北侧地块国有土地上房屋征收的决定
177 号　关于《泰州市姜堰区电子商务产业发展扶持政策》的通知
178 号　关于《泰州市姜堰区电子商务产业发展扶持政策实施细则》的通知
182 号　关于 2015 年本级财政决算草案 2016 年上半年计划财政预算执行情况和计划预算调整方案的审议意见处理情况的报告
183 号　关于区人大常委会《加快旅游业发展三年行动计划》实施情况审议意见落实情况的报告
189 号　关于落实区人大常委会代表建议办理工作审议意见的情况报告
198 号　关于印发《泰州市姜堰区生产经营单位落实安全生产主体责任规定》的通知
203 号　关于授予泰州捷锋帽业有限公司 2016 年度姜堰区区长质量奖的决定
204 号　关于公布 2016 年姜堰区有突出贡献的中青年科技工作者名单的通知

区政协

2 号　关于表彰优秀区政协委员的决定
3 号　关于表彰 2015 年度政协优秀提案的决定
4 号　关于表彰 2015 年度社情民意信息工作先进个人的决定
5 号　关于印发《区政协 2016 年常委会议等主要活动计划》的通知
6 号　关于表彰 2015 年度政协文史工作先进集体和先进个人的决定
8 号　关于镇（街道）政协工委的考核意见
9 号　关于区政协主席、副主席督办提案、重点提案的通知
10 号　区政协主席走访区教育局工作建议书
11 号　区政协 2016 年度重点提案摘报
12 号　关于报送《关于“实施长效管理，促进市容市貌持续改善”的调查报告》的函
13 号　关于报送《关于城区游泳馆规划建设和农村体育设施管护使用情况的调查报告》的函
15 号　关于报送《关于全区工业企业直接融资情况的调查报告》的函
16 号　关于报送《关于城区学前教育与义务教育增量扩容需求情况的调查报告》的函
17 号　区政协视察现代科技产业园区（智谷软件园）工作报告
18 号　关于报送《关于我区建筑工业化情况的调查报告》的函
20 号　关于表彰 2016 年度政协优秀提案的决定
21 号　关于表彰 2016 年度社情民意信息工作先进个人的决定

区委办公室

1 号　区委办、区政府办关于印发《2016 年保障和改善民生 10 个方面实事责任分解表》的通知
2 号　区委办、区政府办关于进一步做好全区领导干部定期接待群众来访工作的通知
5 号　区委办、区政府办关于表彰 2015 年度全区党政信息工作先进单位、先进个人的决定
6 号　区委办、区政府办关于印发《关于全区供给侧结构性改革的任务分解方案》的通知
7 号　区委办关于印发《姜堰区关心下一代工作委员会 2016 年工作要点》的通知
8 号　区委办、区政府办关于 2015 年各园区、各镇（街道）、各部门在泰州市级以上受表彰、获奖情况的通报
9 号　区委办、区政府办关于进一步完善区领导挂钩服务重点企业重大项目制度的通知
10 号　区委办关于表彰 2015 年度先进个人的决定
11 号　区委办、区政府办关于印发《第十一届中国湿地生态旅游节暨 2016 中国泰州姜堰溱潼会船节总体活动方案》的通知
13 号　区委办、区政府办印发《关于在全区推行“政社互动”推动社会治理创新的意见》的通知
14 号　区委办、区政府办关于印发《2016 年度全区党风廉政建设和反腐败工作要点》的通知
15 号　区委办、区政府办关于印发《2016 年度全区党政信息工作考核办法》的通知
16 号　区委办、区政府办关于印发《2016 年度服务业工作目标考评实施意见》的通知
17 号　区委办、区政府办关于印发《2016 年度泰州市姜堰区区级机关部门（单位）绩效管理实施细则》的通知
18 号　区委办印发《中共泰州市姜堰区委关于落实市党风廉政建设责任制检查考核反馈意见的整改工作方案》的通知
19 号　区委办、区政府办关于举办第十二届泰州市姜堰区群众文化艺术节的通知
21 号　区委办、区政府办关于印发《姜堰区 2016 年招商活动计划》的通知
22 号　区委办、区政府办关于做好 2016 年党风廉政建设主体责任任务清单、负面清单、监督清单制定工作的通知
23 号　区委办、区政府办关于印发《文化姜堰建设迈上新台阶“十大行动”目标任务分解方案（2016—2020 年）》的通知
24 号　区委办、区政府办关于印发《2016 年度泰州市姜堰区区级机关部门（单位）“特别贡献奖”评选办法》的通知
25 号　区委办、区政府办 2016 年全区农业农村工作目标管理意见
26 号　区委办、区政府办关于印发《姜堰区农村土地承包经营权确权登记颁证成果检查验收实施办法》的通知
27 号　区委办、区政府办关于加快村级为农综合服务中心建设的实施意见
29 号　区委办、区政府办关于开展“两个责任”落实全程纪实工作的通知
32 号　区委办、区政府办关于开展 2016 年“慈善一日捐”活动的通知
33 号　区委办关于印发《镇（街道）纪（工）委书记提名考察办法（试行）》《区纪委派驻纪检组组长提名考察办法（试行）》的通知
34 号　区委办印发《关于在全区党员中开展“学党章党规、学系列讲话，做合格党员”学习教育的实施方案》的通知

35 号　区委办、区政府办关于转发《市委办、市政府办关于在全市广泛开展“新泰州建设功臣”推荐活动的通知》的通知
37 号　区委办、区政府办关于印发《泰州市国家现代农业示范区姜堰区农业改革与建设试点 2016 年工作要点》的通知
38 号　区委办、区政府办关于推进小城市建设的实施意见
40 号　区委办关于印发《推进实践运用监督执纪“四种形态”相关工作任务分解方案》的通知
43 号　区委办、区政府办关于组织开展挂钩帮扶经济薄弱村和低收入农户工作的意见
44 号　区委办、区政府办关于印发《姜堰区挂钩帮扶经济薄弱村和低收入农户考核办法》的通知
45 号　区委办、区政府办关于印发《2016 年泰州城北现代农业走廊（姜堰段）建设工作专项考核办法》的通知
46 号　区委办关于印发《中共泰州市姜堰区委关于落实市委巡察反馈问题整改“六个专项行动”的工作方案》的通知
47 号　区委办、区政府办关于加强工商资本租赁农地监管促进土地适度规模经营健康发展的实施意见
49 号　区委办、区政府办关于转发《市委办公室、市政府办公室关于申报新泰州建设功臣荣誉奖章事项的通知》的通知
50 号　区委办、区政府办关于建立市场监督管理联动工作机制的意见
51 号　区委办、区政府办关于转发《中共泰州市委、泰州市人民政府印发〈关于构建“亲、清”政商关系的若干规定〉的通知》的通知
52 号　区委办、区政府办印发《关于加强城乡社区民主协商的实施意见》的通知
54 号　区委办、区政府办印发《关于做好全区村（居）“两委”换届工作的意见》的通知
55 号　区委办、区政府办关于深入开展领导干部大走访大下访活动的通知
69 号　区委办关于印发《中共泰州市姜堰区委 2016—2020 年巡察工作规划》的通知
72 号　区委办关于成立区委学习贯彻党的十八届六中全会精神宣讲团的通知
73 号　区委办、区政府办关于泰州市姜堰区 2017 年城乡居民医疗保险工作的实施意见
74 号　区委办、区政府办关于印发《2017 年全区林业绿化工作意见》的通知
76 号　区委办、区政府办关于对全区“六五”普法工作先进集体、先进个人予以表扬的通报
78 号　区委办、区政府办关于表彰区级机关 2016 年度档案工作先进集体和先进个人的决定
79 号　区委办、区政府办关于做好 2016 年度镇（区）工作目标考评的通知
80 号　区委办、区政府办关于召开泰州市姜堰区工商联第十二次会员代表大会的通知
81 号　区委办、区政府办关于做好中央环境保护督察组反馈意见整改工作的通知

区人大常委会办公室

3 号　关于召开区人大常委会主任会议暨镇（街道）人大工作会议的通知
4 号　关于印发《泰州市姜堰区人大常委会关于开展〈中华人民共和国道路交通安全法〉和〈江苏省道路交通安全条例〉执法检查的实施方案》的通知
5 号　关于对区水利局及其基层站所工作进行调研的通知
6 号　关于开展《中华人民共和国道路交通安全法》和《江苏省道路交通安全条例》执法检查镇（街道）调研活动的通知

7 号　关于开展医疗卫生体制改革工作情况调研的通知
8 号　关于开展第一季度区人大代表小组活动的通知
9 号　关于区人大常委会领导督办重点建议的通知
10 号　关于区人大常委会领导接待代表日活动中代表建议的意见的函
11 号　关于召开人大代表建议政协委员提案办理工作总结表彰暨交办会议的通知
12 号　关于表彰 2015 年度人大代表建议政协委员提案办理工作先进单位和先进个人的决定
13 号　关于印发《泰州市人大代表 2016 年小组活动计划》的通知
14 号　区人大常委会第 31 次会议
15 号　关于对城区地下管线建设管理情况进行调研的通知
16 号　关于召开区十四届人大常委会第 30 次会议的通知
17 号　关于召开区人大常委会执法检查暨部门工作评议动员大会的通知
18 号　关于举办学习贯彻十二届全国人大四次会议精神专题报告会的通知
20 号　关于对社会保险基金征收、管理和使用情况审议意见进行调研的通知
21 号　关于对区检察院反渎职侵权工作审议意见落实情况进行调研的通知
22 号　关于对司法体制改革工作情况进行调研的通知
23 号　关于对电梯安全监管工作进行调查的通知
24 号　关于转请办理部分区人大代表在常委会领导接待代表日活动中对有关问题意见和建议的函
25 号　省和泰州市人大代表小组活动
26 号　关于开展建筑业转型升级专题调研的通知
27 号　关于对“六五”普法实施、“七五”普法启动工作情况进行调研的通知
28 号　关于开展第二季度区人大代表小组活动的通知
29 号　关于转请办理部分区人大代表在常委会领导接待代表日活动中对有关问题意见和建议的函
31 号　关于开展城区停车场规划建设与管理工作调查的通知
32 号　关于召开区人大常委会第 33 次会议的通知
33 号　关于对 2015 年财政决算、2016 年上半年预算执行情况进行调研的通知
34 号　关于对政府债务管理和政府融资平台运行情况进行调研的通知
35 号　关于对政策性农业保险工作情况进行调研的通知
36 号　关于对《加快旅游业发展三年行动计划》实施情况进行调研的通知
38 号　关于对贯彻落实全市县乡人大工作和建设现场推进会精神进行调研的通知
39 号　关于做好选民登记信息化系统专用网络建设工作的通知
41 号　关于转请办理部分区人大代表在常委会领导接待代表日活动中对有关问题意见和建议的函
42 号　关于对《中华人民共和国老年人权益保障法》和《江苏省老年人权益保障条例》执法检查审议意见落实情况进行调研的通知
43 号　关于开展《中华人民共和国食品安全法》和《中华人民共和国药品管理法》执法检查审议意见落实情况调研的通知
44 号　关于召开区人大常委会主任会议暨镇（街道）人大工作交流会的通知
45 号　关于同意召开选民代表议事会的函
46 号　关于召开第三季度区人大代表小组活动的通知
47 号　关于对区级机关各部门开展区镇两级人大代表换届选举工作调研的通知
48 号　关于对各镇（街道）开展区镇两级人大代表换届选举工作调研的通知

49 号　关于召开区十四届人大常委会第 34 次会议的通知
50 号　关于转请办理部分区人大代表在常委会领导接待代表日活动中对有关问题意见和建议的函
51 号　关于对区人力资源和社会保障局及其基层站所工作进行调查的通知
52 号　关于对区科学技术和知识产权局工作进行调查的通知
54 号　关于开展市场价格管理工作情况调研的通知
55 号　关于开展《江苏省物业管理条例》执法检查调研的通知
56 号　关于集中视察区人大代表建议办理工作的通知
57 号　关于转请办理部分区人大代表在常委会领导接待代表日活动中对有关问题意见和建议的函
58 号　关于开展区国税局、区地税局及其基层分局工作评议意见落实情况调研的通知
59 号　关于召开区人大常委会第 35 次会议的通知
60 号　关于举办区镇两级人大换届选举工作培训班的通知
61 号　关于全区镇级新一届人民代表大会代表名额的通知
62 号　关于转请办理部分区人大代表在常委会领导接待代表日活动中对有关问题意见和建议的函
63 号　关于召开区人大常委会第 36 次会议的通知
64 号　关于对全区帮扶经济薄弱村发展情况进行调研的通知
67 号　关于对教育系统师德师风建设专项工作评议意见落实情况进行调研的通知
68 号　关于对国民经济和社会发展计划及财政预算进行初审调查的通知
71 号　关于开展第四季度代表小组活动的通知
72 号　关于考核 2016 年度镇（街道）人大工作的通知
73 号　区人大常委会第 39 次会议通知

区政府办公室

1 号　关于印发《泰州市姜堰区非法集资举报奖励办法（试行）》的通知
3 号　关于印发《全区打击电鱼专项整治行动实施方案》的通知
4 号　关于印发《泰州市姜堰区政府 2016 年度规范性文件制定计划》的通知
7 号　关于表彰 2015 年度应急管理工作先进单位和先进个人的决定
8 号　关于表彰 2015 年度先进科室先进工作者优秀共产党员的决定
9 号　关于印发《姜堰区建设工程联合测绘实施办法（试行）》的通知
10 号　关于印发《泰州市姜堰区基本医疗保险定点护理院管理办法（试行）》的通知
11 号　关于印发《2016 年度姜堰区应急管理工作考核办法》的通知
12 号　关于表彰 2015 年度全区环保工作先进单位和先进个人的通知
13 号　关于实施农业综合开发土地治理项目“乡镇法人制”的通知
14 号　关于印发《2016 年度保障和改善民生 10 个方面实事考评办法》的通知
16 号　关于进一步加快实施农村公路提档升级工程的意见
20 号　关于印发《姜堰区农村土地承包经营权抵押贷款试点工作实施方案》的通知
21 号　关于印发《泰州市姜堰区 2016 年血吸虫病地方病和寄生虫病防治工作意见》的通知
24 号　关于做好城镇规划编制相关工作的通知
25 号　关于印发《泰州市姜堰区环境监管网格划分实施方案》的通知
27 号　关于印发《进一步深化国库集中支付制度和公务卡改革实施方案》的通知

28号　关于印发《姜堰区2016年价格调控目标责任制实施意见》的通知
29号　关于印发《姜堰区主导产业培育2016年行动计划》的通知
30号　关于印发《2016年全区农产品质量安全绩效评价工作方案》的通知
31号　关于印发《2016年全区农产品质量安全监管工作方案》的通知
33号　关于印发《泰州市姜堰区化工园区环保专项整治工作方案》的通知
34号　关于补充征召政府专职消防员及专职队车辆装备建设的通知
41号　关于印发《开展“两学一做”学习教育工作方案》的通知
42号　印发《关于开展清理规范行政审批中介服务专项治理实施方案》的通知
44号　关于印发《泰州市姜堰区2016年全国普通高校招生考试组织工作方案》的通知
45号　关于明确2016年度新型农村合作医疗地方财政配套资金标准的通知
46号　关于印发《姜堰区农村承包土地经营权抵押贷款风险补偿资金管理暂行办法》的通知
47号　区政府办公室关于做好2016年中考工作的通知
48号　关于印发《姜堰区工业用地调查工作方案》的通知
49号　关于印发《2016年质量强区工作实施意见》的通知
50号　关于印发《2016年泰州市创新创业大赛姜堰赛区实施方案》的通知
54号　转发《区总工会关于姜堰区企事业单位工会经费由区地税局代收的意见》的通知
55号　转发《市政府关于印发〈推动全市实体经济降成本增效益工作方案〉的通知》
56号　关于印发《姜堰区建设工程施工图联合审查实施办法（试行）》的通知
58号　关于印发《泰州市姜堰区2016年农业支持保护补贴（耕地地力保护）管理工作实施方案》的通知
59号　关于进一步做好新形势下就业创业工作的实施意见
60号　关于印发《姜堰建成区黑臭水体整治实施方案》的通知
61号　关于印发《姜堰区生态文明建设环境保护重点任务行动方案（2016—2017年）》的通知
62号　关于印发《姜堰区生态保护差别化考核办法（试行）》的通知
65号　关于印发《泰州市姜堰区政务服务网建设推进方案》的通知
67号　关于印发《促进房地产市场平稳健康发展的意见》的通知
69号　关于进一步加强全区城镇燃气安全管理工作的通知
72号　关于印发《姜堰区2016年新一轮农村实事工作考核意见》的通知
73号　关于表彰上半年工业经济先进单位的通知
74号　关于做好2016年政策性农业保险工作的通知
76号　关于做好2015年度企业优惠政策考核结算工作的通知
78号　关于印发《泰州市姜堰区推行节地生态安葬实施办法》的通知
80号　关于印发《泰州市姜堰区贯彻质量发展纲要2016年行动计划》的通知
81号　关于印发《泰州市姜堰区政府法律顾问工作报酬支付指导办法》的通知
82号　关于加强施放气球安全管理工作的通知
83号　关于印发《姜堰区人民防空工程平时使用和维护管理暂行办法》的通知
85号　关于加强行政应诉工作的意见
86号　关于印发《姜堰区农民资金互助合作社监管联席会议制度》的通知
91号　关于表彰三季度工业经济先进单位的通知
94号　关于做好粮食安全责任制考核工作的通知

97 号　关于印发《泰州市姜堰区全民科学素质行动计划纲要（2016—2020 年）实施意见》的通知
98 号　关于印发《泰州市姜堰区科技专项资金管理办法》的通知
100 号　关于推进湿地鸟类电力线路杆塔筑巢治理工作的通知
102 号　关于印发《姜堰城区道路交通秩序综合整治实施方案》的通知
103 号　关于印发《泰州市姜堰区突发环境事件应急预案》的通知
104 号　关于对重大火灾隐患单位实施挂牌督办的通知
105 号　关于印发《2017 年姜堰区推进离岸孵化促进创新创业行动计划》的通知

区政协办公室

1 号　关于召开政协泰州市姜堰区第十三届委员会第五次会议的通知
2 号　关于表彰“委员风采”优秀摄影作品的决定
3 号　关于认真做好《姜堰精英风采录》史料征编工作的通知
6 号　关于开展中小学师德师风专题调研的通知
7 号　关于召开 2016 年度委派民主监督员小组工作会议的通知
8 号　关于开展 2016 年度委派民主监督员小组活动的通知
9 号　关于召开 2016 年度全区政协文史工作会议的通知
10 号　区政协关于开展“实施长效管理，促进市容市貌持续改善”“双月协商”调研座谈会的通知
11 号　关于区政协主席走访农商行的通知
12 号　关于区政协常委视察宗教文化建设情况的通知
13 号　关于分片召开全区政协文史工作座谈会的预备通知
14 号　关于开展“家规促廉”家规家训征集活动的通知
15 号　区政协关于召开“实施长效管理，促进市容市貌持续改善”“双月协商”座谈会的通知
16 号　关于区政协主席走访区教育局的通知
17 号　关于开展全区工业企业直接融资情况专题调研的通知
18 号　关于开展农村体育设施长效管护专题调研的通知
19 号　关于征集《姜堰政协委员风采录》文史资料的通知
20 号　区政协关于召开“城区游泳馆规划建设”“双月协商”调研座谈会的通知
21 号　关于征集“大美泰州”和“庆祝姜堰政协成立六十周年”书画摄影作品的通知
22 号　区政协关于召开“农村体育设施管护使用”“双月协商”调研座谈会的通知
23 号　关于印发《“两学一做”学习教育实施方案》的通知
24 号　关于区政协视察我区粮食仓储建设情况的通知
25 号　关于召开区政协社情民意信息工作会议的通知
27 号　关于开展全区建筑工业化情况专题调研的通知
28 号　关于开展学校增量扩容需求情况专题调研的通知
29 号　区政协关于召开“城区游泳馆规划建设及农村体育设施管护使用”“双月协商”座谈会的通知
30 号　关于开展第二季度招商引资、项目建设督察的通知
31 号　关于召开区政协十三届二十五次常委会议的通知

32 号　关于分片召开《姜堰精英人物》史料审稿会的预备通知
33 号　关于区政协委员视察现代科技产业园区（智谷软件园）的通知
34 号　关于召开区政协十三届二十六次常委会议的通知
35 号　区政协关于召开各镇（街道）政协工委工作座谈会的通知
36 号　关于开展庆祝姜堰政协成立 60 周年摄影作品征集工作的通知
37 号　关于进一步做好《姜堰精英人物》史料征集和审稿工作的通知
38 号　关于区政协主席走访交通运输局的通知
42 号　关于第三季度招商引资、项目建设督察的通知
43 号　关于区政协主席走访公安局的通知
44 号　区政协关于召开“个转企”工作情况“双月协商”座谈会的通知
45 号　关于区政协视察我区镇村医疗卫生建设情况的通知
46 号　关于印发《2016 年民主监督建议书》的通知
47 号　关于召开区政协十三届二十七次常委会议的通知
48 号　关于举行区政协委员活动日的通知
50 号　区政协关于住建局提案办理情况“双月协商”活动的通知
53 号　关于表彰庆祝姜堰政协成立六十周年“委员风采”优秀摄影作品的决定
54 号　关于聘任镇（街道）政协工委特邀委员的通知
55 号　关于开展第四季度招商引资、项目建设督察的通知
56 号　关于开展 2016 年度镇（街道）政协工委工作考核的通知
57 号　关于召开区政协十三届二十八次常委会议的通知
59 号　关于征集区政协十四届一次全会提案的通知
60 号　关于征集 2017 年社情民意信息的通知
61 号　关于召开政协泰州市姜堰区第十四届委员会第一次会议的通知

湿地渔家风情船

一、综　　合

2016年行政区划统计表

表48

镇(街道)	居　民委员会	村　民委员会	村(居)民小组	镇(街道)	居　民委员会	村　民委员会	村(居)民小组
全　区	29	262	4357				
罗塘街道	22	20	225	淤溪镇	—	15	307
溱潼镇	4	10	120	白米镇	—	17	322
蒋垛镇	1	17	283	娄庄镇	—	17	360
顾高镇	—	11	209	沈高镇	—	15	239
大坨镇	—	16	289	兴泰镇	—	8	172
张甸镇	—	35	493	俞垛镇	—	18	344
梁徐镇	—	21	309	华港镇	1	17	297
桥头镇	—	7	159	三水街道	1	18	229

说明:该表资料由区民政局提供

地区生产总值统计表

表49　　　　(当年价)　　　　单位:亿元

指　标	2016年	2015年	比2015年(±%)
地区生产总值	583.19	521.36	11.9
第一产业	40.10	36.62	9.5
第二产业	264.44	246.75	7.2
工业	216.02	199.96	8.0
建筑业	48.63	46.99	3.5

续表 49

指　标	2016 年	2015 年	比 2015 年（±%）
第三产业	278.65	237.99	17.1
交通运输、仓储和邮政业	33.63	32.46	3.6
批发和零售业	40.58	38.16	6.3
住宿和餐饮业	10.92	10.00	9.2
金融业	26.35	22.91	15.0
房地产业	43.82	34.89	25.6
营利性服务业	53.11	40.59	30.8
非营利性服务业	68.88	57.70	19.4

地区生产总值统计表

表 50　（不变价）　单位：亿元

指　标	2016 年	2015 年	比 2015 年（±%）
地区生产总值	573.73	529.94	10.0
第一产业	37.14	29.05	1.4
第二产业	269.70	289.79	9.3
工业	220.49	243.61	10.3
建筑业	49.43	46.40	5.2
第三产业	266.89	211.10	12.1
交通运输、仓储和邮政业	33.59	32.11	3.5
批发和零售业	40.56	37.04	6.3
住宿和餐饮业	10.69	10.32	6.9
金融业	26.21	18.05	14.4
房地产业	37.95	30.55	8.8
营利性服务业	50.89	37.62	25.4
非营利性服务业	65.65	44.15	13.8

按支出法计算的地区生产总值统计表

表 51　（当年价）　单位：亿元

指　标	2016 年	2015 年	比 2015 年（±%）
支出法地区生产总值	583.19	521.36	11.9
一、最终消费支出	257.38	229.55	12.1
居民消费支出	207.01	183.23	13.0
城镇居民	140.35	124.97	12.3
农村居民	66.66	58.26	14.4
政府消费支出	50.37	46.32	8.7

续表 51

指　标	2016 年	2015 年	比 2015 年（±%）
二、资本形成总额	323.16	289.46	11.6
固定资本形成总额	310.58	279.68	11.0
存货变动	12.58	9.78	28.6
三、货物和服务净流出	2.65	2.35	12.8

二、农　　业

各镇（街道）农业总产值统计表

表 52　（按现行价计算）　单位：万元

镇（街道）	农业总产值合计	一、农业产值	二、林业产值	三、牧业产值	四、渔业产值	五、农林牧渔服务业产值
合　计	683549	431670	3062	149564	68873	30380
罗塘街道	41024	31208	208	7561	656	1391
溱潼镇	20110	10005	137	2644	6672	652
蒋垛镇	55245	32921	209	18690	1242	2183
顾高镇	24270	15181	156	7368	242	1323
大坨镇	46652	28528	167	14483	1535	1939
张甸镇	66567	44287	329	17514	1023	3414
淤溪镇	38568	23665	167	1368	11492	1876
白米镇	44707	27430	191	14602	515	1969
娄庄镇	52587	36674	188	10376	2578	2771
沈高镇	69640	38228	252	21282	7802	2076
兴泰镇	24562	14352	104	4719	4072	1315
俞垛镇	56717	35697	135	4021	14154	2710
华港镇	51506	35739	220	3501	9676	2370
开发区	86229	57170	432	18047	6255	4325
# 梁徐镇	43814	29215	219	10919	1187	2274
桥头镇	28343	17814	105	4680	4657	1087
其　他	5165	585	167	3388	959	66

各镇（街道）农村经济收益分配统计表

表 53　单位：万元、元

镇（街道）	农村经济总收入	农村经济总费用	参加分配人数	农民所得	
				总　额	人均（元）
合　计	5535575	4618941	626573	1318911	21050
罗塘街道	255013	184584	39767	104535	26287

续表 53

镇（街道）	农村经济总收入	农村经济总费用	参加分配人数	农民所得	
				总 额	人均（元）
溱潼镇	170047	132415	21121	44377	21011
蒋垛镇	116029	39038	49673	88609	17838
顾高镇	148968	114121	29519	48987	16595
大垃镇	104977	62602	36003	60976	16936
张甸镇	191671	152770	74209	135374	18242
淤溪镇	96491	49245	39541	81397	20585
白米镇	772291	701596	40936	94400	23060
娄庄镇	743179	645951	43967	104294	23721
沈高镇	579083	512786	35276	79008	22397
兴泰镇	216154	175174	23523	50589	21506
俞垛镇	416843	357719	42353	91305	21558
华港镇	260900	205627	35033	71236	20334
开发区	1463929	1285312	115652	263824	22812
# 梁徐镇	1101969	1001319	49057	110698	22565
桥头镇	262287	220993	23910	53220	22258

说明：该表数据来源于区委农工办

农业总产值及增加值构成统计表

表 54　　单位：万元

指　标	代 码	当年度现价计算	缩减指数	按可比价计算	上年同期
一、农林牧渔业总产值	01	683549	107.6	635051	624785
（一）农　业	02	431670	108.2	398956	394800
（二）林　业	03	3062	100.0	3062	3060
（三）牧　业	04	149564	109.0	137215	134380
（四）渔　业	05	68873	104.3	66034	63965
（五）农林牧渔服务业	06	30380	102.0	29784	28580
二、中间物质消耗	07	271047	—	—	247752
（一）农　业	08	140681	—	—	128665
（二）林　业	09	1020	—	—	1019
（三）牧　业	10	75589	—	—	67915
（四）渔　业	11	34872	—	—	32387
（五）农林牧渔服务业	12	18885	—	—	17766
三、农林牧渔业增加值	13	412502	107.8	382714	377033
按行业分	14				

续表 54

指　标	代 码	当年度现价计算	缩减指数	按可比价计算	上年同期
（一）农　业	15	290989	108.2	268936	266135
（二）林　业	16	2042	100.0	2042	2041
（三）牧　业	17	73975	109.0	67867	66465
（四）渔　业	18	34001	104.3	32599	31578
（五）农林牧渔服务业	19	11495	102.0	11270	10814
按支出法分	20				
（一）固定资产折旧	21	13150	—	—	12380
（二）劳动者报酬	22	378812	—	—	347043
（三）生产税	23	—	—	—	—
（四）生产补贴	24	22250	—	—	22230
（五）营业盈余	25	42790	—	—	39840

全社会农作物面积产量统计表

表55　　单位：公顷、吨

作物名称	2016 年		2015 年	
	面 积	总 产	面 积	总 产
农作物总播种面积	110675.67	—	110840.87	—
一、粮食作物合计	76017.00	538348	75950.60	566140
（一）夏收粮食	33112.87	184304	33005.07	202957
（1）小麦	32758.53	182309	32663.07	200879
（2）元麦	—	—	—	—
（3）大麦	354.33	1995	342.00	2078
（二）秋收粮食	42904.13	354044	42945.53	363183
1. 秋收谷物	36669.80	327865	36849.00	336231
（1）稻谷	33510.67	306779	33761.67	315503
其中：粳稻	32014.00	293403	32264.73	301652
（2）玉米	2936.80	20211	2863.80	19846
其中：杂交玉米	2936.80	20211	2863.80	19846
（3）高粱	4.60	16	2.80	11
（4）荞麦	185.07	665	185.20	663
（5）其他谷物	32.67	194	35.53	208
2. 秋收豆类	4689.13	16244	4554.73	17012
其中：大豆	4514.20	15662	4395.07	16461
3. 薯类	1545.20	9935	1541.80	9940
二、油料合计	10667.60	29052	10907.13	30322

续表 55

作物名称	2016 年		2015 年	
	面 积	总 产	面 积	总 产
其中：花生	1437.07	4960	1411.67	4870
油菜籽	8772.20	23190	9049.53	24569
芝麻	458.33	902	445.93	883
三、棉花	156.93	260	425.47	690
五、糖料	4.60	453	3.80	375
其中：甘蔗	4.60	453	3.80	375
六、药材	66.33	531	67.53	—
七、蔬菜及食用菌	23053.00	839556	22776.00	832592
八、瓜果类	398.00	13779	391.00	13484
其中：西瓜	246.00	9258	242.00	9072
甜瓜	82.00	2303	82.00	2296
草莓	70.00	2218	67.00	2116
九、其他农作物	312.20	—	319.33	—

多种经营产品产量统计表

表 56

指 标	单 位	2016 年	2015 年
大牲畜年末栏存量	万头	0.35	0.36
其中：黄牛	头	0.04	0.04
水牛	头	0.08	0.05
生猪年末栏存量	万头	22.80	22.36
生猪全年出栏量	万头	54.50	54.52
家禽年末存栏量	万羽	453.88	423.03
家禽全年出栏量	万羽	830.55	803.42
禽蛋总产量	吨	28511.00	26784.00
羊年末栏存量	万只	2.24	2.16
羊全年出栏量	万只	3.85	3.49
家兔年末栏存量	万只	0.96	0.98
蚕茧产量	吨	10.00	18.00
水果总产量	吨	6420.00	6175.00
其中：苹果	吨	83.00	79.00
梨子	吨	1022.00	953.00
葡萄	吨	2606.00	2394.00
桃子	吨	2238.00	2128.00
柿子	吨	182.00	179.00

续表 56

指　标	单位	2016 年	2015 年
水产品总产量	吨	45834.00	43940.00
其中：鱼类	吨	37565.00	35905.00
虾蟹	吨	5454.00	5140.00
贝类	吨	2443.00	2270.00
淡水养殖面积	公顷	8280.00	8033.93
年末桑园面积	公顷	8.67	15.80
当年造林面积	公顷	372.40	411.93
零星四旁植树	百株	7137.00	9388.00
白果总产量	吨	2267.00	769.00

主要农业机械年末保有量统计表

表 57

指　标	单 位	2016 年	2015 年
一、农业机械总动力	千瓦	422300	406100
1. 柴油发动机动力	千瓦	251000	241440
2. 汽油发动机动力	千瓦	23800	22800
3. 电动机动力	千瓦	147500	141860
二、拖拉机及配套机械			
其中：农用大中型拖拉机	台	1105	1025
农用小型及手扶拖拉机	台	2510	2490
三、种植业机械			
1. 耕整机	台（套）	270	250
2. 旋耕机	台	1288	1052
3. 水稻插秧机	台	1806	1705
4. 农用排灌动力机械	台	4060	4020
5. 农用水泵	台	4530	4520
6. 节水灌溉类机械	套	390	338
7. 机动喷雾（粉）机	台	3462	3410
8. 联合收割机	台	1475	1370
9. 谷物烘干机	台	609	236
10. 保鲜储藏设备	台（套）	67	66
四、农产品初加工机械			
1. 农产品初加工动力机械	台	2965	2825
2. 农产品初加工作业机械	台	2990	2900
五、畜牧养殖机械	台（套）	935	928

续表57

指　标	单 位	2016年	2015年
其中：机动挤奶机	台	85	83
六、渔业机械	台	8616	8600
七、林果业机械			
其中：挖坑机	台	35	30
八、农用运输机械			
1. 手扶变型运输机	辆	560	460
2. 农用挂车	台	380	370
九、农田基本建设机械	台	228	225
十、其他机械			
其中：农用飞机	架	8	4

说明：该表数据来源于区农机局

三、工　　业

全部工业总产值统计表

表58　　单位：万元

镇（街道）	产　值		
	2016年	2015年	比2015年（±%）
总　计	19995811	17854524	12.0
一、一区两园合计	11029265	9907906	11.3
经济开发区	5566125	4919029	13.2
科技园区（罗塘街道）	3014212	2646851	13.9
装备园区（白米镇）	2448928	2342026	4.6
二、镇属合计	8836009	7856385	12.5
溱潼镇	476431	465285	2.4
蒋垛镇	783751	668361	17.3
顾高镇	358480	335527	6.8
大坨镇	747583	655510	14.0
张甸镇	1280376	1043532	22.7
淤溪镇	581370	500427	16.2
娄庄镇	1965000	1716900	14.5
沈高镇	1280019	1118847	14.4
兴泰镇	657100	649041	1.2
俞垛镇	275449	319955	−13.9
华港镇	430450	383000	12.4
三、其他合计	130537	90233	44.7
粮食系统	125029	85096	46.9
其　他	5508	5137	7.2

四、国内贸易和对外经济

社会消费品零售总额统计表

表59　　单位：万元

指　标	2016年	2015年	比2015年（±%）
社会消费品零售总额	1724116.8	1543474.6	11.7
一、按销售单位所在地分			
1.城镇	1652155.3	1477265.3	11.8
其中：城区	1217602.2	1039774.4	17.1
2.农村	71961.5	66209.3	8.7
二、按行业分			
（一）批发和零售业小计	1571091.3	1427535.9	10.1
限额以上	551478.4	499145.3	10.5
个体经营户（大个体）	60914.1	60925.1	0.0
限额以下	1019612.9	928390.6	9.8
限下企业	120662.9	89799.4	34.4
限下个体	898950.0	838591.2	7.2
1.批发业	150829.8	138934.7	8.6
限额以上	93365.8	116514.7	−19.9
个体经营户（大个体）	13045.7	13735.4	−5.0
限额以下	57464.0	22420.0	156.3
限下企业	5486.6	1992.8	175.3
限下个体	51977.4	20427.2	154.5
2.零售业	1420261.5	1288601.2	10.2
限额以上	458112.6	388293.0	18.0
个体经营户（大个体）	47868.4	47181.3	1.5
限额以下	962148.9	900308.2	6.9
限下企业	115176.3	87571.6	31.5
限下个体	846972.6	812736.7	4.2
（二）住宿和餐饮业小计	153025.5	115938.7	32.0
限额以上	25280.3	23033.4	9.8
个体经营户（大个体）	10348.9	9774.4	5.9
限额以下	127745.2	92905.3	37.5
限下企业	7862.0	5442.3	44.5
限下个体	119883.2	87463.0	37.1
1.住宿业	10426.5	8066.8	29.3
限额以上	5624.7	4788.8	17.5

续表 59

指　标	2016 年	2015 年	比 2015 年（±%）
个体经营户（大个体）	—	—	-100.0
限额以下	4801.8	3278.0	46.5
限下企业	2089.1	1358.4	53.8
限下个体	2712.7	1919.6	41.3
2. 餐饮业	142599.0	107871.9	32.2
限额以上	19655.6	18244.6	7.7
个体经营户（大个体）	10348.9	9774.4	5.9
限额以下	122943.4	89627.3	37.2
限下企业	5772.9	4059.0	42.2
限下个体	117170.5	85568.3	36.9
三、按规模分			
（一）限额以上小计	576758.7	522184.2	10.5
1. 企业（单位）	505495.7	451489.4	12.0
2. 个体经营户（大个体）	71263.0	70694.8	0.8
限额以上小计中上年当月后开业	—	—	—
批零业	—	—	—
住餐业	—	—	—
限额以上可比口径	576758.7	764138.4	-24.5
批零业	551478.4	741179.5	-25.6
住餐业	25280.3	22958.9	10.1
（二）限额以下小计	1147358.1	1021290.4	12.3
1. 限下企业	128524.9	94137.2	36.5
2. 限下个体	1018833.2	927153.2	9.9

对外贸易主要经济指标统计表

表 60

指　标	单 位	2016 年	2015 年	比 2015 年（±%）
进出口总额（海关数）	万美元	95497	85234	12.0
自营出口总额（海关数）	万美元	82645	75767	9.1
自营进口总额（海关数）	万美元	12852	9467	35.8
外经合同额	万美元	13430	7373	82.2
外经营业额	万美元	17600	17354	1.4
期末实有“三资”企业	个	203	202	0.5
新批“三资”企业	个	12	6	100.0
合同利用外资	万美元	18437	11171	65.0
实际利用外资	万美元	13702	15055	-9.0

五、交通·邮电·电力·城建

全社会客货运输量统计表

表61

指　标	货运量（万吨）	货物周转量（万吨千米）	客运量（万人）	旅客周转量（万人千米）
总　计	2187.00	155713.00	2550.95	72478.98
一、交通系统	2.69	1514.38	1834.95	67111.08
1. 公路	2.69	1514.38	1834.95	67111.08
2. 水运	—	—	—	—
二、非交通系统	2184.31	154198.62	716.00	5368.00
1. 公路	365.31	11442.62	716.00	5368.00
其中：个体及联户	365.31	11442.62	716.00	5368.00
2. 水运	1819.00	142756.00	—	—
其中：个体及联户	1819.00	142756.00	—	—

说明：该表资料由区交通运输局提供

公路桥梁航通船闸情况统计表

表62

指　标	计量单位	2016年	2015年
一、公路总里程	千米	1943	1923
总计中：干线公路	千米	473	473
市乡公路	千米	1470	1450
高速公路	千米	73	73
总计中：一级公路	千米	172	172
二级公路	千米	218	218
三级公路	千米	210	210
四级公路	千米	1270	1250
二、公路桥梁（永久式）	座	998	998
桥梁总长度	米	33589	33589
三、内河船总里程	条/千米	48/524	49/522
1. 干线航道	条/千米	12/208	12/231
2. 支线航道	条/千米	36/316	37/321
四、航线建筑物			
1. 永久性闸坝	座	2	1
2. 船闸	座	5	3
五、交通情况			
单通班车的乡镇	个	16	16

说明：该表资料由区交通运输局提供

邮电业务总量统计表

表63

指　标	计量单位	2016年	2015年
邮政业务总量	万元	18608	15000
邮政业务收入	万元	14708	13500
电信业务收入	万元	40087	48084
邮电业务量			
函件	万张	60	100
包件	万张	74.58	0.67
汇票	万张	3.20	3.80
机要文件	件	537	531
特快专递	件	17125	10589
订销报纸累计份数	万份	1507.36	1609.80
订销杂志累计份数	万份	57.80	48.62
邮政储蓄期末余额	万元	397014	343949
移动电话用户数	户	719272	694736
#4G移动电话用户	户	354675	232883
#联通用户	户	84854	92002
移动用户	户	492418	485132
电信用户	户	142000	117602
固定电话用户	户	135583	160318
其中：农村电话用户数	户	80277	95855
互联网宽带用户数	户	196755	147122

说明：该表资料由区邮政公司、区电信公司、区移动公司、区联通公司提供

电力收支情况统计表

表64　　单位：万千瓦时

指　标	2015年	2016年
一、供电最高负荷（万千瓦）	46.79	51.49
二、供电量	274169	276975
三、用电量	260214	266727
四、售电量	260214	266727
五、线路损失电量	13955	10248
六、线路损失率（%）	5.09	3.70
七、平均日负荷率（%）	84.59	84.75
八、全社会用电总计	276697	281403
1. 全行业用电合计	236638	232792
第一产业	5250	6596

续表 64

指　标	2015 年	2016 年
第二产业	210278	202409
第三产业	21110	23787
2. 城乡居民生活用电合计	40059	48611
城镇居民	12717	15793
乡村居民	27342	32818
全行业用电分类	236638	232792
一、农、林、牧、渔业	5250	6596
二、工业	207179	199004
三、建筑业	3099	3405
四、交通运输、仓储和邮政业	700	863
五、信息传输、计算机服务和软件业	1623	1824
六、商业、住宿和餐饮业	10921	11972
七、金融、房地产、商务及居民服务业	3134	3409
八、公共事业及管理组织	4732	5719
附：年末用电户数（户）	405031	415071
年末用电设备容量（千瓦）	3965688	4219619

说明：该表资料由区供电公司提供

城镇建设情况统计表

表 65

指　标	单　位	2015 年	2016 年
一、路道总长度	千米	145.46	156.43
二、路道总面积	万平方米	357.20	394.30
三、桥梁	座	40	42
四、下水道总长度	千米	297.53	337.30
五、路灯盏数	盏	26446	26716
六、园林绿地面积	公顷	1013.89	1226.75
七、公共绿地面积	公顷	214.81	240.31
八、自来水年末生产能力	吨 / 日	0	0
全年供水总量	万吨	1834	1946
其中：生产用量	万吨	453.14	492.00
家庭用量	万吨	608.29	662.00
九、供气	万立方米	—	6165
其中：天然气	万立方米	2600	3100
# 家庭用量	万立方米	900	1070
液化石油气	吨	5965	3065

续表 65

指　标	单　位	2015 年	2016 年
#家庭用量	吨	5880	2360
十、年末实有公共汽车营运车辆	辆	232	230
全年公共汽车客运总量	万人次	1536	1552

说明：该表资料由区住建局提供

六、财政·银行·保险

财政收入情况统计表

表 66

单位：万元

指　标	2016 年	2015 年
一、一般公共预算收入	356004	349521
1. 税收收入	274454	289419
增值税	90917	55636
营业税	76181	128514
企业所得税	22715	30620
个人所得税	11228	9292
资源税	898	1088
城市维护建设税	18621	19253
房产税	7682	7855
印花税	3334	3207
城镇土地使用税	12866	8707
土地增值税	12567	10295
车船税	2345	1983
耕地占用税	2541	3384
契税	12559	9585
2. 非税收入	81550	60102
专项收入	19737	18484
行政事业性收费收入	32489	19481
罚没收入	8939	7307
国有资本经营收入	0	0
国有资源（资产）有偿使用收入	7886	731
其他收入	12499	14099
二、上划中央收入	171098	176568
增值税	95481	116424
改征增值税	16236	—
消费税	8380	277

续表 66

指　标	2016 年	2015 年
营业税	86	—
企业所得税	34073	45930
个人所得税	16842	13937
三、政府基金收入	81549	64408

说明：该表资料由区财政局提供

财政支出情况统计表

表 67　　　　单位：万元

指　标	2016 年	2015 年
一、一般公共预算支出	668841	612339
其中：1. 一般公共服务支出	80889	67920
2. 公共安全支出	31609	28061
3. 教育支出	115248	102016
4. 科学技术支出	17265	13009
5. 文化体育与传媒支出	5895	5762
6. 社会保障和就业支出	76265	57611
7. 医疗卫生与计划生育支出	60206	68122
8. 节能环保支出	7470	9464
9. 城乡社区支出	92880	93497
10. 农林水支出	99787	96533
11. 交通运输支出	13299	10104
12. 资源勘探信息等支出	27456	22361
13. 商业服务业等支出	3581	4154
14. 国土海洋气象等支出	4625	3336
15. 住房保障支出	20273	24312
16. 粮油物资储备支出	2169	921
二、政府基金支出	109507	74222

说明：该表资料由区财政局提供

金融机构存、贷款余额统计表

表 68　　　　单位：万元

指　标	2016 年	2015 年	比 2015 年(±%)
一、各项存款	6569619	5874869	11.8
（一）境内存款	6565677	5871683	11.8
1. 住户存款	4270143	3875351	10.2
（1）活期存款	861979	729105	18.2

续表 68

指　标	2016 年	2015 年	比 2015 年(±%)
（2）定期及其他存款	3408164	3146247	8.3
2. 非金融企业存款	1503457	1264884	18.9
（1）活期存款	620161	472306	31.3
（2）定期及其他存款	883296	792577	11.4
3. 广义政府存款	749081	687979	8.9
（1）财政性存款	31843	50248	-36.6
（2）机关团体存款	717239	637731	12.5
4. 非银行业金融机构存款	42995	43469	-1.1
（二）境外存款	3942	3186	23.7
二、各项贷款	4848855	4190941	15.7
（一）境内贷款	4848746	4190825	15.7
1. 住户贷款	1334766	1216667	9.7
（1）短期贷款	422404	439784	-4.0
（2）中长期贷款	912362	776882	17.4
2. 非金融企业及机关团体贷款	3513980	2974158	18.2
（1）短期贷款	1923639	1891467	1.7
（2）中长期贷款	1267125	755318	67.8
（3）票据融资	321960	326514	-1.4
（4）融资租赁	—	—	—
（5）各项垫款	1256	859	46.2
3. 非银行业金融机构贷款	—	—	—
（二）境外贷款	108	116	-6.9

说明：该表资料由人行区支行提供

保险公司保险费收支情况统计表

表 69　　单位：万元

指　标	保险费收入		理赔支出	
	2016 年	2015 年	2016 年	2015 年
总　计	135083	116694	68001	39454
一、财产险	38000	33689	23471	17371
企业财产险	937	995	532	418
机动车辆险	30621	26263	19092	14707
船舶险	1519	2138	998	556
货物运输险	167	159	62	56

续表 69

指　标	保险费收入		理赔支出	
	2016 年	2015 年	2016 年	2015 年
家庭财产险	136	116	20	14
其他	4619	4018	2767	1489
二、人身险	97083	83005	44530	22083
养老金险	91952	77761	40973	18112
团体人身险及意外伤害险	5131	5244	3557	3971
其他	0	0	0	0

说明：该表资料由区保险协会提供（理赔支出不含综合成本和未决赔款等）

七、固定资产投资

全社会固定资产投资统计表

表 70

项　目	计量单位	2016 年	2015 年	比 2015 年（±%）
总　计	亿元	494.82	423.76	16.8
1. 城乡规模以上	亿元	464.10	387.68	19.7
2. 房地产开发投资	亿元	30.72	36.07	−14.8
在总计中：				
第一产业投资	亿元	5.37	1.17	357.5
第二产业投资	亿元	337.41	272.13	24.0
其中：工业	亿元	337.41	269.66	25.1
第三产业投资	亿元	152.03	150.45	1.1

房地产开发投资统计表

表 71

项　目	计量单位	2016 年	2015 年	比 2015 年（±%）
一、企业个数	个	63	61	3.3
二、当年完成投资	万元	307203	360731	−14.8
按构成分				
1. 建筑安装工程	万元	210970	321525	−34.4
2. 设备购置	万元	—	2339	−100.0
3. 其他费用	万元	65430	36867	77.5
按工程用途分				
1. 住宅	万元	217024	283569	−23.5
2. 办公楼	万元	3217	847	279.8

续表 71

项　目	计量单位	2016 年	2015 年	比 2015 年（±%）
3. 商业用房	万元	52280	47878	9.2
4. 其他	万元	34682	28437	22.0
三、当年新增固定资产	万元	417776	400353	4.4
四、当年资金来源合计	万元	533520	514427	3.7
其中：上年年末结余资金	万元	63928	34095	87.5
当年资金来源小计	万元	469592	480332	−2.2
其中：国内贷款	万元	43010	33200	29.5
自筹资金	万元	87726	106877	−17.9
其他资金	万元	338856	340255	−0.4
五、当年房屋施工面积	万平方米	295.19	295.68	−0.2
其中：住宅	万平方米	210.49	219.27	−4.0
当年房屋竣工面积	万平方米	139.92	98.63	41.9
其中：住宅	万平方米	105.89	72.04	47.0
六、当年房屋销售面积	万平方米	114.45	91.32	25.3
当年房屋销售额	万元	590162	422496	39.7

八、人口·劳动力

全区人口数及变动情况统计表

表 72　　单位：人

指　标	2016 年	2015 年	比 2015 年（±%）
总户数	268181	269374	−0.4
总人口	786613	788189	−0.2
# 男	395723	396821	−0.3
女	390890	391368	−0.1
年平均人口	787401	791315	−0.5
出生人数	7128	6284	13.4
# 男	3749	3308	13.3
女	3379	2976	13.5
死亡人数	6894	8818	−21.8
# 男	3843	4945	−22.3
女	3051	3873	−21.2
迁入人数	2209	2426	−8.9
# 省内	1325	1542	−14.1

续表 72

指　标	2016 年	2015 年	比 2015 年（±%）
省外	884	884	0.0
迁出人数	2481	2493	-0.5
#省内	1544	1457	6.0
省外	937	1036	-9.6
出生率（‰）	9.06	7.94	1.1
死亡率（‰）	8.76	11.14	-2.4
自然增长率（‰）	0.30	-3.20	3.5
人口密度（人/平方千米）	848	850	-0.2

各镇（街道）农村劳动力使用情况统计表

表 73　　　　单位：人

镇（街道）	从业人员合计	农业	工业	建筑业	运输、仓储、邮政业	信息、计算机软件业	批零业	住宿、餐饮业	金融保险	房地产社会服务	卫生、体育、福利业	教育文化广电	科研技术服务	镇经济组织管理	其他从业人员
合　计	347662	57605	109090	95354	23572	1514	19445	8214	1281	1413	1179	1318	423	1039	26215
罗塘街道	21569	1610	7807	5156	1497	28	1758	1116	71	153	49	56	11	103	2154
溱潼镇	12477	3572	4007	1910	1690	6	424	215	32	52	36	19	9	83	422
蒋垛镇	20154	5698	3684	4865	726	66	1491	671	26	66	95	85	34	55	2592
顾高镇	15323	1294	4964	4261	858	63	1432	581	38	73	61	40	26	60	1572
大坨镇	18101	3687	4283	4779	453	187	976	529	59	118	49	87	61	70	2763
张甸镇	39932	9684	10849	13558	933	208	1466	452	194	156	188	152	34	99	1959
淤溪镇	25730	6799	6097	8131	2806	34	805	282	55	4	79	94	12	120	412
白米镇	19896	2383	6976	6725	878	245	926	518	108	107	65	83	98	45	739
娄庄镇	22856	2860	9549	5792	704	118	1105	473	94	71	98	126	28	50	1788
沈高镇	20314	1654	7673	4318	1737	199	1738	816	186	79	66	97	26	24	1701
兴泰镇	14737	1584	6050	2656	1527	43	1341	299	56	23	56	32	21	29	1020
俞垛镇	26642	4432	8128	6889	4881	24	1174	368	46	72	63	102	20	88	355
华港镇	22809	3742	9921	4187	1173	37	1682	365	51	185	54	97	2	44	1269
开发区	66012	7596	19098	22071	3706	256	3121	1529	265	254	220	248	41	169	7438
#梁徐镇	26503	3481	7204	10326	867	99	831	513	79	50	60	100	15	55	2823
桥头镇	15647	2332	2812	4402	2021	43	1138	410	101	25	47	66	11	48	2191
其　他	1110	1010	4	56	3	0	6	0	0	0	0	0	0	0	31

九、科技·教育·文化·广播电视·卫生·体育

各类专业技术人员数统计表

表74　　单位：人

指　标	2016年	2015年
总　计	57298	57010
高级职称	4435	4276
中级职称	16496	15903
初级职称	36367	36831

说明：该表资料由区人力资源和社会保障局提供

教育事业情况统计表

表75　　单位：所、个、人

指　标	学校	班级	毕业生人数	招生人数	毕业班学生数	在校生人数	教职工人数						代课教师
							合计	专任教师	行政人员（园长）	工勤人员（保健员）	教辅人员	其他人员	
一、普通中学	30	1059	10945	10772	10750	31848	3832	3266	99	104	363	0	0
1.初中	22	777	6599	7171	6613	20548	2301	1892	69	64	276	0	0
城市	5	505	4370	5088	4368	14143	1177	1108	12	7	50	0	0
县镇	16	268	2179	2045	2212	6286	1088	767	51	57	213	0	0
农村	1	4	50	38	33	119	36	17	6	0	13	0	0
2.高中	8	282	4346	3601	4137	11300	1531	1374	30	40	87	0	0
城市	4	183	2970	2377	2943	7671	933	867	10	20	36	0	0
县镇	4	99	1376	1224	1194	3629	598	507	20	20	51	0	0
二、小学	26	852	6887	5033	5938	31602	2192	1941	49	28	174	0	17
城市	4	422	3871	2987	2958	16899	922	891	7	11	13	0	17
县镇	19	393	2757	1871	2746	13513	1109	931	37	16	125	0	0
农村	3	37	259	175	234	1190	161	119	5	1	36	0	0
三、幼儿园	43	427	4883	4737	5072	14942	1458	875	56	38	431	58	0
城市	17	211	2310	2713	2670	8134	726	433	27	17	215	34	0
县镇	22	196	2315	1857	2176	6247	666	402	25	17	200	22	0
农村	4	20	258	167	226	561	66	40	4	4	16	2	0
四、职业中学	3	276	841	2242	1577	5699	200	175	6	15	4	0	0
五、特殊教育学校	1	7	13	24	11	89	29	22	5	2	0	0	0

说明：该表资料由区教育局提供

文化事业情况统计表

表76

指　标	单 位	姜堰区图书馆	姜堰区文化馆	国办文化站	姜堰区博物馆
房屋建筑面积	平方米	3937	6982	78800	26000
藏书	万册	62.70	0.22	17.00	—
图书报刊文献外借人次	万人次	49.80	—	—	—
总流通人次	万人次	51.20	—	—	10.00
藏文物件数	件	—	—	—	4100
其中：国家一级	件	—	—	—	1
国家二级	件	—	—	—	14
国家三级	件	—	—	—	150
古树名木	株	—	—	—	38
其中：国家一级保护	株	—	—	—	20
国家二级保护	株	—	—	—	18

说明：该表资料由区文广新局提供

广播电视事业情况统计表

表77

指　标	单　位	2015年	2016年
区局（台）工作人员	人	349	482
镇广播电视站	个	15	14
镇站工作人员	人	162	154
扩音机	部/千瓦	64/25.1	40/15.6
卫星地面接收站	座	5	5
调频广播发射机	部/千瓦	4/0.8	4/0.8
自立式调频广播发射塔	座/米	1/157	1/157
广播覆盖率	%	100	100
电视发射机	部/千瓦	4/3.3	4/3.3
备份机	部/千瓦	—	—
自立式电视发射塔	座/米	1/157	1/157
电视覆盖率	%	100	100
有线电视	户	224640	219738
有线电视入户率	%	92.6	90.6
广播来稿件数	件	4795	5545
采用稿件数	件	4745	5475
电视节目制作	小时	1915	2015

说明：该表资料由区文广新局提供

卫生事业情况统计表

表78

指　标	机构（个）	病床（张）	全部人员（人）		
			合　计	其　中	
				卫生技术人员	管理人员
一、医院	12	2688	2754	2400	50
综合医院	9	1686	1935	1702	42
中医医院	1	762	724	640	0
专科医院	1	104	35	23	3
护理院	1	136	60	35	5
二、基层医疗卫生机构	284	973	1813	1206	46
社区卫生服务中心（站）	20	199	264	226	8
卫生院	21	772	863	754	36
村卫生室	189	0	549	95	0
门诊部	3	2	24	21	2
诊所、卫生所、医务室	51	0	113	110	0
三、专业公共卫生机构	6	15	243	185	14
疾病预防控制中心	1	0	80	59	4
专科疾病防治院（所、站）	1	15	63	42	6
妇幼保健院（所、站）	1	0	48	35	2
急救中心（站）	1	0	2	0	1
采供血机构	1	0	12	11	1
卫生监督所（中心）	1	0	38	38	0
四、其他卫生机构	2	50	36	21	1
疗养院	1	50	26	21	0
医学在职培训机构	1	0	10	0	1

说明：该表资料由区卫生计生委提供

体育事业情况统计表

表79

指　标	单　位	2015年	2016年
一、年末工作人员	人	20	20
其中：专业教练员	人	8	8
二、业余体校	所	1	1
在校学生	人	120	120
三、体育馆	个	—	—
座位	个	—	—

续表 79

指　标	单　位	2015 年	2016 年
四、举办运动会	次	38	68
其中：市级	次	35	25
五、参加运动会人数	人	19100	21500
其中：市级	人	1600	3000
六、等级运动员	人	24	12
七、向国家输送体育人才	人	4	2

说明：该表资料由区体育局提供

十、人民生活

住户收支与生活状况统计表（全年，新口径）

表 80

指标名称	单　位	全体住户	城镇住户	农村住户
第一部分　调查户基本情况				
一、调查样本住户数	户	187.13	92.13	95.00
二、户主文化程度				
（一）未上过学	户	6.00	3.00	3.00
（二）小学	户	56.00	14.00	42.00
（三）初中	户	69.00	30.00	39.00
（四）高中	户	32.88	23.88	9.00
（五）大学专科	户	9.00	7.00	2.00
（六）大学本科	户	14.25	14.25	0.00
三、住户经营情况				
（一）生产经营户	户	118.25	36.25	82.00
（二）非生产经营户	户	68.88	55.88	13.00
四、按家庭规模分的住户类型	户	187.13	92.13	95.00
五、按世代分的住户类型	户	187.13	92.13	95.00
六、住户特征	户	96.13	48.13	48.00
七、人口有变动的户数	户	6.25	2.75	3.50
八、城乡分类				
111：主城区	户	74.13	74.13	0.00
122：镇乡结合区	户	18.00	18.00	0.00
220：村庄	户	95.00	0.00	95.00
第二部分　调查人口和就业情况				
一、调查人口基本情况				

续表 80

指标名称	单 位	全体住户	城镇住户	农村住户
（一）期内住户成员数	人	555.75	283.00	272.75
（二）期末住户成员数	人	552.50	281.50	271.00
（三）期内住户常住成员数	人	519.75	272.50	247.25
（四）期内增加的住户成员数	人	3.00	1.25	1.75
（五）期内减少的住户成员数	人	3.25	1.50	1.75
二、常住成员情况				
（一）常住成员与户主关系	人	513.75	271.75	242.00
（二）性别	人	513.75	271.75	242.00
（三）年龄	人	513.75	271.75	242.00
（四）参加医疗保险情况	人	513.75	271.75	242.00
（五）6周岁以上人数	人	499.75	263.75	236.00
（六）6周岁及以上住户成员受教育程度	人	499.75	263.75	236.00
（七）15周岁及以上住户成员婚姻状况	人	469.75	243.75	226.00
三、常住人口劳动力情况				
（一）劳动力人数	人	395.50	206.50	189.00
（二）性别	人	395.50	206.50	189.00
（三）年龄	人	395.50	206.50	189.00
（四）受教育程度	人	395.50	206.50	189.00
（五）就业类型	人	327.50	153.50	174.00
（六）从事主要行业	人	327.50	153.50	174.00
（七）从事主要职业	人	327.50	153.50	174.00
第三部分　农产品出售及农业服务提供（人均）	元	—	—	—
一、出售农林牧渔业产品	元	1388.15	1293.62	1492.33
（一）农业产品				
金额	元	431.73	162.40	728.56
（二）林业产品				
金额	元	1.25	0.00	2.63
（三）牧业产品				
金额	元	633.41	1087.26	133.20
（四）渔业产品	千克	30.72	1.25	63.21
金额	元	321.77	43.96	627.95
二、提供农林牧渔业服务	元	2.46	1.47	3.56
（一）农业服务收入	元	0.77	1.47	0.00
第四部分　购买商品及服务情况（人均）				

续表 80

指标名称	单 位	全体住户	城镇住户	农村住户
一、购买生活消费品及服务	元	13413.45	16251.52	10285.55
（一）食品烟酒	元	4406.81	5596.35	3095.79
（二）衣着	元	1224.55	1591.98	819.60
（三）居住	元	1372.04	1679.47	1033.22
（四）生活用品及服务	元	720.99	884.16	541.16
（五）交通通信	元	1924.21	1966.45	1877.65
（六）教育文化娱乐	元	1727.26	2214.03	1190.78
（七）医疗保健	元	1588.74	1758.59	1401.55
（八）其他用品和服务	元	448.85	560.49	325.80
二、购买生产资料、服务及固定资产				
（一）购买农林牧渔业生产资料	元	699.07	901.02	476.49
（二）购建农业生产性固定资产	元	6.35	0.00	13.35
附记指标：通过互联网购买的商品和服务	元	74.99	135.15	8.69
消费支出中服务消费支出	元	4369.09	5293.97	3349.76
第五部分　可支配收入（人均）	元	28353.00	36898.00	17599.00
一、工资性收入	元	17084.00	23231.00	9347.00
（一）工资	元	16520.00	22257.91	9233.87
（二）实物福利	元	50.87	65.15	35.13
（三）其他	元	513.13	907.94	78.00
二、经营净收入	元	4382.00	4134.00	4695.00
（一）第一产业经营净收入	元	747.99	347.60	1189.27
（二）第二产业经营净收入	元	1658.17	1721.53	1627.79
（三）第三产业经营净收入	元	1975.84	2064.67	1877.94
三、财产净收入	元	2621.00	3758.00	1191.00
（一）利息净收入	元	174.23	131.73	221.08
（二）红利收入	元	985.25	1005.18	786.39
（三）储蓄性保险净收益	元	0.00	0.00	0.00
（四）转让承包土地经营权租金净收入	元	156.63	132.22	183.53
（五）出租房屋财产性收入	元	41.37	78.90	0.00
（六）其他财产净收入	元	−2.31	−4.40	0.00
（七）房屋虚拟租金	元	1265.83	2414.37	0.00
四、转移净收入	元	4266.00	5775.00	2366.00
（一）转移性收入	元	5704.13	7969.85	2970.12
（二）转移性支出	元	1438.13	2194.85	604.12

续表 80

指标名称	单 位	全体住户	城镇住户	农村住户
第六部分　总支出（人均）	元	25331.48	30667.64	19450.38
一、消费支出	元	17812.00	21711.00	13096.00
（一）食品烟酒	元	5757.00	6695.00	4622.00
（二）衣着	元	1452.00	1865.00	953.00
（三）居住	元	4010.00	5426.00	2297.00
（四）生活用品及服务	元	950.00	1073.00	801.00
（五）交通通信	元	1850.00	2294.00	1314.00
（六）教育文化娱乐	元	2168.00	2666.00	1565.00
（七）医疗保健	元	1068.00	1039.00	1102.00
（八）其他用品和服务	元	558.00	653.00	442.00
二、财产性支出	元	32.99	62.92	0.00
三、转移性支出	元	1438.01	2194.64	604.12
（一）个人所得税	元	32.45	56.69	5.74
（二）社会保障支出	元	1254.69	1918.73	522.84
（三）赡养支出	元	114.37	190.91	30.01
（四）其他转移性支出	元	36.50	28.30	45.53
四、部分商业保险支出	元	52.68	70.19	33.37
（一）意外伤害保险	元	6.65	8.23	4.89
（二）商业医疗保险（含大病保险）	元	38.26	61.96	12.13
（三）其他商业保险	元	7.77	0.00	16.34
五、购置资产及非经常性转移支出	元	4445.33	6185.96	2526.93
（一）购置资产支出	元	1856.20	3034.68	557.36
（二）非经常性转移支出	元	2589.13	3151.28	1969.57
六、借贷性支出	元	1995.44	1219.29	2850.84
第七部分　住房、生活设施和耐用消费品拥有情况				
一、期末现住房情况				
（一）本住户居住空间样式	户	187.13	92.13	95.00
（二）主要建筑材料	户	187.13	92.13	95.00
（三）现住房房屋来源	户	187.13	92.13	95.00
（四）现住房建筑面积（人均）	平方米	45.48	43.66	47.48
（五）住宅外道路路面情况	户	187.13	92.13	95.00
（六）住宅有管道供水情况	户	187.13	92.13	95.00
（七）住户主要饮用水来源情况	户	187.13	92.13	95.00
（八）住户获取饮用水的主要困难	户	187.13	92.13	95.00

续表 80

指标名称	单 位	全体住户	城镇住户	农村住户
（九）住户厕所类型	户	187.13	92.13	95.00
（十）住户洗澡设施情况	户	187.13	92.13	95.00
（十一）住户主要取暖用能源状况	户	187.13	92.13	95.00
（十二）主要炊用能源状况	户	187.13	92.13	95.00
二、自有现住房情况				
（一）自有现住房建筑年份				
1. 当年新建	户	3.00	1.00	2.00
2.1 ~ 5 年	户	19.00	8.00	11.00
3.6 ~ 10 年	户	13.00	4.00	9.00
4.11 ~ 20 年	户	103.13	71.13	32.00
5.21 ~ 50 年	户	46.00	6.00	40.00
6.100 年以上	户	2.00	1.00	1.00
三、租赁住房情况				
（一）租赁住房房屋	户	1.00	1.00	0.00
（二）租赁住房实际月租金	元	800.00	800.00	0.00
四、期末拥有房屋情况（人均）				
（一）期末拥有房屋面积	平方米	46.93	44.50	49.61
（二）期末拥有房屋价值	万元	12.70	18.29	6.53
五、期内新购住房情况				
（一）期内新购住房建筑面积	平方米	184.00	184.00	0.00
（二）新购住房总金额	万元	140.00	140.00	0.00
（三）新购住房借贷款总额（不含利息）	万元	—	—	—
六、每百户耐用消费品拥有情况				
1. 家用汽车	辆	18.80	24.00	13.70
2. 摩托车	辆	22.00	25.20	18.90
3. 助力车	台	136.07	136.76	134.74
4. 洗衣机	台	95.70	101.10	90.50
5. 电冰箱（柜）	台	102.70	104.30	101.10
6. 微波炉	台	88.24	96.74	80.00
7. 彩色电视机	台	174.40	193.60	155.80
8. 其中：接入有线电视	台	162.12	179.51	145.26
9. 空调	台	165.70	197.70	134.70
10. 热水器	台	105.30	117.40	93.70
11. 其中：太阳能热水器	台	92.00	92.40	91.60

续表 80

指标名称	单 位	全体住户	城镇住户	农村住户
12. 消毒碗柜	台	1.60	3.26	0.00
13. 排油烟机	台	69.01	91.32	47.37
14. 固定电话	线	45.50	42.50	48.40
15. 移动电话	部	217.90	244.00	192.60
16. 其中：接入互联网	部	108.88	143.00	75.80
17. 计算机	台	63.70	81.50	46.30
18. 其中：接入互联网	台	58.30	75.00	42.10
19. 摄像机	台	1.50	2.00	1.10
20. 照相机	台	14.00	21.80	6.30
21. 中高档乐器	架	2.60	5.30	0.00
22. 健身器材	台	1.07	2.17	0.00
23. 组合音响	套	3.74	6.51	1.05
七、年末粮食结存（人均）	千克	110.11	45.39	181.44
第八部分　土地经营和主要农产品产量情况(人均)				
一、家庭实际经营土地情况				
（一）期初实际经营土地面积	公顷	0.0293	0.0073	0.0533
（二）期末实际经营土地面积	公顷	0.0213	0.0027	0.0420
二、主要农产品产量				
（一）谷物产量	千克	157.50	67.14	257.10
面积	公顷	0.0280	0.0107	0.0467
（二）红薯面积	公顷	0.0007	0.0000	0.0013
产量	千克	6.94	0.73	13.77
（三）豆类产量	千克	24.12	3.35	47.01
面积	公顷	0.0073	0.0013	0.0140
（四）油料产量	千克	31.08	4.35	60.54
面积	公顷	0.0120	0.0020	0.0227
第九部分　食品消费情况（含自产自用，人均）				
一、粮食消费量	千克	157.02	96.05	224.19
（一）谷物消费量	千克	137.57	83.95	196.65
（二）薯类消费量	千克	8.52	3.52	14.01
（三）豆类消费量	千克	10.93	8.58	13.53
二、油脂类消费量	千克	13.99	11.93	16.25
（一）植物油	千克	13.93	11.88	16.20
（二）动物油	千克	0.05	0.05	0.05

续表 80

指标名称	单 位	全体住户	城镇住户	农村住户
三、蔬菜及菜制品消费量	千克	122.84	105.13	142.35
（一）鲜菜	千克	119.58	101.06	139.99
（二）干菜及菜制品	千克	0.96	1.20	0.70
（三）鲜菌	千克	2.06	2.58	1.49
（四）干菌及菌制品	千克	0.24	0.30	0.17
四、肉类	千克	23.30	26.12	20.19
（一）猪肉	千克	17.38	18.46	16.19
（二）牛肉	千克	2.36	3.31	1.32
（三）羊肉	千克	0.42	0.56	0.26
（四）其他肉类及制品	千克	3.14	3.79	2.43
五、禽类	千克	7.71	9.11	6.18
（一）鸡	千克	5.47	6.36	4.47
（二）鸭	千克	0.42	0.50	0.34
（三）鹅	千克	0.30	0.35	0.25
（四）其他禽类及制品	千克	1.52	1.90	1.11
六、水产品	千克	15.19	17.85	12.27
（一）鱼类	千克	11.11	12.21	9.90
（二）虾、贝、蟹类	千克	2.67	3.67	1.57
（三）藻类	千克	0.34	0.55	0.10
（四）其他	千克	1.07	1.41	0.70
七、蛋类及蛋制品	千克	8.82	9.91	7.61
（一）鲜蛋	千克	8.36	9.27	7.35
（二）蛋制品	千克	0.46	0.64	0.26
八、奶和奶制品	千克	10.58	13.19	7.70
（一）鲜奶	千克	5.40	6.41	4.27
（二）酸奶	千克	3.84	4.90	2.67
（三）奶粉	千克	0.20	0.27	0.12
（四）其他奶制品	千克	1.15	1.61	0.64
九、干鲜瓜果类	千克	34.19	40.19	27.58
（一）鲜瓜果	千克	31.40	37.10	25.12
（二）瓜果制品	千克	0.78	1.01	0.52
（三）坚果类	千克	2.02	2.08	1.95
十、糖果糕点类	千克	4.13	3.97	4.31
（一）食糖	千克	0.92	0.86	0.99

续表80

指标名称	单 位	全体住户	城镇住户	农村住户
（二）糖果	千克	0.24	0.32	0.15
（三）糕点	千克	2.79	2.58	3.03
（四）其他糖果糕点	千克	0.18	0.21	0.15
十一、饮料	千克	0.11	0.10	0.11
（一）茶叶	千克	0.11	0.10	0.11
十二、卷烟消费量	盒	29.12	27.37	31.05
十三、酒	千克	8.87	8.03	9.80
（一）白酒	千克	5.14	4.52	5.83
（二）啤酒	千克	3.61	3.34	3.91
（三）果酒	千克	0.12	0.17	0.06
第十部分　自产自用农产品价值（人均）	元	—	—	—
一、农业产品	元	399.75	118.62	710.44
（一）谷物	元	169.50	46.61	311.05
（二）薯类	元	12.00	1.46	23.54
（三）豆类	元	9.78	2.54	17.80
（四）油料	元	65.26	11.42	119.36
（五）蔬菜及食用菌	元	142.08	56.59	236.31
（六）水果	元	—	—	—
（七）果用瓜	元	—	—	—
（八）其他农产品	元	1.13	—	2.38
二、牧业产品	元	14.90	13.87	16.05
（一）禽类	元	4.64	2.02	7.53
（二）蛋类	元	10.26	11.85	8.52
三、渔业产品	元	0.51	—	1.06
（一）养殖产品	元	0.30	—	0.62
（二）捕捞产品	元	0.21	—	0.44
第十一部分　住户商品能源消耗情况（人均）				
1. 天然气	立方米	12.83	24.40	0.08
金额	元	32.52	61.84	0.20
2. 液化石油气	千克	13.79	9.18	18.88
金额	元	74.88	51.31	100.86
3. 汽油	立方米	0.0334	0.0501	0.0150
金额	元	197.30	294.79	89.87
其中：生活用	立方米	0.0333	0.0500	0.0150

续表 80

指标名称	单 位	全体住户	城镇住户	农村住户
金额	元	196.57	293.69	89.53
4. 柴油	立方米	0.00016	0.00000	0.00033
金额	元	0.87	0.00	1.82
其中：生产用	立方米	0.00016	0.00000	0.00033
金额	元	0.87	0.00	1.82
5. 电	千瓦时	660.55	709.55	606.55
金额	元	328.86	344.35	311.79
其中：生产用	千瓦时	—	—	—
金额	元	—	—	—
6. 煤炭	千克	4.27	5.14	3.31
金额	元	2.88	3.52	2.18

河横油菜花海

便民指南

泰州市姜堰区 政务服务管理办公室

姜堰区政务服务管理办公室为区政府派出机构，负责组织、协调、管理、监督、考核进驻中心的部门和单位依法高效办理行政许可、公共服务和公共资源交易事项。原区行政服务中心更名为区政务服务中心，与区政务服务管理办公室“两块牌子、一套班子”。区政务服务中心于2001年6月10日运行，场内各类服务项目247个，其中行政许可项目121个、服务项目126个。服务大厅面积6000平方米，按审批项目性质相对集中，分设四个功能服务区。一楼南大厅服务项目为出入境、身份证、户口办理、流动人员服务等；一楼北大厅服务项目为各类保险缴费、结算等；二楼南大厅服务项目为不动产权证、契税和车购税缴纳等；二楼北大厅服务项目为企业登记、建设项目审批、营运车辆审批等。下设区公共资源交易中心，为副科级全额事业单位。另设婚姻登记等6个分中心。

区政务服务中心践行“便民、规范、高效、廉洁”服务宗旨，围绕放大服务功能、推进政务公开、强化标准建设、推进联审联批、推行电子政务、打造服务团队等方面推进行政服务创新创优，为经济社会发展、项目建设、企业群众提供高效便捷服务。2005年通过ISO 9001质量体系认证；2006年推行外资企业联合年检；2007年配合区纪委实施区级机关内设机构行政许可职能归并，建立“一个领导分管，一个科室审批，一个窗口对外”行政服务运行新机制；2008年推行建设项目联审联批，联办流程办理时限从法定365个工作日提速到58个工作日；2009年构建企业审批绿色通道，流程时限压缩到27个工作日，其中建设项目联批时限20个工作日；2010年建成网上审批电子监察系统，实现行政权力网上公开透明运行；2011年深化绿色通道服务品牌创建，承担“四联”工作联批牵头职责；2012年推出联合审图、联合验收新举措，开展便民项目特色服务；2013年打造“政务连心桥、服务大舞台”服务品牌，政务服务提速增效；2014年组建政务服务管理办公室，“一办两中心”运行机制形成；2015年在全国率先试点推进“三证合一”“一照一码”商事制度改革；2016年开展施工图设计联合审查、建设工程联合测绘。

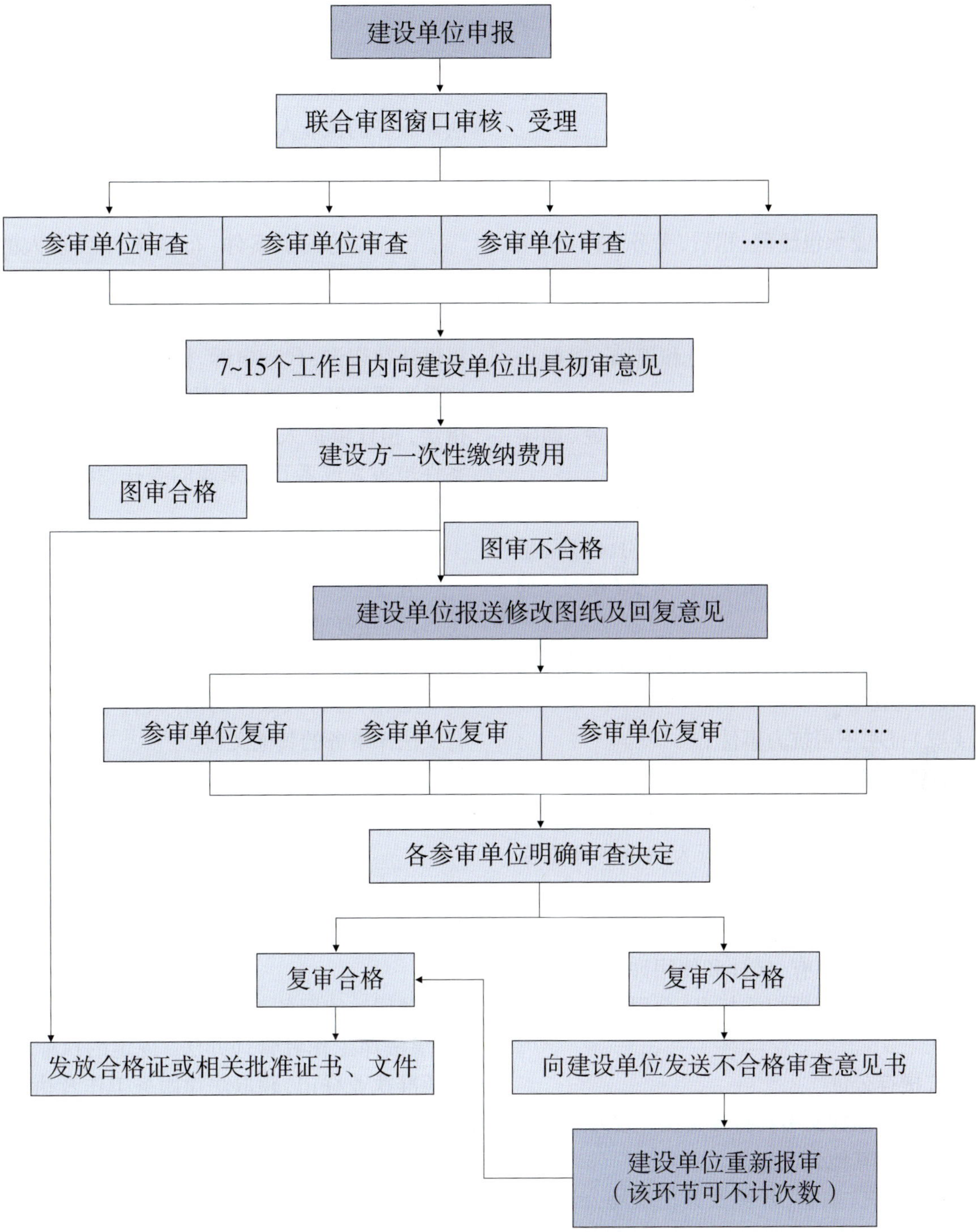

姜堰区联合审图流程图

（区政务办）

公证服务指南

公证处是国家公证机关，主要业务范围包括：

一、证明法律行为

（一）证明合同、协议：土地使用权出让、转让、土地租用，房屋买卖、赠与、租赁，企业改制、股权转让、企业承包经营、租赁，劳务合同、聘用合同；

（二）证明收养关系；

（三）证明财产继承、赠与和遗赠，遗嘱公证、保管遗产、确认遗嘱效力；

（四）证明养老保险金、劳动保险金、助学金、抚恤金、救济金。

二、证明有法律意义的事实

（一）证明出生、生存、死亡、身份、经历、学历、国籍、婚姻状况、亲属关系、未受（受过）刑事处分；

（二）证明法人和其他组织的资格、资信、法定代表人身份；

（三）证明不可抗力事件；

（四）办理证据保全。

证人、证言及书证保全，声像资料、电脑软件保全，地物的保全，侵权行为和事实证据保全；制作票据拒绝证书。

三、证明有法律意义的文书

知识产权的享有、转让和使用许可文书，证明法人或其他组织授权委托书、公司章程、会议决议。

四、提存公证

五、赋予债权文书具有强制执行效力

六、办理其他公证业务

证明抽奖、抽签、开奖及其他现场公证，证明拍卖、彩票销售，证明物品销售，招投标公证，证明股票、债券发行上市法律事务，证明签名、印章属实，副本、节本、译本与原件相符，影印件与原件相符，证明出口商品注册商标，承担公证顾问事务。

联系电话：0523-88112683

律师服务指南

律师是依法取得律师执业证书，为社会提供法律服务的执业人员。律师可以从事下列业务：

一、接受公民、法人和其他组织的聘请，担任法律顾问。

二、接受民事案件、行政案件当事人的委托，担任代理人，参加诉讼。

三、接受刑事案件犯罪嫌疑人的聘请，为其提供法律咨询，代理申诉、控告、申请取保候审；接受犯罪嫌疑人、被告人的委托或者人民法院的指定，担任辩护人；接受自诉案件自诉人、公诉案件被害人或者其近亲属的委托，担任代理人，参加诉讼。

四、代理各类诉讼案件的申诉。

五、接受当事人的委托，参加调解、仲裁活动。

六、接受非诉讼法律事务当事人的委托，提供法律服务。

七、解答有关法律的询问、代写诉讼文书和有关法律事务的其他文书。

律师事务所是律师的执业机构。全区有8家律师事务所。

基层法律服务工作者服务指南

基层法律服务工作者是符合司法部60号令《基层法律工作者管理办法》规定的执业条件，经核准执业登记，领取法律服务工作者执业证，在基层法律服务所中执业，为社会提供法律服务的人员。法律服务工作者可以从事下列业务：

一、解答法律咨询、代写诉讼文书和其他法律文书。

二、接受当事人委托参与民事诉讼、调解和仲裁活动。

三、应聘担任企业、事业单位、经济联合体、承包经营户、个体工商户、个人合伙的法律顾问。

四、协助公证处办理公证业务。

五、根据当事人的申请调解生产经营性纠纷。

六、宣传国家法律、法规、政策，教育公民遵纪守法，尊重社会公德。

七、协助司法所管理指导人民调解工作。

八、办理上级司法行政机关交办的有关法律事务工作。法律服务所是法律服务工作者的执业机构。

（区司法局）

医院专家门诊指南

泰州市第二人民医院专家门诊一览表

表81

科　室	姓　名	聘用职称	专家门诊时间
心血管内科	鲁　晶	主任医师	星期一上午
	申仕海	主任医师	星期二上午
	陈惠平	副主任医师	星期二下午
	陆红进	主任医师	星期三上午
	夏文胜	主任医师	星期四上午
	徐开宝	主任医师	星期五上午
	夏继辉	副主任医师	星期日上午
神经内科	郭俊华	副主任医师	星期一上午
	茆华武	主任医师	星期二上午
	肖章红	副主任医师	星期三上午
	陈秋华	副主任医师	星期四上午
	丁立东	主任医师	星期五上午
肾内科	王小兵	主任医师	星期二上午
	朱小华	副主任医师	星期六上午
血液风湿科	袁红建	主任医师	星期一、三上午
	孙善芳	副主任医师	星期二、四上午
	潘怀富	主任医师	星期五上午
呼吸内科	朱银喜	主任医师	星期二上午
	李为春	主任医师	星期三上午
消化内科	马茂源	主任医师	星期一上午
	夏存智	主任医师	星期三上午
	刘锦富	副主任医师	星期四上午
内分泌科	钱　华	副主任医师	星期一全天
	王芹芳	副主任医师	星期三全天
	钱才凤	主任医师	星期四全天
骨外科	刘玉林	主任医师	星期一上午
	钱忠生	主任中医师	星期二上午
	陈为民	副主任医师	星期三上午

续表 81

科　室	姓　名	聘用职称	专家门诊时间
骨外科	刘康民	主任医师	星期三全天
	王国喜	主任医师	星期四上午
	王　珏	主任医师	星期五上午
	童汉明	副主任医师	星期五下午
泌尿外科	田正高	主任医师	星期一上午
	刘春林	主任医师	星期二全天
	王　澎	主任医师	星期三全天
	顾懿宁	主任医师	星期五上午
胸外科	游继军	主任医师	星期四上午
	张民兴	主任医师	星期五上午
胸心血管外科	曹生军	副主任医师	星期二上午
神经外科	李粉根	主任医师	星期一上午
	杨少峰	副主任医师	星期二上午
	丁绪元	副主任医师	星期三上午
	刘大军	副主任医师	星期四上午
	王树林	副主任医师	星期五上午
普外科	沈长兵	主任医师	星期一上午
	钱　龙	副主任医师	星期二上午
	吕　年	主任医师	星期三上午
	喻　刚	副主任医师	星期四上午
	秦菊芳	副主任医师	星期五上午
普内科	陈小云	副主任医师	星期一上午
肛肠外科	纪圣林	副主任医师	星期一全天
妇产科	李海燕	副主任医师	星期一全天
	孙友红	主任医师	星期一全天
	张志中	副主任医师	星期二全天
	魏秀琴	主任医师	星期三全天
	夏爱华	主任医师	星期三全天
	游　丽	副主任医师	星期四全天
	王　敏	副主任医师	星期四全天
	钱存华	副主任医师	星期五全天
	黄铁莲	副主任医师	星期五全天
儿科	陈一平	副主任医师	星期一全天
	袁　军	副主任医师	星期二全天
	陈曙光	副主任医师	星期三全天
	陈风展	主任医师	星期四全天

续表 81

科　室	姓　名	聘用职称	专家门诊时间
儿科	刘若枫	副主任医师	星期五全天
	吴晓明	副主任医师	星期六全天
	许央年	副主任医师	星期日全天
肿瘤科	崔　林	主任医师	星期一下午
	路　逵	副主任医师	星期二上午
	张志胜	主任医师	星期三上午
	刘建军	副主任医师	星期四上午
	柯　军	主任医师	星期五上午
耳鼻咽喉科	丁荣华	副主任医师	星期二上午
	孙荣汉	副主任医师	星期三全天
	钱芝卫	副主任医师	星期四上午
感染病科	陆春芬	主任医师	星期一上午
	刘玉斌	副主任医师	星期一下午
	宋鸿范	主任医师	星期二全天
	顾学文	副主任医师	星期三全天
	周稳兰	主任医师	星期四上午
	朱蔚岗	主任医师	星期五上午
	卢应梅	副主任医师	星期五下午
	李　军	副主任医师	星期六上午
	花兴萍	副主任医师	星期六下午
感染病科、急诊医学	移　军	主任医师	星期三全天
眼科	徐常山	副主任医师	星期一上午
	郁建萍	主任医师	星期二上午
	洪　流	副主任医师	星期三上午
	徐　凯	副主任医师	星期四上午
	王登珍	副主任医师	星期日上午
口腔科	田存美	主任医师	星期一上午
	朱效萍	副主任医师	星期二上午
	陈　彧	副主任医师	星期三上午
	曹春雷	主任医师	星期四上午
	曹　静	副主任医师	星期五上午
皮肤科	吴爱明	副主任医师	星期一全天
	程宝林	副主任医师	星期四全天
中医科	李党生	副主任中医师	星期一全天
针灸科	李广灿	主任中医师	星期三全天

泰州市姜堰中医院专家门诊一览表

表82

科　室	姓　名	技术职称	专家门诊时间
脑外科	赵伍兵	副主任医师	星期一、三、五上午
	姚　晨	副主任中医师	星期六上午
骨伤科1	许　勇	副主任中医师	星期一、三、五上午
	王吉根	主任中医师	星期一、三、四、五全天，星期二上午
	宋根盛	副主任中医师	星期二全天，星期四、六上午
骨伤科2	梁爱军	副主任医师	星期三上午
	李　坤	副主任中医师	星期三下午
	王国祥	副主任中医师	星期五下午
骨伤科3	马　林	主任中医师	星期一下午
	陈　成	副主任医师	星期一上午
	梁爱军	副主任医师	星期三上午
骨伤科4	王文伯	主任中医师	星期一、二、四、五、六全天，星期三下午
	马　林	主任中医师	星期三上午
骨伤科5	黄夕斌	主任医师	星期一上午
	秦　洪	主任中医师	星期一下午
	韩　林	主任中医师	星期二上午
	陈　成	副主任医师	星期二下午
	钱承美	主任中医师	星期三、五上午
	单建生	副主任中医师	星期三下午
	崔明怀	副主任医师	星期四上午
	张　斌	副主任中医师	星期四下午
	钱文亮	主任中医师	星期五下午
	谢希惠	副主任中医师	星期六上午
	王国祥	副主任中医师	星期日下午
脾胃科	吉　雯	副主任中医师	星期一、二、三、四、五全天，星期六上午
	张吉善	副主任医师	星期一、三上午
内科3	张立富	副主任中医师	星期一、二、三、四、五上午
内科4	黄晨昕	主任中医师	星期一、三、五全天，星期六上午
肺病科	朱　进	主任中医师	星期一、三上午
肿瘤科	钱祥夕	主任中医师	星期一、四上午
	钱建业	主任医师	星期二、五上午
	王　强	副主任医师	星期三、六上午
脑病科	王宝林	主任中医师	星期一、四上午
	沈宇清	主任中医师	星期五上午
	杨　泉	副主任医师	星期二、三上午

续表 82

科　室	姓　名	技术职称	专家门诊时间
肾病科	季炳琦	副主任中医师	星期一、二、四、五上午，星期三下午
	孙雪松	主任中医师	星期三、六上午
内科 9	李志勤	主任中医师	星期一、四上午
肝病科	张俊明	副主任中医师	星期一、三、五上午
内科 11	孙永明	主任中医师	星期一、二、三、四、五全天，星期六上午
心血管病科	谢建华	主任中医师	星期一、五上午
	杨乔淦	主任医师	星期三、六上午
康复科 / 疼痛科	费宏祥	主任医师	星期一、三上午，星期二下午
儿科 1	李　平	副主任医师	星期三、六上午
儿科 3	姜润林	主任中医师	星期一、二、三、四、五全天，星期六上午
儿科 4	吕红粉	主任中医师	星期二、五上午
外科 1	陈业明	主任中医师	星期一、二、三、五、六全天，星期四上午
外科 2	戴秀芳	副主任中医师	星期一、二、三、四、五全天，星期六上午
外科 5	彭震亚	副主任医师	星期一上午
	石　洪	副主任中医师	星期二上午
	钱忠亚	主任医师	星期三上午
	陈扣居	副主任医师	星期五上午
男性科 / 泌尿科	黄晨昕	主任中医师	星期二下午，星期四上午
妇产科	章　萍	副主任中医师	星期一、四、六、日全天，星期二下午，星期三上午
	丁冬梅	副主任医师	星期二、五上午
	唐春玲	主任医师	星期一全天
	孟庆红	副主任医师	星期二全天
	徐树梅	副主任中医师	星期六全天
口腔科	冯　颖	副主任医师	星期一、二、四、六、日全天，星期三下午
皮肤科	吴宏斌	主任中医师	星期一、二、四、五、日全天，星期三上午
	钱焕祥	主任中医师	星期一、二、三、五、六全天，星期四上午
肛肠科 / 痔科	刘　忠	主任中医师	星期一、二、三、五、六全天，星期四上午
	季顺祥	副主任中医师	星期一、二、四、日全天，星期五上午
眼科	刘建华	副主任中医师	星期一、二、三、四、六全天，星期日下午
	徐秀华	副主任医师	星期一、二、三、五、日全天，星期六下午
耳鼻喉科	刁伯召	副主任中医师	星期一、二、四、五、六全天，星期三上午
	高　岚	主任医师	星期一、二、三、四、日全天，星期六下午
针灸科	邵伟立	主任中医师	星期一、四、五、日全天，星期二、三、六上午
	陈　宁	副主任中医师	星期一、二、三、五、六全天，星期四上午

（区卫生计生委）

交通指南

泰州市姜堰区城乡公交线路情况一览表

表83

线路	起讫点	发车时间	间隔时间	沿途站点
801路	姜堰汽车站—溱潼西	夏6：10—18：30 冬6：10—17：50	15～20分钟	姜堰汽车站、姜堰电视台、海诺德·香江荟、姜堰科技局、人民桥北、市民广场、东方不夜城、中心市场、姜堰皮研所南、姜堰总工会、东娄、山桥西、姜堰环保局、姜堰文体中心北、万众村、站北路口、刁家桥（星光游泳馆）、永民路、永民北、超幸村、夏朱村、龙王庙、夏北村、沈高镇、丁河村、沈马路口、河横村、龙卷风乐园、东台界牌、周黄村、金三角大酒店、青蒲村、溱潼东门、海达厂、溱东村、溱潼宾馆、溱潼粮管所、溱潼商业街、溱潼中学、溱潼镇政府、溱潼西（41个）
827路	姜堰汽车站—溱潼洲城村	6：35—17：25 （溱潼洲城） 6：40—17：30 （姜堰汽车站）	1小时	姜堰汽车站、姜堰电视台、海诺德·香江荟、姜堰科技局、人民桥北、市民广场、东方不夜城、中心市场、姜堰皮研所南、姜堰总工会、东娄、山桥西、姜堰环保局、姜堰文体中心北、万众村、站北路口、刁家桥（星光游泳馆）、永民路、永民北、超幸村、夏朱村、龙王庙、夏北村、沈高镇、丁河村、沈马路口、河横村、龙卷风乐园、东台界牌、周黄村、金三角大酒店、青蒲村、溱潼东门、海达厂、溱东村、溱潼宾馆、溱潼粮管所、溱潼商业街、溱潼中学、溱潼镇政府、溱潼西、读书址村南、溱潼实验小学、江苏远望、四洲、洲城村（46个）
802路	姜堰汽车站—官庄	官庄6：10/6：30/6：50	每天三班	姜堰汽车站、姜堰电视台、海诺德·香江荟、姜堰科技局、姜堰中学、锦绣佳园、曲江楼、姜堰中医院东、姜堰规划局、姜堰二中、姜堰司法局、文锦园、农委、新型纺织、城北菜市场、官庄（16个）
803路	姜堰汽车站—俞垛车站	夏6：10—18：10 冬6：20—17：40 宫埨固定时间延伸	15～20分钟	姜堰汽车站、姜堰电视台、海诺德·香江荟、姜堰科技局、人民桥北、市民广场、东方不夜城、锦宸百货、人保公司、海泰尚城国际、帝景蓝湾、姜堰区政府南、府西人家、168商务酒店、汇丰公司、姜堰车管所、化肥厂、振华泵厂、华东五金城、姜堰公交总站（安达检测中心）、姜堰法院第二办公区、寿圣村、环球传动东、备战桥、三沙村、苏砂砂轮、桥头社教中心、桥头镇、大杨村、小杨村、东方砂轮、吴家舍、渔业社、玻璃厂、药厂、农业生态园、洲东村、亚光磨具、溱潼实验小学、读书址村南、读书址村、角墩村、茅家、姜家、油井、海光厂、梦浩集团、万鑫厂、俞垛工业园区、俞垛车站、（忘私村南、忘私村北、房庄村、房庄村东、房庄村北、宫埨村南、宫埨村）（50+7个）宫埨35～80分钟/班

续表 83

线路	起讫点	发车时间	间隔时间	沿途站点
805 路	姜堰汽车站—叶甸转盘	夏 6：00—18：00 冬 6：10—17：40	20 ~ 25 分钟	姜堰汽车站、姜堰电视台、海诺德·香江荟、姜堰科技局、人民桥北、步行街西、姜堰华山医院、姜堰地税局、金湖湾、帝景蓝湾、姜堰区政府南、府西人家、168 商务酒店、汇丰公司、姜堰车管所、化肥厂、振华泵厂、华东五金城、姜堰公交总站（安达检测中心）、锦天汽配港、西陆、华东汽车城、马宁、宋墩、大家舍村、苏陈中学、苏陈卫生院、苏陈现代农业产业园、北庄村南、北庄村北、看守所、种子楼、农场七工区、省农业开发区畜牧科技园、石油勘察队、渔场、下庄村、武下路、信诚电器、泳溪卫生院、淤溪农商行、运输公司、淤溪供电所、朱庄、杨北、尤家庄北、尤家庄、杨庄村委会、周庄村、靳潭村、靳潭村西、靳潭村北、马庄渔场、三垛村南、马庄村、三垛村、三垛路口、甸东村、潘庄村南、孙庄村、潘庄村、陆庄、横庄村南、横庄村、叶甸村、叶甸转盘（许庄村、柳官村）（66+2 个）
806 路	姜堰火车站—白米收费站	夏 6：00—18：30 冬 6：20—17：40	12 ~ 15 分钟	姜堰火车站、江苏美华、天目路口、淮海路口、马厂路口、碧水花苑、168 商务酒店、府西人家、姜堰区政府南、帝景蓝湾、海泰尚城国际、人保公司、锦宸百货、东方不夜城北、北园市场、姜堰中医院北、振兴花园、姜堰法院、香溪美地、德驰金郡、曹安市场、公路治超站、城东村、城东钢材市场、朱家村、钢铁厂、姜洪路口、杭家铺、正太波纹管厂、马沟、曹堡小学、娄白路口、百新机械、百新集团、三元桥、东方特化、白米农行、白米医院、朝阳路口、孔园中学、白米收费站（41 个）
807 路	姜堰汽车站—娄庄车站	夏 6：10—18：10 冬 6：10—17：40	10 ~ 15 分钟	姜堰汽车站、姜堰电视台、海诺德·香江荟、姜堰科技局、姜堰中学、锦绣佳园、曲江楼、姜堰中医院东、振兴花园、姜堰法院、香溪美地、德驰金郡、曹安市场、东方家具城、通扬村、朱云村路口、为海路口、前堡村、后堡村、白龙路口、曹杨村十二组、曹杨村十一组、曹杨村部西、曹杨村部东、曹杨村一组、曹杨村三组、曹杨桥西、娄庄转盘、良帅服装厂、蔡港桥、马赛桥西、娄西桥、亚光机械厂、娄西路口、娄庄中学、烟墨路口、小商品市场、廊桥、娄庄车站（40 个）
815 路	姜堰汽车站—娄庄东阳	7：00—17：30	70 分钟	姜堰汽车站、姜堰电视台、海诺德·香江荟、姜堰科技局、姜堰中学、锦绣佳园、曲江楼、姜堰中医院东、振兴花园、姜堰法院、香溪美地、德驰金郡、曹安市场、东方家具城、通扬村、朱云村路口、为海路口、前堡村、后堡村、白龙路口、曹杨村十二组、曹杨村十一组、曹杨村部西、曹杨村部东、曹杨村一组、曹杨村三组、曹杨桥西、娄庄转盘、良帅服装厂、蔡港桥、马赛桥西、娄西桥、亚光机械厂、娄西路口、娄庄中学、烟墨路口、小商品市场、廊桥、娄庄车站、十八角桥、丁堡炕坊、朱翟三组、朱翟村、小楼庄桥、东阳村部、东阳桥、东阳（48 个）

续表 83

线路	起讫点	发车时间	间隔时间	沿途站点
808 路	姜堰公交总站（安达检测中心）—张沐	夏 6：20—18：10 冬 6：30—17：40	12 ~ 15 分钟	姜堰公交总站（安达检测中心）、红星美家居、远东电机厂、民政工业园、一拖姜堰公司、金沙江沙发厂、万达汽车、姜堰区委党校、金湖湾大桥西、金湖湾大桥东、姜堰地税局、姜堰华山医院、步行街西、人民桥北、姜堰中学、姜堰人民公园北、姜堰人民医院、姜堰中医院东、振兴花园、姜堰法院、香溪美地、德驰金郡、曹安市场、公路治超站、城东村、城东钢材市场、朱家村、钢铁厂、姜洪路口、杭家铺、新华路口、奥光波纹管厂、新华村、蛙庄桥北、蛙庄路口、曙光集团、张沐邮政局、张沐农工商超市、张沐（39 个）
823 路	姜堰公交总站（安达检测中心）—张沐拜官	7：00—17：20	70 分钟	姜堰公交总站（安达检测中心）、红星美家居、远东电机厂、民政工业园、一拖姜堰公司、金沙江沙发厂、万达汽车、姜堰区委党校、金湖湾大桥西、金湖湾大桥东、姜堰地税局、姜堰华山医院、步行街西、人民桥北、姜堰中学、姜堰人民公园北、姜堰人民医院、姜堰中医院东、振兴花园、姜堰法院、香溪美地、德驰金郡、曹安市场、公路治超站、城东村、城东钢材市场、朱家村、钢铁厂、姜洪路口、杭家铺、新华路口、奥光波纹管厂、新华村、蛙庄桥北、蛙庄路口、曙光集团、张沐邮政局、张沐农工商超市、张沐、蛙庄十组、蛙庄十二组、拜官一组、拜官中心桥、拜官（44 个）
809 路	姜堰火车站—张甸南转盘	夏 6：10—18：10 冬 6：20—17：40	15 ~ 20 分钟	姜堰火车站、江苏美华、单塘小区、天民南路、阳光水郡、姜堰文体中心北、姜堰环保局、山桥西、姜堰博物馆、姜堰二附中、姜堰二中西、汇丰花园、北苑新村、姜堰皮研所东、姜堰皮研所南、中心市场、东方不夜城、市民广场、人民桥北、笑笑茶楼、前进桥、福田花园、罗塘街道办、姜堰中专、罗塘中学、农业科技园、国艺家具厂、梁徐果场、江苏亚龙、梁徐幼儿园、梁徐农商行西、梁徐中学、双登大道、陆家舍、双墩村、坡一兴路、坡岭村、坡岭桥、邢家村北、邢家村、沙梓村、沙梓村部、杨港村、杨家桥、横港村、张甸北转盘、张甸医院、张甸南转盘（48 个）
810 路	姜堰汽车站—华港转盘	夏 6：20—18：20 冬 6：20—17：40	30 ~ 50 分钟	姜堰汽车站、姜堰电视台、海诺德·香江荟、姜堰科技局、人民桥北、步行街西、姜堰华山医院、姜堰地税局、金湖湾、帝景蓝湾、姜堰区政府南、府西人家、168 商务酒店、汇丰公司、姜堰车管所、化肥厂、振华泵厂、华东五金城、姜堰公交总站（安达检测中心）、锦天汽配港、西陆、华东汽车城、马宁、宋墩、大冢舍村、苏陈中学、苏陈宾馆、孔桥东、苏陈西、东石羊、西石羊、欧亚国际花园、茶庵桥、特殊学校、泰州火车站、农副产品批发市场、奇瑞 4S 店、碧桂园、龙溪工业园、上溪路口、港口大桥东、港口、港华服饰、左舍南、左舍西、李庄、江苏飞船南厂区、华港镇政府、华港转盘（49 个）

续表 83

线路	起讫点	发车时间	间隔时间	沿途站点
811路	姜堰美校—壹号公馆南	夏6：20—18：10 冬6：20—17：40	15～17分钟	姜堰美校、马厂小区、北京联华、君安世纪城、通顺驾校、实小三水校区、嘉和丽苑、翰香府、名人国际、姜堰二中西、姜堰规划局、姜堰中医院东、曲江楼、锦绣佳园、姜堰中学、笑笑茶楼、前进桥、老庄社区、体育公园、陈庄新区、新河家园、太平洋精锻、江苏友基、石家岱新区、许陆小区、许陆小区西、许陆新区、许陆村部、城西实验学校、西陆村、西陆五组、唐宁村、前军铺、军铺新村、后军铺、壹号公馆南（37个）
	姜堰美校—小冯甸村	小冯甸 7：00—17：00 美校 7：50—15：57	定时	姜堰美校、马厂小区、北京联华、君安世纪城、通顺驾校、实小三水校区、嘉和丽苑、翰香府、名人国际、姜堰二中西、姜堰规划局、姜堰中医院东、曲江楼、锦绣佳园、姜堰中学、笑笑茶楼、前进桥、老庄社区、体育公园、陈庄新区、新河家园、太平洋精锻、江苏友基、石家岱新区、许陆小区、许陆小区西、许陆新区、许陆村部、城西实验学校、西陆村、西陆五组、唐宁村、前军铺、军铺新村、后军铺、壹号公馆南、军铺十七组、（临时停靠点）、沈庄、小冯甸（41个）
812路	姜堰汽车站—双登新厂区	夏6：00—18：30 冬6：10—17：40	12~18分钟 晚班发车时间为： 19：00、20：00、21：00、22：00、23：00	姜堰汽车站、殷唐路、净业寺、中天二村、中天一村南、中天一村北、东桥小学南校区、金桂园、姜堰四中、古田新村、姜堰人民公园北、姜堰人民医院、姜堰中医院东、姜堰中医院北、北园市场、东方不夜城北、中心市场、光明新村、锦都花园、水利局、姜堰区政府北、府西人家北、翡翠城、和睦佳园、溱湖大道、江海船舶设备厂、科思茂管业、柏纬二厂、扬远船舶、寿圣桥、交警一中队、华东五金城西、姜堰公交总站（安达检测中心）、姜堰法院第二办公区、寿圣村、新盛模具、双登新厂区（37个）
	姜堰汽车站—桥头李堡村部	桥头夏季： 6：04—18：20 冬季： 6：18—17：30 姜堰夏季： 6：14—18：02 冬季： 6：28—17：16	30分钟/班	姜堰汽车站、殷唐路、净业寺、中天二村、中天一村南、中天一村北、东桥小学南校区、金桂园、姜堰四中、古田新村、姜堰人民公园北、姜堰人民医院、姜堰中医院东、姜堰中医院北、北园市场、东方不夜城北、中心市场、光明新村、锦都花园、水利局、姜堰区政府北、府西人家北、翡翠城、和睦佳园、溱湖大道、江海船舶设备厂、科思茂管业、柏纬二厂、扬远船舶、寿圣桥、交警一中队、华东五金城西、姜堰公交总站（安达检测中心）、姜堰法院第二办公区、寿圣村、新盛模具、双登新厂区、环球传动、备战桥、三沙村、苏砂砂轮、桥头社教中心、桥头镇政府、大野路口、三元禅院、李堡村部（46个）

续表 83

线路	起讫点	发车时间	间隔时间	沿途站点
813 路	姜堰汽车站—娄庄袁联村部	夏 6：10—18：10 冬 6：20—17：30	18 ~ 20 分钟	姜堰汽车站、姜堰电视台、海诺德·香江荟、姜堰科技局、人民桥北、市民广场、东方不夜城、东方不夜城北、北园市场、姜堰中医院北、振兴花园、姜堰法院、香溪美地、德驰金郡、曹安市场、公路治超站、城东村、城东钢材市场、朱家村、钢铁厂、姜洪路口、双付、碱场村、通扬河桥、瑞凯家具（姜洪村）、李庄村、娄庄转盘、洪林南桥、洪林中学、洪林广场、洪阳桥、巨成机械、铁楝村、洪林液压机械、刘舍路口、天雅居家具（红旗桥）、三联、七一桥、袁联转盘、洪溱桥、袁联村部（41 个）
816 路	姜堰汽车站—湖西庄	夏 6：00—18：00 冬 6：20—17：40	20 ~ 25 分钟	姜堰汽车站、殷唐路、净业寺、万竹园、苏中药厂、姜堰人民公园、姜堰人民医院、曲江楼、实验小学、北园市场、东方不夜城北、锦宸百货、人保公司、海泰尚城国际、帝景蓝湾东、自来水公司、锦都花园西、通顺驾校、君安世纪城、北京联华、马厂小区、溱湖大道、天目路口、单塘路口、野河路口、冯庄路口、大杨村东、小杨村东、沈高路口、罗家舍、渔业社东、溱湖动物园、溱湖风景区、18 号圩南、18 号圩北、溱潼法庭、洲东村、亚光模具、溱潼实验小学、读书址村南、溱潼镇政府、溱潼中学、溱潼商业街、溱潼工商分局、溱潼医院、湖西庄北、湖西庄（47 个）
817 路	姜堰汽车站—兴泰苏庄村	夏 6：10—18：00 冬 6：10—17：40	15 ~ 20 分钟（兴泰） 10 ~ 20 分钟（姜堰）	姜堰汽车站、姜堰电视台、海诺德·香江荟、姜堰科技局、姜堰中学、锦绣佳园、曲江楼、姜堰中医院东、姜堰规划局、姜堰二中、姜堰司法局、文锦园、农委、新型纺织、城北菜市场、官庄、中华小区、华杨路口、官庄路口、金家岱、鑫龙路口、夏朱村、龙王庙、夏北村、沈高镇、丁河村、沈马路口、河横村、龙卷风乐园、东台界牌、周黄村、金三角大酒店、青蒲村、溱潼东门、薛庄东路口、薛庄北路口、兴泰加油站、尤庄路口、尤庄村部、敬老院、兴泰大酒店、府东路口、兴泰镇政府南、兴泰转盘、沙垛村、三里泽东路口、西陈村、三里泽村、农业园区、兴西桥、苏庄村（51 个）
818 路	姜堰汽车站—兴泰镇政府	夏 7：10—18：10 冬 7：05—17：30	75 ~ 100 分钟	姜堰汽车站、殷唐路、净业寺、万竹园、苏中药厂、姜堰人民公园、姜堰人民医院、曲江楼、实验小学、北园市场、东方不夜城北、锦宸百货、人保公司、海泰尚城国际、帝景蓝湾、姜堰区政府南、府西人家、168 商务酒店、碧水花苑、马厂路口、淮海路口、天目路口、单塘路口、野河路口、冯庄路口、大杨村东、小杨村东、沈高路口、罗家舍、渔业社东、溱湖动物园、溱湖风景区、18 号圩南、18 号圩北、溱潼高速路口、溱潼实小路口、溱潼医院、溱潼工商分局、溱潼商业街、溱潼中学、溱潼镇政府、溱潼西、读书址村、储楼、东港、兴泰镇政府（46 个）

续表 83

线路	起讫点	发车时间	间隔时间	沿途站点
819 路	姜堰火车站—蒋垛车站	夏 6：00—18：00 冬 6：20—17：40	15 ~ 18 分钟	姜堰火车站、江苏美华、天目路口、溱湖大道、马厂小区、北京联华、君安世纪城、姜堰航道站、姜堰区政府、锦绣姜城、中天御苑、体育公园、新河湾东、姜堰地税局、姜堰华山医院、步行街西、人民桥北、姜堰科技局、海诺德·香江荟、姜堰电视台、姜堰汽车站、东方巴黎城、太宇医院、唐元村、孔元、太宇民营开发区、林野、林野加油站、王石医院、王石桥、王石邮局、前林桥、三林村、钱野（东方水带）、钱野南、张池桥、复兴桥、芦庄村北、芦庄村、芦庄村南、丰产路、塘桥、刘塘桥、许庄桥、五一桥、光明路口、前庄桥（仲院村部）、仲院西桥、仲院大桥、（临时停靠点）、朱高村、陆港路、许野路、许桥村、沦蒋路路口、观音寺、蒋垛老北桥、华联超市、苏维埃公园、蒋垛村、蒋垛车站（60 个）
820 路	姜堰城东公交停车场—蒋垛车站	夏 6：10—18：10 冬 6：20—17：40	30 分钟	姜堰城东公交停车场、名人书苑、康华一村、姜堰法院、振兴花园、姜堰中医院东、姜堰人民医院、姜堰人民公园北、姜堰中学、姜堰科技局、海诺德·香江荟、姜堰电视台、姜堰汽车站、东方巴黎城、太宇医院、唐元村、孔元、太宇民营开发区、林野、林野加油站、王石医院、王石桥、王石邮局、前林桥、三林村、钱野（东方水带）、钱野东、夏庄村、变电所、工业集中区、卫星桥、七一路、红旗河、运粮医院、运粮十字路口、士城桥、供电所、工农桥、野胡、顾野村部、大沦镇政府南、大沦客运站、大沦村部、沦中路文化路口、新港北桥、新港二组、新港南桥、桥东村、野朱、蒋北村北、蒋北村南、沦蒋路路口、观音寺、蒋垛老北桥、蒋垛车站（55 个）
821 路	姜堰火车站—顾高镇政府	夏 6：10—18：10 冬 6：20—17：40	15 ~ 20 分钟	姜堰火车站、江苏美华、单塘小区、天民南路、阳光水郡、姜堰文体中心北、姜堰文体中心、实小三水校区、恒盛香格里、吴舍桥、姜堰皮研所东、北苑新村、汇丰花园、姜堰规划局、姜堰中医院东、姜堰人民医院、姜堰人民公园、苏中药厂、励才学校、南苑学校、海诺德·香江荟、姜堰电视台、姜堰汽车站、东方巴黎城、太宇医院、唐元村、孔元、太宇民营开发区、林野、林野加油站、王石医院、王石桥、王石邮局、前林桥、三林村、钱野（东方水带）、钱野南、张池桥、复兴桥、芦庄村北、芦庄村、芦庄村南、丰产路、塘桥、塘桥村部、顾高桥北、维娜公司、鸿泰超市、万家乐超市、鑫润庄园、粮管所、顾高医院、殷野西路、顾高工业园区、顾高镇政府（55 个）

续表 83

线路	起讫点	发车时间	间隔时间	沿途站点
829 路	姜堰火车站—顾高申洋村	6：20—16：40	75 ~ 100 分钟	姜堰火车站、江苏美华、单塘小区、天民南路、阳光水郡、姜堰文体中心北、姜堰文体中心、实小三水校区、恒盛香格里、吴舍桥、姜堰皮研所东、北苑新村、汇丰花园、姜堰规划局、姜堰中医院东、姜堰人民医院、姜堰人民公园、苏中药厂、励才学校、南苑学校、海诺德·香江荟、姜堰电视台、姜堰汽车站、东方巴黎城、太宇医院、唐元村、孔元、太宇民营开发区、林野、林野加油站、王石医院、王石桥、王石邮局、前林桥、三林村、钱野（东方水带）、钱野南、张池桥、复兴桥、芦庄村北、芦庄村、芦庄村南、丰产路、塘桥、塘桥村部、顾高桥北、维娜公司、鸿泰超市、万家乐超市、鑫润庄园、粮管所、顾高医院、殷野西路、顾高工业园区、（临时停靠点）、（临时停靠点）、（临时停靠点）、（临时停靠点）、申洋村（56 个）
822 路	姜堰城东公交停车场—大窑村	6：30—17：30	35 分钟 / 班	姜堰城东公交停车场、（临时停靠点）、德驰金郡、香溪美地、种子公司、姜堰四中、古田新村、姜堰中学、笑笑茶楼、前进桥、福田花园、怡园新村、泓达丽园、姜堰汽车站、新城驾校、殷家村、曹家村、梁徐东桥、梁徐小学、梁徐农商行、梁徐镇政府、府前路南、陆家舍东、周埭村、江苏美华拌合场、梁徐互通、岭家村东、岭家村西、岭家路口、同心北、同心、同心桥、三野村、前野、梅垛客运站、梅垛幼儿园、梅垛小学、蒋佴村、尹庄村、大窑北、大窑村（40 个）
826 路	姜堰汽车站—俞垛薛陈村	夏 6：00—18：00 冬 6：20—17：30	20 ~ 30 分钟	姜堰汽车站、姜堰电视台、海诺德·香江荟、姜堰科技局、姜堰中学、姜堰人民公园北、姜堰人民医院、姜堰中医院东、姜堰规划局、姜堰二中西、姜堰二附中、姜堰博物馆、山桥西、姜堰环保局、姜堰文体中心北、万众村、站北路口、刁家桥（星光游泳馆）、永民路、永民北、超幸村、夏朱村、龙王庙、夏北村、沈高镇、沈高镇政府、汤潘村、双星村、南沙、北沙、星马路口、湖南村东、湖南村安置区（临时停靠点）、湖南村、溱湖风景区、18 号圩南、18 号圩北、溱潼法庭、洲城村南、洲南村、武庄路口、俞垛钢厂、加油站、野下、何野村、祝庄村、三剂实业、安达公司、俞耿村、光明新材料、俞垛小学、俞垛车站、渔场、春草村、俞叶桥、叶甸转盘、叶甸卫生院、野余路口、南陈路口、田管路口、瑞成阀门厂、仓场村、仓西、兴泰路口、花庄村、薛陈村（66 个）

续表 83

线路	起讫点	发车时间	间隔时间	沿途站点
830 路	姜堰火车站—娄庄东阳	6：30—17：30 娄庄东阳 6：30 姜堰火车站 7：00	50～70 分钟 / 班	姜堰火车站、江苏美华、单塘小区、天民南路、阳光水郡、姜堰文体中心北、姜堰文体中心、实小三水校区、通顺驾校、姜堰航道站、姜堰区政府、锦绣姜城、中天御苑、体育公园、老庄社区、前进桥、笑笑茶楼、姜堰中学、古田新村、姜堰四中、四中嘉园、华东波纹管市场、公路治超站、城东村、城东钢材市场、朱家村、钢铁厂、姜洪路口、杭家铺、正太波纹管厂、马沟、曹堡小学、曹堡路口、江苏靓丽、百新桥、曹新村部、二号桥南、苏创科技、富康桥、娄庄购物中心、恒大铭园、朝阳酒楼、廊桥东、娄东农场、团结十四组、团结村部、新龙桥西、新龙桥东、新龙村、东阳村三组、东阳村卫生室、东阳十组、东阳六组、东阳七组、东阳村部、东阳桥、东阳（57 个）
831 路	姜堰汽车站—蒋垛盐大村	6：30—17：30 蒋垛盐大 6：30 汽车站 6：50	60 分钟 / 班	姜堰汽车站、泓达丽园、怡园新村、罗塘街道办东、姜堰宾馆、南苑学校、励才学校、苏中药厂南门、东桥小学南校区、金桂园、种子公司、香溪美地、德驰金郡、曹安市场、公路治超站、城东村、城东钢材市场、朱家村、钢铁厂、姜洪路口、杭家铺、正太波纹管厂、马沟、曹堡小学、孔庄大桥南、孔庄六组、孔庄三组、幸福中桥、民主河中桥、西游二组、西游一组、周山河桥北、周山河桥南、柏庄河中桥、大纶北河中桥、麻灯西平、大纶南河中桥、大纶镇政府北、大纶小学、纶中路文化路口、大纶村部、大纶客运站、大纶镇政府南、团结中桥、顾野十组、新生产河中桥、朱宣中桥、大桥二组、胜利河中桥、跃进河中桥、康陈河中桥、观音寺西、小新桥、南干河中桥（蒋垛中学）、花灯河中桥、盐大村部、盐泥河中桥、盐大村（58 个）
832 路	姜堰城东公交停车场—大纶纶中路文化路口	姜堰夏季： 6：25—18：00 大纶夏季： 6：15—18：00 姜堰冬季： 6：35—17：30 大纶冬季： 6：25—17：30	30 分钟	姜堰城东公交停车场、名人书苑、康华一村、姜堰法院、振兴花园、姜堰中医院东、姜堰人民医院、姜堰人民公园北、姜堰中学、姜堰科技局、海诺德·香江荟、姜堰电视台、姜堰汽车站、东方巴黎城、太宇医院、唐元村、孔元、太宇民营开发区、林野、林野加油站、王石医院、王石桥、王石邮局、前林桥、三林村、钱野（东方水带）、钱野东、夏庄村、变电所、工业集中区、卫星桥、七一路、红旗河、运粮医院、运粮十字路口、士城桥、供电所、工农桥、野胡、顾野村部、大纶镇政府南、大纶客运站、大纶村部、纶中路文化路口（44 个）
833 路	东查村—姜堰公交总站（安达检测中心）	6：50—16：30	120 分钟 / 班	东查村、西查村东、西查村西、大家舍村、宋墩、马宁、华东汽车城、西陆五组、西陆村、城西实验学校、许陆村部北、许陆小区北、姜堰公交总站（安达检测中心）（13 个）

续表 83

线路	起讫点	发车时间	间隔时间	沿途站点
836 路	姜堰火车站—兴泰镇政府	姜堰火车站 6：00—17：10 兴泰镇政府 6：50—18：00	30 ~ 40 分钟	姜堰火车站、江苏美华、单塘路口、野河路口、冯庄路口、大杨村东、小杨村东、沈高路口、罗家舍、渔业社东、溱湖动物园、溱湖风景区、18 号圩南、18 号圩北、溱潼高速路口、溱潼实小路口、溱潼医院、溱潼工商分局、溱潼商业街、溱潼中学、溱潼镇政府、溱潼西、读书址村、储楼、东港、兴泰镇政府（26 个）
837 路	娄庄先进村—娄庄车站	7：00—18：00	60 分钟 / 班 泰怡恒達发车	泰怡恒達、先进十八组、工字河、先进村部、远望公司、孙家墩、先进第一农场、联合桥北、联合桥南、烟墨公园、娄庄卫生院、娄庄车站（12 个） 发车时间：7：00、8：00、9：00、10：00、11：00、12：00、13：00、14：00、15：00、16：00、17：00、18：00
838 路	姜堰汽车站—姜堰火车站	姜堰汽车站 7：40—19：00 姜堰火车站 8：50—19：40	根据动车到达时间	姜堰汽车站、姜堰电视台、海诺德·香江荟、姜堰科技局、人民桥北、市民广场、东方不夜城、中心市场、姜堰皮研所南、姜堰总工会、翰香府、嘉和丽苑、姜堰文体中心、姜堰文体中心北、阳光水郡、天民南路、单塘小区、江苏美华、姜堰火车站（19 个）
839 路	姜堰汽车站—大泗车站	夏季 6：10—18：00 冬季 6：20—17：40	25～40 分钟 / 班	姜堰汽车站、东方巴黎城、太宇医院、唐元村、孔元、太宇民营开发区、林野、林野加油站、林野村部、前时村东、前时村西、吴野村东、吴野村西、周陈村、（临时停靠点）、江村村部、梁徐互通、岭家村东、岭家村西、邢家村南、沙梓村南、杨港村、杨家桥、横港村、张甸北转盘、张甸医院、张甸南转盘、易初莲花、孙家（张西桥）、朱顾路口、朱顾一组、前进路口、前进村、前进桥东、大前线路口、前进卫生站、宇马大道、大泗第二小学、佴陈村、佴庄村、霍堡村、敬老院、扬子港桥、小霍村、大泗学校、大泗加油站、大泗车站（47 个）

说明：该表编制时间为 2017 年 1 月 10 日

泰州市姜堰区汽车站长途客运班车时刻表

表 84

讫点站	发车时间	讫点站	发车时间	讫点站	发车时间
上海五角场	6：15	上海南站	11：10	上海火车站	16：00
上海火车站	6：55	上海浦东	11：50	南京（东站）（南站）	6：20
上海火车站	7：30	上海南站	12：30	南京东站	7：00
上海南站	7：50	上海火车站	13：10	南京东站	8：30
上海浦东	8：20	上海火车站	14：20	南京江宁	9：00（停班）
上海火车站	9：10	上海南站	14：30	南京东站	10：00
上海火车站	10：10	上海火车站	15：30	南京（南站）	11：00

续表 84

讫点站	发车时间	讫点站	发车时间	讫点站	发车时间
南京东站	12：00	扬州	9：40	北京	15：30
南京东站	13：00		11：00	鄂尔多斯	8：00
南京（南站）	13：50		12：00	武汉（隔日班）	14：30
南京东站	14：50		12：50	洛阳（隔日班）	9：20
南京东站	16：00		13：50	温州	10：20
南京（南站）	17：00		14：30	宁波	8：40
南京东站	18：00		15：20	嘉兴	15：00
昆山	8：00		16：30	临沂	6：25
	13：00		17：30	淮南（隔日班）	7：00
苏州	7：00	海安	6：20	青岛	7：20
	8：20		6：50	鞍山	8：00
	10：00		7：30	绍兴	7：20
	12：40		8：00	杭州	7：00
	14：50		8：40	长兴	13：10
	17：00		9：30	丁山	12：15
无锡	7：00		10：00	新浦	7：55
	8：30		10：30	徐州	7：00
	9：30		11：00		8：00
	10：30		11：40	长沙	13：50
	12：30		12：20	常熟	6：40
	13：30		13：00	淮安	8：30
	14：30		13：30		12：30
	16：00		14：00	如东	9：00
	17：00		14：40		14：30
常州	7：00		15：20	南通	7：10
	8：30		16：00	兴化	9：30
	10：00		16：30		14：30
	13：20		17：10	时堰	7：30
	15：00		17：40		9：30
	17：00	南宁	12：10		12：30
扬州	6：30	深圳	8：00		15：40
	7：40	天津	12：00	东台	8：00
	8：30	秦皇岛	13：00		14：00

续表 84

讫点站	发车时间	讫点站	发车时间	讫点站	发车时间
江阴	06：10（停班）	八圩（靖江）	8：50	泰兴	11：30
	07：40（停班）		11：20		12：20
	9：30		12：30		13：20
	10：50		13：40		14：30
	11：50（停班）		14：40		15：30
	12：40（停班）		16：00		16：15
	14：50	盐城	7：00		17：10
	16：30		9：15	无锡（硕放机场）定制班车7座	6：20
镇江	7：30		13：10		7：30
	13：00		15：15		9：00
胥浦	12：50	泰兴	6：30		13：00
扬中	9：30		7：10		14：00
	16：00		8：20		15：00
八圩（靖江）	6：55		9：30		
	7：35		10：30		

说明：该表2016年10月编制

（区交通运输局）

泰州市姜堰区火车站旅客列车时刻表
（周一至周四）

表85

车　次	运行区段	开车时间	列车停靠站信息
D5503	南京—南通	8：41到 8：43开	海安县9：01 南通9：36
D5508	南通—南京	8：59到 9：01开	泰州9：11 江都9：31 扬州9：51 南京10：44
D5514	南通—南京	10：56到 10：58开	泰州11：08 江都11：28 扬州11：48 南京12：41
D5523	南京—南通	14：57到 14：59开	海安县15：17 南通15：52
D5527	南京—南通	15：44到 15：46开	海安县16：04 如皋16：18 南通16：45
D5534	南通—南京	17：05到 17：07开	泰州17：17 扬州17：51 南京18：41
D5533	南京—南通	17：29到 17：31开	海安县17：49 如皋18：03 南通18：30
D3156	南通—汉口	17：34到 17：36开	泰州17：46 扬州18：20 全椒19：32 合肥南20：11 六安20：44 红安西21：54 汉口22：29
D3151	汉口—南通	19：29到 19：31开	海安县19：49 南通20：25
高峰线 D9523	南京—南通	18：51到 18：53开	海安县19：11 南通19：46

说明：该时刻表自2016年9月10日0时起执行

泰州市姜堰区火车站旅客列车时刻表
（周五至周日）

表86

车　次	运行区段	开车时间	列车停靠站信息
D5453	南京—南通	8：41到 8：43开	海安县9：01 南通9：36
D5458	南通—南京	8：36到 8：38开	泰州8：48 江都9：08 扬州9：28 南京10：18
D5464	南通—南京	10：56到 10：58开	泰州11：08 江都11：28 扬州11：48 南京12：41
D5473	南京—南通	14：57到 14：59开	海安县15：17 南通15：52
D5478	南通—南京	15：13到 15：15开	泰州15：25 江都15：45 扬州16：05 南京16：55
D5477	南京—南通	15：30到 15：32开	海安县15：50 如皋16：04 南通16：31
D5484	南通—南京	17：05到 17：07开	泰州17：17 扬州17：51 南京18：41
D3156	南通—汉口	17：34到 17：36开	泰州17：46 扬州18：20 全椒19：32 合肥南20：11 六安20：44 红安西21：54 汉口22：29
D5487	南京—南通	18：51到 18：53开	海安县19：11 南通19：46
D3151	汉口—南通	19：29到 19：31开	海安县19：49 南通20：25
高峰线 D9487	南京—南通	17：29到 17：31开	海安县17：49 如皋18：03 南通18：30

说明：该时刻表自2016年9月10日0时起执行

（区发展和改革委）

索　引

主题分析索引说明

1.本索引主要采用主题分析法提取，部分则选用关键词。

2.本索引按首字汉语拼音字母顺序排列，首字相同，按第二字排列，依次类推。

3.索引名称后的数字表示内容所在的页码，数字后面的a、b分别表示左栏、右栏。

4.本索引编有附见系统和参见系统。附见款目放在主款目下行，缩进2字排列；索引标引词后从第二个数码起为参见。

5.表格标题的索引后注有“表”字，图片后注有“图”字。

6.彩页、大事记未作索引；特载、文件选编、统计资料、便民指南等类目只索目题。

7.标引词一般采用中心简称，在姜堰区境内的企事业单位和发生的事件名称，除易产生歧义者外，略去“姜堰区”或“姜堰”。

A

爱国卫生　202b

安监局/机构　85b

安全生产监督管理　177a

　　机制建设　177b

　　综合治理　178a

　　应急管理　178b

　　安全创建　178b

　　宣传教育　179a

安全生产专项监管　179b

B

白米镇　292a

　　农业经济　292a

　　工业经济　292a

　　服务业　292a

　　建筑业　292a

　　社会事业　292a

白米镇各村（社区）基本情况（2016年）（表）　293a

白米镇领导名单　293b

白米镇主要社会经济指标（2016年）（表）　292b

保健食品化妆品监管　173a

保险　162b

保障和改善民生实事项目（2017年）（表）　27

爆炸事故（苏中药业集团）　180a

《本色》开机　297a

编办/机构　80b

便民指南　380

不动产登记局和不动产登记中心成立　174b

C

财政　164a

　　财政收入　164a

　　财政支出　165a

　　财政监管　165a

　　财政改革　165a

　　财政服务　165a

财政局/机构 83b
财政收入、支出项目（2016年）（表） 164
财政·税务 164
蔡官学校被采访（中央电视台记者） 189b
残疾人信息调查 260a
残疾人幸福生活推进计划 259b
残疾人证清理 259b
“残疾人之家”创建 259b
残联 258b
　残疾人社会保障 259a
　残疾人康复托养 259a
　残疾人创业就业 259a
　残疾人文体宣传 259b
残联/机构 87b
曹祥 314b
测绘法宣传（图） 174b
产业结构调整 110b
长江银行 161b
　资产业务 161b
　网点建设 161b
　服务社会 162a
长江银行/机构 89b
常委议军会 275a
陈华 314b
成长仪式（图） 188a
成品油管理 120a
成品油零售企业基本情况（2016年度）（表） 120
城管局/机构 84a
城管执法大队/机构 84a
城管执法局/机构 84a
城区建设 137a
　道路建设 137a
　市政养护 137b
　园林绿化 137b
　供水供气 137b
　污水处理 137b
　社区整治 137b
　房屋搬迁 137b
　行业管理 137b
城市管理 140a
　市容环境整治 140b
　城乡环卫管理 140b
　城管服务 141a
城市建设 72b
城市荣誉 67a
城乡规划 136a
　规划编制 136a
　规划管理 136b
　规划服务 136b
城乡建设 136
池塘循环水养殖系统（图） 100b
初中生汉字听写大赛 190a
创新型企业100强（江苏省） 183b
创业创新创益风尚节（第二届） 183b
创业创新大赛（第二届） 134b
创业创新工作 134a
《春风人社》开播 135b
春节运输 145a
慈善协会兴泰分会成立 207b
慈善医院挂牌 199b

D

大抡镇 286a
　农业经济 286a
　工业经济 286a
　服务业 286b
　“三项工作” 286b
　社会事业 286b
大抡镇各村（社区）基本情况（2016年）（表） 287b
大抡镇领导名单 287b
大抡镇主要社会经济指标（2016年）（表） 287a
大事记 36
戴兆平 310b
党代会（第十二次） 212a
党建暨农业农村工作会议 212a
党外知识分子联谊会（二届一次） 218a
党校/机构 80b
党校教育 221a
　干部培训 221a
　学历教育 221a
　科研工作 221b
　宣讲活动 221b
党政社团组织机构与领导人名录 77
邓肯 312a
地方税务 166a
　组织收入 166b
　税收征管 166b
　税收执法 166b
　税收服务 166b
地情概要 66a
地税局/机构 88a
地震安全示范创建 186a
地震局/机构 82a
电气化宣传活动（图） 150b
电信公司 152b
　信息化建设 152b
　通信建设 152b
　客户服务 152b
电信公司/机构 88b
丁志强 310a
对外承包工程（2016年度）（表） 123
对外及对港澳台经济技术合作 122b
　对外工程承包 122b
　对外及对港澳台投资 122b
对外及对港澳台经济贸易 121
对外及对港澳台贸易 122a

对外贸易　70b
　外贸进出口　70b
　利用外资　70b
　对外经济合作　70b

E

229省道改扩建工程姜堰南段通车　148a

F

发展和改革委/机构　81b
法律服务（图）　273a
法院　271a
　审判工作　271a
　执行工作　271b
　审判服务　271b
法院/机构　79a
法院新任领导　315a
法制办/机构　81b
法治　264
法治姜堰建设　265b
　普法宣教　265b
　执法司法　266a
　法治实践　266a
法治政府建设　266b
　规范性文件审查清理　266b
　复议诉讼办理　267a
　行政执法监督　267a
　法律服务　267a
法治政府建设改革　267a
反贪局/机构　79b
方言　68b
防空警报全覆盖　276b
防震减灾　185a
　地震监测　185a
　抗震设防管理　185b
　地震应急　185b
　防震减灾宣传　185b
防震减灾宣传（图）　186a
房地产去库存　139b
房地产业　139a
　智慧社区　139a
　物业管理　139a
房地产展示交易会（第二十二届）　140a
房地产展示交易会（第二十届）　139b
房地产展示交易会（第二十一届）　140a
房屋拆迁办/机构　84a
“放心粮油”工程　118b
“非遗”展示馆成立　125b
风景名胜　68b
服务业管理　168a
　制度改革　168b
　科技创新　168b
服务业局/机构　81b
妇联　254a
　巾帼创业　254a
　培训工程　254b
　巾帼建功　254b
　巾帼维权　254b
　爱心帮扶　254b
　家庭创建　255a
　基层组织建设　255a
妇联/机构　87a
妇联执委（扩大）会（十三届六次）　255a
妇幼保健　202a

G

干部人事制度改革　73b
高氮钢　184a
高考　189a
高新技术装备产业园　131a
　招商引资　131a
　项目建设　131a
　基础设施建设　131a
高新技术装备产业园区/机构　91a
高中教育被报道（《江苏教育报》）　190a
格兰特（江苏）钻具有限公司　107b
“个转企”“双月协商”座谈会（图）　243b
各镇（街道）概貌　277
工程（江苏省级以上，2016年）（表）　115
工程（新开工22层及以上，2016年）（表）　113
工商联　248b
　参政议政　249a
　经济服务　249a
　商会组织建设　249a
　非公有制经济人士队伍建设　249b
工商联会员代表大会（第十二次）　250a
工商联/机构　87a
工行　155b
　资产业务　155b
　负债业务　156a
　中间业务　156a
　内控管理　156a
工行/机构　88b
工业　70a　103
　工业生产　70a
　工业效益　70a
　特色产业　103b
　重点企业　104a
　工业投资　104a
公安　267b
　维护社会稳定　267b

打防违法犯罪 267b
公共安全监管 268a
行政服务管理 268a
规范执法管理 268a
公安改革 268b
公安局/机构 82a
公车制度改革 242a
公共文化服务体系示范区创建（江苏省） 194b
公共资源交易管理 181a
项目招标 181b
交易市场 181b
专项治理 181b
监管服务 181b
公共资源交易中心/机构 85b
公路交通运输 145b
公路管理养护 145b
路域环境整治 145b
公路运输治理 145b
公路普法宣传 145b
公务员局/机构 83b
供电 150a
电网建设 150b
电力服务 150b
供电公司/机构 88b
供销合作商业 117a
为农服务 117a
农产品电子商务 117b
基层组织建设 117b
服务中心 117b
供销总社/机构 85b
固定资产投资 71a 168a
项目建设 71b
房地产市场 71b
顾高镇 282b
农业经济 282b
工业经济 282b
服务业 282b
建筑业 282b
“三项工作” 282b
社会事业 283a
顾高镇各村（社区）基本情况（2016年）（表） 284a
顾高镇领导名单 284a
顾高镇主要社会经济指标（2016年）（表） 283b
顾鹏程 314a
关工委 261a
教育宣传 261a
关爱特殊青少年群体 261b
引导青年创业 262a
广播电视 197a
广场舞大赛（第四届） 217a
广场舞大赛（图） 195b
广电台 197a
新闻宣传 197a
产业经营 197b
工程建设 197b
广电台/机构 85b
规范编外用工 219b
规划分局/机构 88a
国安办/机构 80b
国动委/机构 79b
国家农产品质量安全县创建 94a
国家生态区命名 76a
国家税务 165b
组织收入 165b
税收征管 165b
税收执法 165b
纳税服务 165b
国民经济 69b
民营经济 69b
财政收入 69b
国民经济计划管理 167a
城乡建设 167a
社会事业 167b
国内贸易 70a
国税局/机构 88a
国土分局/机构 88a
国土资源管理 174a
项目用地保障 174a
土地资源市场 174a
耕地保护 174a
土地执法监管 174b
土地节约集约 174b
土地基础工作 174b
国土资源宣传教育基地成立 175a

H

海绵城市建设 138a
海事处/机构 84a
河横乡村旅游节（首届） 126a
红十字会 260a
救助活动 260a
救护培训 260a
志愿服务 260b
红十字会/机构 87b
红十字青少年工作 260b
华港镇 305b
农业经济 306a
工业经济 306a
服务业 306a
“三项工作” 306b
社会事业 306b
华港镇各村（社区）基本情况（2016年）（表） 307b
华港镇领导名单 308a
华港镇主要社会经济指标（2016年）（表） 307a
华泰证券 163b
业务经营 163b
内控管理 163b
环保局/机构 85a
环境保护 72b 142
环境管理 142a

污染防治 142a
项目管理 142b
企业管理 142b
环境监察 143a
机制建设 143a
环保执法 143a
环保信访 143b
环境社会治理 142b
环境质量 143b
水环境质量 143b
大气环境质量 143b
声环境质量 143b
火车动车开通 147a
火车站提档升级 148a

J

机动车停车收费 141b
机构编制 218b
机构编制管理 219a
机构编制设置 219a
事业单位登记管理 219a
机构编制监督检查 219a
机关工委/机构 81a
机关事务管理 241a
办公用房管理 241a
机关后勤管理 241b
后勤服务保障 241b
机关事务局/机构 85b
机关作风建设暨干部警示教育大会 212a
机要保密 221a
通信保障 221a
保密宣传 221a
保密检查 221a
基层民主政治建设 73b
“激情三水”广场文艺演出 194a
“激情三水”广场文艺演出（图） 194a
疾病预防控制 201a
计量器具检查（图） 171b
纪委 246
宣传教育 246a
监督检查 246a
案件查处 246b
作风建设 247a
廉政建设 247a
纪委办/机构 78b
纪委/机构 78b
加盟店啤酒订货会 149b
加油站安全检查（图） 120b
“家的味道·生活秀”风采展示活动（图） 255a
家教治理经验被报道（《中国教育报》） 189b
家庭农场妇联成立（全区首个） 256b
价格改革 177a
价格为民办实事工程 176b
检察 269b
刑事检察 270a
查处职务犯罪 270a
法律监督 270a
检察服务 270b
检察改革 270b
检察院/机构 79a
检察院新任领导 315b
检察院移动办公平台获国家计算机软件著作权 270b
建管局/机构 85b
建行 157b
负债业务 157b
资产业务 157b
中间业务 157b
内控管理 158a
建行/机构 89a
建置沿革 66b
建筑科技创新 111a
建筑企业（产值亿元以上，2016年度）（表） 112
建筑市场拓展 110b
建筑行业管理 111b
安全监管 111b
品牌创建 111b
服务企业 112a
建筑业 70b 110
建筑业十件大事（2016年） 112b
健康服务业集聚区发展规划通过评审 168b
“健康老人”表彰大会（图） 208b
“健康老人”表彰大会暨镇（街道）老年健康分协会建设推进会 208b
江苏北农大农牧科技有限公司 297a
江苏飞船股份有限公司 108a
“江苏姜堰”微信公众号上线 237b
江苏曙光集团股份有限公司 106a
江苏苏中药业集团股份有限公司 106a
江苏苏中药业集团股份有限公司项目获奖 184b
江苏太平洋精锻科技股份有限公司 107a 183b
江苏泰达纺织有限公司 107b
江苏扬动电气有限公司 108a
江苏银行 160b
资产业务 160b
中间业务 161a
内控管理 161a
江苏银行/机构 89b
江苏有线公司 198a
网络传输 198a
业务发展 198b
市场服务 198b
姜堰二中/机构 86b
姜堰概貌 66

姜堰公安“十大印象”（2016年） 268b
“姜堰好律师”评选活动（第二届） 273b
姜堰教育十大教育人物（2016年度） 192a
姜堰教育十大新闻事件（2016年度） 192a
姜堰金秋经贸洽谈会（图） 122a
《姜堰精英人物》（第一册）出版 245b
《姜堰名人》出版 245b
姜堰南洋职业技术学院（筹）揭牌 191a
《姜堰年鉴》出版（2016年卷） 223b
姜堰区创建成省级健康促进区 202b
姜堰区获“江苏省农村电子商务示范县”称号 116a
姜堰区荣誉 316
姜堰区入选“三个百强区” 237b
姜堰取景（“全国第三次农业普查遥感测量调查”微电影） 170a
《姜堰日报》 215a
　新闻宣传 215b
　关注民生 215b
　新媒体工作 215b
姜堰上海商会成立 249b
姜堰十大新闻评审会（2015年度）（图） 216a
姜堰十大新闻评选（2015年度） 216a
姜堰中学/机构 86a
姜堰中专/机构 86a
“姜堰最美女性”评选活动（首届） 255b
姜元军 261a
蒋垛镇 284b
　农业经济 284b
　工业经济 284b
　服务业 284b
　“三项工作” 284b
　社会事业 284b
蒋垛镇各村（社区）基本情况（2016年）（表） 285b
蒋垛镇领导名单 285b
蒋垛镇主要社会经济指标（2016年）（表） 285a
交通 67b
交通基础设施建设 147b
交通运输 71a 145a
　交通行业管理 145a
　运输安全监管 145a
　交通运输服务 145a
交通运输局/机构 84a
交行 159a
　资产业务 159a
　中间业务 159a
交行/机构 89a
教工委/机构 82a
教师发展中心/机构 82a
教师培养 189a
教育 187a
　教育管理 187a
　教育科研 187b
　素质教育 188a
　教育服务 188b
　校园安全 188b
　校园建设 188b
　师资建设 188b
教育督导室/机构 82a
教育集团和教育联盟重组 191a
教育局/机构 82a
教育事业 71b
节庆活动 125a
巾帼志愿服务 256a
金融 154
　信贷结构 154a
　金融服务 154b
　金融环境 154b
金融办/机构 81b
经济工作会议 212a
经济和信息化委/机构 81b
经济开发区 129a
　项目建设 129a
　科技创新 129a
　安全监管 129a
　基础设施建设 129b
经济开发区/机构 90a
经济开发区通过省级知识产权试点验收 129b
经济综合管理监督 167
竞技体育 204b
九三学社党委成立 248b
九三学社省委专家工作站揭牌 248b
军事 274
军事科目集训（图） 276a

K

开发园区 129
科技 182a
科技·教育 182
科技事业 71b
科普能力提升工程（“六创一带”） 258a
科普宣传（图） 257b
科协 256b
　科普项目 256b
　科普惠农工程 257a
　科技信息推送 257a
　学会科技服务 257a
　科普宣传 257a
　科技工作者 257b

基层组织建设　258a
科协/机构　87b
科协全委（扩大）会议（八届四次）　258a
科学技术　182a
科技计划项目申报　182a
高新技术产业化　182a
产学研合作　182b
知识产权　182b
科技创新券发放　182b
高新技术创业中心　183a
生产力促进中心　183a
科技宣传　183a
科学技术和知识产权局/机构　82a
科学技术奖项目（江苏省，2016年度）（表）　184
科学技术进步奖项目（国家，2016年度）（表）　184
科学技术进步奖项目（泰州市，2016年度）（表）　185
科学素质提升行动　258a
孔维俊　315b

L

劳动工作　133b
人才招引　133b
用工就业　134a
劳动关系　134a
老促会　262b
宣传工作　262b
调查研究　262b
扶贫帮困　263a
组织建设　263b
老干部大学/机构　80b
老干部工作　221b
离退休干部政治待遇　221b
离退休干部生活待遇　221b
老干部活动　222a
老干部局/机构　80b
老龄事业　208a
老年健康协会理事会（一届三次）　208b
离岸创业孵化器建设　183b
礼恩派（泰州）有限公司　107a
李奎根书画捐赠作品展　196a
李奎根书画捐赠作品展（图）　196a
李伟　309a
李伟（图）　1a
李文飙　309b
李文飙（图）　17a
利用外资及港澳台资　121a
利用外资完成情况（2016年）（表）　122
联通公司　153b
市场经营　153b
工程建设　153b
客户服务　153b
联通公司/机构　90a
梁徐镇　290a
农业经济　290a
工业经济　290a
服务业　290a
建筑业　290b
“三项工作”　290b
社会事业　290b
梁徐镇各村（社区）基本情况（2016年）（表）　291b
梁徐镇领导名单　291b
梁徐镇主要社会经济指标（2016年）（表）　291a
粮食订单　118b
粮食高产　96b
粮食局/机构　86a
粮油商业　117b
粮食储备　118a
粮食购销　118a
粮食产业　118a
粮食流通管理　118b
粮食安全　118b
仓储建设　118b
“两化融合”示范（试点）企业（2016年度）　151b
“两学一做”学习教育　213b
林业　98a
绿化造林　98a
航道整治　98a
林业有害生物普查　98b
刘文来　311b
刘志群　311a
流动人口管理　209b
娄庄镇　293b
农业经济　293b
工业经济　294a
服务业　294a
建筑业　294a
“三项工作”　294a
社会事业　294a
娄庄镇各村（社区）基本情况（2016年）（表）　295b
娄庄镇领导名单　295b
娄庄镇主要社会经济指标（2016年）（表）　295a
卢爱华　315a
旅游　124
旅游宣传　124a
市场拓展　124a
项目建设　124b
景区管理　124b
旅游局/机构　90b
旅游市场　127b
旅游业　70b
罗塘高中晋升省四星级普通高中　191b
罗塘公园开园　138a
罗塘街道　277a
农业经济　277a

工业经济 277a
第三产业 277a
建筑业 277b
社会事业 277b
罗塘街道各村（社区）基本情况（2016年）（表） 278b
罗塘街道科普馆开馆 258b
罗塘街道领导名单 279a
罗塘街道文化踩街活动（第五届） 278a
罗塘街道主要社会经济指标（2016年）（表） 278a

M

美国白蛾防治 98b
美丽乡村建设 138b
门球联赛（泰州市姜堰赛区） 203b
民兵水上救援分队成立（首支） 275a
民政局/机构 83a
民政事务 206a
社会救助 206a
社会事务 206b
社区建设 207a
社会组织 207a
民主党派·工商联 248
民主党派工作 248a
民宗局/机构 80a
民族 68b
民族·宗教 209b
民族工作 210a
宗教工作 210a

N

南京银行 160a
负债业务 160a
信贷业务 160a
营销管理 160a
南京银行/机构 89a
《你行你上》开机 125a
农产品电子商务 95b
农村产权交易市场建设 102b
农村工作 101b
农村合作组织建设 101b
农村土地承包管理 102a
农村基层管理 102a
农民负担监管 102a
农村扶贫开发 102b
农村劳务专业合作社成立（全市首家） 102b
“农村淘宝”项目 116b
农发行 159a
信贷业务 159b
内控管理 159b
农发行/机构 89a
农干校/机构 84a
农工办/机构 80b
农机局/机构 86a
农机项目管理 101a
农开局/机构 86a
农林牧渔业 69b
农业生产 69b
林牧渔业 69b
现代农业 70a
农商行 158a
信贷业务 158a
中间业务 158b
内控管理 158b
农商行股东大会（第七次） 158b
农商行股东大会（第七次）（图） 159a
农商行/机构 89a
农委/机构 84a
农行 156a
负债业务 156b
资产业务 156b
中间业务 157a
内控管理 157a
农行/机构 88b
农业 92a
现代农业 92b
农产品质量 92b
农业保险 93a
农业信息化 93a
农业市场 93b
农民培训 93b
农业产业化经营 101b
农业改革与建设试点绩效考评全国第一 94b
农业机械化 101a
农机推广 101a
农机监理 101a
职业技能培训 101a
农机作业组织 101a
农业技术推广中心/机构 84b
农业·农村 92
农业普查（全国第三次） 169b
农业现代化规划工作会（全国） 94a
农业园区建设 95a
农业资源开发 100b

P

浦发银行 162a
负债业务 162a
资产业务 162a
中间业务 162b
浦发银行/机构 89b

Q

启扬高速增设姜堰东互通方案通过审查 147b

气候　66a
　气温　66a
　降水　66b
　日照　66b
　霜情　66b
气象工作　186b
　气象业务　186b
　气象服务　186b
　气象设施　186b
气象局/机构　88b
气象为农服务　186b
钱娟　315a
侨联/机构　87b
侨务工作品牌创建　239b
桥头镇　299b
　农业经济　299b
　工业经济　300a
　服务业　300a
　“三项工作”　300a
　社会事业　300a
桥头镇各村（社区）基本情况（2016年）（表）　301a
桥头镇家庭农场“订单种粮”　300a
桥头镇领导名单　301a
桥头镇主要社会经济指标（2016年）（表）　300b
秦永金　313a
“溱湖八鲜”美食节　117a
“溱湖八鲜”美食节（图）　117a
溱湖旅游度假区　127a
　旅游发展　127a
　城镇建设　127a
　经济建设　127b
　社会事业　127b
溱湖旅游度假区成为省级研学旅游示范基地（首批）　128b
溱湖旅游度假区管委会获评全国旅游系统先进集体　128b
溱湖旅游度假区/机构　90b
溱湖拍摄制簖技艺（《传承》栏目）　128a
溱湖拍摄制簖技艺（《传承》栏目）（图）　128a
溱湖湿地科普馆入选省级节水教育基地　128b
溱湖湿地露营节（首届）　126a
溱湖湿地露营节（首届）（图）　126b
溱潼古镇入选特种邮票　149b
溱潼古镇主题邮局建成　150a
溱潼会船节（2016年）　125b
溱潼会船节经贸洽谈会（图）　121b
溱潼万朵古山茶观赏节（第十二届）　125a
溱潼万朵古山茶观赏节（第十二届）（图）　125a
溱潼小学崇德教育被拍摄（中央电视台）　189b
溱潼镇　280b
　农业经济　281a
　工业经济　281a
　服务业　281a
　建筑业　281a
　“三项工作”　281a
　社会事业　281a
溱潼镇各村（社区）基本情况（2016年）（表）　282a
溱潼镇领导名单　282b
溱潼镇入选中国首批特色小镇　281b
溱潼镇主要社会经济指标（2016年）（表）　281b
溱潼中学/机构　86b
青年电商创业　253b
“青年之声·姜堰”心理服务联盟上线　254a
青少年汉字书写大会（第二届）　194a
庆“六一”儿童节暨第二届“书香伴成长”风采展示活动　190b
庆“六一”活动　256a
庆“六一”暨“书香伴成长”风采展示活动（图）　190b
庆“三八”活动　255b
区级机关党建　220a
　思想建设　220a
　组织建设　220a
　廉政建设　220b
　作风建设　220b
区委　212
区委办/机构　79b
区委/机构　77a
区委领导　309a
全省助残“阳光行动”服务基地授牌　253b
全委会工作报告　1
群众体育　203a
群众文化　193a
群众文化艺术节（第十二届）　194a

R

人保公司　162b
　宣传教育　162b
　农业保险　162b
人保公司/机构　89b
人大　224
人大办/机构　81a
人大常委会部门工作评议　230a
人大常委会会议　224b
　区十四届人大常委会第28次会议　224b
　区十四届人大常委会第29次会议　225a

区十四届人大常委会第30次会议　225a
区十四届人大常委会第31次会议　225a
区十四届人大常委会第32次会议　225b
区十四届人大常委会第33次会议　225b
区十四届人大常委会第34次会议　226a
区十四届人大常委会第35次会议　226b
区十四届人大常委会第36次会议　226b
区十四届人大常委会第37次会议　227a
区十四届人大常委会第38次会议　227a
区十四届人大常委会第39次会议　227a
人大常委会考察活动　229a
人大常委会新任领导　313a
人大常委会执法检查　229b
人大常委会主任会议　227b
人大常委会专题询问　230a
人大常委会专项工作评议　230a
人大代表建议（十四届五次会议期间，10人及以上联名）（表）　228
人大代表议案和建议、批评、意见办理　227b
人大工作报告　11
人大会议（十四届五次）　224a
人大/机构　77a
人防办/机构　86a
人口　68b
人口与计划生育　209a
宣传教育　209a
计划生育奖励扶助　209a
人力资源和社会保障局/机构　83b
人民防空　275b
通信警报建设　276a
人防工程建设　276a
人防宣传教育　276b
人防法治建设　276b
人民生活　73a
居民生活　73a
劳动就业　73a
社会保障　73a
人民武警　275a
思想政治　275b
双拥工作　275b
执勤工作　275b
军事训练　275b
部队管理　275b
人民武装　274a
学习教育　274a
战备训练　274a
征兵工作　274b
融合发展　274b
作风建设　274b
人民医院/机构　86b
人事工作　133a
人才培养　133a
人才服务　133a
人事管理　133a
工资待遇　133b
人事·劳动·社会保障　133
人武部/机构　79b
人物　309a
人物·荣誉栏　309
人行　155a
执行货币政策　155a
金融环境　155a
金融服务　155a
宣传教育　155b
人行/机构　88b
荣誉栏　316

S

三水街道　279b
三水街道各村（社区）基本情况（2016年）（表）　280a
三水街道领导名单　280b
三水街道主要社会经济指标（2016年）（表）　279b
“3·15”宣传　173b
商贸流通　116
市场监管　116a
企业管理　116a
商务局/机构　84b
少数民族分布情况统计（表）　210
社会保障　134b
保障待遇　135a
惠民政策　135a
扩面征缴　135b
社保服务　135b
社会生活　206
社会事业　71b
社会团体　251
社会治安综合治理　264a
现代社会治安防控　264a
矛盾纠纷预防化解　264b
基础综合服务管理　265a
社会主义精神文明建设　74b
社会风尚建设　74b
市民素质建设　74b
未成年人思想道德建设　75a
文明创建　75a
社会主义政治文明建设　73a
社科联/机构　88a
摄影作品展（全国）　194b
申泰州　313a
申泰州（图）　11a

沈高镇 296a
农业经济 296a
工业经济 296b
服务业 296b
“三项工作” 296b
社会事业 296b
沈高镇各村（社区）基本情况（2016年）（表） 297b
沈高镇领导名单 298a
沈高镇主要社会经济指标（2016年）（表） 297a
审计 170a
财政审计 170b
专项资金审计 170b
固定资产投资审计 170b
经济责任审计 170b
审计局/机构 85a
审判创新 271b
生态文明建设 75b
保障机制建设 76a
基础设施建设 76a
生态文明建设规划通过评审 76b
省青基会先锋公益基金成立 253b
圣旨精品展 196a
盛育河 312a
失依少年儿童联络中心成立 256a
“十佳关爱职工的企业家”“十佳工会干部”“十佳职工”评选活动 252a
“十佳医生”“十佳护士”暨“最美村医”评选活动（第二届） 200b
十强、重点、成长型工业企业名单（2016年度） 108b
石油公司/机构 89b
食品安全监管 172b
史献辞 313b
史志档案办/机构 80b
史志档案工作 222b
党史工作 222b
方志工作 223a
档案工作 223a
市场监督管理 170b
市场主体登记 170b
市场合同监管 171a
质量监管 171a
计量监管 171b
标准化工作 171b
行政许可 172a
稽查执法 172a
消费者权益保护 172a
市场监管局/机构 84b
寿保公司 162b
宣传教育 163a
保险服务 163a
内控管理 163a
服务社会 163b
寿保公司/机构 89b
书画艺术研究会揭牌 195a
双登集团股份有限公司 105b 183b
双拥工作 207b
水稻病虫合作项目（中国，韩国） 96b
水稻新品种生产现场观摩暨技术培训会（全省） 97a
水稻育秧种植保险（全国第一单） 95b
水稻重大病虫防控和三新工程项目现场观摩交流会 97a
水肥一体化综合示范区建成 97b
水利 144a
水利建设 144a
防汛防旱 144a
水资源管理 144b
水利服务 144b
水利·交通·邮政·电力 144
水利局/机构 84a
水路交通运输 146a
水上安全治理 146a
水路巡查执法 146a
水路运输护航 146a
水上应急演练 146a
水上安全监管 146b
营运船舶检验 146b
水上应急救援演练（图） 146b
税收征管体制改革 166a
司法改革 272a
司法局/机构 83b
司法行政 272a
法治宣教 272a
人民调解 272b
社区矫正 272b
安置帮教 272b
法律援助 273a
法律服务 273a
司法所建设 273b
泗洪姜堰实验学校签约 191a
宋羽 312b
孙靓靓 310a

T

台办/机构 80b
台湾事务 218a
涉台经济 218a
涉台服务 218a
涉台交流 218b
涉台宣传 218b
太平洋人保公司/机构 89b
太平洋寿保公司/机构 89b
泰州华侨城亲水狂欢节（第七届） 126a
泰州华侨城温泉养生节（第七届） 126b

泰州市华丽塑料有限公司 106b
《泰州市姜堰区蔬菜生产基地建设与保护规划》 97b
泰州市社区应急互助联盟成立 207a
泰州市委全会（五届二次） 212b
特载 1
特种设备安全监管 173a
特种设备安全检查（图） 173b
体育 203
体育产业 205b
体育局/机构 85b
体育事业 72b
体育运动会（第十一届，老年人） 204a
铁路交通运输 147a
铁人三项亚洲杯赛（泰州） 204a
统计 169a
　统计基础 169a
　统计执法 169a
　宣传教育 169b
　统计服务 169b
　统计信息 169b
统计局/机构 85a
统计资料 349
统战部/机构 80a
统战工作 217b
　非公有制经济代表人士联系引导 217b
　党外队伍建设 217b
　统战队伍建设 217b
图书 194b
团委 252b
　青少年工作 252b
　青年就业创业 253a
　青年志愿服务 253a
　济困帮扶 253a
　平台建设 253b
团委/机构 87a

W

外侨办/机构 81b
外事·侨务 239a
　外事管理服务 239b
　外事侨务接待 239b
　侨法宣传 239b
　外事活动 239b
　助侨活动 239b
外宣办/机构 80a
网络普法（图） 272a
网民节（第二届） 216b
网民节（第二届）（图） 217a
网球协会姜堰分会成立 204b
围棋团体赛（第六届，世界，女子） 203b
卫生 199
卫生计生委/机构 85a
卫生监督 200b
卫生事业 72a
位置面积 66a
慰问“老虎团”（图） 207b
文广新局/机构 84b
文化 193
文化产业 196b
文化传统 69a
文化姜堰建设 215a
文化市场 196b
文化事业 72a
文化遗产 195a
　文化遗产保护 195a
　博物馆 195b
　高二适纪念馆 195b
文件索引 337
文件选编 329
文件摘要 329a
文联/机构 88a
文明办/机构 80a
文明工地（江苏省，2016年度）（表） 115
文物普查（全国） 195b
《我在桥头等你》开拍 300b
乌拉木江·沙吐哈力 314a
无线电管理 152a
无线农业墒情综合监测站建立 97b
吴江银行 160b
吴江银行/机构 89a
物价管理 175a
　价格调控 175a
　价格监测 175b
　收费管理 175b
　价格监管 176a
　价格服务 176a
物价局/机构 86a
物流业 120a

X

先进个人 325
先进个人（国家部委表彰） 325
先进个人（省级和省条线表彰） 325
先进个人（市级表彰） 326
先进集体 316
先进集体（国家部委表彰） 317
先进集体（省级和省条线表彰） 318
先进集体（市级表彰） 323
《衔春集》出版 195a
现代科技产业园 130a
　制度建设 130a
　项目建设 130a
　科技创新 130b
现代科技产业园区/机构 90b
现代农业产业园 131a
　现代农业发展 131b

农业改革 131b
基础设施建设 132a
现代农业产业园区/机构 91b
象棋业余棋王赛（江苏赛区） 204b
消防 269a
灭火救援 269a
灭火演练 269a
专项整治 269a
宣教培训 269a
基础建设 269b
部队建设 269b
消防演练（图） 269b
“消费维权”活动（图） 172b
小麦赤霉病管控技术示范效果评估现场会（全省） 97a
小学生成语大赛（第二届） 190b
校外辅导站建设 262a
校园足球联赛（第六届“竞彩杯”） 205b
校园足球联赛（第六届“区长杯”） 205a
谢天获奖 191b
新华书店/机构 89b
新媒体发展 197b
新四军历史研究会常务理事会（扩大）会议（三届二次） 216b
新闻活动 197b
新闻中心/机构 80a
新增自然湿地保护小区建设方案通过省级论证 98b
信访 222a
信访机制建设 222a
信访积案化解 222a
信访服务 222a
信访工作（重大活动期间） 222b
信访局/机构 80b
信息安全 152a
信息服务业 152b
信息化建设与信息服务 151
企业信息化建设 151a
农村信息化应用 151a
兴泰镇 298a
农业经济 298b
第三产业 298b
“三项工作” 298b
社会事业 298b
兴泰镇各村（社区）基本情况（2016年）（表） 299b
兴泰镇领导名单 299b
兴泰镇主要社会经济指标（2016年）（表） 299a
行政干部学校/机构 80b
行政管理体制机制改革 219b
行政审批制度改革 219b
张甸镇简政放权改革 219b
统一社会信用代码制度改革 219b
行政区划 67a
畜牧业 98b
畜禽养殖污染治理 99a
畜禽疫病防控 99a
畜禽屠宰管理 99a
兽医站建设 99a
畜禽养殖综合标准化示范区验收 99b
宣传部/机构 80a
宣传活动（湿地，爱鸟） 128a
宣传教育 214a
理论武装 214a
新闻宣传 214b
网络监管 214b
薛金林 311a

Y

烟草业 119a
卷烟销售服务 119a
烟草专卖监管 119a
企业管理 119a
烟草专卖局/机构 88b
盐务局/机构 88b
盐业 119b
盐业宣传 119b
盐政管理 120a
产品结构 120a
《堰上佛韵》开机 210b
阳光规划 137a
药品医疗器械监管 173a
医政管理 200a
移动公司 152b
业务经营 153a
移动服务 153a
服务社会 153a
移动公司/机构 90a
移动信息化高层研讨会 151b
义诊活动（图） 200a
银行 155a
银行保险业 71a
应急管理 240a
机制体制建设 240a
预案体系建设 240a
应急演练 240a
应急保障 240b
隐患排查预警 240b
突发事件防范处置 240b
宣传教育 240b
信息报送 241a
“营改增”改革 166a
邮电通信业 71a
邮政 148b
金融业务 148b
邮政业务 148b
项目营销 149a
内控管理 149a
邮政储蓄银行 159b

负债业务 159b
信贷业务 159b
中间业务 160a
内控管理 160a
邮政储蓄银行/机构 89a
邮政电子商务运营中心揭牌 150a
邮政公司/机构 88a
油菜新品种新技术观摩座谈会（全省） 96b
淤溪镇 301b
农业经济 301b
工业经济 301b
服务业 301b
建筑业 301b
“三项工作” 301b
社会事业 302a
淤溪镇各村（社区）基本情况（2016年）（表） 303a
淤溪镇领导名单 303a
淤溪镇主要社会经济指标（2016年）（表） 302b
余跃紫砂艺术馆开馆 196b
俞垛镇 303b
农业经济 303b
工业经济 303b
服务业 303b
“三项工作” 303b
社会事业 304a
俞垛镇各村（社区）基本情况（2016年）（表）305a
俞垛镇领导名单 305b
俞垛镇主要社会经济指标（2016年）（表） 304b
渔民上岸安居工程通过国家检查组考核 138b
渔业 99b
高效渔业 99b
水产品药残快检 100a
水生动物病害测报 100a
渔业执法 100a
人才培训 100a
渔业“三新”工程项目 100b
与多恩大学合作 191b

Z

造血干细胞捐献 260b
造血干细胞捐献（全区首例） 261a
张甸镇 287b
农业经济 288a
工业经济 288a
服务业 288a
建筑业 288a
“三项工作” 288a
社会事业 288a
张甸镇各村（社区）基本情况（2016年）（表） 289a
张甸镇简政放权工作 288a
张甸镇领导名单 289b
张甸镇农业科技园规划通过论证 288b
张甸镇主要社会经济指标（2016年）（表） 288b
张甸中学/机构 86b
招商引资活动 121a
镇村建设 138a
集镇建设 138a
乡村建设 138b
正太学院揭牌 111a
证券 163b
政法委/机构 80a
政府 231
政府办/机构 81b
政府工作报告 17
政府/机构 77b
政府新任领导 313b
政府重要会议 231a
第十四届姜堰区政府第30次常务会议 231a
第十四届姜堰区政府第31次常务会议 232a
第十四届姜堰区政府第32次常务会议 233a
第十四届姜堰区政府第33次常务会议 234a
第十四届姜堰区政府第34次常务会议 235b
第十四届姜堰区政府第35次常务会议 236a
第十四届姜堰区政府第36次常务会议 236b
第十四届姜堰区政府第37次常务会议 237a
政务办/机构 85b
政务服务 237b
审批制度改革 238a
审批流程调整 238a
服务体系建设 238b
项目建设服务 238b
服务品牌建设 239a
政协 243
专题调研 243a
走访考察 243a
提案工作 243a
社情民意 243a
民主监督 243a
专题督察 243a
政治协商 243b
政协活动 243b
交流联系 244a
文史宣传 244a
政协办/机构 86b
政协常委会会议 244a
区政协十三届常委会第24次会议 244a

区政协十三届常委会第25次会议　244a
区政协十三届常委会第26次会议　244b
区政协十三届常委会第27次会议　244b
区政协十三届常委会第28次会议　244b
政协常委会议（图）　244b
政协工作报告　30
政协会议（十三届五次）　244a
政协/机构　78a
政协委员活动日　245a
政协文史工作交流　245b
政协新任领导　315a
政协友好往来　245a
政协之友联谊会（七届四次会议）　245a
职工民主管理　74a
志愿服务活动　75b
《中国古镇（二）——溱潼古镇》特种邮票首发式（图）　149b
中小企业公共服务平台开通　105a
中小企业局/机构　82a
中信银行　161a
资产业务　161a
中间业务　161a
内控管理　161a
中信银行/机构　89b
中行　157a
负债业务　157a
资产业务　157a
中间业务　157a
内控管理　157b
中行/机构　89a
中医院/机构　86b
种植业　95b
植保服务　96a
种子监管　96a
品种推广　96a
仲亚岭（图）　30a
重点企业简介　105b
重要工业活动　104a
重要会议　212a
住房公积金管理　180b
制度建设　180b
政策宣传　180b
归集扩面　181a
行政执法　181a
贷款管理　181a
住房公积金政策宣传（图）　180b
住房公积金中心/机构　89b
住建局/机构　83b
自然资源　66a
自营进出口月报（2016年）（表）　123
综治办/机构　80b
总工会　251a
职工宣传教育　251a
职工职业技能　251a
职工服务　251b
职工队伍建设　251b
总工会/机构　87a
总工会全委（扩大）会（十六届七次）　252b
走访城乡居民养老保险情况（图）　135a
足球沪苏共建活动（女子）　205a
足球联谊赛（首届“三水杯”，女子）（图）　205a
足协换届选举　205b
组织部/机构　79b
组织建设　213a
干部教育培训　213a
干部监督管理　213a
人才工作　213a
基层党组织建设　213b
领导班子和干部队伍建设　213b

泰州市姜堰区发展和改革委员会

市委书记蓝绍敏（前右二）察看区重大项目

大润发开工

火车站升级改造配套工程开工仪式

上海铁路局察看火车站设计方案

国民经济计划管理　2016 年，全区实现地区生产总值 583.19 亿元，可比增长 10%，完成预期目标。姜堰区获首批国家农产品质量安全区命名，姜堰大米、益众芝麻油获中国国际粮油产品交易会金奖。实现服务业增加值 278.65 亿元，可比增长 12.1%。服务业增加值占地区生产总值比重 47.8%，同比提高 2.2%。实现社会消费品零售总额 172.5 亿元，比上年增长 11.8%，完成预期目标。完成建筑业总产值 633 亿元、增加值 155 亿元，分别比上年增长 11.39%、8.39%，新增二级以上资质企业 10 家。姜堰区获“中国建筑之乡”称号。

固定资产投资　2016 年，全区完成固定资产投资 494.8 亿元，比上年增长 16.8%。其中，产业投资完成 420.65 亿元，比上年增长 27%。

服务业管理　2016 年，全区实现服务业增加值 278.7 亿元，可比增长 12.1%。实现社会消费品零售总额 172.5 亿元，比上年增长 11.8%。实现服务业占比 47.8%，同比提高 2.2%，得分列泰州第 1 位。实现服务业产业投资 83.2 亿元，比上年增长 35%。全区净增限额以上批零住餐企业 14 家、规模服务业企业 17 家，得分均列泰州第 1 位。

火车站提档升级　区发展和改革委牵头负责协调推进火车站提档升级和增停班次各项工作。在多次走访省市铁办、宁启铁路建设指挥部、新长车务段，与上海铁路局对接之后，帮助车站改造更新客服设施，2016 年 5 月 15 日动车开通之时，争取到动车停靠班次 10 趟，超过预期目标。3 月组织赴国家铁路总公司专题汇报，将姜堰站及站前广场升级改造工程纳入宁启铁路建设补强工程范围予以立项。委托中铁上海设计院规划设计升级改造工程，最终确定站房改造设计方案。9 月 28 日，姜堰站升级改造项目举行开工典礼，2017 年将全面开工。

全心全意为发展
一心一意微服务

动车开通

区级重大项目集中开工

中国烟草 CHINA TOBACCO 泰州市姜堰区烟

市烟草专卖局副局长张礼伯（左二）调研市场

市烟草专卖局副经理赵宏贵（前右一）走访调研

成立基层志愿者服务队

开展社企共建志愿服务活动

绿色出行

经济运行态势良好　面对复杂的经济环境和卷烟销售的严峻形势，深入开展调研活动，准确把握市场状态，为稳定卷烟销量、提升销售结构，提供强有力的数据支撑。结合品牌营销活动，加强品牌培育力度，深入市场，了解品牌发展状况，为零售客户经营效益提升和行业持续发展培育新增长点。构筑客我双赢营销同盟，提高客户经营利润和经营能力，关注客户需求，提供精益服务，提高客户满意度。构建“在终端着力、靠终端发力”营销新格局，促进零售终端再上新台阶。全年销售卷烟 2.61 万箱，实现含税销售 8.87 亿元，实现经济运行良好发展。

行政许可和市场监管成效显著　推行“一站式服务”，严格审批程序，明确行政许可工作流程与职责分工，严格责任追究制度，提高行政审批效率。落实“APCD”工作法，通过数据分析、市场动态信息采集及中队定期分析，明确检查重点，灵活运用错时检查、交叉检查等检查方式，做实日常检查。加强信息情报联动机制，开展专项整治，加大物流业涉烟储运检查力度，严打非法运输。全年累计查处涉烟案件 259 起，查获违法卷烟 16586.6 条，市场净化率 97% 以上。区烟草专卖局（分公司）获 2015 年度泰州市“卷烟打假工作先进集体”称号。

草专卖局(分公司)

▲“法、纪、规、德”教育大会

企业精益管理更加科学　构建以“目标管理、基础管理、基层创优”为重点的精益管理体系，全面提升企业管理水平。围绕三级目标体系和年初卓越绩效目标，引入目标管理的PDCA循环，及时发现企业管理、绩效考核、机关作风以及部门工作中的亮点和存在问题。优化完善单位质量管理体系审核要点，常态开展自查、审核，每月通报。细致解码基层网点创优实施方案，有效开展创优试点，争当基层网点创优楷模。

责任烟草形象进一步树立　以创建“三型”企业为载体，进一步发扬全员一体化的“同心”文化。积极参加地方政府和上级部门举办的各类文体竞赛、工会活动、职工代表提案活动，严格履行依法治烟责任，开展“3·15”消费维权、“六五”普法、质量月宣传等活动，开展文明单位创建、志愿者服务等群众性精神文明创建活动，践行社会责任，与梁徐镇双墩村对接，精准实施扶贫策略。2016年，区烟草专卖局（分公司）获“江苏省文明单位”“全省系统政研会工作先进集体”“泰州市‘安康杯’竞赛优胜单位”“姜堰区创新基层党组织”“文明执法楷模单位”等称号，城区客户服务部被授予“泰州市文明班组”称号。

▼“两学一做”学习教育动员大会

行风热线

开展新品培育工作

专卖人员春季培训活动

向盐城灾区献爱心

泰州市第二人民醫院

领导考察泰州市第二人民医院

骨科学术年会

泰州市第二人民医院是一所集医疗、急救、教学、科研、保健于一体的三级综合医院及泰州市医教研中心。为扬州大学医学院附属医院、东南大学医学院附属中大医院的医疗技术协作单位、苏州大学附属第一医院的血液病诊治协作单位，是南通大学、江苏大学等10多所医学院校的教学医院及实习基地。

医院总规划土地面积约14.67公顷，2016年，院区占地面积8公顷，建筑面积13.6万平方米，开发区医院规划用地约6.67公顷在按期实施中，拟建成一所二级综合医院及康复中心。拥有16层外科病房大楼、21层内科病房大楼、12层科研教学楼、现代化的门诊医技楼和急诊急救中心，核定床位1300张，实际开放床位1126张。医院有在职职工1386人，其中卫生专业技术人员1244人，省“333工程”培养对象4人，泰州市“311工程”培养对象16人，姜堰区“321”培养对象11人，泰州市医学专家5人，泰州市突贡专家5人，姜堰区突贡专家2人，硕士生导师5人，博士9人，硕士89人。

医院设职能、临床、医技等科室50余个，其中神经内科为泰州市临床医学重点学科，肿瘤科、神经内科、心血管内科、肾内科、感染性疾病科、骨外科、泌尿外科、神经外科为泰州市临床重点专科。妇产科、血液净化中心、腔镜治疗中心、急诊急救中心、重症医学科、眼科、肿瘤放疗等为特色专科。

医院先后获“爱婴医院”“江苏省文明单位”“医疗服务先进单位”等称号。医院弘扬“团结、进取、严谨、奉献”精神，秉承“厚德博学、精诚创新”院训，以一流的技术、一流的服务、一流的设备、一流的环境竭诚为人民群众服务，努力打造成江苏省内有较高知名度的现代化综合性医院。

医院全景

联欢会

泰州市姜堰中医院

泰州市姜堰中医院病房楼

院 长 钱承美

江苏省人民医院技术支持医院揭牌

姜堰区慈善医院揭牌

儿科通过省级重点专科评审

大型中医医院巡查

泰州市姜堰中医院是一所集医疗、教学、科研、养康、公益五位一体的三级乙等中医医院，系南京中医药大学附属医院，为上海中山医院、江苏省肿瘤医院、南京市中医院协作单位。骨伤科为省级重点专科、国家级中医特色专科，儿科为省级重点专科，肺病科、妇科、肿瘤科、肾病科、康复科为泰州市级重点专科。

全院编制床位 700 张，有 17 个病区和独立的急诊系统、重症医学科、血液净化室，门诊有 20 个临床科室和 8 个医技科室。有职工 728 人，其中高级职称 136 人，全国百名优秀中医临床人才 1 人，泰州市名中医 10 人，硕士生导师 2 人，省“333”工程培养对象 2 人，泰州市“311”工程培养对象 7 人。拥有磁共振、DSA、64 排 CT、DR、数字乳腺钼靶机、数字胃肠机、四维彩超、全自动生化分析仪、电子胃肠镜等先进医疗设备。

2016 年，医院创建成为江苏省文明单位，姜堰区慈善医院、江苏省人民医院技术支持医院揭牌，儿科以高分通过江苏省重点专科验收，区域内一流的 DSA 手术室建成并投入使用。

今天的姜堰中医人始终恪守“精业博学、仁术济世”的院训，坚持“追求品质卓越、精诚为民服务”的医院宗旨，打造苏中、苏北地区一流的综合性中医院，努力为全市的经济和社会发展做出更大的贡献。

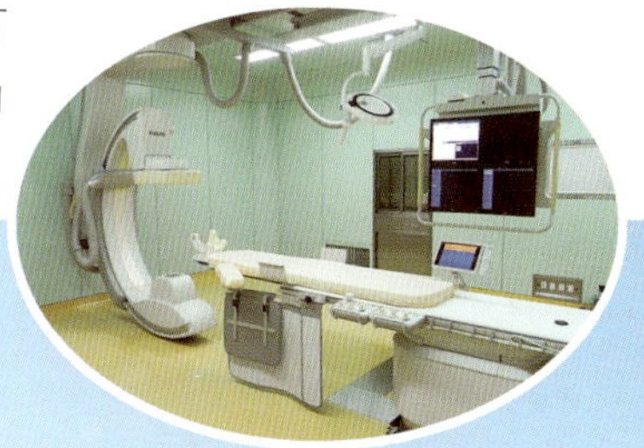

建成 DSA 手术室

泰州市姜堰中医院门诊楼＋病房楼

泰州市姜堰区妇幼保健计划生育服务中心

区长李文飙（左一）调研中心

区人大常委会主任申泰州（右一）调研中心

泰州市姜堰区妇幼保健计划生育服务中心是一所集生殖保健服务、儿童保健服务、妇女保健服务、计划生育服务、健康教育、专业培训、妇幼保健技术指导为一体的综合性保健机构。该中心拥有高档彩色多普勒超声诊断仪、全自动生化仪、五分类血球记数仪、酶标仪、电子阴道镜、豪华型胎儿监护仪、超声骨密度分析仪、视力筛查仪、耳声发射筛选仪等多种适用于妇女、儿童保健服务的先进医疗设备。

保健服务　1．提供全面、连续、高质量的妇女保健和儿童保健服务。提供从新生儿出生就开始的 0 ～ 7 岁儿童保健、青春期保健、妇女保健、婚前保健、生殖健康、孕产妇系统管理直至更年期保健等贯穿一生的保健服务。2．开展健康教育、新生儿疾病筛查、基本公共卫生服务、重大妇幼卫生服务等工作。3．开展妇科、儿科疾病普查普治。

社区保健指导　履行对全区各医疗卫生单位、托儿所、幼儿园等机构妇幼保健的业务指导、培训，配合区卫生计生委对全区妇幼卫生业务进行行业管理；掌握孕产妇及 5 岁以下儿童死亡率和死亡原因变化趋势、出生缺陷发病情况；完成妇幼卫生信息收集、分析、上报等工作；制定干预措施，为妇幼卫生决策提供准确依据。

打造主题为“情系母婴健康，缔造幸福生活”的服务品牌　以母婴健康服务为中心，规范服务流程；以完善的制度，改善服务，优化服务，创新服务；以提升人民群众对妇幼保健和计划生育服务工作的满意度为着力点，提高全区妇幼健康优质服务水平。

推出“姜堰妇幼健康”微信公众号　每周发布一次，将中心的工作信息、先进技术、特色服务、知识普及、典型事迹向社会推介，营造反响较为强烈的社会舆论氛围。

开通泰州市姜堰区妇幼保健综合管理平台系统　通过综合管理平台的建设，为妇幼健康管理工作提供规范化、流程化服务；通过资源共享，提高医务人员工作效率；通过数据化挖掘，掌握儿童发育、妇女患病状态及分布情况，准确获知影响儿童和妇女健康的危险因素，从而采取适当干预措施与手段，为决策提供科学的支撑依据。

行风监督员座谈会

宣传活动

健康校园行

健康讲座进社区

泰州市姜堰区皮肤病防治所

“世界麻风病防治日”慰问活动

姜堰区皮肤病防治所是姜堰区皮肤病性病专业防治机构，与区溱湖医院、区城北社区卫生服务中心为一套班子、三块牌子，主要承担麻风病院村管理、皮肤病性病诊疗和城市社区卫生服务等职能，是区卫生计生委直属、区财政实行零基预算管理的事业单位。

医院有高级技术职称人员 8 人、中级技术职称人员 20 人。设有皮肤性病科、全科医疗科、医疗美容科、理疗科、功能科、药剂科、护士站、制剂室、预防保健科、病区管理科、综合办公室等科室，开放床位 15 张。拥有过敏源检测仪、系列紫外线皮肤治疗仪、调 Q 开关 YAG 激光治疗仪、IPL 治疗仪、二氧化碳超脉冲点阵激光治疗仪、高能红光治疗仪、红蓝光皮肤治疗仪、308 准分子激光治疗仪、中药熏蒸治疗仪、白癜风表皮移植治疗仪、全自动血液分析仪、500 毫安 X 光机、心电图机、彩色 B 超机、全科诊疗系统等医疗仪器设备。建成国家艾滋病初筛实验室和江苏省麻风病理实验室等。38 个医院制剂品种获江苏省食品药品监督管理局审批的生产批准文号。

医院秉承“以病人为中心”服务理念，坚持“内强素质，外树形象”，推行“您投诉 我买单”公开服务承诺，加强与中国医学科学院皮肤病研究所、上海华山医院、上海市皮肤病医院、山东省皮肤病医院等国内三级甲等皮肤病专科医院横向联系与技术协作，皮肤病性病学科建设和专科诊疗服务品牌在泰州市及周边地区享有较高知名度。

2008 年以来，医院积极探索专科疾病诊疗与社区卫生服务相结合的管理模式。先后获“江苏省价格诚信单位”“泰州市卫生系统先进集体”“姜堰区文明单位”“姜堰市先进基层党组织”“区卫生局综合目标管理先进单位”等称号。

2016 年公众评议座谈会

急诊急救技能培训会

道德讲堂

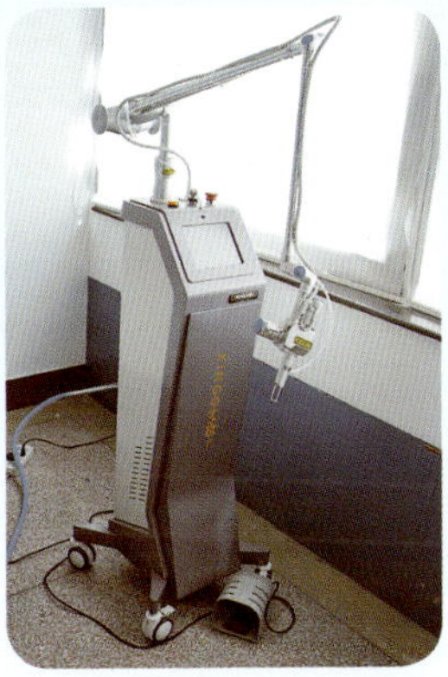

二氧化碳超脉冲点阵激光治疗仪

关爱皮肤健康
与您一路同行

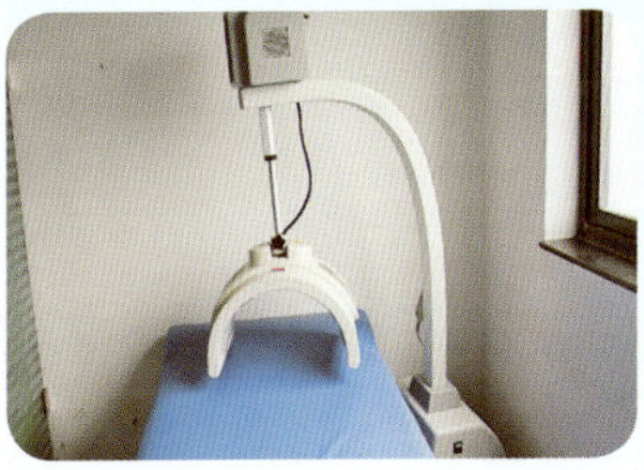

红蓝光皮肤治疗仪

泰州市姜堰区总工会

区总工会十六届七次全委（扩大）会

庆“五一”表彰大会

苏中片区行业集体协商观摩会议

开展金秋助学活动

2016年，姜堰区总工会找准新定位，提振精气神，弘扬正能量，围绕区总工会全委会提出的“五个主动”，团结带领广大职工为区“决胜全面小康、加速崛起振兴”贡献力量。

主动服务崛起振兴。参与供给侧结构性改革，开展征集职工合理化建议活动，多项合理化建议和科技创新成果获省、市表彰。开展职工培训，为各类企业培养大专生、本科生126人，900名职工提高技术等级。

主动弘扬时代正气。开展“十佳关爱职工的企业家”“十佳工会主席”和“十佳职工”评选活动，宣传“三个十佳”和8名新晋省劳模先进事迹。拍摄劳模宣传微电影《本色》，获省总工会微视频大赛三等奖。

主动参与社会治理。举办苏中片行业集体协商现场会，省人力资源和社会保障厅，省总工会，南通、扬州等地及所辖县区工会负责人现场观摩。推动企业建立职代会和厂务公开制度，选树江苏金堰交通工程有限公司为职代会规范化建设示范观摩点。

主动开展普惠服务。健全特困职工申报制度，回访调查困难职工家庭180户，通过省总工会帮扶资金专项检查组验收，考核得分列县区第一、全省第三。组建法律援助服务队奔赴基层，将送慰问、送培训、送图书、送体检等工会服务，拓展到广场、社区、企业、工地。

主动抓好队伍建设。推进工会组建，抓好工会按期换届，创新开展模范职工之家“结对共建”，激发基层工会活力。开展“两学一做”学习教育，锤炼党性、改进作风，为推进工会工作创新发展、做好服务工作提供保障。区总工会“服务职工365”品牌连续三年被评为区级机关“十佳”服务品牌。

区总工会送法律进企业

区总工会送慰问进工地

泰州市姜堰区科学技术协会

中国科协负责人在姜堰调研

科普馆开馆暨“科普姜堰”微信公众平台开通仪式

招商引资考察活动

企业科技工作站授牌

2016 年“全国科普日”活动优秀组织单位

江苏省《全民科学素质行动计划纲要》“十二五”实施工作先进集体

江苏省海外智力为国服务行动计划工作基地

2016 年度泰州市科协综合考核一等奖

开展“讲、比”竞赛和“金桥工程”项目活动 2016 年，区科协组织相关学会、企业科协的 117 名科技人员参加 12 个“讲理想、比贡献”竞赛项目和 11 个“金桥工程”项目的研发，其中江苏姜堰船舶舾装件有限公司科协“船用自主升降式铰链梯”等 10 个项目被评为优秀成果项目，对服务创新驱动、推进企业科技创新、科技成果转化、改进生产技术、提高经营管理水平、提升企业的核心竞争力、增强企业的经济效益和社会效益起到积极的促进作用。

深入推进“科普惠农”工程 实施 25 个“科普惠农工程”重点项目，组织结对专家集中开展服务活动，举办实用技术培训班 100 多场次，发放自编教材近 1 万份。兴泰镇肉鸽养殖项目形成栏存种鸽 20 万对、年上市肉鸽 300 万羽的产业规模，销售覆盖上海及省内各大超市；桥头姜才蛋鸡存栏 10 万只，成为全市屈指可数的超大规模蛋鸡基地；三水龙虾养殖基地建设成为全省 2 家小龙虾良种繁育场之一；桥头镇桥头村创建成全国“一村一品”（香菇）示范村，沈高镇冯庄村创建成全省现代渔业示范村。

大力实施“四比四看”学（协）会能力提升工程 组织各学会举办或承办学术交流和专题研究 63 次，参加人员 4500 多人次，在各级报刊发表论文 382 篇。区医学会、区农学会等区级学会举办和承办省、市级学术交流 9 场次。江苏太平洋精锻科技有限公司承办全国第六届精密锻造学术研讨会，江苏江分公司科协继续承办国家级电分析仪器专刊，其他学（协）会举办较高层次培训班 38 期。组织科技工作者撰写合理化建议 93 条，70% 被领导批示和采用。各学会、协会组织学术交流和技术服务，促进学科发展和人才成长。

区科协八届四次全会

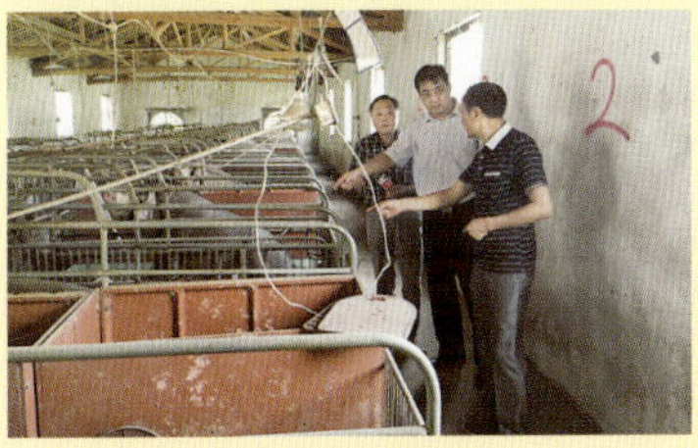

督察省补资金项目

组织“金钥匙”竞赛活动

开展镇村对接项目

泰州市姜堰区残疾人联合会

区领导走访慰问康华社区校外辅导站残疾儿童康复之家

区残联党组书记、理事长杨书标走进姜堰人民广播电台大型直播节目——《"12345"·政风行风热线》，开展"关爱弱势群体"主题互动直播活动

区残联免费培训残疾人电商知识，使300多名残疾人走上"互联网+"创业之路

残疾人基本生活得到保障 区委、区政府将无固定收入重残人员救助扩面工作纳入保障和改善民生十个方面实事项目。区残联细化工作方案，落实工作责任，落实各项惠残助残政策，做好残疾人兜底保障工作，让精准助残成为新常态。3700多名符合救助政策的无固定收入重残人员被纳入救助范围，做到应保尽保、全面覆盖；对2717名困难残疾人和2604名重度残疾人发放"两项补贴"2600多万元；对299名残疾学生实施教育救助和专项奖励，救助金额22.25万元，保障残疾学生教育权益；投入64.5万元为16124名持证残疾人免费办理意外伤害保险，实现持证残疾人参加意外伤害保险全免费、全覆盖。

康复救助点燃残疾人生活希望 围绕实现残疾人"人人享有康复服务"目标，完善残疾人康复需求调查，对全区脑瘫儿童、听力言语残疾儿童和肢体残疾人进行重点筛查，制定康复训练计划，利用各项政策、项目等资源，实施康复服务。通过多种渠道，争取残疾人扶持项目，以多种形式开展残疾人帮扶活动，用爱点燃残疾人对生活的希望。

残疾人基本公共服务有效推进 创新残疾人扶贫就业工作，与泰州市社区应急互助联盟联合建立"爱心盆栽"农疗基地，与一些企业对接，承接托养对象能够操作的业务，促进180多名残疾人实现辅助性就业。把深入推进残疾人"幸福家园"建设、做好"残疾人之家"的创建工作作为增进残疾人更多获得感和幸福感的重要路径来抓，在全区11个村（社区）完善社区康复室、图书阅览室和日间照料室，对50户残疾人家庭进行无障碍改造和帮扶，夯实社区残疾人综合服务基础性工作。

体育运动让残疾人享受健康与快乐 2016年，残疾人运动员卢亮在捷克世界残疾人射箭资格赛暨锦标赛上获铜牌，入选国家队，代表中国出征里约残奥会；杨金泉在亚洲和全国残疾人羽毛球锦标赛SS6男子双打比赛中获铜牌和金牌。

国家队残疾人运动员卢亮（前右三）在2016年巴西里约残奥会上参加射箭比赛获第五名

3月5日，区残联开展志愿者进社区学雷锋活动

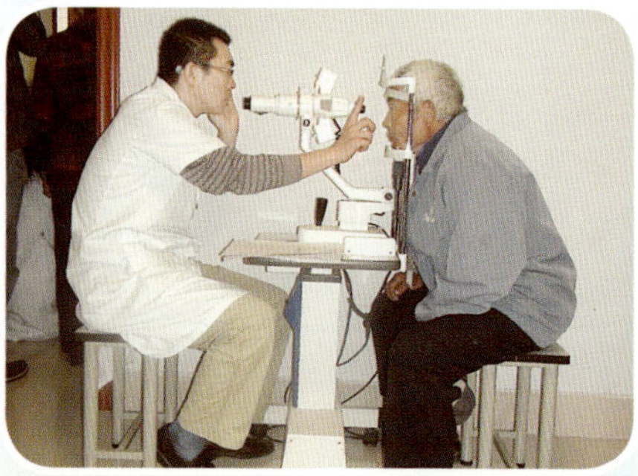

区残联组织眼科专家开展贫困白内障患者筛查活动

泰州市姜堰区商务局

省商务厅厅长马明龙（中）调研区商务工作

投身招商引资实践　加强产业研究与招商活动策划。溱潼会船节经贸洽谈会、金秋经贸洽谈会，泰州市泰台经贸交流合作峰会、金秋投资说明会以及泰州市上海、日韩、深圳投资促进周取得丰硕成果。2016 年完成协议利用外资 1.6228 亿美元，比上年增长 7.8%。策应姜堰经济开发区升格国家级经济技术开发区三年行动计划，联合省、市商务及有关部门尽心尽责贴心服务。

服务外经贸企业　帮助进出口企业解难题。帮助双登集团、菁茂科技、扬动电气、太平洋精锻和润泰化学等企业解决设备进口、反倾销调查、建立海外仓及港口运输等方面问题。帮助曙光华阳获中信保出口货物赔款 500 多万元；帮助维娜时装和百灵农化获低息美元贸易融资 2500 万美元。2016 年，全区实现自营进出口 9.55 亿美元，比上年增长 12.17%。根据地区特色，挖掘姜堰建筑企业潜力，帮助万邦集团申报境外签约权。帮助华丽塑料、五行消防等区重点企业在法国、澳大利亚、美国注册公司，拓展海外市场。

推进电子商务发展　2016 年，出台《姜堰区电子商务发展三年行动计划（2016—2018）》《泰州市姜堰区电子商务产业发展扶持政策》《泰州市姜堰区电子商务产业发展扶持政策实施细则》，支持各类园区发展电子商务产业，建设电商产业园或集聚区，鼓励企业自建平台或通过第三方平台开展国内电商业务或跨境电商业务，姜堰区电子商务发展如火如荼，获评江苏省农村电子商务示范县。

2016 年金秋经贸洽谈会

走访企业

泰州海关调研姜堰区企业

农村淘宝服务站揭牌仪式

中国供销合作社
CHINA CO-OP

泰州市姜堰区供销合作总社

组织参观兴泰镇田花园合作社统防统治、大田托管、植保服务现场

组织农业企业、基层分会、专业合作社人员开展农产品电商培训

组织4家企业参加全省海峡两岸名优农产品展销会

基层组织建设　按照基层社恢复重建标准，吸收从事农资企业、专业合作社等涉农资源，完成蒋垛供销社改造。开展兴泰供销社创建“三体二强”基层社工作，通过市级验收。按照省定标准，争取资金18万元，完成蒋垛镇许桥村、张甸镇三野村、梁徐镇黄村村为农综合服务社提档升级工作，拓展服务内容。

为农服务　鼓励基层社参与农业综合社会化服务，兴泰镇田花园农业综合服务专业合作社为农民提供化肥、农药、种子、农作物病虫害防治及农机服务、技术交流和信息咨询服务，年销售农资500万元，植保服务约466.67公顷，代育秧苗约106.67公顷，耕作面积约266.67公顷。金穗植保专业合作社参与农业生产经营，流转土地约66.67公顷，植保服务约466.67公顷。组织沈高天鹅食品公司、桥头食用菌、溱湖八鲜公司和蒋垛维财猪头肉4家企业参加2016年海峡两岸（江苏）名优农产品展销会。组织红陈食用菌、溱湖八鲜等3家专业合作社7人参加泰州市供销合作总社组织的农产品经纪人中级培训。

农产品电子商务　与无界电子商务公司合作，面向农业龙头企业、专业合作社人员，免费开展农产品电子商务实务培训2期，培训220人。指导重点企业利用互联网开展农产品销售，全区100多家农业企业和合作社开展农产品网上销售，年交易额比上年增长30%以上。指导各镇做好村级电商服务站建设工作，已建立18家。投资70万元参股溱湖八鲜电子商务公司，开设地平线姜堰馆，年销售特色农产品近100万元。

在地平线电商平台开设姜堰馆

泰州市姜堰区文化广电新闻出版局

开展“激情三水”文艺演出

群众文化艺术节公演

公共文化服务百家行——丁立梅讲座

庄希祖师生书画展开幕

文化设施 创建成省公共文化服务体系示范区和省书香城市先进区。超额完成政府为民办实事工作任务，扶建34座百姓大舞台、5家五星级农家书屋。推动姜堰区村（社区）综合性文化服务中心建设试点工作，全年建成100家。姜堰数字图书馆网站年访问量4.6万次；开通“书香姜堰 全民阅读”网站；完成124个农家书屋电脑更新及78个数字农家书屋建设。

文化活动 举办第十二届群众文化艺术节新创文艺节目调演、“梨园飘香”苏中七县市戏曲交流演出等大型文艺活动。开展第四届“欢乐新春”文化惠民活动，送春联、送展览进社区10场。举办“激情三水”广场文艺演出16场；“激情三水”艺术团走进各社区、镇（街道）演出17场。

艺术生产 围绕“中国梦·泰州美”、建市20周年等主题，打造音乐作品6件、舞蹈作品4件、戏剧曲艺作品3件，参加泰州市首届群众文化艺术节。歌舞《阳光大道》获优秀节目奖，音诗画《我家就是你家》、小淮剧《父债子还》获优秀作品奖。选送滚莲湘节目《张灯结彩》参加江苏省文化厅、淮安市政府主办的苏皖地区莲湘舞邀请赛获二等奖。组织参加省五星工程奖赛事活动，《鹤林玉露·选抄》《过云印痕》2篇书法作品入展第十二届省“五星工程奖”，《鹤林玉露·选抄》获评书法优秀作品。书法作品《诗经原始选抄》入展第十一届中国艺术节。

文化遗产 天目山遗址核心区保护一期工程通过初步验收。完成历时五年的第一次全国可移动文物普查工作，获评“江苏省第一次全国可移动文物普查先进集体”。区博物馆收藏珍贵文物165件，其中一级文物1件、二级文物14件、三级文物150件。免费开放接待参观人数近15万人次，举办“寒山禅意书画展”“姜堰民间瓷器收藏展”等各类临时展览12次。征集文物500余件套，修裱完成馆旧藏古字画77件套。姜堰面塑、陈氏针灸、许氏正骨疗法、姜堰摞石锁4个市级“非遗”项目入选第四批省级非物质文化遗产代表性项目名录。“华港雕版木刻技艺”传承人宋保旺入选首届“泰州名匠提名人选”。“姜堰滚莲湘”传承人张进军申报第四批泰州市级“非遗”传承人。组织开展第十一个“文化遗产日”活动，授牌“姜堰滚莲湘”传习基地12家。组织开展“千人莲湘广场展演”活动。

第二届翰墨书香青少年汉字书写大会

滚莲湘参加全省展演获二等奖

区文化馆成人公演培训成果演出

姜堰区庆祝泰州建市20周年专场演出

泰州市姜堰区广播电视台

泰州《"12345"·政风行风热线》"市(区)长上线日"走进姜堰区现场直播活动

"城市对话"节目录制现场

2016年，区广电台坚持"新闻立台、技术强台、创收兴台"发展思路，立足转型升级，主动求新求变，完成年度目标任务。

舆论宣传　开辟专栏28个，策划系列报道和评论26组；《"12345"·政风行风热线》节目直播42期，受理群众咨询投诉1516件，其中现场接受咨询投诉405件。摄制区党风廉政建设相关微视频、微电影14部；全年在泰州台用稿、用片700多篇，省台用稿、用片100多篇，中央电视台新闻频道用片12篇。

技术创新　投入184万元，升级改造电视播出系统。"姜堰微视听"开通微信视频直播功能，成为全区首个具备大型活动现场直播能力的新闻公众号。

经营创收　举办房交会、中国好家装、大型车展、汉字听写大赛、成语大赛等活动，形成活动品牌；中广传媒公司逐步打开专业传媒营销市场，举办"精锻科技杯"网民文化节开幕式、"为了爱"千人公益长跑、"119"消防主题文艺演出等活动。

民生工程　人民公园创建成健康主题公园，争创国家AAA级景区；启动古罗塘旅游景区提升工程，国家级工艺美术师余跃的紫砂艺术馆开馆；美术馆工程开工建设。

开展"大走访大落实"活动

记者走基层

姜堰区"鑫宇杯"小学生成语大赛

江苏有线网络发展有限责任公司

姜堰分公司

2014 年 12 月，江苏有线姜堰分公司挂牌成立，成为区委宣传部领导下的本土文化企业。主要经营广播电视网络、数字电视、互联网、视频监控、专线租赁等。用户总规模 20 多万户。

2016 年，江苏有线姜堰分公司围绕区委、区政府“决胜全面小康、加速崛起振兴”核心任务，秉承“贴心服务、满意第一”服务理念，攻坚克难，完成年度目标任务，被区委、区政府表彰为“服务地方建设先进单位”。

“一个中心” 服从服务于区委、区政府重大活动，坚持社会效益为中心。时刻牢记政治属性，找准工作定位，把安全传输作为生命线，做到“守土有责、守土负责、守土尽责”。在区“两会”召开期间、溱潼会船节等重要保障期间和每日《姜堰新闻》播放期间，作为唯一传输当地节目的网络公司，为确保传输质量和安全，先后投入 300 多万元，改造升级机房设备，实行双岗值班、领导带班制度，加强线路巡查，及时排除故障。

“三个新” 适应广电网络产业化发展和专业化分工要求，强化市场导向作用，促进业务发展转型升级。

市场经营工作实现新突破 2016 年，公司认真研判市场，适应“互联网”下跨界竞争发展趋势，实现营收 9400 多万元，实现利润 1050 多万元。公司净资产收益率、户均营收、户均利润、营收利润率等指标排名全市各分公司前列。

市场服务水平实现新提升 把 2016 年定为公司“服务提升年”，以用户满意度为出发点，把“以人为本、以客为尊”服务理念贯穿全年工作始终，提升服务质量，建立标准化服务体系；强化入户体验式营销，拓展高清互动、宽带、高清包等增值业务。跟进“智慧社区”建设，加大网络功能开发力度，走多元发展之路。

公司发展环境实现新优化 加强重点部门、重要岗位廉政风险点排查和日常监督，优化考核机制。坚持体制、机制、技术、业态和服务创新，深化服务转型，以醇厚的技术积淀、高效的服务体系，推动各项业务上新台阶。

开展咨询服务

上门维修服务

拔河比赛

营业厅

机房

女职工拓展活动

泰州市姜堰区现代科技产业园区（罗塘街道）

泰州市委全会项目观摩活动

全区重大产业项目集中开工

锦州市凌河区姜堰投资说明会

“贺新春·闹元宵”文化踩街

2016年，姜堰区现代科技产业园区（罗塘街道）围绕建设“强富美高”新罗塘目标，聚焦经济建设主阵地，聚焦城市社区建设主战场，推进产业转型升级、社会管理创新、民生幸福三大工程，经济社会稳步发展，实现“十三五”良好开局。

综合实力　完成地区生产总值108.53亿元，比上年增长9.8%；实现公共财政预算收入12亿元，比上年增长5.6%；全社会固定资产投资52亿元，比上年增长30.8%。城镇居民人均可支配收入36812元，比上年增长7.9%；农村居民人均可支配收入17530元，比上年增长8.3%。

农业经济　粮食产量与上年持平，农民持续增收。土地流转整村推进6个，新增土地流转面积150公顷，新增农业专业合作社6个，新增设施农业约56.67公顷，通过区考核验收农业项目4个。

工业经济　完成列统工业产值221亿元，比上年增长17.4%；工业开票销售68.4亿元，比上年增长16.3%。净增规模以上工业企业5家。

服务业经济　实现服务业税收9.9亿元，限上企业销售98.24亿元，规模以上服务业营业收入16.25亿元，服务业产业投资11.17亿元。

建筑业经济　实现建筑业施工总产值54.47亿元，建筑业企业主营业务收入46.18亿元，建筑业增加值12.53亿元，建筑业利润3.7亿元。

2016年全国移动信息化会议在智谷软件园召开

新春人才用工招聘会

泰州市姜堰区高新技术装备产业园区（白米镇）

区委书记李伟（前左二）考察恒高电气公司

安徽肥西政协考察园区

科技镇长团考察园区

项目开工仪式

2016 年，区镇实现地区生产总值 59.6 亿元，比上年增长 8.79%。实现农村居民人均可支配收入 22830 元，比上年增长 10.52%。

经济发展 完成土地规模经营面积约 566.67 公顷，占年计划 106%；新增家庭农场 19 家，其中示范性家庭农场 2 家；建成为农服务综合体 4 家；新增设施农业面积 186.8 公顷。实现工业开票销售 33.5 亿元、列统工业产值 155.33 亿元；完成固定资产投资 38 亿元、固定资产设备抵扣 1044 万元。完成服务业固定资产投资 4.5 亿元，占年任务 110%；实现服务业税收 5077 万元，完成年计划 119.74%。完成建筑业税收 3948 万元，比上年增长 70.57%。

招商引资 突出招商引资龙头地位，拓展招商思路，打好招商引资和项目建设“攻坚战”。成立 5 个招商小组，由 3 名党政领导、2 名中层干部分别带队，挖掘招商信息，跟踪洽谈项目；聘请 30 名荣誉招商大使，与姜堰上海商会合作，为招商引资提供信息来源，为项目洽谈牵线搭桥。签约亿元项目 8 个，开工建设亿元以上工业项目 6 个。

项目基础设施建设 推进园区标准厂房建设，配套实施绿化、亮化、污水处理等各项基础工程，为项目落户打好基础、营造环境。推进标准厂房建设，启动亿元企业孵化园二期工程 2.2 万平方米标准厂房建设，主体工程即将封顶；围绕园区东进，规划调整东部干线西侧、园二路北侧土地 5 公顷，实施场地平整、围墙建设，翌年初将启动标准厂房建设。实施基础设施建设，完成园二路两侧绿化土方回填，完成区镇污水支管网改造和蒲津大桥北侧道路改造工程，启动竹窠庄“两路一桥”连通工程。

园区与姜堰上海商会合作签约仪式

格兰特公司访问园区

庆祝建党 95 周年演出

百姓乐园

江苏省姜堰现代农业产业园区（沈高镇）

江苏省姜堰现代农业产业园服务中心

全国农业现代化规划工作暨农业改革试点工作培训会与会领导参观农业园区服务中心

首届中国·河横乡村旅游节开幕

溱湖农品汇建成开业

2016 年，江苏省姜堰现代农业产业园区（沈高镇）实现地区生产总值 36.2 亿元，比上年增长 9.3%；一般公共预算收入 8122 万元，比上年增长 20.17%；农村居民人均可支配收入 22929 元，比上年增长 10.5%。

园区功能不断完善 完成腾飞北路、丁河北路、力实路“两横一纵”主干道绿化和亮化工程；完成横河路、沈新路拓宽改造及石家舍等四条河道疏浚及生态护坡；完成标准化厂房一期工程建设，开工建设二期工程；启动丁河西路、力实路西延建设；河横稻麦基地智能化灌溉系统和沈高扩展基地完工；污水处理厂进入扫尾阶段；园区服务中心二期竣工投入使用。

现代农业提质扩量 新增高效设施农业面积 105.8 公顷、高效设施渔业面积约 38.67 公顷、高效设施园艺项目 3 个，新增农业“三品” 2 个，完成高效农业保险 313 万元，生猪大中型规模养殖比重 65%，创建成“机插秧整体推进镇”，建成联盟、超幸 2 座为农综合服务中心。

工业经济稳中向好 列统工业产值、全部工业投资分别比上年增长 18.5%、25%；完成工业开票销售 25.4 亿元、利税 5.9 亿元、利润 3.8 亿元，分别比上年增长 8.7%、12%、11%；完成工业设备抵扣 1155 万元，比上年增长 31.3%；新增规模以上企业 1 家。全年开工 1000 万元以上技改项目 7 个，通过区考核验收 2 个。完成专利申请数 244 件、发明专利申请数 47 件、专利授权数 35 件，新增注册商标 10 个。

服务业持续攀升 完成服务业税收 4580 万元、限上企业销售额 5.6 亿元、服务业固定资产投资 2.51 亿元，分别比上年增长 10.3%、48%、6.7%。开展吸税工作，引进纳税开票 5 亿元。

招商引资成效明显 通过区考核验收 200 万元以上农业项目 8 个、1000 万元以上服务业项目 1 个。签约开工亿元项目 3 个，在建 5000 万元项目 1 个、亿元项目 1 个。总投资亿元以上的江苏新又碧农副产品有限公司、江苏天禹农业机械有限公司竣工投产。

江苏北农大农牧科技有限公司

江苏新又碧农副产品有限公司

江苏天禹农业机械有限公司

娄庄镇

“中国最美乡镇”

娄庄集镇

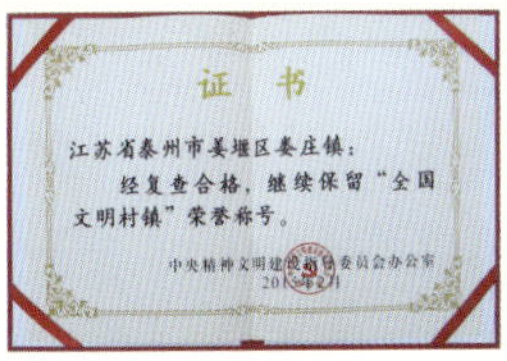

世纪广场

娄庄 2 号桥

娄庄烟墨公园一景

经济平稳增长 2016 年，娄庄镇完成地区生产总值 36.67 亿元，比上年增长 9.43%。公共财政预算收入 6149 万元。实现第一产业增加值 3.22 亿元，比上年增长 9.31%；第二产业增加值 23.55 亿元，比上年增长 8.64%；第三产业增加值 9.89 亿元，比上年增长 11.38%。农民人均纯收入 23311 元，比上年增长 10.51%。完成工业投资 23.13 亿元，固定资产抵扣 846 万元，比上年增长 86.17%；服务业税收 2065 万元。完成 5000 万元以上新开工工业项目 3 个、200 万元以上农业项目 4 个、1000 万元以上服务业项目 2 个。在全区季度考核中，获一、二季度“科技铜杯”，三季度“工业经济银杯”，四季度“工业经济铜杯”。

重点项目建设 完成 5000 万元以上签约项目 3 个，新开工项目 3 个。帮助企业做好淘汰落后产能项目及三星级数字企业、区技术中心、“两化融合”示范企业等项目申报工作，为企业发展打下良好基础。高新技术产业产值占列统工业产值比重 46.7%。申报获批省高新技术企业 2 家，完成专利申请近 240 件，获“泰州市‘十二五’全民科学素质工作先进集体”称号。

社会事业协调发展 全镇 71 家企业聘请“安全保健医生”，率先在全区落实“安全保健医生”制度，新型农村合作医疗全面覆盖。娄庄小学、行知实验小学均获评姜堰区中小学素质教育考核优秀学校，娄庄中学高考二本以上达线率领先区三星级高中；娄庄卫生院被评为全国基层群众满意卫生院。办结信访件 16 件，接待群众来访 200 多人次。

娄庄村农民公园

泰州首家农村绿色社区 绿泽园

烟墨公园二期

娄庄文明镇、生态镇大牌

娄庄廊桥

娄庄镇净土寺

启扬高速与宁启铁路交会区域

省政协主席罗一民（中）调研淤溪镇综合文化中心

泰东河沿河景观道路

淤溪镇

2016年，淤溪镇实现地区生产总值19亿元，可比增长10%；公共财政预算收入4547万元，比上年增长15.1%；农民人均可支配收入20660元，比上年增长11.6%；工业纳税销售15.6亿元，比上年增长34.3%。服务业税收完成2202万元，比上年增长21%。限上企业销售4700万元，规上服务业营业收入5亿元。招引涵养税额584万元。建筑业施工产值完成1.06亿元，超额完成区交计划指标。竣工5000万元以上项目4个，验收技改投入1000万元以上项目2个，在建项目5个，实际利用外资100万美元。该镇一季度获区工业流动银杯，二季度获区财政流动金杯。甸夏村创建成“江苏省文明村”，被省民政厅评为“江苏省和谐社区建设示范区”。

村文化大舞台文艺演出

农业生产形势良好　招引500万元以上农业项目1个，新增约33.33公顷果树苗木种植。招引200万元以上农业项目3个。农村土地适度规模经营新增约666.67公顷，新增6.67公顷以上家庭农场54个，新增区级示范性家庭农场3个。申报泰州市“五好”农民专业合社示范社3个，完成农村产权交易27宗。土地确权合同签订户9426户，合同签订率88.2%。两季秸秆“双禁”率100%，机械化还田约2393.33公顷，完成率115%。完成4个村为农综合体建设任务。农机具申报补助34台，上争三级财政补贴172万元。投资750万元的杨庄村、周庄村、靳潭村三个村5000亩高标准农田建设项目建设完工；投资750万元建设的潘庄村、孙庄村5000亩高标准农田项目开工建设。设施农业完成园艺30公顷、渔业约42.67公顷，新增特色高效经济作物约22.67公顷。

太阳能发电项目

工业经济运行平稳　列统企业完成产值26.4亿元，工业增加值4.8亿元。实现工业开票销售15亿元，比上年增长34.3%；工业设备抵扣420万元，比上年增长50%；列统工业产值、利润、利税分别比上年增长15.9%、29.8%、37.6%。民营经济净增40家。

淤溪镇航拍御墅华庭小区

民生事业继续改善　发放医疗救助资金24.8万元；落实各项优抚政策，发放退役士兵补助31.2万元，发放在乡复员军人遗孀补助17.8万元，发放尊老金59.8万元。推进社保扩面，做好失地农民土地换社保工作，完成养老保险339人，医疗保险308人，工伤、生育、失业保险200人，城乡居民医疗保险投保率99%以上。做好就业再就业培训工作，新增农村劳动力转移130人，新增农民自主创业540人。水利疏浚工程完成区级河道1条（唐港河）、镇河道2条（淤卞河、古港河）、村庄沟塘27条，新拆建圩口闸11座、改建3座，新建闸站3座，新建排涝站1座、改建3座；新建电灌站5座、渠道5.35千米。送文化下村演出23场次，健身路径实现村村全覆盖。

航拍泰东河大桥

孙庄村九倾山大棚种植

全镇新安装的1000盏路灯

副市长王学锋（中）调研传统村落仓场村

区长李文飙（中）调研江苏光明新材料有限公司

"百团千村万企"活动俞垛行

泰州市姜堰区俞垛镇钨钼行业集体协商会议

全国文明乡村——宫埨村

俞垛镇

2016年，全镇实现公共财政预算收入4008万元；固定资产投资19.1亿元；居民人均可支配收入21606元，比上年增长11.03%。

农业经济 完成土地流转面积约293.33公顷，累计约3346.53公顷，占总面积91%；种植业新增设施农业面积约266.67公顷，新增高效渔业面积约56.27公顷，新增现代农业经营主体35个。

工业经济 全镇实现工业开票销售12.6亿元，列统企业实现开票销售14亿元。新投产工业项目3个，新开工1000万元以上技改项目4个，竣工并通过区考核验收3个。

第三产业 完成服务业增加值13.28亿元，固定资产投资16.8亿元，实现税收1181万元。新增个体工商户70户、私营企业31家。

镇村环境 新拆（改）建圩口闸、站36座，加固圩堤400米，疏浚整治河塘25条；完成5个村公路（全长5千米）拓宽提档、府前路改造工程及叶仓公路、玉星路亮化工程；实施沈马路、俞叶路等5个路段及祝庄村、姜茅村、柳官村3个示范村绿化改造；规划建设俞垛卫生院门诊病房综合楼，集镇小区民用天然气入户，集镇光纤入户全覆盖。

会船节活动一景

省特色文化团队
——淤溪镇农民乐队

渔光互补发电

顾高镇

市委副书记卢佩民（右二）调研水利绿化工作

市委常委、宣传部部长常胜梅（中）到顾高镇大走访

顾高镇第十五届人代会第一次会议

开展群众文化活动

2016 年，顾高镇实现地区生产总值 17.11 亿元；实现财政预算收入 2680 万元；实现工业开票销售 14.27 亿元，比上年增长 35.82%，列全区第一；实现农村居民人均可支配收入 16594 元，比上年增长 12%；完成社会固定资产投资 16.4 亿元，比上年增长 27%。

项目建设持续发力　制定实施“一企一策”扶持政策，激励企业成长壮大，新增规模企业 2 家。投入技改资金 2.8 亿元，实施技改项目 8 个。招引 5000 万元以上工业项目 2 个、亿元以上工业项目 1 个。

农业发展稳步推进　完成土地适度规模经营 1600 多公顷，占全镇耕地总面积 90% 以上。莲藕、水八仙、大棚蔬菜为代表的高效种植农业规模扩大至 530 多公顷，年增加农民收入 700 多万元。新增无公害农产品、绿色食品、有机食品品牌 10 多个。新增 200 万元以上农业项目 5 个。

第三产业再上台阶　围绕徐克强烈士墓园、千年古银杏和江北第一寺“千佛寺”，开辟红色文化、历史文化和宗教文化旅游服务项目。集镇开发管理并重，放大集镇功能，提升集镇品位。新增个体工商户 47 家、私营企业 21 家。实现服务业产业投资 2.18 亿元，规模以上服务业企业营业收入 1815 万元。

镇村面貌日新月异　投资 500 万元，实施集镇亮化、美化工程；改扩建镇北路和工农路，疏通集镇污水管网。229 省道建成通车，两侧环境综合整治和绿化达标。提档升级通村道路 6 千米、交通道路 5 千米，安装路灯 300 多盏。新建桥梁 2 座，清理河道近 4000 米，改造河道绿化近 30 千米。关停并转化工企业 5 家。秸秆“双禁”和综合利用考核位列全市前茅。

顾高天康电子合成材料有限公司

顾高华彤新能源有限公司厂貌

顾高集镇俯瞰图

张甸镇

2016年，该镇实现地区生产总值38.4亿元，比上年增长9.04%；公共财政预算收入6842万元，比上年增长0.95%。在区目标考评中获党的建设和法制建设一等奖。

农业经济 全镇新增高效农业面积约415.73公顷，新增设施农业面积约152.67公顷，新增高效设施渔业约17.33公顷。新建村级为农服务综合体7家，完成产权交易83宗。

工业经济 实现工业开票销售25.7亿元，比上年增长2.88%；列统工业产值106.3亿元，比上年增长25.23%。

服务业 实现服务业固定资产投资11.1亿元，完成计划125.41%；实现服务业税收1426万元；限上企业销售1273万元，完成计划128.59%。

建筑业 实现建筑业企业增加值1.24亿元；建筑业税收1217万元，比上年增长21.37%。

社会事业 实施“一村一品”“一村一策”，用好市区帮扶政策，增强自身造血功能，快推村级经济发展。养老、医疗、卫生、教育、文化等事业协调推进，新建姜堰区村综合文化服务中心5家，建成百姓大舞台5个，创建居家养老服务站AAA级3家；蔡官学校中考列全区第三、农村初中第一；食品药品、安全生产监管工作取得较好成绩；推行镇级“5+X”矛盾调处化解机制，23个村创建成“六无”社区，达标率65.7%。

市人大常委会副主任、党组书记高纪明（前右一）考察张甸镇人大工作

区委书记李伟（右二）走访企业

张甸便民服务中心

中共姜堰区张甸镇第十五次代表大会代表

区长李文飙（中）到华丽公司观摩

蒋垛镇

区委常委、政法委书记刘志群（左二）考察蒋垛永大帽业

2016年，该镇实施“经济发展重镇、文化旅游新镇、教育文化名镇、生态宜居靓镇”四大战略，力推全镇经济社会健康发展。实现地区生产总值23.9亿元，比上年增长9.13%。其中，第一产业增加值3.29亿元，比上年增长9.3%；第二产业增加值13.15亿元，比上年增长8.14%；第三产业增加值7.46亿元，比上年增长10.85%。农村居民人均纯收入17853元，比上年增长11.8%。全年各项工作目标综合考核获区综合优胜奖。

经济运行稳中快进 完成财政公共预算收入3080万元，比上年增长14.4%；财政总收入突破6000万元，比上年增长12%；工业开票销售13.5亿元，比上年增长12.6%；工业设备抵扣税370万元，比上年增长19.3%；固定资产投入16.9亿元，比上年增长22%；新增列统企业2家、开票销售过亿元企业1家、税收过1000万元企业1家。

农业转型明显加快 推进农村土地适度规模经营。完成土地确权合同签订14000多户。以东部干线两侧为核心，培育特色农业、生态农业、观光农业，构建宜农、宜商、宜游现代农业基地。市级农业示范园区通过专家组考察初验，智能育菇等高效设施农业项目入驻。

服务业创新发展 走“繁荣传统商贸、鼓励新兴产业”发展路径，推动现代服务业发展。新增个体工商户81家、私营企业55家。“百年老字号”效应不断放大。完成服务业税收1200万元，比上年增长100%。

发展后劲显著增强 把“环保机械、新型材料、帽业服饰”作为招商选资重点，招商引资、项目建设再掀新热潮。竣工验收农业项目4个、1000万元以上服务业项目1个、5000万元工业项目2个；完成亿元“飞地”项目1个；验收1000万元以上工业技改项目2个；通过泰州市认定亿元新开工工业项目4个。新建标准厂房近1万平方米，盘活利用低效土地4.6公顷、闲置厂房2.3万平方米，园区的承载功能、项目集聚功能得到显著提升。完成产学研合作项目3个，申请专利85件，旺鑫公司获泰州市科技进步一等奖。

永大帽业车间

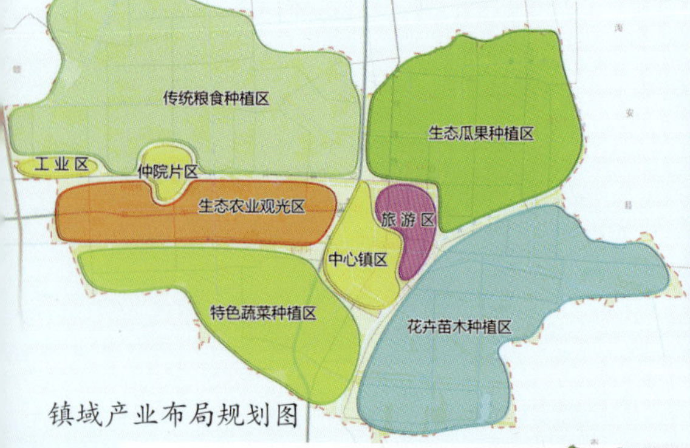

镇域产业布局规划图

康洁环保

藕塘种植

艳露彩叶苗木

和合葡萄园

佛教文化园效果图

大 伦 镇

大沦集镇新区主干道

2016 年，该镇实现地区生产总值 19.8 亿元，比上年增长 9.55%；实现公共财政预算收入 2731 万元，比上年增长 15.91%；实现固定资产投资 21.9 亿元，比上年增长 112.99%；实现农民人均纯收入 16995 元，比上年增长 11.8%。全年经济建设主要成果指标完成情况列全区第 3 位。

现代农业提质增效 农业适度规模经营有序扩展，全年新增流转土地面积约 546.67 公顷，新组建种植专业合作社 10 家。主要农作物良种覆盖率、病虫害统防统治覆盖率、水稻机插率分别为 100%、75%、75%。建成稻麦油高产创建万亩示范片 1 个，新增 6.67 ~ 20 公顷家庭农场 37 家，新建 3 个村级为农综合服务中心，现代农业稳步发展。完成 200 万元以上农业项目 4 个，其中塔子村粮食种植专业合作社超过 500 万元。

工业经济稳中向好 完成列统工业产值 72 亿元，比上年增长 13.31%；完成工业开票销售 9.3 亿元、利税 11.9 亿元、利润 5.35 亿元，分别比上年增长 15.19%、28.4%、13.8%；完成工业投资 12.1 亿元，比上年增长 16.1%；工业设备抵扣税 648 万元，比上年增长 79.94%；新增年纳税销售亿元以上企业 2 家。全年新招引落户 5000 万元以上工业项目 3 个，完成 5000 万元以上竣工投产工业项目 2 个。完成投入 1000 万元以上的金高丽新材料技改项目，以及 3000 万元以上的永发模塑技改项目。

第三产业经济加快发展 全年实现服务业增加值 4.8 亿元，比上年增长 8.7%，服务业增加值占比提高 2%。加强财税征管，适应新形势，拓展新思路，探索新方法，采取镇内尽收、镇外争取等策略，做好护税、协税工作，保证税款及时定额征缴入库。

镇党委书记王玮（左一）慰问中华人民共和国成立前老党员

镇长丁青宝督察文明城市创建迎检工作

永发（上海）模塑科技发展有限公司江苏分公司

大沦十字桥俯瞰

高标准农田建设项目简介

适度规模经营地块中的机械化耕作

梁徐镇

大唐姜堰燃机热电有限责任公司

市纪委书记汤成快（中）调研梁徐镇张埭村

区委书记李伟（左三）调研梁徐镇农经站

省统计局调研梁徐镇

2016年，该镇实现地区生产总值43.7亿元，比上年增长9.24%。其中，第一产业增加值2.66亿元，比上年增长9.49%；第二产业增加值33.7亿元，比上年增长8.77%；第三产业增加值7.34亿元，比上年增长11.38%。完成一般公共预算收入1.76亿元，比上年增长82.58%；固定资产投资24.66亿元，比上年增长6.4%。农村居民人均纯收入22900元，比上年增长14.38%。该镇获“江苏省文明乡镇”称号，张埭村获“江苏省文明村”称号，二塘村创建成省级和谐示范社区。

农业经济 申报农业项目2个。创建林下经营基地1个，建成双墩村林下养鹅6.8公顷。新增土地适度规模面积约466.67公顷，申报认定家庭农场20家。新增为农综合服务中心4家、“五好”农民专业合作示范社2个。

工业经济 完成列统工业产值56.16亿元，工业开票销售50.4亿元；完成工业投资24亿元，工业设备抵扣税900万元；新增规模以上企业2家；通过验收1000万元以上技改项目3个，其中3000万元以上技改项目1个。双登集团获评江苏省质量奖。

服务业 完成服务业税收2600万元，比上年增长11%；规模和限额以上服务业企业营业收入5.22亿元，比上年增长15%。新328国道南侧6家汽车4S店开票销售3.9亿元。新增个体工商户120家，新增私营企业100家，新增1000万元以上服务业企业1家。

社会事业 民生支出占比25.8%，15件为民办实事工程基本完成。修建农村通村公路5.04千米，改造危桥1座，改建泵站17座，新建硬质渠道35千米，完成投入5000万元的区域二次改水工程。完成宁靖盐高速两侧绿化7500米、重点河道绿化12320米，建成绿化示范村3个。新建8个省达标卫生室，完成改厕200户。新增转移输出农村劳动力170人，开展城乡创业培训125人、农村劳动力培训891人、新成长劳动力培训190人。社会保险新增参保410人，新型农村合作医疗人均筹资标准提高到555元，参合率100%。全镇核定城乡低保895户1203人，月保障额36.8万元。投入18万元改造农村危房14户。梁徐中心小学连续11年获评区素质教育考核优秀学校。

银农对接会

百姓大舞台

金佳铁芯

梁徐镇科协开展普法活动

桥头镇

2016 年，桥头镇主动适应和把握经济发展新常态，团结带领全镇人民紧扣“奋起泰州、崛起苏中”总体定位，抢抓机遇、攻坚克难，完成各项目标任务。

加速深化现代农业模式 该镇“1+6+7”农业模式被中央电视台、《农民日报》等媒体多次宣传报道，“八有标准”被评为江苏省创新课题，家庭农场建设被列入泰州市重大改革成果之一，现代农业发展“桥头模式”被农业部推广。举办两次全国农业现场会。国务院副总理汪洋称赞“桥头模式”代表着全国现代农业未来的发展方向。

稳步推进第二、第三产业发展 实现工业纳税销售 9.58 亿元，工业利税 1.61 亿元，列统工业产值 26.1 亿元，工业投资 6.5 亿元，完成服务业税收 3200 万元。签约 5000 万元以上工业项目 2 个。竣工投产 3000 万元以上工业项目 1 个，实施 3000 万元以上第三产业项目 2 个，实施 200 万元以上农业项目 3 个。完成技改项目 2 个，技改投入 2000 万元。

着力提升镇村环境质量 新建各类桥、泵、闸等 20 多座，疏浚整治河道 8 条。新建通村道路 7 千米，新建公交候车亭 8 座。农溱线、姜溱线等路段全部实现亮化。农溱线、姜溱线、宁靖盐高速等道路绿化提档升级。该镇被表彰为江苏省村庄环境整治工作先进集体。

市人大常委会考察桥头小杨服务联盟

团市委书记、区委副书记孙靓靓（左三）考察桥头镇工作

为农综合体

万亩农场

全国农业现场会

小杨人家民宿

华港镇

区委书记李伟（右二）调研企业生产情况

江苏飞船股份有限公司

2016年，华港镇实现地区生产总值25.63亿元、一般公共财政预算收入5232.3万元、固定资产投资18.6亿元、农民人均纯收入20333元，分别比上年增长9.5%、2.6%、24%、11%。该镇获全区2016年度镇（区）工作目标考评综合优胜三等奖，综合排名全区第五，获“年度统筹协调和开放创新争先进位奖”“招商引资和项目建设先进单位三等奖”和三、四季度财政收入杯金杯。镇人民调解委员会被省司法厅评为“江苏省人民调解委员会规范化建设示范点”，镇农经站被省委农工办评为“江苏省农村产权交易市场建设先进集体”。

区委常委薛金林（右二）慰问群众

现代农业　申报验收农业项目4个，其中500万元1个、200万元3个；新增家庭农场、专业合作社等新型农业经营主体38家；新增设施农业面积约96.67公顷、设施渔业面积约46.67公顷；新建为农服务综合体3家、省农桥8座；完成“一事一议”财政奖补项目8个。

工业经济　实现全部工业现价总产值50.21亿元，比上年增长17%；工业纳税销售14.6亿元，比上年增长8.2%；工业投资15.2亿元，比上年增长24%；新增规模以上工业企业2家；招引5000万元以上工业项目5个，其中亿元以上项目2个；招引1000万元以上服务业项目1个，盘活闲置企业2家。实施1000万元以上技改项目7个，其中5000万元1个、3000万元2个、1000万元4个，通过区级验收技改项目3个。

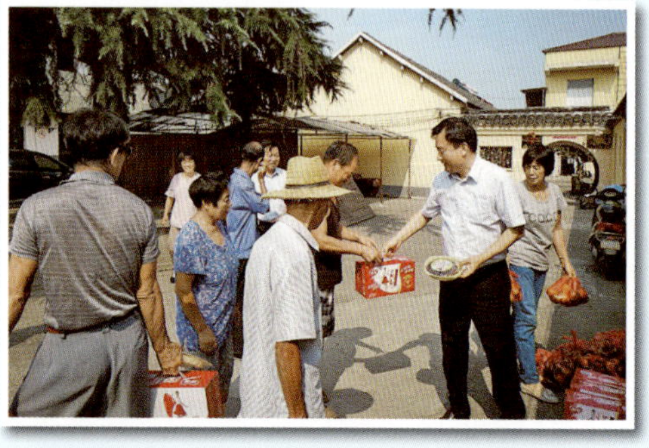
开展夏季慰问

第三产业　实现服务业增加值5.07亿元，比上年增长12.5%；完成税收1250万元，比上年增长63.1%，完成年计划145.3%。完善规模企业、中小企业、个体税源分类管理体系，招引税源性企业1家。

社会事业　社保扩面完成年度计划156.55%，城乡居民养老保险续保率95.55%；保障贫困户住房安全，通过危房改造验收18户；新增AAA级居家养老服务站标准村1个；获江苏省非物质文化遗产“姜堰滚莲湘传习基地”称号，新建百姓大舞台2处。

华港镇庙会会船表演

兴泰镇

市委书记蓝绍敏（右三）、区委书记李伟（左三）调研兴泰镇家庭农场生产经营情况

2016年，该镇完成地区生产总值19.01亿元，比上年增长9.8%。竣工验收5000万元以上工业开工项目1个、1000万元以上服务业项目1个、200万元以上农业项目4个；新签约亿元以上工业项目1个。

加快发展现代农业 在全区率先完成土地承包经营权颁证工作。全年新增设施农业面积约46.67公顷，新增土地规模经营面积约166.67公顷。新增2家省级、7家市级示范合作社，6家市级规模经营示范家庭农场。

引导企业转型升级 实施工业技术改造项目4个，竣工验收1000万元以上技改项目2个，净增省级以上高新技术企业2家、省级以上高新技术产品3项，申请专利210件。

做大做优第三产业 新培植贸易企业1家、物流企业1家，西陈庄村通过省级乡村旅游点初验。

持续打造宜居环境 探索试点保洁外包模式，增强村民环保意识，促进镇村环境不断提升，村庄环境长效管护工作在全区名列前茅。西陈庄村入选全国第四批美丽宜居示范村庄。

民生保障体系日趋健全 围绕十项为民办实事项目及年初制定的“基础设施、生态环境、为农服务、社会保障、公共安全”五大类16项民生工程，逐项抓督察、抓进度、保质量，落实兑现。超额完成社会保险扩面征缴任务，新型农村社会养老保险和新型农村合作医疗续保、参合率96%、98%以上；成立全区第一家乡镇慈善协会，筹集慈善资金80余万元。

兴泰镇组织青年干部开展“高兴”之旅庆“五四”活动

兴泰镇开展“青蓝”红色基地行活动庆祝建党95周年

兴泰镇举办“家的味道·生活秀”风采展示

开展“大走访、大落实”活动

决胜“两聚一高”主攻仗　打造“强富美高”北大门

兴泰农业园区智能化育秧中心

兴泰镇集镇一角

兴泰镇西陈庄村“二月二”灯会场景

兴泰特产肉鸽饲养现场

泰州市姜堰区励才实验学校

泰州市姜堰区励才实验学校创建于 1998 年，是一所股份合作制学校。校园占地 11.2 公顷，有教职员工近 500 人，在校学生 5800 多人。学校秉承“育人为本、德育为先”的办学思想，坚持“立德树人、打造品牌、追求卓越”的办学方向，践行“厚德、励志、和融、广博”的校训，形成“和谐、启导、力行”的教风和“博学、善思、活用”的学风，构建以“家文化”为核心的校园文化。

师资精良　学校有特级教师 2 人、特级教师后备人才 5 人、泰州市名教师 4 人、姜堰区名教师 15 人、泰州市三级骨干教师 29 人、姜堰区三级骨干教师 35 人。在各级各类教育、教学技能竞赛中，多名教师获国家级、省级一等奖，数十名教师获市级一等奖。

特色鲜明　学校坚持科研兴校，探寻“生态教育”路径，构建全方位“生态管理”模式；倡导“自得、自成、自道”育人理念，加强多元化、特色化课程建设，开发语文阅读欣赏、英语衔接教材、思品情境教育、武术套路创编等校本课程，成立揽月文学社、翰林书画社、空灵音乐社、阳光体育社、励志实践社五大类近百个社团，丰富校园生活，发展学生特长，张扬学生个性。学校立足“生态课堂”，优化文科“读写共生”、理科“导学・导悟”课堂教学模式，深化课堂教学改革。

业绩显著　办学以来，学校先后被评为“教育科研先进学校”“泰州市文明单位”“江苏省示范初中”“江苏省校园文化建设特色学校”“全国生态文明教育示范学校”，被环保部授予“国际生态学校”绿旗称号，每年获区素质教育质量考核优秀奖。学生各项竞赛硕果累累，中考成绩年年刷新。《人民教育》、《江苏教育》、中央电视台《新闻直播间》、泰州电视台等媒体对学校办学业绩均有专题报道。

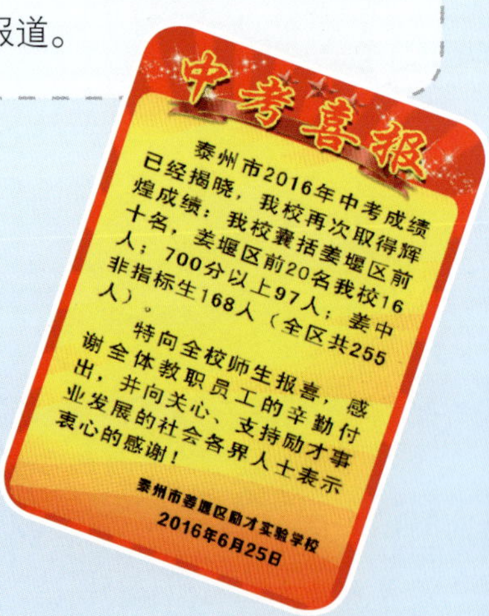

区长李文飙（中）考察励才学校

美国多恩大学校长卡特・杰克（中）参观学校

开展演讲展示活动

游学澳洲

举办青春仪式

地址：姜堰区长江东路125号　电话：0523-88267456　网址：www.jylicai.com

泰州市姜堰区美术学校

市、区领导陪同宿迁市教育考察团到校考察

该校是江苏省规模最大的民办美术高中，直属泰州市姜堰区教育局。学校总部设在姜堰南京路100号，分校设在泰州城区春兰路9号，交通便捷，环境优美，办学设施齐全，有教学班级33个、在校生2200多人、教职工180多人。

学校创建于1998年。10多年来，该校始终坚持“办好一所特色学校造福一方百姓，培养一个特长学生成就一个家庭”的办学宗旨，扬长避短，另辟蹊径，创办美术特色品牌，走美术特色办学之路，全面发展，特色彰显，取得骄人的办学业绩。连续16年高考本科达线率超过80%，被社会誉为“艺术类本科大学生的摇篮”。省教育厅、省教育考试院、市政府、市教育局等相关领导先后到学校考察指导。

省教育考试院领导、专家到学校调研指导

师生获奖作品

作者：翟小军　油画：《鸟影》 100x80cm
2010年入选江苏省美协第三次新人展

户外写生

2014年，486人参加高考，360人录取公办本科大学。

2015年，491人参加高考，369人录取公办本科大学。

2016年，486人参加高考，371人录取公办本科大学。

学校大门

金榜题名

学校地址

总部：泰州市姜堰区南京路100号（811公交车始发站）

分校：泰州市海陵区春兰路9号（原春兰学院内，泰州公车116路）

网址：www.msxx.org

江苏美华交通工程有限公司

被表彰为 2016 年度先进集体

开展学习培训

江苏美华交通工程有限公司成立于 1999 年，是一家拥有公路工程、市政公用工程总承包二级资质的综合型建筑施工企业。公司拥有沥青混凝土拌和楼 3 台、水稳拌和站 3 台、摊铺机 4 台，其他大型机械及各种运输车辆 80 多台套，具备丰富的路桥工程建设及养护施工经验。

近年来，公司开拓市场，承接大量交通、市政工程项目，合格率 100%，优良率 90% 以上，其中六合区农村公路大中修工程、姜堰区 X304（淤溪段）公路工程 3 标分别被评为南京市、泰州市公路水运工程“平安工地”建设市级“示范工地”；公路养护在省公路检查评比中连续十三年获冠军。公司建立良好的社会信誉和企业形象，获“全国十佳文明施工单位”“省、市、区安全生产文明施工单位”“姜堰区建筑业纳税十强企业”“泰州市公路养护中标单位一等奖”“泰州市最美交通人”等荣誉，公司集体及个人多次被地方政府及主管部门表彰。

公司秉承“以诚信赢得客户，以品质回报客户”的经营理念，根据发展形势不断完善制度化体系，通过内部文化建设激励、引导员工发挥集体智慧和创新热情，打造学习型企业，通过现代化的管理理念和现代化技术力量，确保安全、高效、优质施工，努力创造更多的品牌工程，将“美华”建成一流的公路施工企业，成为交通建设队伍的一支尖兵。

施工现场

清扫路面积雪

办公楼

拌和楼

公司网址：www.mhjtgc.com

姜堰人民商场董事长、总经理李军（右二）向顾客介绍商品

开展江苏省价格诚信单位检查验收

人民商场党支部开展“两学一做”活动

泰州市姜堰人民商场有限公司

2016年，姜堰人民商场以市场为导向调整经营结构，以适销引领为前提，逐步淘汰不适合消费者的品牌，加大适销商品引进，创新思路，积极应对激烈的市场竞争，坚持以扩大销售为抓手，立足姜堰城区，辐射周边，提升商场影响力。实现销售1.35亿元，实现效益400万元。获“江苏省文明单位”“江苏省价格诚信单位”“江苏省计量诚信单位”等称号。

转型发展　打造特色百货　围绕消费需求，调整品牌结构。坚持适应消费需求的品牌，调整方向对准消费者需求，引进知名度高、影响力大、有市场潜力的国内外知名品牌。

优化经营环境　提升品牌形象　抓住消费者心理，优化商场经营环境。完善微商公共平台建设，及时发布新款上柜、促销活动、流行资讯等各类信息，扩大人民商场辐射力。

强化管理　提升商场竞争力　诚信经营，做好商品明码实价工作，提升商品价格透明度，把关商品质量，维护消费者利益。提供优质服务，提升售后服务水平，重点做好商品售后延伸管理工作，减少顾客投诉，提高服务满意度。把商场“三不出、四为主”服务植入消费者心里。抓好后勤安全管理，强化防火、防盗和清洁卫生工作，为消费者创造放心舒适的购物环境。

开展商场店庆促销抽奖活动回馈消费者

商场志愿者参加献血活动

商场职工获泰州“最美商场营业员代言人”称号

2016年新春联谊会职工才艺展示

2016年度商场文明部门、文明柜组等接受表彰

商场职工获“消防安全大使”称号

泰州市姜堰区

姜堰城区新貌

高标准改造后的上海路

泰州市唯一"江苏省海绵城市建设示范项目"——罗塘公园

明亮宽阔的海姜大道

姜堰城市夜景

2016年，区住房和城乡建设系统广大干部职工围绕区委、区政府决策部署和城乡建设总体安排，把加快推进城乡一体化、改善城乡生活环境的目标作为工作主线，创新实干，拼搏奋进，较好地完成年度各项目标任务。该局获"区级机关效能建设十佳单位"称号、区招商引资和项目建设先进单位奖，"民生住建360+"品牌创建成优秀机关服务品牌，融资项目获区特别贡献奖。

城市功能日益完善 道路桥梁快速推进。完成东板桥重建，高标准改造上海路、陈庄路、马厂路、东大街，东海北路、通前路、淮海东路、姜园路（梁徐镇区段）建成通车；上海路南延、三水大道南延和姜园路东段3条跨年度项目按计划有序推进，干路成格、支路成网的路网体系初步形成。污水处理逐步到位。完成姜堰大道、姜官路等33千米污水管网铺设。牵头完成时庄河北段和革命河整治。协助区经济开发区实施工业污水处理厂建设，土建工程有序推进。水气供应安全优质。完成引长江水深度处理工程土建施工，进行设备安装。天然气管网在实现镇镇通的基础上，延伸燃气管网12千米，覆盖范围进一步扩大，水气供应更加安全优质。停车场地持续增加。完成新华书店仓库东侧、益民路等公共停车场建设，结合绿地游园建设及小区绿改停，合计增加停车位220个，有效缓解停车难题。园林绿化提质增量。提升改造振兴路、古田东路道路绿化，完成上海路、陈庄路等配套绿化，大型综合性滨水城市公园罗塘公园建成开放，完成新烟草公司北侧、马厂小区西侧及公安局南侧游园建设，为市民提供更多健身游憩空间。海绵城市省、市领先。高起点编制区海绵城